LA[...]

FRANÇAIS
ALLEMAND

par Jean Clédière
Chargé d'enseignement à
l'Université de Metz

Daniel Rocher
professeur à l'Université
d'Aix-en-Provence

édition
entièrement nouvelle

Librairie Larousse

Mode d'emploi

Sous son petit format, ce dictionnaire offre beaucoup plus d'information qu'il ne semble au premier abord. Voici quelques indications pour en tirer toutes les possibilités.

• Tous les **adjectifs allemands** peuvent, sauf de rares exceptions, s'employer **adverbialement.** On n'a donc pas jugé nécessaire, dans la partie A-F, de donner la traduction adverbiale des adjectifs, et dans la partie F-A de donner les adverbes en *-ment :*

ainsi *leicht* signifie « léger » et « légèrement », et *précisément* se dit « genau » comme *précis.*

• Tous les **infinitifs allemands** peuvent être employés **substantivement** au neutre :

ainsi *stehen* « être debout » donne *das Stehen* « la station debout ».

• Un grand nombre de **substantifs allemands** peuvent être déduits automatiquement des **adjectifs** et des **verbes :**

ainsi *Krankheit* « maladie » (état) peut être déduit de *krank* « malade » ; *Absperrung* « verrouillage » (action) de *absperren* « verrouiller » ; *Fahrer, Fahrerin* « conducteur, -trice » (agent masculin/féminin) de *fahren* « conduire ».

De même sur tout **substantif**, on peut former un **diminutif** en *-chen* ou *-lein :*

ainsi *Haus* « maison » donne *Häuschen* ou *Häuslein* « maisonnette ».

Sur les **verbes** indiquant les sons, on peut former des **collectifs :**

ainsi *brüllen* « rugir » donne *Gebrüll* « rugissement ».

• Dans la partie A-F, on n'a pas jugé utile de faite figurer les mots directement empruntés au français ou au langage savant international (*Geologie,* etc.).

• Seule **la langue courante actuelle,** à l'exclusion des « jargons » scientifique, littéraire, historique, religieux, philosophique... et argotique, a sa place dans ce dictionnaire. Mais on y trouvera naturellement les termes techniques d'emploi courant comme ceux de l'automobile, etc.

• Nous espérons que le lecteur, guidé par ces indications et les tableaux qui suivent, saura tirer le meilleur parti de ce dictionnaire.

Tableau des symboles employés

~ représente le mot-souche dans les exemples et dans les mots composés ou dérivés à partir de lui s'ils se suivent dans l'ordre alphabétique :

fassen *vt* saisir... ; *Mut* ~, prendre courage.

°~ indique que le substantif dérivé ou composé à partir du mot-souche s'écrit avec une majuscule :

Gast *m2* hôte *m;* client *m.* **°~arbeiter** *m3* (= Gastarbeiter) ...**~freundlich** *a* (= gastfreundlich)...

- représente un segment commun à deux synonymes qui se suivent :

entspringen, -schlüpfen (= entspringen, entschlüpfen)
ab-, wegleiten (= ableiten, wegleiten)

· indique la formation du mot avec un préfixe ou un déterminant :

best·möglich ; be·strafen

| marque la fin d'un mot-souche; ce qui vient après est une terminaison grammaticale ou la fin d'un dérivé ou d'un composé :

be·trüb|en attrister. **°~nis** tristesse.

|| sépare des sens ou des emplois différents :

bestellen cultiver || COMM. commander.

● sépare les différentes catégories grammaticales du même mot :

ganz *a* entier ● *av* tout à fait.

* indique un verbe fort et renvoie au tableau des verbes forts.

m0, m1, etc., *f0, f1,* etc., indiquent la catégorie du substantif pour le genre, le nombre et la déclinaison, et renvoient au tableau des déclinaisons.

Rubriques/Fachsprachen

ADM.	Administration
AÉR.	Aéronautique, Aviation
AGR.	Agriculture
AN.	Anatomie
ARCH.	Architecture
ARG. MIL.	Argot militaire
ARTS	Beaux-Arts
ASTR.	Astronomie
AUT.	Automobile
BIOL.	Biologie
BOT.	Botanique
CHIM.	Chimie
CIN.	Cinéma
COMM.	Commerce
CUIS.	Cuisine
DIAL.	Dialecte
ÉCON.	Économie
ÉL.	Électricité
ENS.	Enseignement
FAM.	Familièrement
FIG.	Sens figuré
FIN.	Finances, Banque, Bourse
GÉOGR.	Géographie
GÉOL.	Géologie
GÉOM.	Géométrie
GRAMM.	Grammaire
HIST.	Histoire
JUR.	Science et pratique du droit
LITT.	Littérature
MAR.	Marine
MATH.	Mathématiques
MÉD.	Médecine, Chirurgie
MÉTALL.	Métallurgie
MIL.	Art militaire
MIN.	Mines, Minéralogie
MUS.	Musique
MYTH.	Mythologie
OPT.	Optique
PÉJ.	Péjoratif
PHIL.	Philosophie
PHOT.	Photographie
PHYS.	Physique
PHYSIOL.	Physiologie
POÉS.	Poésie
POÉT.	Poétique
POL.	Politique
POP.	Populaire
PR.	Sens propre
RAD.	Radio
REL.	Religion
SP.	Sports
SPECT.	Spectacle
TECHN.	Techniques
TÉL.	Téléphone
T. V.	Télévision
TEXT.	Textiles
TRANSP.	Transports, Chemins de fer
TYP.	Arts graphiques
UNIV.	Écoles, Université
VULG.	Vulgaire
VX	Vieux
ZOOL.	Zoologie

Abréviations/Abkürzungen

a	adjectif
abr	abréviation
acc.	accusatif
art	article
attr.	attribut
aux	auxiliaire
aux mod	auxiliaire modal
av	adverbe, -ial
c	conjonction
compar	comparatif
compl.	complément
condit.	conditionnel
conjug	conjugaison
contract	contraction, -é
coord	coordination
dat.	datif
déf	défini
dém	démonstratif
etw	etwas
excl	exclamatif, -ion
f	féminin
gén.	génitif
imp.	imparfait
impér.	impératif
impers	impersonnel
ind.	indicatif
indéf	indéfini
inf., INF.	infinitif
insép.	inséparable
interj	interjection
interr	interrogatif, -ion
inv	invariable
jd, jm	jemand, -em
jn, js	jemanden, -es
loc., LOC.	locution(s)
loc c	locution conjonctive
LOC. DIV.	locutions diverses
loc rel	locution relative
m	masculin
maj.	majuscule
n	neutre
nom.	nominatif
num	adjectif numéral
p	préposition, -nel
PAR ANAL.	par analogie
PAR EXT.	par extension
part	particule verbale
part insép	— inséparable
part mixte	— mixte
part sép	— séparable
pass.	passif
pers	personne, -el
pl	pluriel
poss	possessif
pp, p.p.	participe passé
ppr, p.pr.	participe présent
pr	pronom
préf	préfixe
prés.	présent
prét	prétérit
qch	quelque chose
qn	quelqu'un
qq	quelque
récipr.	réciproque
réfl	réfléchi
rel	relatif
s	substantif
sép.	séparable
sing	singulier
subj.	subjonctif
suff	suffixe
superl	superlatif
v	verbe, -al
vi	verbe intransitif
vpr	verbe pronominal
vt	verbe transitif

Konjugation

INF.		1. aimer	2. finir	3. recevoir	4. rompre
PART. PR.		aimant	finissant	recevant	rompant
P.		aimé	fini	reçu	rompu
INDICATIF *présent*	je	aime	finis	reçois	romps
	tu	aimes	finis	reçois	romps
	il	aime	finit	reçoit	rompt
	nous	aimons	finissons	recevons	rompons
	vous	aimez	finissez	recevez	rompez
	ils	aiment	finissent	reçoivent	rompent
INDICATIF *imparfait*	je	aimais	finissais	recevais	rompais
	tu	aimais	finissais	recevais	rompais
	il	aimait	finissait	recevait	rompait
	n/v	aimi|ons,ez	finissi|ons,ez	recevi|ons,ez	rompi|ons,ez
	ils	aimaient	finissaient	recevaient	rompaient
INDICATIF *p. simple*	je	aimai	finis	reçus	rompis
	tu	aimas	finis	reçus	rompis
	il	aima	finit	reçut	rompit
	n/v	aim|âmes,âtes	fin|îmes,îtes	reç|ûmes,ûtes	romp|îmes,îtes
	ils	aimèrent	finirent	reçurent	rompirent
INDICATIF *futur*	je	aimerai	finirai	recevrai	romprai
	tu	aimeras	finiras	recevras	rompras
	il	aimera	finira	recevra	rompra
	n/v	aimer|ons,ez	finir|ons,ez	recevr|ons,ez	rompr|ons,ez
	ils	aimeront	finiront	recevront	rompront
COND.	je	aimerais	finirais	recevrais	romprais
	tu	aimerais	finirais	recevrais	romprais
	il	aimerait	finirait	recevrait	romprait
	n/v	aimeri|ons,ez	finiri|ons,ez	recevri|ons,ez	rompri|ons,ez
	ils	aimeraient	finiraient	recevraient	rompraient
SUBJONCTIF *présent*	je	aime	finisse	reçoive	rompe
	tu	aimes	finisses	reçoives	rompes
	il	aime	finisse	reçoive	rompe
	n/v	aimi|ons,ez	finissi|ons,ez	recevi|ons,ez	rompi|ons,ez
	ils	aiment	finissent	reçoivent	rompent
SUBJONCTIF *imparfait*	je	aimasse	finisse	reçusse	rompisse
	tu	aimasses	finisses	reçusses	rompisses
	il	aimât	finît	reçût	rompît
	n/v	aimassi|ons,ez	finissi|ons,ez	reçussi|ons,ez	rompissi|ons,ez
	ils	aimassent	finissent	reçussent	rompissent
IMP.		aime	finis	reçois	romps
		aimons	finissons	recevons	rompons
		aimez	finissez	recevez	rompez

Autres conjugaisons françaises
Die übrigen französischen konjugationen

Représentation des temps :	1 = présent 2 = imparfait 3 = passé simple 4 = futur	indicatif
	5 = présent 6 = imparfait	subjonctif
p. pr. = participe présent	7 = conditionnel	
p. p. = participe passé	8 = impératif	

5. Les verbes qui, à l'infinitif, ont un **e** muet ou un **é** dans l'avant-dernière syllabe, font **è** devant une syllabe muette (sauf en 4 et 7) : *espérer, j'espère, il espèrera, il espèrerait.*
6. Les verbes en **cer** prennent **ç** devant les terminaisons en *a, o : perçais, perçons.*
7. Les verbes en **ger** prennent un *e* devant les terminaisons en *a, o : mangeais, mangeons.*
8. *a*) Les verbes en **eler** et **eter** redoublent le *l* ou le *t* devant un *e* muet : *j'appelle, je jette.*
b) Les verbes suivants font exception et prennent un *è : acheter, congeler, déceler, dégeler, geler, haleter, modeler, peler, racheter.*
9. *a*) Les verbes en **yer** changent le *y* en *i* devant un *e* muet. Ils prennent *yi* aux deux premières personnes du pl. de 2 et 5 : *ployer, je ploie, vous ployiez.*
b) Les verbes en **ayer** peuvent garder le *y* ou prendre un *i* devant un *e* muet : *payer, je paie, je paye.*
10. Absoudre. 1 : *absous, absous, absout, absolvons.* 2 : *absolvais, absolvions.* 4 : *absoudrai, absoudrons.* 7 : *absoudrais, absoudrions.* 8 : *absous, absolvons, absolvez.* 5 : *absolve, absolvions.* p. pr. : *absolvant.* p. p. : *absous, absoute.* Pas de 3, pas de 6.
11. Abstraire. 1 : *abstrais, abstrayons.* 2 : *abstrayais, abstrayions.* 4 : *abstrairai, abstrairons.* 7 : *abstrairais, abstrairions.* 8 : *abstrais, abstrayons, abstrayez.* 5 : *abstraie, abstrayions.* p. pr. : *abstrayant.* p. p. : *abstrait.* Pas de 3, pas de 6.
13. Acquérir. 1 : *acquiers, acquérons.* 2 : *acquérais, acquérions.* 3 : *acquis, acquîmes.* 4 : *acquerrai.* 5 : *acquière, acquérions.* p. pr. : *acquérant.* p. p. : *acquis.*
15. Aller. 1 : *vais, vas, va, vont.* 2 : *allais, allait, allions, alliez, allaient.* 4 : *irai, iras, ira, irons, irez, iront.* 7 : *irais, irions.* 8 : *va, (vas-y), allons, allez.* 5 : *aille, ailles, aille, allions, alliez, aillent.* 6 : *allasse, allasses, allât, allassions, allassiez, allassent.* p. pr. : *allant.* p. p. : *allé.*
18. Asseoir. 1 : *assieds, asseyons, asseyent.* 2 : *asseyais, asseyions.* 3 : *assis, assîmes.* 4 : *assiérai, assiérons.* 7 : *assiérais, assiérons.* 8 : *assieds, asseyons.* 5 : *asseye, asseyions.* p. pr. : *asseyant.* p. p. : *assis.* FIG. 1 :

assois, assoyons. 4 : *assoirai, assoirons.* 8 : *assois.* 5 : *assoie, assoyions.*

19. Avoir. 1 : *ai, as, a, avons, avez, ont.* 2 : *avais, avions, avaient.* 3 : *eus, eûmes.* 4 : *aurai, aurons.* 7 : *aurais, aurions.* 8 : *aie, ayons, ayez.* 5 : *aie, ayons.* 6 : *eusse, eussions.* p. pr. : *ayant.* p. p. : *eu.*

20. Battre. 1 : *bats, battons.* 2 : *battais, battions.* 3 : *battis, battîmes.* 4 : *battrai, battrons.* 7 : *battrais, battrions.* 8 : *bats, battons, battez.* 5 : *batte, battions.* 6 : *battisse, battît.* p. pr. : *battant.* p. p. : *battu.*

21. Boire. 1 : *bois, buvons, boivent.* 2 : *buvais, buvions.* 3 : *bus, but, bûmes.* 4 : *boirai, boirons.* 7 : *boirais, boirions.* 8 : *bois, buvons, buvez.* 5 : *boive, buvions.* 6 : *busse, bût.* p. pr. : *buvant.* p. p. : *bu.*

22. Bouillir. 1 : *bous, bous, bout, bouillons, bouillez, bouillent.* 2 : *bouillais, bouillions.* 3 : *bouillis, bouillîmes.* 4 : *bouillirai, bouillirons.* 7 : *bouillirais, bouillirions.* 5 : *bouille, bouillions.* 6 : *bouillisse.* p. pr. : *bouillant.* p. p. : *bouilli.*

23. Braire. Usité seulement à la 3e pers. 1 : *brait, braient.* 4 : *braira, brairont.*

29. Conclure. 1 : *conclus, conclus, conclut, concluons, concluez, concluent.* 2 : *concluais, concluions.* 3 : *conclus, conclûmes.* 4 : *conclurai.* 7 : *conclurais.* 8 : *conclus, concluons, concluez.* 5 : *conclue, concluions.* 6 : *conclusse, conclût.* p. pr. : *concluant.* p. p. : *conclu.*

30. Confire. 1 : *confis, confisons.* 2 : *confisais.* 3 : *confis.* 4 : *confirai, confirons.* 7 : *confirais, confirions.* 8 : *confis, confisons, confisez.* 5 : *confise, confisions.* p. pr. : *confisant.* p. p. *confit.*

31. Coudre. 1 : *couds, cousons.* 2 : *cousais, cousions.* 4 : *coudrai, coudrons.* 8 : *couds, cousons, cousez.* 5 : *couse, cousions.* p. pr. : *cousant.* p. p. : *cousu.*

32. Courir. 1 : *cours, courons.* 2 : *courais, courions.* 3 : *courus, courûmes.* 4 : *courrai, courrons.* 7 : *courrais, courrions.* 8 : *cours, courons, courez.* 5 : *coure, courions.* 6 : *courusse, courût.* p. pr. : *courant.* p. p. : *couru.*

33. Croire. 1 : *crois, croyons.* 2 : *croyais, croyions.* 3 : *crus, crûmes.* 4 : *croirai, croirons.* 7 : *croirais, croirions.* 8 : *crois, croyez.* 5 : *croie, croyions.* 6 : *crusse, crût, crussions.* p. pr. : *croyant.* p. p. : *cru.*

34. Croître. 1 : *croîs, croîs, croît, croissons, croissez, croissent.* 2 : *croissais, croissions.* 3 : *crûs, crûmes.* 4 : *croîtrai, croîtrons.* 7 : *croîtrais, croîtrions.* 5 : *croisse, croissions.* 6 : *crûsse, crût, crussions.* p. pr. : *croissant.* p. p. : *crû, crue.*

35. Cueillir. 1 : *cueille, cueillons.* 2 : *cueillais, cueillions.* 3 : *cueillis, cueillîmes.* 4 : *cueillerai, cueillerons.* 7 : *cueillerais, cueillerions.* 8 : *cueille, cueillons, cueillez.* 5 : *cueille, cueillions.* 6 : *cueillisse, cueillît.* p. pr. : *cueillant.* p. p. : *cueilli.*

39. Devoir. 1 : *dois, devons, doivent.* 2 : *devais, devions.* 3 : *dus, dûmes.* 4 : *devrai.* 7 : *devrais, devrions.* 5 : *doive, devions.* 6 : *dusse, dût, dussions.* p. pr. : *devant.* p. p. : *dû, due, dus.*

40. Dire. 1 : *dis, dis, dit, disons, dites, disent.* 2 : *disais, disions.* 3 : *dis, dîmes.* 4 : *dirai, dirons.* 7 : *dirais, dirions.* 8 : *dis, disons, dites.* 5 : *dise, disions.* 6 : *disse, dît.* p. pr. : *disant.* p. p. : *dit.*

41. Dormir. 1 : *dors, dormons.* 2 : *dormais, dormions.* 3 : *dormis, dormîmes.* 4 : *dormirai, dormirons.* 7 : *dormirais, dormirions.* 8 : *dors, dormons, dormez.* 5 : *dorme, dormions.* 6 : *dormisse, dormît.* p. pr. : *dormant.* p. p. : *dormi.*

43. Éclore. Usité seulement à la 3e pers. 1 : *éclôt, éclosent.* 4 : *éclora, écloront.* 7 : *éclorait, écloraient.* 5 : *éclose, éclosent.* p. p. : *éclos.*

44. Ecrire. 1 : *écris, écrivons.* 2 : *écrivais, écrivions.* 3 : *écrivis, écrivîmes.* 4 : *écriras, écrirons.* 7 : *écrirais, écririons.* 8 : *écris, écrivons, écrivez.* 5 : *écrive, écrivions.* 6 : *écrivisse, écrivît.* p. pr. : *écrivant.* p. p. : *écrit.*

46. Envoyer. 1 : *envoie, envoyons.* 2 : *envoyais, envoyions.* 4 : *enverrai, enverrons.* 7 : *enverrais, enverrions.* 8 : *envoie, envoyons, envoyez.* 5 : *envoie, envoyons.* p. pr. : *envoyant.* p. p. : *envoyé.*

48. Etre. 1 : *suis, es, est, sommes, êtes, sont.* 2 : *étais, étions.* 3 : *fus, fûmes.* 4 : *serai, serons.* 7 : *serais, serions.* 8 : *sois, soyons, soyez.* 5 : *sois, soyons.* 6 : *fusse, fût, fussions.* p. pr. : *étant.* p. p. : *été.* *Eté* est invariable.

49. Faillir. Usité seulement aux temps suivants. 3 : *faillis, faillîmes.* 4 : *faudrai* (ou) *faillirai.* 7 : *faudrais* (ou) *faillirais.* p. pr. : *faillant.* p. p. : *failli.*

50. Faire. 1 : *fais, faisons, faites, font.* 2 : *faisais, faisions.* 3 : *fis, fîmes.* 4 : *ferai.* 7 : *ferais, ferions.* 8 : *fais, faisons, faites.* 5 : *fasse, fassions.* 6 : *fisse, fît, fissions.* p. pr. : *faisant.* p. p. : *fait.*

51. Falloir. Usité seulement à la 3e pers. 1 : *faut.* 2 : *fallait.* 3 : *fallut.* 4 : *faudra.* 7 : *faudrait.* 5 : *faille.* 6 : *fallût.* p. p. : *fallu.*

53. Fleurir. 1 : *fleuris, fleurissons.* 2 : *fleurissais, fleurissions.* 3 : *fleuris, fleurîmes.* 4 : *fleurirai.* 7 : *fleurirait, fleuriraient.* 5 : *fleurisse, fleurissions.* 6 : *fleurisse, fleurît.* p. pr. : *fleurissant.* p. p. : *fleuri.* Au sens figuré, noter le 2 : *florissais* et le p. pr. *florissant.*

55. Frire. Usité seulement aux temps suivants. 1 : *fris, fris, frit.* 4 : *frirai, frirons.* Le verbe *faire* est utilisé avec *frire* pour former les personnes et les temps défectueux : *nous faisons frire.*

56. Fuir. 1 : *fuis, fuyons.* 2 : *fuyais, fuyions.* 3 : *fuis, fuîmes.* 4 : *fuirai.* 7 : *fuirais, fuirions.* 8 : *fuis, fuyons, fuyez.* 5 : *fuie, fuyons.* p. pr. : *fuyant.* p. p. : *fui.*

58. Haïr. 1 : *hais, haïssons.* 2 : *haïssais, haïssions.* 3 : *haïs, haïmes.* 4 : *haïrai, haïrons.* 7 : *haïrais, haïrions.* 5 : *haïsse, haïssions.* p. pr. : *haïssant.* p. p. : *haï.*

59. Joindre. 1 : *joins, joignons.* 2 : *joignais, joignions.* 3 : *joignis.* 4 : *joindrai.* 7 : *joindrais, joindrions.* 5 : *joigne, joignions.* p. pr. : *joignant.* p. p. : *joint.*

60. Lire. 1 : *lis, lisons.* 2 : *lisais, lisions.* 3 : *lus, lûmes.* 4 : *lirai, lirons.* 7 : *lirais, lirions.* 8 : *lis, lisons, lisez.* 5 : *lise, lisions.* 6 : *lusse, lût, lussions.* p. pr. : *lisant.* p. p. : *lu.*

61. Luire. 1 : *lui, luisons.* 2 : *luisais, luisions.* 4 : *luirai, luirons.* 7 : *luirais, luirions.* 5 : *luise, luisions.* p. pr. : *luisant.* p. p. : *lui.* Pas de 3, pas de 6. Le p. p. *lui* n'a pas de féminin.

62. Maudire. 1 : *maudis, maudit, maudissons, maudissez, maudissent.* 2 : *maudissais, maudissions.* 3 : *maudis, maudîmes.* 4 : *maudirai, maudirons.* 7 : *maudirais, maudirions.* 5 : *maudisse, maudissions.* 8 : *maudis, maudissons, maudissez.* p. pr. : *maudissant.* p. p. : *maudit.*

63. Médire se conjugue comme *dire,* sauf en 1 et 8 : *médisez.*

64. Mettre. 1 : *mets, mettons.* 2 : *mettais, mettions.* 3 : *mis, mîmes.* 4 : *mettrai.* 7 : *mettrais, mettrions.* 8 : *mets, mettons, mettez.* 5 : *mette, mettions.* 6 : *misse, mît, missions.* p. pr. : *mettant.* p. p. : *mis.*

65. Moudre. 1 : *mouds, moulons, moulez, moulent.* 2 : *moulais, moulions.* 3 : *moulus, moulûmes.* 4 : *moudrai, moudrons.* 7 : *moudrais, moudrions.* 8 : *mouds, moulons, moulez.* 5 : *moule, moulions.* 6 : *moulusse, moulût.* p. pr. : *moulant.* p. p. : *moulu.*
66. Mourir. 1 : *meurs, meurs, meurt, mourons, mourez, meurent.* 2 : *mourais, mourions.* 3 : *mourus, mourûmes.* 4 : *mourrai, mourrons.* 7 : *mourrais, mourrions.* 8 : *meurs, mourons, mourez.* 5 : *meure, mourions.* 6 : *mourusse, mourût.* p. pr. : *mourant.* p. p. : *mort.*
67. Mouvoir. 1 : *meus, meus, meut, mouvons, mouvez, meuvent.* 2 : *mouvais, mouvions.* 3 : *mus, mûmes.* 4 : *mouvrai, mouvrons.* 7 : *mouvrais, mouvrions.* 8 : *meus, mouvons, mouvez.* 5 : *meuve, mouvions.* 6 : *musse, mût.* p. pr. : *mouvant.* p. p. : *mû* (f. *mue*).
68. Naître. 1 : *nais, nais, naît, naissons, naissez, naissent.* 2 : *naissais, naissions.* 3 : *naquis, naquîmes.* 4 : *naîtrai, naîtrons.* 7 : *naîtrais, naîtrions.* 8 : *nais, naissons, naissez.* 5 : *naisse, naissions.* 6 : *naquisse, naquît.* p. pr. : *naissant.* p. p. : *né.* L'auxiliaire est *être.*
69. Nuire se conjugue comme *luire.* Notez le 3 : *nuisis, nuisîmes.* 6 : *nuisisse, nuisît, nuisissions.*
72. Ouvrir. 1 : *ouvre, ouvrons.* 2 : *ouvrais, ouvrions.* 3 : *ouvris, ouvrîmes.* 4 : *ouvrirai.* 7 : *ouvrirais, ouvririons.* 8 : *ouvre, ouvrons, ouvrez.* 5 : *ouvre, ouvrions.* 6 : *ouvrisse, ouvrît.* p. pr. : *ouvrant.* p. p. : *ouvert.*
74. Paraître. 1 : *parais, paraissons.* 2 : *paraissais, paraissions.* 3 : *parus, parûmes.* 4 : *paraîtrai, paraîtrons.* 7 : *paraîtrais, paraîtrions.* 8 : *parais, paraissons, paraissez.* 5 : *paraisse, paraissions.* 6 : *parusse, parût, parussions.* p. pr. : *paraissant.* p. p. : *paru.*
75. Plaire. 1 : *plais, plaisons.* 2 : *plaisais, plaisions.* 3 : *plus, plûmes.* 4 : *plairai.* 7 : *plairais, plairions.* 8 : *plais, plaisons, plaisez.* 5 : *plaise, plaisions.* 6 : *plusse, plût, plussions.* p. pr. : *plaisant.* p. p. : *plu.*
76. Pleuvoir. Usité seulement à la 3e pers. du sing. 1 : *pleut.* 2 : *pleuvait.* 3 : *plut.* 4 : *pleuvra.* 7 : *pleuvrait.* 5 : *pleuve.* p. pr. *pleuvant.* p. p. : *plu.*
78. Pourvoir. 1 : *pourvois, pourvoyons.* 2 : *pourvoyais, pourvoyions.* 3 : *pourvus, pourvûmes.* 4 : *pourvoirai.* 7 : *pourvoirais, pourvoirions.* 8 : *pourvois, pourvoyons, pourvoyez.* 5 : *pourvoie, pourvoyions.* 6 : *pourvusse, pourvût, pourvussions.* p. pr. : *pourvoyant.* p. p. : *pourvu.*
79. Pouvoir. 1 : *peux* (ou) *puis, peux, peut, pouvons, pouvez, peuvent.* 2 : *pouvais, pouvions.* 3 : *pus, pûmes.* 4 : *pourrai, pourrons.* 7 : *pourrais, pourrions.* 5 : *puisse, puissions.* 6 : *pusse, pût, pussions.* p. pr. : *pouvant.* p. p. : *pu.* Pas de 8.
80. Prendre. 1 : *prends, prenons.* 2 : *prenais, prenions.* 3 : *pris, prîmes.* 4 : *prendrai, prendrons.* 7 : *prendrais, prendrions.* 8 : *prends, prenons, prenez.* 5 : *prenne, prenions.* 6 : *prisse, prît, prissions.* p. pr. : *prenant.* p. p. : *pris.*
82. Prévoir se conjugue comme *voir,* sauf en 4 : *prévoirais, prévoirons,* et 7 : *prévoirais, prévoirions.*
83. Promouvoir se conjugue comme *mouvoir ;* surtout usité à l'infinitif, aux temps composés, au p. p. *promu* et en 3 : *promut, promurent.*
85. Réduire. 1 : *réduis, réduisons.* 2 : *réduisais, réduisions.* 3 : *réduisis, réduisîmes.* 4 : *réduirai, réduirons.* 7 : *réduirais, réduirions.* 8 : *réduis, réduisons, réduisez.* 5 : *réduise, réduisions.* 6 : *réduisisse, réduisît.* p. pr. : *réduisant.* p. p. : *réduit.*

86. Repaître se conjugue comme *paître*, mais fait en 3 : *repus, repûmes*. 6 : *repusse, repût*. p. p. : *repu*.
87. Résoudre. 1 : *résous, résolvons*. 2 : *résolvais, révolvions*. 3 : *résolus, résolûmes*. 4 : *résoudrai, résoudrons*. 7 : *résoudrais, résoudrions*. 8 : *résous, résolvons, résolvez*. 5 : *résolve, résolvions*. 6 : *résolusse, résolût, résolussions*. p. pr. : *résolvant*. p. p. : *résolu*.
89. Rire. 1 : *ris, rions*. 2 : *riais, riions*. 3 : *ris, rîmes*. 4 : *rirai, rirons*. 7 : *rirais, ririons*. 8 : *ris, rions, riez*. 5 : *rie, riions*. 6 : *risse, rît, rissions*. p. pr. : *riant*. p. p. : *ri*.
90. Rompre. 4e conjugaison, p. VII.
92. Savoir. 1 : *sais, savons*. 2 : *savais, savions*. 3 : *sus, sûmes*. 4 : *saurai, saurons*. 7 : *saurais, saurions*. 8 : *sache, sachons, sachez*. 5 : *sache, sachions*. 6 : *susse, sût, sussions*. p. pr. : *sachant*. p. p. : *su*.
93. Sentir. 1 : *sens, sentons*. 2 : *sentais, sentions*. 3 : *sentis, sentîmes*. 4 : *sentirai, sentirons*. 7 : *sentirais, sentirions*. 8 : *sens, sentons, sentez*. 5 : *sente, sentions*. 6 : *sentisse, sentît*. p. pr. : *sentant*. p. p. : *senti*.
95. Servir. 1 : *sers, servons*. 2 : *servais, servions*. 3 : *servis, servîmes*. 4 : *servirai, servirons*. 7 : *servirais, servirions*. 8 : *sers, servons, servez*. 5 : *serve, servions*. 6 : *servisse, servît*. p. pr. : *servant*. p. p. : *servi*.
97. Suffire. 1 : *suffis, suffisons*. 2 : *suffisais, suffisions*. 3 : *suffis, suffîmes*. 4 : *suffirai, suffirons*. 7 : *suffirais, suffirions*. 8 : *suffis, suffisons, suffisez*. 5 : *suffise, suffisions*. 6 : *suffisse, suffît*. p. pr. : *suffisant*. p. p. : *suffi*.
98. Suivre. 1 : *suis, suivons*. 2 : *suivais, suivions*. 3 : *suivis, suivîmes*. 4 : *suivrai, suivrons*. 7 : *suivrais, suivrions*. 8 : *suis, suivons, suivez*. 5 : *suive, suivions*. 6 : *suivisse, suivît*. p. pr. : *suivant*. p. p. : *suivi*.
101. Tenir. 1 : *tiens, tenons*. 2 : *tenais, tenions*. 3 : *tins, tînmes*. 4 : *tiendrai, tiendrons*. 7 : *tiendrais, tiendrions*. 8 : *tiens, tenons, tenez*. 5 : *tienne, tenions*. 6 : *tinsse, tînt, tinssions*. p. pr. : *tenant*. p. p. : *tenu*.
102. Vaincre. 1 : *vaincs, vaincs, vainc, vainquons, vainquez, vainquent*. 2 : *vainquais, vainquions*. 3 : *vainquis, vainquîmes*. 4 : *vaincrai, vaincrons*. 7 : *vaincrais, vaincrions*. 8 : *vaincs, vainquons, vainquez*. 5 : *vainque, vainquions*. 6 : *vainquisse, vainquît*. p. pr. : *vainquant*. p. p. : *vaincu*.
103. Valoir. 1 : *vaux, vaux, vaut, valons, valez, valent*. 2 : *valais, valions*. 3 : *valus, valûmes*. 4 : *vaudrai, vaudrons*. 7 : *vaudrais, vaudrions*. 8 : *vaux, valons, valez*. 5 : *vaille, valions*. 6 : *valusse, valût, valussions*. p. pr. : *valant*. p. p. : *valu*.
104. Vêtir. 1 : *vêts, vêts, vêt, vêtons, vêtez, vêtent*. 2 : *vêtais, vétions*. 3 : *vêtis, vêtîmes*. 4 : *vêtirai, vêtirons*. 7 : *vêtirais, vêtirions*. 8 : *vêts, vêtons, vêtez*. 5 : *vête, vêtions*. 6 : *vêtisse, vêtit*. p. pr. : *vêtant*. p. p. : *vêtu*.
105. Vivre. 1 : *vis, vis, vit, vivons, vivez, vivent*. 2 : *vivais, vivions*. 3 : *vécus, vécûmes*. 4 : *vivrai, vivrons*. 7 : *vivrais, vivrions*. 8 : *vis, vivons, vivez*. 5 : *vive, vivions*. 6 : *vécusse, vécût*. p. pr. : *vivant*. p. p. : *vécu*.
106. Voir. 1 : *vois, vois, voit, voyons, voyez, voient*. 2 : *voyais, voyions*. 3 : *vis, vîmes*. 4 : *verrai, verrons*. 7 : *verrais, verrions*. 8 : *vois, voyons, voyez*. 5 : *voie, voyions*. 6 : *visse, vît*. p. pr. : *voyant*. p. p. : *vu*.
107. Vouloir. 1 : *veux, voulons, veulent*. 2 : *voulais, voulions*. 3 : *voulus, voulûmes*. 4 : *voudrai, voudrons*. 7 : *voudrais, voudrions*. 8 : *veux, voulons, voulez* (ou) *veuille, veuillons, veuillez*. 5 : *veuille, voulions*. 6 ; *voulusse, voulût*. p. pr. : *voulant*. p. p. : *voulu*.

a

à *p* [attribution] *Je donne un livre ~ mon frère,* ich gebe meinem Bruder ein Buch ‖ [lieu] ~ *Paris,* in Paris ; ~ *la ville,* in der Stadt ; ~ *la fenêtre,* am Fenster ; ~ *table,* bei Tisch ; *Je vais ~ Berlin,* ich fahre nach Berlin ; *Elle va ~ l'école,* sie geht in die Schule ‖ auf (acc.) : *Je vais au marché,* ich gehe auf den Markt ‖ *Aller ~ la maison,* nach Hause gehen ‖ [temps] ~ *six heures,* um sechs (Uhr) ‖ *Au mois de mars,* im (Monat) März ‖ ~ *Pâques,* zu Ostern ‖ ~ *quarante ans,* mit vierzig Jahren ‖ ~ *dimanche !,* bis (auf) Sonntag ! ‖ LOC. DIV : ~ *cinquante pfennig,* zu/a fünfzig Pfennig ‖ ~ *cent kilomètres de Hambourg,* hundert Kilometer von Hamburg ‖ *Un homme aux yeux bleus,* ein Mann mit blauen Augen ‖ [manière] Art *f* ‖ ~ *pied,* zu Fuß ‖ DEVANT UN INF. zu (inf.) ; zum (inf. substantivé) ; *C'est ~ craindre,* es steht zu befürchten ‖ EXCL. : ~ *l'aide !,* Hilfe ! ‖ ~ *votre santé !,* Prosit !

abaiss|ement *m* Senkung *f* ‖ [diminution] Herabsetzung *f.* **~er** *vt* herabsetzen ; erniedrigen ; senken ; herunterlassen ‖ [prix] senken ‖ FIG. [humilier] demütigen • *vpr* sinken ; fallen ; sich senken ‖ FIG. sich erniedrigen.

aband|on *m* Vernachlässigung *f* ‖ [état] Verlassenheit, Verwahrlosung *f* ‖ [cession] Abtretung *f.* **~onné, e** *a* verlassen ‖ [maison] verwahrlost. **~onner** *vt* verlassen.

abat-jour *m inv* Lampenschirm *m.*

abatt|ement *m* FIN. Abzug *m* ‖ FIG. Niedergeschlagenheit *f.* **~oir** *m* Schlachthof *m,* -haus *n.* **~re** *vt* : ~ *des arbres,* Bäume fällen ‖ [démolir] abreißen ‖ [terrasser] niederschlagen ‖ [tuer] totschießen ‖ [animaux] schlachten • *vpr* niederstürzen. **~u, e** *a* FIG. niedergeschlagen.

abb|aye *f* Abtei *f.* **~é** *m* Abt *m.*

abcès *m* Geschwür *n.*

abdi|cation *f* Abdankung *f.* **~quer** *vi* abdanken.

abdomen *m* Bauch *m.*

abeille *f* Biene *f.*

abêtir *vt* verdummen • *vpr* dumm werden.

abîm|e *m* Abgrund *m.* **~er** *vt* beschädigen • *vpr* untergehen ‖ [se détériorer] verderben.

abjurer *vt* abschwören.

ablation *f* Ab-, Wegnahme *f.*

abnégation *f* Entsagung *f* || [de soi] Selbstopferung, -vergessenheit *f*.
aboiement *m* Gebell *n*.
aboli|r *vt* abschaffen; aufheben. **~tion** *f* Aufhebung *f*.
abomin|able *a* abscheulich. **~ation** *f* Greuel *m*. **~er** *vt* verabscheuen.
abond|amment *av* reichlich. **~ance** *f* (Über)fülle *f*. **~ant, e** *a* reichlich.
abonn|é, e *s* Abonnent(in). **~ement** *m* Abonnement *n*; Dauerkarte *f*. **~er** *vt* : *Être ~é à*, abonniert sein auf (acc.) • *vpr* : *S'~ à un journal*, eine Zeitung abonnieren.
abord *m* Zugang *m* || *De prime ~*, von vornherein • *loc av* : ***d'~***, zunächst; zuerst || ***tout d'~***, zu allererst. **~able** *a* zugänglich. **~age** *m* Entern *n*. **~er** *vi* sich nähern • *vt* MAR. entern || [parler à qn] jn anreden, -sprechen || FIG. [question] anschneiden.
abouti|r *vt* führen nach, zu. **~ssement** *m* Endergebnis *n*.
aboyer *vi* bellen.
abrég|é *m* : *En ~*, abgekürzt. **~er** *vt* (ver)kürzen.
abreuver *vt* tränken.
abréviation *f* Abkürzung *f*.
abri *m* Schutz *m*; Obdach *n*; Zuflucht *f* || *À l'~*, in Sicherheit; geschützt (vor, dat.). **~ter** *vt* bergen; schützen.
abricot *m* Aprikose *f*. **~ier** *m* Aprikosenbaum *m*.
abrog|ation *f* Aufhebung, Abschaffung *f*. **~er** *vt* abschaffen; aufheben.
abrupt, e *a* schroff; steil.
abrut|i, e *a* blöde; stumpf(sinnig) • *m* Dummkopf *m*. **~ir** *vt* verdummen. **~issement** *m* Verdummung *f*.
absen|ce *f* Abwesenheit *f* || FIG. Mangel *m*. **~t, e** *a* abwesend. **~téisme** *m* Arbeitsversäumnis *n*. **~ter (s')** *vpr* weggehen; fernbleiben.
absolu, e *a* absolut; unbedingt. **~ment** *av* durchaus; *~ rien*, durchaus nichts.
absorb|ant, e *a* ein-, aufsaugend. **~er** *vt* auf-, einsaugen || [manger] einnehmen || FIG. in Anspruch nehmen • *vpr* sich versenken || sich vertiefen.
abst|enir (s') *vpr* sich enthalten (gén.). **~ention** *f* (Stimmen)enthaltung *f*.
abstr|action *f* Abstraktion *f* || *Faire ~ de*, beiseite lassen || LOC : *~ faite de*, abgesehen von. **~ait, e** *a* abstrakt.
absurde *a* sinnlos.
abus *m* Mißbrauch *m*. **~er** *vt* täuschen • *vi* Mißbrauch treiben mit • *vpr* irren. **~if, ive** *a* übertrieben.
acacia *m* Akazie *f*.
acajou *m* Mahagoni(holz) *n*.
acariâtre *a* streitsüchtig.
accabl|ant, e *a* (nieder)drückend. **~ement** *m* Niedergeschlagenheit *f*. **~er** *vt* niederdrücken, -schlagen.
accalmie *f* Pause *f* || MAR. Flaute *f*.

accaparer *vt* aufkaufen; hamstern || FIG. an sich reißen.
accéder *vi* Zugang *(m)* zu (dat.) haben || ~ *à une demande,* einer bitte nachkommen.
accélér|ateur *m* Gashebel *m.* **~ation** *f* Beschleunigung *f.* **~er** *vt* beschleunigen || AUT. Gas geben.
accent *m* Betonung *f* || [étranger] Akzent *m* || FIG. Ton, Klang *m.* **~uation** *f* Betonung *f.* **~uer** *vt* betonen • *a* : **~é, e** betont.
accept|able *a* annehmbar. **~ation** *f* Annahme *f* || Zusage *f.* **~er** *vt* annehmen || zusagen.
acc|ès *m* Zugang *m,* -fahrt *f* || [crise] Anfall *m* || FIG. [colère] Ausbruch *m.* **~essible** *a* zugänglich.
accessoire *a* Neben... nebensächlich • *m* Nebensache *f;* Zubehör *n, m.* **~ment** *av* nebenbei.
accident *m* [hasard] Zufall *m* || [malheur] Unfall *m.* **~é, e** *a* [terrain] hügelig. **~el, le** *a* zufällig.
acclam|ations *fpl* Zujubel *m.* **~er** *vt* zujubeln (dat.).
acclimater *vt* eingewöhnen • *vpr* sich hineinleben.
accommod|ant, e *a* fügsam. **~ation** *f* Anpassung *f* || [vue] Scharfeinstellung *f.* **~ement** *m* Vergleich *m.* **~er** *vt* [concilier] aussöhnen || CUIS. zubereiten • *vpr* : **s'~ de,** sich schicken in (acc.).
accompagn|ateur, trice *s* Begleiter(in). **~ement** *m* Begleitung *f.* **~er** *vt* begleiten.
accompl|i, e *a* vollendet || [parfait] vollkommen. **~ir** *vt* [achever] vollenden; füllen. **~issement** *m* Vollendung, Vollziehung *f* || Erfüllung *f.*
accord *m* Übereinstimmung *f;* Abkommen *n* || MUS. Akkord *m* || *Être d'~,* einverstanden sein.
accord|éon *m* (Zieh)harmonika *f.* **~éoniste** *m* Akkordeonspieler *m.*
accord|er *vt* [mettre d'accord] aussöhnen || [octroyer] gewähren; einräumen || bewilligen || [admettre] zugeben || MUS. stimmen • *vpr* einig werden. **~eur** *m* Stimmer *m.*
accoster *vt/vi* anlegen; landen.
accot|ement *m* Bankette *f.* **~er** *vt* stützen; (an)lehnen.
accouch|ement *m* Entbindung *f.* **~er** *vi* zur Welt bringen • *vt* entbinden.
accoud|er (s') *vpr* sich aufstützen. **~oir** *m* Armstütze *f.*
accoupler *vt* paaren; verkuppeln.
accourir *vi* her(bei)laufen.
accoutr|ement *m* Aufputz *m.* **~er** *vt* herausputzen.
accoutumer *vt* gewöhnen (an, acc.).
accro|c *m* Riß *m.* **~chage** *m* Auf-, Anhängen *n.* **~cher** *vt* an-, auf-, einhängen.
accr|oissement *m* (An-, Auf)wachsen *n* || Erhöhung *f.*

~oître *vt* vermehren, -größern • *vpr* größer werden.
accroupir (s') *vpr* sich (nieder)hocken • *a* : **~i, e,** hockend.
accueil *m* Empfang *m;* Aufnahme *f.* **~lant, e** *a* entgegenkommend. **~lir** *vt* empfangen ; aufnehmen.
accumul|ateur (FAM. ***accu***) *m* Speicher, Akkumulator *m.* **~ation** *f* Anhäufung *f.* **~er** *vt* (an)sammeln ; aufhäufen.
accus|ateur, trice *s* Kläger(in). **~ation** *f* (An)klage *f.* **~é, e** *s* Angeklagte(r) *as* • *m* : **~é** *de réception,* Empfangsbescheinigung *f.* **~er** *vt* an-, verklagen ‖ ~ *réception,* den Empfang bestätigen • *a* : ***~é, e,*** [marqué] ausgeprägt.
acerbe *a* herb ; scharf.
acéré, e *a* scharf.
acharn|é, e *a* erbittert ; verbissen. **~ement** *m* Verbissenheit *f.* **~er (s')** *vpr* : ~ *contre qn,* jn unaufhörlich verfolgen ‖ [se donner à] sich hingeben.
achat *m* Einkauf *m;* ~ *au comptant,* Barkauf *m.*
achemin|ement *m* Beförderung *f.* **~er** *vt* befördern.
achet|able *a* käuflich. **~er** *vt* (ein)kaufen. **~eur, euse** *s* (Ein)käufer(in).
ach|evé, e *a* vollendet ; fertig ‖ [parfait] vollkommen. **~èvement** *m* Vollendung *f.* **~ever** *vt* vollenden • *vi* aus... ; ~ *de boire,* austrinken • *vpr* enden ‖ zu Ende gehen.
acid|e *a* sauer ; säuerlich • *m* Säure *f.* **~ité** *f* Säure *f.* **~ulé, e** *a* säuerlich ‖ *Bonbons ~s,* Drops *mpl.*
ac|ier *m* Stahl *m.* **~iérie** *f* Stahlwerk *n.*
acné *f* Pickel *m.*
acompte *m* Anzahlung *f.*
à-côté *m* Nebensache *f* ‖ *Pl* : *~s,* [dépenses] Nebenkosten *fpl.*
à-coup *m* Ruck *m; Par ~s,* stoß-, ruckweise.
acqu|éreur *m* Erwerber, Käufer *m.* **~érir** *vt* erwerben ; kaufen ; erstehen • *pp/a* ***~is, e*** : *C'est un fait* ~, es steht fest.
acquiesc|ement *m* Zustimmung *f.* **~er** *vi* zustimmen.
acqu|isition *f* Erwerb *m.* **~it** *m* Quittung *f* ‖ *Pour* ~, Betrag erhalten.
acquitt|ement *m* COMM. Zahlung, Begleichung *f* ‖ JUR. Freispruch *m.* **~er** *vt* [payer] bezahlen, -gleichen ‖ JUR. freisprechen.
âcre *a* scharf ; beizend ; ätzend.
acrobat|e *m* Akrobat, Seiltänzer *m.* **~ie** *f* Akrobatik *f.* **~ique** *a* akrobatisch.
acte *m* Handlung, Tat *f;* ~ *de violence,* Gewalttat ‖ [écrit] Urkunde *f;* ~ *de naissance,* Geburtsurkunde *f* ‖ *Prendre ~ de qch,* FAM. sich etw merken ‖ SPECT. Akt, Aufzug *m* ‖ REL. ~ *de foi,* Glaubensbekenntnis *n.*

acteur, trice *s* Schauspieler(in).
actif, ive *a* tätig; aktiv; wirksam • *m* COMM. (Aktiv)vermögen *n*.
action *f* Handlung, Tat *f*; *Mauvaise ~*, Untat ‖ FIN. Aktie *f*. **~naire** *m* Aktionär, Aktienbesitzer *m*. **~ner** *vt* antreiben.
activ|ement *av* tätig; aktiv. **~er** *vt* antreiben. **~ité** *f* Tätigkeit, Aktivität *f* ‖ *En ~*, im Dienst ‖ [machine] Betrieb *m*.
actu|alité *f* : *D'~*, aktuell ‖ *Pl* CIN. Wochenschau *f*. **~el, le** *a* gegenwärtig; jetzig. **~ellement** *av* zurzeit; heutzutage.
acuité *f* Schärfe *f*.
adapt|able *a* anpaßbar. **~ation** *f* Anpassung, Einstellung (auf, acc.) *f* ‖ *~ à l'écran*, Verfilmung *f*. **~er** *vt* FIG. anpassen ‖ *~ à l'écran*, verfilmen • *vpr* : ***s'~ (à)***, sich einfügen (in, acc.); passen (zu).
addit|if *m* Zusatz *m*. **~ion** *f* Hinzufügen *n* ‖ MATH. Addition *f* ‖ [restaurant] Rechnung *f*. **~ionner** *vt* (auf)addieren; summieren ‖ [ajouter] beifügen, -geben.
adéquat, e *a* entsprechend.
adhé|rence *f* Anhaften *n* ‖ MÉD. Verwachsung *f*. **~rent, e** *a* anhaftend; Haft... • *m* Mitglied *n*. **~rer** *vi* [s'attacher] anhaften ‖ [participer] beitreten (dat.). **~sif, ive** *a* anhaftend; Heft... **~sion** *f* (An)haften *n* ‖ [participation] Beitritt *m* (zu, dat.).
adieu *interj* lebewohl! • *m* Abschied *m*.
adipeux, euse *a* fettig.
adjectif *m* Beiwort *n*.
adj|oindre *vt* bei-, hinzufügen. **~oint, e** *a* : *Instituteur ~*, Hilfslehrer *m*. **~onction** *f* Beifügung *f*.
adjudant *m* Feldwebel *m*.
adjugé, e *a* zugeschlagen.
adjurer *vt* beschwören.
admettre *vt* zulassen; auf-, annehmen ‖ [reconnaître] zugeben.
administr|ateur, trice *s* Verwalter(in) ‖ JUR. Verweser *m*. **~atif, ive** *a* Verwaltungs...; amtlich. **~ation** *f* Verwaltung *f*. **~er** *vt* verwalten ‖ MÉD. verordnen.
admir|able *a* wunderschön, -voll; wunderbar. **~ateur, trice** *s* Bewunderer(in). **~ation** *f* Bewunderung *f*. **~er** *vt* bewundern.
admiss|ible *a* zulässig. **~ion** *f* Zulassung *f*.
adolesc|ence *f* Jugendalter *n*. **~ent, e** *a* jugendlich • *s* Jugendliche(r) *as*.
adonner (s') *vpr* sich hingeben • *a* : ***~é, e***, hingegeben; zugetan.
adopt|er *vt* [enfant] adoptieren ‖ [loi] annehmen. **~if, ive** *a* : *Père ~*, Pflegevater *m*. **~ion** *f* JUR. Adoption *f* ‖ FIG. Annahme *f*.
ador|able *a* entzückend.

~ation *f* Anbetung *f*. **~er** *vt* anbeten.
adosser (s') *vpr* sich anlehnen (an, acc.).
adouc|ir *vt* versüßen ; mildern ‖ lindern. **~issement** *m* Milderung, Linderung *f*.
1. adr|esse *f* [dextérité] Geschicklichkeit *f*. **~oit, e** *a* geschickt ; gewandt ; gescheit.
2. adress|e *f* [lettre] Anschrift, Adresse *f*. **~er** *vt* [lettre] richten (an, acc.) • *vpr* : *s'~ (à)*, sich wenden (an, acc.).
Adriatique *f* Adria *f*.
aduler *vt* schmeicheln (dat.) ; lobhudeln.
adulte *a* erwachsen • *m* Erwachsene(r) *m*.
adult|ère *a* ehebrecherisch • *m* Ehebruch *m*. **~érin, e** *a* unehelich.
advenir *vi* geschehen ; vorkommen.
advers|aire *m* Gegner *m*. **~e** *a* gegnerisch.
aér|ateur *m* Entlüfter *m*. **~ation** *f* Lüftung *f*. **~er** *vt*. (aus)lüften ; ventilieren • *a* : *~é, e*, gelüftet ; luftig. **~ien, ne** *a* Luft... ; *Transports ~s*, Luftverkehr *m*. **~o-club** *m* Fliegerverein *m*. **~odrome** *m* Flugplatz, -hafen *m*. **~odynamique** *a* stromlinienförmig. **~ogare** *f* Flughafen *m*. **~oport** *m* Flughagen *m*.
affable *a* leutselig.
affad|ir *vt* schal machen. **~issement** *m* Verflachung, Abschwächung *f*.
affaibl|ir *vt* (ab)schwächen • *vpr* schwächer werden. **~issement** *m* (Ab)schwächung *f*.
affair|e *f* Geschäft *n* ; Angelegenheit, Sache *f* ‖ *Avoir ~ à qn*, mit jm zu tun haben ‖ COMM. Geschäft *n* ‖ *Ministère des ~s étrangères*, Außenministerium *n* ‖ JUR. Sache *f* ; (Rechts)fall *m*. **~é, e** *a* geschäftig. **~ement** *m* Geschäftigkeit *f*.
affaiss|ement *m* Senkung *f*. **~er (s')** *vpr* sich senken.
affaler (s') *vpr* : *~ sur un banc*, sich auf eine Bank fallen lassen.
affam|é, e *a* hungrig. **~er** *vt* aushungern.
affect|ation *f* Ziererei *f* ‖ [destination] An-, Zuweisung *f*. **~é, e** *a* betroffen ‖ [peu naturel] geziert. **~er** *vt* [émouvoir] ergreifen ‖ [feindre] vorgeben ‖ [destiner] an-, zuweisen. **~if, ive** *a* seelisch ; Gemüts... **~ion** *f* Zuneigung *f* ‖ MÉD. Anfall *m*. **~ionner** *vt* gern mögen ‖ eine Vorliebe haben (für). **~ueusement** *av* innigst ; liebevoll. **~ueux, euse** *a* liebevoll.
afférent, e *a* zukommend ; gebührend ; damit verbunden.
affich|age *m* Anschlagen *n*, -schlag *m*. **~e** *f* Anschlag *m* ; Plakat *n*. **~er** *vt* anschlagen ‖ FIG. zur Schau stellen.
affilée (d') *loc av* hintereinander ; in einem Zug.
affiler *vt* (an)schärfen ; (ab-, aus)schleifen ; wetzen.

affilier (s') *vpr* sich anschließen ; beitreten.
affiner *vt* verfeinern, -edeln, läutern.
affinité *f* Verwandtschaft *f*.
affirm|atif, ive *a* bejahend • *f* : *Dans l'~ive,* wenn ja. **~ation** *f* Behauptung *f*. **~er** *vt* behaupten.
affli|ction *f* Betrübnis *f*. **~gé, e** *a* [d'un mal] befallen (von) ‖ [triste] betrübt. **~geant, e** *a* betrübend, -trüblich. **~ger** *vt* betrüben.
afflu|ence *f* Zustrom, -lauf *m* ; Andrang *m*. **~ent** *m* Nebenfluß *m*. **~er** *vi* zuströmen. **~x** *m* Andrang, Zulauf, Zustrom, Zufluß *m*.
affol|é, e *a* kopflos. **~ement** *m* Verwirrung *f*. **~er** *vt* verwirren • *vpr* den Kopf verlieren.
affranch|i, e *a* freigemacht ‖ [lettres] frankiert. **~ir** *vt* freimachen ‖ [lettres] frankieren • *vpr* sich befreien. **~issement** *m* Freimachung, -lassung *f* ‖ [postes] Frankierung *f* ; Briefporto *n*.
affr|ètement *m* Befrachtung *f*. **~éter** *vt* chartern ; befrachten.
affreux, euse *a* entsetzlich ; abscheulich ; gräßlich.
affront *m* Beschimpfung, -leidigung *f*. **~er** *vt* trotzen.
affût *m* : *Être à l'~,* auf der Lauer liegen ‖ TECHN. Gestell *n*. **~er** *vt* anschärfen, -schleifen.
afin *loc p* : **~ de,** um... zu (inf.) • *loc c* : **~ que,** damit ; (auf) daß.
afri|cain, e *a* afrikanisch • *s* : °~, Afrikaner(in). °**~que** *f* Afrika *n*.
aga|çant, e *a* aufreizend ; lästig. **~cer** *vt* reizen ; ärgern.
âg|e *m* (Lebens)alter *n* ‖ *Quel ~ avez-vous ?,* wie alt sind Sie ? ‖ *Du même ~,* gleichaltrig ‖ HIST. *Moyen °~,* Mittelalter *n*. **~é, e** *a* alt ; bejahrt ‖ *~ de trente ans,* dreißigjährig.
agence *f* Agentur *f* ‖ *~ de voyages,* Reisebüro *n*.
agenc|ement *m* Anordnung, Einrichtung *f*. **~er** *vt* anordnen.
agenda *m* Notizbuch *n*.
agenouiller (s') *vpr* (sich) niederknien.
agent *m* Agent, Beamte(r) *m* ‖ *~ de maîtrise,* Vorarbeiter *m* ‖ *~ de police,* (Schutz)polizist *m*.
agglomér|ation *f* Siedlung *f* ; Stadtbild *n*. **~er** *vt* anhäufen ; zusammenballen.
agglutiner *vt* an-, verkleben.
aggrav|ation *f* Erschwerung, Verschlimmerung *f*. **~er** *vt* verschlimmern • *vpr* schlimmer werden.
agil|e *a* flink ; gewandt. **~ité** *f* Flinkheit *f*.
agio *m* Aufgeld, Agio *n*.
ag|ir *vi* handeln ; tätig sein • *v impers* : **il s'agit de,** es handelt sich um ; es ist die Rede von. **~issant, e** *a* tätig ; wirksam.
agi|tateur, trice *s* Aufwie-

gler(in), Agitator(in). **~tation** *f* Unruhe f ‖ ~ *politique,* politische Agitation. **~té, e** *a* bewegt; unruhig ‖ FIG. aufgeregt. **~ter** *vt* schütteln; hin und her bewegen ‖ FIG. [troubler] bewegen; beunruhigen • *vpr* sich bewegen ‖ FIG. unruhig werden.

agneau, elle *s* Lamm *n.*

agoni|e *f* Todeskampf *m.* **~ser** *vi* im Sterben liegen.

agraf|e *f* Spange *f* ‖ ~ *de bureau,* Heftklammer *f.* **~er** *vt* zuklammern. **~euse** *f* Heftmaschine *f.*

agraire *a* Agrar... ‖ *Réforme* ~, Bodenreform *f.*

agrand|ir *vt* vergrößern; erweitern. **~issement** *m* Vergrößerung, Erweiterung *f* ‖ [maison] Ausbau *m.*

agré|able *a* angenehm; freundlich; gemütlich. **~er** *vt* annehmen ‖ *Veuillez* ~..., mit vorzüglicher Hochachtung • *vi* [plaire] gefallen.

agrément *m* Vergnügen *n* ‖ [accord] Zustimmung *f.* **~er** *vt* (aus)schmücken; (ver)zieren.

agrès *mpl* MAR. Takelage *f* ‖ SP. Turnseilgeräte *npl.*

agress|er *vt* angreifen. **~eur** *m* Angreifer *m.* **~if, ive** *a* angreifend. **~ion** *f* Angriff *m.*

agr|icole *a* landwirtschaftlich; Land... **~iculteur** *m* Landwirt, Bauer *m.* **~iculture** *f* Landwirtschaft *f;* Ackerbau *m.* **~onome** *m* Diplomlandwirt *m.*

agrumes *mpl* Agrumen(früchte) *fpl.*

aguets *mpl* : *Aux* ~, auf der Lauer.

aguichant, e *a* FAM. keß.

ahurir *vt* verblüffen, -dutzen.

aid|e *f* Hilfe *f;* Beistand *m;* Unterstützung *f; À l'*~ *de,* mit Hilfe von • *m* Gehilfe *m.* **~e-comptable** *m* Hilfsbuchhalter *m.* **~er** *vt* : ~ *qn,* jm helfen ‖ [favoriser] fördern ‖ LOC : ~ *qn à partir,* jm weghelfen.

aïe! *interj* au!; o weh!; ach!

aïeul, e *s* Ahn(herr) *m;* Ahnfrau *f* ‖ [sens large] Vorfahr *m* • *mpl* : ***les aïeux,*** Vorfahren, Ahnen *mpl.*

aigle *m* Adler *m.*

aigr|e *a* sauer; säuerlich; herb ‖ [revêche] spröde. **~e-doux, ce** *a* süßsauer; bittersüß.

aigr|eur *f* Säure *f* ‖ MÉD. ~*s d'estomac,* Magensäure *f.* **~ir** *vt* sauer/bitter machen • *pp/a* : ***~i, ie,*** verbittert.

aigu, uë *a* spitz ‖ FIG. scharf ‖ MÉD. akut.

aiguill|age *m* Weiche *f* ‖ *Poste d'*~, Stellwerk *n.* **~e** *f* Nadel *f* ‖ [montre] Zeiger *m* ‖ [rail] Weiche *f.* **~er** *vt* die Weiche stellen ‖ FIG. lenken. **~on** *m* Stachel *m.* **~onner** *vt* (an)stacheln ‖ FIG. anspornen.

aiguiser *vt* schärfen; wetzen; schleifen.

ail *m* Knoblauch *m.*

ail|e *f* Flügel *m.* **~é, e** *a* beflügelt. **~ier** *m* SP. (linker, rechter) Stürmer.

ailleurs *av* anderswo ‖ *Par ~*, außerdem ‖ [mouvement vers] anderswohin • *loc av* : **d'~**, übrigens ; außerdem ; anderseits.
aimable *a* liebenswürdig, -wert ; freundlich.
aimant *m* Magnet *m*. **~er** *vt* magnetisieren.
aimer *vt* lieben ; gern haben/mögen ; *~ les pommes*, Äpfel gern essen ; *J'~e mieux cela*, das ist mir lieber ‖ (avec l'inf.) *~ (à) jouer*, gern spielen • *a* : **~é, e**, lieb ; beliebt • *vpr* (récipr.) sich/einander lieben.
aine *f* Leiste, Leistengegend *f*.
aîné, e *a* [de plusieurs] ältest ; [de deux] älter • *s* Älteste(r) ; Ältere(r).
ainsi *av* so ; also ; *Pour ~ dire*, sozusagen ; *Et ~ de suite*, und so weiter (usw.) • *loc c* : [comparaison] *~ que*, ebenso... wie.
1. air *m* [qu'on respire] Luft *f* ‖ *En plein ~*, im Freien ‖ TECHN. *~ comprimé*, Preßluft *f* ‖ FIG. *En l'~*, in der Schwebe.
2. air *m* [aspect] Aussehen, Äußere(s) *n* ‖ [visage] Miene *f*; Gesicht *n* ‖ [apparence] (An)schein *m*; *Avoir l'~ fatigué*, müde aussehen.
3. air *m* MUS. Melodie, Weise *f*.
aire *f* Flächeninhalt *m*.
airelle *f* Heidelbeere *f*.
ais|ance *f* : *Avec ~*, ungezwungen ‖ [bien-être] Wohlstand *m*. **~e** *f* : LOC : *À l'~*, bequem ; gemächlich ; *Mal à l'~*, unwohl. **~é, e** *a* leicht ‖ [fortuné] wohlhabend.
aisselle *f* Achselhöhle *f*.
Aix-la-Chapelle *f* Aachen *n*.
ajonc *m* Stechginster *m*.
ajourn|ement *m* Vertagung, Verschiebung *f*. **~er** *vt* vertagen, -schieben.
ajout *m* Zusatz *m*. **~er** *vt* hinzufügen ; hinzusetzen ; beifügen ‖ [de l'eau] nachfüllen ‖ MATH. addieren • *vpr* hinzukommen, -treten.
ajust|age *m* Einstellung *f*. **~ement** *m* Anpassung *f*. **~er** *vt* zurechtsetzen ‖ [adapter] anpassen ‖ [viser] zielen auf (acc.) • *vpr* passen zu. **~eur** *m* Monteur, Schlosser *m*.
alambic *m* Retorte *f*.
alanguir *vt* erschlaffen.
alarm|ant, e *a* beunruhigend. **~e** *f* Warnruf, Alarm *m*. **~er** *vt* beunruhigen.
album *m* Album, Stammbuch *n*.
albumine *f* Eiweißstoff *m*.
alcali *m* Alkali *n*.
alcoo|l *m* Alkohol *m* ‖ *~ à brûler*, Brennspiritus *m*. **~lique** *a* alkoholisch • *m* Alkoholiker *m*. **~lisme** *m* Alkoholismus *m*. **~test** *m* : *Subir un ~*, in die Röhre pusten.
alcôve *f* Bettnische *f*.
alémanique *a* alemannisch.
alentour *av* ringsumher • *mpl* Umgebung *f*.
alert|e *a* helle ; munter ; flink

• *f* Alarm *m*. **~er** *vt* alarmieren ‖ FIG. warnen.
aléser *vt* ausbohren.
alfa *m* Alfa-, Espartogras *n*.
algèbre *f* Algebra *f*.
Alg|er *f* Algier *n*. °**~érie** *f* Algerien *n*. °**~érien, ne** *s* Algerier(in) • *a* : **~**, algerisch.
algue *f* Alge *f*; Tang *m*.
alién|able *a* veräußerlich. **~ation** *f* Veräußerung *f* ‖ [folie] Geisteskrankheit *f*. **~é, e** *a* geisteskrank. **~er** *vt* veräußern. **~iste** *m* Irrenarzt *m*.
align|ement *m* [maisons] Fluchtlinie *f*. **~er** *vt* ausrichten ‖ [maisons] in die Fluchtlinie rücken.
aliment *m* Nahrungs-, Lebensmittel *n* ‖ FIG. Nahrung *f*. **~aire** *a* : *Denrées* **~***s*, Nahrungsmittel *npl* ‖ *Régime* **~**, Diät *f*. **~ation** *f* Ernährung, Kost *f* ‖ FIG. Versorgung *f*. **~er** *vt* (er)nähren; speisen ‖ [bétail] füttern.
alinéa *m* Absatz, -schnitt *m*.
alit|é, e *a* bettlägerig. **~er (s')** *vpr* sich ins Bett legen.
allaiter *vt* säugen; stillen.
allant *m* Schneidigkeit *f*; *Plein d'~*, schneidig.
allêch|ant, e *a* an-, verlockend. **~er** *vt* anlocken.
allée *f* Allee *f* ‖ ARCH. Gang *m* ‖ *Pl* : *~s et venues*, Kommen und Gehen.
all|ègement *m* Erleichterung *f*. **~éger** *vt* erleichtern.
allègre *a* frisch; munter.
allégresse *f* Jubel *m*.
Allem|agne *f* Deutschland *n*. **~and, e** *a* deutsch • *s* : °**~**, [habitant] Deutscher *m*; Deutsche *f* • *m* [langue] Deutsch *n*; *en* **~**, auf Deutsch.
1. aller *vi* gehen; *Où allez-vous ?*, wohin gehen Sie ? ‖ [promenade] wandern ‖ [véhicule] *~ en auto*, mit dem Auto fahren; Auto fahren; *~ en Allemagne, à Paris*, nach Deutschland, nach Paris fahren; *~ à la maison*, nach Hause gehen; *~ chez qn*, zu jm kommen ‖ führen ‖ FIG. *~ loin*, es weit bringen ‖ *Comment allez-vous ? — Je vais bien*, Wie geht es Ihnen ? — Es geht mir gut ‖ [fonctionner] laufen; gehen ‖ *Cet habit vous va bien*, dieser Frack steht Ihnen gut ‖ *~ se coucher*, zu Bett gehen; *~ se promener*, spazieren gehen; *~ chercher*, (ab)holen ‖ (futur proche) *Nous allons partir*, wir werden gleich abreisen ‖ *Laisser ~*, gehen lassen; *~ et venir*, hin und her abgehen • *vpr* : ***s'en*** **~**, weggehen; fortfahren; *Va-t'en*, los !; hau'ab.
2. aller *m* Gang *m*; Fahrt *f*; *Voyage ~*, Hinfahrt, -reise *f*; *Un ~ et retour*, eine Rückfahrkarte.
alli|age *m* Legierung *f*. **~ance** *f* Bund *m* ‖ [anneau] Ehering *m*. **~é, e** *a* vereinigt, -bündet • *m* Verbündete(r) *m*; Alliierte(r) *m*. **~er** *vt* CHIM.

verbinden ; legieren || POL. verbünden • *vpr* [se liguer] sich verbünden (mit).
allô! *interj* Hallo!
allocation *f* : ~*s familiales*, Kinderzulage *f*.
allocution *f* kurze Ansprache.
allong|ement *m* Verlängerung *f*. **~er** *vt* verlängern • *vpr* FIG. [se coucher] sich hinlegen.
allum|age *m* Zündung *f*. **~er** *vt* (an)zünden ; anstecken || ÉL. anmachen, -drehen, -stellen. **~ette** *f* Zündholz, Streichhölzchen *n*. **~eur** *m* Zündvorrichtung *f*.
allure *f* Gang *m*, -art *f* || [maintien] Verhalten *n*.
allusion *f* Anspielung *f*; *Faire* ~ *à*, anspielen auf (acc.).
alluvion *f* Anschwemmung *f*.
almanach *m* Kalender *m*.
alors *av* [en ce temps-là] damals ; *D'*~, damalig || [ensuite] dann ; darauf ; da || *Et* ~*?*, na, und? • *loc av* : ***jusqu'***~, bis dahin ; bis dann • *loc c* : ~ ***que***, als ; während.
alouette *f* Lerche *f*.
alourdir *vt* beschweren.
alp|age *m* Alp, Matte, Alm *f*. °**~es** *fpl* Alpen *fpl*.
alpha|bet *m* Alphabet, Abc *n*. **~bétique** *a* alphabetisch.
alp|in, e *a* alpin ; Alpen... **~inisme** *m* Bergsteigen *n*. **~iniste** *s* Bergsteiger(in).
Alsac|e *f* das Elsaß. **~ien, ne** *a* elsässich • *s* : °~, Elsässer(in).
altération *f* (Ver)änderung, Entstellung *f*.
altérer *vt* entstellen || [donner soif] Durst erregen • *pp/a* : **~é, e**, [assoiffé] durstig.
altern|ateur *m* Wechselstromgenerator *m*. **~atif, ive** *a* abwechselnd || *Courant* ~, Wechselstrom *m*. **~ative** *f* Wahl, Alternative *f*. **~ativement** *av* abwechselnd. **~er** *vi* (ab)wechseln, aufeinanderfolgen.
altier, ère *a* hochmütig.
altitude *f* Höhe *f*.
alto *m* [instrument] Bratsche, Altgeige *f* || [voix] Alt *m*; Altstimme *f*.
aluminium *m* Aluminium *n*.
amabilité *f* Liebenswürdigkeit, Freundlichkeit *f*.
amaigr|ir *vt* dünner machen. **~issement** *m* Abmagerung *f*.
amalgam|e *m* Vermischung *f*; Gemisch *n*. **~er** *vt* vermischen.
amande *f* Mandel *f*.
amant, e *s* Liebhaber(in) ; Geliebte(r) *m*; Geliebte *f*.
amarr|e *f* (Halte)tau *n*. **~er** *vt* festbinden ; vertäuen.
amas *m* Haufen *m*. **~ser** *vt* anhäufen ; aufstapeln || [argent] horten.
amateur *m* Liebhaber *m* || SP. Amateur *m*.
ambassad|e *f* Botschaft *f*. **~eur, drice** *s* Botschafter(in).
ambiance *f* Stimmung *f*.

ambigu, uë *a* zweideutig. **~ïté** *f* Zweideutigkeit *f.*
ambit|ieux, euse *a* ehrgeizig. **~ion** *f* Ehrgeiz *m.* **~ionner** *vt* trachten/streben nach.
ambul|ance *f* Krankenwagen *m.* **~ancier, ère** *s* Sanitäter(in). **~ant, e** *a* umherziehend ‖ *Marchand ~,* Hausierer *m.*
âme *f* Seele *f; Gemüt n.* ‖ [sensibilité] Gemüt, Gefühl *n; De toute son ~,* von ganzer Seele ‖ REL. Seele *f* ‖ [violon] Stimmholz *n* ‖ [canon] Seele *f.*
amélior|ation *f* Besserung *f.* **~er** *vt* (ver-, auf)bessern.
aménag|ement *m* Einrichtung, Ausstattung *f.* **~er** *vt* einrichten; ausstatten.
amend|e *f* Geldstrafe *f; Sous peine d'~,* bei Geldstrafe. **~er** *vt* (ver)bessern; meliorieren ‖ FIG. [loi] abändern • *vpr* sich bessern.
amener *vt* herbeiführen; herbeibringen ‖ FIG. [décider] bewegen ‖ [causer] nach sich ziehen ‖ MAR. [voiles] raffen; einholen.
amenuiser *vt* verkleinern, -ringern.
amer, ère *a* bitter; herb.
améri|cain, e *a* amerikanisch • *s* : °~, Amerikaner(in). °**~que** *f* Amerika *n.*
amerrir *vi* wassern.
amertume *f* Bitterkeit *f.*
ameublement *m* Möbel *npl.*
ami, e *s* Freund(in) • *a* befreundet. **~able** *a* gütlich; *à l'~,* auf gütlichem Wege.
amiante *m* Asbest *m.*
amical, e, aux *a* freundschaftlich.
amidon *m* Stärke *f;* Stärkemehl *n.* **~ner** *vt* stärken.
amincir *vt* dünner machen.
amiral *m* Admiral *m.*
amitié *f* Freundschaft *f.*
amnés|ie *f* Amnesie *f.* **~ique** *a* gedächtnislos.
amnist|ie *f* Straferlaß *m;* Amnestie *f.* **~ier** *vt* amnestieren.
amoindr|ir *vt* verringern; (ver)mindern. **~issement** *m* Verringerung, -minderung *f.*
amoll|ir *vt* er-, aufweichen ‖ FIG. verweichlichen • *vpr* weich werden. **~issement** *m* Erweichung *f.*
amoncel|er *vt* anhäufen. **~lement** *m* Anhäufung *f.*
amont (en) *loc av* stromaufwärts • *loc p* : ***en ~ de,*** oberhalb (gén.; von).
amor|ce *f* [cartouche] Zündhütchen *n* ‖ [appât] Köder *m.* **~cer** *vt* beködern ‖ [attirer] anlocken ‖ [pompe] ansaugen.
amort|ir *vt* dämpfen; auffangen ‖ FIN. [rente] tilgen; [capital] amortisieren. **~issement** *m* Tilgung *f.* **~isseur** *m* (Stoß)dämpfer *m.*
amour *m* Liebe *f; Pour l'~ de qn,* jm zuliebe; *Pour l'~ de Dieu!,* um Gottes willen! **~eusement** *av* liebevoll. **~eux, euse** *a* verliebt (in jn) • *m* Liebhaber *m.*

~-propre *m* Selbstgefühl *n*.
amovible *a* abnehmbar.
ampère *m* Ampere *n*. **~mètre** *m* Amperemeter *n*.
amphibie *a* amphibisch.
amphithéâtre *m* Amphitheater *n* ‖ Ens. Hörsaal *m*; Aula *f*.
ampl|e *a* weit; breit ‖ *Pour plus ~s renseignements s'adresser à*, Näheres bei. **~eur** *f* Weite, Breite *f* ‖ Fig. Fülle *f*. **~ificateur** *m* : *~ de sons*, Tonverstärker *m*. **~ification** *f* Erweiterung *f* ‖ Techn. Verstärkung *f*. **~ifier** *vt* erweitern ‖ Techn. verstärken.
ampoule *f* Biol. Blase *f* ‖ [fiole] Fläschchen *n* ‖ Él. Glühbirne *f*.
amput|ation *f* Wegnahme *f*. **~er** *vt* abnehmen.
amus|ant, e *a* belustigend. **~ement** *m* Belustigung, Unterhaltung *f*. **~er** *vt* belustigen; ergötzen ‖ unterhalten.
amygdale *f* Mandel *f*.
an *m* Jahr *n*; *L'~ dernier*, voriges Jahr; *Il y a cinq ~s*, vor fünf Jahren; *Il a dix ~s*, er ist zehn Jahre alt.
analogue *a* analog.
analys|e *f* Analyse *f* ‖ Fig., Méd. Untersuchung *f*. **~er** *vt* zerlegen; analysieren ‖ [étudier] untersuchen.
ananas *m* Ananas *f*.
ancêtre *m* Vorfahr, Ahn *m* ‖ *Pl* Vorfahren, Ahnen *mpl*.
anchois *m* Anschovis *f*.
ancien, ne *a* alt ‖ [révolu] ehemalig; früher; vormalig. **~nement** *av* vormals; einst. **~neté** *f* (Rang)dienstalter *n*.
ancr|e *f* Anker *m*; *Jeter l'~*, den Anker (aus)werfen. **~er** *vt* verankern.
andouille *f* Schlackwurst *f*; *~ fumée*, Mettwurst *f*.
âne *m* Esel *m*.
anéant|ir *vt* vernichten. **~issement** *m* Vernichtung *f*.
anecdote *f* Anekdote *f*.
aném|ie *f* Blutarmut *f*. **~ique** *a* blutarm.
ânerie *f* Eselei, Dummheit *f*.
anesthésie *f* Betäubung *f*.
ang|e *m* Engel *m*. **~élus** *m* Abendläuten *n*.
angine *f* Halsentzündung, Angina *f*.
anglais, e *a* englisch ‖ *Assiette ~e*, kalter Aufschnitt ● *s* : °~, Engländer(in) ● *m* : *En ~*, auf Englisch.
angle *m* Winkel *m*; Ecke *f* ‖ [arête] Kante *f*.
Angleterre *f* England *n*.
angoiss|e *f* Angst *f*. **~er** *vt* (be)ängstigen.
anguille *f* Aal *m*; *~ fumée*, Spickaal.
anguleux, euse *a* winklig; kantig.
animal, aux *m* Tier *n*; *~ domestique*, Haustier.
anim|ation *f* Beseelung, Belebung *f*. **~é, e** *a* beseelt; lebendig; lebhaft ‖ *Dessin ~*, Trickfilm *m*. **~er** *vt* beseelen, -leben. **~osité** *f* Groll, Unwille *m*.
ankylose *f* Versteifung *f*.

ankylosé, e *a* versteift.
anneau *m* Ring *m.*
année *f* Jahr *n; ~ bissextile,* Schaltjahr.
annex|e Beilage *f* || [bâtiment] Nebengebäude *n.* **~er** *vt* beifügen || POL. anschließen (dat.). **~ion** *f* Anschluß *m.*
anniversaire *m* Jahrestag *m* || [naissance] Geburtstag *m.*
annon|ce *f* Ankündigung, Meldung *f* || [journal] Anzeige *f;* Inserat *n.* **~cer** *vt* ankündigen; mitteilen; melden || [radio] ansagen. **~ceur** *m* Ansager *m.* **~ciateur, trice** *a : Signes ~s,* Vorzeichen *npl.*
ann|uaire *m* Jahrbuch *n* || *~ téléphonique,* Telefonbuch *n.* **~uel, le** *a* alljährlich.
annul|ation *f* Aufhebung *f.* **~er** *vt* aufheben || COMM. rückgängig machen.
anomalie *f* Unregelmäßigkeit *f* || AN. Anomalie *f.*
anonyme *a* namenlos || *Société ~,* Aktiengesellschaft *f.*
anormal, e, aux *a* abnorm.
anse *f* Henkel *m* || [panier] Bügel *m* || [baie] Bucht *f.*
antarctique *a* antarktisch || *Océan °~,* Südpolarmeer *n.*
anté *préf* vor... **~cédent** *m* Präzedenzfall *m.*
antenne *f* ZOOL. Fühler *m* || RAD. Antenne *f.*
antérieur, e *a* vorherig; früher. **~ement** *av* früher; vorher.
anthrax *m* Karbunkel *m.*
anti *préf* [contre] gegen...; un...; ab...; anti... || [avant] vor... **~alcoolique** *a* antialkoholisch. **~biotique** *m* Antibiotikum *n.* **~cipation** *f* Vorwegnahme *f.* **~ciper** *vt* vorwegnehmen • *a : ~é, e,* im voraus. **~conceptionnel, le** *a* empfängnisverhütend. **~dérapant, e** *a* gleitsicher; rutschsicher.
anti|gel *m* Frostschutzmittel *n.* **~parasite** *m* Entstörer *m.* **~pathie** *f* Antipathie *f.* **~pathique** *a* unsympathisch; unfreundlich.
antiqu|aire *m* Antiquar *m.* **~e** *a* antik || FIG. uralt. **~ité** *f* HIST. Antike *f;* (klassisches) Altertum || *Pl* Antiquitäten *fpl.*
anti|sémitisme *m* Antisemitismus *m.* **~septique** *a* mikrobentötend. **~vol** *m* Diebstahlsschutz *m* || AUT. Lenkradschloß *n.*
anus *m* After, Anus *m.*
anx|iété *f* Angst *f.* **~ieux, euse** *a* ängstlich.
aorte *f* Hauptschlagader *f.*
août *m* August *m.*
apais|ement *m* Beruhigung *f.* **~er** *vt* befriedigen; stillen || FIG. beschwichtigen; lindern.
apath|ie *f* MÉD. Apathie *f.* **~ique** *a* empfindungslos; stumpf.
aper|cevoir *vt* erblicken || *Sans être ~çu,* unbemerkt • *vpr : **s'~ de,*** (be)merken; innewerden. **~çu** *m* Überblick *m.*
apéritif *m* Aperitif *m.*

aphone *a* stimmlos.
apiculteur *m* Bienenzüchter *m.*
apitoyer *vt* zum Mitleid bewegen • *vpr* : **s'~ (sur),** sich erbarmen (gén.).
aplanir *vt* ebnen.
aplatir *vt* abflachen.
aplomb *m* : *D'~,* senk-, lotrecht || FIG. Dreistigkeit *f.*
apoplexie *f* Schlaganfall *m.*
apostropher *vt* scharf angehen, -fahren.
apparaître *vi* erscheinen; auftreten.
appareil *m* Apparat *m*; Gerät *n*; *~ photographique,* Photoapparat *m* || AÉR. Maschine *f.* **~ler** *vi* MAR. auslaufen; in See stechen.
appar|emment *av* anscheinend. **~ence** *f* Äußere(s) *n*; Anschein *m.* **~ent, e** *a* sichtbar || [manifeste] offenbar.
apparenté, e *a* verschwägert; verwandt (mit).
appariteur *m* Pedell *m.*
apparition *f* Auftreten *n* || [spectre] Spuk *m.*
appartement *m* Wohnung *f.*
appartenir *vi* : *~ à,* gehören (dat) || [faire partie de] gehören zu.
appât *m* Köder *m.* **~er** *vt* ködern.
appauvrir *vt* arm machen.
appel *m* (Zu-, An)ruf *m* || *Faire l'~,* Appell abhalten || TÉL. Anruf *m* || JUR. *Faire ~,* Berufung einlegen. **~er** *vt* (an)rufen || herbeirufen; *~ au secours,* zu Hilfe rufen || TÉL. anrufen || [nécessiter] erfordern || [nommer] heißen; nennen • *vpr* heißen; sich nennen.
appellation *f* Benennung *f.*
appendic|e *m* MÉD. Blinddarm *m.* **~ite** *f* Blinddarmentzündung *f.*
appét|issant, e *a* appetitlich. **~it** *m* Appetit *m* || Lust *f.*
applaud|ir *vt* Beifall klatschen; applaudieren. **~issement** *m* Beifall, Applaus *m.*
appli|cable *a* anwendbar. **~cation** *f* Anwendung *f* || [zèle] Fleiß *m.* **~que** *f* Wandleuchter *m.* **~quer** *vt* anlegen || [utiliser] anwenden • *pp/a* : **~é, e,** fleißig • *vpr* sich befleißigen || *S'~ à,* sich anwenden lassen auf (acc.).
appoint *m* : *Faire l'~,* Kleingeld bereit halten. **~ements** *mpl* Bezüge *mpl.* **~er** *vt* besolden.
apport *m* Beitrag *m.* **~er** *vt* (mit)bringen.
appréci|ation *f* (Ab)schätzung *f.* **~er** *vt* (ab)schätzen.
appréhen|der *vt* ergreifen || [redouter] (be)fürchten. **~sion** *f* düstere Ahnung.
apprendre *vt* [étudier] lernen || [enseigner] lehren; unterrichten || [être informé] erfahren || [informer] mitteilen; melden.
apprenti *m* Lehrling *m.* **~ssage** *m* Lehre *f.*
apprêt *m* Appretur *f.* **~er** *vt* (zu)bereiten • *vpr* : **s'~ à,** sich rüsten zu, auf (acc.).

apprivoiser *vt* zähmen • *pp/a* : **~*é, e,*** zahm.
approbat|eur, trice *a* zustimmend. **~ion** *f* Billigung, Zustimmung *f*.
approcher *vt* heranrücken • *vi* nähern ; nahen ; näher-, herankommen ‖ FIG. ~ *de,* gehen auf (acc.) ‖ [imminence] im Anzug sein • *vpr* sich nähern (dat.).
approfond|ir *vt* FIG. ergründen ; vertiefen. **~issement** *m* Vertiefung *f*.
appropr|ié, e *a* geeignet. **~ier (s')** *vpr* sich aneignen.
approuver *vt* billigen ‖ ~ *qn,* jm zustimmen.
approvisionn|ement *m* Versorgung *f*. **~er** *vt* versorgen.
approxim|atif, ive *a* annähernd.
appu|i *m* Brüstung, Lehne *f* ‖ FIG. Stütze, Unterstützung *f*; Halt *m*. **~yer** *vt* (auf)stützen ‖ FIG. unterstützen • *vi* [presser sur] drücken (auf, acc.) • *vpr* : *S'~ sur,* sich stützen (auf, acc.).
âpre *a* rauh ‖ herb. **~té** *f* Rauheit, Herbheit *f*.
après *p* [temps] nach ; ~ *dîner,* nach dem Essen ‖ [espace] nach ; hinter • *loc p* : ***d'~ cela,*** demzufolge ; demnach • *av* [temps] nachher ; darauf ; danach ‖ [lieu] nach-, hinterher ; hinten ‖ LOC : ~ ***tout,*** schließlich ‖ ~ ***quoi,*** wonach ; worauf ‖ ~ ***que,*** nachdem (et mode pers.).
après|-demain *av* übermorgen. **~-midi** *m inv* Nachmittag *m*.
apt|e *a* fähig/geeignet zu. **~itude** *f* Fähigkeit *f*.
aqu|arelle *f* Aquarell *n*. **~arium** *m* Aquarium *n*.
arab|e *a* arabisch • *s* : °~, Araber(in). °**~ie** *f* Arabien *n*.
arable *a* : *Terre* ~, Ackerland *n*.
arachide *f* Erdnuß *f*.
araignée *f* Spinne *f*.
arbitr|aire *a* willkürlich • *m* Willkür *f*. **~e** *m* Schiedsrichter *m*. **~er** *vt* schlichten.
arb|re *m* Baum *m* ‖ TECHN. Welle *f*. **~uste** *m* Bäumchen *n* ; Strauch *m*.
arc *m* Bogen *m*. **~ade** *f* Säulengang *m* ‖ AN. ~ *sourcilière,* Augenbrauenwölbung *f*.
arc|-bouter (s') *vpr* sich stemmen. **~-en-ciel** *m* Regenbogen *m*.
arche *f* (Brücken)bogen *m*.
archéol|ogie *f* Archäologie *f*. **~ogue** *m* Archäologe *m*.
archet *m* Bogen *m*.
archev|êché *m* Erzbistum *n*. **~êque** *m* Erzbischof *m*.
archi *préf* erz... ; ober...
~comble *a* überfüllt, -voll.
archipel *m* Archipel *m*.
architect|e *m* Architekt, Baumeister *m*. **~ure** *f* Baukunst *f*.
archiv|es *fpl* Urkunden *fpl;* Archiv *n*. **~iste** *m* Archivar *m*.
arctique *a* arktisch ; *Océan Glacial* °~, Nordpolarmeer *n*.
ard|ent, e *a* glühend ‖ FIG.

feurig; eifrig. **~eur** *f* Hitze, Glut *f* || [fougue] Feuer *n*.
ardoise *f* Schiefer(stein) *m* || [pour écrire] Schiefertafel *f*.
ardu, e *a* FIG. schwierig.
are *m* Ar *n*.
arête *f* (Fisch)gräte *f* || [montagne] Grat *m* || [bord] Kante *f*.
argent *m* Silber *n*; *D'~*, silbern || [monnaie] Geld *n*. **~er** *vt* versilbern • *pp/a* : **~é, e,** versilbert || *Métal ~*, Alpaka *n*. **~erie** *f* [vaisselle] Silberbestecke *npl*.
argile *f* Ton *m*, -erde *f*.
argot *m* Gaunersprache *f*.
argument *m* Argument *n*. **~ation** *f* Beweisführung *f*.
aride *a* dürr; trocken.
armat|eur *m* Reeder *m*. **~ure** *f* Gerüst *n*; Rahmen *m*.
arm|e *f* Waffe *f*. **~ée** *f* Heer *n*; Armee *f*. **~ement** *m* Bewaffnung, (Auf)rüstung *f*. **~er** *vt* bewaffnen; (aus)rüsten • *pp/a* **~é, e** : *Béton ~*, Eisenbeton *m*. **~istice** *m* Waffenstillstand *m*.
armoire *f* Schrank *m*.
armure *f* Rüstung *f*.
aromate *m* Gewürz *n*; Würze *f*.
arôme *m* Aroma *n*; Duft *m*.
arpent|age *m* (Feld)vermessung *f*. **~er** *vt* ab-, vermessen. **~eur** *m* (Feld)vermesser *m*.
arqu|é, e *a* gebogen. **~er** *vt* wölben.
arracher *vt* aus-, heraus-, ab-, los-, entreißen || FIG. entreißen; abzwingen.
arrang|ement *m* Abmachung *f*; Vergleich *m* || MUS. Bearbeitung *f*. **~er** *vt* in Ordnung bringen || FIG. *Cela s'~era*, es wird schon gehen.
arrestation *f* Verhaftung *f* || [état] Haft *f*.
arrêt *m* Stillegung *f*; Stillstand *m* || *Sans ~*, unaufhaltsam, -hörlich || TRANSP. Haltestelle *f*; *Cinq minutes d'~*, fünf Minuten Aufenthalt || [jugement] Urteil *n* || FIG. Beschluß *m*. **~é** *m* Erlaß *m*. **~er** *vt* anhalten; stoppen || TECHN. abstellen || [décider] beschließen || [emprisonner] verhaften • *vpr* (an)halten; stehenbleiben || [cesser] aufhören; innehalten.
arrhes *fpl* Anzahlung *f*.
arri|ère *av* : *Roue ~*, Hinterrad *n* || *Marche ~*, Rückgang *m* • *loc av* : **en ~**, zurück; rückwärts || *Rester en ~*, zurückbleiben • *loc p* : **en ~ de,** hinter (dat.) • *m* Hinterteil *m*, -seite *f*. **~éré, e** *a* (geistig) zurückgeblieben.
arrière|-boutique *f* Hinterladen *m*. **~-grand-père** *m* Urgroßvater *m*. **~-pensée** *f* Hintergedanke *m*. **~-saison** *f* Spätherbst *m*.
arrimer *vt* (ver)stauen.
arriv|age *m* Eintreffen *n*. **~ée** *f* Ankunft *f*.
arriver *vi* ankommen || [marchandises] eintreffen || FIG. *~ à qch*, es zu etw bringen • *vi/v impers* geschehen; sich ereig-

nen; passieren || [éventualité] vorkommen.
arrog|ance *f* Dünkel, Hochmut *m.* **~ant, e** *a* hochmütig.
arrond|ir *vt* ab-, aufrunden. **~issement** *m* Bezirk *m.*
arros|age *m* → ~ER. **~er** *vt* (be)gießen; (be)sprengen; bespülen. **~euse** *f* Sprengwagen *m.* **~oir** *m* Gießkanne *f.*
arsenal *m* Zeughaus *n.*
art *m* Kunst *f.*
art|ère *f* Arterie, Schlag-, Hauptader *f.*
arthrite *f* Arthritis *f.*
artichaut *m* Artischocke *f.*
artic|le *m* Artikel *m* || Ware *f.* **~ulation** *f* Gelenk *n.* **~uler** *vt* gliedern || [énoncer] (deutlich) aussprechen.
artific|e *m* Kunstgriff *m.* **~iel, le** *a* künstlich; *Soie ~le,* Kunstseide *f.*
artill|erie *f* Artillerie *f.* **~eur** *m* Artillerist *m.*
art|isan, e *s* Handwerker(in). **~iste** *s* Künstler(in). **~istique** *a* künstlerisch; Kunst...
as *m* As *n* || FIG. Kanone *f.*
ascens|eur *m* Fahrstuhl, Lift *m.* **~ion** *f* Aufstieg *m* || SP. Besteigung *f.*
asi|atique *a* asiatisch • *s* : °~, Asiat(in). °**~e** *f* Asien *n.*
aspect *m* Aussehen *n;* Anblick *m.*
asperge *f* Spargel *m.*
asperger *vt* (be)sprengen.
asphalte *m* Asphalt *m.*
asphyxi|e *f* Erstickung *f.* **~er** *vt* ersticken.
aspir|ateur *m* Staubsauger *m.* **~ation** *f* (Ein)atmung *f* || FIG. Bestrebung *f.* **~er** *vt* (ein)atmen • *vi* : ~ *à,* streben/trachten nach.
assaill|ant *m* Angreifer *m.* **~ir** *vt* angreifen, -stürmen.
assain|ir *vt* gesund machen || FIN. sanieren. **~issement** *m* FIN. Sanierung *f.*
assaisonn|ement *m* Würzen *n;* Würze *f.* **~er** *vt* würzen.
assass|in *m* Mörder *m.* **~inat** *m* Mord *m.* **~iner** *vt* (er)morden.
assaut *m* (An)sturm *m; Prendre d'~,* erstürmen.
assécher *vt* trockenlegen.
assembl|age *m* → ~ER || Verbindung *f.* **~ée** *f* Versammlung *f.* **~er** *vt* (ver)sammeln || TECHN. zusammenfügen.
assentiment *m* Zustimmung *f.*
asseoir *vt* (hin)setzen • *pp/a* **~*is*, *e*** : *Être ~,* sitzen; *Place ~e,* Sitzplatz *m* • *vpr* sich setzen.
asservir *vt* unterjochen; unterwerfen.
assez *av* genug; *~ d'argent,* Geld genug || *J'en ai ~,* ich habe es satt || *~ bien,* ziemlich gut.
assidu, e *a* beflissen. **~uité** *f* Pünktlichkeit *f;* Fleiß *m.*
assiéger *vt* be-, umlagern.
assiette *f* [vaisselle] Teller *m* || [base] Grundlage *f.*
assignation *f* Vorladung *f.*

assigner *vt* vorladen.
assimil|ation *f* Assimilation *f* || MÉD. Verarbeitung *f.* **~er** *vt* assimilieren || MÉD. verarbeiten.
assist|ance *f* Beistand *m* || [présents] die Anwesenden. **~ant, e** *s* Assistent(in) || *~e sociale,* soziale Fürsorgerin. **~er** *vt* helfen (dat.); beistehen (dat.) • *vi* beiwohnen (dat.).
assoc|iation *f* Vereinigung *f;* Verein, Verband *m.* **~ié, e** *s* Partner(in). **~ier** *vt* vereinigen, -binden • *vpr* sich vereinigen.
assoiffé, e *a* (sehr) durstig.
assombrir *vt* verdüstern, -dunkeln, -finstern.
assommer *vt* niederschlagen || FIG. betäuben.
assort|iment *m* Sortierung *f.* **~ir** *vt* zusammenstellen; sortieren • *pp/a* : **~i, e,** passend.
assoup|ir (s') *vpr* einschlummern. **~issement** *m* Schlummer *m.*
assouplir *vt* geschmeidig/biegsam machen.
assourdir *vt* betäuben || FIG. dämpfen.
assujettir *vt* unterwerfen.
assumer *vt* übernehmen.
assur|ance *f* Versicherung *f;* *~s sociales,* Sozialversicherung || [confiance en soi] Selbstvertrauen *n.* **~é, e** *a* sicher || [certain] gewiß || [garanti] versichert. **~ément** *adv* sicher(lich); gewiß. **~er** *vt* [rendre sûr] sichern || [garantir] versichern. **~eur** *m* Versicherer *m.*
asthme *m* Asthma *n.*
astiquer *vt* (blank) putzen; scheuern.
astrakan *m* Persianer *m.*
astre *m* Gestirn *n;* Stern *m.*
astreindre *vt* zwingen; nötigen.
astro|logie *f* Sterndeutung *f.* **~naute** *m* Weltraumfahrer *m.* **~nome** *m* Astronom *m.* **~nomie** *f* Sternkunde *f.*
astuc|e *f* Witz *m.* **~ieux, euse** *a* verschlagen; witzig.
atelier *m* Werkstatt, -stätte *f.*
athl|ète *m* Athlet *m.* **~étisme** *m* (Leicht)athletik *f.*
Atlantique *m* Atlantik *m;* atlantischer Ozean.
atlas *m* Atlas *m.*
atmosphère *f* Atmosphäre *f* || FIG. Stimmung *f.*
atom|e *m* Atom *n.* **~ique** *a* : *Bombe ~,* Atombombe *f.*
atout *m* Trumpf *m.*
âtre *m* Herd *m.*
atroc|e *a* gräßlich; grausam. **~ité** *f* Grausamkeit *f* || [acte] Greuel *m.*
atrophié, e *a* verkrüppelt.
attabler (s') *vpr* sich zu Tisch setzen.
attach|e *f* Band *n* || [agrafe] Klammer *f.* **~er** *vt* (an)binden; an-, festmachen; *~ à,* binden an (acc.) • *pp/a* **~é, e** : FIG. *Être ~ à qn,* an jm hängen.
attaqu|e *f* Angriff *m* || MÉD.

Anfall *m.* **~er** *vt* überfallen; angreifen || JUR. verklagen || [ronger] anfressen.
attarder (s') *vpr* sich verspäten.
attein|dre *vt* treffen; erreichen. **~te** *f* : *Porter ~ à,* antasten || *Hors d'~,* unerreichbar.
attel|age *m* Gespann *n.* **~er** *vt* anspannen || TECHN. kuppeln.
attenant, e *a* angrenzend.
attend|ant (en) *loc av* unter-, indessen • *loc c* : ***en ~ que,*** bis. **~re** *vt* warten (auf, acc.) || [espérer] erwarten.
attendr|ir *vt* FIG. rühren • *vpr* zart werden. **~issant, e** *a* rührend. **~issement** *m* Rührung *f.*
attentat *m* Anschlag *m* (auf, acc.).
attente *f* Warten *n;* Wartezeit, Erwartung *f* || *Salle d'~,* Wartesaal *m.*
attent|if, ive *a* aufmerksam (auf, acc.). **~ion** *f* Aufmerksamkeit *f* || *~!,* Achtung!; *Faire ~ à,* achten, achtgeben (auf, acc.).
atténuer *vt* mildern • *vpr* milder werden.
atterr|ir *vi* landen. **~issage** *m* Landung *f.*
attest|ation *f* Bescheinigung *f;* Schein *m;* Zeugnis *n.* **~er** *vt* bezeugen.
attir|ance *f* (An)reiz *m.* **~ant, e** *a* anziehend. **~er** *vt* anziehen.
attiser *vt* anfachen; schüren.
attitude *f* Haltung *f.*
attr|action *f* Anziehung *f* || [curiosité] Sehenswürdigkeit *f.* **~ait** *m* (An)reiz *m.*
attraper *vt* fangen || [prendre sur le fait] erwischen; ertappen || [maladie] kriegen.
attrayant, e *a* anziehend.
attribu|er *vt* zuweisen; beimessen || FIG. zuschreiben. **~tion** *f* Zuteilung, -weisung *f.*
attrister *vt* betrüben.
attroupement *m* Auflauf *m.*
aub|e *f* Morgendämmerung *f,* -grauen *n.* **~épine** *f* Hagedorn *m.*
auberge *f* Wirtshaus, Gasthaus *n* || *~ de jeunesse,* Jugendherberge *f.*
aubergine *f* Eierfrucht *f.*
aubergiste *s* (Gast)wirt(in).
aucun, e *a indéf* [avec *ne*] kein (einziger) || [sans *ne*] irgendein • *pr indéf* [avec *ne*] keiner || [sans *ne*] irgendeiner. **~ement** *av* keineswegs.
audac|e *f* Kühnheit *f.* **~ieux, euse** *a* kühn; verwegen.
au|-dedans *av* drinnen • *loc p* : ***~ de,*** innerhalb (gén.). **~-dehors** *av* außen • *loc p* : ***~ de,*** außerhalb (gén.). **~-delà** *av* jenseits • *loc p* : ***~ de,*** jenseits (gén.). **~-dessous** *av* unten • *loc p* : ***~ de,*** unter (dat. ; acc.) **~-dessus** *av* oben; darüber, -auf • *loc p* : ***~ de,*** über (dat.; acc.). **~-devant** *av* voraus • *loc p* : *Aller ~ de qn,* jm entgegengehen, -kommen.

aud|ible *a* hörbar. **~ience** *f* JUR. Gerichtssitzung *f*. **~iovisuel, le** *a* audio-visuell. **~iteur, trice** *s* (Zu)hörer(in). **~itoire** *m* Zuhörerschaft *f*.

augment|ation *f* Steigerung, Erhöhung *f*. **~er** *vt* steigern ; erhöhen • *vi* zunehmen ‖ [prix] teurer werden.

aujourd'hui *av* heute ; *D'~*, heutig.

aumôn|e *f* Almosen *n*. **~ier** *m* Feldgeistlicher, -prediger *m*.

auparavant *av* vorher ; früher ; ehemals.

auprès (de) *loc p* (nahe)bei ; in der Nähe (gén. ; von) ; neben (dat.).

aurore *f* Morgenröte *f*., -rot *n*.

ausculter *vt* be-, abhorchen.

aussi *av* auch ‖ [tellement] so ‖ [en conséquence] deshalb ; daher, -rum ‖ ~ ... **que**, so, ebenso ... wie. **~tôt** *av* alsbald, sofort, -gleich • *loc c* : ~ **que**, sobald.

aust|ère *a* streng. **~érité** *f* Strenge *f*.

austr|al, e, aux *a* südlich ; Süd... °**~alie** *f* Australien *n*.

autant *av* ebensoviel, gleich viel ‖ *D'~ plus*, um so mehr • *loc c : D'~ plus que*, um so mehr, als.

auteur *m* Urheber *m* ‖ LITT. Verfasser, Autor *m*.

authent|icité *f* Echtheit *f*. **~ique** *a* echt.

1. auto *préf* selbst(tätig)... ; auto... (→ aussi AUTO 2.). **~moteur, trice** *a* selbstfahrend • *f* Triebwagen *m*.

2. auto *f* Auto *n*. **~bus** *m* (Auto)bus *m*. **~car** *m* Reisebus *m*. **~-école** *f* Fahrschule *f*. **~mobile** *f* Kraftwagen *m*. **~mobiliste** *m* Autofahrer *m*. **~rail** *m* Triebwagen *m*. **~route** *f* Autobahn *f*. **~-stop** *m* : *Faire de l'~*, per Anhalter fahren.

automat|e *m* Automat *m*. **~ique** *a* selbsttätig.

automne *m* Herbst *m*.

autonom|e *a* autonom. **~ie** *f* Autonomie *f*.

autoris|ation *f* Genehmigung, Erlaubnis *f*. **~er** *vt* genehmigen ; erlauben ‖ *Être ~é à*, dürfen ‖ *Non ~é*, unbefugt.

autorit|aire *a* autoritär. **~é** *f* Behörde *f* ‖ FIG. [influence] Autorität *f*.

autour *av* umher ; herum • *loc av* : **tout** *~*, rings herum ; ringsum • *loc p* : ~ **de**, um (... herum).

autr|e *a indéf* ander ; weiter ; *~ chose*, etwas anderes ‖ *~ part*, anderswo ‖ *D'~ part*, andererseits • *pr indéf* andere(r) ; *Quelqu'un d'~*, jd anders ; sonst jemand. **~efois** *av* ehemals ; einst ; früher ; *D'~*, ehemalig. **~ement** *av* anders ‖ [sinon] sonst.

Autrich|e *f* Österreich *n*. °**~ien, ne** *s* Österreicher(in) • *a* : *~*, österreichisch.

autruche *f* Strauß *m*.

auxiliaire *s* Hilfsarbeiter(in) ; Gehilfe *m* ‖ *Pl* Hilfskräfte *fpl*.

avachi, e *a* schlaff ; schlapp.
aval *m : En* ~, stromabwärts. **~anche** *f* Lawine *f*. **~er** *vt* verschlingen, -schlucken.
avanc|e *f : Avoir de l'~*, voraus sein || FIN. Vorschuß *m* || TECHN. *~ à l'allumage*, Vorzündung *f* • *loc av* : **d'~**, **par ~**, im voraus || **en ~**, vorzeitig. **~é, e** *a* FIG. fortgeschritten. **~ement** *m* FIG. Beförderung *f*.
avancer *vt* vor-, vorwärtsbringen ; fördern || [montre] vorstellen || [argent] vorschießen • *vi* [faire saillie] vorspringen || [aller en avant] vorwärts gehen ; fortschreiten || [montre] vorgehen || [s'approcher] herankommen • *vpr* [s'approcher] herankommen.
avant *p* vor (dat. ; acc.) || *~ peu*, in kurzem || *~ tout*, vor allem • *av* [auparavant] vorher ; zuvor • *loc av* : **en ~**, [position] vorn • *loc p* : **~ de** (inf.), bevor, ehe (indic.) ; *~ de manger*, vor dem Essen • *loc c* : **~ que**, bevor, ehe (indic.) • *m* Vorderteil *m* • *a inv : Roue ~*, Vorderrad *n*. **~age** *m* Vorteil *m ;* Vorzug *m*. **~ager** *vt* bevorzugen. **~ageux, euse** *a* vorteilhaft. **~-dernier, ère** *a* vorletzt. **~-hier** *av* vorgestern. **~-propos** *m* Vorwort *n*.
avar|e *a* geizig • *m* Geizige(r), Geizhals *m*. **~ice** *f* Geiz *m*.
avarié, e *a* beschädigt ; schadhaft.
avec *p* mit (dat.) || [malgré] bei (dat.) ; *~ tout cela,* bei alledem.
avenir *m* Zukunft *f*.
aventur|e *f* Abenteuer, Wagnis *n* || PAR EXT. Erlebnis *n*. **~er** *vt* riskieren. **~eux, euse** *a* abenteuerlich. **~ier** *m* Abenteurer *m*.
avenue *f* Allee, Straße *f*.
averse *f* Platzregen *m*.
aversion *f* Abneigung *f*.
avert|ir *vt* benachrichtigen || [mettre en garde] warnen • *pp/a* : **~i, e**, FIG. erfahren. **~issement** *m* [avis] Mitteilung, Warnung *f*. **~isseur** *a m : Signal ~*, Warnsignal *n* • *m : ~ d'automobile,* Hupe *f*.
aveu *m* Geständnis *n*.
aveugl|e *a* blind • *m* Blinde(r) *m*. **~ement** *m* Blindheit *f*. **~ément** *av* blindlings. **~er** *vt* blenden.
aviat|eur, trice *s* Flieger(in). **~ion** *f* Luftfahrt *f*.
avid|e *a* habsüchtig. **~ité** *f* Gier, Begierde *f*.
avilir *vt* herabwürdigen ; erniedrigen.
avion *m* Flugzeug *n* || *Aller en ~*, fliegen.
aviron *m* Ruder *n* || SP. Rudern *n*.
avis *m* Meinung, Ansicht *f ; À mon ~*, meiner Meinung nach || [information] Meldung, Bekanntmachung *f*.
avis|é, e *a* klug ; umsichtig. **~er** *vt* benachrichtigen • *vi : J'~erai,* ich werde dafür sorgen.

avocat, e *s* Rechtsanwalt *m*, -anwältin *f*.
avoine *f* Hafer *m*.
1. avoir *vt* [posséder] (zu eigen) haben; besitzen || *~ faim*, Hunger haben; hungrig sein || *J'ai froid*, mir ist kalt || [âge] *Il a six ans*, er ist sechs Jahre alt || *Vous n'avez qu'à demander*, Sie brauchen nur zu fragen || *J'en ai assez*, ich hab's satt || *~ lieu*, stattfinden • *loc impers : Il y a* [il existe], es gibt (acc.); es ist, es sind (nom.) || (avec un v. de position) es steht; es stehen; es liegt; es liegen (nom.) || [se passer] *Qu'y a-t-il?*, was ist denn los? || [temps] *Il y a huit jours qu'il pleut*, es regnet seit acht Tagen || *Il est venu il y a huit jours*, er ist vor acht Tagen gekommen.
2. avoir *m* Haben *n*; Habe *f*.
avoisiner *vt* (an)grenzen.
avort|ement *m* Abtreibung *f*. **~er** *vi* : *Faire ~*, abtreiben || FIG. fehlschlagen.
avou|é *m* (Rechts)anwalt *m*. **~er** *vt* gestehen.
avril *m* April *m*.
axe *m* Achse *f*.
azote *m* Stickstoff *m*.
azur *m* Azur *m*; Himmelsblau *n*.

b

bâbord *m* Backbord *n*.
bac *m* [bateau] Fähre *f* || [auge] Trog *m*.
baccalauréat *m* Abitur *n*.
bâche *f* Plane, Wagendecke *f*.
bactér|icide *a* keimtötend. **~ie** *f* Bakterie *f*.
badaud *m* Gaffer *m*.
Bade *m* Baden *n*.
badigeonner *vt* tünchen.
badiner *vi* scherzen; tändeln.
bafouer *vt* (ver)höhnen.
bafouiller *vi* faseln.
bagage *m* (Reise)gepäck *n*.
bagarre *f* Krawall *m*.
bagne *m* Zuchthaus *n*.
bagnole *f* (Klapper)kasten *m*.
bague *f* (Finger)ring *m*.
baguette *f* Gerte *f*; Stöckchen *n*; Stab *m*; *~ magique*, Zauberstab.
bahut *m* Truhe *f*.
1. baie *f* MAR. Bucht *f*.
2. baie *f* BOT. Beere *f*.
baign|ade *f* Badeplatz *m*. **~er** *vt/vi* baden • *vpr* (sich) baden. **~eur, euse** *s* Badegast *m*. **~oire** *f* Badewanne *f*.
bail *m* (*pl* **baux**) Mietvertrag *m*.
bâiller *vi* gähnen || [porte] klaffen.
bâillonner *vt* knebeln.
bain *m* Bad, Baden *n*.
baiser *vt* (ab)küssen • *m* Kuß *m*.
baiss|e *f* Fallen, Sinken *n* || ~

des prix, Preissenkung *f.* **~er** *vt* (herab)senken ‖ herunterlassen ‖ [tête] senken ; neigen • *vi* fallen ; sinken • *vpr* sich bücken, beugen.
bal *m* Ball *m.*
balad|e *f* FAM. Bummel *m.* **~er** *vt* FAM. : *Envoyer ~ qn,* jn wegschicken • *vpr* bummeln.
balai *m* Besen *m.*
balan|ce *f* Waage *f.* **~cement** *m* Schwanken, Wiegen *n.* **~cer** *vt* wiegen ; schaukeln • *vi* FIG. schwanken. **~cier** *m* [horloge] Pendel *n.* **~çoire** *f* Schaukel, Wippe *f.*
balay|age *m* → **~ER.** **~er** *vt* (aus-, auf-, ab)kehren ; (weg)fegen. **~eur, euse** *s* (Straßen)kehrer(in).
balbutier *vt/vi* stammeln ; stottern ; lallen.
balcon *m* Balkon *m.*
Bâle *m* Basel *n.*
baleine *f* (Wal)fisch *m.*
balis|e *f* Bake, (Leucht)boje *f.* **~er** *vt* betonnen.
Balkans *mpl* Balkan *m.*
ballast *m* [lest] Ballast *m* ‖ [voie ferrée] Schotter *m.*
balle *f* (Spiel)ball *m* ‖ [projectile] Kugel *f* ‖ BOT. Spreu *f.*
ball|erine *f* (Ballet)tänzerin *f.* **~et** *m* Ballett *n.*
ballon *m* (Luft)ballon *m* ‖ SP. Ball *m* ‖ GÉOGR. Bergkuppe *f.* **~ner** *vt* blähen.
ballot *m* Packen *n.* **~tage** *m* Stichwahl *f.* **~ter** *vt* hin- und herschütteln.
balnéaire *a* : *Station ~,* Badeort *m.*
baltique *a* : *Mer ~,* Ostsee *f.*
balustrade *f* Brüstung *f.*
ban|al, e, aux *a* banal ; gemein ; platt. **~alité** *f* Banalität *f.*
banane *f* Banane *f.*
banc *m* (Sitz)bank *f* ‖ TECHN. *~ d'essai,* Prüfstand *m.*
bancaire *a* Bank(en)...
bancal, e, als *a* wackelig.
bandage *m* MÉD. Verband *m.*
1. band|e *f* Binde *f;* Band *n ; ~ magnétique,* Tonband ‖ *~ dessinée,* Comics *mpl.* **~eau** *m* (Augen)binde *f* ‖ ARCH. Leiste *f.* **~er** *vt* verbinden ; zubinden. **~erole** *f* Transparent *n.*
2. bande *f* [troupe] Schar *f.*
bandit *m* Räuber *m.*
bandoulière *f* : *En ~,* umgehängt.
banlieue *f* Vororte *mpl.*
bann|i, e *a* vertrieben, -bannt ; geächtet. **~ir** *vt* verbannen ; ächten.
banqu|e *f* Bank *f.* **~eroute** *f* Bankrott, Krach *m.*
banquet *m* Festmahl *n.*
banquette *f* Polsterbank, Couch *f.*
banquier *m* Bankier *m.*
banquise *f* Eisbank *f.*
bapt|ême *m* Taufe *f.* **~iser** *vt* taufen.
baquet *m* Holzkübel *m.*
1. bar *m* ZOOL. Seebarsch *m.*
2. bar *m* [café] Bar, Stehbierhalle *f.*

baraque *f* Baracke, Bude *f*.
barbar|e *a* grausam. **~ie** *f* Barbarei *f*.
barb|e *f* Bart *m*. **~elé, e** *a* stachelig ; *Fil de fer ~*, Stacheldraht *m*. **~et** *m* Pudel *m*. **~ier** *m* Barbier *m*.
barboter *vi* plätschern.
barbouiller *vt* grob anstreichen.
barbu, e *a* bartig.
barbue *f* (Stein)butt *m*.
barde *f* Speckschnitte *f*.
barème *m* Preistafel *f*.
baril *m* Fäßchen *n*.
bariolé, e *a* bunt(scheckig).
barman *m* (Bar)kellner *m*.
baromètre *m* Barometer *n, m*.
barque *f* Kahn *m ;* Boot *n*.
barr|age *m* Sperre *f* ‖ TECHN. Stauwerk *n*. **~e** *f* Stange *f* ‖ MAR. Steuer *n* ‖ [or] Barren *m* ‖ JUR. Gericht *n* ‖ [trait] Strich *m* ‖ SP. *~ fixe*, Reck *n ; ~s parallèles*, Barren *m*. **~eau** *m* Gitterstab *m* ‖ JUR. (Rechts)anwaltsstand *m*. **~er** *vt* (ab-)sperren ‖ *Rue ~ée*, gesperrte Straße ‖ [biffer] durchstreichen. **~ière** *f* Schranke, Sperre *f ;* Schlagbaum *m*.
barrique *f* (Stück)faß *n*.
1. bas, se *a* niedrig ‖ [socialement] nieder ; Unter... ‖ *À voix ~se*, mit leiser Stimme ‖ [vulgaire] niedrig ; gemein • *av : Situé trop ~*, zu tief gelegen ‖ *En ~*, [sans changement de lieu] (hier)unten ; drunten ‖ *En ~ de*, unterhalb (gén.) • *m* Untere(s) *n ;* Unterteil *m*.
2. bas *m* Strumpf *m*.
bas-côté *m* Straßenrand *m*.
bascul|e *f* Schaukel, Wippe *f* ‖ *À ~*, kippbar. **~er** *vi/vt* schaukeln.
bas|e *f* Basis, Grundlage *f* ‖ *Être à la ~ de*, zugrunde liegen (dat ; acc.). **~er (se)** *vpr* sich gründen auf (acc.).
basilique *f* Basilika *f*.
basse *f* Baßstimme *f*. **~-cour** *f* Hühnerhof *m*.
bas|sesse *f* Niederträchtigkeit *f*. **~set** *m* Dackel *m*.
bassin *m* Becken *n*. **~e** *f* Wasserbecken *n*.
basson *m* Fagott *n*.
bastingage *m* Reling *f*.
bataill|e *f* Schlacht *f*. **~eur, euse** *a* kampflustig.
bâtard, e *a* unehelich ‖ FIG. unecht • *m* Bastard *m*.
bateau *m* Boot *n ;* Kahn *m ;* Schiff *n* ‖ *~ à vapeur*, Dampfer *m*.
batelier *m* Schiffer *m*.
bât|iment *m* Bau *m ;* Gebäude *n*. **~ir** *vt* (er-, auf)bauen ‖ [coudre] heften.
bâton *m* Stock, Stab *m ; ~ de ski*, Skistock ‖ *~ de rouge*, Lippenstift *m*.
batt|ant, e *a : Pluie ~e*, Platzregen *m* • *m* [porte] (Tür)flügel *m*. **~ement** *m : ~ de cœur*, Herzklopfen *n* ‖ FIG. [intervalle] Wartezeit *f*. **~erie** *f* Batterie *f* ‖ *~ de cuisine*, Küchengeschirr *n* ‖ MUS. Schlagzeug *n*. **~euse** *f* AGR. Dreschmaschine *f*.

batt|re *vt* schlagen; ~ *la mesure,* den Takt schlagen ‖ FAM. (ver)prügeln ‖ [vaincre] besiegen; (nieder)schlagen ‖ [cartes] mischen • *vi* schlagen; klopfen; pochen • *vpr* [combattre] kämpfen. **~ue** *f* Treibjagd *f.*
baume *m* Balsam *m.*
bavard, e *a* geschwätzig • *s* Schwätzer(in). **~age** *m* Gerede *n.* **~er** *vi* schwätzen; plaudern.
bavarois, e *a* bay(e)risch • *s* : °~, Bayer *m;* Bayrin *f.*
bav|e *f* Speichel *m.* **~er** *vi* geifern; sabbeln.
Bavière *f* Bayern *n.*
bazar *m* Kaufhaus *n.* **~der** *vt* FAM. verramschen.
béant, e *a* gähnend; klaffend.
béat, e *a* (glück)selig.
beau, belle *a* schön; fein ‖ FIG. *Bel et bien,* geradezu ‖ *Il a ~ faire,* er mag tun was er will • *f* : ***belle,*** Schöne *f.*
beaucoup *av* [quantité] viel; ~ *d'argent,* viel Geld *(n)* ‖ [intensité] sehr • *a indéf* : ~ ***de,*** viel • *pr indéf* viele.
beau-|fils *m* Schwiegersohn *m.* **~frère** *m* Schwager *m.* **~père** *m* Schwiegervater *m* ‖ [deuxième père] Stiefvater *m.*
beauté *f* Schönheit *f.*
beaux-parents *mpl* Schwiegereltern *mpl.*
bébé *m* Baby *n.*
bec *m* Schnabel *m.* **~-de-canne** *m* Türdrücker *m.*
bêche *f* Spaten *n.*
bêcher *vt* umgraben.
bedeau *m* Küster *m.*
bégayer *vi* stottern; stammeln.
bègue *m* Stotterer, Stammler *m.*
beige *a* naturfarben; beige.
beignet *m* Krapfen *m.*
bêler *vi* meckern; blöken.
belette *f* Wiesel *n.*
belg|e *a* belgisch • *s* : °~, Belgier(in). **°~ique** *f* Belgien *n.*
bélier *m* Widder *m* ‖ TECHN. Ramme *f.*
belle-|fille *f* Schwiegertochter *f.* **~mère** *f* Schwiegermutter *f* ‖ [deuxième lit] Stiefmutter *f.* **~sœur** *f* Schwägerin *f.*
belli|gérant, e *a* kriegführend. **~queux, euse** *a* kampflustig.
bénédiction *f* Segen *m* ‖ ~ *nuptiale,* kirchliche Trauung.
bénéfi|ce *m* Gewinn, Nutzen *m* ‖ FIG. Vorteil *m.* **~ciaire** *a* : *Marge ~,* Gewinnspanne *f* • *m* Empfänger, Nutznießer *m.*
bénévole *a* freiwillig.
bénin, igne *a* harmlos.
bén|ir *vt* (ein)segnen ‖ [consacrer] (ein)weihen. **~it, e** *a* : *Eau ~e,* Weihwasser *n.*
benne *f* Förderwagen *m;* ~ *basculante,* Kippwagen *m.*
béquille *f* Krücke *f.*
berc|eau *m* Wiege *f.* **~er** *vt* hin und her wiegen. **~euse** *f* Wiegenlied *n.*
béret *m* Baskenmütze *f.*
berge *f* Uferböschung *f.*

berger, ère *s* Schäfer(in); Hirt *m.* **~ie** *f* Schafstall *m.*
Berlinois, e *s* (et *a* [sans maj.]) Berliner *inv.*
berner *vt* prellen.
besogne *f* Arbeit *f.*
besoin *m* Bedürfnis *n;* Bedarf *m* || *Avoir* ~ *de,* nötig haben; brauchen (acc.); bedürfen || *Au* ~, notfalls || [détresse] Not *f.*
best|ial, e, aux *a* tierisch; viehisch. **~iaux** *mpl* Rindvieh *n.*
bétail *m* Vieh *n.*
bêt|e *f* Tier, Vieh *n* || ~ *féroce,* Bestie *f* • *a* dumm; blöd. **~ise** *f* Dummheit *f* || [parole] Quatsch, Unsinn *m.*
béton *m* Beton *m.*
betterave *f* (Runkel)rübe *f.*
beugl|ement *m* → ~ER. **~er** *vi* brüllen; muhen.
beurr|e *m* Butter *f.* **~er** *vt* mit Butter bestreichen.
bévue *f* Versehen *n;* Schnitzer *m.*
bi *préf* Doppel(t)...; zwei...; bi...
biais, e *a* schräg; schief • *loc av* : ***en*** ~, ***de*** ~, schräg; schief.
bibelot *m* Nippsache *f.*
biberon *m* (Saug)flasche *f.*
bible *f* Bibel *f.*
biblio|thécaire *s* Bibliothekar(in). **~thèque** *f* Bibliothek *f* || [meuble] Bücherschrank *m.*
biceps *m* Bizeps *m.*
biche *f* Hirschkuh *f.*
bicyclette *f* (Fahr)rad *n; Aller à* ~, radfahren; radeln.
bidon *m* Kanne *f;* Kanister *m.*
bielle *f* Pleuelstange *f.*
1. bien *m* [moral] Gute(s) *n* || [utile] Gut, Wohl *n; Cela me fait du* ~, es tut mir wohl || [avoir] Gut *n;* Habe *f.*
2. bien *av* : ~ *lire,* ~ *écrire,* gut lesen, schön schreiben; *Faire* ~ *de,* gut daran tun, zu || [santé] *Je vais* ~, es geht mir gut || ~ *plus grand,* viel größer || ~ *des,* viele; manche || sehr || Loc : *Je le sais* ~, das weiß ich doch || *Cela se peut* ~, (das) mag wohl sein || *Je voudrais* ~, ich möchte gern || [environ] wohl; etwa • *loc c* : ~ ***que*** (subj.) obgleich; obschon, -wohl || ***quand*** ~ ***même,*** selbst, sogar wenn || ***si*** ~ ***que,*** (so) daß.
bien|-être *m* Wohlbefinden *n.* **~faisance** *f* Wohltätigkeit *f.* **~faisant, e** *a* wohltätig. **~fait** *m* Wohltat *f.* **~faiteur, trice** *s* Wohltäter(in).
bienséance *f* Anstand *m.*
bientôt *av* bald; demnächst.
bien|veillance *f* Wohlwollen *n.* **~veillant, e** *a* wohlwollend. **~venu, e** *a* willkommen.
1. bière *f* Bier *n.*
2. bière *f* [cercueil] Sarg *m;* Bahre *f.*
biffer *vt* streichen.
bifteck *m* Beefsteak *n.*
bifur|cation *f* Abzweigung *f.* **~quer** *vi* abzweigen.
bigarré, e *a* bunt.
bigot *m* Frömmler *m.*

bigoudi *m* Lockenwickel *m.*
bijou *m* Kleinod, Juwel *n.* **~terie** *f* Juweliergeschäft *n.* **~tier** *m* Juwelier *m.*
bilan *m* Bilanz *f.*
bile *f* Galle *f.*
bilingue *a* zweisprachig.
bill|ard *m.* Billard(spiel) *n.* **~e** *f* Kugel *f.*
billet *m* (Fahr)karte *f;* Schein *m; Prendre un ~,* eine Fahrkarte lösen ‖ *~ de banque,* Geldschein *m;* (Bank)note *f.*
binocle *m* Zwicker *m.*
bio|graphie *f* Lebensbeschreibung *f.* **~logie** *f* Biologie *f.* **~logiste** *m* Biologe *m.*
bique *f* Ziege, Geiß *f.*
1. bis *préf* → BI • *av* zweimal; noch einmal ‖ *Numéro 1 ~,* Nummer 1 a.
2. bis, e *a* graubraun; dunkelgrau ‖ *Pain ~,* Schwarzbrot *n.*
bis|cotte *f* Zwieback *m.* **~cuit** *m* Biskuit *n;* (Hart)keks *m.*
bise *f* Nordwind *m.*
bissextile *a : Année ~,* Schaltjahr *n.*
bistrot *m* Schenke, Kneipe *f.*
bitume *m* Asphalt *m.*
bizarre *a* seltsam; wunderlich.
blafard, e *a* bleich; fahl.
blagu|e *f* FIG. Streich *m* ‖ [paroles] Witz *m.* **~er** *vi* Streiche machen.
blaireau *m* Dachs *m* ‖ [pinceau] (Rasier)pinsel *m.*
blâm|e *m* Tadel *m.* **~er** *vt* tadeln.
blan|c, che *a* weiß(farbig) ‖ *Vin ~,* Weißwein *m* ‖ [voix] tonlos ‖ [nuit] schlaflos • *m* Weiß, Weiße(s) *n;* Weiße *f* ‖ *~ d'œuf,* Eiweiß *n* ‖ [linge] Weißwäsche *f.* **~cheur** *f* Weiße *f.* **~chir** *vt* weißen • *vi* weiß werden. **~chissage** *m* Waschen *n.* **~chisserie** *f* Waschanstalt *f.* **~chisseur, euse** *s* Wäscher(in) • *f* Waschfrau *f.*
blasé, e *a* blasiert.
blasph|ème *m* (Gottes)lästerung *f.* **~émer** *vt/vi* lästern.
blé *m* Weizen *m;* Korn *n.*
blême *a* (toten)bleich.
bless|ant, e *a* verletzend. **~er** *vt* verwunden, -letzen ‖ FIG. kränken. **~ure** *f* Wunde *f.*
blet, te *a* matschig.
bleu, e *a* blau • *m* Blau *n* ‖ [contusion] blauer Fleck(en) ‖ [vêtement] Monteuranzug *m.* **~et** *m* Kornblume *f.*
blind|age *m* Stahlausbau *m.* **~er** *vt* panzern.
bloc *m* Block *m.* **~age** *m* Blockieren *n* ‖ *~ des prix,* Preisstop *m.* **~-notes** *m* Notizblock *m.* **~us** *m* Blockade, Sperre *f.*
blond, e *a* blond; hell.
bloquer *vt* blockieren ‖ (ab)sperren • *vpr* sich festklemmen.
blottir (se) *vpr* sich (an)schmiegen.
blous|e *f* Kittel *m.* **~on** *m* Lederjoppe *f.*

bluff *m* Bluff *m.* **~er** *vt* bluffen.
bobin|e *f* Spule *f* || [film] Rollfilm *m.* **~er** *vt* (auf)spulen.
bocage *m* Gehölz, Gebüsch *n.*
bocal *m* Einmachglas *n.*
bœuf *m* Ochs(e) *m* || [viande] Rind-, Ochsenfleisch *n.*
boire *vt* trinken || [animaux], PÉJOR. saufen || *Faire ~,* tränken.
bois *m* Holz *n; De, en ~,* hölzern; aus Holz || [forêt] Wald *m.* **~é, e** *a* bewaldet; waldig. **~ement** *m* Aufforstung *f.* **~er** *vt* aufforsten. **~erie** *f* Holztäfelung *f.*
boisson *f* Getränk *n.*
boîte *f* Schachtel *f;* Kasten *m;* Büchse, Dose *f* || *~ aux lettres,* Briefkasten || *~ postale,* Postfach *n* || *~ de vitesses,* Schaltgetriebe *n* || FIG. *~ de nuit,* Nachtlokal *n.*
boit|er *vi* hinken. **~eux, euse** *a* hinkend.
boîtier *m* (Uhr)gehäuse *n.*
bol *m* (Trink)schale, Tasse *f.*
bomb|ardement *m* Bombenangriff *m.* **~arder** *vt* beschießen || [aviation] bombardieren. **~e** *f* Bombe *f.* **~é, e** *a* gewölbt. **~er** *vt* wölben.
bon, ne *a* gut || [cher] lieb; *Le ~ Dieu,* der liebe Gott || *De ~ gré,* bereitwillig || *~ vin,* feiner Wein || LOC : *Être ~ à,* dienen zu; nützen; *~ à rien,* unnütz || *À quoi ~?,* wozu? || *De ~ matin,* früh morgens || *C'est ~,* es schmeckt (gut) || *~ marché,* billig • *av* gut; wohl; schön • *loc av* : ***pour de ~,*** im Ernst • *m* : ***~ à rien,*** Taugenichts *m.*
bonbon *m* Bonbon *m.*
bond *m* Sprung, Satz *m.*
bonder *vt* vollstopfen; überfüllen.
bondir *vi* auf-, hochspringen || FIG. auffahren.
bon|heur *m* Glück *n; Par ~,* zum Glück; glücklicherweise. **~homme** *a* brav • *m* Biedermann *m.*
boniment *m* Quatsch *m.*
bonjour *m* Guten Tag!; [matin] Guten Morgen!
bonne *f* (Dients)mädchen *n.*
bonnet *m* Mütze, Kappe *f.* **~erie** *f* Strickwaren *fpl.*
bonsoir *m* guten Abend!
bonté *f* (Herzens)güte, Gutherzigkeit *f.*
bord *m* Rand *m* || Ufer *n;* Küste *f* || [côté] Seite *f* || MAR. Bord *n* • *loc p* : ***au ~ de,*** an (dat.; acc.). **~er** *vt* (um)säumen; umrahmen. **~ereau** *m* Verzeichnis *n.* **~ure** *f* Saum *m.*
borgne *a* einäugig.
born|e *f* Grenze *f* || *~ kilométrique,* Kilometerstein *m* || ÉL. Klemme *f.* **~er** *vt* (ab)grenzen; beschränken • *vpr* sich beschränken (auf, acc.).
boss|e *f* Buckel *m;* Beule *f.* **~eler** *vt* verbeulen. **~u, e** *a* bucklig.
bot, e *a* : *Pied ~,* Klumpfuß *m.*

botanique *f* Botanik *f.*
bott|e *f* Bündel *n* ‖ [chaussure] Stiefel *m.* **~ier** *m* Schuhhändler *m.*
bouc *m* (Ziegen)bock *m.*
bouch|e *f* Mund *m* ‖ [orifice] Öffnung *f;* Loch *n* ‖ *~ d'incendie,* Hydrant *m.* **~ée** *f* Mundvoll *m.*
1. boucher *vt* ver-, zustopfen ‖ [bouteille] zukorken.
2. boucher, ère *s* Fleischer *m;* Metzger(in). **~ie** *f* Fleischerei, Metzgerei *f.*
bouchon *m* Pfropfen, Stöpsel, Kork *m* ‖ [circulation] Verkehrsstockung *f.*
boucl|e *f* Schnalle *f* ‖ *~ d'oreille,* Ohrring *m* ‖ [cheveux] Locke *f.* **~er** *vt* zuschnallen ‖ *~ sa valise,* seinen Koffer packen ‖ [bloquer] sperren ‖ [friser] locken • *pp/a :* **~é, e,** [cheveux] lockig.
bouclier *m* Schild *m.*
bouder *vi/vt* schmollen (mit, dat.).
boudin *m* Blutwurst *f.*
boue *f* Kot *m.*
bouée *f* Boje, Bake *f* ‖ *~ de sauvetage,* Rettungsring *m.*
boueux *m* Müllmann *m.* **~, euse** *a* dreckig; schmutzig.
bouffant, e *a* bauschig.
bouff|ée *f* Hauch, Dunst *m* ‖ FIG. Stoß, Zug *m.* **~er** *vi* sich aufblasen • *vt* POP. (gierig) fressen. **~i, e** *a* geschwollen; gedunsen.
bouffon, ne *a* komisch • *m* Narr *m.*
bougeoir *m* Handleuchter *m.*
bouger *vi* sich regen; sich rühren; sich bewegen • *vt* rücken; bewegen.
bougie *f* Kerze *f* ‖ AUT. Zündkerze *f.*
bouillabaisse *f* Fischsuppe *f.*
bouill|ant, e *a* kochend; siedend. **~ie** *f* Mus *n;* Brei *m.* **~ir** *vi* kochen; sieden ‖ [bouillonner] brodeln ‖ *Faire ~ du lait,* Milch abkochen. **~oire** *f* Wasserkessel *m.* **~on** *m* Bouillon, Kraftbrühe *f.*
boulanger, ère *s* Bäcker(in). **~ie** *f* Bäckerei *f.*
boule *f* Kugel *f;* Ball *m.*
bouleau *m* Birke *f.*
bouledogue *m* Bulldogge *f.*
boulette *f* Kügelchen *n* ‖ CUIS. Knödel *m.*
boulevard *m* Boulevard *m* ‖ *~ extérieur,* Ring *m.*
boulevers|ement *m* Umsturz *m.* **~er** *vt* umstürzen, -wälzen.
boulon *m* Bolzen *m;* Schraube *f.*
bouquet *m* Strauß *m.*
bouquin *m* FAM. Scharteke *f.* **~iste** *m* Antiquariatsbuchhändler *m.*
bourdon *m :* [abeille] *Faux ~,* Drohne *f.* **~nement** *m : ~s d'oreilles,* Ohrensausen *m.* **~ner** *vi* brummen; summen.
bourg *m* (Markt)flecken *m.* **~eois, e** *a* bürgerlich • *m* Bürger *m.* **~eoisie** *f* Bürgertum *n.*
bourgeon *m* Knospe *f.* **~ner** *vi* knospen.

bourrasque *f* Windstoß *m;* Bö *f.*
bourreau *m* Henker *m.*
bourr|elet *m* (Polster)wulst, Bausch *m.* **~elier** *m* Sattler *m.*
bourru, e *a* FIG. mürrisch; grob.
bours|e *f* Geldbeutel *m* ‖ ENS. Stipendium *n* ‖ COMM. Börse *f.* **~ier, ère** *a* Börsen... • *m* ENS. Stipendiat *m.*
boursouflé, e *a* aufgeblasen ‖ FIG. schwülstig.
bouscul|ade *f* Gedränge *n.* **~er** *vt* anrempeln.
boussole *f* Kompaß *m.*
bout *m* [extrémité] Spitze *f;* Ende *n* ‖ [morceau] Stück *n;* ~ *de craie,* Stück Kreide ‖ [temporel] Ende *n;* Endpunkt *m* ‖ LOC : ***au ~ de,*** am Ende (gén.) ‖ *Au ~ de qq temps,* nach einiger Zeit ‖ ***à ~ de :*** *Être à ~ de forces,* mit seinen Kräften am Ende sein ‖ *D'un ~ à l'autre,* ganz; von A bis Z.
bouteille *f* Flasche *f.*
boutiqu|e *f* Laden *m;* Geschäft *n.* **~ier** *m* Krämer *m.*
bouton *m* Knopf *m* ‖ BOT. Knospe *f* ‖ MÉD. Pickel *m.* **~ner** *vt* zuknöpfen. **~nière** *f* Knopfloch *n.*
bovidés *mpl* Rinder *npl.*
box *m* Einzelgarage f.
box|e *f* Boxen *n.* **~er** *vi* boxen. **~eur** *m* Boxer *m.*
boyau *m* Darm *m.*
boycott|age *m* Sperre *f;* Boykott *m.* **~er** *vt* sperren.
bracelet *m* Armband *n.* **~-montre** *m* Armbanduhr *f.*
braconn|er *vi* wildern. **~ier** *m* Wilddieb *m.*
brader *vt* verramschen.
braguette *f* Hosenschlitz *m.*
braille *m* Blindenschrift *f.*
brailler *vi* schreien; kreischen; plärren.
brais|e *f* glühende Kohlen *fpl.* **~er** *vt* schmoren.
brancard *m* (Trag)bahre *f.* **~ier** *m* Sanitäter *m.*
branch|age *m* Geäst *n.* **~e** *f* Ast, Zweig *m.* **~ement** *m* Anschluß *m.* **~er** *vt* anschließen.
brandir *vt* schwingen.
branl|ant, e *a* wacklig. **~er** *vi* wanken; wackeln.
braqu|age *m* : *Rayon de ~,* Wendekreis *m.* **~er** *vt* : *~ sur,* richten (auf, acc.) • *vi* AUT. einschlagen.
bras *m* (Ober)arm *m* ‖ *~ dessus, ~ dessous,* Arm in Arm; untergefaßt ‖ *En ~ de chemise,* in Hemdsärmeln.
brasier *m* Glut *f.*
bras|sard *m* Armbinde *f.* **~se** *f* SP. Brustschwimmen *n.* **~ser** *vt* (um)rühren ‖ [bière] brauen. **~serie** *f* Brauerei *f.*
brav|e *a* tapfer; mutig ‖ [honnête] brav. **~er** *vt* trotzen (dat.). **~oure** *f* Tapferkeit *f.*
brebis *f* (Mutter)schaf *n.*
brèche *f* Bresche *f;* Durchbruch *m.*
bref, ève *a* kurz; brüsk; schroff • *av* kurz und gut.

bretelle *f* Hosenträger *m*.
breuvage *m* Getränk *n*.
brevet *m* Diplom *n* || ~ *d'invention*, Patent *n*.
bribe *f* Brocken *m*.
bric-à-brac *m* Trödelkram *m*.
bricol|e *f* Kleinigkeit *f*. **~er** *vi* basteln. **~eur** *m* Bastler *m*.
brid|e *f* Zügel *m* || TECHN. Bügel *m*. **~er** *vt* zügeln; im Zaume halten || TECHN. bördeln.
bridge *m* Bridge(spiel) *n* || [dentier] (Zahn)brücke *f*.
briév|ement *av* kurz (und gut). **~eté** *f* Kürze *f*.
brigand *m* Räuber *m*.
briguer *vt* werben (um, acc.).
brill|ant *a* glänzend • *m* [pierre] Edelstein *m* || [éclat] Glanz *m*. **~er** *vi* glänzen || [soleil] scheinen || [lumière] leuchten; scheinen.
brim|ade *f* Schikane *f*. **~er** *vt* schikanieren; quälen.
brin *m* Halm *m*. **~dille** *f* Zweiglein, Reis *n*.
brique *f* Ziegel-, Backstein *m*.
briquet *m* Feuerzeug *n*.
bris *m* Bruch *m*.
brise *f* Brise *f*; Lüftchen *n*.
bris|e-jet *m* Wasserstrahler *m*. **~er** *vt* (zer)brechen || [vitre] einschlagen • *vpr* sich brechen || [vagues] branden.
britannique *a* british • *s* : °~, Brite *m*; Britin *f*.
broc *m* Kanne *f*; Krug *m*.
brocanteur *m* Trödler *m*.
broch|e *f* Bratspieß *m* || [bijou] Brosche *f* || ÉL. Kontaktstift *m*. **~er** *vt* (durch)wirken || [livre] heften. **~et** *m* Hecht *m*. **~ure** *f* Heft *n*.
brod|er *vt* sticken. **~erie** *f* Stickerei *f*.
bronch|e *f* Bronchie *f*. **~er** *vi* : FIG. *Ne pas* ~, nicht mucksen. **~ite** *f* Bronchitis *f*.
bronz|age *m* Bronzieren *n*. **~e** *m* Erz *n*. **~é, e** *a* sonnverbrannt; gebräunt. **~er** *vt* bronzieren; bräunen.
bross|e *f* Bürste *f*; ~ *à dents*, Zahnbürste *f*. **~er** *vt* bürsten • *vpr : Se ~ les dents*, sich die Zähne putzen.
brouette *f* Schubkarren *m*.
brouill|ard *m* Nebel *m*. **~e** *f* Zwist *m*. **~er** *vt* (ver)mischen || FIG. entzweien • *a* : **~é, e** FIG. [désuni] zerworfen • *vpr* [temps] trübe werden || FIG. *Se ~ avec qn*, sich mit jm verkrachen. **~on** *m* Konzept *n*.
broussaille *f* Busch *m*.
brouter *vt* (ab)weiden.
broyer *vt* (ver)mahlen.
bru *f* Schwiegertochter *f*.
bruin|e *f* Sprüh-, Nieselregen *m*. **~er** *v impers* nieseln.
bru|ire *vi* rauschen; säuseln. **~issement** *m* → ~IRE. **~it** *m* Geräusch *n*; Lärm *m* || [vacarme] Getöse *n*; Krach *m* || [vent, eau] Rauschen *n* || [instrument] Schall, Klang *m* || [rumeur] Gerücht, Gerede *n*.
brûl|ant, e *a* brennend; heiß || [soleil] stechend. **~er** *vt* (ver-, aus-, auf-, ab)brennen || [un

signal] überfahren • *vi* [se consumer] (ver)brennen; aus-, abbrennen • *vpr* sich verbrennen. **~eur** *m* Brenner *m*. **~ure** *f* Brandwunde *f*, -mal *n*.
brum|e *f* Nebel *m*. **~eux, euse** *a* neblig; dunstig.
brun, e *a* braun ‖ [bière] dunkel. **~ir** *vt* bräunen • *vi* braun werden.
brusque *a* plötzlich; jäh ‖ FIG. schroff. **~rie** *f* Schroffheit *f*.
brut, e *a* unbearbeitet; roh ‖ *Poids ~*, Bruttogewicht *n*. **~al, e, aux** *a* grob; roh. **~aliser** *vt* roh/grob behandeln. **~alité** *f* Roheit, Brutalität *f*. **~e** *f* Bestie *f*; Vieh *n* ‖ FIG. Grobian *m*.
Bruxelles *m* Brüssel *n*.
bruyant, e *a* lärmend; geräuschvoll; laut.
bruyère *f* Heidekraut *n*.
buanderie *f* Waschküche *f*.
bûch|e *f* Holzscheit *n*; Klotz *m*. **~er** *vi/vt* POP. büffeln; schuften. **~eron** *m* Holzfäller, -hauer *m*.
budget *m* Etat *m*; Budget *n*.
buée *f* Wasserdunst *m* ‖ *Couvert de ~*, beschlagen.
buffet *m* Anrichte, Kredenz *f*; Büffet *n* ‖ [restaurant] Gaststätte *f*.
buis *m* Buchsbaum *m*.
buisson *m* Busch *m*; Gebüsch *n*; Strauch *m*. **~nière** *a* : *Faire l'école ~*, die Schule schwänzen.
bulbe *m* Zwiebel, Knolle *f*.
bulldozer *m* Planierraupe *f*.
bulle *f* Blase *f*. **~tin** *m* : *~ de vote*, Stimmzettel *m* ‖ *~ météorologique*, Wetterbericht *m* ‖ ENS. Zeugnis *n*.
bureau *m* [meuble] Schreibtisch *m* ‖ [pièce] Arbeitszimmer *n*; Büro *n* ‖ *~ de poste*, Postamt *n* ‖ *~ de change*, Wechselstube *f* ‖ *~ de tabac*, Tabakgeschäft *n*.
burin *m* Meißel *m*.
buste *m* Oberkörper *m*.
but *m* Ziel *n*, -scheibe *f* ‖ SP. Tor *n*; *Marquer un ~*, ein Tor schießen. **~er** *vi* stoßen (gegen, acc.) • *pp/a* : **~é, e**, verstockt; eigensinnig.
butin *m* (Aus)beute *f*; Fang *m*.
butoir *m* Prellbock *m*.
butte *f* (Erd)hügel *m*.
buv|able *a* trinkbar. **~ard** *m* Löschpapier *n*. **~ette** *f* Erfrischungsraum *m*. **~eur** *m* Trinker *m*.

C

ça *pr dém* (*abr* de **cela**) dies; das; es ‖ *Comme ci, comme ~*, soso lala ‖ *~ y est!*, da haben wir's!

çà *av* : ~ *et là,* hier und da.
cabane *f* Hütte *f.*
cabaret *m* Schenke, Kneipe *f* ‖ [artistique] Kabarett *n.*
cabillaud *m* Kabeljau *m.*
cabine *f* MAR. Kajüte *f* ‖ ~ *téléphonique,* Fernsprechzelle *f.*
cabinet *m* : ~ *de toilette,* Waschraum *m* ‖ *Pl* [w.-c] Toilette *f;* Klosett *n.*
câble *m* Tau *n* ‖ ÉL. Leitung *f;* Kabel *n.*
cabosser *vt* verbeulen.
cabrer (se) *vpr* sich aufbäumen.
cacah(o)uète *f* Erdnuß *f.*
cacao *m* Kakao *m.*
cachalot *m* Pottwal *m.*
cach|e-cache *m inv* : *Jouer à* ~, Versteck(en) spielen. **~enez** *m* Halstuch *n.* **~er** *vt* verstecken, -bergen; geheim halten. **~ette** *f* Versteck *n* ‖ FIG. *En* ~, heimlich.
cachet *m* Siegel *n;* Stempel *m* ‖ FIN. Honorar *n* ‖ FIG. [marque] Gepräge *n* ‖ MÉD. Tablette, Pille *f.* **~er** *vt* ver-, zusiegeln.
cachot *m* Kerker *m;* Loch *n.* **~tier, ère** *s* Heimlichtuer(in).
c.-à-d. (*abr* de ***c'est-à-dire***) *loc av* d. h. (das heißt).
cadavre *m* Leiche *f.*
cadeau *m* Geschenk *n;* Gabe *f.*
cadenas *m* Hängeschloß *n.*
cadence *f* Rhythmus, Takt *m* ‖ [vitesse] Tempo *n.*
cadet, te *a* zweitgeboren; jünger.
cadr|an *m* Zifferblatt *n;* Scheibe *f.* **~e** *m* Rahmen *m* ‖ [porte] Türeinfassung *f* ‖ *Pl* Führungskräfte *fpl.* **~er** *vi* zusammenpassen.
cafard *m* ZOOL. Schabe *f* ‖ FAM. Trübsinn *m.* **~er** *vt* petzen.
caf|é *m* Kaffee *m* ‖ [local] Café, Kaffee-, Wirtshaus *n.* **~éine** *f* Koffein *n.* **~etier** *m* Wirt *m.* **~etière** *f* Kaffeekanne *f.*
cag|e *f* (Vogel)käfig *m;* Bauer *m, n* ‖ ~ *d'escalier,* Treppenhaus *n* ‖ ~ *d'ascenseur,* Aufzugsschacht *m.* **~eot** *m* Lattenkiste *f.* **~ibi** *m* Rumpelkammer *f.*
cahier *m* Helft *n.*
cahot *m* Stoß, Schlag *m.* **~er** *vi* stoßen.
caille *f* Wachtel *f.*
caill|er *vt* gerinnen • *pp/a* : **~é, e,** geronnen ‖ *Lait* ~, dicke Milch. **~ot** *m* Klumpen *m.*
caillou *m* Kiesel(stein) *m.*
caiss|e *f* COMM. Kasse *f;* ~ *d'épargne,* Sparkasse ‖ [boîte] Kasten *m;* Kiste *f* ‖ MUS. *Grosse* ~, Pauke *f.* **~ier, ère** *s* Kassierer(in).
calamité *f* Plage *f;* Unheil *n.*
calandre *f* Kühlerverkleidung *f.*
calc|aire *a* kalkhaltig • *m* Kalk(stein) *m.* **~iner** *vt* ausglühen; kalzinieren. **~ium** *m* Kalzium *m.*
calcul *m* Rechnen *n;* (Be)rechnung *f* ‖ MÉD. ~ *biliaire,* Gal-

lenstein *m.* **~able** *a* berechenbar. **~ateur, trice** *s* Rechner(in) || FIG. Berechner(in) • *f* : *~ de poche,* Taschenrechner *m.* **~er** *vt* rechnen || FIG. berechnen.
cale *f* Keil *m* || *Mettre sur ~,* aufbocken || MAR. Kiel-, Laderaum *m* || *~ sèche,* Trockendock *n.*
caleçon *m* Unterhose *f.*
calendrier *m* Kalender *m.*
calepin *m* Notizbuch *n.*
caler *vt* befestigen; verkeilen • *vi* [s'arrêter] sich festlaufen • *a* : **~é, e,** FIG. beschlagen.
calfeutrer *vt* zustopfen.
calibre *m* Durchmesser *m* || TECHN. Kaliber *n.*
califourchon (à) *loc av* rittlings.
câlin, e *a* zärtlich. **~er** *vt* schmeicheln; liebkosen.
calligraph|ie *f* Schönschrift *f.* **~ier** *vt* schönschreiben.
calm|ant *m* Linderungsmittel *n* • *a* stillend; lindernd. **~e** *a* still; ruhig • *m* Ruhe, Stille *f.* **~er** *vt* beruhigen; stillen; mildern • *vpr* [vent] sich legen.
calomn|iateur, trice *a* verleumderisch • *s* Verleumder(in). **~ie** *f* Verleumdung *f.* **~ier** *vt* verleumden.
calor|ie *f* Kalorie *f.* **~ifère** *m* Ofen *m.* **~ifuge** *a* wärmeisolierend.
calot *m* Feldmütze *f.*
calqu|e *m* Pause *f;* Abzug *m.* **~er** *vt* (durch)pausen.
calvitie *f* Kahlköpfigkeit *f.*
camarad|e *m* Kamerad, Genosse *m.* **~erie** *f* Kameradschaft *f.*
cambouis *m* Wagenschmiere *f.*
cambrer *vt* wölben; biegen • *pp/a* : **~é, e,** gewölbt.
cambriol|age *m* Einbruch *m.* **~er** *vt* einbrechen (in, acc.). **~eur** *m* Einbrecher *m.*
camelot *m* Straßenhändler *m.* **~e** *f* Ramsch, Kram *m.*
caméra *f* Kamera *f.*
camion *m* Last(kraft)wagen *m* (LKW *m*). **~nette** *f* Lieferwagen *m.* **~neur** *m* Lkw.-Fahrer *m.*
camomille *f* Kamille *f.*
camoufl|age *m* Tarnung *f.* **~er** *vt* tarnen.
camp *m* Lager *n* || FAM. *Ficher le ~,* abhauen.
campagn|ard, e *a* ländlich • *m* Landmann *m.* **~e** *f* Land *n; Aller à la ~,* aufs Land fahren || MIL. Feldzug *m* || *~ électorale,* Wahlkampagne *f.*
camp|ement *m* Zeltplatz *m.* **~er** *vi* MIL. lagern || SP. zelten. **~eur, euse** *s* Zeltler(in).
camping *m* Zelten *n* || [lieu] Campingplatz *m.*
canaille *f* Halunke *m* || [populace] Gesindel *n.*
canal *m* Kanal *m.* **~isation** *f* (Rohr)leitung *f.* **~iser** *vt* schiffbar machen || TECHN. leiten.
canapé *m* Couch *f.*
canard *m* Ente *f.*

cancaner *vi* klatschen.
canc|er *m* Krebs *m*. **~éreux, euse** *a* krebskrank.
candidat *m* Kandidat *m*. **~ure** *f* Kandidatur *f*; *Poser sa ~*, kandidieren.
candide *a* unbefangen.
cane *f* Ente *f*.
caniche *m* Pudel *m*.
canif *m* Taschenmesser *n*.
canin, e *a* Hunde... • *f* Augenzahn *m*.
caniveau *m* Rinnstein *m*.
cann|e *f* : *~ à sucre*, Zuckerrohr *n* ‖ [bâton] (Rohr)stock *m* ‖ *~ à pêche*, Angelrute *f*. **~elé, e** *a* gerillt ‖ *Chaise ~e*, Rohrstuhl *m*. **~elle** *f* Zimt *m*. **~elure** *f* Riefe, Rille f.
cannibale *m* Menschenfresser *m*.
canoë *m* Paddelboot *n*.
canon *m* Kanone *f*; Geschütz *n* ‖ *~ de fusil*, Gewehrlauf *m*. **~nade** *f* Beschießung *f*.
canot *m* Boot *n*; Kahn *m*. **~age** *m* Rudersport *m*. **~er** *vi* rudern.
cantatrice *f* Sängerin *f*.
cantine *f* Kantine *f*; Eßraum *m*.
cantique *m* Kirchenlied *n*.
canton *m* Kreis, Bezirk *m*.
canton|ner (se) *vpr* : *Se ~ dans*, sich beschränken auf (acc.). **~nier** *m* Straßenwärter *m*.
caoutchou|c *m* Gummi *n* ‖ **~té, e** *a* Gummi...
cap *m* Kap, Vorgebirge *n*.
cap|able *a* fähig (gén.; zu); geeignet ‖ [de valeur] tüchtig. **~acité** *f* Inhalt *m* ‖ FIG. Fähigkeit *f*.
cape *f* Kappe *f*.
capitaine *m* Hauptmann *m* ‖ MAR. Kapitän *m*.
capit|al, e, aux *a* hauptsächlich ‖ *Point ~*, Hauptpunkt *m* • *m* Kapital *n* ‖ *Pl* Kapitalien *npl* • *f* [ville] Hauptstadt *f* ‖ [lettre] großer Buchstabe. **~alisme** *m* Kapitalismus *m*.
capitonner *vt* polstern.
capitul|ation *f* Kapitulation *f*. **~er** *vi* sich ergeben; kapitulieren.
caporal *m* Gefreite(r) *m*.
cap|ot *m* Motorhaube *f*. **~ote** *f* AUT. Wagenverdeck *n*. **~oter** *vi* sich überschlagen.
capric|e *m* Laune *f*. **~ieux, euse** *a* launisch.
capsule *f* Kapsel *f*.
capt|er *vt* fassen ‖ RAD. empfangen. **~if, ive** *a* gefangen. **~ivant, e** *a* fesselnd. **~iver** *vt* fesseln. **~ivité** *f* Gefangenschaft *f*. **~ure** *f* Gefangennahme *f*; Fang *m*. **~urer** *vt* fangen; gefangen nehmen.
capu|che *f* Kapuze *f*. **~chon** *m* Kapuze *f* ‖ TECHN. Verschlußkappe *f*.
1. car *c* denn.
2. car *m* (Omnibus)wagen *m*; Bus *m*.
carabine *f* Büchse *f*.
caract|ère *m* Letter *f*; *En ~s gras*, fett gedruckt ‖ [origi-

nalité] Charakter *m* || *Avoir bon* ~, gutmütig sein. **~ériser** *vt* kennzeichnen. **~éristique** *a* bezeichnend; charakteristisch • *f* Kennzeichen *n*.
carafe *f* Karaffe *f*.
carambolage *m* Zusammenstoß *m*.
caramel *m* gebrannter Zucker || [bonbon] Karamelle *f*.
carat *m* : *À dix-huit* ~*s*, achtzehnkarätig.
caravane *f* Karawane *f* || [voiture] Wohnwagen *m*.
carb|one *m* Karbon *n* || *Papier* ~, Durchschlagpapier *n*. **~onique** *a* : *Acide* ~, Kohlensäure *f*. **~oniser** *vt* (ver)kohlen.
carbur|ant *m* Treibstoff *m*. **~ateur** *m* Vergaser *m*. **~ation** *f* Vergasung *f*.
carcasse *f* Knochengerüst *n*.
cardan *m* Kardangelenk *n*.
cardiaque *a* : *Maladie* ~, Herzkrankheit *f*.
cardinal, e, aux *a* : *Point* ~, Himmelsrichtung *f* • *m* Kardinal *m*.
carême *m* Fastenzeit *f*.
carence *f* Fehlen *n* || Versagen *n*.
caress|e *f* Liebkosung *f*. **~er** *vt* streicheln; (lieb)kosen.
carg|aison *f* Fracht *f*. **~o** *m* Frachtdampfer *m*.
caricatur|al, e, aux *a* karikiert. **~e** *f* Karikatur *f*. **~er** *vt* karikieren.
car|ie *f* : ~ *dentaire*, Zahnfäule *f*. **~ié, e** *a* faul.
carillon *m* Glockenspiel *n*.
Carinthie *f* Kärnten *n*.
carnage *m* Gemetzel *n*.
carnaval *m* Karneval, Fasching *m*.
carnet *m* Heft, Notizbuch *n*; ~ *de chèques*, Schekheft *n*.
carotide *f* Halsschlagader *f*.
carotte *f* Mohrrübe, Karotte *f*.
carpe *f* Karpfen *m*.
carr|é, e *a* viereckig || *Mètre* ~, Quadratmeter *m* • *m* Viereck, Quadrat *n*. **~eau** *m* Fliese, Kachel *f* || [vitre] Fensterscheibe *f* || *Veste à* ~*x*, karierte Jacke. **~efour** *m* Straßenkreuzung *f*. **~elage** *m* Fliesenbelag *m*. **~eler** *vt* mit Fliesen belegen. **~eleur** *m* Fliesenleger *m*. **~ément** *av* FIG. rundweg; frei heraus.
carrière *f* Steinbruch *m* || [profession] Laufbahn *f*.
carross|able *a* (be)fahrbar. **~erie** *f* Karosserie *f*. **~ier** *m* Karosseriebauer *m*.
carrure *f* Schulterbreite *f*.
cartable *m* Mappe *f*.
carte *f* Karte *f*; ~ *postale illustrée*, Ansichtskarte || [jeu] (Spiel)karte || GÉOGR. Landkarte.
carter *m* Gehäuse *n*.
carton *m* Pappe *f*; Karton *m* || [boîte] Pappschachtel *f*. **~né, e** *a* in Pappeinband.
cartouch|e *f* Patrone *f* || [encre] Tintenladung *f*. **~ière** *f* Patronengürtel *m*.
cas *m* Fall *m*; *Le* ~ *échéant*, gegebenenfalls || [situation]

Lage *f* • *loc p* : ***en ~ de,*** falls ; im Falle (gén.) • *loc av* : ***en tout ~,*** jedenfalls ‖ ***selon le ~,*** je nachdem • *loc c* : ***au ~ où,*** falls ; für den Fall, daß.
cascade *f* Wasserfall *m.*
case *f* Fach *n.*
caser *vt* unterbringen.
caserne *f* Kaserne *f.*
casier *m* Fach *n* ‖ JUR. *~ judiciaire,* Strafregister *n.*
casino *m* Kurhaus *n* ‖ (Spiel)kasino *n.*
casque *m* Helm *m* ‖ RAD. Kopfhörer *m.* **~tte** *f* Mütze *f.*
cass|able *a* zerbrechlich. **~ant, e** *a* zerbrechlich ‖ FIG. schroff. **~ation** *f* Kassation *f.* **~e** *f* [action] Zerbrechen *n* ‖ [objets] Bruch *m.* **~-cou** *m inv* Wagehals *m.* **~-croûte** *m inv* Imbiß *m.* **~-noix** *m inv* Nußknacker *m.*
casser *vt* (zer)brechen ‖ [branche] knicken ‖ [en frappant] zerschlagen, -klopfen ; *~ des cailloux,* Steine klopfen ‖ [en deux] entzweibrechen ‖ JUR. aufheben ; für nichtig erklären • *vi* (zer)brechen • *vpr* (zer)brechen ‖ (réfl.) *Se ~ la jambe,* sich ein Bein brechen.
casserole *f* (Schmor)topf *m.*
casse-tête *m inv* FIG. Kopfzerbrechen *n.*
cassette *f* Kästchen *n;* Schatulle *f* ‖ [magnétophone] Kassette *f.*
1. cassis *m* [rigole] Querrinne *f.*
2. cassis *m* BOT. schwarze Johannisbeere ‖ Johannisbeerlikör *m.*
cassure *f* Bruch *m.*
caste *f* Kaste *f;* Stand *m.*
castor *m* Biber *m.*
castrer *vt* kastrieren.
catadioptre *m* Rückstrahler *m.*
catalogue *m* Verzeichnis *n;* Katalog *m.*
cataracte *f* : *Opérer de la ~,* den Star stechen.
catarrhe *m* Katarrh *m.*
catastroph|e *f* Katastrophe *f.* **~ique** *a* katastrophal.
catch *m* Freistilringen *n.*
catéchisme *m* Religionsunterricht *m.*
catégor|ie *f* Kategorie *f* ‖ Art *f.* **~ique** *a* kategorisch.
cathédrale *f* Dom *m;* Münster *n.*
cathodique *a* : *Tube ~,* Kathodenröhre *f.*
catholi|cisme *m* Katholizismus *m.* **~que** *a* katholisch • *s* Katholik(in).
cauchemar *m* Alp(traum) *m.*
caus|alité *f* Kausalität *f.* **~e** *f* Ursache *f;* Grund *m* ‖ JUR. Sache *f;* Prozeß *m* ‖ *Être en ~,* in Frage stehen • *loc p* : ***à ~ de,*** wegen (gén.) ; vor (dat.) ; um... willen ; *À ~ de moi,* meinetwegen ; *À ~ de cela,* deshalb.
1. causer *vt* verursachen.
2. caus|er *vi* sich unterhalten. **~erie** *f* Plauderei *f.*
cautériser *vt* (aus)brennen.

caution *f* Bürgschaft, Gewähr *f.* **~ner** *vt* bürgen (für).
caval|erie *f* Reiterei *f.* **~ier, ère** *a* ungeniert • *s* Reiter(in) ‖ FIG. Tänzer(in).
cav|e *a* hohl • *f* Keller *m.* **~eau** *m* Gruft *f.* **~erne** *f* Höhle *f.* **~ité** *f* Höhle *f.*
ce, cet, cette, ces *a dém* dieser, diese, dieses, diese ; der, die, das, die ‖ [proximité] *Ce ...-ci,* dieser ... (hier) ‖ [rappel] *Ce ...-là,* jener ... (da) • *pr dém inv :* **ce, c',** es, das ; *C'est juste,* das ist richtig ; *C'est moi,* ich bin es ‖ [antécédent de rel.] ***ce qui, ce que,*** was ‖ LOC : *Sur ce,* hier-, darauf.
ceci *pr dém* dies (hier) ; das ; *~ et cela,* dieses und jenes ; dies und das ; *Qu'est ~?,* was ist das ?
cécité *f* Blindheit *f.*
céder *vt* abreten ; aufgeben ‖ [transmettre] übertragen • *vi* weichen ; nachgeben.
cèdre *m* Zeder *f.*
cein|dre *vt* umgürten. **~ture** *f* Gürtel, Gurt *m.* **~turer** *vt* umgürten.
cela *pr dém* (opposé à « ceci ») jenes (da) ; das (da) ‖ [rappelle ce qui précède] das ; es ; jenes ‖ [sans opposition ni rappel] dieses ; dies ; das ; es ; *Qu'est ~?,* was ist das ? ‖ *Pour ~,* darum ; dazu ; deshalb...
cél|ébration *f* Begehen *n.* **~èbre** *a* berühmt. **~ébrer** *vt* feiern. **~ébrité** *f* Berühmtheit *f.*
céleri *m* Sellerie *f.* **~-rave** *m* Knollensellerie *f.*
célérité *f* Schnelligkeit *f.*
célibataire *a* ledig ; unverheiratet • *s* Junggeselle *m,* -gesellin *f.*
celle, s *pr dém* → CELUI.
cellier *m* Weinkeller *m.*
cellul|e *f* Zelle *f; ~ photoélectrique,* Photozelle. **~ite** *f* Zellgewebsentzündung *f.*
cellulose *f* Zellstoff *m.*
celui, celle, ceux, celles *pr dém* der(jenige) ; die(jenige) ; das(jenige) ; die(jenigen) ; *~ qui,* der jenige der, wer ‖ [proximité immédiate] ***celui-ci,*** der (hier) ; dieser (hier) ‖ ***celui-là,*** der (da) ; jener (da).
cendr|e *f* Asche *f.* **~é, e** *a* aschfarben. **~ier** *m* Aschenbecher *m.*
censément *av* sozusagen ; angeblich.
censur|e *f* Zensur *f.* **~er** *vt* zensieren.
cent *num* hundert ; *~ fois,* hundertmal ‖ *Cinq pour ~,* fünf prozent. **~aine** *f* Hundert *n* ‖ [environ cent] etwa hundert. **~enaire** *a* hundertjährig • *s* [personne] Hundertjährige(r).
cent|i *préf* hundert... ; Zenti... **~ième** *m* Hundertstel *m* • *a* hundertst. **~imètre** *m* Zentimeter *m, n.*
centr|al *a* zentral ; Mittel... • *m : ~ téléphonique,* Telefonzentrale *f* • *f* [usine] Zentrale *f;* Kraftwerk *n.* **~aliser** *vt*

zentralisieren. **~e** *m* Mittelpunkt *m;* Zentrum *n* ‖ ~ *d'une ville,* Stadtmitte *f* ‖ ~ *de gravité,* Schwerpunkt *m* ‖ ~ *commercial,* Einkaufszentrum *n.* **~er** *vt* richten (nach).
centuple *a* hundertfach.
cep *m* Reb-, Weinstock *m.*
cépage *m* Rebensart *f.*
cèpe *m* Steinpilz *m.*
cependant *av* währenddessen; indessen • *c de coord* (je)doch; dennoch.
céramique *f* Keramik *f.*
cerc|eau *m* Reifen *m.* **~le** *m* Kreis *m.* **~ler** *vt* bereifen.
cercueil *m* Sarg *m.*
céréale(s) *f(pl)* Getreide *n.*
cérébral, e, aux *a : Hémorragie ~e,* Hirnblutung *f.*
cérémonie *f* Feierlichkeit, Festlichkeit *f.*
cerf *m* Hirsch *m.*
cerfeuil *m* (Garten)kerbel *m.*
cerf-volant *m* Drache(n) *m.*
ceris|e *f* Kirsche *f.* **~ier** *m* Kirschbaum *m.*
cern|e *m* Ring *m.* **~er** *vt* umringen ‖ *Avoir les yeux ~és,* Ringe unter den Augen haben.
cert|ain, e *a* gewiß; sicher; bestimmt • *a indéf* gewiß; manch; *Dans une ~e mesure,* gewissermaßen. **~ainement** *av* gewiß. **~es** *av* gewiß; fürwahr. **~ificat** *m* Bescheinigung *f* ‖ ~ *de maladie,* Krankenschein *m.* **~ifier** *vt* bescheinigen, -glaubigen. **~itude** *f* Sicherheit *f.*
cerv|eau *m* (Ge)hirn *n.* **~elas** *m* Schlackwurst *f.* **~ical, e, aux** *a* Genick...; Hals...
césarienne *f* Kaiserschnitt *m.*
cess|ation *f* Aufhören *n;* Einstellung *f.* **~e** *f : Sans ~,* unaufhörlich. **~er** *vt* einstellen • *vi* aufhören; enden. **~ez-le-feu** *m* Feuereinstellung *f.*
cess|ible *a* übertragbar. **~ion** *f* Übertragung *f.*
c'est-à-dire *loc av* das heißt (d. h.); das ist.
cet, te *a dém* → CE.
cétacés *mpl* Walfische *mpl.*
chacun, e *pr indéf* jeder, jede, jedes; jeglicher, jegliche, jegliches; jedermann ‖ *Six marks ~,* je sechs Mark.
chagrin, e *a* betrübt • *m* Kummer *m;* Betrübnis *f.* **~er** *vt* betrüben, -kümmern.
chahut *m* Krach *m;* Krawall *m.* **~er** *vi* randalieren.
chai *m* Weinlagerraum *m.*
chaîne *f* Kette *f* ‖ ~ *hi-fi,* Stereoanlage *f* ‖ TECHN. *Travail à la ~,* Fließarbeit *f.*
chair *f* Fleisch *n* ‖ *En ~ et en os,* leibhaftig.
chaire *f* Katheder *n* ‖ ENS. Lehrstuhl *m.*
chaise *f* Stuhl *m.*
chaland *m* flacher Lastkahn.
châle *m* Schal *m;* Kopftuch *n.*
chalet *m* Schweizer-, Holzhaus *n.*
chaleur *f* Wärme, Hitze *f.* **~eux, euse** *a* warm(herzig).
chalumeau *m : ~ oxhydrique,* Schweißbrenner *m.*

chalut *m* Schleppnetz *n.* **~ier** *m* Fischdampfer *m.*
chamailler (se) *vpr* sich zanken.
chambranle *m* Tür-, Fensterrahmen *m.*
chambr|e *f* Zimmer *n*; Stube, Kammer *f*; ~ *à coucher,* Schlafzimmer || POL. Kammer *f* || JUR. Gerichtshof *m* || ~ *à air,* Schlauch *m.* **~er** *vt* [vin] anwärmen.
chameau *m* Kamel *n.*
chamois *m* Gemse *f.*
champ *m* Feld *n*; Acker *m* || ~ *de courses,* Rennbahn *f* • *loc av* : ***à tout bout de*** ~, immer wieder.
champagne *m* Champagner *m.*
champêtre *a* ländlich.
champignon *m* Pilz *m.*
champion *m* Meister, Held *m.* **~nat** *m* Meisterschaft *f.*
chance *f* Chance *f*; Glück *n* || [perspective] Aussicht *f.*
chanceler *vi* wanken.
chancelier *m* Kanzler *m*; ~ *fédéral,* Bundeskanzler.
chandail *m* Strickjacke *f.*
chand|elier *m* (Arm)leuchter *m.* **~elle** *f* (Wachs)kerze *f.*
chang|e *m* Tausch, Wechsel *m* || FIN. Geldwechsel *m.* **~eant, e** *a* wechselnd. **~ement** *m* Änderung *f*; Wechsel *m* || *Sans* ~, unverändert || [transformation] Umwandlung *f* || AUT. ~ *de vitesse,* Schaltgetriebe *n.*
chang|er *vt* ver-, abändern; ändern || [argent] wechseln || [transformer] verwandeln (in, acc.) || [bébés] trockenlegen • *vi* [se modifier] sich (ver)ändern; anders werden || ~ ***de,*** wechseln || [vêtements] (sich) umziehen || [logement] umziehen || [chemise] wechseln || ~ *de vitesse,* umschalten || ~ *de train,* umsteigen. **~eur, euse** *s* Wechsler(in).
chanson *f* Lied *n*; Gesang *m.* **~nier, ère** *s* Kabarettsänger(in).
chant *m* Singen *n*; Gesang *m*; Lied *n.* **~age** *m* Erpressung *f.* **~er** *vt/vi* singen || FIG. *Faire* ~ *qn,* jn erpressen || [célébrer] besingen. **~eur, euse** *s* Sänger(in).
chantier *m* Baustelle *f* || MAR. ~ *naval,* Werft *f.*
chanvre *m* Hanf *m.*
chao|s *m* Wirrnis *f*; Chaos *n.* **~tique** *a* verwirrt; chaotisch.
chap|eau *m* Hut *m* || ~ *haut de forme,* Zylinder *m.* **~elier, ère** *s* Hutmacher(in).
chapelle *f* Kapelle *f.*
chapiteau *m* Zirkuszelt *n.*
chapitre *m* Kapitel *n.*
chapon *m* Kapaun *m.*
chaque *a indéf* jeder, jede, jedes; ~ *fois,* jedesmal.
char *m* Wagen *m.*
charabia *m* Kauderwelsch *n.*
charade *f* Silbenrätsel *n.*
charbon *m* Kohle *f*; ~ *de bois,* Holzkohle. **~nier, ère** *a* Kohlen... • *s* Kohlenhändler(in).
charcut|erie *f* Metzgerei *f* ||

[viande] Fleisch- und Wurstwaren *fpl.* **~ier, ère** *s* Metzger(in).
chardon *m* Distel *f.*
charge *f* Last *f* ‖ [frais] Kosten *fpl* ‖ FIG. Belastung *f* ‖ *Prendre en ~,* übernehmen ‖ *~s sociales,* Soziallasten *fpl* ‖ MIL. Sturm *m* ‖ TECHN. Ladung, Belastung *f.*
charg|é, e *a* be-, geladen ‖ [avec excès] belastet ‖ FIG. *~ de (mission),* beauftragt mit; berufen zu. **~ement** *m* MAR. Verschiffung *f* ‖ Ladung, Fracht *f.*
charg|er *vt* laden; be-, verladen ‖ FIG. beladen, -lasten ‖ [déléguer] beauftragen • *vpr : Se ~ de qch,* etw übernehmen. **~eur** *m* Spediteur *m* ‖ [arme] Patronenlager *n.*
chariot *m* Karren *m.*
charit|able *a* barmherzig. **~é** *f* Barmherzigkeit *f.*
charlatan *m* Quacksalber *m.*
Charles *m* Karl *m.*
charm|ant, e *a* reizend. **~e** *m* Zauber *m* ‖ Reiz *m* ‖ BOT. Weißbuche *f.* **~er** *vt* bezaubern ‖ FIG. entzücken.
charnière *f* Gelenk *n.*
charnu, e *a* fleischig.
charpent|e *f* Zimmerwerk, Gebälk *n.* **~ier** *m* Zimmermann *m.*
charr|etier *m* Fuhrmann *m.* **~ette** *f* Karren *m; ~ à bras,* Handkarre *f.* **~ier** *vt* fahren ‖ FIG. treiben. **~on** *m* Wagner *m.* **~ue** *f* Pflug *m.*
charte *f* Urkunde *f;* Charta *f.*
chasse *f* Jagd *f; Aller à la ~,* auf die Jagd gehen; *~ à courre,* Hetzjagd *f* ‖ *~ d'eau,* Wasserspülung *f.*
chass|e-neige *m inv* Schneepflug *m.* **~er** *vt* jagen ‖ FIG. fortjagen; treiben • *vi* AUT. rutschen; nicht spuren. **~eur, euse** *s* Jäger(in) • *m* AÉR. Jagdflugzeug *n.*
châssis *m* Rahmen *m* ‖ AUT. Fahrgestell *n.*
chaste *a* keusch.
chat, te *s* Katze *f;* Kater *m.*
chât|aigne *f* Kastanie *f.* **~aignier** *m* Kastanienbaum *m.* **~ain, e** *a* kastanienbraun.
château *m* Schloß *n* ‖ *~ fort,* Burg *f* ‖ *~ d'eau,* Wasserturm *m.*
châti|er *vt* züchtigen; strafen. **~ment** *m* Züchtigung *f.*
chatouiller *vt* kitzeln.
chatoyer *vi* schillern.
châtrer *vt* kastrieren.
chatterton *m* Isolierband *n.*
chaud, e *a* warm; *Il fait ~,* es ist warm; *J'ai ~,* mir ist warm ‖ *Très ~,* heiß • *m* Wärme, Hitze *f.*
chaud|ière *f* (Dampf)kessel *m.* **~ron** *m* (Koch)kessel *m.* **~ronnier** *m* Kesselschmied *m.*
chauff|age *m* Heizung *f; ~ central,* Zentralheizung. **~e-eau** *m inv* Heißwassergerät *n.* **~er** *vt* wärmen; heizen • *vi* warm/heiß werden ‖ [moteur] warm laufen. **~erie** *f*

Heizraum *m.* **~eur** *m* AUT. Fahrer *m.*
chaum|e *m* Stroh *n* || *Pl* Stoppelfeld *n.* **~ière** *f* (Stroh)hütte *f.*
chaussée *f* Fahrdamm *m.*
chauss|e-pied *m* Schuhlöffel *m.* **~er** *vt* anziehen • *pp/a* : **~é, e,** beschuht. **~ette** *f* Socke *f.* **~on** *m* Hausschuh *m.* **~ure** *f* (Halb)schuh *m* || *Pl* Schuhwerk *n.*
chauve *a* kahl • *m* Kahlkopf *m.* **~-souris** *f* Fledermaus *f.*
chaux *f* Kalk *m.*
chavirer *vi* umkippen || MAR. kentern.
chef *m* Führer, Leiter, Chef *m* || *~ de gare,* Bahnhofsvorsteher *m* || MUS. *~ d'orchestre,* Dirigent, Kapellmeister *m* || CUIS. Küchenmeister *m.* **~-d'œuvre** *m* Meisterstück *n.*
chemin *m* Weg *m; ~ faisant,* unterwegs || *~ de fer,* Eisenbahn *f.*
cheminée *f* Kamin, Schornstein *m* || TECHN. Esse *f;* Schlot *m.*
chemin|er *vi* wandeln; wandern. **~ot** *m* Eisenbahner *m.*
chemis|e *f* Hemd *n* || [dossier] Aktendeckel *m.* **~ette** *f* Polohemd *n.* **~ier** *m* Hemdbluse *f.*
chenal *m* Fahrrinne *f.*
chêne *m* Eiche *f* || [bois] Eichenholz *n.*
chenet *m* Feuerbock *m.*
chenil *m* Hundezwinger *m.*
chenille *f* Raupe *f.*
cheptel *m* Viehbestand *m.*
chèque *m* Scheck *m; ~ postal,* Postscheck.
chéquier *m* Scheckheft *n.*
cher, ère *a* [aimé] lieb; teuer || [coûteux] teuer; kostpielig.
cherch|er *vt* suchen (nach) || [dans un livre] nachschlagen || *Aller ~ qn,* jn holen || [chercher à atteindre] streben (nach); trachten (nach) || [essayer] versuchen. **~eur, euse** *s* Sucher(in), Forscher(in).
chère *f* Kost *f.*
chér|i, e *a* lieb; geliebt • *s* Liebling *m.* **~ir** *vt* zärtlich lieben.
chétif, ive *a* schmächtig.
chev|al, aux *m* Pferd *n* || *~aux de bois,* Karussell *n* • *loc av :* **à** *~,* beritten; *Aller à ~,* reiten. **~aleresque** *a* ritterlich. **~alerie** *f* Rittertum *n.* **~alet** *m* Staffelei *f.* **~al-vapeur** *m* Pferdestärke *f* (PS). **~aucher** *vt* bereiten • *vpr* über(einander)greifen.
chevelu, e *a* haarig; behaart. **~re** *f* Haar *n.*
chevet *m : À son ~,* an seinem Bett.
cheveu *m* (Kopf)haar *n.*
chevill|e *f* Pflock, Bolzen, Stift *m* || AN. (Fuß)knöchel *m.*
chèvre *f* Ziege, Geiß *f.*
chevreuil *m* Reh *n;* (Reh)bock *m.*
chevron *m* (Dach)sparren *m.*
chevrotine *f* Grobschrot *m.*
chewing-gum *m* Kaugummi *n.*

chez *p* : *Il habite ~ moi,* er wohnt bei mir || zu ; *Il va ~ moi,* er geht zu mir || *Aller ~ soi,* nach Hause gehen.
chic *a* schick ; prima ; fein.
chican|er *vi* grundlos streiten. **~eur** *m* Krittler, Nörgler *m.* **~ier, ère** *a* streitsüchtig.
chicorée *f* Zichorie *f.*
chicot *m* (Zahn)stummel *m.*
chien, ne *s* Hund *m;* Hündin *f.* **~-loup** Wolfshund *m.*
chiffon *m* Fetzen, (Putz)lappen *m.* **~ner** *vt* zerknittern. **~nier** *m* Lumpensammler *m.*
chiffr|e *m* Ziffer *f* || *~ d'affaires,* Umsatz *m.* **~er** *vt* numerieren || *~ à,* schätzen auf (acc.) • *vpr* : *Se ~ à,* sich belaufen auf (acc.).
chignole *f* Handbohrer *m.*
chignon *m* Haarknoten *m.*
chimère *f* Wahnbild *n.*
chimi|e *f* Chemie *f.* **~que** *a* chemisch. **~ste** *s* Chemiker(in).
Chin|e *f* China *n.* **~ois, e** *a* chinesisch • *s* : °*~,* Chinese *m,* -in *f* • *m* [langue] Chinesisch.
chiper *vt* FAM. klauen.
chiqué *m* Angabe *f.*
chirurg|ical, e, aux *a* chirurgisch. **~ie** *f* Chirurgie *f.* **~ien** *m* Chirurg *m.*
chlorophylle *f* Blattgrün *n.*
choc *m* Zusammen-, (An)stoß *m;* Zusammenprall *m* || MÉD. Schock *m.*
chocolat *m* Schokolade *f.*
chœur *m* Chor *m; En ~,* im Chor.
choisir *vt* (aus)wählen ; auslesen ; aussuchen.
choix *m* Wahl *f* || [choses] Auswahl, Auslese *f.*
chôm|age *m* Arbeitslosigkeit *f; Au ~,* arbeitslos. **~eur, euse** *s* Arbeitslose(r).
choqu|ant, e *a* anstößig. **~er** *vt* (an-, zusammen)stoßen || FIG. Anstoß erregen.
chor|ale *f* Gesangverein *m.* **~iste** *s* Chorsänger(in).
chose *f* Ding *n;* Sache *f* || ***quelque ~,*** etwas || [n'importe quoi] irgendwas || ***peu de ~,*** wenig ; weniges.
chou *m* Kohl(kopf) *m ; ~-fleur,* Blumenkohl ; *~ de Bruxelles,* Rosenkohl ; *~-rave,* Kohlrabi *m.*
choucroute *f* Sauerkraut *n.*
chouette *f* Schleiereule *f.*
choyer *vt* verhätscheln.
chrétien, ne *a* christlich • *s* Christ(in).
Christ *m* Christus *m.* **~ianisme** *m* Christentum *n.*
chrom|e *m* Chrom *n.* **~er** *vt* verchromen.
chronique *a* chronisch • *f* Chronik *f.*
chrono|mètre *n* Stoppuhr *f.* **~métrer** *vt* die Zeit abnehmen.
chrysanthème *m* Chrysantheme *f.*
chuchot|ement *m* Geflüster *n.* **~er** *vi* flüstern.
chut ! *interj* still ! ; leise !
chute *f* Fall, Sturz *m; ~ de neige,* Schneefall *m.*

ci *av : Celui-~*, dieser [s'opposant à *celui-là*, jener] ‖ Loc : *~-joint*, anbei ; beiliegend • *loc av* : ***~-dessous***, hier unten ‖ ***~-dessus***, hier oben ‖ ***de-~ de-là, par-~ par-là***, hier und da.

cible *f* Zielscheibe *f*.

cicatr|ice *f* Narbe *f*. **~isation** *f* Vernarbung *f*. **~iser (se)** *vt/vpr* vernarben.

cidre *m* Apfelwein, Most *m*.

ciel *m (pl* ***cieux)*** Himmel *m*.

cierge *m* Altarkerze *f*.

cigale *f* Zikade *f*.

cigar|e *m* Zigarre *f*. **~ette** Zigarette *f*.

cigogne *f* Storch *m*.

cil *m* (Augen)wimper *f*.

cim|e *f* Gipfel *m* ‖ [arbre] Wipfel *m*.

ciment *m* Zement *m*. **~er** *vt* zementieren.

cimetière *m* Friedhof *m*.

ciné|-club *m* Filmklub *m*. **~ma** *m* [art] Filmkunst *f* ‖ [lieu] Kino *n*. **~matographique** *a* Film... ; Kino...

cinglant, e *a* scharf.

cin|q *num* fünf. **~quante** *num* fünfzig. **~quième** *num* fünft • *m* Fünftel *n*.

cintr|e *m* Bogen *m* ‖ [vêtements] Kleiderbügel *m*. **~é, e** *a* eng anliegend. **~er** *vt* biegen ; wölben.

cirage *m* Schuhkreme *f*.

circonférence *f* Umkreis *m*.

circons|cription *f* Bezirk *m*. **~crire** *vt* abgrenzen. **~tance** *f* Umstand *m*.

circ|uit *m* Kreislauf *m*. **~ulaire** *a* kreisförmig ‖ *Voyage ~*, Rundreise *f* • *f* [lettre] Rundschreiben *n*. **~ulation** *f* : *~ du sang*, Blutkreislauf *m* ‖ [véhicules] Verkehr *m*. **~uler** *vi* verkehren ; herumgehen.

cir|e *f* Wachs *n*. **~er** *vt* wichsen ‖ [bois] bohnern ‖ *Toile ~ée*, Wachstuch *n*. **~euse** *f* Bohnermaschine *f*.

cirque *m* Zirkus *m*.

cirrhose *f* Leberzirrhose *f*.

cis|ailles *fpl* Baumschere *f*. **~eau** *m* Meißel *m* ‖ *Pl* Schere *f*.

citadin, e *a* städtisch • *s* Städter(in).

citation *f* Zitat *n* ‖ Jur. (Vor)ladung *f*.

cité *f* Stadt *f* ‖ *~ ouvrière*, Arbeitersiedlung *f*.

citer *vt* zitieren ; anführen ‖ Jur. vorladen.

citerne *f* Zisterne *f* ; (Wasser)-behälter *m*.

citoyen, ne *s* (Staats)bürger(in).

citron *m* Zitrone *f*. **~nade** *f* Zitronensaft *m*. **~nier** *m* Zitronenbaum *m*.

citrouille *f* Kürbis *m*.

civet *m* Hasenpfeffer *m*.

civière *f* Tragbahre *f*.

civ|il, e *a* Zivil... ‖ *Guerre ~e*, Bürgerkrieg *m* ‖ *État ~*, Standesamt *n* • *m* Zivilist *m*. **~ilisation** *f* Zivilisation, Kultur *f*. **~ilisé, e** *a* gesittet ; zivilisiert. **~iliser** *vt* zivilisieren.

~isme *m* Staatsbürgersinn *m.*
clair, e *a* klar ‖ hell; licht ‖ [ciel] heiter; klar ‖ *Bleu* ~, hellblau • *av* : *Voir* ~, deutlich/klar sehen ‖ *Il fait* ~, es ist hell • *m* : ~ *de lune,* Mondschein *m.* **~ière** *f* (Wald)lichtung *f.* **~on** *m* Horn *n* ‖ [musicien] Hornist *m.* **~semé, e** *a* dünn gesät; spärlich. **~voyant, e** *a* scharfsichtig.
clam|er *vt* herausschreien. **~eur** *f* Geschrei *n.*
clan *m* Stamm *m;* Sippe *f.*
clandestin, e *a* heimlich ‖ *Passager* ~, blinder Passagier.
clapet *m* (Ventil)klappe *f.*
clapoter *vi* plätschern.
claqu|e *f* [gifle] Ohrfeige *f.* **~é, e** *a* FAM. hundemüde. **~er** *vi* : ~ *des mains,* in die Hände klatschen ‖ ~ *des dents,* mit den Zähnen klappern ‖ [coup de feu] knallen.
clarifier *vt* (ab)klären; läutern.
clarinette *f* Klarinette *f.*
clarté *f* Klarheit *f;* Licht *n* ‖ FIG. Deutlichkeit *f.*
class|e *f* Klasse *f* ‖ [espèce] Art, Gattung *f* ‖ ENS. Schule *f* ‖ MIL. Jahrgang *m.* **~ement** *m* Einordnung *f.* **~er** *vt* einstufen ‖ ~ *une affaire,* zu den Akten legen. **~eur** *m* Briefordner *m* ‖ Aktenschrank *m.*
class|ification *f* Einordnung, -stufung *f.* **~ifier** *vt* klassifizieren.
clause *f* Klausel *f.*
clavecin *m* Cembalo *n.*
clavicule *f* Schlüsselbein *n.*
clavier *m* Tastatur, Klaviatur *f.*
clef ou **clé** *f* Schlüssel *m* ‖ ~ *à molette,* verstellbarer Schlüssel; Franzose *m.*
clém|ence *f* Milde *f.* **~ent, e** *a* mild; gnädig.
clerc *m* Schreiber *m.*
clergé *m* Geistlichkeit *f;* Klerus *m.*
cliché *m* Klischee *n.*
client, e *s* Kunde *m;* Kundin *f* ‖ MÉD. Patient *m.* **~èle** *f* Kundschaft *f.*
clign|er *vt* blinzeln. **~otant** *m* Blinker *m.* **~oter** *vi* [yeux] blinzeln ‖ [lumière] blinken.
climat *m* Klima *n* ‖ FIG. Stimmung *f.* **~ique** *a* : *Station* ~, Luftkurort *m.* **~isation** *f* Klimaanlage *f.*
clin *m* : ~ *d'œil,* Augenblick *m* ‖ *En un* ~ *d'œil,* im Nu.
clinique *f* Klinik *f.*
cliqu|e *f* Clique *f.* **~eter** *vi* klirren. **~etis** *m* Geklirr *n.*
cloch|ard *m* POP. Pennbruder *m.* **~e** *f* Glocke *f.*
cloch|er *m* Kirchturm *m.* **~ette** *f* Glöckchen *n;* Schelle *f.*
cloison *f* (Scheide)wand *f.* **~ner** *vt* unterteilen.
cloître *m* Kloster *n.*
cloque *f* (Brand)blase *f.*
clo|re *vt* (ab-, zu)schließen. **~s, e** *a* (ab)geschlossen.
clôtur|e *f* Zaun *m* ‖ FIG. Abschluß *m.* **~er** *vt* umzäunen ‖ FIG. (ab)schließen.

clou *m* Nagel *m*. **~er** *vt* fest-, zunageln. **~ter** *vt* mit Nageln versehen || *Passage ~é,* Zebrastreifen *m*.
club *m* Klub, Verein *m*.
co *préf* mit... **~aguler (se)** *vpr* gerinnen. **~aliser (se)** *vpr* (sich) zusammenschließen. **~alition** *f* Koalition *f*.
coccinelle *f* Marienkäfer *m*.
coccyx *m* Steißbein *n*.
coch|e *m* Kutsche *f*. **~er** *m* Kutscher *m*.
cocher *vt* (ein)kerben; ankreuzen.
cochère *af* : *Porte ~,* Tor *n*; Torweg *m*.
cochon *m* Schwein *n* || *~ de lait,* Spanferkel *n* • *a* schmutzig. **~nerie** *f* FAM. Schweinerei *f*.
cocotte *f* Schmortopf *m*.
cocu *m* FAM. Hahnrei *m*.
cod|e *m* JUR. Gesetzbuch *n*; *~ civil,* bürgerliches Gesetzbuch; BGB *n* || *~ de la route,* Straßenverkehrsordnung *f* || *Numéro de ~ postal,* Postleitzahl *f* || AUT. *Passer en ~,* abblenden. **~ifier** *vt* kodifizieren.
coefficient *m* Beizahl *f*.
coercition *f* Zwang *m*.
cœur *m* Herz *n* || *J'ai mal au ~,* mir ist übel || [courage] Mut *m* || FIG. *Cela me tient à ~,* das liegt mir am Herzen; *Avoir bon ~,* ein gutes Herz haben; *De bon ~,* aus vollem Herzen || *Savoir par ~,* auswendig wissen.
coexister *vi* zusammenleben.
coffr|e *m* Koffer *m* || *~-fort,* Geldschrank *m* || *~ arrière,* Kofferraum *m*. **~et** *m* Kästchen *n*.
cogestion *f* Mitbestimmung *f*.
cogn|ée *f* Axt *f*. **~er** *vt* klopfen || [heurter] stoßen (an, acc.).
cohé|rence *f* Zusammenhang *m*. **~rent, e** *a* zusammenhängend.
cohue *f* Menge *f*; Gedränge *n*.
coiff|e *f* Haube *f*. **~er** *vt* frisieren; kämmen. **~eur, euse** *s* Friseur *m*, Friseuse *f*. **~ure** *f* Kopfbedeckung *f*.
coin *m* Ecke *f*; Winkel *m* || *~-cuisine,* Kochnische *f*. **~cer** *vt* verkeilen; verklemmen.
coïncid|ence *f* Zusammentreffen *n*. **~er** *vi* zusammentreffen, -fallen.
coing *m* Quitte *f*.
coke *m* Koks *m*.
col *m* Kragen *m* || GÉOGR. Paß *m* || AN. *~ du fémur,* Schenkelhals *m*.
col|ère *f* Zorn *m*; Wut *f* || *En ~,* zornig. **~éreux, euse** *a* jähzornig.
colin *m* Seelachs *m*.
colique *f* Leibschmerzen *mpl*.
colis *m* Paket *n*.
collabor|ateur, trice *s* Mitarbeiter(in). **~ation** *f* Zusammenarbeit *f*. **~er** *vi* zusammenarbeiten.
collant, e *a* klebrig || [vêtement] enganliegend • *m* Strumpfhose *f*.
collation *f* Imbiß *m*.
colle *f* Leim, Klebstoff *m*.

collect|e *f* Geldsammlung *f*. **~er** *vt* sammeln. **~if, ive** *a* kollektiv. **~ion** *f* Sammlung *f*. **~ionner** *vt* sammeln. **~ionneur** *m* Sammler *m*. **~ivité** *f* Gemeinschaft *f*.
coll|ège *m* ENS. Oberschule *f*. **~égien, ne** *s* Oberschüler(in).
collègue *m* Kollege *m*.
coller *vt* (ver)kleben ‖ [affiche] anschlagen.
coll|et *m* [chasse] Hasenschlinge *f*. **~ier** *m* Halsband *n*, -kette *f* ‖ [barbe] Vollbart *m*.
colline *f* Hügel *m*; Anhöhe *f*.
collision *f* Zusammenstoß *m*.
collyre *m* Augentropfen *m*.
Cologne *f* Köln *n*.
colomb|age *m* Fachwerkbau *m*. **~e** *f* Taube *f*.
colon *m* Kolonist *m*. **~el** *m* Oberst *m*. **~ie** *f* Kolonie *f* ‖ ~ *de vacances*, Ferienlager *n*.
colonne *f* Säule *f* ‖ TYP. Spalte *f* ‖ MIL. Kolonne *f*.
color|ant *m* Farbstoff *m*. **~é, e** *a* farbig. **~er** *vt* färben. **~ier** *vt* übermalen. **~is** *m* Färbung *f*.
coloss|al, e, aux *a* kolossal. **~e** *m* Koloß *m*.
colporter *vt* FIG. verbreiten.
coma *m* Koma *n*.
combat *m* Kampf *m*. **~if, ive** *a* kämpferisch. **~tant** *m* Kämpfer *m*. **~tre** *vt* kämpfen; ~ *qn*, jn bekämpfen.
combien *av* [quantité] wieviel(e)?; was? ‖ ~ *de temps?*, wie lange? ‖ [intensité] wie (sehr).
combin|aison *f* Verbindung *f* ‖ [d'ouvrier] Schlosseranzug *m* ‖ [sous-vêtement] Unterrock *m*. **~é** *m* TÉL. Hörer *m*. **~er** *vt* verbinden.
combl|e *a* voll; vollgepfropft • *m* : FIG. *C'est le ~!* das ist die Höhe! ‖ *Pl* Dachboden *m*. **~é, e** *a* überglücklich. **~er** *vt* FIG. überfüllen, -häufen (mit).
combust|ible *m* Brennstoff *m*. **~ion** *f* Verbrennung *f*.
coméd|ie *f* Lustspiel *n*. **~ien, ne** *s* Schauspieler(in).
comestibles *mpl* Lebensmittel *npl*.
comique *a* komisch • *m* Komik *f*.
comité *m* Ausschuß *m*; Komitee *n* ‖ ~ *d'entreprise*, Betriebsrat *n*.
commandant *m* Major *m* ‖ AÉR. ~ *de bord*, Flugkapitän *m*. **~e** *f* Bestellung *f*; Auftrag *m* ‖ TECHN. Steuerung *f*. **~ement** *m* Befehl *m*; Gebot *n*. **~er** *vt* befehlen; gebieten ‖ COMM. bestellen • *vi* befehlen.
comme *av* wie; so wie; ebenso wie; ~ *cela*, so ‖ [en qualité de] als • *c* [comparaison] wie; so wie; ebenso wie ‖ ~ *si* (ind.), als ob; *Comme s'il était là*, als ob er da wäre, als wäre er da ‖ [manière] ~ *je te disais*, wie ich dir sagte.
commémor|atif, ive *a* : *Plaque ~ive*, Gedenktafel *f*. **~ation** *f* Gedächtnisfeier *f*. **~er** *vt* gedenken (gén.).

commen|çant, e *s* Anfänger(in). **~cement** *m* Beginn, Anfang *m; Au* ~, im/am Anfang; anfangs. **~cer** *vt/vi* anfangen; beginnen.

comment *av* : ~?, wie?; ~ *vas-tu?*, wie geht's (dir)?

comment|aire *m* Kommentar *m*. **~er** *vt* erläutern; auslegen.

commer|çant, e *a* : *Ville* ~*e*, Handelsstadt *f* • *s* Händler(in). **~ce** *m* Handel *m* ‖ [maison] Geschäft *n*. **~cial, e, aux** *a* kaufmännisch; Handels... **~cialiser** *vt* in Umlauf bringen.

commettre *vt* begehen.

commis *m* (Laden)gehilfe *m*.

commisération *f* Mitleid *n*.

commiss|aire *m* Kommissar *m* ‖ ~-*priseur*, Auktionator *m*. **~ariat** *m* : ~ *de police*, Polizeiwache *f*. **~ion** *f* Auftrag *m* ‖ *Faire les* ~*s*, Besorgungen machen ‖ [délégation] Ausschuß *m*.

commod|e *a* bequem • *f* [meuble] Kommode *f*. **~ité** *f* Bequemlichkeit *f*.

commun, e *a* gemein(sam) ‖ [général] allgemein ‖ FIG. [ordinaire] gemein; ordinär; *Lieu* ~, Gemeinplatz *m* • *loc av* : **en** ~, gemeinschaftlich; gemein...; Mit... **~auté** *f* Gemeinschaft(lichkeit) *f* ‖ °~ *économique européenne*, europäische Wirtschaftsgemeinschaft (EWG). **~e** *f* Gemeinde *f*.

communiant, e *a* [prot.] Konfirmand(in).

communication *f* Mitteilung *f* ‖ TÉL. Telefonanschluß *m*.

communion *f* REL. Abendmahl *n* ‖ *Faire sa première* ~, konfirmiert werden.

communiqu|é *m* Bekanntmachung *f*. **~er** *vt* mitteilen; bekanntmachen.

commutateur *m* Schalter *m*.

compagn|e *f* Gefährtin *f*. **~ie** *f* Gesellschaft *f*. **~on** *m* Gefährte *m*.

compar|able *a* vergleichbar. **~aison** *f* Vergleich *m*.

comparaître *vi* vor Gericht erscheinen.

comparer *vt* vergleichen (mit).

compartiment *m* Abteilung *f*; Fach *n* ‖ TRANSP. Abteil *n*.

compas *m* Zirkel *m*.

comp|assion *f* Mitgefühl *n*. **~atible** *a* verträglich. **~atir** *vi* teilnehmen (an, dat.).

compatriote *s* Landsmann *m*, Landsmännin *f*.

compens|ation *f* Ausgleich, Ersatz *m*. **~er** *vt* ausgleichen ‖ FIG., FIN. vergüten.

compét|ence *f* Zuständigkeit *f*. **~ent, e** *a* zuständig.

compét|ition *f* Wettbewerb *m* ‖ SP. Wettkampf *m*. **~itif, ive** *a* konkurrenzfähig.

compl|aisance *f* Gefälligkeit *f*. **~aisant, e** *a* gefällig; dienstbereit.

compl|ément *m* Ergänzung *f*. **~et, ète** *a* vollständig ‖ [occupé] Belegt ‖ *Pain* ~, Vollkornbrot *n* • *m* [vêtement] Anzug *m*. **~ètement** *av*

völlig; durchaus. **~éter** *vt* ergänzen.
complex|e *a* verwickelt • *m* MÉD. Komplex *m*. **~ité** *f* Verwickeltheit *f*.
complication *f* Verwicklung *f*.
complic|e *a* mitschuldig (an, dat.) • *m* Mitschuldige(r) *m*. **~ité** *f* Mitschuld *f*.
compliment *m* Lob *n*. **~er** *vt* beglückwünschen.
compliqu|é, e *a* FIG. kompliziert. **~er** *vt* verwickeln; schwerer machen.
complot *m* Verschwörung *f*.
comport|ement *m* Verhalten *n*. **~er** *vt* umfassen.
compos|é, e *a* zusammengesetzt. **~er** *vt* zusammensetzen || MUS. komponieren • *vpr* : *Se ~ de*, bestehen aus (dat.). **~iteur, trice** *s* Komponist(in). **~ition** *f* Zusammensetzung *f* || MUS. Komposition *f* || [école] Klassenarbeit *f*.
compot|e *f* Kompott *n*. **~ier** *m* Fruchtschale *f*.
compr|éhensible *a* begreif-, verständlich. **~éhensif, ive** *a* verständig. **~éhension** *f* Verständnis *n*. **~endre** *vt* umfassen || FIG. [concevoir] begreifen; verstehen • *pp/a* : **~is, e,** [inclus] eingeschlossen • *vpr* : *Cela se ~d*, das versteht sich von selbst.
compr|esse *f* Umschlag *m*. **~imé** *m* Tablette *f*. **~imer** *vt* zusammenpressen, -drücken.
comprom|ettre *vt* kompromittieren; in Gefahr bringen. **~is** *m* Kompromiß *m*, *n*.
comptab|ilité *f* Buchführung *f*. **~le** *m* Buchhalter *m*.
compt|e *m* (Ab)rechnung *f* || FIG. *Tenir ~ de*, berücksichtigen || *~ rendu*, Bericht *m*; Rezension *f* || *Se rendre ~ de*, gewahr werden (gén.); einsehen || FIN. Konto *n*; *~ de chèques postaux*, Postscheckkonto. **~er** *vt* [nombre] (ab)zählen || [calculer] rechnen; *~ parmi*, rechnen zu; zählen unter || FIG. *~ sur*, zählen, rechnen auf (acc.); sich verlassen auf (acc.) • *vi* [calculer] zählen; rechnen. **~eur** *m* Zähler, Messer *m* || *~ électrique*, Stromuhr *f*. **~oir** *m* Ladentisch *m* || [café] Theke *f*.
computer *m* Computer *m*.
concave *a* hohl; konkav.
concéder *vt* einräumen.
concentr|ation *f* Zusammenballung *f*. **~er** *vt* zusammenziehen, -ballen • *vpr* FIG. sich sammeln.
conception *f* Auffassung *f*.
concern|ant *p* bezüglich (gén.); betreffs. **~er** *vt* (an)betreffen; angehen, -belangen.
concert *m* Konzert *n*. **~er (se)** *vpr* sich verabreden.
concession *f* Zugeständnis *n*. **~naire** *m* Lizenzinhaber *m*.
concev|able *a* bregreiflich. **~oir** *vt* BIOL. empfangen || FIG. begreifen; (er)fassen.
concierge *s* Hausmeister(in).
concil|iant, e *a* versöhnend. **~iateur, trice** *s* Vermittler(in). **~iation** *f* Versöhnung

f. **~ier** *vt* ausgleichen; versöhnen.

concis, e *a* bündig; knapp.

concl|ure *vt* schließen ‖ [accord] abschließen. **~usion** *f* Schluß *m.*

concombre *m* Gurke *f.*

concord|e *f* Eintracht *f.* **~er** *vi* übereinstimmen.

concours *m* Mitwirkung *f* ‖ UNIV. Wettbewerb *m.*

concr|et, ète *a* anschaulich; sachlich; konkret. **~étiser** *vt* veranschaulichen.

concubin, e *s* Beischläfer(in); Konkubine *f.* **~age** *m* wilde Ehe.

concurr|ence *f* Wettbewerb *m;* Konkurrenz *f.* **~encer** *vt* Konkurrenz machen (dat.). **~ent, e** *s* Konkurrent *m;* Mitbewerber(in).

condamn|able *a* strafbar. **~ation** *f* Verurteilung *f.* **~er** *vt* verurteilen (zu).

condenser *vt* verdichten ‖ FIG. zusammenfassen ‖ *Lait ~é,* Kondenzmilch *f.*

condescendant, e *a* herablassend.

condiment *m* Gewürz *n;* Würze *f.*

condition *f* Bedingung *f; Sans ~(s),* bedingungslos ‖ [sociale] Stand *m;* Klasse *f* ‖ *Pl : ~s d'existence,* Lebensverhältnisse *npl* • *loc c :* **à ~ que** (subj.), unter der Bedingung, daß (ind.) **~nement** *m* Verpackung *f.* **~ner** *vt* bedingen ‖ *Air ~é,* Klimaanlage *f.*

condoléance *f* Beileidsbezeugung *f.*

conduc|teur, trice *a* leitend • *m* Fahrer, Führer *m* ‖ ÉL. Leitung *f.*

cond|uire *vt* führen ‖ [transporter] fahren; *~ une auto,* einen Wagen fahren • *vpr* sich benehmen. **~uit** *m* Leitungsrohr *n.* **~uite** *f* Leitung *f* ‖ FIG. Betragen, -nehmen *n.*

cône *m* Kegel *m.*

confection *f* Verfertigung *f* ‖ TEXT. Fertigkleidung *f.* **~ner** *vt* verfertigen; fertigstellen.

confédér|ation *f* Bund *m.* **~er (se)** *vpr* sich verbünden.

confér|ence *f* Konferenz *f* ‖ [exposé] Vortrag *m.* **~er** *vt* verleihen • *vi* sich beraten.

confess|er *vt* gestehen; bekennen • *vpr* beichten (gehen). **~ion** *f* Beichte *f.* **~ionnel, le** *a : École ~le,* Bekenntnisschule *f.*

conf|iance *f* Ver-, Zutrauen *n* ‖ *Avoir ~ en qn,* jm vertrauen ‖ *~ en soi,* Selbstvertrauen *n.* **~iant, e** *a* vertrauensvoll. **~idence** *f : Faire une ~ à qn,* jm etw anvertrauen. **~identiel, le** *a* vertraulich. **~ier** *vt* (an)vertrauen.

confirm|ation *f* Bestätigung *f.* **~er** *vt* bestätigen.

confiscation *f* Beschlagnahme *f.*

confi|serie *f* Konditorei *f.* **~eur, euse** *s* Konditor(in).

confisquer *vt* beschlagnahmen.

confit, e *a* eingemacht || [fruits] kandiert. **~ure** *f* (Frucht)marmelade *f*.
conflit *m* Konflikt *m*.
confluent *m* Zusammenfluß *m*.
confondre *vt* verwechseln.
conform|ation *f* Gestaltung *f*. **~e** *a* gemäß (dat.). **~ément** *av* gemäß (dat.). **~er** *vt* gestalten ; bilden • *vpr* sich (ein)richten (nach). **~isme** *m* Konformismus *m*.
confort *m* Behaglich-, Bequemlichkeit *f* || Komfort *m*. **~able** *a* behaglich ; bequem ; komfortabel.
confronter *vt* gegenüberstellen.
confus, e *a* verwirrt, -worren ; konfus ; undeutlich. **~ion** *f* Verwirrung *f* || FIG. Verlegenheit *f*.
congé *m* Urlaub *m* ; *En ~*, auf Urlaub || *Prendre ~*, Abschied nehmen || [renvoi] Entlassung *f*. **~dier** *vt* entlassen.
cong|élateur *m* Tiefkühltruhe *f*. **~elé, e** *a* : *Viande ~e*, Gefrierfleisch *n*. **~eler** *vt* gefrieren lassen.
congest|ion *f* : *~ pulmonaire*, Lungenentzündung *f* || *~ cérébrale*, Gehirnschlag *m*.
congrès *m* Tagung *f* ; Kongreß *m*.
conifère *m* Nadelbaum *m*.
conjecture *f* Vermutung, Mutmaßung *f*.
conjoint, e *s* Ehegatte *m*, -gattin *f*.
conjonctivite *f* Bindehautentzündung *f*.
conn|aissance *f* [faculté] Erkenntnis *f* || *Prendre ~ de qch*, etw zur Kenntnis nehmen || [relation sociale] Bekanntschaft *f* ; Bekannte(r) *m* || [conscience] Bewußtsein *n*. **~aisseur, euse** *s* (Sach)kenner(in).
connaître *vt* (er)kennen ; wissen || *~ l'allemand*, Deutsch können • *pp/a* : **~u, e**, bekannt ; *Bien ~*, wohlbekannt • *vpr* : *S'y ~*, sich darauf verstehen.
conn|ecter *vt* anschließen. **~exion** *f* Anschluß *m*.
connivence *f* Einverständnis *n*.
conqu|érant *m* Eroberer *m*. **~érir** *vt* erobern. **~ête** *f* Eroberung *f*.
consacrer *vt* REL. weihen || [destiner] widmen.
cons|ciemment *av* bewußt. **~cience** *f* Bewußtsein *n* || [morale] Gewissen *n*. **~ciencieux, euse** *a* gewissenhaft. **~cient, e** *a* bewußt (gén.).
consécutif, ive *a* aufeinanderfolgend || darauffolgend.
conseil *m* Rat *m* (*pl* Ratschläge) || [assemblée] Rat *m*. **~ler** *vt* beraten ; raten (dat.). **~ler, ère** *s* Ratgeber(in) || [membre d'une assemblée] Rat *m*.
consent|ement *m* Bewilligung *f*. **~ir** *vi* zu-, beistimmen (dat.) • *vt* bewilligen.

conséqu|ence *f* Folge, Wirkung, Konsequenz *f* ‖ FIG. *Sans* ~, unbedeutend. **~ent, e** *a* folgerichtig; konsequent ‖ *Par* ~, folglich.
conserv|ateur *m* [musée] Kustos *m* ‖ [bibliothèque] Oberbibliotheksrat *m* ‖ POL. Konservativer *m*. **~ation** *f* Aufbewahrung *f*. **~atoire** *m* Musik(hoch)schule *f*. **~e** *f* Konserve *f*. **~er** *vt* (aufrecht) erhalten; bewahren ‖ CUIS. konservieren. **~erie** *f* Konservenfabrik *f*.
considér|able *a* beträchtlich. **~ation** *f* Betrachtung *f* ‖ *En* ~ *de*, im Hinblick auf (acc.) ‖ [estime] (Hoch)achtung *f*; Ansehen *n*. **~er** *vt* betrachten; in Betracht ziehen ‖ [tenir compte de] berücksichtigen.
consigne *f* [ordre] Auftrag *m* ‖ [bagages] Gepäckaufbewahrung *f*; ~ *automatique*, Gepäckschließfach *n*.
consister *vi* : ~ *dans, en*, bestehen in (dat.), aus.
consol|ant, e *a* tröstlich. **~ateur, trice** *s* Tröster(in). **~ation** *f* Trost *m*. **~er** *vt* (ver)trösten.
consolid|ation *f* Verstärkung *f*. **~er** *vt* befestigen; verstärken ‖ FIG. [affermir] sichern.
consomm|ateur *m* Verbraucher *m*. **~ation** *f* Verbrauch, Konsum *m* ‖ [boisson] Getränk *n*. **~é** *m* Kraftbrühe *f*. **~er** *vt* verbrauchen.
conspir|ation *f* Verschwörung *f*. **~er** *vi* sich verschwören.
const|amment *av* beständig. **~ance** *f* Beständigkeit *f*.
Constance *f* Konstanz *n* ‖ *Lac de* °~, Bodensee *m*.
constant, e *a* standhaft; beständig.
constat *m* Protokoll *n*. **~ation** *f* Feststellung *f*. **~er** *vt* feststellen.
constern|ation *f* Bestürzung *f*. **~er** *vt* bestürzen.
constip|ation *f* Verstopfung *f*. **~é, e** *a* verstopft. **~er** *vt* (ver)stopfen.
constitu|er *vt* ausmachen; bilden. **~tion** *f* Bildung *f* ‖ POL. Verfassung *f*.
constr|ucteur *m* Baumeister *m*. **~uction** *f* Bauen, Bauwesen *n*; Bau *m*; *En* ~, im Bau ‖ [édifice] Bau *m* (*pl* ~ten). **~uire** *vt* (er)bauen ‖ [pont] schlagen ‖ FIG. bilden.
consult|ation *f* MÉD. Untersuchung *f* ‖ [heure] Sprechstunde *f*. **~er** *vt* zu Rate ziehen.
consumer *vt* verzehren ‖ [brûler] aus-, verbrennen • *vpr* [brûler] verglühen ‖ verbrennen.
contact *m* Berührung *f* ‖ ÉL., FIG. Kontakt *m*.
contag|ieux, euse *a* ansteckend. **~ion** *f* Ansteckung *f*.
conte *m* Märchen *n*.
contempler *vt* betrachten; an-, beschauen.
contemporain, e *a* zeitgenössisch • *s* Zeitgenosse *m*, -ssin *f*.
cont|enance *f* Inhalt *m* ‖ FIG.

[maintien] Fassung *f*. **~enir** *vt* enthalten; (um)fassen • *vpr* FIG. sich beherrschen.

content, e *a* froh ‖ zufrieden (mit, dat.). **~ement** *m* Zufriedenheit *f*. **~er** *vt* zufriedenstellen; befriedigen • *vpr* sich begnügen (mit, dat.).

contenu *m* Inhalt *m*.

conter *vt* schildern; erzählen.

contest|able *a* bestreitbar. **~ation** *f* Bestreitung *f*. **~e (sans)** *loc av* unbestritten. **~er** *vt* bestreiten.

contigu, uë *a* angrenzend.

continent *m* Festland *n* ‖ Erdteil *m*.

contingent *m* Anteil *m*; Quote *f*.

contin|u, e *a* anhaltend; ununterbrochen. **~uation** *f* Fortsetzung *f*. **~uel, le** *a* fortwährend. **~uellement** *av* in einem fort. **~uer** *vt* fortsetzen • *vi* : *~ez!*, weiter! **~uité** *f* Kontinuität *f*.

contour *m* Umriß *m*. **~ner** *vt* [faire le tour] um...; herumgehen, -fahren.

contracep|tif *m* empfängnisverhütendes Mittel. **~tion** *f* Empfängnisverhütung *f*.

contract|er *vt* zusammenziehen ‖ [contrat] abschließen. **~uel, le** *a* vertragsmäßig.

contradict|ion *f* Widerspruch *m*. **~oire** *a* widerspruchsvoll.

contrain|dre *vt* zwingen. **~te** *f* Zwang *m*; *Sans ~*, ungezwungen.

contraire *a* entgegengesetzt • *m* Gegenteil *n*; *Au ~*, im Gegenteil ‖ *Au ~ de, contrairement à*, im Gegensatz zu.

contrari|er *vt* ärgern; verdrießen; verstimmen. **~été** *f* Ärgernis *n* ‖ FIG. [dépit] Ärger *m*; Verstimmung *f*.

contraste *m* Gegensatz *m*.

contrat *m* Vertrag *m*.

contravention *f* Geldstrafe *f*.

1. contre *p* gegen (acc.) ‖ [en échange de] für (acc.) ‖ ***par*** **~**, da-, hingegen.

2. contre *préf* Gegen...; Wider... **~bande** *f* Schmuggel *m*. **~bas (en)** *loc av* tiefer gelegen. **~cœur (à)** *loc av* widerwillig; ungern. **~coup** *m* Rückschlag *m*. **~dire** *vt* widersprechen.

contrée *f* Gegend *f*.

contre|façon *f* Nachahmung *f*. **~faire** *vt* nachmachen, -ahmen. **~maître** *m* Werkmeister *m*. **~partie** *f* Gegenleistung *f*, -wert *m* ‖ *En ~*, als Ersatz. **~-plaqué** *m* Sperrholz *n*. **~poids** *m* Gegengewicht *n*. **~venir** *vi* : *~ à une loi*, gegen ein Gesetz verstoßen.

contrib|uable *m* Steuerpflichtige(r), -zahler *m*. **~uer** *vi* beitragen. **~ution** *f* Beitrag *m* ‖ FIN. Steuer *f*.

contrôl|e *m* Überwachung, Prüfung, Kontrolle *f* ‖ [gare] Sperre *f*. **~er** *vt* überwachen, -prüfen; kontrollieren. **~eur, euse** *s* Kontrollbeamte(r) *m*, -beamtin *f*.

contrordre *m* Gegenbefehl *m*.
controverser *vt* in Frage ziehen.
contusion *f* Quetschung *f*.
convaincre *vt* überzeugen.
convalesc|ence *f* Genesung *f*; Erholen *n*. **~ent, e** *s* Genesende(r) *as*.
conven|able *a* passend; geeignet ‖ FIG. anständig. **~ablement** *av* ordentlich. **~ance** *f* : *À votre ~*, nach Ihrem Belieben. **~ir** *vt* : *~ à*, passen (für); sich eignen (zu); geeignet sein (für) ‖ [plaire à] gefallen (dat.) ‖ *~ de*, übereinkommen, einig werden (über, acc.) ‖ FIG. [avouer] zugeben ‖ *Comme ~u*, wie verabredet • *v impers* : *Il convient que*, es schickt sich, es ziemt sich, daß.
convention *f* Abkommen *n* ‖ *~ collective*, Tarifvertrag *m*.
converg|ence *f* Zusammenlaufen *n*. **~er** *vi* zusammenlaufen.
convers|ation *f* Unterhaltung *f*; Gespräch *n*. **~er** *vi* sich unterhalten.
conver|sion *f* Umstellung *f* ‖ REL. Bekehrung *f*. **~tible** *a* konvertierbar. **~tir** *vt* ver-, umwandeln (in, accus.) ‖ REL. bekehren • *vpr* REL. sich bekehren (zu).
convexe *a* gewölbt; konvex.
conviction *f* Überzeugung *f*.
conv|ier *vt* einladen. **~ive** *m* (Tisch)gast *m*.
convocation *f* Einberufung *f*.
convoi *m* (Geleit)zug *m*.
convoit|er *vt* begehren. **~ise** *f* Begierde *f*.
convoquer *vt* einberufen.
convuls|if, ive *a* krampfhaft. **~ion** *f* Krampf *m*; Zucken *n*.
co|opération *f* Mitwirkung *f*. **~opérer** *vi* zusammenarbeiten. **~ordonner** *vt* in Einklang bringen; gleichschalten.
copeau *m* Hobelspan *m*.
cop|ie *f* Abschrift *f* ‖ Nachahmung *f*. **~ier** *vt* ab-, nachschreiben ‖ FIG. nachahmen.
copieux, euse *a* reichlich.
copropriété *f* Miteigentum *n*.
coq *m* (Gockel)hahn *m*.
coque *f* : *Œuf à la ~*, weichgekochtes Ei ‖ MAR. Rumpf *m*.
coque|licot *m* Klatschrose *f*. **~luche** *f* Keuchhusten *m*.
coquet, te *a* niedlich.
coquetier *m* Eierbecher *m*.
coquill|age *m* Muschel *f*. **~e** *f* Schale *f* ‖ *~ Saint-Jacques*, Jakobsmuschel *f*.
coquin, e *a* schelmisch • *s* Schurke *m*; Schurkin *f*.
cor *m* Horn *n* ‖ MÉD. Hühnerauge *n*.
corbeau *m* Rabe *m*.
corbeille *f* Korb *m*.
corbillard *m* Leichenwagen *m*.
cord|age *m* Tau(werk) *n*. **~e** *f* Strick *m* ‖ [grosse] Seil, Tau *n* ‖ MUS. Saite *f* ‖ AN. *~s vocales*, Stimmbänder *npl*. **~ée** *f* Seilschaft *f*.
cordial, e, aux *a* herzlich.
cord|on *m* Schnur *f*. **~onnier** *m* Schuhmacher, Schuster *m*.

coriace *a* zäh.
corn|e *f* Horn *n*. **~ée** *f* Augenhornhaut *f*. **~er** *vi* (ins) Horn blasen; tuten || AUT. hupen.
cornet *m* (Papier)tüte *f*.
corniche *f* (Kranz)gesims *n*.
cornichon *m* kleine Gurke.
cornière *f* Winkeleisen *n*.
cornue *f* Retorte *f*; Glaskolben *m*.
coronaire *a* : AN. *Veines ~s*, Herzvenen *fpl*.
corpor|ation *f* Zunft *f*. **~el, le** *a* körperlich.
corp|s *m* Körper, Leib *m*; *~ et âme*, mit Leib und Seele || FIG. *~ diplomatique*, diplomatisches Korps || CHIM. Körper, Stoff *m*. **~ulence** *f* Beleibtheit *f*. **~ulent, e** *a* (wohl)beleibt.
correct, e *a* richtig || FIG. ordentlich. **~ion** *f* Verbesserung *f* || [punition] Züchtigung *f* || FIG. Korrektheit *f*. **~ionnel, le** *a* : *Tribunal ~*, Strafkammer *f*.
correspond|ance *f* : *~ pour Cologne*, Anschluß *(m)* nach Köln || [lettres] Briefwechsel *m*. **~ant, e** *s* Korrespondent(in) || [journaliste] Berichterstatter(in). **~re** *vi* entsprechen (dat.) || *~ avec qqn*, mit jm in Briefwechsel stehen.
corridor *m* Flur, Gang *m*.
corriger *vt* verbessern; berichtigen.
corroder *vt* beizen; ätzen.
corrompre *vt* verderben || FIG. bestechen.
corros|if, ive *a* beizend; ätzend. **~ion** *f* Korrosion *f*; Ätzen, Anfressen *n*.
corrupt|ible *a* verderblich || FIG. bestechlich. **~ion** *f* Verdorbenheit *f* || FIG. Bestechen *n*.
corsage *m* Mieder *n*.
Corse *f* Korsika *n* • *s* Korse *m*, -in *f* • *a* korsisch.
corser *vt* würzen.
corset *m* Schnürbrust *f*.
cortège *m* Gefolge *n*.
corvée *f* Frondienst *m* || FIG. lästige Arbeit.
cosm|ique *a* kosmisch. **~onaute** *m* Weltraumfahrer *m*. **~os** *m* Weltraum *m*.
cosse *f* Hülse, Schote *f*.
costum|e *m* Anzug *m*. **~er** *vt* verkleiden.
cot|ation *f* FIN. Börsennotierung *f*. **~e** *f* [altitude] Höhe *f* || [classement] Nummer, Ziffer *f* ||TYP. Signatur *f*.
côte *f* AN. Rippe *f* || [viande] Kotelett *n* || [montée] Anhöhe *f* || [rivage] Küste *f* • *loc av* : *~ à ~*, Seite an Seite.
côté *m* Seite *f* || *Des deux ~s*, zu beiden Seiten; beiderseits; *De ce ~-ci de*, diesseits (gén.); *De l'autre ~ de*, jenseits (gén.); *De l'autre ~*, drüben || *D'un ~..., de l'autre...*, einerseits..., anderseits ... • *loc av* : **à** *~*, nebenan; daneben; seitab || *Passer à ~*, vorbeifahren, gehen || **de** *~*, schief; schräg || *Mettre de l'argent de ~*, Geld beiseite legen • *loc p* : **à ~ de**, neben (dat); bei.

coteau *m* Hügel, Hang *m*.
côtel|é, e *a* gerippt. **~ette** *f* Rippchen *n*.
coter *vt* FIN. numerieren; (an der Börse) notieren || *Croquis ~é,* Maßskizze *f*.
côtier, ère *a* Küsten...
cotisation *f* Anteil, Beitrag *m*.
coton *m* Baumwolle *f*.
cotte *f* Schlosseranzug *m*.
cou *m* Hals *m* || [nuque] Genick *n*.
couch|ant, e *a* : *Soleil ~,* untergehende Sonne. **~e** *f* [lit] Lager *n* || [lange] Windel *f* || [peinture] Anstrich *m* || GÉOL. Schicht *f* || MÉD. *Fausse ~,* Felhgeburt *f*. **~é, e** *a* : *Être ~,* liegen. **~er** *vt* zu Bett bringen • *vi* [passer la nuit] übernachten; schlafen • *vpr* : *Aller se ~,* zu Bett gehen; schlafen gehen || [astres] untergehen • *m* : *~ du soleil,* Sonnenuntergang *m*. **~ette** *f* Liegeplatz *m*.
coucou *m* [oiseau] Kuckuck *m* || [pendule] Kuckucksuhr *f*.
coud|e *m* Ell(en)bogen *m*. **~é, e** *a* gebogen; krumm.
coudre *vt* nähen.
couenne *f* (Speck)schwarte *f*.
coul|ant, e *a* : *Nœud ~,* Schlinge *f*. **~er** *vi* fließen || *~ à flots,* strömen; fluten || [lentement] rinnen || MAR. sinken; sacken || [temps] verfließen • *vt* [dans un moule] (ein)gießen || MAR. versenken.
couleur *f* Farbe *f* || *En ~,* farbig; Farb...
couleuvre *f* (Ringel)natter *f*.
couliss|er *vi* gleiten. **~es** *fpl* Kulissen *fpl*.
coup *m* [choc] Schlag, Stoß *m*; *~ de poing,* Faustschlag *m* || *~ de soleil,* Sonnenstich *m* || *~ de pied,* Fußtritt *m* || *~ de couteau,* Messerstich *m* || [arme à feu] Schuß, Knall *m* || FIG. *~ de téléphone,* Anruf *m* || *~ de vent,* Windstoß *m* || *~ d'État,* Staatsstreich *m* || SP. *~ au but,* Treffer *m* || FIG. *Boire un ~,* einen trinken • *loc av* : *D'un seul ~, tout d'un ~, tout à ~,* mit einem Schlag; plötzlich; auf einmal || *Du premier ~,* auf Anhieb || *Sur le ~,* auf der Stelle.
coupable *a* schuldig • *s* Schuldige(r) *m*; Täter(in).
1. coupe *f* Aus-, Einschnitt *m* || *~ transversale,* Querschnitt *m*.
2. coupe *f* Becher *m*.
coup|e-papier *m inv* Papiermesser *n*. **~er** *vt/vi* abschneiden || [du bois] fällen; schlagen || *~ l'eau,* das Wasser abstellen || ÉL. ausschalten || [cartes] stechen. **~eret** *m* Hackmesser *n*.
coupl|e *m* Paar *n* || [époux] Ehepaar *n*. **~er** *vt* kuppeln; koppeln. **~et** *m* (Lied)vers *m*.
coupole *f* Kuppel *f*.
coup|on *m* TEXT. Stoffrest *m* || FIN. Anteilschein *m*. **~on-réponse** *m* Antwortschein *m*. **~ure** *f* Einschnitt *m* || [texte] Kürzung *f* || ÉL. Stromsperre *f* || [de journal] Zeitungsausschnitt *m*.

cour *f* Hof *m.*
courag|e *m* Mut *m;* Hertz *n.* **~eux, euse** *a* mutig ; tapfer.
cour|amment *a* fließend. **~ant, e** *a* : *Avec eau ~e,* mit fließendem Wasser ‖ [usuel] üblich ; gewöhnlich • *m* Strom *m* ‖ *~ d'air,* Luftzug *m* ‖ *Dans le ~ d'août,* im Laufe des Augusts ‖ FIG. *Au ~,* auf dem laufenden.
courbat|u, e *a* zerschlagen. **~ure** *f* Zerschlagenheit *f.*
courb|e *a* gebogen ; krumm • *f* MATH. Kurve *f.* **~er** *vt* krümmen ; (um)biegen ‖ FIG. beugen • *vpr* sich bücken ; sich (ver)beugen. **~ure** *f* Biegung *f.*
coureur, euse *s* (Wett)läufer(in).
courir *vi* laufen ; rennen ‖ *Monter l'escalier en courant,* die Treppe hinauflaufen ‖ SP. rennen ‖ FIG. [circuler] umlaufen ‖ *~ un danger,* eine Gefahr laufen.
couronn|e *f* Kranz *m* ‖ [arbre ; roi] Krone *f* ‖ [dent] Zahnkrone. **~ement** *m* Krönung *f.* **~er** *vt* be-, umkränzen ‖ [souverain] krönen ‖ [dent] bekronen ‖ *~é de succès,* erfolggekrönt.
courrier *m* [messager] Eilbote *m* ‖ [lettres] Post *f.*
courroie *f* (Leder)riemen *m.*
cours *m* Lauf, Strom *m;* Strömung *f* ‖ [rivière] *~ d'eau,* Fluß, Strom *m* ‖ [temps] (Ver)lauf *m; Au ~ de l'année,* im Laufe des Jahres ‖ FIN. *Avoir ~,* gültig sein ; gelten ‖ [Bourse] Kurs *m;* Notierung *f* ‖ [promenade] Allee *f* ‖ ENS. Unterricht *m* ‖ [université] Vorlesung *f.*
course *f* Laufen, Rennen *n* ‖ SP. Wettlauf *m* ‖ [trajet] Fahrt *f* ‖ [commission] Einkauf *m.*
1. court, e *a* kurz ; klein ‖ FIG. *Être ~,* sich kurz fassen • *av : À ~ d'argent,* knapp bei Kasse.
2. court *m* SP. Tennisplatz *m.*
court-circuit *m* ÉL. Kurzschluß *m.*
courtier *m* Makler *m.*
cour|tiser *vt* den Hof machen (dat.). **~tois, e** *a* höflich. **~toisie** *f* Höflichkeit *f.*
cousin *m* Vetter *m.* **~e** *f* Base, Kusine *f.*
coussin *m* (Polster)kissen *n.*
coût *m* Kosten *fpl.*
couteau *m* Messer *n.*
coût|er *vi* kosten. **~eux, euse** *a* kostspielig.
coutume *f* Brauch *m* ‖ *Avoir ~ (de),* pflegen (zu).
coutur|e *f* Nähen *n* ‖ [points] Naht *f.* **~ier, ère** *s* Näher-(in) ; Schneider(in).
couvée *f* Brut *f.*
couvent *m* Kloster, Stift *n.*
couver *vt/vi* (aus)brüten ‖ [feu] glimmen.
couv|ercle *m* Deckel *m.* **~ert** *m* Gedeck *n* ‖ [cuiller, etc.] Besteck *n.* **~erture** *f* Decke *f* ‖ [livre] Umschlag *m* ‖ COMM. Deckung *f.*
couvre|-lit *m* Bettüberzug *m.* **~-pied(s)** *m* Fußdecke *f.*

couvr|eur *m* Dachdecker *m.* **~ir** *vt* (zu-, be-, ver-, über)-decken || *Être couvert de,* überfüllt sein mit • *vpr* : *Bien se ~,* sich warm kleiden || [ciel] sich bewölken.
crabe *m* Krabbe *f.*
crach|at *m* Spucke *f.* **~er** *vt* (aus)spucken ; (aus)speien.
craie *f* Kreide *f.*
crain|dre *vt* (be)fürchten ; Angst haben (vor, dat.). **~te** *f* Furcht, Angst *f.* **~tif, ive** *a* furchtsam ; scheu.
cramp|e *f* Krampf *m.* **~on** *m* Klammer *f.* **~onner (se)** *vpr* sich anklammern.
cran *m* Kerbe *f* || TECHN. Raste *f* || FAM. [courage] Schneid *m.*
crân|e *m* Schädel *m* • *a* [décidé] forsch. **~er** *vi* prahlen. **~eur, euse** *s* Prahler(in).
crapaud *m* Kröte *f.*
crapule *f* Schuft *m.*
craqu|elé, e *a* rissig. **~ement** *m* Krachen, Knarren *n* || *Il y a des ~s,* es kracht. **~er** *vi* krachen ; knarren.
crass|e *f* Schmutz *m.* **~eux, euse** *a* schmutzig.
cravate *f* Schlips *m;* Krawatte *f.*
crawl *m* Kraul *m.* **~er** *vi* kraulen.
crayon *m* Bleistift *m; ~ de couleur,* Farbstift *m.*
créancier, ère *s* Gläubiger(in).
créa|teur, trice *a* schöpferisch • *s* Gründer *m;* Schöpfer(in). **~tion** *f* (Er)schaffen *n* || [résultat] Schöpfung *f.* **~ture** *f* Geschöpf *n.*
crèche *f* Kinderhort *m.*
créd|it *m* FIN. Kredit *m;* Guthaben *n; Acheter à ~,* auf Kredit kaufen. **~iter** *vt* gutschreiben (dat.).
crédule *a* leichtgläubig.
créer *vt* (er)schaffen ; schöpfen.
crémaillère *f* : *Chemin de fer à ~,* Zahnradbahn *f.*
cr|ème *f* Sahne *f* || [cosmétique] Creme *f* • *a inv* cremefarben. **~émerie** *f* Milchgeschäft *n.* **~émier, ère** *s* Milchhändler(in).
1. crêpe *m* Krepp *m.*
2. crêpe *f* Pfannkuchen *m.*
crép|i *m* Verputz *m.* **~ir** *vt* verputzen.
crépiter *vi* knattern.
crépu, e *a* kraus.
crépuscule *m* (Morgen-, Abend)dämmerung *f.*
cresson *m* Kresse *f.*
crête *f* Kamm *m.*
creu|ser *vt* graben || FIG. ergründen • *vpr* hohl werden. **~set** *m* Tiegel *m.* **~x, euse** *a* hohl ; *Chemin ~,* Hohlweg *m* || *Joues ~ses,* eingefallene Wangen • *m* Höhlung *f* || *~ de la main,* hohle Hand.
crev|aison *f* Platzen *n* || [pneu] Reifenpanne *f.* **~asse** *f* Riß *m.* **~asser** *vt* (auf)reißen ; spalten. **~er** *vt* (zer)platzen (lassen) || *~ un œil,* ein Auge ausstechen • *vi* ber-

sten ; zerplatzen || AUT., FAM. Plattfuß bekommen || VULG. [mourir] verrecken ; krepieren • *a* : **~é, e** FAM. [fatigué] todmüde • *vpr* : FIG., FAM. *Se ~ au travail,* sich tot arbeiten.

crevette *f* Garnele *f.*

cri *m* Schrei *m* || [appel] Ruf *m.*

cribl|e *m* Sieb *n.* **~er** *vt* durch sieben, -seihen.

cric *m* Wagenheber *m.*

crier *vi/vt* schreien || *~ au secours,* um Hilfe rufen.

crim|e *m* Verbrechen *n.* **~inalité** *f* Kriminalität *f.* **~inel, le** *a* verbrecherisch ; Kriminal... • *s* Verbrecher(in).

crin *m* Haar *n.* **~ière** *f* Mähne *f.*

criquet *m* Heuschrecke *f.*

crise *f* Anfall *m;* Krisis *f* || FIG. Krise *f.*

crisper *vt* zusammenziehen.

crisser *vi* knirschen.

cristal, aux *m* Kristall *n.* **~lin** *m* Augenlinse *f.*

critiqu|able *a* tadelnswert. **~e** *a* kritisch || FIG. gefährlich • *m* Kritiker *m* • *f* Kritik *f* || [reproche] Tadel *m.* **~er** *vt* kritisieren ; tadeln.

croasser *vi* krächzen.

croc *m* (Aufhänge)haken *m* || *Pl* [dents] Fänge *mpl.*

croch|e *f* MUS. Achtelnote *f.* **~et** *m* Haken *m;* Häkchen *n* || *~ de serrurier,* Dietrich *m* || [détour] Abstecher *m.* **~u, e** *a* hakenförmig ; gekrümmt.

crocodile *m* Krokodil *n.*

croire *vt* glauben ; *Je vous en crois,* ich glaube es Ihnen || [penser] meinen • *vi* : *~ en Dieu,* an Gott glauben • *vpr* FIG. sich dünken.

crois|ement *m* Straßenkreuzung *f.* **~er** *vt* kreuzen || [couper] durchkreuzen || [rencontrer] begegnen (dat.) || *Les bras ~és,* mit verschränkten Armen || *Mots ~és,* Kreuzworträtsel *n* • *vpr* sich kreuzen. **~eur** *m* Kreuzer *m.* **~ière** *f* Kreuzfahrt *f.*

cr|oissance *f* Wachstum *n.* **~oissant** *m* [lune] Mondsichel *f* || [petit pain] Hörnchen *n.* **~oître** *vi* (an-, heran)wachsen ; zunehmen.

croix *f* Kreuz *n.*

croqu|ant, e *a* knusperig. **~er** *vt* knabbern ; knacken. **~ette** *f* Klößchen *n.*

croquis *m* Skizze *f.*

crosse *f* Kolben *m.*

crott|e *f* Kot *m.* **~é, e** *a* dreckig. **~in** *m* Pferdeapfel *m.*

crouler *vi* zusammenstürzen.

croup|e *f* Kreuz *n ;* Kruppe *f.* **~ion** *m* Steiß *m.* **~ir** *vi* : *Eau ~ie,* Brackwasser *n.*

croustillant, e *a* knusperig.

croût|e *f* Kruste *f.* **~on** *m* Brotkruste *f.*

croy|able *a* glaublich. **~ance** *f* Glaube(n) *m.* **~ant, e** *a* gläubig.

cru, e *a* roh ; ungekocht.

cru *m* : *Grand ~,* Edelwein *m.*

cruauté *f* Grausamkeit *f.*

cruche *f* Krug, Topf *m*.
crucifix *m* Kruzifix *n*.
crue *f* Hochwasser *n*.
cruel, le *a* grausam.
crûment *av* unverblümt.
crustacés *mpl* Krustentiere *npl*.
cub|e *a* : *Mètre* ~, Kubikmeter *m*. **~ique** *a* kubisch.
cubitus *m* Ellbogenbein *n*.
cueill|ette *f* Obsternte *f*. **~ir** *vt* (ab)pflücken; (ab)brechen.
cuill|ère, ~er *f* Löffel *m*. **~erée** *f* Löffelvoll *m*.
cuir *m* Leder *n*. **~asse** *f* Panzer *m*.
cui|re *vt/vi* kochen; backen; braten. **~sine** *f* Küche *f* ‖ [art] Kochkunst *f* ‖ *Faire la* ~, kochen. **~sinier, ère** *s* Koch *m*; Köchin *f* • *f* [fourneau] Küchenherd *m*.
cuisse *f* (Ober)schenkel *m* ‖ [viande] Keule *f*.
cuisson *f* Kochen *n*.
cuissot *m* Reh-, Hirschkeule *f*.
cuivre *m* Kupfer *n*; *En* ~, kupfern.
cul|asse *f* AUT. Zylinderkopf *m*. **~bute** *f* Purzelbaum *m*. **~buter** *vi* sich überschlagen. **~buteur** *m* Kipphebel *m*. **~-de-sac** *m* Sackgasse *f*.
culinaire *a* : *Art* ~, Kochkunst *f*.
culminant, e *a* : *Point* ~, Gipfelpunkt *m*.
culot *m* ÉL. Sockel *m* ‖ FIG., FAM. Frechheit *f*.
culotte *f* (Knie)hose *f*.
culpabilité *f* Schuld(haftigkeit) *f*.
culte *m* Gottesdienst *m* ‖ Kultus *m*.
cultiv|able *a* bestellbar. **~ateur, trice** *s* Landwirt(in); Bauer *m*; Bäuerin *f*. **~é, e** *a* FIG. gebildet. **~er** *vt* bebauen, -stellen.
culture *f* Ackerbau *m* ‖ ~ *physique*, Leibesübungen *fpl* ‖ [esprit] Bildung, Kultur *f*.
cumin *m* Kümmel *m*.
cumuler *vt* (an)häufen.
cupid|e *a* geldgierig. **~ité** *f* Habsucht *f*.
cur|e *f* Kur *f*. **~er** *vt* reinigen. **~iste** *m* Kurgast *m*.
curé *m* Pfarrer *m*.
curi|eux, euse *a* neugierig ‖ [choses] sehenswürdig. **~osité** *f* Neugier *f* ‖ *Pl* Sehenswürdigkeiten *fpl*.
curriculum vitae *m* Lebenslauf *m*.
curseur *m* Läufer *m*.
cuv|e *f* Kufe *f*; Bottich *m*. **~ette** *f* Wasserschüssel *f*; Becken *n* ‖ GÉOL. Mulde *f*.
cycl|able *a* : *Piste* ~, Radfahrweg *m*. **~e** *m* Kreislauf, Zyklus *m* ‖ [vélo] Fahrrad *n*. **~isme** *m* Radsport *m*. **~iste** *a* : *Course* ~, Radrennen *n* • *m* Radfahrer *m*. **~omoteur** *m* Moped *n*. **~one** *m* Wirbelsturm *m*.
cygne *m* Schwan *m*.
cylindr|e *m* Zylinder *m*. **~ée** *f* Hubraum *m*.
cyprès *m* Zypresse *f*.

d

dactyl|o *f* Tippfräulein *n.* **~ographie** *f* Maschine(n)schreiben *n.* **~ographier** *vt* maschineschreiben.
dahlia *m* Dahlie *f.*
daigner *vi* geruhen.
daim *m* Damhirsch *m.*
dall|e *f* Fliese *f.* **~er** *vt* mit Fliesen belegen.
daltonien, ne *a* farbenblind.
dam|e *f* Dame, Frau *f* ‖ *Pl* [jeu] Damenspiel *n.* **~ier** *m* Damenbrett *n.*
damn|ation *f* Verdammung *f.* **~er** *vt* verdammen.
dancing *m* Tanzlokal *n.*
Danemark *m* Dänemark *n.*
danger *m* Gefahr *f; ~ de mort,* Lebensgefahr. **~eux, euse** *a* gefährlich.
danois, e *a* dänisch • *s :* °~, Däne *m;* Dänin *f* • *m* [langue] Dänisch.
dans *p* in, auf (dat. [sens intralocal], acc. [déplacement vers]) ; *~ la ville,* in der (die) Stadt ; *~ la rue,* auf der (die) Straße ‖ *Boire ~ un verre,* aus einem Glas trinken.
dans|ant, e *a : Soirée ~e,* Tanzabend *m.* **~e** *f* Tanz *m.* **~er** *vt/vi* tanzen. **~eur, euse** *s* Tänzer(in).
Danube *m* Donau *f.*
dard *m* Stachel *m.*
dartre *f* (Pilz)flechte *f.*
dat|e *f* Datum *n ;* Zeitpunkt *m ; ~ de naissance,* Geburtsdatum. **~er** *vt* datieren • *vi* herstammen ; datieren ‖ *À ~ de ce jour,* von heute ab, an.
datte *f* Dattel *f.*
dauphin *m* Zool. Delphin *m.*
daurade, dorade *f* Goldbrasse *f.*
davantage *av* mehr ‖ [plus longtemps] länger.
de *p* [appartenance] génitif : *La porte ~ la maison,* die Tür des Hauses ; mot composé : die Haustür ; [si le nom n'est pas déclinable] von : *Le jardin ~ la maison ~ Paul,* der Garten von Pauls Haus ‖ [origine] von, aus (dat.) ; *Il vient ~ Paris,* er hommt aus Paris ; *~ Paris à Berlin,* von Paris nach Berlin ‖ [au sujet de] von (dat.) ; *Parlons ~ cela,* sprechen wir davon ; [à propos de] über (acc.) ‖ [matière] aus (dat.) ; *Un mur ~ pierre,* eine Mauer aus Stein ‖ [partitif] non traduit : *~ l'eau,* Wasser ; *Un morceau ~ craie,* ein Stück Kreide ; *La ville ~ Paris,* die Stadt Paris ; *Beaucoup ~ bruit,* viel Lärm ; *Beaucoup ~ gens,* viele Leute ; *Quoi ~ neuf ?,* was Neues ‖ Loc : *~ mon temps,* zu meiner Zeit ‖ *Le chemin ~ la ville,* der Weg nach der Stadt.
dé *m* [jeu] Würfel *m* ‖ [à coudre] Fingerhut *m.*

débâcle *f* GÉOL. Eisbruch *m* ‖ FIG. Debakel *n.*
déballer *vt* auspacken.
débarbouiller *vt* reinwaschen.
débarcadère *m* Landungsbrücke *f.*
débardeur *m* Schauermann *m.*
débarqu|ement *m* Landung *f.* **~er** *vt* löschen; ausladen • *vi* landen.
débarras *m* Rumpelkammer *f.* **~ser** *vt* befreien; (auf)räumen • *vpr* [de qch] (etw) loswerden.
débat *m* Streit *m* ‖ *Pl* POL. Debatte *f.* **~tre** *vt* streiten; erörtern • *vpr* sich sträuben.
débauch|e *f* Ausschweifung, Liederlichkeit *f.* **~er** *vt* entlassen ‖ [séduire] verführen • *m* : **~é,** Wüstling *m.*
débile *a* schwächlich.
débit *m* Absatz, Vertrieb *m* ‖ [fleuve] Abflußmenge *f* ‖ FIN. Soll *n.* **~er** *vt* [vendre] absetzen; vertreiben ‖ [bois] kleinmachen ‖ FIN. belasten. **~eur, trice** *s* Schuldner(in).
déblai *m* Schutt *m.*
déblayer *vt* ausräumen; wegschaffen.
débloquer *vt* freimachen.
déboiser *vt* abholzen.
déboîter *vt* verrenken • *vi* [voiture] ausweichen.
déborder *vi* überfließen, -laufen; über die Ufer treten • *vt* FIG. hinausgreifen über (acc.).
débouch|é *m* COMM. Absatz *m* ‖ [professionnel] Berufsmöglichkeit *f.* **~er** *vt* entkorken • *vi* : *~ dans,* münden in (acc.).
débourser *vt* ausgeben.
debout *av* aufrecht ‖ *Être ~,* stehen • *interj* : *~!,* auf!
déboutonner *vt* aufknöpfen.
débraillé, e *a* schlampig.
débrancher *vt* abschalten.
débray|age *m* Auskupplung *f.* **~er** *vt* auskuppeln.
débris *mpl* Trümmer *npl;* Abfälle *mpl.*
débrouiller *vt* entwirren • *vpr* FAM. sich zu helfen wissen.
début *m* Anfang, Beginn *m.* **~ant, e** *s* Anfänger(in). **~er** *vi* anfangen.
décacheter *vt* aufbrechen.
décadence *f* Untergang *m.*
décaféiné, e *a* koffeinfrei.
décalage *m* Abstand *m.*
décalcifi|cation *f* Entkalkung *f.* **~er** *vt* entkalken.
décaler *vt* verschieben.
décalquer *vt* abziehen.
décanter *vt* (ab)klären.
décaper *vt* (ab)beizen; ab-, wegätzen.
décapotable *a* mit zurückklappbarem Verdeck.
décéder *vi* dahinscheiden; (ver)sterben.
déceler *vt* aufdecken.
décembre *m* Dezember *m.*
décen|ce *f* Anstand *m.* **~t, e** *a* anständig.
décentralisation *f* Dezentralisierung *f.*
déception *f* Enttäuschung *f.*
décerner *vt* zuteilen.

décès *m* Todesfall *m*.
décev|ant, e *a* (ent)täuschend. **~oir** *vt* (ent)täuschen.
déchaîn|ement *m* Entfesselung *f*. **~er** *vt* entfesseln • *vpr* losbrechen.
décharg|e *f* Aus-, Entladung *f* ‖ [ordures] Schuttabladeplatz *m*. **~ement** *m* → ~ER. **~er** *vt* aus-, entladen ‖ [bateau] löschen ‖ FIG. entlasten.
décharné, e *a* abgezehrt.
déchausser *vt* die Schuhe ausziehen.
déch|éance *f* FIG. Verfall *m*. **~ets** *mpl* Abfälle *mpl* ‖ ~ *radioactifs*, Atommüll *m*.
déchiffrer *vt* entziffern.
déchiqueter *vt* zerstückeln.
déchir|ement *m* Riß *m*. **~er** *vt* zerreißen, -fetzen • *a* : ***~é, e***, zerrissen, -fetzt • *vpr* Risse bekommen; einreißen. **~ure** *f* Riß *m*.
déchu, e *a* verfallen; gefallen; verkommen.
décid|é, e *a* [chose] beschlossen ‖ [personne] entschlossen. **~ément** *av* bestimmt. **~er** *vt/vi* entscheiden • *vpr* sich entschließen (zu).
de-ci de-là *loc av* hin und her.
décis|if, ive *a* entscheidend. **~ion** *f* Entscheidung *f*; Ent-, Beschluß *m* ‖ [fermeté] Entschlossenheit *f*.
déclamer *vt* vortragen.
déclar|ation *f* Erklärung *f* ‖ [douane] Verzollung *f*. **~er** *vt* erklären ‖ [douane] *Rien à* ~?, nichts zu verzollen?
déclasser *vt* herabsetzen.
déclench|ement *m* → ~ER. **~er** *vt* ausklinken, -lösen • *vpr* losgehen.
déclin *m* Neige *f*; Untergang *m*. **~er** *vt* [refuser] ablehnen • *vi* FIG. nachlassen; abnehmen.
décoll|age *m* Start, Abflug *m*. **~ement** *m* Ab-, Loslösen *n*; Ablösung *f*. **~er** *vt* ab-, loslösen • *vi* AÉR. abfliegen; starten • *vpr* (pass.) lose werden.
décolleté *m* Brustausschnitt *m*.
décolorer *vt* entfärben.
décombres *mpl* Schutt *m*.
décommander *vt* abbestellen.
décompos|é, e *a* [pourri] faul. **~er** *vt* zerlegen, -setzen • *vpr* zerfallen ‖ [pourrir] faulen. **~ition** *f* Zerlegung, -setzung *f* ‖ [pourriture] Verwesung *f*.
décompt|e *m* Abzug *m*. **~er** *vt* abziehen.
déconcerter *vt* verwirren • *a* : ***~é, e***, fassungslos.
déconseiller *vt* abraten.
décontract|er *vt* entspannen. **~ion** *f* Entspannung *f* ‖ FIG. Ungezwungenheit *f*.
décor *m* Schmuck *m* ‖ SPECT. Bühnenbild *n*. **~ateur, trice** *s* Innenarchitekt *m*. **~atif, ive** *a* (aus)-schmückend. **~ation** *f* Schmuck *m* ‖ [insigne] Auszeichnung *f*. **~er** *vt* (aus)schmücken.
découdre *vt* auftrennen.
découler *vi* FIG. folgen.

découper *vt* ausschneiden; zerschneiden.

décourag|ement *m* Entmutigung *f*. **~er** *vt* entmutigen • *vpr* den Mut verlieren.

découv|ert, e *a* unbedeckt ‖ *A* **~**, offen ‖ [tête] bloß; nackt • *m* FIN. Fehlbetrag *m*. **~erte** *f* Entdeckung *f*. **~rir** *vt* ab-, aufdecken; entdecken; enthüllen • *vpr* sich entblößen.

décrasser *vt* reinigen.

décr|et *m* Beschluß, Erlaß *m*. **~éter** *vt* verfügen, -ordnen.

décrier *vt* verschreien.

décrire *vt* beschreiben.

décrocher *vt* abhängen ‖ [téléphone] abnehmen.

décroître *vi* abnehmen.

décrue *f* Sinken *n*.

déd|aigner *vt* verachten; geringschätzen. **~aigneux, euse** *a* verachtend. **~ain** *m* Verachtung *f*.

dedans *a* d(a)rin; drinnen ‖ [avec mouvement] da(r)ein; hinein; herein • *loc av* : ***en* ~**, inwendig; drinnen • *m* Innere(s) *n*.

dédi|cace *f* Widmung *f*. **~cacer** *vt* widmen. **~er** *vt* weihen.

déd|ire (se) *vpr* widerrufen. **~it** *m* Widerruf *m* ‖ FIN. Reuegeld *n*.

dédommag|ement *m* Entschädigung *f*. **~er** *vt* entschädigen.

dédouaner *vt* verzollen.

dédoubler *vt* verdoppeln.

déd|uction *f* Abzug *m*. **~uire** *vt* abziehen ‖ PHIL. folgern; schließen.

défaill|ance *f* Ohnmacht *f*. **~ant, e** *a* ohnmächtig. **~ir** *vi* ohnmächtig werden.

défai|re *vt* aufmachen, -lösen, -binden ‖ [nœud] aufknüpfen • *vpr* : FIG. *Se* ~ *de qch*, etw loswerden. **~te** *f* Niederlage *f*.

défaut *m* Mangel, Fehler *m* ‖ *Faire* **~**, mangeln • *loc p* : ***à* ~ *de***, mangels (gén.).

défav|orable *a* ungünstig. **~oriser** *vt* nachteilig sein (dat.); schaden (dat.).

défect|ueux, euse *a* fehler-, mangelhaft; defekt. **~uosité** *f* Mangel, Defekt *m*.

défend|able *a* haltbar. **~eur, eresse** *s* Beklagte(r) *as*. **~re** *vt* verteidigen; wehren ‖ [cause] vertreten ‖ [interdire] verbieten; untersagen • *a* : ***~u, e***, verboten • *vpr* sich verteidigen; sich wehren.

défens|e *f* Verteidigung *f*; Abwehr *f* ‖ [protection] Schutz *m*. **~eur** *m* Verteidiger *m*. **~if, ive** *a* defensiv; Verteidigungs...; Schutz...

défi *m* Herausforderung *f*. **~ance** *f* Mißtrauen *n*. **~ant, e** *a* mißtrauisch.

défic|ience *f* Mangel *m*. **~it** *m* Ausfall *m* ‖ COMM. Fehlbetrag *m*; Defizit *n*. **~itaire** *a* mit Verlust.

défier *vt* trotzen (dat.).

défigurer *vt* entstellen; verzerren.

défil|é *m* GÉOGR. Engpaß *m*

|| [revue] Vorbeimarsch *m*; Parade *f*. **~er** *vi* vorbeimarschieren.
défin|ir *vt* bestimmen. **~itif, ive** *a* endgültig • *loc av* : ***en ~ive,*** schließlich. **~ition** *f* Bestimmung *f*.
défoncer *vt* einschlagen.
déform|ation *f* Mißbildung *f*. **~er** *vt* verunstalten; entstellen; verzerren.
défraîch|i *a* verblaßt. **~ir (se)** *vpr* die Frische verlieren.
défricher *vt* urbarmachen; (aus)roden.
défunt, e *a* verstorben; selig • *s* Verstorbene(r) *as*.
dégager *vt* befreien; freimachen || CHIM. entwickeln; bilden • *a* **~é, e** : *Ciel* ~, klarer Himmel || FIG. befreit • *vpr* sich freimachen || CHIM. sich entwickeln.
dégarnir *vt* leeren.
dégât *m* Schaden *m*.
dégel *m* (Auf)tauen *n* || [temps] Tauwetter *n*. **~er** *vt/vi* (auf)tauen.
dégénérer *vi* ent-, ausarten.
dégivrer *vt* enteisen.
dégonfler *vt/vpr* abschwellen.
dégouliner *vi* heruntertröpfeln.
dégourdi, e *a* FIG. aufgeweckt; helle.
dégoût *m* Ekel *m*. **~ant, e** *a* ekelhaft. **~er** *vt* anekeln.
dégrad|ation *f* Beschädigung *f* || [intempéries] Verwitterung *f*. **~er** *vt* beschädigen || [couleur] verwittern.
dégrafer *vt* los-, aufhaken.
dégraisser *vt* entfetten.
degré *m* Grad *m* || FIG. Stufe *f*; *Par* ~*s*, stufenweise.
dégr|èvement *m* Steuernachlaß *m*. **~ever** *vt* entlasten.
dégringoler *vi/vt* FAM. herunterpurzeln.
déguis|ement *m* Verkleidung *f*. **~er** *vt* verkleiden || FIG. verstellen.
dégust|ation *f* Kostprobe *f*. **~er** *vt* kosten; probieren.
dehors *av* (dr)außen || [à l'air] im Freien || [mouvement] hinaus; heraus; nach außen • *loc p* : ***en ~ de,*** außerhalb (gén.); außer (dat.).
déjà *av* schon; bereits.
déjeuner *vi* frühstücken || [midi] zu Mittag essen • *m* Frühstück *n* || [de midi] Mittagessen *n*.
délabr|ement *m* Verfall *m* || Zerrüttung *f*. **~er** *vt* verderben || FIG. zerrüten • *a* : **~é, e,** baufällig || FIG. zerrüttet.
délacer *vt* aufschnüren.
délai *m* Frist *f*; Termin *m* || *Sans* ~, unverzüglich.
délaisser *vt* verlassen; vernachlässigen.
délass|ement *m* Erholung *f*. **~er** *vt* erholen.
délavé, e *a* verschossen.
délay|age *m* Verdünnung *f*. **~er** *vt* verdünnen; strecken.
Delco *m* Zündverteiler *m*.
délég|ation *f* : *Par* ~, im Auftrage || [groupe] Abordnung

f. **~ué, e** *s* Beauftragte(r) *as.* **~uer** *vt* beauftragen.
délester *vt* entlasten.
délibér|ation *f* Beratung *f.* **~ément** *av* mit Wissen und Wollen; wissentlich. **~er** *vi* beraten; beratschlagen || *~sur qch,* etw besprechen.
délicat, e *a* fein; zart || FIG. schwierig; heikel || [sensible] empfindlich. **~esse** *f* Feinheit, Zartheit *f.*
délic|e *m* Wonne *f.* **~ieux, euse** *a* köstlich.
délier *vt* auf-, losbinden.
délimit|ation *f* Abgrenzung *f.* **~er** *vt* ab-, begrenzen.
délinquant, e *s* Missetäter(in).
délir|e *m* Fieberwahn *m.* **~er** *vi* irrereden.
délit *m* Vergehen *n*; Frevel *m.*
délivrer *vt* befreien || [remettre] aushändigen.
déloger *vt* vertreiben.
déluge *m* Sint-, Sündflut *f.*
demain *av* morgen.
demand|e *f* Bitte *f* || *~ d'emploi,* Stellengesuch *n* || COMM. Nachfrage *f.* **~er** *vt* bitten (um); *~ la parole,* ums Wort bitten || [réclamer] verlangen || [nécessiter] erfordern || [questionner] fragen; *~ qch,* nach etw fragen • *vpr* sich fragen.
démang|eaison *f* Juckreiz *m.* **~er** *vi* jucken.
démarch|e *f* Schritt *m.* **~eur** *m* Kundenwerber *m.*
démarr|age *m* Anlassen *n* || [véhicule] Abfahren *n.* **~er** *vi* [moteur] anspringen || [véhicule] abfahren; starten. **~eur** *m* Anlasser *m.*
démasquer *vt* entlarven.
démêl|é *m* Auseinandersetzung *f.* **~er** *vt* entwirren || aufklären.
démembrer *vt* ab-, zerteilen.
déménag|ement *m* Umzug *m.* **~er** *vi* aus-, umziehen. **~eur** *m* Möbelspediteur *m.*
démence *f* Wahnsinn *m.*
démener (se) *vpr* FIG. sich abmühen.
dément, e *a* wahnsinnig.
dément|i *m* Ableugnung *f*; Widerruf *m.* **~ir** *vt* ableugnen; widerrufen || *~ qn,* jn Lügen strafen.
démesuré, e *a* maßlos.
démettre *vt* MÉD. verrenken || FIG. entsetzen.
demeur|e *f* Wohnung, Wohnstätte *f.* **~er** *vi* wohnen || bleiben.
demi, e *a* halb; Halb... || *Une ~-heure,* eine halbe Stunde; *Une heure et ~e,* anderthalb Stunden • *loc av* : **à** *~,* um halb zwei; zur Hälfte || *à ~-mot,* andeutungsweise • *m* [bière] Halber *m.* **~-pension** *f* Halbpension *f.*
démission *f* Demission, Abdankung *f.* **~ner** *vi* abdanken.
demi-tour *m* Kehrtwendung *f* || *Faire ~,* umkehren; kehrtmachen.
démocratique *a* demokratisch.

démoder *vt* aus der Mode bringen • *a* : **~*é, e*,** altmodisch • *vpr* aus der Mode kommen.
demoiselle *f* Fräulein *n*.
démol|ir *vt* ab-, niederreißen; zerstören. **~ition** *f* Zerstörung *f*.
démonstr|ateur, trice *s* Vorführer(in). **~ation** *f* Beweisführung *f* ‖ COMM. Vorführung *f*.
démont|able *a* zerlegbar. **~age** *m* Zerlegung *f*; Abbau *m*; Demontage *f*. **~er** *vt* zerlegen; aus-, abbauen; demontieren.
démontrer *vt* beweisen.
démoraliser *vt* entmutigen.
dénaturer *vt* entstellen.
dénicher *vt* auftreiben.
dénicotinisé, e *a* nikotinfrei.
dénier *vt* (ab)leugnen.
dénigrer *vt* verleumden.
dénombrer *vt* aufzählen.
dénom|ination *f* Benennung *f*. **~mer** *vt* benennen • *vpr* heißen.
dénonc|er *vt* angeben. **~iateur, trice** *s* Angeber(in); Denunziant(in). **~iation** *f* Anzeige *f*.
dénoter *vt* kennzeichnen.
dénou|ement *m* Lösung *f*. **~er** *vt* aufknüpfen • *vpr* sich lösen.
denrée *f* : ~*s alimentaires*, Nahrungsmittel *npl*.
dens|e *a* dicht. **~ité** *f* Dichte *f*.
dent *f* Zahn *m* ‖ GÉOGR. Horn *n*; Zacke *f*. **~al, e, aux** *a* Zahn... **~elé, e** *a* zackig. **~elle** *f* Spitze *f*. **~ier** *m* Zahnprothese *f*. **~ifrice** *m* Zahnpaste *f*. **~iste** *s* Zahnarzt *m*, -ärztin *f*. **~ition** *f* Gebiß *n*.
dénu|é, e *a* : ~ *de*, bar (gén.); ohne. **~ement** *m* Not *f*.
dépann|age *m* Reparatur *f*. **~er** *vt* reparieren. **~eur** *m* (Auto)schlosser *m*. **~euse** *f* Abschleppwagen *m*.
dépareillé, e *a* unvollständig.
déparer *vt* entstellen.
départ *m* Abgang *m* ‖ [véhicule] Abfahrt, Abreise *f* ‖ SP. Start *m*. **~ager** *vt* entscheiden (zwischen, dat.).
département *m* Abteilung *f*.
dépass|ement *m* AUT. Überholen *n* ‖ Autres sens → ~ER. **~er** *vt* überschreiten ‖ überragen ‖ [devancer] überholen ‖ FIG. übertreffen.
dépays|ement *m* Entfremdung *f*. **~er** *vt* entfremden.
dépêch|e *f* Depesche *f*. **~er (se)** *vpr* sich (be)eilen.
dépeindre *vt* ausmalen.
dépend|ant, e *a* abhängig. **~re** *vt* abhängen ‖ FAM. *Ça ~d*, (es ist) je nach(dem).
dépens *mpl* : *Aux ~ de qn*, auf js Kosten. **~e** *f* Ausgabe *f*. **~er** *vt* ausgeben ‖ [employer] verwenden. **~ier, ère** *a* verschwenderisch.
déperdition *f* Verlust *m*.
dépérir *vi* dahinsiechen; verkümmern.
dépeupler *vt* entvölkern.

dépit *m* Ärger *m* • *loc p* : ***en ~ de,*** trotz (dat. ; gén.).
déplac|ement *m* Versetzung *f* || *Être en ~*, verreist sein. **~er** *vt* versetzen • *a* : ***~é, e,*** FIG. unangebracht • *vpr* sich (fort)bewegen.
déplai|re *vi* mißfallen (dat.). **~sant, e** *a* unangenehm. **~sir** *m* Mißfallen *n*.
dépli|ant *m* Faltprospekt *m*. **~er** *vt* entfalten.
déploiement *m* Entfaltung *f*.
déplor|able *a* beklagenswert. **~er** *vt* [pleurer] beweinen || FIG. bedauern.
déployer *vt* entfalten ; ausbreiten.
déplumer *vt* rupfen.
dépoli, e *a* : *Verre ~*, Mattglas *n*.
déport|ation *f* Deportation *f*. **~er** *vt* deportieren • *pp/a* : ***~é, e,*** POL. verschleppt ; deportiert • *s* Deportierte(r) *as*.
dépos|ant *m* Deponent *m*. **~e** *f* → ~ER ; TECHN. Ausbauen, Abnehmen *n*. **~er** *vt* ablegen, -stellen || [une demande] einreichen • *vi* JUR. aussagen || [vin] ablagern • *vpr* niederschlagen. **~ition** *f* JUR. Aussage *f*.
dépôt *m* : *Donner en ~*, aufgeben || [lieu] Abstellplatz *m* ; Lager *n* || FIN. *~ en banque*, Bankguthaben *n* || CHIM. Niederschlag *m*.
dépouill|e *f* Hülle *f* ; Balg *m*. **~ement** *m* Beraubung f || [examen] Durchsicht *f*. **~er** *vt* ausbalgen ; abhäuten || [voler] berauben (gén.) ; (aus)plündern.
dépourvu, e *a* : *~ de,* ohne (acc.) ; bar (gén.) || *Au ~*, unvorbereitet.
déprav|ation *f* Verderbtheit *f*. **~er** *vt* verderben.
dépréci|ation *f* Entwertung *f*. **~er** *vt* ab-, entwerten.
dépr|ession *f* (Boden)senkung *f* || *~ barométrique,* Tief(druckgebiet) *n* || COMM. Tiefkonjuktur, Flaute *f* || *~ nerveuse,* Nervenzusammenbruch *m*. **~imant, e** *a* niederdrückend. **~imé, e** *a* niedergedrückt, -geschlagen. **~imer** *vt* niederdrücken.
depuis *p* seit ; von ... an ; *~ ce jour-là,* seit jenem Tag • *av* seitdem • *loc c* : ***~ que,*** seit(dem).
député *m* Abgeordnete(r) *m*.
déracin|ement *m* Entwurzelung *f*. **~er** *vt* entwurzeln.
déraill|ement *m* Entgleisung *f*. **~er** *vi* entgleisen.
déraisonnable *a* unvernünftig.
dérang|ement *m* Störung *f* || TÉL. *En ~*, gestört. **~er** *vt* [qn] stören || [qch] in Unordnung bringen.
dérap|age *m* Rutschen *n*. **~er** *vi* rutschen.
dérégler *vt* stören.
déri|der *vt* aufheitern. **~sion** *f* Verhöhnung *f* || *Tourner en ~*, verhöhnen. **~soire** *a* lächerlich || *À un prix ~*, spottbillig.

dériv|ation *f* Ableitung *f*. **~e** *f* Abtrift *f*. **~er** *vt* umleiten • *vi* MAR. abtreiben.
dermatologue *m* Hautarzt *m*.
dern|ier, ère *a* letzt; *En ~ lieu,* zuletzt ‖ *Le mois ~*, vorigen Monat ‖ *Ces ~s temps,* neulich • *s* der, die, das Letzte ‖ *Le ~ de deux,* der Letztere; Letzterer. **~ièrement** *av* kürzlich; vor kurzem; neulich.
dérober *vt* stehlen ‖ FIG. [détourner] entziehen ‖ *Chemin ~é,* Schleichweg *m*.
dérogation *f* : *Par ~ à,* in Abweichung von.
déroul|ement *m* Entrollen *n* ‖ FIG. Ablauf *m*. **~er** *vt* abrollen; abwickeln ‖ FIG. entwickeln • *vpr* sich entwickeln ‖ SPECT. spielen
dérout|e *f* Zusammenbruch *m*. **~er** *vt* irreführen.
derrick *m* Bohrturm *m*.
derrière *p* hinter (dat.; acc.) • *av* hinten • *m* Hintere(s), Hinterteil *n*, -seite *f* ‖ POP. Gesäß *n*.
des *art contract pl indéf* : *~ feuilles,* Blätter ‖ *Les feuilles ~ arbres,* die Blätter der Bäume ‖ *Ils parlent ~ vacances,* sie sprechen von den Ferien.
dès *p* seit; von ... an; von ... ab ‖ *~ le matin,* schon am Morgen ‖ *~ lors,* seitdem; von nun an • *loc c* : *~* **que,** so bald (als); gleich wenn.
désabuser *vt* enttäuschen.
désaccord *m* Uneinigkeit *f*.
désaccoutumer (se) *vpr* : *~ de qch,* sich etw abgewöhnen.
désaffecté, e *a* außer Betrieb.
désagréable *a* unangenehm.
désagréger *vt* zerspalten; zersetzen.
désagrément *m* Unannehmlichkeit *f*.
désaltérer *vt* den Durst löschen/stillen.
désappr|obation *f* Mißbilligung *f*. **~ouver** *vt* mißbilligen.
désarm|ement *m* Entwaffnung *f* ‖ Abrüstung *f*. **~é, e** *a* waffenlos ‖ FIG. wehrlos. **~er** *vt* entwaffnen • *vi* POL. abrüsten.
désarroi *m* Verwirrung *f*.
désastr|e *m* Unheil *n*. **~eux, euse** *a* unheilvoll.
désavantag|e *m* Nachteil *m*. **~er** *vt* benachteiligen. **~eux, euse** *a* nachteilig.
désav|eu *m* Widerruf *m*. **~ouer** *vt* widerrufen.
descend|ance *f* Abstammung *f* ‖ [personnes] Nachkommenschaft *f*. **~ant, e** *a* : *Marée ~e,* Ebbe *f* • *m* Nachkomme *m*.
descen|dre *vi* niedersteigen, -gehen; herabsteigen, -gehen, -fahren ‖ *~ de voiture,* aussteigen ‖ [provenir de] herstammen; herkommen ‖ [mer] ebben • *vt* : *Il ~d l'escalier,* er kommt/steigt die Treppe herunter ‖ [rideau] herunterlassen

|| *Faire* ~, hinunterbringen. **~te** *f* [action] → ~DRE || [résultat] Abstieg *m*; Abfahrt *f* || ~ *de lit*, Bettvorleger *m*.
description *f* Beschreibung *f*.
désempar|é, e *a* FIG. ratlos. **~er** *vi* : *Sans* ~, ununterbrochen.
désenchant|ement *m* FIG. Ernüchterung, Enttäuschung *f*. **~er** *vt* ernüchtern.
désenfler *vi/vpr* abschwellen.
déséquilibr|e *m* Mangel *(m)* an Gleichgewicht. **~é, e** *a* FIG. geistig gestört. **~er** *vt* aus dem Gleichgewicht bringen.
désert, e *a* öde; wüst • *m* Wüste(nei) *f*. **~er** *vt* verlassen • *vi* MIL. desertieren. **~eur** *m* Deserteur *m*. **~ique** *a* öde.
désesp|érant, e *a* hoffnungslos || *C'est* ~, das ist zum Verzweifeln. **~éré, e** *a* verzweifelt. **~érer** *vi* verzweifeln (an, dat.) • *vt* zur Verzweiflung bringen • *vpr* verzweifeln (über, acc.). **~oir** *m* Verzweiflung *f*.
déshabiller *vt* aus-, entkleiden; ausziehen.
déshabituer *vt* abgewöhnen.
désherber *vt* (aus)jäten.
déshériter *vt* enterben.
déshon|neur *m* Schande *f*. **~orant, e** *a* entehrend. **~orer** *vt* entehren.
désigner *vt* bezeichnen.
désillusion *f* Enttäuschung *f*. **~ner** *vt* enttäuschen.
désinfect|ant *m* Desinfektionsmittel *n*. **~er** *vt* entkeimen; desinfizieren. **~ion** *f* Entkeimung *f*.
désintégrer *vt* zersetzen || PHYS. spalten.
désintéress|é, e *a* uninteressiert; selbstlos. **~ement** *m* Selbstlosigkeit *f*. **~er (se)** *vpr* kein Interesse mehr haben.
désintoxi|cation *f* Entgiftung *f*. **~quer** *vt* entgiften.
désinvolt|e *a* frech. **~ure** *f* Frechheit *f*.
désir *m* Wunsch *m*; Verlangen *n*; Begierde *f*. **~able** *a* wünschenswert. **~er** *vt* (er)wünschen; mögen || [exiger] verlangen.
désist|ement *m* Rücktritt *m*. **~er (se)** *vpr* zurücktreten.
désobéiss|ance *f* Ungehorsam *m*. **~ant, e** *a* ungehorsam.
désobligeant, e *a* ungefällig.
désodorisant *m* Geruchbeseitigungsmittel *n*.
désœuvr|é, e *a* müßig. **~ement** *m* Müßiggang *m*.
désol|ant, e *a* betrübend; trostlos. **~ation** *f* Verwüstung *f* || FIG. Betrübnis *f*. **~er** *vt* betrüben || *Je suis* ~*é*, es tut mir leid.
désord|onné, e *a* unordentlich. **~re** *m* Unordnung *f* || POL. Unruhe *f*.
désorganis|ation *f* Auflösung *f*. **~er** *vt* in Unordnung bringen.
désorienter *vt* irreleiten.
désormais *av* von nun an.

désoss|é, e *a* ohne Knochen. **~er** *vt* Knochen herauslösen.

despot|e *m* Despot *m.* **~ique** *a* despotisch. **~isme** *m* Alleinherrschaft *f.*

dessaler *vt* entsalzen.

des|sèchement *m* Trockenlegung, Entwässerung *f.* **~sécher** *vt* (aus-, ab)trocknen ‖ trockenlegen • *vpr* (pass.) (ver)trocknen ; trocken werden ; verdorren.

dessein *m* Vorhaben *n;* Absicht *f; À ~,* absichtlich.

desserrer *vt* (auf)lockern ; lösen.

desser|t *m* Nachtisch *m.* **~vir** *vt* den Tisch abdecken ‖ TRANSP. befahren.

dessin *m* Zeichnung *f* ‖ *~ animé,* Trickfilm *m.* **~ateur, trice** *s* Zeichner(in). **~er** *vt* (ab-, auf)zeichnen.

dessous *av* unten ; d(a)runter ‖ *Sens dessus ~,* drunter und drüber • *loc av :* **en ~,** unten • *m* Unterteil *m, n* ‖ *~-de-plat,* Untersatz *m* ‖ *Pl* [linge] Unterwäsche *f.*

dessus *av* oben ; darüber, -auf • *loc av :* **en ~,** oben(drauf) • *m* Oberteil *m, n* ‖ *~-de-lit,* Bettdecke *f* ‖ FIG. Oberhand *f.*

destin *m* Schicksal *n.* **~ataire** *s* Empfänger(in). **~ation** *f* Bestimmung *f.* **~ée** *f* Los *n.* **~er** *vt* bestimmen.

destruc|teur, trice *a* zerstörend ; vernichtend. **~tion** *f* Zerstörung *f.*

désuet, ète *a* veraltet.

désunir *vt* trennen ‖ FIG. entzweien.

détachant *m* Fleckenpulver *n.*

détachement *m* Kommando *n* ‖ FIG. Gleichgültigkeit *f.*

1. détacher *vt* losbinden, -lösen, -machen ‖ ADM. abordnen • *pp/a :* **~é, e,** los(e) ; abgetrennt ‖ [distinct] einzeln ‖ FIG. gleichgültig ‖ TECHN. *Pièce ~e,* Ersatzteil *m* • *vpr* sich lösen.

2. détacher *vt* Flecken entfernen.

détail *m* Einzelheit *f;* Einzelne(s) *n; En ~,* im Einzelnen ‖ [petit fait] Kleinigkeit *f.* **~lant, e** *s* Kleinhändler(in). **~ler** *vt* in Stücke schlagen ‖ [vendre] einzeln verkaufen • *pp/a :* **~é, e,** ausführlich.

détaxe *f* Gebührenerlaß *n.*

détect|er *vt* aufspüren. **~ive** *m* Detektiv *m.*

déteindre *vt* abfärben • *vi* verschießen.

dételer *vt* abspannen.

détendre *vt* entspannen • *pp/a :* **~u, e,** entspannt.

détenir *vt* innehaben ‖ JUR. in Haft halten • *m :* **~u,** Häftling *m.*

détente *f* Entspannung *f.*

détent|eur, trice *s* Inhaber(in) ; Besitzer(in). **~ion** *f* Besitz *m* ‖ JUR. Haft *f.*

déter|gent, ~sif *m* Reinigungsmittel *n.*

détérior|ation *f* Beschädigung *f.* **~er** *vt* beschädigen.

détermin|ant, e *a* ausschlaggebend. **~ation** *f* [résolution] Entschluß *m* || [caractère] Entschlossenheit *f*. **~é, e** *a* FIG. entschlossen, -schieden. **~er** *vt* bestimmen • *vpr : Se ~ à,* sich entschließen zu.

déterrer *vt* ausgraben.

détest|able *a* abscheulich || [temps] scheußlich. **~er** *vt* verabscheuen.

déton|ateur *m* Zünder *m*. **~ation** *f* Knall *m*. **~er** *vi* knallen.

détour *m* Umweg *m*. **~nement** *m* Entführung *f*. **~ner** *vt* abwenden || [dévier] ab-, wegleiten; ablenken || [argent] unterschlagen.

détracteur, trice *s* Verleumder(in).

détraquer *vt* stören || [santé] zerrüten || FAM. kaputt machen • *pp/a : ~é, e,* FAM. kaputt || [fou] verrückt.

détrempé, e *a* verregnet.

détresse *f* Not(lage) *f*.

détriment *m* Nachteil *m*.

détritus *m* Abfälle *mpl*.

détroit *m* Meerenge *f*.

détromper *vt* aus dem Irrtum reißen.

détruire *vt* zerstören.

dette *f* Schuld *f*.

deuil *m* Trauer *f* || *Être en ~ de qn,* um jn trauern; jn betrauern.

deux *num* zwei || [deux en tout] *Les ~,* beide; die beiden || [date] *Samedi ~ mai,* Samstag, den zweiten Mai || *À ~,* zu zweien; zu zweit || *En ~,* entzwei || *~ fois,* zweimal || *Un jour sur ~,* jeder zweite Tag. **~ième** *num* zweite(r) • *s* Zweite(r) *as*. **~ièmement** *av* zweitens. **~-pièces** *m* [appartement] Zweizimmerwohnung *f*.

dévaler *vi/vt* herabstürzen.

dévaliser *vt* ausplündern.

déval|orisation *f* Abwertung *f*. **~oriser** *vt* abwerten. **~uation** *f* Abwertung *f*. **~uer** *vt* abwerten.

devanc|er *vt* vorher-, voran-, vorausgehen (dat.), -fahren || [en avance] voraus sein (dat.).

devant *p* vor (dat. ; acc.) • *av* [en face] davor || [en avant] vorn(e) || [en tête] voran; voraus || *Roue de ~,* Vorderrad *n* • *m* Vorderteil *n*, *m*, -seite *f*. **~ure** *f* Schaufenster *n*.

dévast|ateur, trice *a* verwüstend. **~ation** *f* Verwüstung *f*. **~er** *vt* verwüsten, -heeren.

déveine *f* Pech *n*.

développ|ement *m* Entwicklung *f*. **~er** *vt* entwickeln.

devenir *vi* werden; *~ de la glace,* zu Eis werden.

dévergondé, e *a* sittenlos.

déverrouiller *vt* entriegeln.

déverser *vt* ausschütten || [liquides] ausgießen.

dévêtir *vt* ent-, auskleiden.

déviation *f* Ableitung *f* || [route] Umleitung *f*.

dévier *vt* ablenken || [route] umleiten (sép.).

devin *m* Wahr-, Weissager. **~er** *vt* vorher-, voraussagen ‖ [découvrir] (er)raten. **~ette** *f* Rätsel *n*.
devis *m* Kostenanschlag *m*.
dévisager *vt* anstarren.
devise *f* Motto *n* ‖ *Pl* COMM. Währung *f; Devisen npl; ~s étrangères,* Valuten *fpl.*
dévisser *vt* abschrauben.
dévoiler *vt* entschleiern.
1. devoir *vt : Combien vous dois-je?,* was bin ich Ihnen schuldig? ‖ [moralement] verdanken ‖ (avec inf.) *Je dois partir,* ich muß weg ‖ [obligation morale, probabilité] sollen • *m :* **dû** *: Mon ~,* was mir zukommt • *vpr : Comme il se doit,* wie es sich gehört.
2. devoir *m* Pflicht, Verpflichtung *f* ‖ ENS. Aufgabe *f*.
dévorer *vt* verzehren, -schlingen; POP. fressen.
dévot, e *a* fromm. **~ion** *f* Frömmigkeit *f*.
dévou|é, e *a* ergeben; zugetan. **~ement** *m* (Selbst)opferung *f* (für, acc.); Ergebenheit *f;* Hingabe *f* (an, acc.). **~er (se)** *vpr* sich aufopfern.
dévoyer *vt/vi* irreführen.
diab|ète *m* Zuckerkrankheit *f*. **~étique** *a* zuckerkrank; diabetisch.
diab|le *m* Teufel *m* ‖ [voiture] Rollkarren *m*. **~olique** *a* teuflisch.
diagnosti|c *m* Diagnose *f*. **~quer** *vt* die Diagnose stellen.
diagonale *f* Diagonale, Querlinie *f*.
dialecte *m* Mundart *f;* Dialekt *m*.
dialogue *m* Dialog *m*.
diamant *m* Diamant *m; De, en ~,* diamanten. **~aire** *m* Diamantenhändler *m*.
diamètre *m* Durchmesser *m*.
diapason *m* Stimmgabel *f*.
dia|phragme *m* MÉD. Zwerchfell *n* ‖ PHOT. Blende *f*. **~positive** *f* Diapositiv *n; abr* Dia *n*.
diarrhée *f* Durchfall *m*.
Dictaphone *m* Diktiergerät *n*.
dictat|eur *m* Diktator *m*. **~ure** *f* Diktatur *f*.
dict|ée *f* Diktat *n*. **~er** *vt* diktieren.
diction *f* Ausdrucksweise *f*. **~naire** *m* Wörterbuch, Lexikon *n*.
diesel *m* Dieselmotor *m*.
diète *f* MÉD. Diät *f* ‖ POL. Reichstag, Landtag *m*.
Dieu *m* Gott *m; Le bon ~,* der liebe Gott ‖ *~ soit loué, ~ merci,* Gott sei Dank!
diffam|ation *f* Verleumdung *f*. **~er** *vt* verleumden.
différ|emment *av* verschieden-, andersartig. **~ence** *f* Verschiedenheit *f;* Unterschied *m* ‖ MATH. Differenz *f*. **~encier** *vt* unterscheiden. **~end** *m* Streitigkeit *f*. **~ent, e** *a* verschieden; verschiedentlich. **~er** *vt* auf-, verschieben • *vi* verschieden sein; sich unterscheiden.

diffic|ile *a* schwer; schwierig. **~ilement** *av* schwer(lich). **~ulté** *f* Schwierigkeit *f*.
differm|e *a* verwachsen. **~ité** *f* Mißgestalt *f*.
diffus, e *a* diffus; unbestimmt. **~er** *vt* ver-, ausbreiten || RAD. übertragen. **~eur** *m* Lautsprecher *m*. **~ion** *f* Aus-, Verbreitung *f* || RAD. Übertragung *f*.
dig|érer *vt* verdauen. **~este** *a* FAM. bekömmlich. **~estion** *f* Verdauung *f*.
digital, e, aux *a* : *Empreinte ~e*, Fingerabdruck *m*.
dign|e *a* würdig; wert; *~ de*, würdig (gén.); wert (gén.); ...würdig; ...wert. **~ement** *av* würdevoll. **~ité** *f* Würde *f*.
digression *f* Ausschweifung *f*.
digue *f* Deich, Damm *m*.
dilapid|ation *f* Verschwendung *f*. **~er** *vt* verschwenden, -geuden.
dilat|ation *f* (Aus)dehnung *f*. **~er** *vt* (aus)dehnen.
dilemme *m* Dilemma *n*.
dilettante *m* Dilettant *m*.
dilig|ence *f* Eifer *m* || [rapidité] Eile *f* || [voiture] Postkutsche *f*. **~ent, e** *a* eifrig.
diluer *vt* verdünnen.
dimanche *m* Sonntag *m*.
dimension *f* Ausmaß *n*; Dimension *f*.
dimin|uer *vt* (ver)mindern; verringern, -kleinern || [prix] herabsetzen • *vi* abnehmen. **~ution** *f* (Ver)minderung *f*; Verkleinerung, Verringerung *f* || [réduction] Kürzung, Senkung *f*.
dind|e *f* Truthenne, Pute *f*. **~on** *m* Truthahn *m*.
dîner *vi* zu Abend essen • *m* Abendessen *n*.
diphtérie *f* Diphtherie *f*.
diplomat|e *m* Diplomat *m*. **~ie** *f* Diplomatie *f*. **~ique** *a* diplomatisch.
diplôm|e *m* Diplom *n*. **~é, e** *a* : *Ingénieur ~*, Diplomingenieur *m*.
dire *vt* sagen; reden; sprechen; *~ qch à qn*, jm etw sagen || *Je veux ~*, ich meine || [exprimer] aussagen, -sprechen, -drücken || *Entendre ~*, hören von (dat.) || *On dit que*, man sagt/erzählt, daß || *On dit qu'il est riche*, er soll reich sein || [penser] sagen; meinen; denken; *Que voulez-vous ~ par là ?*, was meinen Sie damit? || *On ne le dirait pas*, es scheint nicht so || [ordonner] sagen; heißen; *Je lui dis de venir*, ich heiße ihn kommen || [signifier] sagen wollen; bedeuten; heißen; *Qu'est-ce que cela veut ~?*, was soll das bedeuten/heißen? || *C'est-à-dire (c.-à-d.)*, das heißt (d. h.) || *Pour ainsi ~*, sozusagen • *vpr* (réfl.) sich (selbst) sagen; denken || [se faire passer pour] sich geben für (acc.) || *Comment se dit... ?*, wie heißt ...?
dir|ect, e *a* gerade; direkt || *Train ~*, Eilzug *m*. **~ecteur, trice** *s* Direktor-

(in) ; Vorsteher(in) ; Leiter(in). **~ection** *f* Richtung *f* ‖ [conduite] Leitung, Führung *f*. **~ective** *f* Richtlinie *f*. **~igeable** *m* Luftschiff *n*. **~igeant, e** *a* leitend • *m* Führer, Leiter *m*. **~iger** *vt* richten ; lenken ; steuern ‖ [avoir la direction] leiten ; führen ; dirigieren.

discern|able *a* erkennbar. **~ement** *m* Unterscheidung *f*. **~er** *vt* unterscheiden.

discipl|e *m* Jünger *m*. **~ine** *f* Zucht, Disziplin *f* ‖ [matière] Unterrichtsfach *n*. **~iner** *vt* züchtigen.

discontinuer *vi* : *Sans* ~, ununterbrochen.

discord|ance *f* Mißklang *m*. **~ant, e** *a* mißtönend. **~e** *f* Zwietracht *f*.

discothèque *f* Schallplattensammlung *f*.

discour|ir *vi* lange reden. **~s** *m* Rede *f*; *Faire un* ~, eine Rede halten.

discourtois, e *a* unhöflich.

discrédit *m* Verruf *m*. **~é, e** *a* verrufen. **~er** *vt* in Verruf bringen.

discr|et, ète *a* maß-, taktvoll. **~étion** *f* Takt *m*; Verschwiegenheit *f* ‖ *À* ~, nach Belieben.

discrimination *f* Unterscheidung *f*.

disculper *vt* entschuldigen • *vpr* sich ausreden.

disc|ussion *f* Erörterung, Diskussion *f*. **~utable** *a* bestreitbar. **~uter** *vt* erörtern ; besprechen ‖ [contester] bestreiten.

disette *f* (Hungers)not *f*.

dis|grâce *f* Ungnade *f* ‖ [infortune] Mißgeschick *n*. **~gracié, e** *a* mißgestaltet. **~gracieux, euse** *a* anmutslos.

dis|joindre *vt* auseinandernehmen • *vpr* auseinandergehen. **~joint, e** *a* getrennt. **~joncteur** *m* Selbstschalter *m*.

disloquer *vt* auseinander legen • *vpr* FIG. auseinandergehen.

dispar|aître *vi* verschwinden ; entschwinden. **~ition** *f* Verschwindung *f*.

dispens|aire *m* Poliklinik *f*. **~e** *f* Erlaß *m*. **~er** *vt* [distribuer] verteilen ‖ [exempter] freistellen.

dispers|er *vt* ausstreuen. **~ion** *f* → ~ER ; Zerstreuung *f*.

disponib|ilité *f* Verfügbarkeit *f* ‖ *Pl* COMM. flüssige Gelder. **~le** *a* verfügbar.

dispos, e *a* munter. **~é, e** *a* : FIG. *Bien* ~, gut gestimmt ‖ ~ *à*, bereit zu. **~er** *vt* (zurecht)stellen ‖ vorbereiten ‖ ~ *de*, verfügen über (acc.) • *vpr* sich anschicken. **~itif** *m* Vorrichtung, Anlage *f*. **~ition** *f* Anordnung, Einrichtung *f* ‖ FIG. Verfügung *f*; *Je suis à sa* ~, ich stehe ihm zur Verfügung ‖ [penchant] Neigung *f* ‖ [aptitude] Anlage *f* ‖ *Pl* : *Prendre ses* ~*s*, Vorkehrungen treffen.

disput|e *f* Streit, Zank *m*. **~er** *vi : ~ de qch,* über etw streiten • *vt* [match] austragen • *vpr : Se ~ avec qn (pour qch),* mit jm (um etw) streiten.
disquaire *m* Schallplattenhändler *m*.
disqualifier *vt* auschließen.
disque *m* Scheibe *f* || MUS. Schallplatte *f*.
dissemblable *a* ungleich.
disséminer *vt* ausstreuen.
dissen|sion *f* Zwistigkeit *f*. **~timent** *m* Meinungsverschiedenheit *f*.
disséquer *vt* sezieren.
dissertation *f* Dissertation *f*; Aufsatz *m*.
dissid|ence *f* Abfall *m*; Rebellion *f*. **~ent, e** *a* abtrünnig.
dissimul|ation *f* Verstellung *f*. **~er** *vt* verbergen ; verheimlichen ; verhehlen.
dissip|ation *f* Zerstreuung, Zerstreutheit *f*. **~é, e** *a* zerstreut || [moralement] liederlich. **~er** *vt* zerstreuen || [doutes] beseitigen || [gaspiller] vergeuden • *vpr* (pass.) [nuages] sich verziehen || FIG. liederlich werden.
dissocier *vt* trennen.
dissol|ution *f* (Auf)lösung *f* || [mœurs] Sittenlosigkeit *f*. **~vant** *m* Lösungsmittel *n*.
dissonance *f* Mißklang *m*.
dissoudre *vt* (auf)lösen.
diss|uader *vt* ausreden. **~uasion** *f* Abbringen, Widerraten *n*.
dist|ance *f* Entfernung, Weite *f* || *Quelle ~ y a-t-il de ... à...?,* wie weit ist es von ... bis ...? || [à parcourir] Strecke *f*. **~ant, e** *a* entfernt.
distill|ation *f* Destillation *f*. **~er** *vt* destillieren.
dist|inct, e *a* unter-, verschieden || [perceptible] deutlich. **~inction** *f* Unterscheidung *f* || Unterschied *m* || FIG. Vornehmheit *f*. **~ingué, e** *a* FIG. vornehm ; hervorragend. **~inguer** *vt* unterscheiden || erkennen • *vpr* (réfl.) sich auszeichnen.
distr|action *f* Zerstreutheit *f* || Zerstreuung *f*. **~aire** *vt* zerstreuen. **~ait, e** *a* zerstreut.
distribu|er *vt* ver-, austeilen || *~ le courrier,* die Post austragen. **~teur** *m* [appareil] Verteiler *m* || *~ automatique,* Automat *m*. **~tion** *f* Ver-, Austeilung *f* || [courrier] Briefausgabe *f*.
district *m* Bezirk, Kreis *m*.
diurne *a* täglich ; Tages...
divaguer *vi* FIG. aus-, abschweifen ; faseln.
divan *m* Couch *f*.
divers, e *a* mannigfaltig || verschieden || [plusieurs] mehrere ; manche || *Faits ~*, Verschiedene(s) *n*. **~ité** *f* Verschiedenheit, Mannigfaltigkeit *f*. **~ion** *f* Ablenkung *f*.
divert|ir *vt* ablenken || FIG. zerstreuen. **~issant, e** *a* unterhaltsam. **~issement** *m* Belustigung, Unterhaltung *f*.

dìvin, e *a* göttlich.
divina|teur, trice, ~toire *a* weis-, voraussagend. **~tion** *f* Weissagung *f*.
divinité *f* Gottheit *f*.
divis|é, e *a* FIG. entzweit; uneinig. **~er** *vt* ab-, auf-, ein-, zerteilen; zerlegen ‖ MATH. dividieren • *vpr* : (pass.) *Se ~ en,* sich teilen (lassen) in (acc.). **~ion** *f* (Auf-, Ein-, Ver-, Zer)teilung *f;* Zergliederung *f* ‖ MATH. Division *f*.
divorc|e *m* Ehescheidung *f*. **~é, e** *a* geschieden. **~er** *vi* sich scheiden lassen.
dix *num* zehn • *m* : *Le ~ juillet,* der zehnte Juli; am zehnten Juli. **~-huit** *num* achtzehn. **~ième** *num* zehnte. **~-neuf** *num* neunzehn. **~-sept** *num* siebzehn.
do *m inv* MUS. C *n*.
docile *a* folg-, fügsam.
dock *m* Dock *n*. **~er** *m* Hafenarbeiter *m*.
docteur *m* Doktor, Dr. *m* ‖ MÉD. Arzt *m;* Dr. Med. *m*.
doctrine *f* Lehre, Doktrin *f*.
document *m* Urkunde *f;* Dokument *n*. **~aire** *m* CIN. Kulturfilm *m*. **~ation** *f* Urkundenmaterial *n*. **~er** *vt* mit Urkunden belegen.
dodu, e *a* drall; dicklich; fett.
dogme *m* Dogma *n*.
dogue *m* (Bull)dogge *f*.
doigt *m* Finger *m* ‖ *~ de pied,* Zehe *f*.
doléances *fpl* Beschwerden *fpl*.
domaine *m* Gut *n* ‖ FIG. Gebiet *n*.
dôme *m* Kuppel *f* ‖ [église] Dom *m*.
domesti|que *a* : *Animaux ~,* Haustiere *npl* • *s* [serviteur] Diener(in); Bediente(r) *m* • *mpl* Dienerschaft *f;* Haus-, Dienstpersonal *n*. **~quer** *vt* (be)zähmen.
domicil|e *m* Wohnsitz, -ort *m* ‖ *Livraison à ~,* Lieferung *(f)* ins Haus. **~ier** *vt* domizilieren • *a* : **~é, e,** wohnhaft.
domin|ateur, trice *a* herrisch. **~ation** *f* Herrschaft *f*. **~er** *vi* herrschen (über etw) ‖ voherrschen ‖ [en hauteur] über-, emporragen • *vt* beherrschen ‖ überwinden ‖ [en hauteur] überragen, -sehen • *vpr* sich beherrschen (können).
domino *m* Dominospiel *n*.
dommag|e *m* Schaden *m;* Beschädigung *f* ‖ *~s-intérêts,* Schadenersatz *m*.
dompt|age *m* (Be)zähmung *f*. **~er** *vt* (be)zähmen; bändigen. **~eur, euse** *s* (Tier)-bändiger(in).
don *m* Gabe *f;* Geschenk *n* ‖ FIG. Gabe, Begabung *f*. **~ateur, trice** *s* Schenker *m*. **~ation** *f* Schenkung *f*.
donc *c* also; so; demnach; daher ‖ [interrogation] denn; nur.
donnée *f* Angabe *f*.
donner *vt/vi* geben; *~ qch à qn,* jm etw geben ‖ [cadeau] schenken ‖ *~ la parole à qn,*

jm das Wort erteilen || ~ *raison à qn,* jm recht geben ; ~ *lieu à,* Anlaß geben zu || [procurer] schaffen || [produire] (er)geben ; hervorbringen ; erzeugen || [rapporter] ergeben ; eintragen || [devenir] werden || ~ *congé à qn,* jn entlassen || [à un locataire] kündigen || LOC : ~ *sur* [avoir vue sur] gehen auf (acc.) ; sehen, liegen nach • *loc p inv :* ***étant ~é,*** in Anbetracht (gén.) ; angesichts (gén.) ; bei • *vpr* (réfl.) sich hingeben || [se faire passer] sich ausgeben (für) || *Se ~ la mort,* Selbstmord begehen || SPECT. gespielt werden || (récipr.) *Se ~ le bras,* Arm in Arm gehen.

donneur *m :* ~ *de sang,* Blutspender *m.*

dont *pr rel* COMPL. DE N. dessen *m, n ;* deren *f, pl ; La maison ~ le toit,* das Haus, dessen Dach || COMPL. DE V. ou D'ADJ. *La femme ~ nous parlons,* die Frau, von der wir sprechen || *Le livre ~ nous parlons,* das Buch, worüber wir sprechen.

dop|er *vt* dopen. **~ing** *m* Dopen *n.*

dorénavant *av* von nun an.

dor|é, e *a* vergoldet ; golden. **~er** *vt* vergolden.

dorloter *vt* verhätscheln.

dorm|eur, euse *s* (Lang)-schläfer(in). **~ir** *vi* schlafen ; *Aller ~,* schlafen gehen || *En ~ant,* im Schlafe.

dorsal, e, aux *a* Rücken...

dortoir *m* Schlafraum *m.*

dorure *f* Vergoldung *f.*

dos *m* Rücken *m.*

dos|age *m* Dosierung *f.* **~e** *f* Dosis *f.* **~er** *vt* dosieren.

dossier *m* [siège] Rücklehne *f* || ADM. Akten *fpl ;* Aktenstoß *m.*

dot *f* Mitgift *f.*

douan|e *f* (Grenz)zoll *m.* **~ier** *m* Zollbeamte(r) *m.*

doubl|age *m* CIN. Synchronisierung *f.* **~e** *a* doppelt ; zweifach ; zwei... ; doppel... || ~ *menton,* Doppelkinn *n* • *m : Payer le ~,* das Doppelte zahlen || [copie] Abschrift *f ;* Durchschlag *m.* **~ement** *av* doppelt. **~er** *vt* verdoppeln || [dépasser] überholen || [étoffes] (aus)füttern. **~ure** *f* Futter *n.*

douc|ement *av* sanft || sachte || [voix] leise || [lentement] langsam. **~eur** *f* Süße, Süßigkeit *f* || [climat] Milde *f* || Zartheit *f.*

douch|e *f* Dusche *f.* **~er** *vt* (ab)duschen.

douer *vt* ausstatten • *pp/a :* **~é, e,** begabt.

douille *f* [balle] Hülse *f* || ÉL. Fassung *f.*

douillet, te *a* gemütlich || FIG. weichlich.

doul|eur *f* Schmerz *m ;* Weh *n.* **~oureux, euse** *a* schmerzhaft, -lich, -voll || *Être ~,* schmerzen.

dout|e *m* Zweifel *m* • *loc av :* ***sans ~,*** zweifelsohne || *Sans aucun ~,* ohne jeden Zweifel.

~er *vi* zweifeln (an, dat.) • *vpr* ahnen; vermuten. **~eux, euse** *a* zweifelhaft ‖ [suspect] verdächtig.

doux, douce *a* süß ‖ PAR EXT. sanft; weich; zart ‖ [temps] mild ‖ LOC : *Eau ~ce,* Süßwasser *n* ‖ [voix] leise ‖ FAM. *En ~ce,* heimlich.

douz|aine *f* Dutzend *n*. **~e** *num* zwölf • *m* : *Le ~ août,* der zwölfte August; am zwölften August. **~ième** *num* zwölfte.

dragée *f* Zuckermandel *f*.

dragu|e *f* Bagger *m*. **~er** *vt* (aus)baggern. **~eur** *m* Baggerschiff *n*.

drain *m* Abzugsrohr *n*. **~age** *m* Entwässerung *f*. **~er** *vt* entwässern; dränieren.

dram|atique *a* dramatisch. **~e** *m* Drama *n*.

drap *m* Tuch *n*; *~ de lit,* Bettlaken, -tuch *n*. **~eau** *m* Fahne, Flagge *f*. **~erie** *f* Tuchwaren *fpl* ‖ [commerce] Tuchhandel *m*.

dress|age *m* Abrichten *n*; Dressur *f* ‖ PÉJ. Drill *m*. **~er** *vt* abrichten; dressieren ‖ PÉJ. drillen ‖ [ériger] auf-, errichten ‖ [tente] aufschlagen • *vpr* sich auf-, emporrichten ‖ FIG. stehen; sich erheben.

drogu|e *f* Rauschgift *n*. **~er (se)** *vpr* sich dem Rauschgift ergeben.

1. droit *m* Recht *n*; *~ civil, pénal,* Zivil-, Strafrecht ‖ [taxe] Gebühr *f* ‖ *~s de douane,* Einfuhrzoll *m*.

2. droit, e *a* gerade; *Tout ~,* geradeaus ‖ *Se tenir ~,* aufrecht stehen ‖ FIG. [juste] gerade; recht ‖ TEXT. *Veston ~,* Einreiher *m* ‖ *Main ~e,* rechte Hand • *f* rechte Seite ‖ POL. Rechte *f* ‖ MATH. Gerade *f* • *loc av* : **à** *~e,* rechts. **~ure** *f* Rechtschaffenheit *f*.

drôle *a* drollig.

dromadaire *m* Dromedar *n*.

dru, e *a* dicht; gedrängt.

du *art* : *Le cahier ~ professeur,* das Heft des Lehrers ‖ *Le chemin ~ lycée,* der Weg zum Gymnasium ‖ *Manger du pain,* Brot essen.

dû *m* → DEVOIR 1.

du|c *m* Herzog *m*. **~ché** *m* Herzogtum *n*.

ductile *a* dehnbar.

duel *m* Zweikampf *m*; Duell *n*.

dûment *av* gehörig.

dumping *m* Dumping *n*.

dune *f* Sandhügel *m*; Düne *f*.

duo *m* Duo *n*.

dup|e *f* Betrogene(r). **~er** *vt* betrügen; hereinlegen; prellen. **~erie** *f* Betrug *m*.

duplex *m* Duplex...; Doppel...

duplicata *m inv* Duplikat *n*.

dur, e *a* hart; fest ‖ [viande] zäh ‖ [œuf] hartgekocht ‖ [difficile] schwer ‖ *Travailler ~,* hart arbeiten • *m* : *Construction en ~,* Massivbau *m* • *f* : *À la ~e,* roh; streng.

durable *a* dauerhaft.

durant *p* während (gén.).

durcir *vt* (ab-, ver)härten.

durée *f* Dauer *f.*
durer *vi* (fort)dauern.
dur|eté *f* Härte *f.* **~illon** *m* Schwiele *f.*
duvet *m* Flaum *m* || [édredon] Daunenbett *n.*
dynam|ique *a* dynamisch. **~isme** *m* Schwung *m.* **~ite** *f* Dynamit *n.* **~o** *f* Dynamo(maschine) *m (f)* || AUT. Lichtmaschine *f.*
dysenterie *f* Ruhr *f.*

e

eau *f* Wasser *n; ~ courante,* fließendes Wasser; *~ potable,* Trinkwasser || MAR. *Faire ~,* leck sein. **~-de-vie** *f* Branntwein *m;* POP. Schnaps *m.*
ébahir *vt* verblüffen.
ébattre (s') *vpr* sich herumtummeln.
ébaubi, e *a* verdutzt.
ébauch|e *f* Entwurf *m;* Skizze *f.* **~er** *vt* entwerfen.
ébéniste *m* Möbeltischler *m.* **~rie** *f* Tischlerarbeit *f.*
éblouі|r *vt* (ver)blenden. **~ssement** *m* Blendung *f.*
éborgner *vt* ein Auge ausstechen (dat.).
ébouillanter *vt* abbrühen.
éboul|ement *m* (Ein)sturz *m.* **~er (s')** *vpr* einstürzen.
ébouriffé, e *a* zerzaust.
ébranler *vt* erschüttern.
ébréch|é, e *a* schartig. **~er** *vt* ausbrechen.
ébriété *f* (Be)trunkenheit *f.*
ébruiter *vt* ausplaudern.
ébullition *f* Sieden *n* || FIG. Gärung *f.*
écaille *f* Schuppe *f* || [huître] Schale *f.*
écarlate *a* scharlachrot.
écarquiller *vt : ~ les yeux,* die Augen (weit) aufsperren.
écart *m* Abstand *m* || FIG. Abschweifung *f* || *Se tenir à l' ~,* fernbleiben. **~eler** *vt* vierteilen. **~ement** *m* Abstand *m;* Spannweite *f.*
écarter *vt* auseinander... (et v. approprié) || *~ les doigts,* die Finger spreizen || FIG. beseitigen || [détourner] ablenken, -wenden || [repousser] ablehnen • *vpr* auseinandergehen || FIG. sich entfernen.
ecchymose *f* Quetschung *f.*
ecclésiastique *adj* geistlich • *m* Geistliche(r) *m.*
écervelé, e *a* leichtsinnig.
échafaud *m* Blutgerüst *n.* **~age** *m* (Bau)gerüst *n.*
échancr|er *vt* ausschneiden. **~ure** *f* Ausschnitt *m.*
échang|e *m* Um-, Austausch *m* • *loc av :* ***en ~,*** dafür • *loc p :* ***en ~ de,*** gegen. **~eable** *a* ver-, austauschbar. **~er** *vt*

(aus-, ein-, ver-, um)tauschen; wechseln.

échantillon *m* Muster, Probestück *n*.

échapp|atoire *f* Ausweg *m*. **~ement** *m* AUT. Auspuff *m*.

échapper *vi/vt* entspringen, -schlüpfen || *~ à un danger*, einer Gefahr entgehen || FIG. *L'~ belle*, knapp davonkommen • *vpr* entfliehen, -laufen || entweichen || [vapeur] ausströmen.

écharde *f* Splitter *m*.

écharpe *f* [blessé] Armbinde *f* || [fichu] Schal *m*.

échasse *f* Stelze *f*.

échauff|er *vt* erwärmen; erhitzen • *vpr* warm werden. **~ourée** *f* Krawall *m*.

éché|ance *f* Fälligkeit *f*; Termin *m* || *À longue ~*, langfristig || *Venir à ~*, fällig werden. **~ant, e** *a* : *Le cas ~*, gegebenenfalls.

échec *m* Mißerfolg *m*; Scheitern *n* || *Jouer aux ~s*, Schach spielen.

échel|le *f* Leiter *f* || [carte] Maßstab *m*. **~on** *m* Sprosse *f* || FIG. (Rang)stufe *f*. **~onnement** *m* Abstufung *f*. **~onner** *vt* abstufen.

échevelé, e *a* zerzaust; wild.

échine *f* Rückgrat *n*.

échiquier *m* Schachbrett *n*.

écho *m* Widerhall *m*; Echo *n* || *Faire ~*, widerhallen.

échoir *vi* zufallen || COMM. fällig werden • *pp/a* : **~u, e**, COMM. fällig.

échouer *vi* scheitern || [examen] durchfallen (sép.) • *vpr* stranden.

éclabousser *vt* bespritzen.

éclair *m* Blitz *m*. **~age** *m* Beleuchtung *f*. **~cie** *f* Aufheiterung *f*. **~cir** *vt* (auf)klären; aufhellen || FIG. lichten • *vpr* (réfl.) [ciel] sich entwölken. **~cissement** *m* Auf-, Erklärung *f*. **~er** *vt* erleuchten || FIG. aufklären. **~eur** *m* Pfadfinder *m*.

éclat *m* Splitter *m* || FIG. *~s de rire*, schallendes Gelächter || [lueur] Glanz, Schimmer *m*.

éclater *vi* (auf)bersten; (auf)springen || [pneu] (auf)platzen || *~ de rire*, laut auflachen || [guerre] ausbrechen || [lumière] glänzen; (auf)leuchten.

éclip|se *f* Finsternis *f*. **~ser** *vt* verdunkeln.

éclisse *f* Schiene *f*.

éclopé, e *a* hinkend; verkrüppelt • *s* Krüppel *m*.

éclore *vi* aus dem Ei kriechen || [plantes] aufblühen.

écluse *f* Schleuse *f*.

écœur|ant, e *a* ekelhaft. **~ement** *m* Ekel *m*. **~er** *vt* (an)ekeln.

écol|e *f* Schule *f* || *~ maternelle*, Kindergarten *m*; *~ primaire*, Volksschule. **~ier, ère** *s* Schüler(in).

éconduire *vt* abweisen.

économ|e *a* sparsam • *s* Verwalter(in). **~ie** *f* Wirtschaft *f*; *~ politique*, Volks-

wirtschaft || FIG. [qualité] Sparsamkeit *f* || [chose] Ersparnis *f*. **~ique** *a* wirtschaftlich || [peu cher] billig. **~iser** *vt* (er)sparen ; (ein)sparen.
écorce *f* Rinde *f* || [fruit] Schale *f*.
écorch|er *vt* (ab-, ent)häuten || [égratigner] schinden; wundreiben. **~ure** *f* Schramme *f*.
écosser *vt* enthülsen.
écoul|ement *m* Ab-, Ausfluß *m* || [temps] Ab-, Verlauf *m*. **~er** *vt* COMM. absetzen • *vpr* [liquide] ab-, ausfließen || [temps] ab-, verlaufen; verfließen, -gehen || COMM. Absatz haben.
écourter *vt* verkürzen.
écout|er *vt* horchen; hören (auf, acc.); abhören. **~eur** *m* (Kopf)hörer *m*.
écran *m* (Schutz)schirm *m* || CIN. Leinwand *f* || TV Leuchtschirm *m*.
écras|ant, e *a* FIG. (er)drückend. **~er** *vt* zermalmen || [voiture] überfahren • *vpr* AÉR. am Boden zerschellen.
écrémer *vt* entrahmen || *Lait ~é,* Magermilch *f*.
écrevisse *f* Krebs *m*.
écrier (s') *vpr* (aus)rufen.
écrin *m* Schmuckkästchen *n*.
écri|re *vt* schreiben. **~t, e** *a : Par ~,* schriftlich. **~t** *m* Schrift *f*. **~teau** *m* Schild *n*. **~toire** *f* Schreibzeug *n*. **~ture** *f* Schreibkunst *f* || (Hand)schrift *f*. **~vain** *m* Schriftsteller *m*.
écrou *m* (Schrauben)mutter *f*.
écroul|ement *m* (Ein)sturz *m*. **~er (s')** *vpr* zusammenbrechen; (ein)stürzen.
écueil *m* Klippe *f;* Riff *n*.
écuelle *f* Napf *m*.
éculé, e *a* schiefgetreten.
écum|e *f* Schaum *m* || [mer] Gischt *m*. **~er** *vi* (auf)schäumen.
écureuil *m* Eichhörnchen *n*.
écurie *f* (Pferde)stall *m*.
écusson *m* Wappen(schild) *m*.
eczéma *m* Ekzem *n*.
édenté, e *a* zahnlos.
édifi|ant, e *a* FIG. erbaulich. **~cation** *f* Aufbau *m*. **~ce** *m* Bau *m ;* Gebäude *n*. **~er** *vt* (auf-, er)bauen.
édit *m* Erlaß *m*.
édi|ter *vt* herausgeben; verlegen. **~teur, trice** *s* Herausgeber(in) ; Verleger(in). **~tion** *f : Maison d'~,* Verlag *m* || *~ spéciale,* Sonderausgabe *f*.
édredon *m* Federbett *n*.
éduca|teur, trice *s* Erzieher(in). **~tion** *f* Erziehung *f*.
éduqu|é, e *a* erzogen; gebildet. **~er** *vt* erziehen.
effa|çable *a* auslöschbar. **~cé, e** *a* FIG. bescheiden. **~cer** *vt* abwischen; auslöschen.
effar|ement *m* Verwirrung *f*. **~er** *vt* bestürzen.
effaroucher *vt* verscheuchen.
effect|if, ive *a* tatsächlich • *m* Stärke *f*. **~uer** *vt* aus-, durchführen (sép.) • *vpr* (pass.) sich vollziehen || erfolgen.

effervesc|ence *f* FIG. Gärung *f*. **~ent, e** *a* aufbrausend.
effet *m* Wirkung *f* || *Avoir de l'~ sur,* wirken auf (acc.) || FIN. Wechsel *m* || *Pl* [vêtements] Kleidungsstücke *npl* • *loc av* : ***en*** **~,** tatsächlich || [certes] zwar.
effeuiller *vt* entblättern.
effic|ace *a* wirksam. **~acité** *f* Wirksamkeit *f*.
effilé, e *a* zugespitzt.
effleurer *vt* streifen.
effondr|ement *m* Ein-, Zusammensturz, -bruch *m*. **~er (s')** *vpr* zusammenstürzen; brechen.
eff|orcer (s') *vpr* sich bemühen. **~ort** *m* Anstrengung, Bemühung *f*.
effraction *f* Einbruch *m* || *Pénétrer avec* ~, einbrechen (in, acc.).
effray|ant, e *a* schrecklich. **~er** *vt* erschrecken (faible) • *vpr* erschrecken (fort).
effréné, e *a* zügellos.
effriter *vt* ab-, zerbröckeln.
effroi *m* Schreck(en) *m;* Entsetzen *n*.
effront|é, e *a* frech. **~erie** *f* Frechheit *f*.
effroyable *a* entsetzlich.
effusion *f* : ~ *de sang,* Blutvergießen *n*.
égal, e, aux *a* : ~ *à,* gleich (dat.) || [uni] gleich || [régulier] gleichmäßig || FIG. *Cela m'est* ~, das ist mir gleich(gültig)/egal || *Sans* ~, ohnegleichen. **~ement** *av* gleich || [aussi] ebenfalls. **~er** *vt* gleichmachen || gleichkommen, -sein. **~iser** *vt* gleichmachen. **~ité** *f* Gleichheit *f*.
égard *m* Rücksicht *f* || *À cet* ~, in dieser Hinsicht • *loc p* : ***à l'~ de,*** betreffs (gén.).
égar|é, e *a* FIG. verstört. **~ement** *m* Verwirrung *f*. **~er** *vt* irreführen || [objet] verlegen • *vpr* sich verirren || FIG. irren || [chose] verlorengehen.
égayer *vt* erheitern; ermuntern.
églantine *f* wilde Rose.
église *f* Kirche *f*.
égoïs|me *m* Selbstsucht *f;* Egoismus *m*. **~te** *a* selbstsüchtig; eigensüchtig • *s* Egoist(in).
égout *m* Kanalisation *f*. **~ier** *m* Kanalreiniger *m*.
égoutt|er (s') *vpr* (ab)tropfen. **~oir** *m* Abropfbrett *n*.
égratign|er *vt* zerkratzen. **~ure** *f* Kratzwunde, Schramme *f*.
Égypte *f* Ägypten *n*.
éject|er *vt* herausschleudern. **~ion** *f* Auswurf *m*.
élaborer *vt* ver-, ausarbeiten.
élaguer *vt* abästen.
élan *m* Anlauf *m;* (Auf)schwung *m*. **~cer** *vi* MÉD. stechen • *pp/a* : ***~é, e,*** schlank • *vpr* losstürzen.
élargir *vt* erweitern; breiter machen.

élasti|cité *f* Federkraft *f*. **~que** *a* dehnbar • *m* Gummiband *n*.
élect|eur *m* Wähler. **~ion** *f* Wahl *f*. **~oral, e, aux** *a* Wahl... **~orat** *m* Wähler *mpl*.
électr|icien *m* Elektriker *m*. **~icité** *f* Elektrizität *f*. **~ifier** *vt* elektrifizieren. **~ique** *a* elektrisch; Elektrizitäts... || *Courant* ~, Kraftstrom *m*. **~o** *préf* Elektrizitäts...; Elektrisch...; Elektro... **~ocardiogramme** *m* (Elektro)kardiogramm (EKG) *n*. **~ocuter** *vt* durch elektrischen Schlag töten. **~oménager** *a* : *Appareil* ~, Elektrohaushaltsgerät *n*. **~on** *m* Elektron *n*. **~onique** *a* elektronisch; Elektronen... • *f* PHYS. Elektronik *f*. **~ophone** *m* Plattenspieler *m*.
élég|ance *f* Eleganz *f*. **~ant, e** *a* schmuck; elegant.
élément *m* Element *n* || [constitutif] Bestandteil *m* || *Pl* Grundzüge *mpl*, -lagen *fpl*. **~aire** *a* Ur...; Grund...; Elementar... || [simple] elementar; primär.
éléphant *m* Elefant *m*.
él|evage *m* (Auf)zucht *f*. **~ève** *s* Schüler(in).
élévat|eur *m* Elevator *m* || AUT. Hebebühne *f* • *a* : *Chariot* ~, Gabelstapler *m*. **~ion** *f* Erhebung *f*.
élev|er *vt* (er)heben; empor-, hochheben || erhöhen || [construire] erbauen; errichten || [éduquer] aufziehen || [animaux] züchten • *pp/a* : **~é, e,** hoch || *Bien* ~, wohlerzogen; *Mal* ~, unerzogen • *vpr* [dominer] überragen || [monter] sich erheben; emporsteigen; in die Höhe steigen || FIG. *S'*~ *à 100 DM*, hundert Mark betragen || [se manifester] sich erheben; sich erklären. **~eur, euse** *s* (Vieh)züchter(in) • *f* Brutschrank *m*.
éligible *a* wählbar.
élimé, e *a* fadenscheinig.
élimin|ation *f* Beseitigung, Ausschaltung *f*. **~er** *vt* ausschließen, -scheiden.
élire *vt* (er)wählen • *pp/a* : **~u, e,** ge-, erwählt.
élite *f* Auswahl, -lese *f*; Elite *f*.
elle *pr pers f* sie || *Pl* sie.
élocution *f* Redeweise *f*.
élog|e *m* Lob *n*. **~ieux, euse** *a* lobend.
éloign|é, e *a* entfernt; fern. **~ement** *m* Entfernung *f* || [distance] Abgelegenheit *f*. **~er** *vt* entfernen; fernahlten • *vpr* sich entfernen.
éloqu|ence *f* Beredsamkeit *f*. **~ent, e** *a* beredt.
élucider *vt* erhellen.
éluder *vt* umgehen.
émacié, e *a* abgezehrt.
émail *m* Schmelz *m*. **~ler** *vt* glasieren.
éman|ation *f* Ausströmung *f*. **~er** *vi* ausströmen || FIG. ausgehen von.
émancip|ation *f* Volljährigkeitserklärung *f* || POL.

Befreiung *f*. **~é, e** *a* frei; emanzipiert. **~er** *vt* mündig sprechen ‖ POL. befreien.
émarg|ement *m* Randquittierung *f*. **~er** *vt* am Rande quittieren.
emball|age *m* (Ver)packung *f*. **~er** *vt* (ein-, ver-, zusammen)packen ‖ [moteur] Vollgas geben ‖ FIG. begeistern • *vpr* zu schnell laufen ‖ *S'~ pour*, sich begeistern (für). **~eur** *m* Packer *m*.
embarca|dère *m* Landungsbrücke *f*; Anlegeplatz *m*. **~tion** *f* Boot *n*.
embargo *m* Hafensperre *f*.
embarqu|ement *m* Einschiffen *n*. **~er** *vt* MAR. einschiffen • *vi* MAR. an Bord gehen ‖ TRANSP. einsteigen • *vpr* MAR. an Bord gehen.
embarras *m* Verlegenheit *f* ‖ MÉD. Beschwerde *f*. **~sant, e** *a* beschwerlich; lästig. **~sé, e** *a* verlegen; ratlos. **~ser** *vt* stören; behindern ‖ FIG. in Verlegenheit bringen.
embauch|age *m*, **~e** *f* Anstellung *f*. **~er** *vt* anstellen.
embaumer *vi* duften.
embell|ir *vt* verschönern ‖ FIG. beschönigen • *vi* schöner werden. **~issement** *m* Verschönerung *f*.
embêt|ant, e *a* ärgerlich. **~ement** *m* FAM. Ärger *m*. **~er** *vt* FAM. langweilen ‖ ärgern.
emblée (d') *loc av* auf den ersten Anhieb.
emboîter *vt* einschachteln; einfügen • *vpr* ineinandergreifen, -passen.
embolie *f* Embolie *f*.
embonpoint *m* Körperfülle *f*.
embouchure *f* Mündung *f*.
embourber (s') *vpr* sich festfahren.
embout *m* Ansatzstück *n*.
embouteillage *m* Verkehrsstockung *f*.
embranchement *m* Abzweigung *f* ‖ [trains] Anschluß *m*.
embraser *vt* in Brand stecken • *vpr* Feuer fangen; aufflammen.
embrass|ade *f* Umarmung *f*. **~er** *vt* umarmen ‖ [baiser] küssen ‖ FIG. umfassen, -fangen.
embrasure *f* Tür-, Fensteröffnung *f*.
embray|age *m* Kupplung *f*. **~er** *vt* einkuppeln.
embrouiller *vt* verwickeln; durcheinanderbringen.
embrumé, e *a* benebelt.
embrun *m* Sprühregen *m*.
embryon *m* Embryo *m*.
embuer *vt* beschlagen.
embus|cade *f* Hinterhalt *m* ‖ *En ~*, auf der Lauer.
émerger *vi* auf-, hervortauchen.
émeri *m* Schmirgel *m*.
émerveill|ement *m* Verwunderung *f*. **~er** *vt* verwundern • *vpr : S'~ de qch*, sich (über eine Sache) wundern.
émett|eur *m* Sender *m* ‖ COMM. Aussteller *m*. **~re** *vt*

ausstrahlen, -strömen, -senden || RAD. senden || COMM. ausstellen || [emprunt] auflegen.
émeute *f* Aufruhr *m.*
émietter *vt* (ab)bröckeln.
émigr|ant, e *s* Auswanderer *m;* Auswanderin *f;* Emigrant(in). **~ation** *f* Auswanderung *f.* **~é, e** *s* Ausgewanderte(r). **~er** *vi* auswandern.
éminent, e *a* hervorragend.
émission *f* Ausstrahlung *f* || COMM. Ausgabe *f* || RAD. Sendung *f* || [emprunt] Ausgabe *f.*
emmagasin|age *m* Lagerung *f.* **~er** *vt* (ein)lagern; (auf)-speichern.
emmailloter *vt* einwickeln.
emmêler *vt* verwickeln.
emménag|ement *m* Einzug *m.* **~er** *vi* einziehen.
emmener *vt* mitnehmen; fortführen.
emmitoufler *vt* (warm) einhüllen.
emmurer *vt* einmauern.
émoi *m* Aufregung *f.*
émoluments *mpl* Bezüge *mpl.*
émot|if, ive *a* (leicht) erregbar. **~ion** *f* Auf-, Erregung *f* || FIG. Rührung *f.* **~ivité** *f* Erregbarkeit *f.*
émousser *vt* abstumpfen • *vpr* stumpf werden.
émouv|ant, e *a* rührend. **~oir** *vt* erregen || FIG. rühren.
empailler *vt* ausstopfen.
empaqueter *vt* -ein, verpacken.
emparer (s') *vpr : ~ de,* sich bemächtigen (gén.).
empattement *m* Radabstand *m.*
empêch|ement *m* Verhinderung *f* || Hindernis *n.* **~er** *vt* verhindern • *vpr : Je ne puis m'~ de pleurer,* ich kann nicht umhin, zu weinen.
empereur *m* Kaiser *m.*
empeser *vt* stärken; steifen.
empêtrer *vt* verstricken.
empiét|ement *m* Übergriff *m* (auf, acc.). **~er** *vi* übergreifen (auf, acc.); eingreifen in (acc.).
empiler *vt* (hoch)stapeln; aufschichten; übereinanderlegen.
empire *m* Reich *n.*
empirer *vi* schlimmer werden.
emplacement *m* Platz *m;* Stelle *f.*
emplâtre *m* Pflaster *n.*
emplir *vt* füllen || [verre] vollschenken.
empl|oi *m* Ge-, Verbrauch *m;* Anwendung *f* || *~ du temps,* Stundenplan *m* || [fonction] Stelle *f.* **~oyé, e** *s* Angestellte(r) *as.* **~oyer** *vt* gebrauchen; an-, verwenden || [un employé] anstellen. **~oyeur, euse** *s* Arbeitgeber(in).
empocher *vt* einstecken.
empoigner *vt* ergreifen; (er)fassen; packen.
empoisonn|ant, e *a* FAM. lästig. **~é, e** *a* vergiftet; giftig. **~ement** *m* Vergiftung *f.* **~er** *vt* vergiften.
emport|é, e *a* FIG. aufbrausend; jähzornig. **~ement** *m*

Jähzorn *m.* **~er** *vt* mitnehmen || ~ *en voiture,* fortfahren || LOC : *L'~,* (ob)siegen; den Sieg davon tragen • *vpr* aufbrausen, -fahren.

empoté, e *a* unbeholfen.

emprein|dre *vt* auf-, eindrücken; (ein)prägen. **~te** *f* Prägung *f* || ~ *digitale,* Fingerabdruck *m* || FIG. Gepräge *n.*

empress|é, e *a* (dienst)-eifrig ; befliessen. **~ement** *m* [zèle] Eifer *m.* **~er (s')** *vpr* sich beeilen.

emprisonn|ement *m* Haft *f* || Verhaftung *f.* **~er** *vt* verhaften.

emprunt *m* Anleihe *f* || FIG. Entlehnung *(f)* aus (dat.). **~er** *vt* (ab-, ent)leihen; (er)borgen; POP. pumpen. **~eur, euse** *s* Entleiher(in); Borger(in).

empuantir *vt* verpesten.

émulation *f* Wetteifer *m.*

en *p :* [lieu] *Aller ~ Belgique,* nach Belgien fahren || *Aller ~ ville,* in die Stadt gehen || *Être ~ France,* in Frankreich sein || [moyen] ~ *chemin de fer,* mit der Bahn || [temps] ~ *hiver,* ~ *août,* im Winter, im August; ~ *1968,* (im Jahre) 1968 || ~ *quinze jours,* innerhalb fünfzehn Tage || *De temps ~ temps,* von Zeit zu Zeit || [état des choses] ~ *rond,* im Kreise || ~ *croix,* kreuzweise || ~ *fer,* aus Eisen; eisern || ~ *français,* auf französisch || [manière] ~ *silence,* in aller Stille || ~ *ami,* als Freund || LOC : *Il arriva ~ courant,* er kam gelaufen || ~ *attendant,* indes(sen) • *pr pers 3e pers* dessen; deren; *qui ~ est le propriétaire?,* wer ist dessen Besitzer? || *Je m'~ réjouis,* ich freue mich darauf, darüber || *Du vin? Je n'~ ai plus,* Wein? Ich habe keinen mehr • *av : J'~ viens,* ich komme von dort || *S'~ aller,* fort-, weggehen || ~ *haut,* ~ *bas,* oben, unten.

encadr|ement *m* Einrahmung *f.* **~er** *vt* ein-, umrahmen.

encaiss|e *f* Kassenbestand *m.* **~ement** *m* Einkassierung *f.* **~er** *vt* einziehen, -kassieren || FAM. einstecken • *a* **~é, e,** GÉOL. eingeengt.

encastrer *vt* einsetzen ; einbauen.

encaustiqu|e *f* Bohnerwachs *n.* **~er** *vt* bohnern.

1. enceinte *f : ~ acoustique,* Hifibox *f.*

2. enceinte *a f* schwanger.

encéphale *m* Gehirn *n.*

encercl|ement *m* Einkreisung *f.* **~er** *vt* einkreisen.

enchaîn|ement *m* Verknüpfung, -bindung *f.* **~er** *vt* fesseln || FIG. verknüpfen.

enchant|ement *m* Verzauberung *f* || Zauber *m* || FIG. Entzückung *f.* **~er** *vt* verzaubern || FIG. entzücken || *~é de vous voir,* es freut mich sehr, Sie zu sehen. **~eur, eresse** *a* Zauberisch.

enchères *fpl* Versteigerung, Auktion *f.*

enchevêtr|ement *m* Verwicklung *f.* **~er** *vt* verwickeln.
enclencher *vt* einschalten; einklinken.
enclin, e *a* geneigt (zu).
enclore *vt* einschließen.
enclume *f* Amboß *m.*
encoche *f* Kerbe *f.*
encoignure *f* Mauerecke *f.*
encolure *f* Kragenweite *f.*
encombr|ant, e *a* sperrig ‖ *Colis* ~, Sperrgut *n.* **~e** *m* : *Sans* ~, unbehindert. **~ement** *m* Vekehrsstockung *f.* **~er** *vt* versperren, -stopfen.
encontre de (à l') *loc p* gegen, wider (acc.): entgegen (dat.).
encore *av* noch; *Ne pas* ~, noch nicht ‖ [de nouveau] noch einmal; wieder(um) • *loc c* : ~ ***que***, obgleich; wenn auch.
encourag|ement *m* Ermutigung *f.* **~er** *vt* ermutigen.
encrasser *vt* verschmutzen • *vpr* schmutzig werden.
encr|e *f* Tinte *f* ‖ ~ *de Chine*, Tusche *f.* **~ier** *m* Tintenfaß *n.*
endett|é, e *a* verschuldet. **~ement** *m* Verschuldung *f.* **~er (s')** *vpr* in Schulden geraten.
endeuiller *vt* in Trauer versetzen.
endiablé, e *a* toll.
endiguer *vt* eindämmen.
endive *f* Endivie *f.*
endolori, e *a* schmerzhaft.
endommager *vt* beschädigen.
endorm|i, e *a* eingeschlafen ‖ [qui veut dormir] schläfrig, verschlafen. **~ir** *vt* einschläfern • *vpr* einschlafen, -schlummern.
endos *m* Indossierung *f.* **~ser** *vt* übernehmen ‖ COMM. indossieren; übertragen. **~seur** *m* Indossant *m.*
endroit *m* Stelle *f;* Ort, Platz *m* ‖ [bon côté] rechte Seite.
endu|ire *vt* bestreichen. **~it** *m* Überzug *m* ‖ [peinture] Anstrich *m.*
endurance *f* Ausdauer *f.* **~ant, e** *a* ausdauernd.
endurc|ir *vt* hart machen • *vpr* hart werden; sich (ver)härten. **~issement** *m* Verhärtung *f.*
endurer *vt* ertragen; (er)dulden.
énerg|ie *f* Kraft, Energie *f.* **~ique** *a* energisch.
énerv|ant, e *a* entnervend ‖ FIG. aufregend. **~ement** *m* Auf-, Erregung *f.* **~er** *vt* entnerven ‖ erregen; auf die Nerven gehen (dat.) • *vpr* sich aufregen; nervös werden.
enf|ance *f* Kindheit *f.* **~ant** *m* Kind *n.* **~anter** *vt* auf die Welt bringen. **~antin, e** *a* kindlich ‖ PÉJ. kindisch.
enfer *m* Hölle *f.*
enfermer *vt* einschließen; einsperren.
enfiler *vt* [aiguille] einfädeln.
enfin *av* endlich; zuletzt; schließlich.
enflammer *vt* entzünden ‖ FIG. entflammen • *vpr* sich entzünden, -flammen ‖ FIG. sich begeistern.
enfler *vi/vpr* an-, aufschwellen • *pp/a* : **~é, e,** geschwollen.

enfoncer *vt* einschlagen ‖ eindrücken • *vpr* (ein-, ver)sinken ‖ [s'affaisser] sich senken.
enfouir *vt* ein-, vergraben.
enfreindre *vt* verletzen.
enfuir (s') *vpr* entfliehen; davonlaufen.
engag|eant, e *a* einladend. **~ement** *m* Verpflichtung, Bindung *f* ‖ *Sans ~*, unverbinlich ‖ [personnel] Anstellung *f* ‖ MIL. Meldung, Anwerbung *f*. **~er** *vt* verpflichten; binden ‖ [prendre à son service] anstellen ‖ MIL. anwerben ‖ [inciter à] bewegen ‖ [commencer] einleiten; beginnen • *m : ~é*, MIL. Freiwillige(r) *m* • *vpr : s'~ à*, sich verpflichten zu ‖ MIL. sich (freiwillig) melden.
engelure *f* Frostbeule *f*.
engendrer *vt* (er)zeugen; (hervor)bringen.
engin *m* Gerät *n*.
englober *vt* einschließen.
engloutir *vt* verschlingen.
engorger *vt* (ver)stopfen; stocken.
engouement *m* Schwärmerei *f*.
engouffrer *vt* verschlingen • *vpr* sich stürzen.
engourd|ir (s') *vpr* erstarren. **~issement** *m* Erstarrung *f*.
engrais *m* Dünger *m;* Düngemittel *n*. **~ser** *vt* [animal] mästen ‖ [sol] düngen • *vi* fett werden.
engr|enage *m* Räderwerk *n*. **~ener** *vpr* ineinandergreifen; sich verzahnen.
enhardir (s') *vpr* sich erdreisten.
énigm|atique *a* rätselhaft. **~e** *f* Rätsel *n*.
enivr|ant, e *a* berauschend. **~ement** *m* Rausch *m*. **~er** *vt* berauschen.
enjamb|ée *f : Faire de grandes ~s*, weit ausschreiten. **~er** *vt* überschreiten.
enjeu *m* Einsatz *m*.
enjoindre *vt* vorschreiben.
enjoliv|er *vt* verzieren. **~eur** *m* Radkappe *f*.
enjou|é, e *a* heiter. **~ement** *m* Heiterkeit *f*.
enlacer *vt* umarmen ; umschlingen.
enlaidir *vt* häßlich machen.
enlèvement *m* Wegnahme *f* ‖ *~ des ordures*, Müllabfuhr *f* ‖ [rapt] Entführung *f*.
enlever *vt* weg...; abnehmen ‖ [vêtements] ausziehen ‖ [chapeau] abnehmen ‖ [taches] entfernen ‖ [emporter] fortbringen ‖ [dérober] rauben • *vpr* COMM. leicht verkauft werden.
enlis|ement *m* Versinken *n*. **~er (s')** *vpr* versinken.
enneig|é, e *a* verschneit. **~ement** *m* Schneehöhe *f*.
ennemi, e *a* feindlich • *s* Feind(in) ‖ Gegner(in).
ennu|i *m* Langeweile *f* ‖ *Pl* Sorgen *fpl*. **~yer** *vt* langweilen ‖ [contrarier] ärgern. **~yeux, euse** *a* langweilig ‖ FIG. [fâcheux] ärgerlich; lästig.
énonc|é *m* Angabe *f*. **~er** *vt* aussagen.

énorm|e *a* ungeheuer; Riesen... ‖ *Quantité* ~, Unmenge *f*. **~ément** *av* gewaltig; riesig; enorm.

enqu|érir (s') *vpr* sich erkundigen. **~ête** *f* Befragung, Rundfrage *f* ‖ JUR. Untersuchung *f*. **~êter** *vi* untersuchen. **~êteur, euse** *s* Untersucher(in).

enracin|ement *m* Einwurzeln *n*. **~er** *vt* an-, einwurzeln (lassen).

enrag|é, e *a* tollwütig. **~er** *vi* : *Faire* ~ *qn*, jn wütend machen.

enrayer *vt* hemmen • *vpr* klemmen.

enregistr|ement *m* Eintragung *f*; Gepäckabfertigung *f* ‖ [disque] Aufnahme *f*. **~er** *vt* eintragen ‖ [bagages] registrieren ‖ [disque] aufhnehmen. **~eur, euse** *a* : *Caisse* ~*euse*, Registrierkasse *f*.

enrhumer (s') *vpr* sich erkälten.

enrich|ir *vt* bereichern. **~issement** *m* Bereicherung *f*.

enrôler *vt* anwerben.

enrou|é, e *a* heiser. **~ement** *m* Heiserkeit *f*. **~er (s')** *vpr* heiser werden.

enrouler *vt* aufrollen; aufwickeln • *vpr* sich rollen/winden/wickeln.

ensabler *vt/vi* versanden.

ensanglanté, e *a* blutig.

enseignant, e *s* Lehrer(in) ‖ *Les* ~*s*, die Lehrkräfte *fpl*.

enseigne *f* (Aushänge)schild *n* ‖ ~ *lumineuse*, Leuchtwerbung *f*.

enseign|ement *m* Unterricht *m* ‖ [système] Schulwesen *n*. **~er** *vt* unterrichten; lehren.

ensemble *av* zusammen; miteinander ‖ beisammen ‖ [simultanément] zugleich • *m* Ganze(s) *n*; Gesamtheit *f* ‖ *Vue d'*~, Gesamtübersicht *f* ‖ TECHN. Komplex *m*; Aggregat *n*.

ensemencer *vt* be-, ansaën.

ensevelir *vt* beerdigen ‖ begraben.

ensoleill|é, e *a* besonnt; sonnig. **~er** *vt* besonnen.

ensommeillé, e *a* verschlafen.

ensorcel|er *vt* bezaubern. **~lement** *m* Verzauberung *f*; Zauber *m*.

ensuite *av* dann; so-, alsdann; darauf; danach.

ensuivre (s') *vpr* (er)folgen ‖ *Il s'ensuit que*, daraus ergibt sich, daß.

entaché, e *a* FIG. behaftet.

entaill|e *f* Einschnitt *m*. **~er** *vt* einschneiden.

entamer *vt* anschneiden.

entartrer *vt* eine (Kesselstein)ablagerung bilden.

entass|ement *m* Anhäufung *f*. **~er** *vt* anhäufen.

entendement *m* Verstand *m*.

enten|dre *vt* hören; ~ *parler de qch*, von etw hören ‖ [écouter] zuhören (dat.) • *vpr* : FIG. *Cela s'entend*, das versteht sich

|| *Bien s'~ avec qn,* sich gut mit jm vertragen. **~du, e** *a : C'est ~!,* abgemacht || *Bien ~!,* selbstverständlich. **~te** *f* Einverständnis *n.*

enterr|ement *m* Beerdigung *f,* -gräbnis *n,* -stattung *f.* **~er** *vt* begraben, -erdigen.

en-tête *m* Überschrift *f.*

entêt|é, e *a* FIG. eigensinnig, -willig; hartnäckig || POP. stur. **~ement** *m* Eigen-, Starrsinn *m.* **~er (s')** *vpr* eigensinnig bestehen.

enthousias|me *m* Begeisterung *f.* **~mer** *vt* begeistern.

ent|ier, ère *a* ganz || *Tout ~,* ganz; gesamt • *m* [tout] Ganze(s) *n* || *En ~,* ganz. **~ièrement** *av* ganz; völlig.

entonnoir *m* Trichter *m.*

entorse *f* Verstauchung *f* || *Se faire une ~,* sich den Fuß verstauchen.

entortiller *vt* umwickeln.

entour (à l') *loc av* rings herum • *loc p : ~* **de,** um ... herum.

entour|age *m* Umgebung *f.* **~er** *vt* umgeben || [enclore] einschließen.

entracte *m* Pause *f.*

entraid|e *f* gegenseitige Hilfe. **~er (s')** *vpr* einander helfen.

entrailles *fpl* Eingeweide *npl.*

entrain *m* Munterkeit *f;* Schwung *m* || *Plein d'~,* munter.

entraîn|ement *m* Einüben, Trainieren *n.* **~er** *vt* mit sich fortziehen || [avoir pour conséquence] zur Folge haben || SP. trainieren • *vpr* SP. trainieren. **~eur, euse** *s* Trainer(in) • *f* Animiermädchen *n.*

entrav|e *f* Fessel *f* || FIG. Hindernis *n* || *Sans ~s,* unbehindert. **~er** *vt* FIG. hemmen; behindern.

entre *p* zwischen (dat.; acc.) || [parmi] unter (dat.; acc.) || *~ les deux,* halb und halb.

entre|bâiller *vt* anlehnen. **~côte** *f* Rippenstück *n.* **~couper** *vt* unterbrechen. **~croiser** *vt* (durch)kreuzen.

entrée *f* Eingang, -tritt *m,* -fahrt *f* || *Faire son ~,* einziehen || [lieu] Eingang *m* || CUIS. Vorspeise *f.*

entre|faites *fpl : Sur ces ~,* inzwischen. **~lacer** *vt* verflechten, -schlingen. **~larder** *vt* spicken. **~mêler** *vt* durch-, unter-, vermischen. **~mets** *m : ~ sucré,* Süßspeise *f.*

entre|metteur, euse *s* Vermittler(in) || PÉJ. Kuppler(in). **~mettre (s')** *vpr* sich vermitteln. **~mise** *f : Par l'~ de,* durch.

entre|poser *vt* (ein)lagern. **~pôt** *m* Warenlager *n.*

entrepr|endre *vt* unternehmen. **~eneur** *m* Unternehmer *m.* **~ise** *f* Unternehmen *n;* Unternehmung *f* || COMM. Geschäft *n;* Betrieb *m.*

entrer *vi* treten (in, acc.); betreten || [en voiture] hineinfahren || *~ en gare,* einfahren || [pénétrer] eindringen || *Aider*

à ~, hereinhelfen || ~ *en fonctions,* sein Amt antreten || ~ *en scène,* auftreten || ~ *en ligne de compte,* in Betracht kommen || ~ *en vigueur,* in Kraft treten.
entre|sol *m* Zwischenstock *m.* **~-temps** *av* inzwischen.
entre|tenir *vt* unterhalten; pflegen || FIG. [faire durer] aufrecht erhalten • *vpr* FIG. sich unterhalten. **~tien** *m* Unterhaltung *f* || TECHN. Wartung, Pflege *f* || FIG. [conversation] Unterhaltung *f.*
entrev|oir *vt* flüchtig sehen || FIG. ahnen. **~ue** *f* Treffen *n.*
entr|ouvert, e *a* halb offen. **~ouvrir** *vt* halb öffnen.
énumér|ation *f* Aufzählung *f.* **~er** *vt* aufzählen.
envah|ir *vt* MIL. [soldats] einbrechen, -dringen, -fallen (in, acc.). **~isseur** *m* Angreifer *m.*
envelopp|e *f* Hülle, Umhüllung *f* || [lettre] Umschlag *m;* Kuvert *n* || [pneu] Reifen *m.* **~er** *vt* umhüllen, -wickeln, -kleiden; einschlagen.
envenimer *vt* vergiften.
envergure *f* Flügelweite *f.*
envers *p* gegen; gegenüber (dat.) • *m* Kehrseite *f* • *loc av :* **à l'~**, verkehrt.
envi (à l') *loc av* um die Wette.
envi|able *a* beneidenswert. **~e** *f* Neid *m* || [désir] Lust *f.* **~er** *vt :* ~ *qn de qch,* jn um etw beneiden. **~eux, euse** *a* neidisch.
environ *av* ungefähr; etwa • *mpl :* **~s,** Umgebung *f.* **~nant, e** *a* (her)umliegend. **~nement** *m* Umwelt *f.* **~ner** *vt* umgeben.
envisager *vt* ins Auge fassen.
envoi *m* Absendung *f* || COMM. Sendung *f;* Versand *m.*
envol *m* Abfliegen *n* || AÉR. Start *m.* **~er (s')** *vpr* davon-, auffliegen || AÉR. starten.
envoûter *vt* be-, verhexen.
envoy|é *m* Bote *m.* **~er** *vt* senden; schicken; ~*qch à qn,* etw an jn senden || [déléguer] abordnen.
épais, se *a* dick || [dense] dicht || [peu fluide] dick(flüssig); zäh. **~seur** *f* Dicke *f* || [densité] Dichte *f.* **~sir** *vt* dick(er)/dicht(er) machen • *vi/vpr* dick(er)/dicht(er) werden.
épancher *vt* er-, ausgießen.
épanou|i, e *a* freudestrahlend. **~ir (s')** *vpr* aufblühen. **~issement** *m* Aufblühen *n.*
épargn|ant, e *s* Sparer(in). **~e** *f* Sparen *n* || [vertu] Sparsamkeit *f.* **~er** *vt* (er-, auf)sparen || [ménager] verschonen.
éparpill|ement *m* Zer-, Verstreuung *f* || FIG. Zersplitterung *f.* **~er** *vt* zer-, verstreuen || *Être* ~*é,* herumliegen.
épars, e *a* zerstreut; vereinzelt || *Être* ~, herumliegen.
épater *vt* FAM. verdutzen, -blüffen.
épaul|e *f* Schulter, Achsel *f.* **~er** *vt* anlegen.
épave *f* MAR. Wrack, Strandgut *n.*

épée *f* Schwert *n;* Degen *m.*
épeler *vt* buchstabieren.
éperdument *av* toll.
éperon *m* Sporn *m.* **~ner** *vt* anspornen.
éphém|ère *a* eintägig ‖ FIG. kurzlebig. **~éride** *f* Tageskalender *m.*
épi *m* Ähre *f.*
épice *f* Gewürz *n;* Würze *f.*
épicéa *m* Schwarztanne *f.*
épic|er *vt* würzen. **~erie** *f* Kolonialwaren *fpl* ‖ ~ *fine,* Delikatessen *fpl* ‖ [magasin] Lebensmittelgeschäft *n.* **~ier, ère** *s* Lebensmittelhändler(in); Krämer(in).
épidémie *f* Seuche *f.*
épiderme *m* Oberhaut *f.*
épier *vt* auflauern; erspähen.
épilation *f* Haarentfernung *f.*
épilep|sie *f* Fallsucht *f.* **~tique** *a* fallsüchtig • *s* Epileptiker(in).
épiler *vt* enthaaren.
épinard *m* Spinat *m.*
épin|e *f* Dorn *m* ‖ ~ *dorsale,* Rükgrat *n.* **~eux, euse** *a* dornig.
épingl|e *f* (Steck)nadel *f.* **~er** *vt* anstecken.
épinière *af* : *Moelle* ~, Rückenmark *n.*
épisod|e *m* Episode *f.* **~ique** *a* episodisch.
épistolaire *a* : *Relations* ~*s,* Briefwechsel *m.*
éploré, e *a* in Tränen.
épluch|er *vt* schälen. **~ure(s)** *f(pl)* Abfall, Kehricht *m.*
épong|e *f* Schwammtier *n* ‖ [objet] Schwamm *m.* **~er** *vt* mit dem Schwamm abwischen.
époque *f* Epoche *f.*
épous|e *f* Gattin, Gemahlin *f;* (Ehe)frau *f.* **~er** *vt/vi* heiraten.
épousseter *vt* abstäuben.
épouvant|able *a* entsetzlich ‖ [temps] scheußlich. **~ail** *m* Vogelscheuche *f.* **~e** *f* Schrecken, Entsetzen *n.* **~er** *vt* erschrecken (faible); entsetzen • *vpr* erschrecken (fort).
époux *m* (Ehe)mann *m;* Gemahl *m* ‖ *Pl : Les* ~, die Eheleute.
épreuve *f* Probe *f;* Versuch *m* ‖ [examen] Prüfung *f* ‖ PHOT. Abzug *m* ‖ LOC : **à l'~,** bewährt.
épris, e *a* verliebt.
éprouv|é, e *a* erprobt; bewährt ‖ FIG. [avec perte] *Très* ~, schwergeprüft. **~er** *vt* auf die Probe stellen; prüfen; (er)proben ‖ [subir] erleiden; erleben ‖ FIG. [ressentir] empfinden ‖ [essayer] versuchen; (aus)probieren.
éprouvette *f* Reagenzglas *n.*
épuis|é, e *a* erschöpft ‖ [livres] vergriffen. **~ement** Erschöpfung, -mattung *f* ‖ [provisions] Ausgehen *n.* **~er** *vt* aus-, erchöpfen ‖ [provisions] aufbrauchen.
épuisette *f* Fangnetz *n.*
épur|ation *f* Reinigung, Läuterung *f* ‖ POL. Säuberung *f.* **~er** *vt* reinigen; säubern; läutern.

équat|eur *m* Äquator *m.* **~ion** *f* Gleichung *f.*
équerre *f* Winkelmaß *n* ‖ TECHN. Winkeleisen *n.*
équilatéral, e, aux *a* gleichseitig.
équilibr|age *m* → ~ER. **~e** *m* Gleichgewicht *n.* **~er** *vt* ins Gleichgewicht bringen • *pp/a* : **~*é, e,*** ausgeglichen ‖ FIG. ausgewogen. **~iste** *s* Gleichgewichtskünstler(in).
équinoxe *m* Tag- und Nachtgleiche *f.*
équip|age *m* Mannschaft *f.* **~e** *f* Mannschaft *f* ‖ [mineurs] Schicht *f.* **~ement** *m* (Aus)rüstung, -stattung *f.* **~er** *vt* ausrüsten, -statten.
équitable *a* gerecht; billig.
équitation *f* Reitkunst *f.*
équité *f* Gerechtigkeit *f.*
équival|ence *f* Gleichwertigkeit *f.* **~ent, e** *a* gleichwertig • *m* Gegenwert *m.* **~oir** *vi* gleichen Wert haben ‖ FIG. heißen.
équivoque *a* zweideutig • *f* Zweideutigkeit *f.*
érable *m* Ahorn *m.*
érafl|er *vt* ritzen; schrammen. **~ure** *f* Kratzer *m;* Schramme *f.*
érailler *vt* [objet] verschrammen • *pp/a* : **~*é, e,*** [voix] heiser; brüchig.
ère *f* Zeitalter *n;* Ära *f.*
éreinté,e *a* FAM. todmüde.
ergot *m* Fußsporn *m.*
ergoter *vt* nörgeln.
ériger *vt* er-, aufrichten.
érosion *f* Erosion *f.*
err|ant, e *a* (umher)irrend, -schweifend. **~er** *vi* (umher) irren, -schweifen.
err|eur *f* Irrtum, Fehler *m* ‖ *Faire* ~, sich irren ‖ *Faire une* ~, sich versehen. **~oné, e** *a* irrtümlich.
érudit, e *a* gelehrt.
éruption *f* Ausbruch *m* ‖ MÉD. Ausschlag *m.*
escabeau *m* Schemel *m.*
escadr|e *f* Geschwader *n.* **~ille** *f* Staffel *f.*
escal|ade *f* Ersteigen, -klettern *n.* **~ader** *vt* ersteigen; erklettern. **~e** *f* Zwischenhafen *m* ‖ AÉR. Zwischenlandung *f.* **~ier** *m* Treppe *f;* ~ *mécanique,* Rolltreppe *f.*
escalope *f* Schnitzel *n.*
escamoter *vt* FIG. unterschlagen.
escargot *m* Schnecke *f.*
escarpé, e *a* steil.
escient *m* : *À bon* ~, bewußt.
esclaffer (s') *vpr* laut auflachen.
esclav|age *m* Sklaverei *f.* **~e** *a* sklavisch • *s* Sklave *m;* Sklavin *f.*
escompt|e *m* Diskont *m.* **~er** *vt* diskontieren ‖ FIG. erwarten.
escort|e *f* Gefolge *n.* **~er** *vt* geleiten.
escrim|e *f* Fechten *n; Faire de l'*~, fechten.
escro|c *m* Schwindler *m.* **~quer** *vt* prellen ‖ abschwindeln. **~querie** *f* Schwindel *m.*

espac|e *m* Raum *m.* **~ement** *m* Abstand *m.* **~er** *vt* seltener machen • *vpr* seltener werden.

espadrille *f* Segeltuchschuh, Leinenschuh *m.*

Espagn|e *f* Spanien *n.* **~ol, e** *a* spanisch • *s* : °~, Spanier(in) • *m* [langue] Spanisch *n.* **~olette** *f* Fensterriegel *m.*

espèce *f* Art, Gattung *f* || FIG. *Une ~ de marteau,* eine Art Hammer.

espér|ance *f* Hoffnung *f.* **~er** *vi* hoffen || *~ons que oui,* hoffentlich ja • *vt* erhoffen.

espiègle *a* schelmisch.

espion, ne *s* Spion(in). **~nage** *m* Spionage *f.* **~ner** *vt* ausspionieren.

esplanade *f* Vorplatz *m.*

espoir *m* Hoffnung *f.*

esprit *m* Geist *m; Présence d'~,* Geistesgegenwart *f* || *Venir à l'~,* in den Sinn kommen; einfallen || [astuce] Witz *m.*

Esquimau *m* Eskimo *m.*

esquinter *vt* kaputt machen.

esquiss|e *f* Abriß *m;* Skizze *f.* **~er** *vt* entwerfen.

esquiver *vt* ausweichen (dat.) • *vpr* sich verdrücken.

essai *m* Versuch *m;* Probe *f; À l'~,* auf Probe || LITT. Aufsatz *m;* Essay *n.*

essaim *m* Schwarm *m.* **~er** *vi* (aus)schwärmen.

essay|age *m* Anprobe *f* || *Faire un ~,* anprobieren. **~er** *vt* prüfen; erproben || versuchen; an-, aus, abprobieren • *vi* [tenter de] versuchen; probieren.

essen|ce *f* Benzin *n* || *Prendre de l'~,* tanken. **~tiel, le** *a* wesentlich; Haupt... • *m* Hauptsache *f.*

essieu *m* Rad-, Wagenachse *f.*

essor *m* Aufschwung *m.*

essorer *vt* (aus)wringen.

essoufl|é, e *a* atemlos; außer Atem. **~ement** *m* Atemlosigkeit *f.* **~er (s')** *vpr* außer Atem kommen.

essu|ie-glace *m* Scheibenwischer *m.* **~ie-mains** *m inv* Handtuch *n.* **~yer** *vt* (ab)trocknen, -wischen.

est *m* Osten *m* || *À l'~ de,* östlich (von).

estamp|e *f* (Kupfer)stich, Holzschnitt *m.* **~er** *vt* stanzen || FIG. hereinlegen. **~ille** *f* Stempel *m.* **~iller** *vt* (ab)-stempeln.

esthéti|cienne *f* Schönheitspflegerin *f.* **~que** *f* Ästhetik *f* • *a* ästhetisch.

estim|able *a* schätzenswert. **~ation** *f* Einschätzung, Veranschlagung *f.* **~e** *f* Schätzung, (Hoch)achtung *f.* **~er** *vt* schätzen || FIG. (hoch)achten || [penser] denken; meinen.

estiv|al, e, aux *a* sommerlich. **~ant** *m* Feriengast *m.*

estomac *m* Magen *m.*

estomp|é, e *a* verschwommen. **~er (s')** *vpr* verschwimmen.

estrade *f* Podium *n.*

estropier *vt* verkrüppeln • *pp/a* : *~é, e,* verkrüppelt • *m* : *~é,* Krüppel *m.*

estuaire *m* Flußmündung *f.*
esturgeon *m* Stör *m.*
et *c* und.
étable *f* (Kuh)stall *m.*
établi *m* (Werk)bank *f.*
établ|ir *vt* aufstellen ‖ [fonder] gründen ‖ [fixer] festsetzen ‖ [constater] feststellen ‖ [quittance] ausstellen • *a* : **~i, e,** [domicilié] wohnhaft ‖ *Il est bien ~i que,* es steht fest, daß • *vpr* sich niederlassen. **~issement** *m* Errichtung, Aufstellung *f* ‖ [(action de) se fixer] Niederlassung *f* ‖ COMM., ADM. Ausstellung *f* ‖ [institution] Anstalt *f* ‖ *Pl* COMM. Firma *f.*
étag|e *m* Stockwerk *n;* Stock *m;* Etage *f.* **~ement** *m* Abstufung *f.* **~er** *vt* abstufen. **~ère** *f* Wandbrett, Regal *n.*
étai *m* Stütze *f.*
étain *m* Zinn *n.*
étal|age *m* Auslage *f.* **~e** *a* MAR. stillstehend. **~er** *vt* ausstellen ‖ [déployer] ausbreiten ‖ [étendre] streichen.
étalon *m* : *~-or,* Goldstandard *m.* **~ner** *vt* eichen.
étanch|e *a* (luft-, wasser)-dicht. **~éité** *f* Dichtheit *f.*
étang *m* Teich, Weiher *m.*
étape *f* Etappe *f.*
état *m* Zustand *m* ‖ *~ de santé,* Befinden *n* ‖ *Être en ~ de travailler,* imstande, in der Lage sein, zu arbeiten ‖ *En bon ~,* in gutem (Zu)stand ‖ *Mettre en ~,* instandsetzen ‖ *~ de choses,* Sachverhalt *m* ‖ JUR. *~ civil,* Standesamt *n* ‖ POL. °**~**, Staat *m.* **~-major** *m* Stab *m.* °**~s-Unis** *mpl* die Vereinigten Staaten *mpl.*
étau *m* Schraubstock *m.*
étayer *vt* abstützen.
et cetera (*abr* **etc.**) *loc av* und so weiter (usw.).
été *m* Sommer *m.*
éteindre *vt* löschen ‖ ÉL. ausdrehen; ausschalten • *vpr* erlöschen; ausgehen.
étendard *m* Standarte *f* ‖ FIG. Banner *n.*
étend|re *vt* ausdehnen ‖ [linge] aufhängen ‖ [poser à plat] legen ‖ [étaler] streichen • *a* : **~u, e,** ausgedehnt; weit ‖ *Être ~,* liegen • *vpr* sich verbreiten; sich ausbreiten; sich erstrecken ‖ [se coucher] sich hinlegen, -strecken. **~ue** *f* Ausdehnung, Weite *f* ‖ FIG. Bereich, Umfang *m.*
étern|el, le *a* ewig. **~iser** *vt* verrewigen • *vpr* ewig bleiben. **~ité** *f* Ewigkeit *f* ‖ *Pour l'~,* auf ewig.
éternu|ement *m* Niesen *n.* **~er** *vi* niesen.
éther *m* Äther *m.*
ethn|ologie *f* Völkerkunde *f.* **~ologue** *m* Ethnolog *m.*
étincel|er *vi* funkeln. **~le** *f* Funke(n) *m.*
étioler (s') *vpr* verkümmern.
étiquet|age *m* Bezettelung *f.* **~er** *vt* bezetteln. **~te** *f* Zettel *m;* Etikett *n.*
étirer *vt* (aus)ziehen; (aus)-strecken • *vpr* FIG. sich recken.
étoff|e *f* Stoff *m;* Zeug *n.* **~er**

vt ausstatten • *pp/a* : **~é, e,** FIG. stattlich.

étoil|e *f* Stern *m.* **~é, e** *a* sternenbesät.

étonn|ant, e *a* erstaunlich. **~ement** *m* (Er)staunen *n;* Verwunderung *f.* **~er** *vt* erstaunen; (ver)wundern; *Cela m' ~e que,* mich wundert, daß • *vpr :* **s'~ de,** sich verwundern über (acc.).

étouff|ant, e *a* erstickend. **~ement** *m* Erstickung *f.* **~er** *vt/vi/vpr* ersticken || [son] dämpfen.

étoupe *f* Werg *n.*

étourd|erie *f* Unbesonnenheit *f;* Leichtsinn *m.* **~ir** *vt* betäuben • *a :* **~i, e,** unbesonnen; leichtsinnig. **~issement** *m* Schwindel(anfall) *m.*

étrang|e *a* seltsam. **~er, ère** *a* fremd; ausländisch; *Langue ~ère,* Fremdsprache *f* || *Ministère des Affaires ~ères,* auswärtiges Amt • *s* Ausländer(in) • *m* [pays] Ausland *n.* **~eté** *f* Sonderbarkeit *f.*

étrangl|é, e *a* eng || MÉD. *Hernie ~e,* eingeklemmter Bruch. **~er** *vt* (ab-, er)drosseln; (ab-, er)würgen • *vpr* (réfl.) sich erwürgen.

étrave *f* Vordersteven *m.*

1. être *vi* (da)sein; *Il est là,* er ist da; *Il est malade,* er ist krank || [se trouver] stehen; liegen; sitzen; hangen; stecken [selon la position exprimée] || FIG. *~ dans la misère,* im Elend sitzen || [origine] *Il est de Mulhouse,* er stammt aus Mülhausen || [appartenance] *Ce livre est à moi,* dieses Buch ist mein, gehört mir || LOC : *~ à louer,* zu vermieten sein || **~ avec :** *~ bien avec qn,* gut mit jm stehen || *Où en êtes-vous?,* wie weit sind Sie? || *Voilà ce qu'il en est,* so steht's || *Quoi qu'il en soit,* wie dem auch sei || *S'il en est ainsi,* wenn dem so ist || *Y es-tu?,* bist du so weit? || *C'est moi,* ich bin es || *Qu'est-ce?,* was ist das? || *C'est-à-dire,* das heißt (d. h.) || *N'est-ce pas?,* nicht wahr? • *v impers :* **il est,** [il existe] est ist; es sind; es gibt; *Il était une fois,* es war einmal; *~ midi,* es ist Mittag.

2. être *m* Sein *n* || *~ vivant,* Lebewesen *n.*

étrein|dre *vt* umarmen. **~te** *f* (Liebes)umarmung *f.*

étrenne(s) *f(pl)* Neujahrsgeschenk *n.*

étrier *m* (Steig)bügel *m.*

étriller *vt* (ab)striegeln.

étriqué, e *a* zu eng.

étroit, e *a* schmal; eng. **~ement** *av* eng; genau; streng. **~esse** *f* Enge, Knappheit *f.*

étud|e *f* Lernen, Studieren, Studium *n* || [notaire] Amts(zimmer) *n* || MUS. Etüde *f* || *Pl* Schul(aus)bildung *f;* Studien *npl.* **~iant, e** *s* Student(in) || *Être ~,* studieren. **~ier** *vt* lernen; studieren || [qch] erlernen || [examiner] prüfen.

étui *m* Futteral *m;* Etui *n.*

étuve *f* Trockenofen *m* || [bain] Schwitzbad *n*.
eucharistie *f* Abendmahl *n*.
euphor|ie *f* Euphorie *f*. **~ique** *a* euphorisch.
Europ|e *f* Europa *n*. °**~éen, ne** *s* Europäer(in) • *a* : ~, europäisch; Europa...
eux *pr pers mpl* sie.
évacu|ation *f* Räumung *f*. **~er** *vt* räumen || [gens] evakuieren.
évader (s') *vpr* ausbrechen.
évalu|ation *f* (Ein-, Ab)schätzung *f*; Berechnung *f*. **~er** *vt* ein-, abschätzen.
évangélique *a* evangelisch.
évanoui|r (s') *vpr* ohnmächtig werden. **~ssement** *m* Ohnmacht *f* || FIG. Dahinschwinden *n*.
évapor|ation *f* Verdünstung *f*. **~er** *vt* verdünsten • *vpr* verdunsten, -duften.
évasé, e *a* ausgeweitet, -gebaucht.
évas|if, ive *a* ausweichend. **~ion** *f* Flucht *f*; Ausbrechen *n*.
évêché *m* Bistum *n*.
éveil *m* Wecken, Erwachen *n*. **~lé, e** *a* wach. **~ler** *vt* (er-, auf)wecken • *vpr* er-, aufwachen.
événement *m* Ereignis *n* || [vécu] Erlebnis *n*.
évent|ail *m* Fächer *m* || ~ *des salaires*, Lohnskala *f*. **~aire** *m* Auslage *f*. **~é, e** *a* abgestanden; schal. **~er** *vt* lüften.
éventu|alité *f* Eventualität *f*. **~el, le** *a* etwaig; eventuell. **~ellement** *av* gegebenenfalls.
évêque *m* Bischof *m*.
évid|emment *av* selbstverständlich; offenbar. **~ence** *f* Offensichtlichkeit *f*. **~ent, e** *a* offenbar.
évier *m* Ausguß *m*; Spüle *f*.
évincer *vt* vertreiben; verdrängen.
évit|able *a* vermeidbar. **~er** *vt* vermeiden.
évocation *f* (Herauf)beschwörung *f*.
évolu|er *vi* sich entwickeln. **~tion** *f* Entwicklung *f*.
évoquer *vt* (herauf)-beschwören || hervorrufen || [mentionner] erwähnen.
exact, e *a* richtig || [précis] genau || [ponctuel] pünktlich. **~ement** *av* genau; gerade.
exaction *f* Ausschreitung *f*.
exactitude *f* Genauigkeit *f*.
exagér|ation *f* Übertreibung *f*. **~er** *vt* übertreiben.
exalt|ation *f* Schwärmerei *f*. **~é, e** *a* schwärmerisch. **~er** *vt* begeistern || FIG. verherrlichen • *vpr* sich begeistern.
exam|en *m* Prüfung *f*; Examen *n* || MÉD. Untersuchung *f*. **~inateur, trice** *s* Prüfer(in). **~iner** *vt* prüfen; untersuchen.
exaspér|é, e *a* außer sich. **~er** *vt* außer sich bringen.
excav|ateur *m* Bagger *m*. **~ation** *f* Ausschachtung *f*.
excéd|ent *m* Überschuß *m* ||

~ *de bagages,* Überfracht *f.* **~entaire** *a* überzählig. **~er** *vt* übersteigen.
excell|ence *f* Trefflichkeit, Vorzüglichkeit *f.* **~ent, e** *a* (vor)trefflich; vorzüglich; ausgezeichnet. **~er** *vi* sich auszeichnen.
excentr|icité *f* Exzentrizität *f.* **~ique** *a* exzentrisch • *m* Sonderling *m.*
except|é *p* ausgenommen; außer (dat.) ‖ *Toutes ~ elle,* alle bis auf sie. **~er** *vt* ausnehmen, -schließen. **~ion** *f* Ausnahme *f* • *loc p* : ***à l'~ de,*** mit Ausnahme von; außer (dat.). **~ionnel, le** *a* außergewöhnlich. **~ionnellement** *av* ausnahmsweise.
ex|cès *m* Übermaß *n* ‖ [abus] Ausschreitung *f* ‖ *À l'~,* im Übermaß; maßlos ‖ *Pl* Ausschweifungen *fpl.* **~cessif, ive** *a* übermäßig.
excit|abilité *f* Reizbarkeit *f.* **~able** *a* reizbar. **~ant, e** *a* auf-, erregend; anreizend. **~ation** *f* An-, Aufreizung *f;* Aufregung *f.* **~er** *vt* aufreizen; auf-, erregen.
exclam|ation *f* Ausruf *m.* **~er (s')** *vpr* ausrufen.
exclu|re *vt* ausschließen, -stoßen, -schalten. **~sif, ive** *a* ausschließlich. **~sion** *f* Ausschließung *f* • *loc p* : ***à l'~ de,*** unter Ausschluß von. **~sivement** *av* ausschließlich. **~sivité** *f* COMM. Alleinvertrieb *m.*
excroissance *f* Auswuchs *m.*
excursion *f* Ausflug *m;* Tour *f.* **~niste** *s* Ausflügler(in).
excus|able *a* verzeihlich. **~e** *f* Entschuldigung *f.* **~er** *vt* entschuldigen ‖ [pardonner] verzeihen (dat.); vergeben • *vpr* sich entschuldigen.
exécr|able *a* abscheulich. **~er** *vt* verabscheuen.
exécut|able *a* durchführbar. **~ant** *m* Mitwirkende(r) *m.* **~er** *vt* aus-, durchführen ‖ vollführen, -ziehen ‖ MUS. (vor)spielen • *vpr* sich fügen. **~eur, trice** *s* Vollzieher(in). **~if, ive** *a* ausübend • *m* POL. Exekutive *f.* **~ion** *f* Aus-, Durchführung *f* ‖ Vollziehung *f* ‖ ~ *(capitale),* Hinrichtung *f* ‖ MUS. Vortrag *m;* Spiel *n.*
exempl|aire *a* musterhaft; vorbildlich • *m* Exemplar *n.* **~e** *m* Beispiel *n* ‖ [modèle] Vorbild, Muster *n* ‖ *Par ~,* zum Beispiel; z. B.
exempt, e *a* frei; ...los; ~ *de droits de douane,* zollfrei. **~er** *vt* befreien; losmachen. **~ion** *f* Erlaß *m.*
exerc|é, e *a* geübt; ausgebildet. **~er** *vt* (aus)üben; exerzieren; ~ *une profession,* einen Beruf ausüben • *vi* fungieren • *vpr* einüben; sich üben. **~ice** *m* Übung *f* ‖ [fonction] Ausübung *f.*
exhal|aison *f* Ausdünstung *f.* **~er** *vt* ausdunsten.
exhib|er *vt* vorzeigen ‖ FIG. zur Schau stellen • *vpr* sich sehen lassen. **~ition** *f* → ~ER.

exhort|ation *f* (Er)mahnung, Zurede *f*. **~er** *vt* ermahnen.
exhum|ation *f* Ausgrabung *f*. **~er** *vt* ausgraben.
exig|eant, e *a* (sehr) anspruchsvoll. **~ence** *f* (An)forderung *f*; Anspruch *m*. **~er** *vt* fordern || verlangen.
exigu, uë *a* knapp; eng.
exil *m* Verbannung *f*; Exil *n*. **~é, e** *a* verbannt. **~er** *vt* verbannen • *vpr* in die Fremde gehen.
exist|ant, e *a* vorhanden. **~ence** *f* Dasein, Vorhandensein *n*. **~er** *vi* (da)sein; existieren; vorhanden sein || leben.
exonér|ation *f* Entlastung *f*. **~er** *vt* entlasten.
exorbitant, e *a* unerschwinglich.
expans|if, ive *a* mitteilsam. **~ion** *f* Ausdehnung *f*.
expatrier (s') *vpr* auswandern.
expectative *f* Abwarten *n*.
expéd|ient *m* (Not)behelf *m*. **~ier** *vt* (ab)senden; (ab)schicken || [faire rapidement] schnell erledigen. **~iteur, trice** *s* Absender(in) || COMM. Versender(in); Spediteur *m*. **~itif, ive** *a* geschwind. **~ition** *f* Sendung *f* || [exploration] Entdeckungsreise *f*. **~itionnaire** *m* Spediteur *m*.
expéri|ence *f* Erfahrung *f* || ~ *vécue*, Erlebnis *n* || [essai] Versuch *m*; Experiment *n*. **~mental, e, aux** *a* erfahrungsmäßig. **~mentation** *f* Erprobung *f*. **~menté, e** *a* erfahren; erprobt. **~menter** *vt* erproben || FIG. erfahren.
expert, e *a* sachverständig, -kundig • *m* Sachverständige(r), Experte *m* || ~ *comptable*, Buchprüfer *m*. **~ise** *f* Gutachten *n*. **~iser** *vt* begutachten.
expi|ation *f* Sühne *f* || Buße *f*. **~er** *vt* (ent)sühnen; (ab)büßen.
expir|ation *f* Ausatmen *n* || [délai] Ablauf *m*. **~er** *vt* ausatmen • *vi* [mourir] verscheiden || [s'achever] verlaufen.
expli|cable *a* erklärlich. **~cation** *f* Erklärung *f* || *Demander des ~s à qn*, jn zur Rede stellen. **~cite** *a* ausdrücklich. **~quer** *vt* erklären; erläutern; auslegen • *vpr* (pass.) klar werden.
exploit *m* (Helden)tat *f*. **~ant** *m* Unternehmer *m*. **~ation** *f* (Aus)nutzung *f*; Auswertung, Bewirtschaftung *f* || [ensemble exploité] Betrieb *m* || PÉJ. Ausbeutung *f*. **~er** *vt* benutzen || PÉJ. ausbeuten || MIN. fördern. **~eur** *m* PÉJ. Ausbeuter *m*.
explor|ateur, trice *s* Forschungsreisende(r) *as*. **~ation** *f* (Er)forschung, Untersuchung *f*. **~er** *vt* (er)forschen || untersuchen.
explos|er *vi* zerplatzen; explodieren. **~if, ive** *a* explosiv || *Matière ~ive*, Sprengstoff *m* • *m* Sprengstoff *m*. **~ion** *f* Explosion *f*.
export|able *a* exportfähig;

exportierbar. **~ateur, trice** *a* Export... • *m* Exportkaufmann *m.* **~ation** *f* Ausfuhr *f.* **~er** *vt* ausführen.

expos|é *m* Darstellung *f;* Bericht *m.* **~é, e** *a* : ~ *au midi,* nach Süden gelegen. **~er** *vt* ausstellen || [au danger] gefährden; bloßstellen || [expliquer] darstellen, -legen || PHOT. belichten. **~ition** *f* Austellung *f* || PHOT. Belichtung *f.*

expr|ès *av* absichtlich; extra • *a* : *Lettre* ~, Eilbrief *m.* **~ess** *m* Schnellzug, D-Zug *m.* **~essément** *av* ausdrücklich. **~essif, ive** *a* ausdrucksvoll. **~ession** *f* Ausdruck *m;* Äußerung *f.*

exprim|able *a* ausdrückbar. **~er** *vt* ausdrücken || FIG. äußern; aussprechen.

expropri|ation *f* Enteignung *f.* **~er** *vt* enteignen.

expuls|er *vt* vertreiben; ausstoßen; verjagen || ausweisen. **~ion** *f* Ausweisung *f.*

exquis, e *a* köstlich.

exsangue *a* blutleer.

exta|se *f* Ekstase *f* || *En* ~, verzückt. **~sier (s')** *vpr* in Ekstase geraten.

extens|ible *a* dehnbar. **~ion** *f* (Aus)dehnung *f.*

exténu|é, e *a* ermattet; erschöpft. **~er** *vt* erschöpfen.

extérieur, e *a* äußer; äußerlich || *Politique* ~*e*, Außenpolitik *f* • *m* Äußere(s) *n* || LOC : *À l'*~, (dr)außen. **~ement** *av* äußerlich.

extérioriser *vt* äußern.

extermin|ation *f* Vertilgung *f.* **~er** *vt* vertilgen; ausrotten.

externe *a* äußer(lich); Außen... • *m* Externe(r) *m.*

extinc|teur *m* Feuerlöscher *m.* **~tion** *f* → ÉTEINDRE || ~ *de voix,* völlige Heiserkeit.

extirp|ation *f* FIG. Ausrottung *f.* **~er** *vt* ausrotten.

extor|quer *vt* erpressen; ab-, erzwingen. **~sion** *f* Erpressung *f.*

extra *a* erstklassig || FAM. prima.

extraction *f* (Her)ausziehen *n* || MIN. Förderung *f.*

extrader *vt* ausliefern.

extr|aire *vt* (her)ausziehen || MIN. fördern. **~ait** *m* Auszug *m* || ~ *de café,* Kaffeextrakt *m.*

extraordinaire *a* außerordentlich.

extrava|gance *f* Extravaganz *f* || Unsinn *m.* **~gant, e** *a* ungereimt; extravagant.

extr|ême *a* äußerst; höchst; extrem • *m* Äußerste(s), Extrem *n* || LOC : *À l'*~, aufs höchste; höchst; äußerst. **~êmement** *av* äußerst. °**~ême-Orient** *m* Ferner Osten. **~émiste** *m* Radikale(r) *m.* **~émité** *f* äußerste Grenze.

exubér|ance *f* Üppigkeit *f* || FIG. Überschwenglichkeit *f.* **~ant, e** *a* üppig || FIG. überschwenglich.

exult|ation *f* Jubel *m.* **~er** *vi* jauchzen; jubeln.

ex-voto *m* Votivtafel *f.*

f

fa *m* Mus. F *n*.
fable *f* Fabel *f*.
fabri|cant *m* Hersteller, Fabrikant *m*. **~cation** *f* Herstellung *f*. **~que** *f* Fabrik *f*. **~quer** *vt* herstellen; fabrizieren.
fabuleux, euse *a* fabelhaft.
façade *f* Vorder-, Frontseite *f* || Fassade *f*.
face *f* (An)gesicht *n* || [chose] Vorderseite *f* || Fig. [apparence] Schein *m* || Loc : *Faire ~ à*, gegenüberstehen; die Stirn bieten || *Faire ~ à une situation*, einer Lage begegnen || *Se faire ~*, einander gegenüberstehen • *loc av* : **vu de ~**, von vorn betrachtet || **en ~**, gegenüber || **~ à ~**, von Angesicht zu Angesicht • *loc p* : **en ~ de** gegenüber (dat.); vor; angesichts (gén.) || **~ à**, ... gegenüber.
facétie *f* Posse *f*.
facette *f* Facette *f*.
fâch|er *vt* ärgern; verdrießen; erbosen; böse machen • *a* : **~é, e** böse; erbost; *Être ~ contre qn*, jm böse sein || [brouillé] verkracht • *vpr* sich ärgern; böse werden || *Se ~ avec qn*, sich mit jm überwerfen. **~eux, euse** *a* ärgerlich.
facial, e, aux *a* Gesichts...
facil|e *a* leicht || [docile] fügsam. **~ement** *av* leicht. **~ité** *f* Leichtigkeit *f* || **~s** *de paiement*, Zahlungserleichterungen *fpl*. **~iter** *vt* erleichtern; leichter machen.
façon *f* Ver-, Bearbeitung *f*; Formung *f* || [résultat] Form, Gestalt *f* || [vêtements] (Zu)schnitt *m* || Fig. [manière] Art, Weise *f* || *De cette ~*, auf diese (Art und) Weise; *De toute ~*, auf jede Weise; sowieso || *Pl* : *Faire des ~s*, Umstände machen || Loc : *Sans ~(s)*, zwanglos • *loc c* : **de ~ que, à**, so ..., daß.
façonn|age, ~ement *m* Formgebung, Formung *f*. **~er** *vt* (ver-, um)formen; gestalten.
fact|eur *m* Briefträger *m* || Fig. Faktor *m*; Moment *n*. **~ice** *a* künstlich.
faction *f* Clique *f* || Mil. *Être en ~*, Posten stehen.
factur|e *f* Rechnung, Quittung *f*. **~er** *vt* anrechnen.
facult|atif, ive *a* beliebig || *Arrêt ~*, Bedarfshaltestelle. **~é** *f* Fähigkeit *f* || Ens. Fakultät *f*.
fad|e *a* geschmacklos; schal; fade. **~eur** *f* Geschmacklosigkeit, Schalheit *f*.
fading *m* (Ton)schwund *m*.
fagot *m* (Reisig)bündel *n*.
faibl|e *a* schwach. **~esse** *f* Schwäche, Schwachheit *f* || **~** *d'esprit*, Schwachsinn *m*. **~ir** *vi* schwach werden.
faïence *f* Steingut *n*.

faill|e *f* Spalte *f* || FIG. Riß, Bruch *m.* **~i** *m* Konkursschuldner *m.* **~ir** *vi* : *J'ai ~i tomber,* beinahe wäre ich gefallen. **~ite** *f* Konkurs *m* || *Faire ~,* FAM. Pleite machen || FIG. Mißerfolg *m.*

faim *f* Hunger *m.*

fainéant, e *a* faul • *s* Faulenzer(in). **~er** *vi* faulenzen. **~ise** *f* Faulheit *f.*

1. faire *vt* machen; tun || ***ne ~ que*** : *Il ne fait que dormir,* er tut nichts als schlafen || LOC : *~ la guerre,* Krieg führen || *~ ses études,* studieren || [fabriquer] machen; herstellen || [former] bilden || *~ le lit,* das Bett machen || *~ la chambre,* das Zimmer aufräumen || [feindre] *~ le malade,* den Kranken spielen || *Cela m'a fait du bien,* das hat mir wohl getan || *~ de la peine à qn,* jm Kummer machen || *Cela ne (me) fait rien du tout,* das macht (mir) gar nichts (aus) || *Qu'est-ce que cela peut te ~?,* was geht dich das an? || *Deux et cinq font sept,* zwei und fünf ist/macht sieben || SP. *~ du tennis,* Tennis spielen || ***à ~*** : *Avoir beaucoup à ~,* viel zu tun haben || ***en ~*** : *Qu'en ~?,* was soll ich damit (anfangen)? || ***y ~*** : *Qu'y ~?* was machen? • *vi* [agir] machen; tun; handeln; *Il a beau ~,* er kann machen, was er will; *Tu ferais bien de,* du tätest gut daran, zu • *v aux* : *~ rire,* lachen machen || *~ tomber,* fallen lassen || *~ entrer,* (her)einführen || [ordonner] *Il le fit taire,* er hieß ihn schweigen • *v impers* ***il fait*** : *~ chaud,* es ist warm • *vpr* (réfl.) [devenir] werden; *Il se fait tard,* es wird spät || *Se ~ des soucis,* sich Sorgen machen || *Comment se fait-il que...?,* wie kommt es, daß...? || *Cela ne se fait pas,* das schickt/gehört sich nicht || *Se ~ connaître,* sich bekannt machen || (pass.) *Le beurre se fait avec du lait,* die Butter wird aus Milch gemacht || ***se ~ à***, sich gewöhnen an (acc.) || FAM. ***s'en ~***, sich Sorgen machen • *p pr* **faisant** : *Ce ~,* dabei • *pp/a* **fait, e** : *~ pour,* geeignet, geschaffen für || *Le fromage est ~,* der Käse ist durch || [terminé] *C'est ~,* (es ist schon) erledigt, fertig, getan! || *Costume tout ~,* fertiger Anzug || *Tout compte ~,* alles in allem || FIG. *(C'est) bien ~,* recht so! || [habitué] *~ à,* gewöhnt an (acc.).

faire-part *m inv* Anzeige *f.*

faisable *a* möglich.

faisan *m* Fasan *m.* **~dé, e** *a* angegangen.

faisceau *m* Bündel *n.*

fait *m* Tat *f*; *Sur le ~,* auf frischer Tat || *~s divers,* lokale Nachrichten; Verschiedene(s) *n* || *Pl* Tatbestand, Sachverhalt *m* • *loc av* : ***de, en ~***, in der Tat; tatsächlich; eigentlich || ***tout à ~***, ganz (und gar); gänzlich; völlig.

faîte *m* First *m* || [montagne] Gipfel *m* || [arbre] Wipfel *m*.
fait-tout *m inv* Schmortopf *m*.
faix *m* Last, Bürde *f*.
falaise *f* Felsenwand *f*.
fallacieux, euse *a* trügerisch.
falloir *v impers : Il me faut du temps,* ich brauche Zeit || *Ce qu'il faut,* das Nötige || [convenir] *Comme il faut,* anständig || *S'il le faut,* wenn es sein soll/muß || *Il ne faut pas mentir,* du sollst/du darfst nicht lügen • *vpr* **s'en ~** : *Il s'en fallut de peu qu'il tombât,* fast/beinahe wäre er hingefallen.
falsifi|cateur *m* Verfälscher *m*. **~cation** *f* Verfälschung *f*. **~er** *vt* verfälschen.
famé, e *a : Mal ~,* verrufen.
fameux, euse *a* weltberühmt.
famil|ial, e, aux *a* Familien... **~iariser** *vt* vertraut machen (mit). **~iarité** *f* Vertraulichkeit, Vertrautheit *f*. **~ier, ère** *a* vertraut; vertraulich || *Langage ~,* Umgangssprache *f*. **~ièrement** *av* (ver)traulich. **~le** *f* Familie *f*.
famine *f* Hungersnot *f*.
fanal *m* Leuchtfeuer *n*.
fanatique *a* fanatisch • *s* Fanatiker(in).
fan|e *f* welkes Kraut(blatt). **~é, e** *a* verwelkt; welk || FIG. verblüht. **~er** *vt* welk machen • *vpr* verwelken, -blühen || FIG. verblühen.
fanfaron *m* Prahlhans *m*.
fange *f* Schlamm *m*.
fanion *m* Wimpel *m;* Flagge *f*.
fantais|ie *f* Phantasie *f* || [caprice] Einfall *m*. **~iste** *a* phantasievoll.
fantasque *a* launisch; launen-, grillenhaft.
fantassin *m* Infanterist *m*.
fantastique *a* phantastisch.
fant|omatique *a* gespenstisch. **~ôme** *m* Gespenst *m*.
faon *m* Hirsch-, Rehkalb *n*.
farc|e *f* CUIS. Füllung *f* || SPECT. Posse *f* || FIG. (lustiger) Streich. **~eur** *m* Possenreißer *m*. **~ir** *vt* füllen • *a* : **~i, e,** gefüllt.
fard *m* Schminke *f*.
fardeau *m* Last, Bürde *f*.
farder *vt* schminken.
farfouiller *vt/vi* herumstochern.
farin|e *f* Mehl *n*. **~eux, euse** *a* mehlartig.
farouche *a* wild; scheu.
fascicule *m* Lieferung *f;* Heft *n*.
fascin|ation *f* Zauber, Bann *m*. **~er** *vt* be-, verzaubern.
fascis|me *m* Faschismus *m*. **~te** *a* faschistisch • *s* Faschist(in).
faste *a : Jour ~,* Glückstag *m* • *m* Pracht *f;* Prunk *m*.
fastidieux, euse *a* lästig.
fastueux, euse *a* prunkvoll; prächtig.
fat *a* geckenhaft.
fat|al, e (*pl* **~als**) *a* schicksalhaft; unvermeidlich || [funeste] verhängnisvoll. **~alisme** *m* Fatalismus *m*. **~alité** *f*

Schicksal, Verhängnis *n.* **~idique** *a* schicksalhaft.

fati|gant, e *a* ermüdend. **~gue** *f* Ermüdung, Müdigkeit *f.* **~gué, e** *a* müde; ermüdet. **~guer** *vt* ermüden; müde machen • *vpr* sich ermüden; müde werden || *Se ~ à courir,* sich müde laufen.

fatuité *f* Dünkel *m.*

faubourg *m* Vorstadt *f.*

fau|ché, e *a* FAM. abgebrannt. **~cher** *vt* schneiden; mähen. **~cheur** *m* Mäher *m.* **~cheuse** *f* Mähmaschine *f.* **~cille** *f* Sichel *f.*

faucon *m* Falke *m.*

faufiler (se) *vpr* sich hineinschleichen.

faune *f* Fauna, Tierwelt *f.*

fauss|aire *s* Fälscher(in). **~é, e** *a* verbogen, -dreht. **~er** *vt* verdrehen • *vpr* sich verbiegen. **~eté** *f* Falschheit *f.*

faute *f* Fehler *m; ~ d'impression,* Druckfehler || [morale] Schuld *f* || *Sans ~,* fehlerfrei, -los || *C'est (de) ma ~,* ich bin daran schuld || *Sans ~,* unfehlbar.

fauteuil *m* Lehnstuhl, Sessel *m* || SPECT. Sperrsitz *m.*

fautif, ive *a* schuldig.

fauv|e *a* falb; fahlrot • *m* ZOOL. Hochwild *n* || *Pl* wilde Tiere *npl.*

fauvette *f* Grasmücke *f.*

1. faux *f* Sense *f.*

2. faux, sse *a* falsch; unwahr; unecht || LOC : *~ pas,* Fehltritt *m* || *~ jour,* Zwielicht *n* || MÉD. *~sse couche,* Fehlgeburt *f* || FIG. *~ frais,* Nebenkosten *fpl* || FAM. *~ jeton,* falscher Fünfziger • *m* Fälschung *f.*

faux-fuyant *m* Ausflucht, Ausrede *f.*

fav|eur *f* Gunst *f* || *En ~,* begehrt, -liebt • *loc p* : ***à la ~ de,*** dank (dat.) || ***en ~ de,*** zugunsten (gén.). **~orable** *a* günstig. **~ori, ite** *a* : *Livre ~,* Lieblingsbuch *n* • *s* Liebling *m;* Favoritin *f* • *mpl* Backenbart *m.* **~oriser** *vt* begünstigen || (be)fördern.

fébr|ile *a* fieberhaft. **~ilité** *f* Fieberhaftigkeit *f.*

fécond, e *a* fruchtbar. **~ation** *f* Befruchtung *f* || Besamung *f.* **~er** *vt* befruchten. **~ité** *f* Fruchtbarkeit *f.*

fécule *f* Stärkemehl *n.*

fédér|al, e, aux *a* : *République ~e d'Allemagne,* Bundesrepublik Deutschland (BRD). **~ation** *f* Bund, Verband *m.* **~er** *vt* zusammenschließen; verbünden.

fée *f* Fee, Zauberin *f.* **~rie** *f* Zauberbild *n.* **~rique** *a* feenhaft.

fein|dre *vt* vortäuschen, -geben. **~t, e** *a* erheuchelt; Schein... **~te** *f* Täuschung *f.*

fêl|é, e *a* rissig; brüchig. **~er** *vt* spalten.

félicit|ations *fpl* Beglückwünschung *f.* **~é** *f* (Glück)-seligkeit *f.* **~er** *vt* beglückwünschen; gratulieren (dat.).

félin *m* Katze *f*.
félon, ne *a* treulos. **~ie** *f* Treulosigkeit *f*.
fêlure *f* Riß, Sprung *m*.
femelle *f* Weibchen *n*.
fémin|in, e *a* weiblich • *m* GRAMM. Feminimum *n*. **~isme** *m* Frauenbewegung *f*. **~iste** *s* Frauenrechtler(in).
femme *f* Frau *f*; FAM. Weib *n* || *~ de ménage*, Aufwartefrau *f* || FAM. Putzfrau *f*.
fémur *m* Oberschenkelknochen *m*.
fenaison *f* Heuernte *f*.
fendre *vt* (auf)spalten || FIG. zerreißen • *vpr* (sich) spalten; (zer)springen; reißen; Risse/Sprünge bekommen.
fenêtre *f* Fenster *n*.
fenouil *m* Fenchel *m*.
fente *f* Spalte *f* || [fêlure] Riß *m*.
fer *m* Eisen *n*; *De, en ~*, aus Eisen; eisern; *~ forgé*, Schmiedeeisen || *~ à repasser*, Bügeleisen || *~ à souder*, Lötkolben *m*. **~-blanc** *m* Weißblech *n*. **~blantier** *m* Klempner *m*.
férié, e *a* : *Jour ~*, Feier-, Festtag *m*.
1. ferme *f* Pachtgut *n*; (Bauern)hof *m*.
2. ferme *a* fest; sicher || FIG. standhaft || *De pied ~*, festen Fußes || *Terre ~*, Festland *n* • *av* : *Tenir ~*, festhalten (an, dat.). **~ment** *av* fest.
ferment *m* Gärungsstoff *m*. **~ation** *f* Gärung *f*. **~er** *vi* gären.
fermer *vt* schließen; zumachen || *~ en vissant*, zuschrauben || [frontière] sperren || FIG. *~ les yeux*, ein Auge zudrücken • *vi* schließen • *pp/a* : **~é, e**, (ab)geschlossen || *Être ~*, zu sein || FIG. unempfänglich || *Les yeux ~s*, mit geschlossenen Augen • *vpr* (sich) schließen.
fermeté *f* Festigkeit *f* || FIG. Standhaftigkeit *f*.
fermeture *f* (Ab)schluß *m* || [barrage] Sperre *f*.
fermier, ère *s* Pächter(in); Bauer *m*; Bäuerin *f*.
fermoir *m* Verschluß *m*.
féroc|e *a* grausam. **~ité** *f* Grausamkeit *f*.
ferr|aille *f* Alteisen *n*; (Eisen)schrott *m*. **~ailleur** *m* Schrotthändler *m*. **~é, e** *a* : *Voie ~e*, Eisenbahn *f* || *Souliers ~s*, Nagelschuhe *mpl*. **~onnier** *m* Eisenhändler *m*. **~oviaire** *a* Eisenbahn... **~ure** *f* (Eisen)beschlag *m*. **~y-boat** *m* Eisenbahnfähre *f*.
fertil|e *a* fruchtbar. **~iser** *vt* fruchtbar machen. **~ité** *f* Fruchtbarkeit *f*.
féru, e *a* vernarrt (in, acc.).
férule *f* (Zucht)rute *f*; Fuchtel *f*.
ferv|ent, e *a* innig || FIG. inbrünstig. **~eur** *f* Innigkeit, Inbrunst *f*.
fesse *f* Hinterbacke *f* || *Pl* Gesäß *n*.
fest|in *m* Festmahl *n*; Schmaus *m*. **~ival** *m* Festspiel(e) *n(pl)*. **~ivités** *fpl* Festlichkeiten *fpl*.

festoyer *vi* schmausen.
fêt|e *f* Fest *n; De ~,* festlich ‖ *(Jour de) ~,* Fest-, Feiertag *m; Dimanches et ~s,* Sonn- und Feiertage ‖ [personne] Namenstag *m.* **~er** *vt* feiern; (festlich) begehen.
fétide *a* übelriechend.
fêtu *m* (Stroh)halm *m.*
feu *m* Feuer *n* ‖ [foyer] Feuer *n;* Herd *m; Au coin du ~,* am Herd/Feuer ‖ [incendie] Feuer *n;* Brand *m; Mettre en ~,* in Brand stecken ‖ *~ d'artifice,* Feuerwerk *n* ‖ FIG. *Coup de ~,* Schuß *m* ‖ AUT. *~ rouge,* rotes Licht ‖ *~ clignotant,* Blinker *m* ‖ *~ arrière* Schlußlicht *n* ‖ *~ de position,* Standlicht *n.*
feuill|age *m* Laub *n;* Laubwerk *n.* **~e** *f* Blatt *n; ~ morte,* dürres Blatt. **~et** *m* Blatt *n;* Bogen *m.* **~eté, e** *a* blätterig; geblättert ‖ *Pâte ~e,* Blätterteig *m.* **~eter** *vt* durchblättern. **~ure** *f* Falz *m.*
feutr|e *m* Filz *m.* **~é, e** *a* filzig. **~er** *vt* (ver)filzen.
fève *f* Saubohne *f.*
février *m* Februar *m.*
fiacre *m* (Pferde)droschke *f.*
fian|çailles *fpl* Verlobung *f.* **~cé, e** *a* verlobt • *s* Verlobte(r) • *mpl* Brautpaar *n.* **~cer (se)** *vpr* sich verloben.
fiasco *m* Scheitern, Fiasko *n.*
fibr|anne *f* Zellvolle *f.* **~e** *f* Faser, Fiber *f.*
ficel|er *vt* schnüren; binden. **~le** *f* Bindfaden *m;* Schnur *f.*
fich|e *f* Zettel *m;* (Kartei)karte *f* ‖ ÉL. Stecker *m.* **~er** *vt* einschlagen, -stecken ‖ FAM. [jeter] schmeißen • *vpr* : FAM. *Je m'en ~e,* das ist mir Wurst. **~ier** *m* Kartei *f.*
1. fichu, e *a* futsch; kaputt.
2. fichu *m* Schal *m;* Halstuch *n.*
fid|èle *a* (ge)treu ‖ [exact] genau ‖ [sûr] zuverlässig • *m* REL. Gläubige(r) *m.* **~élité** *f* Treue *f* ‖ [exactitude] Genauigkeit, Zuverlässigkeit *f.*
fiel *m* Galle *f.*
fier (se) *vpr* : *~ à qn,* jm (ver)-trauen; sich auf jn verlassen ‖ *À qui on peut ~,* zuverlässig.
fier, ère *a* stolz (auf, acc.). **~té** *f* Stolz *m* ‖ FIG. Hochmut *m.*
fi|èvre *f* Fieber *n.* **~évreux, euse** *a* fieberhaft, -krank; Fieber...
fig|é, e *a* geronnen; dick(flüssig). **~er (se)** *vpr* gerinnen; dick werden ‖ FIG. erstarren.
figu|e *f* Feige *f.* **~ier** *m* Feigenbaum *m.*
figur|ant, e *s* Statist(in). **~e** *f* [forme extérieure] Gestalt, Form, Figur *f* ‖ Bild *n* ‖ [visage] (An)gesicht *n* ‖ MATH. Figur *f.* **~é, e** *a* bildlich. **~er** *vt* (bildlich) darstellen • *vi* erscheinen ‖ *~ sur une liste,* auf einer Liste stehen • *vpr* sich vorstellen; sich denken.
fil *m* Faden *m* ‖ *~ à coudre,* Nähgarn *n* ‖ *Pur ~,* rein Leinen ‖ *~ de fer* (Eisen)draht *m* ‖ ÉL. Draht *m;* Leitung *f.* **~ament**

m Fädchen *n* || ÉL. Glühdraht *m*. **~andreux, euse** *a* faserig; sehnig. **~ature** *f* Spinnerei *f*. **~e** *f* Reihe *f*; *À la ~*, der Reihe nach. **~er** *vt* spinnen • *vi* [aller vite] dahinsausen, -brausen, -flitzen || FAM. [s'en aller] abhauen. **~et** *m* Netz *n* || [viande] Lendenstück, Filet *n*. **~euse** *f* Spinnerin *f*.

filia|le *f* COMM. Zweiggeschäft *n*; Tochtergesellschaft, Filiale *f*. **~tion** *f* Abkunft *f*.

filin *m* Tauwerk *n*.

fill|e *f* Tochter *f* || *Petite ~*, (kleines) Mädchen || *Vieille ~*, alte Jungfer. **~eul, e** *s* Patenkind *n*.

film *m* Film *m*; *~ sonore*, Klangfilm. **~er** *vt* verfilmen.

filou *m* Gauner, Spitzbube *m*.

fils *m* Sohn *m*.

filtr|e *m* Filter *m*; Seihe *f*. **~er** *vt* filtern; (durch)filtrieren; (durch)seihen.

1. fin *f* Ende *n*; Schluß, Ausgang *m*; *À la ~ (de) juillet*, Ende Juli || FIG. [but] Zweck *m*; Ziel *n* || *À toutes ~s utiles*, auf alle Fälle.

2. fin, e *a* fein; dünn; zart; eng || [supérieur] *Vin ~*, edler Wein || [sens] *Oreille ~e*, scharfes Gehör || FIG. [esprit] scharf-, feinsinnig • *loc p* : ***au ~ fond de***, tief in (dat.; acc.).

fin|al, e, als *a* endlich; End...; Schluß... **~al(e)** *m* MUS. Finale *n*. **~ale** *f* SP. Endspiel *n*. **~alement** *av* schließlich; endlich; am Ende.

financ|e *f* Finanz *f* || *Pl* Finanzen *fpl*; Finanz-, Geldwesen *n*. **~er** *vt* finanzieren. **~ier, ère** *a* finanziell; geldlich; Finanz... • *m* Finanzier *m*.

fin|aud, e *a* pfiffig; schlau • *m* Pfiffikus *m*. **~e** *f* Edelbrand *m*. **~esse** *f* Feinheit, Dünne, Zartheit *f* || FIG. Schärfe *f*; Scharfsinn *m*.

fin|i, e *a* beendet; zu Ende; fertig; vorbei; aus || COMM. *Produit ~*, Fertigware *f*. **~ir** *vt* (be)enden; (ab)schließen || [achever] vollenden, -bringen • *vi* [terminer] fertig sein/werden; Schluß machen; *Pour ~*, zum Schluß || [cesser] aufhören || *Avoir ~i de dormir*, ausgeschlafen, haben || ***en ~ (avec)*** : *En ~ avec qch*, mit etw Schluß machen || *Qui n'en ~it pas*, endlos; unaufhörlich || *Il ~it par dire*, er sagte schließlich... **~ition** *f* Fertigstellung *f*.

finland|ais, e *a* finnisch • *s* : °~, Finne *m*; Finnin *f*. °**~e** *f* Finnland *n*.

fiole *f* Fläschchen *n*.

firme *f* Firma *f*.

fisc *m* Finanzamt *n*. **~al, e, aux** *a* steuerlich; Steuer... **~alité** *f* Steuerwesen *n*.

fiss|ure *f* Spalte *f*; Riß *m*. **~urer (se)** *vpr* rissig werden • *a* : **~é, e,** rissig.

fix|ateur *m* PHOT. Fixiermittel *n*. **~ation** *f* Befestigung *f*. **~e** *a* fest; unbeweglich || [regard] starr || *À prix ~*, zu festem Preis || FIG. *Idée ~*, fixe Idee • *m* [salaire] Fixum *n.* **~é, e** *a* befestigt || FIG. festgesetzt || *Être ~ sur qch,* über eine Sache Bescheid wissen. **~ement** *av* starr. **~er** *vt* festmachen; befestigen || *~ au mur,* an die Wand hängen || [décider] festsetzen, -stellen; bestimmen • *vpr* [domicile] sich niederlassen. **~ité** *f* Festigkeit *f* || [regard] Starrheit *f.*

flacon *m* (Glas)fläschchen *n.*

flageolet *m* Bohne *f.*

flagorn|er *vt* lobhudeln. **~erie** *f* Lobhudelei *f.*

flagrant, e *a* offenkundig || *En ~ délit,* auf frischer Tat.

flair *m* Spürsinn *m* || FIG. Scharfsinn *m.* **~er** *vt* wittern; spüren.

Flamand, e *s* Flame *m;* Flämin *f* • *a : ~,* flämisch.

flamb|eau *m* Fackel *f.* **~ée** *f* offenes Feuer. **~er** *vt* (ab)sengen || MÉD. ausglühen • *vi* (auf)flammen; (auf)lodern; in Flammen stehen. **~oyant, e** *a : Gothique ~,* Spätgotik *f.* **~oyer** *vi* (auf)flammen; auflodern.

flamme *f* Flamme *f* || FIG. Feuer *n;* Glut *f.*

flan *m* Fladen *m.*

flanc *m* Seite *f* || [cheval] Flanke *f* || [montagne] Abhang *m* || *Tirer au ~,* sich drücken.

Flandre(s) *f(pl)* Flandern *n.*

flanelle *f* Flanell *m.*

flân|er *vi* bummeln; schlendern. **~eur, euse** *s* Bummler(in).

flanquer *vt* FAM. [coup] versetzen || *~ qn à la porte,* jn an die Luft setzen.

flaque *f* Pfütze, Lache *f.*

flash *m* Blitzlicht *n.*

flasque *a* schlaff.

flatt|er *vt* schmeicheln (dat.) • *vpr* sich rühmen. **~erie** *f* Schmeichelei *f.* **~eur, euse** *a* schmeichlerisch || [paroles] schmeichelhaft || FIG. beschönigend • *s* Schmeichler(in).

fléau *m* FIG. Plage *f.*

fl|èche *f* Pfeil *m* || [pointe] Spitze *f* || [grue] Arm *m.* **~écher** *vt* den Weg markieren.

fléchir *vt/vi* biegen; beugen.

flegm|atique *a* kaltblütig; phlegmatisch. **~e** *m* Kaltblütigkeit *f.*

flemmard *m* Faulpelz *m.*

flétr|i, e *a* welk || FIG. verblüht. **~ir** *vt* welk machen • *vpr* [se faner] (ver)welken; verblühen.

fleur *f* Blume *f* || [d'un arbre] Blüte; *L'arbre est en ~,* der Baum steht in Blüte. **~ir** *vi* (auf)blühen • *vt* mit Blumen schmücken • *a : ~i, e,* blühend. **~iste** *s* Blumenhändler(in).

fleuve *m* Strom *m.*

flex|ibilité *f* Biegsamkeit *f.* **~ible** *a* bieg-, schmiegsam. **~ion** *f* Biegung, Beugung *f.*

flirt *m* Liebelei *f.* **~er** *vi* flirten || FAM. poussieren.

flocon *m* Flocke *f.*

flor|aison *f* Blüte *f.* **~al, e,**

aux *a* Blumen...; Blüten... **~e** *f* Pflanzenreich *n.*
florin *m* Gulden *m.*
florissant, e *a* blühend.
flot *m* Flut *f;* Strom *m.* **~tage** *m* Flößen *n.* **~taison** *f : Ligne de* ~, Wasserlinie *f.* **~tant, e** *a* schwimmend ‖ [en l'air] schwebend ‖ [vêtement] schlotternd. **~te** *f* MAR. Flotte *f.* **~tement** *m* FIG. Schwanken *n.* **~ter** *vi* schwimmen; auf dem Wasser treiben ‖ [en l'air] schweben; flattern ‖ [vêtement] schlottern • *vt* [bois] flößen. **~teur** *m* Schwimmer *m.*
flou, e *a* verschwommen ‖ PHOT. unscharf.
fluctuation *f* Schwankung *f.*
fluet, te *a* fein; zart.
fluid|e *a* flüssig. **~ifier** *vt* flüssig machen. **~ité** *f* Flüssigkeit *f.*
fluor *m* Fluor *n.* **~escent, e** *a : Tube* ~, Leuchtröhre *f.*
flûte *f* Flöte *f* ‖ [verre] Sektglas *n.*
fluvial, e, aux *a* Fluß... ‖ *Navigation ~e,* Binnenschiff(f)ahrt *f.*
flux *m* Flut *f; ~ et reflux,* Ebbe und Flut.
foc *m* Focksegel *n.*
foi *f* Glaube(n) *m* ‖ FIG. *Faire* ~, maßgebend sein ‖ [fidélité] Treue *f* ‖ *Bonne* ~, Ehrlichkeit *f; De bonne* ~, gutgläubig; ehrlich ‖ *Mauvaise* ~, Unehrlichkeit *f.*
foie *m* Leber *f.*
foin *m* Heu *n.*
foire *f* (Jahr)markt *m;* Messe *f.*
fois *f* Mal *n; Pour la deuxième* ~, zum zweitenmal; *Une, deux* ~, ein-, zweimal ‖ LOC : *À la* ~, zugleich ‖ *Tous à la* ~, alle zusammen • *loc c :* ***toutes les ~ que,*** jedesmal, wenn; so oft ‖ ***une ~ que,*** wenn einmal; sobald.
foison *f : À* ~, in Hülle und Fülle. **~nement** *m* Wuchern *n.* **~ner** *vi* wuchern.
folie *f* Wahnsinn, Wahnwitz *m;* Narrheit, Verrücktheit *f* ‖ [acte insensé] Torheit *f* ‖ [paroles] Unsinn *m.*
folklore *m* Volkskunde *f.*
follet, te *a :* FIG. *Feu* ~, Irrlicht *n.*
fomenter *vt* anstiften.
foncer *vi : ~ sur,* losstürzen auf (acc.) • *a :* ***~é, e,*** dunkel ‖ *Rouge* ~, tief-, dunkelrot.
foncier, ère *a* Grund...; *Propriétaire* ~, Grundeigentümer *m; Impôt* ~, Grundsteuer *f.*
fonction *f* Amt *n;* Funktion *f; Entrer en ~s,* sein Amt antreten ‖ FIG. *En ~ de,* nach; gemäß (dat.). **~naire** *s* Beamte(r) *m;* Beamtin *f* ‖ *Pl* Beamtentum *n,* -schaft *f.* **~nement** *m* Gang *m.* **~ner** *vi* gehen; laufen; arbeiten; funktionieren ‖ *Ne pas* ~, versagen.
fond *m* Grund *m;* Sohle, Tiefe *f* ‖ [récipient] Grund, Boden *m* ‖ [dépôt] Bodensatz *m* ‖ FIG. *Faire ~ sur,* bauen auf (acc.) ‖ *Au ~ de la cour,* hinten auf

dem Hof || [arrière-plan] (Hinter)grund *m* || FIG. *Au ~ du cœur,* tief im Herzen || *Sur ~ bleu,* auf blauem Grund || MIN. *Au ~,* unter Tag • *loc av : **à ~**,* tief; gründlich || ***dans le, au ~***, eigentlich; im Grunde genommen || ***de ~ en comble,*** von Grund aus. **~amental, e, aux** *a* gründlich || *Loi ~e,* Grundgesetz *n.*

fondant, e *a* saftig; schmelzend.

fond|ateur, trice *s* (Be)gründer(in). **~ation** *f* Grund *m* || [création] (Be)gründung *f* || *Pl* ARCH. Fundament *n;* Unterbau *m.* **~é** *m : ~ de pouvoir,* Bevollmächtige(r) *m.* **~é, e** *a* be-, gegründet || FIG. *Être ~ sur,* beruhen auf (dat.) || [motivé] begründet. **~ement** *m* Fundament *n;* Unterbau *m,* -lage *f* || FIG. Grundlage *f* || [motif] Grund *m* || *Sans ~,* unbegründet. **~er** *vt* (be)-gründen || FIG. begründen.

fond|erie *f* Gießerei *f.* **~re** *vt* schmelzen || [dissoudre] auflösen || [couler] gießen || FIG. [combiner] ver-, zusammenschmelzen • *vi* schmelzen || [se dissoudre] sich auflösen; aufgehen || *~ en larmes,* in Tränen zerfließen || [se précipiter] stürzen auf (acc.) • *a : **~u, e*** [tons] verschmolzen • *m : **~u**,* CIN. Überblendung *f* • *vpr* (sich) verschmelzen; aufgehen (in, dat.).

fondrière *f* Sumpfloch *n.*

fonds *m* Boden *m;* Grundstück *n* || COMM. Geschäft, Lager *n* || *Pl* FIN. Gelder *npl.*

fontaine *f* Quelle *f* || (Spring)-brunnen *m.*

fonte *f* [action] → FONDRE || [neige] Schneeschmelze *f;* Tauwetter *n* || TECHN. Gußeisen *n.*

football *m* Fußball *m.*

forage *m* Bohrung *f.*

forain, e *a : Fête ~e,* Jahrmarkt *m;* Messe *f* • *s* Markthändler *m,* -händlerin *f.*

forçat *m* Zuchthäusler *m.*

forc|e *f* Kraft, Stärke *f* || [puissance] Macht, Gewalt *f* || *De toutes ses ~s,* aus Leibeskräften || *Avec ~,* mit Nachdruck; energisch || FIG. *~ majeure,* höhere Gewalt || MIL. *~ armée,* Waffengewalt *f* || ÉL. Kraftstrom *m* || *Pl* MIL. Streitkräfte *fpl* • *loc av : **à toute ~**,* mit aller Gewalt || ***de ~***, gewaltsam; mit Gewalt || *De gré ou de ~,* wohl oder übel • *loc p : **à ~ de,*** durch viel (gén.). **~ément** *av* zwangsläufig; notwendigerweise.

forcené, e *a* rasend; wütend.

forcer *vt* [ouvrir de force] aufbrechen || [fausser] verdrehen || [contraindre] (be)zwingen; nötigen || Gewalt antun • *vi* FIG. [exagérer] übertreiben • *pp/a : **~é, e**,* FIG. [obligé] gezwungen || *Être ~ de partir,* fort müssen || [inévitable] unvermeidlich || [exagéré] übertrieben • *vpr* sich bezwingen; sich Gewalt antun || [se surmener] sich überanstrengen, -arbeiten.

forcl|os, e *a* verwirkt. **~usion** *f* Verwirkung *f;* Verfall *m.*

forer *vt* bohren.

forestier, ère *a* forstlich; Wald...; Forst...; *Maison ~ère,* Forsthaus *n.*

foret *m* Bohrer *m.*

forêt *f* Wald, Forst *m; ~ Noire,* Schwarzwald.

foreuse *f* Bohrmaschine *f.*

forfai|t *m* Frevel *m* || COMM. *Travail à ~,* Akkordarbeit *f* || *Déclarer ~,* aufgeben. **~taire** *a : Somme ~,* Pauschalsumme *f.*

forfanterie *f* Aufschneiderei *f.*

forg|e *f* Schmiede *f* || *Pl* Hüttenwerk *n.* **~er** *vt* schmieden. **~eron** *m* Schmied *m.*

formal|iser (se) *vpr* sich stoßen (an, dat.). **~ité** *f* Förmlichkeit *f.*

forma|t *m* Größe *f;* Format *n.* **~tion** *f* (Aus)bildung *f* || [naissance] Bildung, Entstehung *f* || [développement] Entwicklung *f* || *~ professionnelle,* Berufsausbildung *f.*

form|e *f* Form, Gestalt *f* || *En (bonne) ~,* formgerecht || *En bonne et due ~,* in gehöriger Form || SP. *En (pleine) ~,* in großer Form || [moule] Form || *Pl* [manières] (Umgangs)formen *fpl;* Manier(en) *f(pl)* • *loc p :* ***en ~ de,*** in Form von; wie; ...förmig || ***sous ~ de,*** als. **~é, e** *a : Être ~ de qch,* aus etw bestehen. **~el, le** *a* förmlich; formell. **~ellement** *av* förmlich. **~er** *vt* bilden; gestalten; || [produire] schaffen; hervorbringen; erzeugen • *vpr* sich bilden; entstehen.

formidable *a* fürchterlich; ungeheuer; gewaltig || FAM. kolossal.

formul|aire *m* Vordruck *m;* Formular *n.* **~e** *f* Formel *f.* **~er** *vt* formulieren.

fort, e *a* stark; kräftig; kraftvoll || FIG. *~e somme,* hohe Summe || *Café ~,* starker Kaffee || *~ en histoire,* in der Geschichte bewandert || [exagéré] *C'est trop ~,* das geht zu weit || LOC : *~e tête,* Trotzkopf *m* || *C'est plus ~ que moi,* ich kann nicht umhin || *À plus ~e raison,* um so mehr • *av ~,* ***ement,*** stark || *Parler ~,* laut sprechen || [très] sehr; ganz • *m* MIL. [forteresse] Schanze *f* || FIG. starke Seite. **~eresse** *f* Festung, Feste *f.* **~ifiant** *m* Stärkungsmittel *n.* **~ification** *f* Festungswerk *n.* **~ifier** *vt* (be-, ver)stärken; kräftigen || MIL. befestigen.

fortiori (a) *loc av* um so mehr.

fortuit, e *a* zufällig.

fortun|e *f* Glück *n;* Glücksfall *m* || [sort] Los, Schicksal, Geschick *n* || [biens] Vermögen *n.* **~é, e** *a* glücklich || [riche] vermögend.

foss|e *f* Grube *f* || AN. *~s nasales,* Nasenhöhle *f.* **~é** *m* Graben *m.*

fossile *m* Versteinerung *f;* Fossil *n.*

fossoyeur *m* Totengräber *m.*

fou, folle *a* wahnsinnig; verrückt; töricht || ~ *furieux,* toll; rasend || [choses] unsinnig; toll || ~ *rire,* Lachkrampf *m* || *A une vitesse folle,* rasend schnell || *Être ~ de qn,* in jn vernarrt sein • *s* Irrsinnige(r); Verrückte(r); Geisteskranke(r) || [insensé] Narr, Tor *m* • *m* [échecs] Läufer *m.*

foudr|e *f* Blitz(strahl) *m.* **~oyer** *vt* niederschmettern.

fouet *m* Peitsche, Rute *f* || CUIS. Schaumschläger *m.* **~ter** *vt* peitschen || *Crème ~tée,* Schlagsahne *f.*

fougère *f* Farnkraut *n.*

fougu|e *f* Ungestüm *n;* Schwung *m.* **~eux, euse** *a* ungestüm.

fouill|e *f* Ausgrabung *f* || [douanes] Durchsuchung *f.* **~er** *vt* (auf-, um)graben (sép.) || ~ *une maison,* ein Haus durchsuchen. **~is** *m* Durcheinander *n;* Gewühl, -wirr *n.*

fouiner *vi* herumschnüffeln.

foulard *m* Halstuch *n.*

foule *f* Menge *f;* Haufe *m* • *loc av* : **en** ~, in Menge(n); haufenweise.

foul|ée *f* (Lauf)schritt *m.* **~er** *vt* : ~ *le sol,* den Boden betreten || [raisin] keltern • *vpr* : *Se ~ le pied,* sich den Fuß verstauchen. **~ure** *f* Verstauchung *f.*

four *m* Ofen, Backofen *m.*

fourbe *a* hinterhältig. **~rie** *f* Betrug *m.*

fourch|e *f* Gabel *f* || [bifurcation] Gabelung *f.* **~ette** *f* Gabel *f.*

fourgon *m* TRANSP. Gepäckwagen *m.* **~ner** *vi* herumstöbern. **~nette** *f* Lieferwagen *m.*

fourmi *f* Ameise *f.* **~lière** *f* Ameisenhaufen *m.* **~llement** *m* Wimmeln *n* || [picotements] Kribbeln *n.* **~ller** *vi* wimmeln (von, dat.).

fourn|aise *f* Glutofen *m.* **~eau** *m* Ofen, Herd *m* || *Haut ~,* Hochofen *m.* **~ée** *f* : ~ *de pain,* Schub *(m)* Brot. **~il** *m* Backstube *f.*

fourn|ir *vt* versorgen; verschaffen; liefern. **~isseur** *m* Lieferant *m.* **~iture** *f* Lieferung *f* || *Pl* Zubehör *n; ~s de bureau,* Bürobedarf *m.*

fourrage *m* (Vieh)futter *n.*

fourré *m* Dickicht *n.*

fourreau *m* Scheide *f* || [étui] Futteral *n.*

fourr|er *vt* FAM. stecken || CUIS. füllen || TEXT. mit Pelz füttern • *a* : **~é, e,** gefüllt || FIG. heimtückisch. **~e-tout** *m* Reisetasche *f.* **~eur** *m* Kürschner *m.* **~ure** *f* Fell *n* || [préparée] Pelz *m,* -werk *n.*

fourvoyer (se) *vpr* sich verirren.

foyer *m* (Feuer)herd *m* || FIG. Heim *n* || [centre] Sitz *m* || *À double ~,* bifokal.

fracas *m* Krachen *n* || Rasseln *n.* **~ser** *vt* zerschmettern.

fract|ion *f* Bruchteil *m* ‖ MATH. Bruch *m.* **~ionner** *vt* auf-, zerteilen; (zer)stückeln. **~ure** *f* Bruch *m.* **~urer** *vt* brechen.

fragil|e *a* zerbrechlich; brüchig ‖ FIG. gebrechlich. **~ité** *f* Zerbrechlich-, Brüchigkeit *f* ‖ FIG. Gebrechlichkeit *f.*

fragment *m* Bruchstück, Fragment *n.* **~aire** *a* bruchstückhaft. **~ation** *f* Zerkleinerung, -stückelung *f.* **~er** *vt* zerkleinern, -stückeln.

fraîch|eur *f* Frische *f* ‖ Kühle *f.* **~ir** *vi* frisch(er) werden.

1. frais, fraîche *a* frisch; kühl • *m* : CUIS. *Tenir au ~,* frisch (er)halten • *f* Morgenfrische, Abendkühle *f.*

2. frais *mpl* COMM. Kosten, Spesen *fpl* ‖ *Faux ~,* Unkosten ‖ *À mes ~,* auf meine Kosten.

frais|e *f* TECHN. Fräser *m* ‖ BOT. Erdbeere *f.* **~er** *vt* fräsen. **~euse** *f* Fräsmaschine *f.*

fraisier *m* Erdbeerstaude *f.*

framboise *f* Himbeere *f.*

1. franc *m* [français] Frank *m* ‖ [suisse] Franken *m.*

2. franc, che *a* frei; frank ‖ [sincère] offen(herzig); freimütig • *av* : *~, ~chement,* frei heraus.

fran|çais, e *s* Franzose *m;* Französin *f* • *a* französisch • *m* [langue] Französische(s) *n.* °**~ce** *f* Frankreich *n.*

franchir *vt* überschreiten; hinübergehen, -fahren ‖ *~ un pont,* über eine Brücke gehen.

franchise *f* Freiheit *f* ‖ *En ~,* portofrei ‖ [sincérité] Offenherzigkeit *f.*

franchissement *m* → FRANCHIR ‖ Überschreiten *n.*

franco *av* porto-, postfrei.

Franconie *f* Franken *n.*

frange *f* Franse *f;* Saum *m.*

franquette *f* : *À la bonne ~,* ohne Umstände.

frapp|e *f* [monnaie] Prägung *f* ‖ TYP. Anschlag, Durchschlag *m.* **~er** *vt* schlagen ‖ FIG. *~ la vue,* ins Auge fallen ‖ [étonner] *Cela m'a ~é,* es ist mir aufgefallen ‖ [monnaie] prägen ‖ CUIS. kühl stellen • *vi* schlagen ‖ *~ à la porte,* an die Tür klopfen • *ppr* : **~ant, e,** schlagend ; treffend ‖ [qui saute aux yeux] auffallend; auffällig • *vpr* : *Ne pas se ~,* sich nichts daraus machen.

fratern|el, le *a* brüderlich. **~ité** *f* Brüderlichkeit *f.*

fraud|e *f* Betrug *m;* Betrügerei *f* ‖ *~ fiscale,* Steuerhinterziehung *f.* **~er** *vt* betrügen • *vi* schmuggeln. **~eur, euse** *s* Betrüger(in). **~uleux, euse** *a* betrügerisch.

frayer *vt* bahnen • *vpr* : *Se ~ un chemin,* sich einen Weg bahnen.

frayeur *f* Schrecken *m.*

fredonner *vt/vi* summen.

frein *m* Bremse *f;* *~ à disque, à main,* Scheiben-, Handbremse. **~age** *m* Bremsen *n.* **~er** *vt/vi* (ab)bremsen ‖ FIG. hemmen.

frelat|é, e *a* unecht. **~er** *vt* (ver)fälschen.
frêle *a* schwächlich; schmächtig.
frelon *m* Hornisse, Drohne *f*.
frém|ir *vi* schaudern; *Je ~is,* mich schaudert. **~issement** *m* Schauder *m* || *~ d'horreur,* Grauen *n*.
frêne *m* Esche *f*.
frénésie *f* Raserei, Tollwut *f*. **~tique** *a* rasend; tollwütig.
fréqu|emment *av* häufig; öfters. **~ence** *f* Häufigkeit *f* || [trains] Zugfolge *f* || ÉL. Frequenz *f*. **~ent, e** *a* häufig. **~entation** *f* Verkehr *m*. **~enter** *vt* (häufig) besuchen • *a* : *~é, e,* vielbesucht || verkehrsreich • *vpr* miteinander verkehren.
frère *m* Bruder *m* || *~(s) et sœur(s),* Geschwister *npl* || *Les ~s X,* die Gebrüder X.
fresque *f* Fresko *n;* Freske *f*.
fr|et *m* (Schiffs)fracht *f*. **~éter** *vt* verfrachten; chartern.
frétiller *vi* zappeln.
friable *a* bröckelig.
friand, e *a* naschhaft • *m* CUIS. Pastete *f*. **~ises** *fpl* Näschereien *fpl;* Leckerbissen *mpl*.
friche *f* : *Rester en ~,* brach liegen.
fricot *m* Fleischragout *n*.
friction *f* (Ab)reibung *f*. **~ner** *vt* abreiben; einreiben.
frigorif|ier *vt* tiefkühlen • *a* : *~é, e,* gefroren; tiefgekühlt. **~ique** *a* : *Armoire ~,* Kühlschrank *m*.
frileux, euse *a* kälteempfindlich.
fringale *f* Heißhunger *m*.
fringant, e *a* forsch.
fringues *fpl* ARG. Klamotten *fpl*.
frip|er *vt* (zer)knittern. **~erie** *f* Trödelladen *m*. **~ier, ère** *s* Trödler(in).
frip|on, ne *a* spitzbübisch; schelmisch • *s* Spitzbube, -bübin; Schurke, -in. **~ouille** *f* Lump, Halunke *m*.
frire *vt/vi* braten; backen.
frise *f* ARCH. Fries *m*.
Frise *f* GÉOGR. Friesland *n*.
fris|er *vt* kräuseln; in Locken legen • *vi* sich locken • *a* : *~é, e,* kraus; gekräuselt; lockig. **~ette** *f* Löckchen *n*.
frisson *m* Schauer *m* || FIG. *J'ai des ~s,* mich schaudert. **~ner** *vi* schauern; frösteln || [peur] schau(d)ern.
friture *f* Gebratene(s) *n* || [poissons] Bratfische *mpl*.
frivol|e *a* eitel; leichtsinnig. **~ité** *f* Eitelkeit *f* || Leichtsinnigkeit *f*.
froid, e *a* kalt; *Chambre ~e,* Kühlraum *m* || FIG. kaltherzig; gefühllos • *av* : *Il fait ~,* es ist/wird kalt || *Avoir ~,* frieren || *Prendre ~,* sich erkälten • *m* Kälte *f*. **~ement** *av* kalt; kühl; kaltblütig. **~eur** *f* Kälte *f* || FIG. Kaltherzigkeit *f*.
froiss|ement *m* Zerknittern *n* || MÉD. Quetschung *f*. **~er** *vt*

ver-, zerknittern; zerknüllen || FIG. kränken || MÉD. quetschen • *vpr* FIG. Anstoß nehmen (an, dat.).
frôler *vt* streifen; leicht berühren.
fromage *m* Käse *m* || ~ *blanc,* Quark *m* || ~ *de Gruyère,* Schweizerkäse *m* || ~ *de tête,* Sülze *f*.
froment *m* Weizen *m*.
fronc|e *f* Falte *f*. **~ement** *m* : ~ *de sourcils,* Stirnrunzeln *n*. **~er** *vt* falten || ~ *les sourcils,* die Brauen runzeln.
frondaison *f* Laub *n*.
fronde *f* Schleuder *f*.
front *m* Stirn *f* || MIL. Front *f* • *loc av* : **de** ~, von vorn; frontal || [ensemble] zugleich. **~al, e, aux** *a* Stirn... || frontal; von vorn. **~alier, ère** *a* : *Trafic* ~, Grenzverkehr *m* • *s* Grenzbewohner(in). **~ière** *f* Grenze *f*. **~on** *m* Giebel *m*.
frott|ement *m* Reibung *f*. **~er** *vt* reiben || [astiquer] scheuern.
frouss|ard, e *a* FAM. ängstlich • *s* Angsthase *m*. **~e** *f* Bammel *m*.
fruct|ifier *vi* Früchte bringen; gedeihen. **~ueux, euse** *a* fruchtbar; ertragreich.
frugal, e, aux *a* genügsam || [repas] spärlich. **~ité** *f* Genügsamkeit *f* || [repas] Einfachheit *f*.
fruit *m* Frucht *f* || *Les* ~*s (des arbres),* das Obst; ~*s secs,* Dörrobst *n* || FIG. Frucht *f;* Ertrag *m*. **~é, e** *a* mit Fruchtgeschmack. **~erie** *f* Obstladen *m*. **~ier, ère** *a* : *Arbre* ~, Obstbaum *m* • *s* Obsthändler(in).
frusques *fpl* Klamotten *fpl*.
fruste *a* ungehobelt.
frustrer *vt* benachteiligen || ~ *qn de qch,* jn um etw bringen.
fuel(-oil) *m* Heizöl *n*.
fug|ace *a* flüchtig. **~itif, ive** *a* fliehend; flüchtig • *s* Flüchtling *m*. **~ue** *f* MUS. Fugue *f* || FIG. *Faire une* ~, ausreißen.
fui|r *vi* (ent)fliehen; sich flüchten || [liquide] ausfließen, -laufen || *Qui fuit,* leck || [temps] entfliehen; vergehen • *vt* fliehen; ~ *l'ennemi,* vor dem Feinde fliehen. **~te** *f* Flucht *f; En* ~, auf der Flucht || [liquide] Leck *n* || ~ *d'eau,* (Wasser)rohrbruch *m* || ~ *de gaz,* Ausströmen *n*.
fulgurant, e *a* blitzschnell.
fulminer *vi* FIG. wettern.
fumage *m* AGR. Düngung *f*.
fum|e-cigarette *m* Zigarettenspitze *f*. **~ée** *f* Rauch *m* || ~ *(épaisse),* Qualm *m*.
1. fumer *vt/vi* rauchen || [lampe] blaken || [conserves] räuchern • *pp/a* **~é, e** : *Saumon* ~, Räucherlachs *m*.
2. fumer *vt* [champ] düngen.
fum|eur, euse *s* Raucher(in). **~eux, euse** *a* FIG. unklar.
fumier *m* Dünger, Mist *m*.
fumi|gation *f* Räucherung *f*. **~ste** *m* Ofensetzer *m* || FIG., FAM. Aufschneider *m*.

fun|èbre *a* : *Cortège* ~, Trauerzug *m* || FIG. schauerlich. **~éraillles** *fpl* Begräbnis *n*. **~éraire** *a* : *Monument* ~, Grabmal *n*.
funeste *a* unheilvoll.
funiculaire *m* Seilbahn *f*.
fur *m* : LOC. *Au* ~ *et à mesure*, nach und nach.
furet *m* Frettchen *n*. **~er** *vi* FIG. herumstöbern.
fur|eur *f* Wut, Raserei *f* || *Faire* ~, Furore machen. **~ibond, e** *a* (wild)wütend. **~ie** *f* Furie *f* || Wut *f*. **~ieux, euse** *a* wütend; rasend || *Folie* ~*e*, Tollwut *f*.
furonc|le *m* Furunkel *m*. **~ulose** *f* Furunkulose *f*.
furtif, ive *a* verstohlen || flüchtig.
fusain *m* Spindelbaum *m* || ARTS Kohlenstift *m*.
fus|eau *m* Spindel *f* || [pantalon] Keilhose *f* || ~ *horaire*, Zeitzone *f*. **~ée** *f* Rakete *f*. **~elage** *m* Flugzeugrumpf *m*.
fus|er *vi* sprühen. **~ible** *m* (Schmelz)sicherung *f*.
fusil *m* Gewehr *n*; Flinte *f*. **~lade** *f* Schießen *n*; Schießerei *f*. **~ler** *vt* erschießen.
fusion *f* (Ver-, Zer)schmelzen *n*; Schmelze *f* || COMM. Fusion *f*. **~ner** *vi* sich zusammenschließen.
fût *m* Schaft *m* || [tonneau] Faß *n*.
futaie *f* Hochwald *m*.
futé, e *a* gerissen.
futil|e *a* eitel. **~ité** *f* Eitelkeit *f* || *Pl* Lappalien *fpl*.
futur, e *a* (zu)künftig; kommend • *m* Zukunft *f*.
fuy|ant, e *a* [regard] scheu. **~ard, e** *s* Flüchtige(r) *as*.

g

gabardine *f* Gabardinmantel *m*.
gabarit *m* Größe *f*.
gabegie *f* Schlamperei *f*.
gâcher *vt* [plâtre] rühren || FIG. (ver)pfuschen; verscherzen.
gâchette *f* [fusil] Drücker *m*.
gâchis *m* Matsch *m* || FIG. Patsche *f*.
gaffe *f* MAR. Bootshaken *m* || FIG. Schnitzer *m*.
gag|e *m* (Unter)pfand *n* || *Pl* Lohn *m*. **~eure** *f* Wette *f*.
gagn|ant, e *a* Gewinn... **~e-pain** *m* (Brot)erwerb *m*. **~er** *vt* gewinnen || ~ *sa vie*, seinen Lebensunterhalt verdienen || ~ *du terrain*, um sich greifen.
gai, e *a* fröhlich; lustig; munter.
gaillard, e *a* munter • *m* Kerl, Bursche *m*.

gain *m* Gewinn *m* ‖ Verdienst *m.*
gaine *f* Scheide, Hülle *f* ‖ [vêtement] Hüfthalter *m.*
galaxie *f* Milchstraße *f.*
galb|e *m* Rundung *f.* **~é, e** *a* geschwungen.
gale *f* Krätze *f* ‖ Räude *f.*
galère *f* Galeere *f.*
galerie *f* Galerie *f* ‖ MIN. Stollen *m.*
galet *m* Kiesel *m.*
galette *f* Fladen *m.*
galeux, euse *a* räudig.
galimatias *m* Quatsch *m.*
galoche *f* Holzpantine *f.*
galon *m* Borte *f* ‖ MIL. Tresse *f.*
galop *m* Galopp *m.* **~er** *vi* galoppieren. **~in** *m* Bengel *m.*
galvaniser *vt* FIG. mitreißen.
gambad|e *f* Luftsprung *m.* **~er** *vi* herumspringen.
gamelle *f* Kochgeschirr *n.*
gamin *m* (Laus)bube *m.* **~erie** *f* Bubenstreich *m.*
gamme *f* Tonleiter, Skala *f.*
ganglion *m* Nervenknoten *m.*
gangrène *f* Brand *m.*
gangue *f* Ganggestein *n.*
ganse *f* Borte *f.*
gant *m* Handschuh *m.*
garag|e *m* Garage *f* ‖ Reparaturwerkstatt *f.* **~iste** *m* Garagenbesitzer *m.*
garant, e *a* : *Se porter ~ de qch,* für etw bürgen • *m* Bürge *m.* **~ie** *f* Garantie *f* ‖ *Sans ~,* ohne Gewähr. **~ir** *vt* verbürgen; garantieren.
garçon *m* Knabe, Junge *m* ‖ *Vieux ~,* Junggeselle *m* ‖ *~ (de café),* Ober(kellner) *m.*
garde *f* Bewachung, Aufsicht *f* ‖ *Monter la ~,* Wache halten ‖ *Prendre ~ que,* darauf achten, daß ‖ *Sous bonne ~,* wohlverwahrt ‖ *~ du corps,* Leibwache *f* ‖ [boxe] Deckung *f* • *s* [gardien] Wächter(in); Wärter(in) ‖ *~ forestier,* Förster *m.*
garde-|barrière *s* Schrankenwärter(in). **~boue** *m inv* Schutzblech *n.* **~fou** *m* Geländer *n.* **~malade** *s* Krankenwärter(in). **~manger** *m inv* Speiseschrank *m.*
gard|er *vt* Bewachen ‖ [malade] warten ‖ [conserver] (auf)bewahren ‖ *~ le lit,* das Bett hüten ‖ *~ pour soi,* für sich behalten • *vpr* [se conserver] sich (gut)halten ‖ FIG. [éviter] sich hüten. **~erie** *f* Kindergarten *m.* **~e-robe** *f* Kleiderschrank *m.*
gardien, ne *s* Wächter(in); Wärter(in) ‖ SP. *~ de but,* Torwart *m.*
gardon *m* Plötze *f.*
gare *f* Bahnhof *m;* Station *f.*
garer *vt* parken • *vpr* ausweichen.
gargariser (se) *vpr* gurgeln.
gargouille *f* Wasserspeier *m.*
garnement *m* Schlingel *m.*
garni|r *vt* : *~ de qch,* mit etw versehen ‖ [revêtir] überziehen; besetzen ‖ füttern. **~ture** *f* Ausstattung *f;* Bezug *m;* Garnitur *f* ‖ CUIS. Beilage *f* ‖ *~ de frein,* Bremsenbelag *m.*

garrot *m* Knebel *m*. **~ter** *vt* knebeln.
gars *m* FAM. Bursche, Kerl *m*.
gaspiller *vt* vergeuden, verschwenden.
gastrique *a* Magen...
gâteau *m* Kuchen *m*.
gât|er *vt* verderben ‖ FIG. [enfant] verwöhnen • *vpr* [s'abîmer] schadhaft/defekt werden ‖ [affaire] schiefgehen ‖ [temps] sich trüben. **~eux, euse** *a* FAM. kindisch; altersschwach.
gauch|e *a* [côté] link ‖ [maladroit] linkisch • *f* Linke *f* • *loc av* : **à ~**, links. **~er** *m* Linkshändler *m*. **~erie** *f* Ungeschicklichkeit *f*. **~ir** *vi* sich werfen.
gaufre *f* Waffel *f*.
gaule *f* Stange *f*.
gauler *vt* herunterschlagen.
gaver *vt* mästen • *vpr* sich vollfressen.
gaz *m inv* Gas *n* ‖ *~ carbonique*, Kohlensäure *f*.
gaze *f* Gaze *f*.
gazelle *f* Gazelle *f*.
gazette *f* Zeitung *f*.
gazeux, euse *a* : *Eau ~se*, Sprudel *m*.
gazon *m* Rasen *m*.
gazouiller *vi* zwitschern.
géant, e *a* Riesen... • *m* Riese *m*.
geindre *vi* stöhnen.
gel *m* Frost *m*.
gélatine *f* Gallert *n*.
gel|ée *f* Frost *m* ‖ *~ blanche*, Reif *m* ‖ CUIS. Gelee *n*. **~er** *vt* gefrieren lassen • *vi* (zu)gefrieren ‖ FIG. *Je gèle*, ich friere.
gémir *vi* ächzen; stöhnen.
gemme *f* Gemme *f* • *a* : *Sel ~*, Steinsalz *n*.
gênant, e *a* FIG. peinlich.
gencive *f* Zahnfleisch *n*.
gendarme *m* Gendarm *m*.
gendre *m* Schwiegersohn *m*.
gêne *f* Störung *f* ‖ [contrainte] Zwang *m*.
gène *m* Gen *n*.
généalog|ie *f* Genealogie *f*. **~ique** *a* : *Arbre ~*, Stammbaum *m*.
gêner *vt* stören ‖ FIG. verlegen • *vpr* sich genieren.
général, e, aux *a* allgemein ‖ *Culture ~e*, Allgemeinbildung *f* • *m* MIL. General *m* • *f* SPECT. Generalprobe *f* • *loc av* : **en ~**, im allgemeinen. **~iser** *vt* verallgemeinern.
génération *f* (Er)zeugung *f* ‖ [âge] Menschenalter *n*; Generation *f*.
généreux, euse *a* freigebig, großzügig.
générique *m* Vorspann *m*.
générosité *f* Großzügigkeit *f*.
Genèse *f* Genesis *f* ‖ (sans maj.) Entstehung *f*.
genêt *m* Ginster *m*.
Genève *f* Genf *n*.
gén|ial, e, aux *a* genial. **~ie** *m* Genius *m* ‖ FIG. Genie *n* ‖ MIL. Pionierkorps *n*.
genièvre *m* Wacholder *m*.
génisse *f* Färse *f*.
genou *m* Knie *n*.
genre *m* Geschlecht *n* ‖ ZOOL.,

BOT. Gattung *f* || ~ *de vie,* Lebensart *f.*
gens *m/f pl* Leute *pl.*
gentiane *f* Enzian *m.*
gentil, le *a* artig || nett. **~homme** *m* Edelmann *m.* **~lesse** *f* Artigkeit *f.*
génuflexion *f* Kniebeugung *f.*
géograph|ie *f* Geographie *f.* **~ique** *a* : *Carte ~,* Landkarte *f.*
geôle *f* Kerker *m.*
géologie *f* Geologie *f.*
géométr|ie *f* Geometrie *f.* **~ique** *a* geometrisch.
géran|ce *f* Verwaltung *f.* **~t, e** *s* Verwalter(in).
gerbe *f* Garbe *f.*
ger|çure *f* Schrunde *f.* **~cer** *vt* aufreißen.
gérer *vt* verwalten.
germain, e *a* : *Cousin ~,* Vetter *m; Cousine ~ e,* Base, Kusine *f.*
Germa|in *m* Germane *m.* **~nique** *a* germanisch.
germ|e *m* Keim *m.* **~er** *vi* keimen.
gésier *m* Muskelmagen *m.*
gest|e *m* Gebärde, Geste *f* || Wink *m.* **~iculer** *vi* gestikulieren.
gestion *f* (Geschäfts)führung, Verwaltung *f.*
gibecière *f* Jagdtasche *f.*
gibet *m* Galgen *m.*
gibier *m* Wild *n* || [viande] Wildbret *n.*
giboulée *f* Regenschauer *m.*
gicl|er *vi* spritzen. **~eur** *m* AUT. Leerlaufdüse *f.*
gifle *f* Ohrfeige *f.*
gigantesque *a* riesig.
gigot *m* Hammelkeule *f.* **~er** *vi* zappeln.
gilet *m* Weste *f.*
gingembre *m* Ingwer *m.*
girafe *f* Giraffe *f.*
giratoire *a* Kreis...
giroflée *f* Levkoje *f.*
giron *m* Schoß *m.*
girouette *f* Wetterfahne *f.*
gisement *m* Lager *n; ~ pétrolifère,* Erdölvorkommen *n.*
gitan, e *s* Zigeuner(in).
gîte *m* Unterkunft *f.*
givre *m* (Rauh)reif *m.*
glabre *a* unbehaart; glatt.
glac|e *f* Eis *n* || CUIS. (Speise)eis *n* || [miroir] Spiegel *m.* **~cer** *vt* gefrieren lassen || FIG. erstarren machen || TECHN. (g)lasieren • *pp/a* : **~é, e,** eiskalt || FIG. frostig. **~cier** *m* GÉOL. Gletscher *m* || Eisverkäufer *m.* **~cière** *f* Eisschrank *m.* **~çon** *m* Eisscholle *f.*
glaïeul *m* Gladiole *f.*
glaise *f* Ton *m;* Tonerde *f.*
gland *m* Eichel *f.*
glande *f* Drüse *f.*
glaner *vt* (Ähren) lesen.
glapir *vi* kläffen; kreischen.
glas *m* Totenglocke *f.*
glauque *a* blaugrün.
gliss|ant, e *a* schlüpfrig. **~er** *vi* ausrutschen || *~ des mains,* den Händen entgleiten • *vpr* : *Se ~ dehors,* hinausschlüpfen. **~ière** *f* Gleitschiene *f.*
glob|al, e, aux *a* Gesamt...;

Pauschal... **~alement** *av* insgesamt. **~e** *m* Kugel *f*. **~ule** *m* AN. Blutkörperchen *n*.
gl|oire *f* Ruhm *m*. **~orieux, euse** *a* rühmlich; glorreich. **~orifier** *vt* verherrlichen • *vpr : Se ~ de,* sich rühmen (gén.).
glotte *f* Stimmritze *f*.
glousser *vi* gluck(s)en.
glouton, ne *a* gefräßig • *s* Vielfraß *m;* Vielfresser(in).
glu *f* (Vogel)leim *m*. **~ant, e** *a* klebrig.
glucose *m* Traubenzucker *m*.
glycémie *f* Blutzucker *m*.
goal *m* Torwart *m*.
gobelet *m* (Trink)becher *m*.
gober *vt* schlürfen.
godet *m* Näpfchen *n;* kleiner Becher || TECHN. Baggereimer *m*.
goéland *m* Silbermöwe *f*.
goguenard, e *a* spöttisch.
goinfrerie *f* Verfressenheit *f*.
goitre *m* Kropf *m*.
golfe *m* GÉOGR. Golf *m*.
gomm|e *f* Gummi *m, n* || [à effacer] (Radier)gummi. **~er** *vt* (aus)radieren.
gond *m* (Tür)angel *f*.
gondole *f* Gondel *f*.
gonfl|er *vt* schwellen || [pneu] aufpumpen. **~eur** *m* Luftpumpe *f*.
goret *m* Ferkel *n*.
gorg|e *f* Kehle *f* || [cou] Hals *m* || GÉOGR. Schlucht *f*. **~ée** *f* Schluck *n;* Zug *m*. **~er** *vt : ~ de,* vollstopfen.
gorille *m* Gorilla *m*.
gosier *m* Schlund *m;* Kehle *f*.
gosse *s* POP. Kind *m*.
gothique *a* gotisch.
gouache *f* Deckfarben *fpl*.
goudron *m* Teer *m*. **~ner** *vt* teeren.
gouffre *m* Abgrund *m*.
goul|et *m : ~ d'étranglement,* Engpaß *m*. **~ot** *m* (Flaschen)hals *m*. **~u, e** *a* gierig.
goupille *f* Stift, Splint *m*.
gourd, e *a* steif.
gourde *f* Kürbisflasche *f*.
gourdin *m* Knüppel *m*.
gourmand, e *a* naschhaft || [avide] gierig • *a* Leckermaul *n*. **~ises** *fpl* Leckereien *fpl*.
gourmet *m* Feinschmecker *m*.
gousse *f* Schote, Hülse *f* || *~ d'ail,* Knoblauchzehe *f*.
gousset *m* Uhrentasche *f*.
goût *m* Geschmack *m* || FIG. *~ de l'autorité,* Herrschsucht *f* || *De bon ~,* geschmackvoll.
goûter *vt* kosten; probieren || FIG. [apprécier] schätzen || [jouir de] genießen.
goutt|e *f* Tropfen *m* || MÉD. Gicht *f*. **~er** *vi* ab-, heruntertropfen. **~ière** *f* Dachrinne *f* || MÉD. Schiene *f*.
gouvern|ail *m* Steuer *n*. **~ante** *f* Haushälterin *f* || [enfants] Erzieherin *f*. **~ement** *m* Regierung *f*. **~er** *vt* regieren || MAR. steuern.
grabuge *m* FAM. Krach *m*.
grâce *f* Anmut f || *De mauvaise ~,* widerwillig || [bienveillance] *Bonnes ~s,* Gunst *f* || *Demander ~,* um Gnade bit-

ten • *loc p :* ~ **à**, dank (dat.).

graci|er *vt* begnadigen. **~eux, euse** *a* lieb-, zierlich. **~le** *a* zierlich.

grad|ation *f* Abstufung *f*. **~e** *m* (Dienst)grad *m*. **~in** *m* Stufe *f*. **~uel, le** *a* abgestuft. **~uellement** *av* stufenweise. **~uer** *vt* in Grade einteilen.

grain *m* Korn *n* || ~ *de café*, Kaffeebohne *f* || ~ *de raisin*, Traubenbeere *f* || MAR. Bö *f*. **~e** *f* Samen *m*.

graiss|e *f* Fett *n* || TECHN. Schmiere *f*. **~er** *vt* (ein)fetten, -schmieren, -ölen.

grammaire *f* Grammatik *f*.

gramme *m* Gramm *n*.

grand, e *a* groß; *La ~e ville*, die Großstadt || ~ *ouvert*, weit auf || *Au ~ air*, im Freien || *Il est ~ temps*, es ist höchste Zeit || ~ *âge*, hohes Alter • *av : Voir ~*, große Pläne haben • *m : ~s et petits*, groß und klein. **~-duché** *m* Großherzogtum *n*. °**~e-Bretagne** *f* Großbritannien *n*. **~eur** *f* Größe *f*. **~iose** *a* großartig. **~ir** *vi* wachsen • *vt* vergrößern. **~-mère** *f* Großmutter *f*. **~-messe** *f* Hochamt *n*. **~-père** *m* Großvater *m*. **~-rue** *f* Hauptstraße *f* **~s-parents** *mpl* Großeltern *mpl*.

grange *f* Scheune, Scheuer *f*.

granit(e) *m* Granit *m*.

granul|er *vt* granulieren. **~é, e, ~eux, euse** *a* körnig.

graphie *f* Schreibweise *f*.

grappe *f* Traube *f*.

grappin *m* Dregganker *m*.

gras, se *a* fett; feist || *Matières ~ses*, Fettwaren *fpl* || *Plantes ~ses*, Kakteen *fpl* || *Mardi ~*, Fastnacht *f*.

gratification *f* Vergütung *f*.

gratin *m :* CUIS. *Au ~*, überbacken.

gratis *av* umsonst.

gratitude *f* Dankbarkeit *f*.

gratte-ciel *m inv* Wolkenkratzer *m*.

gratter *vt/vi* kratzen.

gratuit, e *a* unentgeltlich || *Entrée ~e*, Eintritt frei.

gravats *mpl* Schutt *m*.

grave *a* ernst(haft) || [faute] schwer || [son] tief.

grav|er *vt* [pierre] eingraben; schneiden; stechen. **~eur** *m* Stecher, Radierer *m*.

gravier *m* Kies *m*.

gravir *vt* erklettern, -klimmen.

gravitation *f* Schwerkraft *f*.

gravité *f* Schwere *f* || FIG. Ernst *m*.

graviter *vi* gravitieren.

gravure *f : ~ sur bois*, Holzschnitt *m* || *~ sur cuivre*, Kupferstich *m*.

gré *m : Bon ~, mal ~*, wohl oder übel || *Savoir ~ de qch à qn*, jm für etw Dank wissen.

grec, que *a* griechisch • *s :* °**~**, Grieche, -in • *m* [langue] Griechisch(e) *n*.

1. greffe *m* (Gerichts)kanzlei *f*.

2. greff|e *f* BOT. Pfropfreis *n* || MÉD. Transplantation *f*. **~er** *vt* pfropfen || verpflanzen.

greffier *m* Gerichtsschreiber *m.*
grège *a : Soie* ~, Rohseide *f.*
grêl|e *a* dünn; hager ‖ AN. *Intestin* ~, Dünndarm *m* • *f* Hagel *m.* **~er** *vi* hageln. **~on** *m* Hagelkorn *n.*
grelot *m* Schelle *f.* **~ter** *vi* vor Kälte zittern.
gren|ade *f* BOT. Granatapfel *m* ‖ MIL. Handgranate *f.* **~at** *a* granatrot. **~ier** *m* (Dach)boden *m.*
grenouille *f* Frosch *m.*
grenu, e *a* körnig.
grès *m* Sandstein *m.*
grésiller *vi* knistern.
grève *f* [plage] (Sand)strand *m* ‖ [arrêt de travail] Streik *m; Faire* ~, streiken.
grever *vt* belasten.
gribouiller *vi/vt* kritzeln.
gri|ef *m* Beschwerde *f.* **~èvement** *av* schwer.
griff|e *f* Klaue *f.* **~er** *vt* (zer)kratzen.
grignoter *vt* knabbern.
gril *m* Rost *m.* **~lage** *m,* **~le** *f* Gitter *n.* **~ler** *vt* rösten.
grillon *m* Grille *f;* Heimchen *n.*
grim|ace *f* Fratze *f.* **~acer** *vi* Fratzen schneiden. **~er** *vt* schminken.
grimp|ant, e *a : Plante* ~*e,* Kletterpflanze *f.* **~er** *vi* (hoch)klettern.
grincer *vi :* ~ *des dents,* mit den Zähnen knirschen ‖ knarren.
grincheux, euse *a* mürrisch.
gripp|e *f* Grippe *f.* **~er (se)** *vpr* TECHN. sich heißlaufen.
gris, e *a* grau ‖ [temps] duster ‖ [ivre] *Être* ~, einen Schwips haben.
griser *vt* berauschen.
grisonner *vi* ergrauen.
grisou *m* Grubengas *n.*
grive *f* Drossel *f.*
grivois, e *a* schlüpfrig.
grogn|er *vi* [porc] grunzen ‖ [chien] knurren ‖ FIG. brummen. **~on** *a* mürrisch.
groin *m* Schweinerüssel *m.*
gronder *vt* (aus)schelten • *vi* knurren ‖ [tonnerre] (g)rollen.
gros, se *a* dick ‖ groß ‖ ~*se faute,* schwerer Fehler • *m* [essentiel] Hauptteil *m* ‖ ~ *de l'armée,* Gros *n* ‖ COMM. Großhandel *m* • *loc av :* **en** ~, im großen (und ganzen).
groseille *f* Johannisbeere *f;* ~ *à maquereau,* Stachelbeere.
gross|esse *f* Schwangerschaft *f.* **~eur** *f* Dicke, Größe *f.* **~ier, ère** *a* grob; gemein. **~ir** *vt* dick(er) machen ‖ vergrößern • *vi* dick(er)/stärker werden.
grotesque *a* lächerlich.
grotte *f* Grotte, Höhle *f.*
grouiller *vi* wimmeln.
groupe|e *m* Gruppe *f* ‖ ~ *électrogène,* Stromaggregat *n.* **~er** *vt* gruppieren; umfassen.
gruau *m* Grütze *f.*
grue *f* ZOOL. Kranich *m* ‖ TECHN. Kran *m.*
grumeau *m* Klumpen *m.*
grutier *m* Kranführer *m.*
gruyère *m* Schweizer(käse) *m.*

gué *m* Furt *f*.
guenille(s) *f(pl)* Lumpen *m(pl)*.
guenon *f* Meerkatze *f*.
guêpe *f* Wespe *f*.
guère *av* wenig.
guér|ir *vt* (aus)heilen • *vi* genesen || [blessure] ausheilen. **~ison** *f* Heilung, Genesung *f*.
guerr|e *f* Krieg *m*; *~ civile*, Bürgerkrieg. **~ier, ère** *a* kriegerisch • *s* Krieger(in).
guet *m* : *Faire le ~*, auf der Lauer sein. **~-apens** *m* Hinterhalt *m*.
guêtre *f* Gamasche *f*.
guett|er *vt* lauern (auf, acc.). **~eur** *m* Späher *m*.
gueule *f* Maul *n*; Schnauze *f*.
gueux, euse *s* Lump *m*.
gui *m* Mistel *f*.
guichet *m* Schalter *m*.
guid|e *m* Führer *m* • *f* Zügel *m*. **~er** *vt* (an)führen; leiten. **~on** *m* [vélo] Lenkstange *f*.
guigner *vt* schielen nach.
guignol *m* Kasper(le) *m*.
guillemet(s) *m(pl)* : *Entre ~s*, in Anführungszeichen.
guilleret, te *a* munter.
guimauve *f* Eibisch *m*.
guindé, e *a* steif.
guinguette *f* Gartenwirtschaft *f*.
guirlande *f* Girlande *f*.
guise *f* : *À votre ~*, ganz nach Ihrem Belieben/Wunsch • *loc p* : ***en ~ de***, an Stelle von.
guitare *f* Gitarre *f*.
guttural, e, aux *a* : *Son ~*, Kehllaut *m*.
gymnas|e *m* Turnhalle *f*. **~te** *m* Turner *m*. **~tique** *f* Turnen *n*; Gymnastik *f*.
gynécologue *s* Frauenarzt *m*; Frauenärztin *f*.
gypse *m* Gips *m*.

h

[* = *h* aspiré].
habil|e *a* geschickt. **~eté** *f* Geschicklichkeit *f*.
habill|ement *m* Anziehen *n* || [ensemble] Kleidung *f*. **~er** *vt* kleiden; anziehen • *vpr* sich (an)kleiden; sich anziehen.
habit *m* Kleid, Gewand *n*.
habit|able *a* bewohnbar. **~acle** *m* Kabine *f*. **~ant, e** *s* Bewohner(in); Einwohner(in). **~ation** *f* Wohnung *f*. **~er** *vt/vi* bewohnen; wohnen (in, dat.).
habitu|de *f* Gewohnheit *f* || *Avoir l'~ de faire qch*, etw zu tun pflegen • *loc av* : ***d'~***, gewöhnlich. **~el, le** *a* gewöhnlich; gewohnt. **~er** *vt* : *~ à*, gewöhnen an (acc.) • *pp/a* : *~é, e*, gewöhnt • *m* [café] Stammgast *m*.
***hach|e** *f* Beil *n*; Axt *f*. **~er** *vt* (zer)hacken • *pp/a* : *~é*,

e, *Viande* ~*e,* Hackfleisch *n.* **~is** *m* Hackfleisch *n.* **~oir** *m* Hackbrett *n* ‖ Wiegemesser *n.* **~ure** *f* Schraffierung *f.*
***haie** *f* Hecke *f* ‖ SP. Hürde *f.*
***haillon** *m* Lumpen *m.*
***hain|e** *f* Haß *m.* **~eux, euse** *a* gehässig.
***haïr** *vt* hassen.
***halage** *m* : *Chemin de* ~, Treidelweg *m.*
***hâle** *m* Sonnenbräune *f.*
haleine *f* Atem *m*; *Hors d'*~, außer Atem.
***hâler** *vt* (ein)bräunen.
***haleter** *vi* keuchen.
***hall** *m* Halle *f.*
***halle** *f* Halle *f.*
***hallier** *m* Dickicht *n.*
hallucination *f* Sinnestäuschung *f.*
***halte** *f* Halt *m*; Rast, Pause *f* ‖ [endroit] Haltestelle *f.*
haltère *m* Hantel *f.*
***hamac** *m* Hängematte *f.*
***hameau** *m* Weiler *m.*
hameçon *m* Angelhaken *m.*
***hampe** *f* Stiel, Schaft *m.*
***hanche** *f* Hüfte *f.*
***hangar** *m* Schuppen *m.*
***hanneton** *m* Maikäfer *m.*
***hant|er** *vt* verkehren bei ‖ FIG. [obséder] quälen. **~ise** *f* fixe Idee.
***happer** *vt* schnappen (nach, dat.).
***harangue** *f* Ansprache *f.*
***haras** *m* Gestüt *n.*
***harasser** *vt* ermüden; erschöpfen.
***harceler** *vt* stören; plagen.
***hardes** *fpl* Klamotten *fpl.*
***hardi, e** *a* kühn.
***hareng** *m* Hering *m* ‖ ~ *saur,* Bückling *m.*
***hargn|e** *f* Gehässigkeit *f.* **~eux, euse** *a* gehässig.
***haricot** *m* Bohne *f.*
harmon|ica *m* (Mund)harmonika *f.* **~ie** *f* Wohlklang *m.* **~ieux, euse** *a* harmonisch.
***harnais** *m* Geschirr *n.*
***harpe** *f* Harfe *f.*
***harpon** *m* Harpune *f.*
hasard** *m* Zufall *m* • *loc av* : ***par ~, zufällig(erweise).
***hât|e** *f* Eile, Hast *f.* **~er** *vt* beschleunigen • *vpr* sich beeilen. **~if, ive** *a* übereilt.
***hauss|e** *f* Steigerung *f* ‖ Erhöhung *f.* **~er** *vt* erhöhen ‖ LOC : ~ *les épaules,* die Achseln zucken.
***haut, e** *a* hoch ‖ *Ville* ~*e,* Oberstadt *f* ‖ *À* ~*e voix,* laut • *m* : *Vers le* ~, nach oben; aufwärts • *av* hoch; oben ‖ FIG. *Parler* ~, laut sprechen • *loc av* : **en** ~, oben • *loc p* : **en ~ de**, oben auf (dat.; acc.) ‖ **du ~ de**, von ... herab.
***hautain, e** *a* hochmütig.
***hautbois** *m* (H)oboe *f.*
***haut|eur** *f* Höhe *f* ‖ [niveau] ~ *de l'eau,* Wasserstand *m* ‖ [colline] (An)höhe *f* ‖ [fierté] Hochmut *m.* **~-parleur** *m* Lautsprecher *m.*
***havresac** *m* Tornister *m.*
***Haye (La)** *f* Den Haag.
hebdomadaire *a* Wochen... • *m* Wochenschrift *f.*

héberger *vt* beherbergen.
hécatombe *f* Blutbad *n.*
hectare *m* Hektar *n.*
hectolitre *m* Hektoliter *n, m.*
hélas! *interj* ach!; leider!
*__héler__ *vt* herbeirufen.
hélic|e *f* Schraube *f* || AÉR. Propeller *m.* **~optère** *m* Hubschrauber *m.*
hématome *m* Blutgeschwulst *f.*
hémisphère *m* Halbkugel *f.*
hémo|rragie *f* (Ver)blutung *f.* **~statique** *a* blutstillend.
*__hennir__ *vi* wiehern.
hépatique *a* Leber...
herb|age *m* Weide *f,* -platz *m.* **~e** *f* Gras *n* || *Mauvaise* ~, Unkraut *n.* **~ier** *m* Herbarium *n.*
*__hère__ *m* : *Pauvre* ~, armer Teufel.
héréditaire *a* erblich; Erb...
hérétique *s* Ketzer(in).
*__hériss|er (se)__ *vpr* sich sträuben. **~on** *m* Igel *m.*
hérit|age *m* Erbe *n;* Erbschaft *f.* **~er** *vt/vi* erben. **~ier, ère** *s* Erbe *m;* Erbin *f.*
*__hernie__ *f* Bruch *m.*
1. héroïne *f* Heldin *f.*
2. héroïne *f* [drogue] Heroin *n.*
héroï|que *a* : *Action* ~, Heldentat *f.* **~sme** *m* Heroismus *m.*
*__héron__ *m* Reiher *m.*
*__héros__ *m* Held *m.*
*__herse__ *f* Egge *f.*
hésit|ation *f* Zögern *n.* **~er** *vi* zögern.
hétéroclite *a* bunt.
*__hêtre__ *m* Buche *f.*
heure *f* Stunde, Zeit, Uhr *f;* *Demi-*~, halbe Stunde || *Il est l'*~, es ist (an der) Zeit || *Quelle* ~ *est-il?* wieviel Uhr ist es?; *À quelle* ~?, um wieviel Uhr? || *Dix* ~*s et demie,* halb elf • *loc av* : ***à l'~,*** zur rechten Zeit || ***tout à l'~,*** [avant] soeben; [après] gleich || ***de bonne ~,*** früh(zeitig).
heureux, euse *a* glücklich.
*__heurt__ *m* Zusammenstoß *m.* **~er** *vt/vi* anstoßen; zusammenstoßen mit || [à la porte] (an)klopfen || FIG. [choquer] verletzen • *vpr* (réfl.) : *Se* ~ *à,* stoßen auf (acc.).
hexagone *m* Sechseck *n.*
hiberner *vi* überwintern.
*__hibou__ *m* Eule *f;* Kauz *m.*
*__hideux, euse__ *a* abstoßend.
hier *av* gestern.
*__hiérarchie__ *f* Hierarchie *f.*
hilarité *f* Heiterkeit *f.*
hindou, e *a* hinduisch • *s* : °~, Inder(in).
hipp|ique *a* : *Concours* ~, Reitturnier *n.* **~ocampe** *m* Seepferd *n.* **~odrome** *m* (Pferde)rennbahn *f.* **~opotame** *m* Nilpferd *n.*
hirondelle *f* Schwalbe *f.*
hirsute *a* struppig.
*__hisser__ *vt* hissen; hochziehen.
histoire *f* Geschichte, Erzählung *f* || FIG. *Faire des* ~*s,* Umstände machen.
histori|en *m* Historiker, Geschichtsschreiber *m.* **~que** *a* geschichtlich.

hiver *m* Winter *m.* **~nal, e, aux** *a* winterlich; Winter... **~ner** *vi* überwintern.
***hocher** *vt* : *~ la tête,* den Kopf schütteln; nicken.
***holland|ais, e** *a* holländisch • *s* : °~, Holländer(in). °**~e** *f* Holland *n.*
***homard** *m* Hummer *m.*
homicide *m* Totschlag *m;* Tötung *f.*
hommage *m* Huldigung *f; Rendre ~ à,* huldigen (dat.); würdigen.
homme *m* [être humain] Mensch *m* ‖ [être masculin] Mann *m* ‖ *Jeune ~,* Jüngling *m* ‖ *~ d'affaires,* Geschäftsmann *m; ~ d'État,* Staatsmann *m.*
homologu|e *a* gleichnamig. **~er** *vt* SP. anerkennen.
***Hongr|ie** *f* Ungarn *n.* **~ois, e** *a* ungarisch • *s* : °~, Ungar(in).
honnête *a* ehrlich; redlich. **~té** *f* Ehrlich-, Redlichkeit *f.*
honneur *m* Ehre *f* ‖ *Faire ~ à qn,* jn ehren • *loc av : En son ~,* ihm zu Ehren; *Sur l'~,* auf Ehrenwort.
honor|able *a* ehrenwert, -voll. **~aire** *a : Membre ~,* Ehrenmitglied *n* • *mpl* Honorar *n;* Bezüge *mpl.* **~er** *vt* (ver)ehren ‖ [payer] honorieren.
***hont|e** *f* [pudeur] Scham *f; Avoir ~,* sich schämen; *Faire ~ à qn,* jn beschämen ‖ [opprobre] Schande *f.* **~eux, euse** *a* be-, verschämt ‖ [déshonorant] schändlich.
hôpital *m* Krankenhaus *n.*
***hoquet** *m* Schluckauf *m.*
horaire *a* Stunden... • *m* Stunden-, Fahrplan *m.*
horizon *m* Horizont *m.* **~tal, e, aux** *a* waagerecht.
horlog|e *f* (Turm)uhr *f.* **~er** *m* Uhrmacher *m.*
hormis *p* außer (dat.).
horr|eur *f* [effroi]; Entsetzen *n* ‖ [aversion] Abscheu *m; Avoir ~ de,* verabscheuen ‖ [chose horrible] Greuel *m.* **~ible** *a* gräßlich; abscheulich.
***hors** *p* [excepté] außer (dat.) ‖ *~ la loi,* vogelfrei • *loc p : ~ de,* außerhalb (gén.) ‖ hinaus...; heraus... ‖ *~ de danger,* außer Gefahr; *~ de soi,* außer sich. **~-d'œuvre** *m inv* Vorspeise *f.* **~-jeu** *a inv* SP. aus. **~-la-loi** *m inv* Gesetzlose(r) *m.*
hortensia *m* Hortensie *f.*
horticulture *f* Gartenbau *m.*
hospi|ce *m* Altersheim *n.* **~talier, ère** *a* gastfreundlich. **~taliser** *vt* ins Krankenhaus bringen. **~talité** *f* Gastfreundschaft *f.*
hostile *a* feindselig.
hôt|e, esse *s* Gastgeber(in); Wirt(in) ‖ [qui est reçu] Gast *m* • *f : ~esse de l'air,* Stewardess *f.* **~el** *m* Gasthaus *n,* -hof *m;* Hotel *n* ‖ *~ de ville,* Rathaus *n.* **~elier** *m* Hotelbesitzer *m.*
***hotte** *f* Kiepe *f* ‖ [cheminée] Rauchfang *m.*
***houblon** *m* Hopfen *m.*
***houe** *f* Hacke *f.*
***houill|e** *f* (Stein)kohle *f.*

~ère *f* Steinkohlenbergwerk *n*.
***houl|e** *f* Hohle See. **~eux, euse** *a* unruhig; bewegt.
***houppette** *f* Quaste *f*.
***housse** *f* Überzug *m*.
***houx** *m* Stechpalme *f*.
***hublot** *m* Bullauge *n*; Luke *f*.
***huer** *vt* auspfeifen.
huil|e *f* Öl *n*. **~er** *vt* (ein)ölen (sép.). **~eux, euse** *a* ölig; schmierig. **~ier** *m* Menage *f*.
huis *m* Tür *f* ‖ *À ~ clos*, unter Ausschluß der Öffentlichkeit. **~sier** *m* Amstdiener *m* ‖ JUR. Gerichtsdiener *m*.
***huit** *num* acht • *m* Acht *f*. **~ième** *num* achte(r) • *m* Achtel *n*.
huître *f* Auster *f*.
hum|ain *a* menschlich; Menschen... **~anité** *f* Menschheit *f* ‖ [bonté] Menschlichkeit *f*.
humble *a* demütig.
humecter *vt* an-, befeuchten.
***humer** *vt* einschlürfen.
humeur *f* (Gemüts)stimmung, Laune *f* ‖ *De bonne ~*, gutgelaunt.
humid|e *a* feucht; naß. **~ité** *f* Feuchtigkeit, Nässe *f*.
humili|er *vt* demütigen. **~té** *f* Demut *f*.
humour *m* Humor *m*; *~ noir*, Galgenhumor.
***huppe** *f* Wiedehopf *m*.
***hurl|ement** *m* Gebrüll *n*. **~er** *vi* heulen; brüllen.
***hutte** *f* Hütte *f*.
hybride *a* hybrid • *m* Zwitterwesen *n*.
hydr(o) *préf* Wasser...
hydr|ate *m* Hydrat *n*. **~aulique** *a* : *Force ~*, Wasserkraft *f*. **~avion** *m* Wasserflugzeug *n*. **~o-électrique** *a* : *Centrale ~*, Wasserkraftwerk *n*. **~ogène** *m* Wasserstoff *m*. **~othérapie** *f* Wasserbehandlung *f*.
hyène *f* Hyäne *f*.
hygiène *f* Hygiene *f*.
hymne *m* Hymne *f*.
hyper *préf* über... **~métrope** *a* weitsichtig.
hypo *préf* unter... **~crisie** *f* Heuchelei *f*. **~crite** *a* heuchlerisch • *s* Heuchler(in). **~théquer** *vt* mit einer Hypothek belasten. **~thèse** *f* Annahme, Hypothese *f*.

I

iceberg *m* Eisberg *m*.
ici *av* hier ‖ [avec mouvement] hierher; *Viens ~*, komm her! ‖ [temps] *D'~ là*, bis dahin; *D'~ peu* binnen kurzem.
idéal, e, aux *a* ideal • *m* Ideal *n*.
idée *f* Idee *f*; Begriff, Gedanke *m* ‖ [représentation] Vorstellung *f* ‖ *Je n'en ai pas la*

moindre ~, keine Ahnung ! || *~ (subite)*, Einfall *m* || *Il eut l'~*, es fiel ihm ein.
identi|fier *vt* identifizieren ; erkennen. **~que** *a* : *~ à*, gleich (dat.) ; identisch. **~té** *f* Übereinstimmung *f* || JUR. Identität *f* || *Carte d'~*, Personalausweis *m*.
idiot, e *a* blödsinnig ; dumm • *s* Idiot(in) ; Dummkopf *m*.
idol|âtrer *vt* vergöttern. **~e** *f* FIG. Abgott *m*.
if *m* Eibe *f*; Taxus *m*.
ignare *a* unwissend.
ignifuge *a* feuersicher.
igno|ble *a* gemein. **~minie** *f* Schande *f*.
ignor|ance *f* Unwissenheit, -kenntnis *f*. **~ant, e** *a* unwissend || *~ de*, unkundig (gén.). **~er** *vt* nicht wissen/kennen.
il *pr pers* er ; es || *Pl* sie • *pr impers* es ; *~ pleut*, es regnet ; *~ y a*, es gibt (acc.) || *~ y a quinze jours*, vor vierzehn Tagen.
île *f* Insel *f*.
il|légal, e, aux *a* rechtswidrig. **~légitime** *a* unrechtmäßig || [enfant] unehelich. **~lettré, e** *a* ungebildet. **~licite** *a* unerlaubt. **~limité, e** *a* unbeschränkt. **~lisible** *a* unleserlich.
illumin|ation *f* Beleuchtung *f* || FIG. Erleuchtung *f*. **~er** *vt* be-, erleuchten.
illus|ion *f* Illusion, Täuschung *f*; *Faire ~*, täuschen || *~ d'optique*, Augentäuschung *f*. **~oire** *a* trügerisch ; schein... ; täuschend.
illustr|ation *f* Illustration *f*; Bild *n*. **~e** *a* berühmt. **~é** *m* Illustrierte *f*. **~er** *vt* veranschaulichen || illustrieren.
îlot *m* kleine Insel.
imag|e *f* Bild *n*. **~inaire** *a* eingebildet. **~inatif, ive** *a* erfinderisch. **~ination** *f* Phantasie *f* || Einbildung, Vorstellung *f*. **~iner** *vt/vpr* sich vorstellen ; sich einbilden || [inventer] erfinden.
imbécile *a* blöde • *m* Einfaltspinsel *m*.
imbiber *vt* (durch)tränken ; durchfeuchten, -nässen.
imbriquer (s') *vpr* ineinandergreifen.
imbu, e *a* : *~ de*, durchdrungen, eingenommen von.
imit|ation *f* Nachahmung *f* || [faux] *~ cuir*, Kunstleder *n*. **~er** *vt* nachahmen.
immaculé, e *a* unbefleckt.
immangeable *a* ungenießbar.
immatriculer *vt* einschreiben.
immédiat, e *a* unmittelbar. **~ement** *av* sofort.
immense *a* unermeßlich.
immerger *vt* eintauchen (sép.).
immeuble *a* unbeweglich • *m* (Wohn)gebäude *n*.
immigrer *vi* einwandern.
imminent, e *a* bevorstehend.
immobil|e *a* unbeweglich. **~ier, ère** *a* : *Biens ~s*, Liegenschaften *fpl*. **~iser** *vt* stillegen ; anhalten • *vpr* innehalten.

immonde *a* ekelhaft.
immoral, e, aux *a* unsittlich.
immortel, le *a* unsterblich.
immuable *a* unveränderlich.
immuniser *vt/vi* immun machen (gegen).
impair, e *a* ungerade.
im|pardonnable *a* unverzeihlich. **~parfait, e** *a* unvollkommen • *m* Imperfekt *n.*
impartial, e, aux *a* unparteiisch.
impasse *f* Sackgasse *f.*
impassible *a* gleichmütig.
impati|ence *f* Ungeduld *f.* **~ent, e** *a* ungeduldig.
impeccable *a* tadellos.
impensable *a* undenkbar.
impératif *m* Imperativ *m.*
imperceptible *a* unmerklich.
impérieux, euse *a* gebieterisch.
impérissable *a* unvergänglich.
imperméable *a* wasserdicht • *m* Regenmantel *m.*
impersonnel, le *a* unpersönlich.
impertinent, e *a* frech.
impétueux, euse *a* ungestüm.
impie *a* gottlos.
im|pitoyable *a* erbarmungslos. **~placable** *a* unerbittlich.
implanter *vt* FIG. einführen.
impliquer *vt* verwickeln ‖ in sich schließen.
implorer *vt* anflehen.
impoli, e *a* unhöflich.
impopulaire *a* unbeliebt.
import|ance *f* Bedeutung *f.* **~ant, e** *a* wichtig; bedeutend ‖ *Peu* ~, belanglos.
importat|eur *m* Importeur *m.* **~ion** *f* Einfuhr *f;* Import *m.*
1. importer *vt* COMM. einführen; importieren.
2. importer *vi* von Bedeutung, von Belang sein ‖ *N'~e qui, quoi, quand,* irgendwer, -was, -wann.
importun, e *a* lästig. **~er** *vt* belästigen.
imposant, e *a* stattlich; imponierend.
imposer *vt* auferlegen ‖ FIN. besteuern • *vpr* FIG. sich durchsetzen.
impossible *a* unmöglich.
imposture *f* Betrug *m.*
impôt *m* Steuer *f;* ~ *sur le revenu,* Einkommensteuer.
impraticable *a* unbefahrbar.
imprécis, e *a* ungenau, -bestimmt.
imprégner *vt* durchdringen.
impression *f* Eindruck *m* ‖ TYP. Druck *m.* **~nant, e** *a* eindrucksvoll. **~ner** *vt* beeindrucken.
imprév|isible *a* unvoraussehbar. **~u, e** *a* unvorhergesehen.
imprim|é *m* Drucksache *f.* **~er** *vt* auf-, eindrücken ‖ TYP. drucken. **~erie** *f* Druckerei *f.* **~eur** *m* Drucker *m.*
improbable *a* unwahrscheinlich.
impropre *a* ungeeignet.
improvis|er *vt* improvisieren.

~te (à l') *loc av* überraschend.
imprudent, e *a* unvorsichtig.
impud|ent, e *a* unverschämt. **~eur** *f* Schamlosigkeit *f*.
impuissance *f* Ohnmacht *f*.
impulsion *f* Anstoß *m* ‖ ÉL. Impuls *m* ‖ Drang *m*.
impur, e *a* unrein, -lauter.
imputer *vt* zuschreiben.
in|acceptable *a* unannehmbar. **~accessible** *a* unzugänglich. **~achevé, e** *a* unvollendet. **~adéquat, e** *a* ungeeignet. **~advertance** *f* Versehen *n*. **~animé, e** *a* leblos. **~anition** *f* Erschöpfung *f*. **~appréciable** *a* unschätzbar. **~apte** *a* untauglich. **~assouvi, e** *a* unbefriedigt. **~attendu, e** *a* unerwartet, -vermutet.
inaugur|ation *f* Eröffnung *f*. **~er** *vt* eröffnen ‖ einweihen.
incandescence *f* Weißglut *f*.
incapable *a* unfähig.
incarcérer *vt* einkerkern.
incarner *vt* verkörpern.
incassable *a* unzerbrechlich.
incend|iaire *a* Brand... • *s* Brandstifter(in). **~ie** *m* Brand *m*. **~ier** *vt* in Brand stecken.
incert|ain, e *a* ungewiß, -sicher. **~itude** *f* Ungewißheit *f*.
incess|amment *av* unverzüglich. **~ant, e** *a* unablässig.
inchangé, e *a* unverändert.
incident *m* Vor-, Zwischenfall *m*.
incinérer *vt* einäschern.
incis|if, ive *a* beißend • *f* Schneidezahn *m*. **~ion** *f* (Ein)schnitt *m*.
inciter *vt* anregen.
inclin|aison *f* Neigung *f*. **~ation** *f* Verbeugung *f* ‖ FIG. Neigung *f*. **~er** *vt/vi* neigen • *vpr* sich neigen.
inclure *vt* einschließen • *pp/a* : **~us, e,** (mit)eingeschlossen, -begriffen.
incohérent, e *a* zusammenhanglos.
incolore *a* farblos.
incomber *vi* obliegen.
in|commode *a* unbequem. **~commoder** *vt* belästigen. **~comparable** *a* unvergleichlich. **~compatible** *a* : ~ *(avec),* unvereinbar (mit). **~compréhensible** *a* unverständlich. **~concevable** *a* unbegreiflich. **~confortable** *a* unbequem. **~connu, e** *a* unbekannt ; fremd. **~conscient, e** *a* MÉD. bewußtlos ‖ unbewußt. **~consistant, e** *a* haltlos. **~consolable** *a* untröstlich. **~constant, e** *a* unbeständig. **~contestable** *a* unbestreitbar. **~convénient** *m* Nachteil *m*.
in|correct, e *a* unrichtig ‖ FIG. unanständig. **~corrigible** *a* unverbesserlich. **~corruptible** *a* unbestechlich. **~crédule** *a* ungläubig.
incriminer *vt* beschuldigen.
incroyable *a* unglaublich.
incrustation *f* Einlegearbeit *f*.

inculp|ation *f* Anklage *f*. **~er** *vt* anklagen; an-, beschuldigen.
inculte *a* unbebaut ‖ FIG. ungebildet.
incurable *a* unheilbar.
incursion *f* Einfall *m*.
Inde(s) *f(pl)* Indien *n*.
in|décent, e *a* unanständig. **~décis, e** *a* unentschieden, -entschlossen. **~défini, e** *a* unbestimmt. **~défrisable** *f* Dauerwelle *f*. **~demne** *a* unbeschädigt. **~demniser** *vt* entschädigen. **~demnité** *f* Schadenersatz *m*. **~déniable** *a* unleugbar. **~dépendant, e** *a* unabhängig. **~descriptible** *a* unbeschreiblich. **~désirable** *a* unerwünscht.
index *m* Zeigefinger *m* ‖ Register *n*.
indica|teur *m* [chemin de fer] Kursbuch *n* ‖ [appareil] (An)zeiger, Messer *m*. **~tion** *f* Anzeige, -gabe *f*.
indice *m* Merkmal *n*.
indicible *a* unsagbar, -säglich.
indifférent, e *a* gleichgültig.
indigent, e *a* bedürftig.
indigène *a* einheimisch.
indigeste *a* unverdaulich.
indign|ation *f* Entrüstung *f*. **~e** *a* unwürdig (gén.). **~er** *vt* entrüsten.
indiquer *vt* anzeigen ‖ angeben.
indirect, e *a* mittelbar ‖ indirekt.
indiscipline *f* Ungehorsam *m*.
indiscr|et, ète *a* schwatzhaft ‖ [curieux] neugierig. **~étion** *f* Vertrauensbruch *m* ‖ [curiosité] Neugier *f*.
in|discutable *a* unbestreitbar. **~dispensable** *a* unentbehrlich. **~dissoluble** *a* unlösbar. **~distinct, e** *a* undeutlich.
individu *m* Individuum *n*; Einzelne(r) *asm*. **~el, le** *a* individuell.
indivisible *a* unteilbar.
indocile *a* unfolgsam.
indol|ent, e *a* nachlässig. **~ore** *a* schmerzlos.
indubitable *a* unzweifelhaft.
induire *vt* schließen; folgern ‖ ~ *en erreur*, irreführen.
indulg|ence *f* Nachsicht *f*. **~ent, e** *a* nachsichtig.
industri|e *f* Gewerbe *n*; Industrie *f*. **~el** *m* Industrielle(r) *asm*.
inébranlable *a* unerschütterlich.
in|effable *a* unaussprechlich. **~efficace** *a* unwirksam ‖ **~égal, e, aux** *a* ungleich. **~épuisable** *a* unerschöpflich. **~erte** *a* leblos ‖ FIG. träge. **~espéré, e** *a* unverhofft. **~estimable** *a* unschätzbar. **~évitable** *a* unvermeidlich. **~exact, e** *a* ungenau. **~exorable** *a* unerbittlich. **~expérimenté, e** *a* unerfahren. **~explicable** *a* unerklärlich.
inextricable *a* unentwirrbar.
infaillible *a* unfehlbar.
infâme *a* schändlich.

infantile *a* kindlich.
infarctus *m* Herzinfarkt *m.*
infatigable *a* unermüdlich.
infect, e *a* widerlich. **~er** *vt* infizieren.
inférieur, e *a* unter (legen); *Lèvre ~e,* Unterlippe *f* • *m* Untergebene(r) *m.*
infernal, e, aux *a* höllisch.
infidèle *a* treulos.
infiltrer (s') *vpr* durchsickern (sép.) ‖ FIG. sich einschleichen.
infime *a* winzig.
infini, e *a* unendlich.
infirm|e *m* (Körper)behinderte(r), Krüppel *m.* **~erie** *f* Krankenstube *f.* **~ier, ère** *s* Krankenpfleger(in) • *f* Krankenschwester *f.* **~ité** *f* Gebrechen *n.*
inflammation *f* Entzündung *f.*
inflexion *f* [voix] Tonfall *m.*
infliger *vt* zufügen ‖ *~ une peine,* eine Strafe verhängen.
influ|ence *f* Einfluß *m.* **~encer** *vt* beeinflussen. **~er** *vi : ~ sur,* einwirken auf (acc.).
inform|ation *f* Auskunft *f* ‖ *Pl* Nachrichten *fpl.* **~atique** *f* Datenverarbeitung *f.* **~er** *vt* benachrichtigen • *vpr : S'~ de qch,* sich nach etw erkundigen.
infraction *f* Übertretung *f.*
infranchissable *a* FIG. unüberwindlich.
infructueux, euse *a* fruchtlos.
infusion *f* Aufguß, Tee *m.*
ingéni|eur *m* Ingenieur *m.* **~eux, euse** *a* erfinderisch.
ingénu, e *a* unschuldig.
ingérer (s') *vpr* sich einmischen.
ingrat, e *a* undankbar.
ingrédient *m* Zutat *f.*
in|habité, e *a* unbewohnt. **~habituel, le** *a* ungewöhnlich.
inhiber *vt* hemmen.
inhumain, e *a* unmenschlich.
inhumation *f* Beerdigung *f.*
in|imaginable *a* unvorstellbar. **~intelligible** *a* unverständlich. **~interrompu, e** *a* ununterbrochen.
initi|ale *f* Anfangsbuchstabe *m.* **~ative** *f* Anregung *f.* **~er** *vt* einweihen, -führen (in, acc.).
injecter *vt* einspritzen.
injur|e *f* Schimpfwort *n.* **~ier** *vt* beleidigen; beschimpfen.
injust|e *a* un(ge)recht. **~ice** *f* Ungerechtigkeit *f*
inlassable *a* unermüdlich.
inné, e *a* angeboren.
innoc|ence *f* Unschuld *f.* **~ent, e** *a* unschuldig ‖ [candide] einfältig.
innombrable *a* unzählig.
innovation *f* Neuerung *f.*
inoculer *vt* einimpfen.
inodore *a* geruchlos.
inoffensif, ive *a* harmlos.
inond|ation *f* Überschwemmung *f.* **~er** *vt* überschwemmen (insép.).
in|opiné, e *a* unvermutet. **~opportun, e** *a* ungelegen. **~oubliable** *a* unvergeßlich. **~ouï, e** *a* unerhört.

inqui|et, ète *a* unruhig. **~éter** *vt* beunruhigen. **~étude** *f* Unruhe, Beunruhigung *f*.
insatisfait, e *a* unzufrieden.
inscription *f* Einschreibung *f* || [gravée] Inschrift *f*.
inscrire *vt* einschreiben.
insecte *m* Insekt *n*.
insécurité *f* Unsicherheit *f*.
insensé, e *a* wahnsinnig.
insensib|iliser *vt* betäuben. **~le** *a* unempfindlich || [imperceptible] unmerklich.
inséparable *a* untrennbar.
ins|érer *vt* einschalten || inserieren. **~ertion** *f* [journal] Inserat *n*.
insigne *m* (Ab)zeichen *n*.
insignifiant, e *a* unbedeutend.
insinuation *f* Andeutung *f*.
insipide *a* geschmacklos.
insist|ance *f* Drängen *n*; Nachdruck *m*. **~er** *vi* : *~ pour que,* darauf bestehen, daß.
insolation *f* Sonnenstich *m*.
insolent, e *a* frech.
in|soluble *a* FIG. unlösbar. **~somnie** *f* Schlaflosigkeit *f*. **~sonoriser** *vt* schalldicht machen. **~souciant, e** *a* unbekümmert.
inspect|er *vt* inspizieren. **~eur, trice** *s* Inspektor(in).
inspir|ation *f* FIG. Eingebung *f*. **~er** *vt* einatmen || FIG. eingeben.
instable *a* unbeständig.
install|ation *f* Einrichtung *f*. **~er** *vt* einrichten || [machine] aufstellen; einbauen • *vpr* [s'établir] sich niederlassen.
inst|amment *av* inständig. **~ance** *f* : *Sur les ~s de,* auf dringendes Bitten von.
instant *m* Augenblick *m*. **~ané, e** *a* augenblicklich.
instigateur *m* Anstifter *m*.
instinct *m* Instinkt *m* || *~ de conservation,* Selbsterhaltungstrieb *m*.
instit|uer *vt* einführen || JUR. einsetzen. **~uteur, trice** *s* (Volksschul)lehrer(in). **~ution** *f* Einführung *f*.
instr|ucteur *m* MIL. Ausbilder *m*. **~uctif, ive** *a* lehrreich. **~uction** *f* : *~ primaire,* Elementarunterricht *m* || JUR. Untersuchung *f* || *Pl* (An)weisung *f*. **~uire** *vt* (be)lehren || unterrichten || JUR. einleiten.
instrument *m* Instrument, Gerät *n*.
in|succès *m* Mißerfolg *m*. **~suffisant, e** *a* ungenügend.
insulaire *s* Inselbewohner(in).
insult|e *f* Beleidigung *f*. **~er** *vt* beleidigen, -schimpfen.
insupportable *a* unerträglich.
insurgé, e *s* Insurgent(in).
insurrection *f* Aufstand *m*.
intact, e *a* unversehrt.
intégral, e, aux *a* voll(ständig).
intègre *a* unbescholten.
intell|ect *m* Verstand *m*. **~igence** *f* Klugheit *f*.

~igent, e *a* intelligent; klug; gescheit. **~igible** *a* verständlich.

intempérant, e *a* unmäßig.

intempérie(s) *f(pl)* Unwetter *n.*

intendant *m* Verwalter *m.*

intens|e *a* heftig ‖ [froid] streng. **~ifier** *vt* verstärken. **~ité** *f* Intensität, Stärke *f.*

intenter *vt* anstrengen.

intention *f* Absicht *f.*

inter|caler *vt* einschalten. **~céder** *vi : ~ pour qn,* sich für jn verwenden. **~cepter** *vt* ab-, auffangen. **~cession** *f* Fürbitte *f.*

interdiction *f* Verbot *n.*

inter|dire *vt* verbieten. **~dit, e** *a* [étonné] verdutzt

intéresser *vt* interessieren ‖ [concerner] betreffen • *p pr/a :* ***~ant, e,*** interessant • *pp/a :* ***~é, e,*** PÉJ. eigennützig • *s :* ***~é, e,*** [personne] Interessent *m* • *vpr : S'~ à qch,* sich für etw interessieren.

intérêt *m* Interesse *n* ‖ Vorteil *m* ‖ FIN. Zins *m.*

intérieur, e *a* innerlich ‖ *Voix ~e,* innere Stimme; *Vie ~e,* Innenleben *n* • *m* Innere(s) *n* ‖ [foyer] Heim *n* • *loc p :* ***à l'~ de,*** innerhalb (gén.).

interjection *f* Ausruf *m.*

interlocuteur *m* Gesprächspartner *m.*

inter|mède *m* Zwischenspiel *n.* **~médiaire** *a* Zwischen... • *m* Vermittlung *f* ‖ [personne] Vermittler *m.*

intermittence *f : Par ~,* ab und zu.

intern|at *m* Internat *n.* **~e** *a* inner; innerlich • *m* (élève) Interne(r) *asm.*

interpellation *f* Anfrage *f.*

interposer *vt* dazwischenhalten • *vpr* dazwischentreten.

interpr|étation *f* Deutung *f.* **~ète** *s* Dolmetscher(in). **~éter** *vt* deuten ‖ SPECT. darstellen ‖ MUS. spielen.

interrog|atif, ive *a* Frage... **~ation** *f* Frage *f* ‖ [examen] Prüfung *f.* **~atoire** *m* Verhör *n.* **~er** *vt* fragen ‖ JUR. verhören.

interr|ompre *vt* unterbrechen • *vpr* sich innehalten. **~upteur** *m* ÉL. Schalter *m.* **~uption** *f* Unterbrechung *f.*

inter|section *f* Kreuzung *f* ‖ Kreuzpunkt *m.* **~stice** *m* Spalt *m.* **~valle** *m* Zwischenraum *m.* **~venir** *vi* eingreifen. **~vention** *f* Eingriff *m.* **~vertir** *vt* umkehren, -stellen.

intestin *m : Les ~s,* Gedärm *n.*

intime *a* (ver)traut; intim.

intimider *vt* einschüchtern.

intimité *f* Vertrautheit *f.*

intituler *vt* betiteln.

intolér|able *a* unerträglich. **~ant, e** *a* unduldsam.

intonation *f* Tonfall *m.*

intoxiquer *vt* vergiften.

intransigeant, e *a* unnachgiebig.

intrépide *a* furchtlos.

intrig|ant *m* Ränkeschmied *m*. **~ue** *f* Kabale *f* ‖ SPECT. Verwicklung *f*. **~uer** *vi* Ränke schmieden • *vt* neugierig machen.
introd|uction *f* Einführung *f*. **~uire** *vt* einführen.
intrus *m* Eindringling *m*.
intuition *f* Anschauung, Intuition *f* ‖ Ahnung *f*.
inus|able *a* unverwüstlich. **~ité, e** *a* ungebräuchlich.
inutil|e *a* unnütz. **~isable** *a* unbrauchbar.
invalid|e *a* gebrechlich • *m* Krüppel *m*. **~er** *vt* für ungültig erklären.
invariable *a* unveränderlich.
invasion *f* Einfall, Überfall *m*.
inventaire *m* Inventur *f*.
inventer *vt* erfinden.
invers|e *a* umgekehrt. **~er** *vt* umkehren ‖ ÉL. umschalten.
invertébré, e *a* wirbellos.
investigation *f* (Nach)forschung *f*.
invest|ir *vt* MIL. ein-, umschließen ‖ FIN. anlegen. **~issement** *m* Anlage, Investition *f*.
in|vincible *a* unbesiegbar. **~visible** *a* unsichtbar.
invit|ation *f* Einladung *f*. **~é, e** *s* Gast *m*. **~er** *vt* (ein)laden ‖ [engager] auffordern.
invocation *f* Anrufung *f*.
involontaire *a* ungewollt; unwillkürlich.
invoquer *vt* anrufen ‖ FIG. sich berufen (auf, acc.).
invraisemblable *a* unwahrscheinlich.
irascible *a* jähzornig.
iris *m* AN. Regenbogenhaut *f* ‖ BOT. Schwertlilie *f*.
Irlandais, e *s* Ire *m*; Irin *f*.
iron|ie *f* Hohn *m*; Ironie *f*. **~ique** *a* spöttisch; ironisch.
ir|réfléchi, e *a* unüberlegt. **~réfutable** *a* unwiderlegbar. **~régulier, ère** *a* unregelmäßig. **~remplaçable** *a* unersetzlich. **~réprochable** *a* tadellos. **~résistible** *a* unwiderstehlich. **~responsable** *a* unzurechnungsfähig.
irriter *vt* reizen ‖ MÉD. entzünden.
irruption *f* Einbruch, -fall *m*.
isocèle *a* gleichschenk(e)lig.
isol|ateur *m* Nichtleiter *m*. **~ement** *m* Absonderung *f*. **~er** *vt* absondern ‖ ÉL. isolieren • *a* : **~é, e,** vereinsamt ‖ [lieu] abgelegen. **~oir** *m* Wahlzelle *f*.
issu, e *a* : *Être* ~ *de*, entstammen (dat.). **~e** *f* Ausgang *m* • *loc p* : **à l'~ de,** nach Ende (gén.).
isthme *m* Landenge *f*; Isthmus *m*.
Itali|e *f* Italien *n*. **~en, ne** *a* italienisch • *s* : °~, Italiener(in).
itinéraire *m* Reiseweg *m*.
ivoire *m* Elfenbein *n*.
ivr|e *a* betrunken, -rauscht. **~esse** *f* Rausch *m*. **~ogne** *m* Trunkenbold *m*. **~ognerie** *f* Trunksucht *f*.

J

jabot *m* [oiseau] Kropf *m.*
jacasser *vi* schnattern.
jachère *f* Brachland *n; Être en* ~, brachliegen.
jacinthe *f* Hyazinthe *f.*
jadis *av* früher; einst.
jaillir *vi* sprudeln ‖ ~ *de,* entspringen (dat.) ‖ [flamme] hochschlagen.
jalon *m* Meßlatte f. **~ner** *vt* abstecken, -messen.
jal|ousie *f* Eifersucht *f;* Neid *m.* **~oux, se** *a* eifersüchtig.
jamais *av* [sens positif] je(mals); *Plus que* ~, mehr denn je ‖ [sens négatif] nie(mals); nimmer.
jam|be *f* Bein *n.* **~bon** *m* Schinken *m.* **~bonneau** *m* Eisbein *n.*
jante *f* (Rad)felge *f.*
janvier *m* Januar *m.*
Japon *m* Japan *n.* **~ais, e** *a* japanisch • *s :* °~, Japaner(in).
jardin *m* Garten *m* ‖ ~ *d'enfants,* Kindergarten. **~ier** *m* Gärtner *m.*
jargon *m* Kauderwelsch *n.*
jarre *f* (Ton)krug *m.*
jarret *m* Kniekehle *f* ‖ CUIS. ~ *de veau,* Kalbshaxe *f.*
jaser *vi* schwatzen; plappern.
jatte *f* Napf *m.*
jaug|e *f :* ~ *d'essence,* Benzinstandmesser *m.* **~er** *vt* eichen.
jaun|e *a* gelb. **~isse** *f* Gelbsucht *f.*
Javel (eau de) *f* Chlorwasser *n.*
javelot *m* Speer *m.*
je *pr pers* ich.
jet *m* Wurf *m* ‖ ~ *d'eau,* Springbrunnen *m.*
jetée *f* Mole *f.*
jeter *vt* werfen ‖ schmeißen ‖ ~ *un coup d'œil,* einen Blick werfen • *vpr : Se* ~ *sur qn,* über jn herfallen.
jeton *m* (Spiel)marke *f* ‖ [téléphone] Münze *f.*
jeu *m* Spiel *n;* ~ *de hasard,* Glücksspiel ‖ LOC : *Mettre en* ~, aufs Spiel setzen; ~ *de mots,* Wortspiel ‖ TECHN. *Avoir du* ~, Spielraum haben.
jeudi *m* Donnerstag *m.*
jeun (à) *loc av* nüchtern.
jeune *a* jung ‖ ~ *fille,* Mädchen *n* • *m* Junge *m.*
jeûner *vi* fasten.
jeunesse *f* Jugend *f.*
joaillier *m* Juwelier *m.*
joie *f* Freude *f.*
joindre *vt* (zusammen-, aneinander)fügen; verbinden ‖ [ajouter] hinzufügen; beilegen • *vi* [fermer] dicht sein • *vpr : Se* ~ *à qn,* sich jm anschließen.
joint *m* Gelenk *n.*
joli, e *a* hübsch.
jonc *m* Binse *f;* Schilf *n.*

joncher *vt* bestreuen.
jonction *f* Verbindung *f*.
jongler *vi* gaukeln.
joue *f* Backe, Wange *f* ‖ *Mettre qn en ~*, auf jn anlegen.
jou|er *vi* spielen • *vt* SPECT. spielen; aufführen. **~et** *m* Spielzeug *n*. **~eur, euse** *s* Spieler(in).
joug *m* Joch *n*.
jou|ir *vi* : *~ de qch*, etw genießen. **~issance** *f* Genuß *m* ‖ JUR. Nutznießung *f*.
jour *m* Tag *m*; *En plein ~*, am hellen Tag; *Dans quinze ~s*, (heute) in vierzehn Tagen; *~ de l'an*, Neujahrstag; *Un ~*, eines Tages; *Un ~ ou l'autre*, über kurz oder lang; *Tous les ~s*, jeden Tag ‖ ARCH. Öffnung, Spalte *f*.
journal *m* Zeitung *f* ‖ *~ intime*, Tagebuch *n*. **~ier, ère** *a* (all)täglich. **~iste** *s* Journalist(in).
journ|ée *f* Tag *m*, -eszeit *f*. **~ellement** *av* tagaus, tagein.
jovial, e, als ou **aux** *a* fidel.
joyau *m* Juwel *n*.
joyeux, euse *a* fröhlich; lustig.
jubil|é *m* Jubiläum *n*. **~er** *vi* jubeln; (auf)jauchzen.
judic|iaire *a* gerichtlich. **~ieux, euse** *a* sinnvoll.
jug|e *m* Richter *m*; *~ d'instruction*, Untersuchungsrichter. **~ement** *m* [faculté] Urteilskraft *f* ‖ [acte] Urteil *n*. **~er** *vt* beurteilen; richten über (acc.).
jugul|aire *a* : *Veine ~*, Halsschlagader *f*. **~er** *vt* ab-, erdrosseln.
juif, ive *a* jüdisch • *m* : °*~*, Jude *m*.
juillet *m* Juli *m*.
juin *m* Juni *m*.
jum|eau, elle *a* : *Lits ~x*, Doppelbetten *npl* • *s* Zwilling *m* • *fpl* : **~elles**, [lunette] Fern-, Opernglas *n*. **~elage** *m* : *~ de villes*, Städtepartnerschaft *f*. **~elé, e** *a* : *Ville ~e*, Partnerstadt *f*.
jument *f* Stute *f*.
jungle *f* Dschungel *m*.
jup|e *f* Rock *m*. **~on** *m* Unterrock *m*.
jur|é *m* JUR. Geschworene(r) *asm*. **~er** vt schwören • *vi* PÉJ. fluchen.
jur|idiction *f* Gerichtsbarkeit *f*. **~idique** *a* gerichtlich. **~isprudence** *f* Rechtsprechung *f*. **~iste** *m* Jurist *m*. **~on** *m* Fluch *m*. **~y** *m* JUR. Jury *f*; Preis-, Schwurgericht *n* ‖ [examen] Prüfungskommission *f*.
jus *m* Saft *m*.
jus|que, ~qu' *p* bis • *loc p* : ***~qu'à***, bis zu, bis nach • *loc c* : ***~qu'à ce que***, bis.
just|e *a* gerecht ‖ [justifié] recht ‖ *C'est ~*, es stimmt ‖ [étroit] eng • *av* : *~ à côté*, dicht nebenan ‖ [à peine] eben • *m* : *Au ~*, eigentlich. **~ement** *av* mit Recht ‖ eben. **~esse** *f* Richtigkeit *f* ‖ *De ~*, knapp.
justic|e *f* Rechtspflege, Justiz

f || [équité] Gerechtigkeit *f;* Recht *n.*
justif|ication *f* Rechtfertigung *f* || [avec preuve] Nachweis *m.* **~ier** *vt* rechtfertigen.

jute *m* Jute *f.*
juteux, euse *a* saftig.
juvénile *a* jugendlich.
juxtaposer *vt* nebeneinanderstellen.

K

kangourou *m* Känguruh *n.*
kaolin *m* Porzellanerde *f.*
képi *m* Käppi *n.*
kermesse *f* Kirchweih *f.*
kilo|(gramme) *m* Kilo(gramm) *n.* **~mètre** *m* Kilometer *m,n ;* *~ carré,* Quadratkilometer.
kinésithérapeute *m* Heilgymnastiker *m.*
Klaxon *m* Hupe *f.*
kyste *m* Zyste *f.*

l

1. la *art déf f* die *f.*
2. la *m* MUS. A *n; ~ bémol,* As *n; ~ dièse,* Ais *n* || *Donner le ~,* den Ton angeben.
là *av* da ; dort ; *Ici et ~,* hier und dort || [avec changement de lieu] da-, dorthin. || *D'ici ~,* bis dahin • *loc av : **par** ~,* [moyen] dadurch. **~-bas** *loc av* dort ; da-, dorthin.
labeur *m* Arbeit *f;* Fleiß *m.*
labor|atoire *m* Labor(atorium) *n.* **~ieux, euse** *a* arbeitsam ; fleißig || [pénible] mühsam.
labour|able *a : Terre ~,* Ackerland *n.* **~er** *vt* pflügen; bestellen.
lac *m* See *m.*
lacer *vt* ver-, zuschnüren.
lacérer *vt* zerfetzen.
lacet *m* Schnürsenkel *m* || [piège] Schlinge *f* || *En ~,* kurvenreich.
lâche *a* locker || FIG. feige.
lâcher *vt* lockern || loslassen.
lacune *f* Lücke *f.*
là|-dessous *loc av* d(a)runter. **~-dessus** *loc av* d(a)rüber ; d(a)rauf.
là-haut *loc av* dort oben.
laï|c, ~que *m* Laie *m.*
laid, e *a* häßlich.
laie *f* Wildsau *f.*
lain|e *f* Wolle *f; ~ peignée,*

Kammwolle. **~eux, euse** *a* wollig.
laisse *f* Leine *f*.
laiss|er *vt* lassen || [objet] liegen-, steckenlassen || ~ *(derrière soi)*, zurücklassen || [léguer] hinterlassen || [restes] übriglassen || [avec inf.] ~ *tomber*, fallen lassen. **~er-aller** *m inv* Fahrlässigkeit *f*. **~ez-passer** *m inv* Passierschein *m*.
lait *m* Milch *f*. **~erie** *f* Molkerei *f*. **~ier, ère** *a* Milch...
laiton *m* Messing *n*.
laitue *f* Kopfsalat *m*.
lambeau *m* Fetzen *m*.
lambris *m* Täfelung *f*.
lame *f* Klinge *f* || ~ *de fond*, Grundsee *f*.
lament|able *a* kläglich. **~er (se)** *vpr* jammern.
laminer *vt* walzen; strecken.
lamp|adaire *m* Straßenlaterne *f* || [d'intérieur] Stehlampe *f*. **~e** *f* Lampe *f*; ~ *de poche*, Taschenlampe.
lance *f* Lanze *f*; Speer *m* || [à incendie] Spritzrohr *n*. **~ment** *m* MAR. Stapellauf *m*.
lancer *vt* werfen || schleudern || schmeißen || FIG. ~ *une mode*, eine Mode einführen || [bateau] vom Stapel laufen lassen.
lancinant, e *a* stechend.
lande *f* Heide *f*.
langage *m* Sprache *f* || [manière de s'exprimer] Ausdrucksweise *f*.
lange *m* Windel *f*.
langoureux, euse *a* sehnsüchtig.
langue *f* Zunge *f* || [langage] Sprache *f*; ~ *étrangère*, Fremdsprache.
langu|eur *f* Mattigkeit *f*. **~ir** *vi* dahinkränkeln, -siechen.
lanière *f* (Binde)riemen *m*.
lanterne *f* Laterne *f*.
lapider *vt* steinigen.
lapin *m* Kaninchen *n*.
laps *m* : ~ *de temps*, Zeitraum *m*.
lapsus *m* Sprachschnitzer *m*.
laqu|e *f* Lack *m*, -farbe *f*. **~er** *vt* lackieren.
larcin *m* (kleiner) Diebstahl.
lard *m* Speck *m*. **~on** *m* Speckschnitte *f*.
larg|e *a* breit || [ample] weit • *m* [largeur] Breite *f* || MAR. die hohe See. **~eur** *f* Breite *f*.
larguer *vt* abwerfen || MAR. schießen lassen.
larme *f* Träne *f*.
larron *m* Dieb *m*.
laryn|gite *f* Kehlkopfentzündung *f*. **~x** *m* Kehlkopf *m*.
las, se *a* müde (gén.).
lascif, ive *a* lüstern.
lasser *vt* ermüden.
latent, e *a* verborgen.
latéral, e, aux *a* Seiten...
latin, e *a* lateinisch • *m* [langue] Latein *n*.
latitude *f* Breite *f* || Freiheit *f*.
latte *f* (Holz)latte *f*.
laur|éat, e *s* Preisträger(in). **~ier** *m* Lorbeer *m*.
lav|abo *m* Waschbecken *n*. **~age** *m* (Ab)spülung *f*.

lavande *f* Lavendel *m*.
lave *f* Lava *f*.
lav|er *vt* waschen || [vaisselle] spülen • *vpr* sich waschen. **~oir** *m* Waschhaus *n*.
laxatif *m* Abführmittel *n*.
layette *f* Babywäsche *f*.
le *art déf m*, **la** *f*, **les** *pl* der; die; das; die *(pl)* • *pr 3e pers : ~ voici*, da ist er.
lécher *vt* (ab-, auf-, be)lecken.
leçon *f* Lektion *f*; *~ particulière*, Privatstunde *f* || FIG. Lehre *f*.
lect|eur, trice *s* Leser(in) || ENS. Lektor(in). **~ure** *f* (Vor)lesen *n* || Lektüre *f* || POL. Lesung *f*.
légal, e, aux *a* gesetzlich. **~iser** *vt* [signature] beglaubigen.
légation *f* Gesandtschaft *f*.
légend|aire *a* sagenhaft. **~e** *f* Legende *f* || [récit] Sage *f*.
lég|er, ère *a* leicht || FIG. [sans gravité] leicht || [frivole] leichtsinnig. **~èreté** *f* FIG. Leichtsinn *m*.
législateur, trice *s* Gesetzgeber(in).
légitim|e *a* rechtmäßig || [enfant] ehelich || FIG. [équitable] gerecht. **~er** *vt* [enfant] anerkennen.
legs *m* Vermächtnis *n*.
léguer *vt* vermachen.
légume *m* Gemüse *n*.
lendemain *m* folgender/nächster Tag; *Le ~*, am folgenden Tag.
lent, e *a* langsam || FIG. träge.
lentille *f* Linse *f*.
lèpre *f* Aussatz *m*.
lequel, laquelle, lesquels *pr rel/interr* welcher; welche; welches; welche.
les *art déf* → LE.
léser *vt* (be)schädigen.
lésion *f* Verletzung *f*.
lessiv|e *f* Wäsche *f* || [solution] Lauge *f*. **~er** *vt* auslaugen.
lest *m* Ballast *m*.
leste *a* flink; hurtig.
lester *vt* belasten.
lettr|e *f* Buchstabe *m* || [missive] Brief *m*. **~é** *m* Gebildete(r) *asm*.
leucémie *f* Leukämie *f*.
leur *pr pers 3e pers pl inv* ihnen • *a poss 3e pers pl* ihr; ihre; ihr.
leurr|e *m* FIG. Lockmittel *n*. **~er (se)** *vpr* sich täuschen.
lev|ain *m* Sauerteig *m*. **~ant** *m* [pays] Morgenland *n*.
levée *f* [suppression] Aufhebung *f* || [postes] Leerung *f* || [jeux] Stich *m*.
lev|er *vt* (empor-, er)heben || *~ les yeux*, aufblicken || FIN. *~ des impôts*, Steuern erheben • *vi* AGR. aufgehen • *vpr* sich erheben; aufstehen || [astre] aufgehen. **~ier** *m* Hebel *m*.
lèvre *f* Lippe *f*.
lévrier *m* Windhund *m*.
levure *f* Hefe *f*.
lexique *m* Lexikon *n*.
lézard *m* Eidechse *f*. **~e** *f* Riß *m*.
li|aison *f* Verbindung *f*. **~asse** *f* Pack, Stoß *m*.

libellé *m* Wortlaut *m.*
libellule *f* Libelle *f.*
libér|al, e, aux *a : Profession ~e,* freier Beruf ‖ [généreux] freigebig. **~ation** *f* Befreiung *f.* **~er** *vt* befreien ‖ MIL. entlassen.
liberté *f* Freiheit *f.*
librair|e *m* Buchhändler. **~ie** *f* Buchhandlung *f* ‖ *~ d'occasion.* Antiquariat *n.*
libre *a* frei ; *Vous êtes ~ de,* es steht Ihnen frei, zu. **~-service** *m* Selbstbedienung *f.*
licenc|e *f* Lizenz *f* ‖ Freiheit *f.* **~ié, e** *m* Lizentiat *m.* **~ier** *vt* (aus dem Dienst) entlassen.
licite *a* zulässig ; statthaft.
licou *m* Halfter *f.*
lie *f* Satz *m;* Hefe *f.*
liège *m* Kork *m.*
lien *m* Band *n* ; Fessel *f.*
lier *vt* (ver)binden ‖ zubinden.
lierre *m* Efeu *m.*
lieu *m* Ort *m;* Stelle, Stätte *f* ‖ *S'il y a ~,* gegebenenfalls • *loc v : Avoir ~,* stattfinden • *loc p :* **au ~ de,** (an)statt (gén.) ‖ [avec inf.] anstatt zu.
lieue *f* Meile *f.*
lieutenant *m* Oberleutnant *m.*
lièvre *m* Hase *m.*
lig|ament *m* (Muskel-, Gewebe)band *n.* **~aturer** *vt* abbinden.
ligne *f* Linie *f* ‖ [écriture] Zeile *f* ‖ *Grandes ~s,* Grundriß *m* ‖ [pêche] Angel *f.*
lignite *m* Braunkohle *f.*
ligoter *vt* fesseln ; binden.
ligue *f* Bund, Verein *m.*
lilas *m* Flieder *m* • *a* lila(farben).
limace *f* Schnecke *f.*
lim|e *f* Feile *f.* **~er** *vt* (aus)feilen.
limier *m* Spürhund *m.*
limit|e *f* Grenze *f; Sans ~s,* grenzenlos. **~er** *vt* begrenzen, -schränken. **~rophe** *a* Grenz...
limon *m* GÉOL. Lehm *m.*
limonade *f* Limonade *f.*
limpide *a* durchsichtig ; klar.
lin *m* Flachs, Lein *m.* **~ceul** *m* Leichentuch *n.*
linge *m* Wäsche *f.*
lingot *m* Barren *m.*
linteau *m* Fenster-, Türsturz *m.*
lion *m* Löwe *m.*
lippe *f* Wulstlippe *f.*
liqu|éfier *vt* verflüssigen ; flüssigmachen • *vpr* zerfließen. **~eur** *f* Likör *m.*
liquid|ation *f : ~ judiciaire,* Konkursausverkauf *m.* **~e** *a* flüssig ‖ [argent] bar • *m* Flüssigkeit *f.* **~er** *vt* ausverkaufen ‖ FAM. erledigen.
lire *vt* (vor)lesen.
lis *m* Lilie *f.*
liséré *m* Litze, Borte *f.*
liseron *m* (Acker)winde *f.*
lisible *a* leserlich ; lesbar.
lisière *f* Saum, Rand *m.*
lisse *a* glatt ; eben.
lisser *vt* glätten.
liste *f* Liste *f;* Verzeichnis *n.*
lit *m* Bett *n.* **~erie** *f* Bettzeug *n.*
lithographie *f* Steindruck *m.*

litière *f* Streu *f;* Strohlager *n.*
litige *m* (Rechts)streit *m.*
litre *m* Liter *m, n.*
littér|aire *a* literarisch. **~alement** *av* buchstäblich. **~ature** *f* Literatur *f.*
littoral *m* Küstenstrich *m.*
livide *a* leichenblaß.
livraison *f* (Be)lieferung *f.*
1. livre *m* Buch *n.*
2. livre *f* Pfund *n.*
livrer *vt* (be-, aus)liefern.
livret *m* SPECT. Textbuch *n.*
loc|al, e, aux *a* örtlich ; *Heure ~e,* Ortszeit *f* • *m* Lokal *n;* Raum *m.* **~alité** *f* Ortschaft *f.* **~ataire** *m* Mieter *m.* **~ation** *f* (Ver)mieten *n* ‖ SPECT. Vorverkauf *m.*
locomotive *f* Lok(omotive) *f.*
locution *f* Redensart *f.*
log|e *f* Loge *f.* **~ement** *m* Wohnung *f.* **~er** *vi* wohnen • *vt* unterbringen.
logique *f* Logik *f* • *a* logisch.
logis *m* Wohnung *f;* Quartier *n.*
loi *f* Gesetz *n* ‖ *Hors la ~,* vogelfrei.
loin *av* weit ; fern(liegend) • *loc av :* ***au ~,*** in der Ferne ‖ ***de ~,*** von weitem ‖ ***de ~ en ~,*** ab und zu • *p :* ***~ de,*** fern von. **~tain, e** *a* fern ; entfernt • *m* Ferne, Weite *f.*
loisir *m* Muße *f* ‖ *Pl* Freizeit *f.*
lombaire *a* Lenden... ; Kreuz...
long, ue *a* lang • *m : De tout son ~,* der Länge nach • *loc av :* ***à la ~ue,*** auf die Dauer • *loc p :* ***le ~ de,*** längs (gén.) ; entlang (acc.).
longe *f* Leine *f* ‖ CUIS. *~ de veau,* Lendenbraten *m.*
longer *vt* entlanggehen (an, dat.).
longitude *f* Länge *f.*
long|temps *av* lange ; *Il y a ~,* vor langer Zeit ; *Depuis ~,* seit langem. **~ueur** *f* Länge *f.* **~ue-vue** *f* Fernglas *n.*
lopin *m* Stück *(n)* Feld.
loquace *a* redselig.
loque *f* Lumpen *m.*
loquet *m* Klinke *f.*
lorgn|er *vt* schielen nach. **~ette** *f* Operngucker *m.*
lors *loc av :* ***depuis ~,*** seitdem • *loc p :* ***~ de,*** bei. **~que** *c* als ‖ wenn.
losange *m* Rhombus *m.*
lot *m* Teil *m, n* ‖ Los *n.*
lotion *f : ~ capillaire,* Haarwasser *n.*
lot|ir *vt* parzellieren. **~issement** *m* Siedlung *f.*
louable *a* löblich.
louage *m* Vermietung *f.*
louange *f* Lob *n.*
1. louche *f* Suppenkelle *f.*
2. louch|e *a* verdächtig. **~er** *vi* schielen.
1. louer *vt* [éloge] loben.
2. louer *vt* [propriétaire] vermieten ‖ [locataire] mieten.
loup *m* Wolf *m.*
loupe *f* OPT. Lupe *f.*
lourd, e *a* schwer ‖ [pataud] plump ‖ [temps] schwül. **~aud, e** *a* schwerfällig. **~eur** *f* Schwere *f.*

loutre *f* Fischotter *m, f.*
louvoyer *vi* lavieren.
loy|al, e, aux *a* ehrlich ; treu. **~auté** *f* Treue *f.*
loyer *m* Miete *f.*
lubie *f* FAM. Grille *f.*
lubrifiant *m* Schmieröl *n.*
lucarne *f* Dachfenster *n.*
lucide *a* klar ; hell(sichtig).
lucratif, ive *a* ergiebig.
lueur *f* Schein, Schimmer *m.*
luge *f* Rodel *m.*
lugubre *a* schauerlich.
lui *pr pers* er ; ihm ; ihr.
luire *vi* leuchten ; scheinen.
lumbago *m* Hexenschuß *m.*
lum|ière *f* Licht *n.* **~ineux, euse** *a* Leucht... ‖ FIG. einleuchtend.
lun|aire *a* Mond... **~atique** *a* launisch.
lundi *m* Montag *m.*
lune *f* Mond *m; Nouvelle, pleine* ~, Neu-, Vollmond.
lunettes *fpl* Brille *f.*
lustr|e *m* [éclat] Glanz *m* ‖ [éclairage] Kronleuchter *m.* **~é, e** *a* glänzend.
luthier *m* Geigenbauer *m.*
lutrin *m* Notenpult *n.*
lutt|e *f* SP. Ringkampf *m.* **~er** *vi* kämpfen ; ringen ; streiten.
luxation *f* Verrenkung *f.*
luxe *m* Luxus, Prunk *m.*
luxer *vt* verrenken.
luxu|eux, euse *a* prunkvoll. **~re** *f* Unzucht *f.* **~riant, e** *a* üppig.
luzerne *f* Luzerne *f.*
lycée *m* Gymnasium *n;* Oberschule *f.*
lynx *m* Luchs *m.*
lyr|e *f* Leier *f.* **~ique** *a* lyrisch.

m

ma *a poss* → MON.
macabre *a* grausig.
macaron *m* Makrone *f.*
macérer *vt* auslaugen.
mâche *f* Rapunzel *f.*
mâcher *vt* (zer)kauen.
machinal, e, aux *a* mechanisch.
machin|e *f* Maschine *f; ~ à écrire,* Schreibmaschine. **~er** *vt* anzetteln.
mâchoire *f* Kiefer *m.*
maçon *m* Maurer *m.*
maculer *vt* beflecken.
madame *f* (gnädige) Frau.
mademoiselle *f* Fräulein *n.*
madrier *m* Bohle *f.*
magasin *m* Laden *m;* Geschäft *n* ‖ *Grand* ~, Kaufhaus *n.*
magazine *m* Magazin *n.*
mag|icien *m* Zauberer *m.* **~ie** *f* Zauberei *f.* **~ique** *a* Zauber...
magistr|al, e, aux *a* meisterhaft. **~at** *m* Gerichtsbeamte(r)

m. **~ature** *f* Richteramt *n* ‖ Richterstand *m.*
magnanime *a* großmütig.
magné|tique *a* Magnet... **~tophone** *m* Tonbandgerät *n.*
magnifi|cence *f* Pracht *f.* **~que** *a* prachtvoll ; herrlich.
mai *m* Mai *m.*
maigr|e *a* mager ; hager. **~eur** *f* Dürre *f.* **~ir** *vi* abmagern.
maille *f* Masche *f.*
maillet *m* Schlegel *m.*
maillon *m* Kettenglied *n.*
maillot *m* [bébé] Windel *f* ‖ Trikot *n* ‖ ~ *de bain,* Badehose *f.*
main *f* Hand *f; Fait à la ~,* handgemacht ‖ *En ~s propres,* eigenhändig ‖ *Demander la ~,* um die Hand werben. **~-d'œuvre** *f* Arbeitskräfte *fpl.* **~mise** *f* Beschlagnahme *f.*
maint, e *a* manche(r) ; manches.
maintenant *av* jetzt ; nun.
maint|enir *vt* (aufrecht)-erhalten • *vpr* sich behaupten. **~ien** *m* (Aufrecht)erhaltung *f* ‖ [tenue] Haltung *f.*
mair|e *m* (Ober)bürgermeister *m.* **~ie** *f* Stadt-, Rathaus *n.*
mais *c* aber ; doch ; sondern.
maïs *m* Mais *m.*
maison *f* Haus *n* ‖ ~ *de retraite,* Altersheim *n* ‖ COMM. Firma *f.*
maîtr|e *m* Herr *m* ‖ ENS. Lehrer *m* ‖ ~ *d'hôtel,* Oberkellner *m* ‖ ~ *nageur,* Schwimmeister *m.* **~esse** *f* : ~ *de maison,* Hausfrau *f* ‖ ENS. Lehrerin *f.* **~ise** *f* : ~ *de soi,* Selbstbeherrschung *f* ‖ Meisterschaft *f.* **~iser** *vt* beherrschen.
majest|é *f* Majestät *f.* **~ueux, euse** *a* majestätisch.
majeur, e *a* größer ‖ JUR. mündig ‖ MUS. Dur *n.*
major *m* MIL. Stabsarzt *m.* **~er** *vt* erhöhen. **~ité** *f* [âge] Mündigkeit *f* ‖ Mehrheit *f.*
majuscule *f* großer Buchstabe.
mal *m (pl* **maux***)* Böse(s), Übel *n* ‖ Leiden, Weh *n* ‖ *Avoir ~ à la tête,* Kopfschmerzen haben ; *Faire ~,* weh tun ‖ *Avoir du ~,* Mühe haben • *a* schlecht • *av* : ~ *agir,* schlecht handeln ‖ ~ *élevé,* ungezogen ‖ *Se trouver ~,* ohnmächtig werden.
malad|e *a* krank • *s* Kranke(r) *as ;* Patient(in). **~ie** *f* Krankheit *f.* **~if, ive** *a* kränklich.
maladr|esse *f* Ungeschicklichkeit *f.* **~oit, e** *a* ungeschickt.
malais|e *m* Unbehagen *n* ‖ MÉD. Übelkeit *f.* **~é, e** *a* schwierig ; mühsam.
malaxer *vt* (durch)kneten.
malchanc|e *f* Unglück *n.* **~eux** *m* Pechvogel *m.*
mâle *a* männlich • *m* Männchen *n.*
malédiction *f* Fluch *m.*
mal|encontreux, euse *a* peinlich ; fatal. **~entendu** *m* Mißverständnis *n.* **~faisant,**

e *a* schädlich. **~faiteur** *m* Missetäter *m.* **~famé, e** *a* berüchtigt.
malgré *p* trotz (gén.) ‖ *~ moi,* wider Willen.
malheur *m* Unglück *n.* **~eusement** *av* leider. **~eux, euse** *a* unglücklich.
malhonnête *a* unehrlich.
malic|e *f* Bosheit *f* ‖ [espièglerie] Schalkheit *f.* **~ieux, euse** *a* schalkhaft.
malin, igne *a* [méchant] böse; bösartig ‖ [rusé] schlau.
malle *f* (Reise)koffer *m.*
malléable *a* FIG. geschmeidig.
mal|propre *a* unsauber. **~sain, e** *a* ungesund. **~séant, e** *a* unschicklich.
mal|traiter *vt* mißhandeln. **~veillance** *f* Übelwollen *n.*
mamel|le *f* Brust *f* ‖ Zitze *f.* **~on** *m* Warze *f.*
mammifère *m* Säugetier *n.*
1. manche *f* Ärmel *m* ‖ [jeux] Runde *f;* Satz *m* ‖ GÉOGR. °~, (Ärmel)kanal *m.*
2. manche *m* Heft *n* ‖ Stiel *m.*
manch|ette *f* Manschette *f* ‖ [journal] Schlagzeile *f.* **~on** *m* Muff *m.*
manchot, e *a/s* einarmig.
mandat *m* Mandat *n;* Auftrag *m;* Vollmacht *f* ‖ [paiement] (Zahlungs)anweisung *f* ‖ JUR. *~ d'arrêt,* Haftbefehl *m.* **~er** *vt* ermächtigen.
manège *m* Reitbahn *f* ‖ FIG. Treiben *n.*
manette *f* Handhebel *m.*
mange|able *a* eßbar. **~oire** *f* Krippe *f.*
manger *vt* essen ‖ [animaux] fressen.
maniable *a* handlich.
maniaque *a* manisch; besessen.
mani|ement *m* FIG. Umgang *(m)* mit. **~er** *vt* handhaben ‖ FIG. behandeln; umgehen mit.
mani|ère *f* Art, Weise *f; De cette ~,* auf diese Art/Weise ‖ *De toute ~,* sowieso ‖ *~ de vivre,* Lebensart *f* ‖ *Pl : Mauvaises ~s,* Unart *f* • *loc c :* ***de ~ à; de ~ que,*** so, daß. **~éré, e** *a* geziert; manieriert.
manifest|ant, e *s* Demonstrant(in). **~ation** *f* Kundgebung *f.* **~e** *a* offenkundig. **~er** *vt* äußern • *vi* demonstrieren.
manipuler *vt* handhaben.
manivelle *f* Kurbel *f.*
mannequin *m* Schneiderpuppe *f* ‖ Mannequin *n.*
1. manœuvre *f* Handhabung *f* ‖ *Pl* MIL. Übung *f;* Manöver *n.*
2. manœuvr|e *m* Hilfsarbeiter *m.* **~er** *vt* handhaben ‖ [navire] manövrieren.
manqu|e *m* Fehlen *n;* Mangel *m* ‖ *~ de délicatesse,* Taktlosigkeit *f.* **~er** *vi* fehlen; mangeln ‖ *Il me ~e,* ich vermisse ihn ‖ *Je ~e de,* es fehlt mir an (dat.) ‖ [faillir] *Il a ~é (de) tomber,* er wäre beinahe gefallen • *vt* verfehlen; verpassen.

mansarde *f* Dachstube *f*.
mansuétude *f* Milde *f*.
manteau *m* Mantel *m*.
manucure *f* Maniküre *f*.
manuel, le *a* Hand... • *m* Hand-, Lehrbuch *n*.
manufacture *f* Fabrik *f*.
manuscrit *m* Handschrift *f*.
manutention *f* Behandlung *f*.
maquereau *m* Makrele *f*.
maquette *f* Modell *n*.
maquignon *m* Roßhändler *m*.
maquiller *vt* schminken.
maquis *m* Dorngestrüpp *n*.
maraîcher, ère *a* Gemüse... • *s* Gemüsegärtner(in).
marais *m* Sumpf *m;* Moor *n*.
marauder *vi* marodieren.
marbre *m* Marmor *m*.
1. marc *m* [monnaie] Mark *f*.
2. marc *m* : ~ *de café,* Kaffeesatz *m* || [alcool] Branntwein *m*.
marchand *m* Händler, Kaufmann *m*. **~er** *vt* feilschen. **~ise** *f* Ware *f;* Gut *n*.
marche *f* Gehen *n;* Gang *m* || *Se mettre en* ~, aufbrechen || TECHN. Lauf, Gang *m;* ~ *arrière,* Rückwärtsgang; *Faire* ~ *arrière,* zurückfahren || *Mettre en* ~, [voiture] anlassen || [escalier] Stufe *f*.
marché *m* Markt *m* || Handel *m* || LOC : *Bon* ~, billig.
marchepied *m* Trittbrett *n*.
marcher *vi* gehen || treten; wandern || MIL. marschieren || FAM. mitmachen.
mardi *m* Dienstag *m*.
mare *f* Pfuhl *m;* Pfütze *f*.
marécage *m* Moor *n*.
maréchal *m* Feldmarschall *m*. **~-ferrant** *m* Hufschmied *m*.
marée *f* : ~ *basse,* Ebbe *f;* ~ *haute,* Flut *f*.
marelle *f* Himmel und Hölle.
marg|e *f* Rand *m* || FIG. Spielraum *m*. **~elle** *f* Brunnenrand *m*.
marguerite *f* BOT. Gänseblümchen *n*.
mari *m* (Ehe)mann *m*.
mari|age *m* [état] Ehe *f* || [acte] Heirat *f*. **~é, e** *a* verheiratet, -mählt • *s* : *Les* ~*s,* die Neuvermählten *pl*. **~er** *vt* verheiraten • *vpr* sich verheiraten.
marin *m* Seemann *m*. **~e** *f* Marine, Flotte *f*.
mariner *vt* einpökeln • *vi* in Essig liegen.
marinier *m* Flußschiffer *m*.
marionnette *f* Drahtpuppe *f*.
maritime *a* See...
marmite *f* Kochtopf *m*.
marmot *m* FAM. Knirps *m*.
marmotte *f* Murmeltier *n*.
maroquin *m* Saffian *m*. **~erie** *f* Lederwarengeschäft *n*.
marqu|e *f* Kennzeichen *n;* Marke *f* || [cicatrice] Narbe *f*. **~er** *vt* kennzeichnen || [empreindre] prägen || [souligner] unterstreichen || FIG. [démontrer] bezeigen || SP. ~ *un but,* ein Tor schießen.
marqueterie *f* eingelegte Arbeit.
marraine *f* (Tauf)patin *f*.

marron *m* Marone *f* • *a inv* kastanienbraun.
mars *m* März *m*.
mart|eau *m* Hammer *m*; ~-*pilon*, Dampfhammer. **~eler** *vt* hämmern.
martial, e, aux *a* kriegerisch.
martin-pêcheur *m* Eisvogel *m*.
martre *f* Marder *m*.
martyr, e *s* Märtyrer(in).
masculin, e *a* männlich • *m* GRAMM. Maskulinum *n*.
masqu|e *m* Maske, Larve *f*. **~er** *vt* maskieren ‖ bemänteln.
massacr|e *m* Gemetzel, Blutbad *n*. **~er** *vt* niedermetzeln.
massage *m* Massage *f*.
masse *f* Masse *f* ‖ ÉL. Erde *f* ‖ Menge *f*.
masser *vt* massieren.
masseur *m* Masseur *m*.
massif, ive *a* massiv; Massen... • *m* : ~ *de fleurs*, Blumenbeet *n* ‖ Gebirge *n*.
massue *f* Keule *f*.
mastic *m* Kitt *m*.
1. mastiquer *vt* (ver)kitten.
2. mastiquer *vt* [mâcher] kauen.
masure *f* Bruchbude *f*.
1. mat *m* [échecs] matt.
2. mat, e *a* matt ‖ [son] dumpf.
mât *m* Mast(baum) *m*.
match *m* SP. (Wett)kampf *m*.
matelas *m* Matratze *f*.
matelot *m* Matrose *m*.
mater *vt* FIG. bändigen.
matériau *m* (Bau)material *n*, -stoff *m*.
matériel, le *a* materiell; stofflich • *m* Material *n*.
maternel, le *a* mütterlich; Mutter... • *f* [école] Kindergarten *m*.
mathématiques *fpl* Mathematik *f*.
matière *f* Materie *f*; Stoff *m*; ~*(s) première(s)*, Rohstoff(e).
matin *m* Morgen *m*; *Le* ~, morgens; *Ce* ~, heute morgen. **~ée** *f* Vormittag *m* ‖ SPECT. Nachmittagsvorstellung *f*.
matou *m* Kater *m*.
matraque *f* Knüppel *m*.
matri|ce *f* Matrize *f*. **~cule** *f* Matrikel *f* • *m* [numéro] Kennummer *f*.
matrimonial, e, aux *a* ehelich.
maturité *f* Reife *f*.
maudire *vt* verfluchen.
maugréer *vi* murren.
maussade *a* mürrisch.
mauvais, e *a* schlecht; schlimm; übel ‖ [méchant] böse.
mauve *a* malvenfarbig.
maxillaire *m* Kiefer *m*.
maxime *f* Grundsatz *m*.
maximum *m* Höchstmaß *n*; Höchst...
mazout *m* Heizöl *n*.
me *pr pers* mich; mir.
méandre *m* Windung *f*.
mécan|icien *m* Mechaniker *m* ‖ [chemin de fer] Lokführer *m* ‖ Autoschlosser *m*. **~ique** *f* Mechanik *f* • *a* mechanisch. **~isme** *m* Getriebe *n*.
méch|anceté *f* Bosheit *f*. **~ant, e** *a* böse; boshaft.

mèche *f* [briquet] Zunder *m* ‖ [outil] Bohrer *m* ‖ [cheveux] Strähne *f*.
méconn|aissable *a* unkenntlich. **~aître** *vt* verkennen.
mécontent, e *a* unzufrieden. **~ement** *m* Mißfallen *n*. **~er** *vt* verdrießen.
médaille *f* Medaille *f*.
médecin *m* Arzt *m*. **~e** *f* Medizin *f*.
médiane *f* Halbierende *f*.
médiation *f* Vermittlung *f*.
médica|l, e, aux *a* ärztlich. **~ment** *m* Medikament *n*; Arznei *f*.
médiéval, e, aux *a* mittelalterlich.
médiocre *a* mittelmäßig.
médire *vi* lästern (über).
méditer *vt* überlegen • *vi* nachdenken.
Méditerranée *f* Mittelmeer *n*.
meeting *m* Veranstaltung *f*.
méf|ait *m* Übel-, Missetat *f*. **~iance** *f* Mißtrauen *n*. **~iant, e** *a* mißtrauisch. **~ier (se)** *vpr* mißtrauen.
mégalomanie *f* Größenwahn *m*.
mégarde (par) *loc av* aus Versehen.
mégot *m* POP. Kippe *f*.
meilleur, e *a* besser ‖ beste(r), -e, -e(s).
mélancolie *f* Schwer-, Wehmut *f*.
mélang|e *m* Mischung *f*. **~er** *vt* (ver)mischen.
mêlée *f* Handgemenge *n* ‖ SP. Gedränge *n*.
mêler *vt* mischen; mengen.
mélèze *m* Lärche *f*.
mélodie *f* Melodie, Weise *f*.
melon *m* Melone *f*.
membrane *f* Häutchen *n*.
membre *m* (Mit)glied *n*.
même *a* : [identité] *Le ~*, der-, die-, dasselbe ‖ [ressemblance] gleich; *En ~ temps*, gleichzeitig • *pr* : *Moi-~*, ich selbst • *loc av* : ***de ~***, ebenso ‖ ***pas ~***, nicht einmal ‖ ***quand ~***; ***tout de ~*** FAM., trotzdem • *loc c* : *~* ***si***, selbst wenn ‖ ***de ~ que***, ebenso wie.
mémoire *f* Gedächtnis *n* ‖ *En, à la ~ de*, zur Erinnerung an (acc.) • *m* Denkschrift *f* ‖ *Pl* Memoiren *fpl*.
mémorable *a* denkwürdig.
mena|çant, e *a* bedrohlich. **~ce** *f* (An)drohung *f*. **~cer** *vt* (be)drohen; *~ qn (de)*, jm drohen (mit).
ménage *m* Haushalt *m* ‖ *Faire le ~*, aufräumen ‖ *Jeune ~*, junges Paar.
ménag|er *vt* schonen ‖ [préparer] (vor)bereiten. **~ère** *f* Hausfrau, -hälterin *f*.
mendi|ant, e *s* Bettler(in). **~er** *vt* betteln (um).
men|er *vt* führen; leiten. **~eur, euse** *s* Anstifter(in).
méning|e *f* Hirnhaut *f*. **~ite** *f* Hirnhautentzündung *f*.
menotte *f* Handschelle *f*.
mensonge *m* Lüge *f*.
mensu|alité *f* Monatsrate *f*. **~el, le** *a* monatlich.
mental, e, aux *a* geistig ‖

Calcul ~, Kopfrechnen *n.* ~**ité** *f* Gesinnung *f.*
menteur, euse *s* Lügner(in).
menthe *f* Minze *f.*
mention *f* Erwähnung *f.* ~**ner** *vt* erwähnen; anführen.
mentir *vi* lügen.
menton *m* Kinn *n.*
menu, e *a* winzig; klein • *m* Menü *n*; Speisekarte *f.*
menuis|erie *f* Tischlerei *f.* ~**ier** *m* Tischler, Schreiner *m.*
méprendre (se) *vpr* sich täuschen.
mépris *m* Verachtung *f.* ~**able** *a* verächtlich.
méprise *f* Fehlgriff *m.*
mépriser *vt* miß-, verachten.
mer *f* Meer *n*; See *f.*
mercerie *f* Kurzwarenhandlung *f.*
merci *m* Dank *m* • *interj* : ~ *bien!*, danke schön!
mercredi *m* Mittwoch *m.*
mercure *m* Quecksilber *n.*
mère *f* Mutter *f.*
mérid|ien *m* Längenkreis *m.* ~**ional, e, aux** *a* südlich.
meringue *f* Baiser *n.*
mérit|e *m* Verdienst *n.* ~**er** *vt* verdienen.
merlan *m* Wittling *m.*
merle *m* Amsel *f.*
merveill|e *f* Wunder *n.* ~**eux, euse** *a* wunderbar, -schön, -voll.
mésange *f* Meise *f.*
mésaventure *f* Mißgeschick *n.*
mesquin, e *a* kleinlich.
mess *m* (Offiziers)kasino *n.*
messag|e *m* Botschaft *f.* ~**er, ère** *s* (Eil)bote *m*, -in *f.*
messe *f* Messe *f*; Gottesdienst *m.*
mesur|e *f* Maß *n*, -stab *m*; ~ *de longueur*, Längenmaß; *Sur* ~, nach Maß ‖ *Prendre des* ~*s*, Maßnahmen treffen ‖ *Être en* ~ *de faire qch*, imstande sein, etw zu tun ‖ MUS. Takt *m* • *loc av* : **au fur et à** ~, allmählich • *loc c* : **dans la** ~ **où**, insofern. ~**er** *vt* ab-, be-, ver-, zumessen • *vi* messen; ... groß, lang, tief sein.
métairie *f* Meierei *f.*
métal *m* Metall *n.* ~**lurgie** *f* Metallindustrie *f.*
métamorphose *f* Verwandlung *f.*
métaphore *f* Metapher *f.*
métayer *m* Meier, Pächter *m.*
météorologie *f* Wetterkunde *f.*
méthod|e *f* Methode *f*; Verfahren *n.* ~**ique** *a* methodisch.
méticuleux, euse *a* (peinlich) genau.
métier *m* Handwerk *n*; Beruf *m* ‖ ~ *à tisser*, Web(er)stuhl *m.*
métis *m* Mischling *m.*
métrage *m* : *Court* ~, Kurzfilm *m.*
mètre *m* Meter *m,n*; ~ *carré*, Quadratmeter.
métrique *a* metrisch.
métropol|e *f* Hauptstadt *f* ‖ [pays] Mutterland *n.* ~**itain** [FAM. ***métro***] *m* Untergrundbahn *f* (U-Bahn).

mets *m* Speise *f.*
mett|eur *m* : ~ *en scène,* Regisseur *m.* **~re** *vt* legen; stellen; hängen; setzen; tun ‖ [vêtement] anziehen ‖ FIG. ~ *le feu,* in Brand stecken; ~ *en colère,* aufbringen; ~ *deux heures,* zwei Stunden brauchen • *vpr* sich stellen; sich setzen; sich legen ‖ *Se* ~ *debout,* aufstehen ‖ FIG., FAM. *Se* ~ *à qch,* sich an etw machen ‖ *Se* ~ *en colère,* in Zorn geraten.
meubl|e *a* locker • *m* Möbel *n.* **~é** *m* möblierte Wohnung. **~er** *vt* einrichten.
1. meule *f* Schleifstein *m* ‖ [moulin] Mühlstein *m.*
2. meule *f* [foin] Schober *m.*
meunier, ère *s* Müller(in).
meurtr|e *m* Mord *m.* **~ier** *m* Mörder *m.* **~ir** *vt* quetschen.
meute *f* Meute *f.*
1. mi *mot inv* halb.
2. mi *m* MUS. E; ~ *bémol,* Es *n;* ~ *dièse,* Eis *n.*
miasme *m* Ausdünstung *f.*
miauler *vi* miauen.
mica *m* Glimmer *m.*
miche *f* (Brot)laib *m.*
microbe *m* Mikrobe *f.*
microphone *m* Mikrophon *n.*
midi *m* Mittag *m; À* ~, mittags.
mie *f* [pain] Krume *f.*
miel *m* Honig *m.*
mien, ne *a poss* mein; meine.
miette *f* Krümchen *n;* Brocken *m.*
mieux *av* [compar.] besser; lieber; *Tant* ~!, um so besser! ‖ [superl.] *Le* ~, am besten • *m* : *Faire de son* ~, sein Bestes tun ‖ [amélioration] Besserung *f.*
mignon, ne *a* niedlich.
migraine *f* Migräne *f.*
migrat|eur, trice *a* : *Oiseaux* ~*s,* Zugvögel *mpl.* **~ion** *f* Wanderung *f.*
mijoter *vt/vi* langsam kochen.
milice *f* Miliz *f.*
milieu *m* Mitte *f* ‖ FIG. Umwelt, -gebung *f* • *loc p* : **au ~ de,** mitten in, auf.
militaire *a* militärisch ‖ *Service* ~, Militärdienst *m* • *m* Soldat *m.*
mill|e *num* tausend • *m* Tausend *f;* ~ *marin,* Seemeile *f.* **~énaire** *a* tausendjährig • *m* Jahrtausend *n.* **~e-pattes** *m inv* Tausendfüß(l)er *m.*
millet *m* BOT. Hirse *f.*
mill|iard *m* Milliarde *f.* **~ième** *num* tausendste(r) • *m* [partie] Tausendstel *n.* **~ier** *m* Tausend *n.* **~ion** *m* Million *f.*
mimer *vt* mimen.
mince *a* dünn; schlank.
1. mine *f* Miene *f; Avoir mauvaise* ~, schlecht aussehen.
2. min|e *f* Bergwerk *n* ‖ Grube, Zeche *f* ‖ MIL. (Spreng)mine *f.* **~er** *vt* unterminieren (insép.). **~erai** *m* Erz *n.* **~éral, e, aux** *a* Mineral ...
1. mineur, e *a* gering(er) ‖ *Asie* °~*e,* Kleinasien *n* ‖ MUS. Moll *n* ‖ JUR. unmündig.
2. mineur *m* Bergmann, -arbeiter *m.*

miniature *f* Miniatur *f*.
minim|e *a* winzig; geringfügig. **~um** *m* Minimum *n*; Mindestwert *m*; *Au ~*, zumindest.
minis|tère *m* POL. Ministerium *n*. **~tre** *m* Minister *m*.
minium *m* Mennige *f*.
minorité *f* Minderjährigkeit *f* || [petit nombre] Minderheit *f*.
minuit *m* Mitternacht *f*.
minuscule *a* winzig • *f* kleiner Buchstabe.
minut|e *f* Minute *f*. **~erie** *f* Schaltuhr *f*.
minutie *f* Genauigkeit *f*.
mirac|le *m* Wunder *n*. **~uleux, euse** *a* Wunder...
mirage *m* Luftspiegelung *f*.
mire *f* : *Point de ~*, Richtpunkt *m*.
miroi|r *m* Spiegel *m*. **~ter** *vi* schillern || FIG. *Faire ~*, vorspiegeln.
mis, e *pp* de METTRE.
misanthrope *m* Menschenfeind *m*.
mis|e *f* [somme d'argent] Einsatz *m* || [tenue] Kleidung *f* || *~ au point*, Richtigstellung *f* || *~ en pages*, Umbruch *m* || *~ en scène*, Inszenierung *f*. **~er** *vt* setzen (auf, acc.).
mis|érable *a* elend. **~ère** *f* Elend *n*; Not *f* || [petite chose] Kleinigkeit *f*.
miséricorde *f* Barmherzigkeit *f*.
mission *f* Auftrag *m*; Sendung *f*.
mite *f* Motte *f*.
mi-temps *f* Halbzeit *f*.
mitiger *vt* dämpfen.
mitrailleuse *f* Maschinengewehr *n*.
mi-voix (à) *loc av* halblaut.
mixte *a* gemischt; Misch...
mobil|e *a* beweglich • *m* Beweggrund *m*. **~ier** *m* Mobiliar *n*.
mobili|sable *a* wehrpflichtig. **~ser** *vt* mobil machen. **~té** *f* Beweglichkeit *f*.
moche *a* POP. mies.
1. mode *m* : *~ de vie*, Lebensweise *f* || *~ d'emploi*, Gebrauchsanweisung *f* || GRAMM. Modus *m*.
2. mode *f* Mode *f*; *A la ~*, modisch.
mod|èle *m* Muster, Modell, Vorbild *n* • *a* Muster... **~eler** *vt* modellieren.
modér|ation *f* Mäßigung *f*. **~é, e** *a* mäßig. **~er** *vt* mäßigen.
moderne *a* modern || *Langues ~s*, neuere Sprachen *fpl*.
modeste *a* bescheiden.
modicité *f* Mäßigkeit *f*.
modifi|cation *f* (Ab-, Ver)änderung *f*. **~er** *vt* (ab-, ver)ändern.
modique *a* mäßig || niedrig.
modiste *f* Hutmacherin *f*.
modulation *f* : RAD. *~ de fréquence*, Ultrakurzwellen *fpl*.
moell|e *f* Mark *n*; *~ épinière*, Rückenmark *n*. **~eux, euse** *a* weich.
moellon *m* Bruchstein *m*.
mœurs *fpl* Sitten *fpl*.

moi *pr pers* ich; mich (acc.); mir (dat.) || *C'est* **~**, ich bin es.

moignon *m* Stumpf, Stummel *m.*

moindre *a* [compar.] weniger; minder || [superl.] der, die, das wenigste, mindeste, geringste, kleinste.

moine *m* Mönch *m.*

moineau *m* Spatz, Sperling *m.*

moins *av* [compar.] weniger; minder || [superl.] *Le* **~**, am wenigsten; am mindesten • *loc av* : ***au ~***; ***du ~***, mindestens; wenigstens || ***de ~ en ~***, immer weniger • *p* minus; weniger • *loc p/loc c* : ***à ~ de/que***, außer wenn; es sei denn, daß.

mois *m* Monat *m.*

mois|i, e *a* schimmelig. **~issure** *f* Schimmel *m.*

moisson *f* Ernte *f.* **~ner** *vt* ernten.

moite *a* feucht.

moitié *f* Hälfte *f* • *loc av* : ***à ~***, halb.

molaire *f* Backenzahn *m.*

molester *vt* belästigen.

moll|esse *f* Weichheit *f.* **~et** *m* Wade *f.* **~usque** *m* Weichtier *n.*

moment *m* Augenblick *m;* Weile *f;* Zeitpunkt *m* || PHYS. Moment *n* • *loc av* : ***par ~s***, mitunter || ***pour le ~***, zur Zeit • *loc c* : ***au ~ où***, als...; eben wie || ***du ~ que*** da. **~ané, e** *a* augenblicklich; momentan.

momie *f* Mumie *f.*

mon, ma, mes *a poss* mein; meine; meine.

monastère *m* Kloster *n.*

monceau *m* Haufe(n) *m.*

mond|ain, e *a* weltlich. **~e** *m* Welt *f* || *Tout le* **~**, jedermann; alle Welt. **~ial, e, aux** *a* Welt...

monétaire *a* Münz...; Währungs...

moniteur *m* (Hilfs)lehrer *m.*

monn|aie *f* Münze, Währung *f* || *(Petite)* **~**, Kleingeld *n.* **~ayer** *vt* (aus)münzen; prägen.

mono|cle *m* Monokel *n.* **~logue** *m* Selbstgespräch *n.*

mono|pole *m* Monopol *n.* **~tone** *a* eintönig.

monseigneur *m* REL. Hochwürden.

monsieur *m* mein Herr || [lettre] (sehr) geehrter Herr!

monstr|e *m* Ungeheuer *n.* **~ueux, euse** *a* FIG. ungeheuerlich.

mont *m* Berg *m.* **~agnard, e** *s* Bergbewohner(in). **~agne** *f* Berg *m;* Gebirge *n.* **~agneux, euse** *a* gebirgig.

montant *m* [bâtiment] Pfosten *m* || [échelle] Leiterbaum *m* || [somme] Betrag *m.*

mont-de-piété *m* Leihhaus *n.*

mont|e-charge *m inv* Lastenaufzug *m.* **~ée** *f* Steigung *f* || Aufstieg *m;* Auffahrt *f.* **~er** *vi* an-, auf-, emporsteigen; klettern • *vt* hinauf...; herauf...; [escalier] hinaufsteigen || [cheval] reiten || [machine] aufstellen || [tente] aufschlagen ||

SPECT. inszenieren • *vpr : Se ~ à cinq mark,* fünf Mark betragen.

montre *f* [étalage] Auslage *f.* **~-bracelet** *f* (Armband)uhr *f.*

montrer *vt* zeigen; (be-, er)weisen.

monture *f* Reittier, -pferd *n* ‖ [bijou] Fassung *f.*

monument *m* Denkmal *n.*

moqu|er (se) *vpr : Se ~ de qn,* jn auslachen. **~erie** *f* Spott *m.*

moqueur, euse *a* spöttisch.

moral, e, aux *a* moralisch; sittlich ‖ seelisch • *m* Stimmung *f* • *f* Sittenlehre, Moral *f.* **~ité** *f* Sittlichkeit *f.*

moratoire *m* Moratorium *n.*

morbide *a* krankhaft.

morc|eau *m* Stück *n.* **~eler** *vt* (zer)stückeln.

mord|ant, e *a* bissig. **~re** *vt* beißen ‖ [acide] ätzen.

1. morgue *f* Hochmut *m.*

2. morgue *f* Leichenschauhaus *n.*

morne *a* düster; trübe.

morose *a* mürrisch.

mors *m* Gebiß *n.*

morse *m* ZOOL. Walroß *n.*

morsure *f* Biß *m,* -wunde *f.*

1. mort *f* Tod *m* ‖ *Mettre à ~,* umbringen.

2. mort, e *a* tot; (ab)gestorben ‖ *Point ~,* toter Punkt ‖ *Poids ~,* Leergewicht *n* • *s* Tote(r) *as.* **~alité** *f* Sterblichkeit *f.* **~el, le** *a* [qui tue] tödlich; *Ennemi ~,* Todfeind *m* ‖ [qui meurt] sterblich.

mortier *m* Mörtel *m* ‖ MIL. Mörser *m.*

mortifier *vt* demütigen.

mort-né, e *a* totgeboren.

mortuaire *a* Sterbe...

morue *f* Kabeljau *m.*

morveux, euse *a* rotzig.

mosaïque *f* Mosaik *n.*

mosquée *f* Moschee *f.*

mot *m* Wort *n* ‖ *~ d'esprit,* Witz *m* ‖ *~s croisés,* Worträtsel *n* ‖ *~ de passe,* Losung *f* ‖ *~ à ~,* (wort)wörtlich.

motet *m* Motette *f.*

moteur, trice *a : Force ~ce,* Triebkraft *f* • *m* TECHN. Motor *m* • *f* TRANSP. Triebwagen *m.*

motif *m* (Beweg)grund *m* ‖ MUS. Motiv *n* ‖ TEXT. Muster *n.*

motion *f* Antrag *m.*

motiver *vt* begründen.

moto|(cyclette) *f* Motorrad *n.* **~cycliste** *m* Motorradfahrer *m.*

motte *f* (Erd)scholle *f.*

mou, mol, molle *a* weich ‖ FIG. schlaff; schlapp.

mouchard *m* Spitzel *m.*

mouche *f* Fliege *f* ‖ *Faire ~,* ins Schwarze treffen.

moucher *vt/vpr* (sich) die Nase putzen.

moucheron *m* Mücke *f.*

moucheté, e *a* stumpf.

mouchoir *m* Taschentuch *n.*

moudre *vt* (zer)mahlen.

mouette *f* (See)möwe *f.*

moufle *f* Fausthandschuh *m.*

mouill|age *m : Être au ~,* vor Anker liegen. **~er** *vt* an-, be-

feuchten || MAR. Anker werfen • *pp/a* : **~é, e,** feucht ; naß.
moulage *m* Abguß *m*.
1. moule *m* TECHN. Gußform *f*.
2. moule *f* ZOOL. (Mies)muschel *f*.
mouler *vt* formen ; (ab)gießen.
moulin *m* Mühle *f*; *~ à vent,* Windmühle. **~et** *m* [tourniquet] Drehkreuz *n*.
moulure *f* (Zier)leiste *f*.
mour|ant, e *a* sterbenskrank • *s* Sterbende(r) *as*. **~ir** *vi* sterben || *~ de faim,* verhungern.
1. mousse *f* BOT. Moos *n*.
2. mousse *f* [écume] Schaum *m*.
3. mousse *m* Schiffsjunge *m*.
mousseline *f* Musselin *m*.
mousser *vi* schäumen.
mousseux *m* Sekt *m*.
mousson *f* Monsun *m*.
moustache *f* Schnurrbart *m*.
moustique *m* Moskito *m*.
moût *m* Most *m*.
moutarde *f* Senf *m*.
mouton *m* Schaf *n*; Hammel *m*. **~ner** *vi* sich kräuseln.
mouv|ant, e *a* labil ; locker. **~ement** *m* Bewegung *f* || [sentiment] Regung *f* || *~ diplomatique,* Revirement *n* || [symphonie] Satz *m*. **~oir** *vt* bewegen • *vpr* sich bewegen.
1. moyen, ne *a* mittler ; Durchschnitts...
2. moyen *m* Mittel *n* • *loc p* : ***au ~ de,*** mittels (gén.).
moyen|nant *p* vermittels (gén.). **~ne** *f* Durchschnitt *m*.
moyeu *m* Nabe *f*.
mû, mue *pp* de MOUVOIR.
mu|e *f* Mauserung *f* || Häutung *f*. **~er** *vi* sich mausern || sich häuten.
muet, te *a* stumm.
mufle *m* Schnauze *f* || FIG. Grobian *m*.
mugir *vi* brüllen || [vents] tosen.
muguet *m* Maiglöckchen *n*.
mulâtre *m* Mulatte *m*.
mulet *m* Maulesel *m*, -tier *n*.
mulot *m* Feldmaus *f*.
multi|colore *a* bunt. **~ple** *a* vielfach. **~plicité** *f* Vielfältigkeit *f*. **~plier** *vt* multiplizieren ; vermehren. **~tude** *f* Volksmenge *f*.
municipal, e, aux *a* Gemeinde... ; Stadt... **~ité** *f* Stadtrat *m*.
mun|ir *vt/vpr* (sich) ausstatten, versehen (mit, dat.). **~ition(s)** *f(pl)* Munition *f*.
muqueuse *f* Schleimhaut *f*.
mur *m* Mauer, Wand *f*.
mûr, e *a* PR., FIG. reif.
mur|aille *f* Mauerwerk *n*. **~al, e, aux** *a* Wand...
mûre *f* Maul-, Brombeere *f*.
murer *vt* ver-, zumauern.
mûrier *m* Maulbeerbaum *m*.
mûrir *vi* (aus)reifen.
murmur|e *m* Gemurmel *n*. **~er** *vi/vt* murmeln || plätschern.
muscade *f* Muskatnuß *f*.
musc|le *m* Muskel *m*. **~ulaire** *a* Muskel...
museau *m* Schnauze *f*.

musée *m* Museum *n*; Galerie *f*.
muselière *f* Maulkorb *m*.
music|al, e, aux *a* musikalisch. **~ien** *m* Musiker *m*.
musique *f* Musik *f*.
musulman *m* Mohammedaner *m*.
mut|ation *f* Wandlung *f* ‖ [personnel] Versetzung *f*. **~er** *vt* versetzen.
mutil|ation *f* Verstümmelung *f*. **~er** *vt* verstümmeln.
mutin *m* Aufrührer *m*. **~er (se)** *vpr* meutern.
mutisme *m* Schweigen *n*.
mutuel, le *a* gegenseitig.
myope *a* kurzsichtig.
myosotis *m* Vergißmeinnicht *n*.
myrtille *f* Heidelbeere *f*.
myst|ère *m* Geheimnis *n*. **~érieux, euse** *a* geheimnisvoll. **~ique** *a* mystisch • *f* Mystik *f*.
mythe *m* Mythe *f*; Mythos, -us *m*.

n

nacelle *f* [ballon] Gondel *f*.
nacre *f* Perlmutter *f*.
nag|e *f* Schwimmen *n* ‖ FIG. *En ~*, in Schweiß gebadet. **~eoire** *f* Flosse *f*. **~er** *vi* PR., FIG. schwimmen. **~eur, euse** *s* Schwimmer(in).
naguère *av* neulich.
naïf, ïve *a* naiv; unbefangen.
nain, e *s* Zwerg(in).
naissance *f* Geburt *f* ‖ *Prendre ~*, entstehen.
naître *vi* geboren werden ‖ FIG. entstehen.
naïveté *f* Naivität *f*.
nappe *f* Tischtuch *n* ‖ FIG. *~ d'eau*, Wasserspiegel *m*.
narguer *vt* trotzen (dat.).
narine *f* Nasenloch *n*.
narquois, e *a* spöttisch.
narr|ateur, trice *s* Erzähler(in). **~er** *vt* erzählen.
nas|al, e, aux *a* Nasen... **~eau** *m* Nüster *f*.
nasse *f* Reuse *f*.
natal, e, als *a* Geburts...
natation *f* Schwimmen *n*.
natif, ive *a* gebürtig (aus).
nation *f* Nation *f*. **~al, e, aux** *a* national. **~alité** *f* Staatsangehörigkeit *f*.
natte *f* [objet] Matte *f* ‖ [cheveux] Zopf *m*.
naturaliste *m* Naturforscher *m*.
natur|e *f* Natur *f* ‖ *~ morte*, Stilleben *n* ‖ *Salaire en ~*, Naturallohn *m*. **~el, le** *a* natürlich ‖ *Sciences ~elles*, Naturwissenschaften *fpl* ‖ JUR. unehelich • *m* Unbefangenheit *f*. **~ellement** *av* selbstverständlich.
naufrage *m* Schiffbruch *m*.

naus|éabond, e *a* ekelhaft. **~ée** *f* Ekel *m.*
nautique *a* Wasser...
naval, e, als *a* See...
navet *m* weiße Rübe.
navette *f* : TRANSP. *Faire la ~*, pendeln.
navi|gable *a* schiffbar. **~gation** *f* : *~ aérienne*, Luftschiffahrt *f.* **~guer** *vi* fahren ; steuern. **~re** *m* Schiff *n.*
navr|ant, e *a* jammervoll. **~er** *vt* tief betrüben.
ne, n' *av* nicht ‖ *~* ... ***pas***, nicht ‖ *~* ... ***plus***, nicht mehr ‖ *~* ... ***rien***, nichts ‖ *~* ... ***que***, [quantité] nur; [temps] erst.
né, e *a* geboren.
né|anmoins *c* nichtsdestoweniger. **~ant** *m* Nichts *n.*
nébul|euse *f* Nebel(stern) *m.* **~eux, euse** *a* FIG. verworren.
nécess|aire *a* notwendig ; nötig • *m* : *~ de voyage*, Reisenecessaire *n.* **~ité** *f* Notwendigkeit *f.* **~iter** *vt* erfordern.
néerlandais, e *a* niederländisch.
nef *f* : *~ latérale*, Seitenschiff *n.*
néfaste *a* unheilvoll.
négat|if *m* PHOT. Negativ *n.* **~ion** *f* Verneinung, Negation *f.*
néglig|é, e *a* vernachlässigt ; schlampig. **~eable** *a* belanglos. **~ence** *f* Nachlässigkeit *f.* **~ent, e** *a* nachlässig. **~er** *vt* vernachlässigen.
négoc|e *m* Handel *m.* **~iant, e** *s* Händler(in). **~iation** *f* Unter-, Verhandlung *f.* **~ier** *vt* verhandeln.
nègre *m* Neger *m.*
négresse *f* Negerin *f.*
neig|e *f* Schnee *m*; *~ poudreuse*, Pulverschnee. **~er** *v impers* schneien. **~eux, euse** *a* beschneit ; schneebedeckt.
nénuphar *m* Seerose *f.*
néophyte *m* FIG. Neuling *m.*
néphrétique *a* : *Coliques ~s*, Nierenkolik *f.*
nerf *m* Nerv *m*; *~ optique*, Sehnerv.
nerv|eux, euse *a* nervös ; *Système ~*, Nervensytem *n.* **~osité** *f* Nervosität *f.* **~ure** *f* ARCH. Rippe *f.*
net, te *a* rein ; sauber ‖ PHOT. scharf ‖ *~ d'impôt*, steuerfrei ‖ COMM. Rein... ; Netto... • *m* : *Mettre au ~*, ins Reine schreiben. **~teté** *f* Sauberkeit *f* ‖ [image] Schärfe *f.* **~toyage** *m* Reinigung *f*; *~ à sec*, Trockenreinigen *n.* **~toyer** *vt* reinigen ; säubern ; putzen.
1. neuf *num* neun.
2. neuf, neuve *a* neu.
neurologue *m* Nervenarzt *m.*
neutr|alité *f* Neutralität *f.* **~e** *a* neutral • *m* GRAMM. Neutrum *n.*
neuvième *num* neunte(r) • *m* Neuntel *n.*
névé *m* Firnschnee *m.*
neveu *m* Neffe *m.*
névr|algie *f* Neuralgie *f.* **~algique** *a* : *Point ~*, Brennpunkt *m.* **~ose** *f* Neurose *f.*

nez *m* Nase *f* ‖ *Rire au ~ de qn*, jm ins Gesicht lachen.
ni *c* : *~..., ~...*, weder ... noch.
niais, e *a* einfältig. **~erie** *f* Albernheit *f*.
niche *f* Nische *f* ‖ *~ à chien*, Hundehütte *f*.
nicher *vi* nisten ; hausen.
nickel *m* Nickel *n*.
nid *m* Nest *n* ‖ [aigle] Horst *m* ‖ *~-de-poule*, Schlagloch *n*.
nièce *f* Nichte *f*.
nier *vt* leugnen ; verneinen.
nigaud, e *a* einfältig • *m* Einfaltspinsel *m*.
nippes *fpl* Klamotten *fpl*.
nitrate *m* Nitrat *n*.
niv|eau *m* : [instrument] *~ à bulle*, Wasserwaage *f* ‖ [hauteur] *~ d'eau*, Wasserstand *m* ‖ *~ de la mer*, Meeresspiegel *m* ‖ FIG. Ebene *f*; Niveau *n* ‖ *~ de vie*, Lebensniveau *n*. **~eler** *vt* nivellieren ; einebnen.
nobl|e *a* ad(e)lig ‖ FIG. edel • *s* Adlige(r) *as*. **~esse** *f* [classe sociale] Adel *m* ‖ FIG. Edelmut *m*.
noc|e *f* Hochzeit *f* ‖ FIG. *Faire la ~*, schlemmen. **~eur** *m* Schlemmer *m*.
nocif, ive *a* schädlich.
noct|ambule *m* Nachtwandler *m*. **~urne** *a* nächtlich ; Nacht...
Noël *m* Weihnachten *fpl*.
nœud *m* Knoten *m* ‖ *~ papillon*, Fliege *f* ‖ *~ du bois*, Knorren *m*.
noir, e *a* schwarz • *s* : °*~*, [personnes] Schwarze(r) *as* • *m* [couleur] Schwarze(s) *asn* ‖ *~ de fumée*, Kienruß *m* • *f* MUS. Viertelnote *f*. **~ceur** *f* Schwärze *f*. **~cir** *vt* schwärzen ‖ [calomnier] anschwärzen.
nois|etier *m* Haselstrauch *m*. **~ette** *f* Haselnuß *f*.
noix *f* Nuß *f*.
nom *m* Name *m*; *~ de famille*, Familienname ‖ GRAMM. Hauptwort *n*; *~ propre*, Eigenname • *loc p* : ***au ~ de***, im Namen (gén.).
nombr|e *m* Zahl *f*; *~ entier*, ganze Zahl. **~eux, euse** *a* zahlreich ‖ [famille] kinderreich.
nombril *m* Nabel *m*.
nom|inal, e, aux *a* : *Valeur ~e*, Nennwert *m*. **~ination** *f* Ernennung *f*. **~mément** *av* namentlich. **~mer** *vt* (be)nennen ‖ [appeler à une fonction] ernennen • *vpr* [s'appeler] heißen.
non *av* nein • *loc av* : ***~ plus***, auch nicht • *loc p* : ***~ loin de***, unweit von.
nonce *m* Nuntius *m*.
nonchalant, e *a* nachlässig ; fahrlässig.
non-|conducteur *m* Nichtleiter *m*. **~fumeur** *m* Nichtraucher *m*.
nonobstant *p* ungeachtet (gén.).
non-sens *m* Unsinn *m*.
nord *m* Nord(en) *m* ‖ *Au ~, (de)*, nördlich (gén. ; von). **~-est** *m* Nordosten *m*. **~ique** *a* nordisch. **~-ouest** *m* Nordwest *m*.

norm|al, e, aux *a* normal. **~e** *f* Norm *f*.
Norvège *f* Norwegen *n*.
nos *a poss pl* unsere.
nostalgie *f* Sehnsucht *f*; Heimweh *n*.
notable *a* beachtlich.
notaire *m* Notar *m*.
notamment *av* namentlich.
notation *f* Bezeichnung *f* || *~ musicale,* Notenschrift *f*.
not|e *f* Bemerkung *f*; (Fuß)note *f* || *Prendre ~ de qch,* sich etw merken || [appréciation] Note, Zensur *f* || [addition] Rechnung *f* || MUS. Note *f*; Ton *m*. **~er** *vt* ver-, an-, bemerken; aufzeichnen; notieren. **~ice** *f* Notiz *f*.
not|ion *f* Begriff *m*; Vorstellung *f*. **~oire** *a* notorisch. **~oriété** *f* Offenkundigkeit *f*.
notre *(pl* **nos***)* *a poss* unser; unsere.
nôtre *pr poss* der, die, das Unsrige, Unsere.
nou|er *vt* (ver)knüpfen; zusammenknüpfen || um-, zubinden || FIG. *~ des intrigues,* Ränke schmieden. **~eux, euse** *a* knorrig.
nouille *f* Nudel *f*.
nourr|ice *f* Amme *f*. **~icier, ère** *a* Nähr... **~ir** *vt* (er)nähren; füttern || [allaiter] stillen || [entretenir] unterhalten || FIG. [intention] hegen • *vpr* sich nähren. **~issant, e** *a* nahrhaft. **~isson** *m* Säugling *m*. **~iture** *f* Nahrung, Kost *f*.
nous *pr pers* wir; uns; unser.
nouv|eau, elle *a* neu; *~el an,* Neujahr *n* || *Jusqu'à ~el ordre,* bis auf weiteres • *loc av*: ***de ~,*** aufs neue. **~eauté** *f* Neuigkeit, Neuheit *f*. **~elle** *f* Nachricht *f* || LITT. Novelle *f*.
novembre *m* November *m*.
novice *m* FIG. Neuling *m*.
noyade *f* Ertrinken *n*.
noyau *m* Kern *m*.
1. noyer *vt* ertränken • *vpr* ertrinken.
2. noyer *m* Nußbaum *m*.
nu, e *a* nackt; bar; bloß || [paysage] kahl.
nuag|e *m* Wolke *f*. **~eux, euse** *a* bewölkt; wolkig.
nuanc|e *f* Nuance *f*.
nucléaire *a* Kern...
nudité *f* Nacktheit, Blöße *f*.
nuée *f* [foule] Schwarm *m*.
nui|re *vi* schaden (dat.). **~sible** *a* schädlich.
nuit *f* Nacht *f* • *loc av*: ***la ~,*** nachts || ***toute la ~,*** die ganze Nacht.
nul, le *a* nichtig; ungültig || *Match ~,* unentschiedenes Spiel • *a indéf*: *~le part,* nirgends • *pr indéf* keiner; kein Mensch. **~lement** *av* keineswegs. **~lité** *f* Nichtigkeit *f* || [incapable] Null *f*.
numér|aire *m*: *En ~,* (in) bar. **~al, e, aux** *a* Zahl... **~ateur** *m* Zähler *m*. **~ation** *f* Numerierung *f*. **~o** *m* Nummer *f*; *~ de téléphone,* Telefonnummer. **~oter** *vt* numerieren.
nuptial, e, aux *a* Hochzeits...

nuque *f* Nacken *m;* Genick *n.*
nurse *f* Kindermädchen *n.*

nutrit|if, ive *a* nahrhaft; Nähr... **~ion** *f* Ernährung *f.*

O

oasis *f* Oase *f.*
obé|ir *vi* gehorchen (dat.). **~issance** *f* Gehorsam *m.* **~issant, e** *a* gehorsam; folgsam.
obèse *a* fettleibig.
object|er *vt* einwenden. **~eur** *m* : *~ de conscience,* Wehrdienstverweigerer *m.*
objectif, ive *a* objektiv; sachlich • *m* MIL. Ziel *n.*
objection *f* Einwand *m.*
objet *m* Objekt *n;* Gegenstand *m* ‖ [but] *Sans ~,* zwecklos.
oblig|ation *f* Verpflichtung *f* ‖ JUR., COMM. Obligation *f.* **~atoire** *a* obligatorisch; verbindlich; pflichtmäßig. **~eance** *f* Verbindlichkeit *f.* **~eant, e** *a* gefällig; verbindlich. **~er** *vt* zwingen; nötigen; verpflichten.
obliqu|e *a* schief; schräg. **~er** *vi* abbiegen.
oblitérer *vt* entwerten.
obole *f* Scherflein *n.*
obsc|ène *a* obszön. **~énité** *f* Zote *f.*
obscur, e *a* dunkel; finster; düster. **~cir** *vt* verdunkeln, -finstern. **~ité** *f* Dunkelheit *f.*
obséder *vt* verfolgen.
obsèques *fpl* Beisetzung *f.*
obséquieux, euse *a* unterwürfig.
observ|ateur *m* Beobachter *m.* **~ation** *f* Be(ob)achtung *f* ‖ [réprimande] Mahnung *f.* **~atoire** *m* Sternwarte *f.* **~er** *vt* [respecter] einhalten ‖ [examiner] beobachten.
obsession *f* Zwangsvorstellung *f.*
obstacle *m* Hindernis *n.*
obstin|ation *f* Eigensinn *m.* **~é, e** *a* eigensinnig. **~er (s')** *vpr* : *S'~ à,* sich auf (acc.) versteifen.
obstruer *vt* verstopfen; versperren.
obtenir *vt* erreichen, -langen.
obturer *vt* verschließen, -stopfen.
obtus, e *a* stumpf.
obus *m* Granate *f.*
obvier *vi* vorbeugen (dat.).
occasion *f* Gelegenheit *f; À l'~,* gelegentlich ‖ [cause] Anlaß *m; À l'~ de,* anläßlich (gén.) ‖ *Livres d'~,* Antiquariat *n* ‖ *Voiture d'~,* Gebrauchtwagen *m.* **~ner** *vt* herbeiführen.
occident *m* Westen *m.* **~al, e, aux** *a* westlich; West...
occulte *a* verborgen.
occup|ant *m* : *~ d'une voiture,*

Fahrzeuginsasse *m.* **~ation** *f* MIL. [fait] Besetzung *f;* [état] Besatzung *f* || [activité] Beschäftigung *f.* **~er** *vt* besetzen || FIG. beschäftigen • *vpr : S'~ de qch,* für etw sorgen.
océan *m* Ozean *m.*
ocre *f* Ocker *m,* -gelb *n.*
octobre *m* Oktober *m.*
octr|oi *m* Bewilligung *f* || HIST. Stadtzoll *m.* **~oyer** *vt* bewilligen.
ocul|aire *a* Aug(en)... **~iste** *s* Augenarzt *m,* -ärztin *f.*
odeur *f* Geruch, Duft *m.*
odieux, euse *a* hassenswert.
odor|ant, e *a* (wohl)riechend. **~at** *m* Geruch *m.*
œil *m (pl* **yeux***)* Auge *n* || *Lever les ~x,* hinaufsehen || *Ouvrir l'~,* aufpassen || *À mes ~x,* meiner Ansicht nach. **~-de-perdrix** *m* Hühnerauge *n.* **~lère** *f* Scheuklappe *f.* **~let** *m* Nelke *f* || TECHN. Öse *f.*
œsophage *m* Speiseröhre *f.*
œuf *m* Ei *n; ~ à la coque,* weichgekochtes Ei; *~ dur,* hartgesottenes Ei; *~ sur le plat,* Spiegelei.
œuvre *f* Werk *n* || *Mettre tout en ~,* alles aufbieten || *~ d'art,* Kunstwerk • *m : Gros ~,* Rohbau *m.*
offens|e *f* Beleidigung *f.* **~er** *vt* beleidigen • *vpr* sich beleidigt fühlen. **~if, ive** *a* offensiv; Angriffs ... • *f* MIL. Offensive *f;* Angriff *m.*
offic|e *m* Amt *n* || REL. Gottesdienst *m* || *~ de tourisme,* Verkehrsbüro *n.* **~iel, le** *a* offiziell; amtlich. **~ier** *m* [civil] Beamte(r) *asm* || MIL. Offizier *m.*
officieux, euse *a* halbamtlich.
offr|ande *f* Opfergabe *f.* **~e** *f* Angebot *n.* **~ir** *vt* an-, darbieten || [cadeau] schenken.
offusquer *vt* mißfallen (dat.).
oie *f* Gans *f.*
oignon *m* Zwiebel *f.*
oindre *vt* (ein)salben.
oiseau *m* Vogel *m; ~ de proie,* Raubvogel.
ois|if, ive *a* müßig. **~iveté** *f* Müßiggang *m.*
oisillon *m* Vöglein *n.*
olé|agineux, euse *a : Plante ~euse,* Ölpflanze *f.* **~oduc** *m* Ölleitung *f.*
oliv|e *f* Olive *f.* **~ier** *m* Ölbaum *m.*
ombrag|e *m* Laubdach *n.* **~é, e** *a* schattig. **~eux, euse** *a* scheu.
ombr|e *f* Schatten *m; À l'~,* im Schatten. **~elle** *f* Sonnenschirm *m.*
omelette *f* Eierkuchen *m.*
om|ettre *vt* aus-, weglassen; übersehen || unterlassen (insép.). **~ission** *f* Unterlassung *f.*
omnibus *m* Personenzug *m.*
omoplate *f* Schulterblatt *n.*
on *pr indéf* man; es; *~ dit,* man sagt; *~ frappe,* es klopft.
oncle *m* Onkel *m.*
onct|ion *f* Ölung *f.* **~ueux, euse** *a* ölig.

ond|e *f* Welle *f*; Flut *f* || *Grandes* ~*s*, Langwellen. ~**ée** *f* Platzregen *m*.
on-dit *m inv* Gerücht *n*.
ond|oyer *vi* wallen; hin und her wogen. ~**ulation** *f* Wellenlinie *f*. ~**uler** *vi* sich wellen.
onéreux, euse *a* kostspielig.
ongle *m* (Finger)nagel *m* || [oiseau] Klaue *f*.
onguent *m* Salbe *f*.
onz|e *num* elf. ~**ième** *num* der, die, das elfte • *m* Elftel *n*.
opaque *a* undurchsichtig.
opaline *f* Milchglas *n*.
opéra *m* Oper *f* || [édifice] Opernhaus *n*.
opér|ateur *m* Kameramann *m*. ~**ation** *f* Operation *f*; Vorgang *m* || COMM. Handel *m*. ~**er** *vt* [effectuer] bewirken || MÉD. operieren • *vi* wirken.
ophtalmologiste *m* Augenarzt *m*.
opin|er *vi* sich äußern. ~**iâtre** *a* hartnäckig. ~**ion** *f* Meinung *f*.
opportun, e *a* gelegen. ~**ité** *f* Zweckmäßigkeit *f*.
oppos|ant, e *s* Gegner(in). ~**é, e** *a* entgegengesetzt; Gegen... ~**er** *vt* entgegenstellen, -setzen || FIG. einwenden • *vpr* : *S'*~ *à qn*, sich jm widersetzen. ~**ition** *f* Einspruch *m* || POL. Opposition *f*.
oppr|esser *vt* (be)drücken. ~**ession** *f* POL. Unterdrückung *f*. ~**imer** *vt* unterdrücken.
opter *vi* sich entscheiden.
opticien *m* Optiker *m*.
option *f* Wahl *f*.
optique *a* Seh... • *f* Optik *f*.
opulence *f* Üppigkeit *f*.
1. or *m* Gold *n*.
2. or *c* nun (aber).
orag|e *m* Gewitter *n*. ~**eux, euse** *a* gewitterig || FIG. stürmisch.
oraison *f* Gebet *n*.
oral, e, aux *a* mündlich • *m* mündliche Prüfung.
orang|e *f* Apfelsine, Orange *f* • *a inv* orange. ~**eade** *f* Orangensaft *m*.
orat|eur *m* Redner *m*. ~**oire** *a* : *Art* ~, Redekunst *f*.
orbite *f* AN. Augenhöhle *f* || ASTR. (Kreis)bahn *f*.
orchestre *m* [spectateurs] Parkett *n* || MUS. Orchester *n*; Kapelle *f*.
ord|inaire *a* gewöhnlich • *m* das Übliche || MIL. Mannschaftsverpflegung *f* • *loc av* : **d'**~, gewöhnlich; sonst. ~**inateur** *m* Computer *m*.
ordonn|ance *f* Anordnung *f* || MÉD. Rezept *n* || MIL. Offiziersbursche *m*. ~**é, e** *a* ordnungsliebend. ~**er** *vt* (an)ordnen || befehlen; gebieten || MÉD. verschreiben.
ordre *m* [disposition] (An)ordnung, Reihenfolge *f* || *De premier* ~, erstklassig || [société] Stand *m* || [décorations] Orden *m* || REL. Weihe(n) *f(pl)* || [commandement] Befehl *m*; *Être aux* ~*s de qn*, jm zu Gebote stehen

|| COMM. Auftrag *m;* Order *f* || *À vos* ~*s,* zu Befehl.
ordure *f* Unrat, Dreck *m; Boîte à* ~*s,* Mülleimer *m.*
oreill|e *f* Ohr *n* || *Faire la sourde* ~, sich taub stellen. **~er** *m* (Kopf)kissen *n.* **~ons** *mpl* Mumps *m.*
orfèvre *m* Goldschmied *m.*
organ|e *m* Organ *n.* **~ique** *a* organisch. **~isateur** *m* Veranstalter *m.* **~isation** *f* Organisation *f;* Aufbau *m.* **~iser** *vt* organisieren; veranstalten. **~iste** *m* Organist *m.*
orge *f* Gerste *f.*
orgue *m* Orgel *f.*
orgueil *m* Hochmut *m.* **~leux, euse** *a* hochmütig.
orient *m* Orient, Osten *m.* **~al, e, aux** *a* orientalisch; östlich. **~ation** *f* Ortung *f* || ~ *professionnelle,* Berufsberatung *f.* **~er** *vt* orientieren; orten || beraten.
orifice *m* Öffnung *f.*
origin|aire *a* : *Être* ~ *de,* herkommen, -stammen (von, dat.). **~al, e, aux** *a* original; ursprünglich; echt • *m* Original *n;* Urtext *m* || Sonderling *m.* **~alité** *f* Originalität *f.* **~e** *f* Ursprung *m* || [provenance] Herkunft *f* • *loc av* : **à l'~**, ursprünglich.
orme *m* Ulme *f.*
orn|ement *m* Schmuck *m.* **~er** *vt* (aus)schmücken; (ver)zieren.
ornière *f* Radspur *f.*
orphelin, e *s* Waise *f;* Waisenkind *n.* **~at** *m* Waisenhaus *n.*
orteil *m* Zehe *f.*
ortho|doxe *a* orthodox; rechtgläubig. **~graphe** *f* Rechtschreibung *f.* **~pédie** *f* Orthopädie *f.*
ortie *f* Brennessel *f.*
orvet *m* Blindschleiche *f.*
os *m* Knochen *m;* Bein *n* || FIG., FAM. Haken *m.*
oscill|ation *f* Schwingung *f* || FIG. Schwankung *f.* **~er** *vi* schwingen; schwanken.
oseille *f* Sauerampfer *m.*
oser *vt* wagen.
osier *m* Weide *f.*
os|sature *f* Knochengerüst *n.* **~sements** *mpl* Gebeine *npl.* **~seux, euse** *a* knochig. **~suaire** *m* Beinhaus *n.*
ostentation *f* Prahlen *n.*
otage *m* Geisel *f, m.*
otarie *f* Ohrenrobbe *f.*
ôter *vt* (ab-, weg)nehmen; entfernen; ab...; ent...; aus... || [vêtements] ausziehen || [chapeau] abnehmen.
otite *f* Ohrenentzündung *f.*
ou *c* oder || ~ *bien...,* ~ *bien,* entweder ... oder.
où *av* wo, -hin, -rin, -ran, -rauf, -zu || ~ *allez-vous ?,* wo wollen Sie hin?
ouate *f* Watte *f.*
oubli *m* Vergessenheit, Unterlassung *f.* **~er** *vt* vergessen, -lernen || ~ *son devoir,* seine Pflicht versäumen. **~eux, euse** *a* vergeßlich.

ouest *m* Westen *m* || *À l'~ de,* westlich von.
oui *av* ja(wohl) || *Je crois que ~,* ich glaube schon.
ouï|-dire *m inv : Par ~,* vom Hörensagen. **~e** *f* Gehör *n* || *Pl* Kiemen *fpl.*
ouragan *m* Orkan *m.*
ourlet *m* Saum *m.*
ours *m* Bär *m.* **~e** *f* : ASTR. *La Grande °~,* der Große Bär. **~in** *m* Seeigel *m.*
outil *m* Werkzeug, Gerät *n.*
outrag|e *m* Beleidigung *f.* **~er** *vt* beleidigen ; schmähen.
outrance *f* Maßlosigkeit *f.*
1. outre *f* Schlauch *m.*
2. outr|e *p* außer (dat.) ; jenseits (gén.) || *~ mesure,* übermäßig || *En ~,* außerdem. **~é, e** *a* [indigné] empört. **~ecuidant, e** *a* überheblich. **~e-mer** *av : D'~,* Übersee... **~epasser** *vt* überschreiten. **~er** *vt* übertreiben.
ouvert, e *a* offen ; geöffnet ; *La porte est ~e,* die Tür ist auf || FIG. aufgeschlossen. **~ement** *av* offen. **~ure** *f* (Er)öffnung *f* || MUS. Ouvertüre *f* || FIG. Aufgeschlossenheit *f.*
ouvr|able *a : Jour ~,* Werktag *m.* **~age** *m* Arbeit *f;* Werk *n* || [édifice] Bauwerk *n.*
ouvr|ant, e *a : Toit ~,* Schiebedach *n.* **~e-boîtes** *m inv* Büchsenöffner *m.*
ouvreuse *f* Platzanweiserin *f.*
ouvrier, ère *s* Arbeiter(in) ; *~ qualifié,* Facharbeiter.
ouvrir *vt* (er)öffnen ; aufmachen ; auf... ; *~ tout grand,* aufsperren ; *~ un livre,* ein Buch aufschlagen ; *~ le robinet,* den Hahn aufdrehen || JUR. *~ une information,* eine Untersuchung einleiten • *vpr* aufgehen.
ov|aire *m* Eierstock *m.* **~ale** *a* oval ; eiförmig.
oxy|de *m* Oxyd *n.* **~der** *vt* oxydieren • *vpr* rosten. **~gène** *m* Sauerstoff *m.* **~gé-né, e** *a : Eau ~e,* wasserstoffsuperoxyd *n.*

P

pacage *m* Weide *f.*
pacif|ier *vt* befrieden. **~ique** *a* friedlich, -liebend || *L'océan °~,* der Stille Ozean.
pacotille *f* Schund *m.*
pacte *m* Abkommen *n.*
pagaie *f* Paddel *n.*
pagaille *f* FAM. Durcheinander *n.*
pagayer *vi* paddeln.
page *f* Seite *f* || FIG. *Être à la ~,* im Bilde sein.
paie, paye *f* Lohn *m* || MIL. Sold *m.* **~ment, paye-**

ment *m* Be-, Aus-, Abzahlung *f* || ~ *en nature,* Naturalleistung *f.*

païen, ne *s* Heide *m;* Heidin *f.*

paillass|e *f* Strohsack *m.* **~on** *m* (Fuß)matte *f.*

paill|e *f* Stroh *n; Homme de* ~, Strohmann *m* || Trinkhalm *m.* **~ette** *f* Flitter *m.*

pain *m* Brot *n;* ~ *blanc, complet,* Weiß-, Vollkornbrot; *Petit* ~, Brötchen *n.*

pair, e *a* gleich; gerade; *Nombre* ~, gerade Zahl • *m* : *Place au* ~, au pair Stelle.

paire *f* Paar *n.*

paisible *a* friedlich.

paître *vi/vt* weiden.

paix *f* Friede(n) *m* || Ruhe *f.*

pal|ace *m* Luxushotel *n.* **~ais** *m* Palast *m* || ~ *de justice,* Gerichtsgebäude *n* || Gaumen *m.*

pale *f* (Propeller)blatt *n.*

pâle *a* bleich; blaß.

palefrenier *m* Stallknecht *m.*

paletot *m* Überzieher *m.*

palette *f* Palette *f.*

pâleur *f* Blässe, Bleichheit *f.*

palier *m* Treppenabsatz, -flur *m.*

pâlir *vi* (er)bleichen; erblassen; blaß/bleich werden.

palissade *f* Zaun *m;* Palisade *f.*

palli|atif *m* Notbehelf *m.* **~er** *vt* bemänteln; beheben || lindern.

palm|e *f* Palme *f.* **~é, e** *a* : *Patte ~e,* Schwimmfuß *m.*

palp|able *a* greifbar; handgreiflich. **~er** *vt* ab-, befühlen. **~itation** *f* Herzklopfen *n.* **~iter** *vi* zucken || [cœur] klopfen.

pâmer (se) *vpr* ohnmächtig werden.

pamphlet *m* Streitschrift *f.*

pamplemousse *m* Pampelmuse *f.*

pampre *m* Weinranke *f.*

pan *m* [habit] (Rock)schoß *m* || [mur] Fläche *f* || ~ *coupé,* Schrägkante *f.*

panacée *f* Allheilmittel *n.*

panach|e *m* Helmbusch *m* || [fumée] Rauchfahne *f.* **~é, e** *a* gemischt.

panaris *m* Umlauf *m;* Nagelgeschwür *n.*

pancarte *f* Anschlag *m;* Schild *n.*

pancréas *m* Bauchspeicheldrüse *f.*

paner *vt* panieren.

panier *m* Korb *m.*

panique *f* Panik *f.*

panne *f* Panne *f;* ~ *de courant,* Stromausfall *m.*

panneau *m* Brett *n* || Schild *n.*

panorama *m* Panorama *n;* Aus-, Rundblick *m.*

panse *f* Pansen, Wanst *m.*

pans|ement *m* Verband *m.* **~er** *vt* verbinden.

pantalon *m* (lange) Hose.

panthère *f* Panther *m.*

pantin *m* Drahtpuppe *f.*

pantomime *f* Gebärdenspiel *n.*

pantoufle *f* Pantoffel *m.*

paon *m* Pfau *m.*
pape *m* Papst *m.*
papeterie *f* Schreibwaren *fpl.*
papier *m* Papier *n; ~ buvard,* Löschpapier; *~ carbone,* Kohlepapier; *~ d'emballage,* Packpapier; *~ à lettres,* Briefpapier ‖ *~ peint,* Tapete *f* ‖ *Pl* [identité] (Ausweis)papiere *npl.*
papille *f* Warze *f.*
papillon *m* Schmetterling *m.*
papilloter *vi* blinzeln.
papoter *vi* plappern.
paquebot *m* Ozeandampfer *m.*
pâquerette *f* Gänseblümchen *n.*
Pâques *m* Ostern *n.*
paquet *m* Paket, Bündel *n.*
par *p* [lieu] durch; über; *Passer ~ Berlin,* über Berlin reisen; *Jeter ~ la fenêtre,* zum Fenster hinauswerfen ‖ [temps] *~ beau temps,* bei schönem Wetter ‖ [manière] *~ la poste,* per Post ‖ [cause] *~ amour pour moi,* aus Liebe zu mir ‖ [complément d'agent] *Tué ~ qn,* von jm getötet ‖ [distributif] *~ mois,* monatlich • *loc av* : ***~-derrière,*** von hinten ‖ ***~-dessus,*** darüber ‖ ***~ ici,*** hierher • *loc p* : ***~-delà,*** jenseits (gén.) ‖ ***~-dessus,*** über... (hinaus).
parabole *f* Gleichnis *n.*
parachu|te *m* Fallschirm *m.* **~ter** *vt* (mit dem Fallschirm) abwerfen. **~tiste** *m* Fallschirmjäger *m.*
paradis *m* Paradies *n.*
paradox|al, e, aux *a* paradox. **~e** *m* Paradox(on) *n.*
paragraphe *m* Absatz, Paragraph *m.*
paraître *vi* (er)scheinen; *Le jour paraît,* der Tag bricht an ‖ [sembler] aussehen; scheinen.
parallèle *a* parallel • *f* Parallele *f* • *m* Géogr. Breitenkreis *m.*
paraly|ser *vt* lähmen ‖ Fig. lahmlegen • *a* : ***~é, e,*** lahm; gelähmt. **~sie** *f* Lähmung *f.*
parapet *m* Brüstung *f.*
paraphe *m* Namenszug *m.*
parapluie *m* (Regen)schirm *m.*
parasite *m* Schmarotzer *m* ‖ Schädling *m* ‖ Rad. Störung *f.*
para|sol *m* Sonnenschirm *m.* **~tonnerre** *m* Blitzableiter *m.* **~vent** *m* Wandschirm *m.*
parc *m* Park *m.*
parce que *loc c* weil.
parchemin *m* Pergament *n.*
parcimonieux, euse *a* knauserig.
parcmètre *m* Parkuhr *f.*
parcou|rir *vt* durchgehen, -fahren, -laufen (insép.) ‖ [livre] überfliegen. **~rs** *m* Strecke *f.*
pardessus *m* Überzieher *m.*
pardon *m* Verzeihung, -gebung *f; ~!,* Verzeihung! ‖ *~?,* bitte? **~ner** *vt* verzeihen, -geben.
pare-|brise *m inv* Windschutzscheibe *f.* **~chocs** *m* Stoßstange *f.*
pareil, le *a* gleich; ähnlich ‖ *Sans ~,* ohnegleichen.
parent, e *s* Verwandte(r) *as* •

mpl Eltern *pl.* **~é** *f* Verwandtschaft *f.*
parenthèse *f* Klammer *f.*
1. parer *vt* [éviter] abwehren.
2. parer *vt* [orner] ausschmücken.
paress|e *f* Faulheit *f.* **~eux, euse** *a* faul; träge.
par|faire *vt* vollenden (insép.). **~fait, e** *a* vollkommen.
parfois *av* manchmal.
parfum *m* Duft *m;* Parfüm *n.* **~é, e** *a* wohlriechend. **~erie** *f* Parfümerie *f.*
pari *m* Wette *f.*
parier *vt* wetten.
parité *f* Parität *f.*
parjure *m* [acte] Meineid *m.*
parking *m* Parkplatz *m.*
parlement *m* Parlament *n.* **~aire** *m* Parlamentsmitglied *n;* Unterhändler *m.* **~er** *vi* unterhandeln.
parl|er *vi/vt* sprechen; reden ‖ *Sans ~ de,* abgesehen von ‖ *Entendre ~ de qch,* von etw hören • *m* Mundart *f.* **~oir** *m* Sprechzimmer *n.*
parmi *p* unter; zwischen.
paroi *f* Wand *f.*
paroiss|e *f* Pfarre *f.* **~ial, e, aux** *a* Pfarr...
parol|e *f* Wort *n; Avoir la ~,* das Wort führen; *Demander la ~,* ums Wort bitten; *~ d'honneur,* Ehrenwort ‖ *Pl* Rede *f;* MUS. Text *m.* **~ier** *m* Textdichter *m.*
paroxysme *m* Paroxysmus *m.*
parquer *vt* ein-, zusammenpferchen ‖ AUT. parken.
parquet *m* Parkett *n;* Fußboden *m* ‖ JUR. Staatsanwaltschaft *f.*
parrain *m* (Tauf)pate *m.*
parsemer *vt* besäen, -streuen.
part *f* (An)teil *m* ‖ [participation] Teilnahme *f; Prendre ~ à,* teilnehmen (an, dat.) • *loc av :* ***à ~,*** abseits ‖ [lieu] ***autre ~,*** anderswo(hin) ‖ ***nulle ~,*** nirgends • *loc p :* ***de la ~ de,*** von seiten (gén.).
partag|e *m* (Ver-, Zu)teilung *f.* **~er** *vt* (ver-, auf)teilen.
partenaire *s* Partner(in).
parterre *m* Blumenbeet *n* ‖ SPECT. Parkett *n.*
parti *m* Partei *f* ‖ *Prendre son ~ de qch,* sich mit etw abfinden.
partial, e, aux *a* parteiisch.
particip|ant *m* Teilnehmer *m.* **~ation** *f* Teilnahme *f.*
participe *m* Partizip *n.*
participer *vi : ~ (à qch),* [an, dat.] teilnehmen.
particul|arité *f* Besonderheit, Eigenart *f.* **~ier, ère** *a* besonder ‖ eigen • *loc av :* ***en ~,*** besonders.
partie *f* Teil *m; ~ du monde,* Erdteil ‖ *Faire ~ de qch,* zu etw gehören ‖ Spiel *n;* Partie *f* ‖ JUR. Partei *f* • *loc av :* ***en ~,*** zum Teil (z. T.).
partir *vi* ab-, fortgehen ‖ [en véhicule] abfahren ‖ *~ en voyage,* ab-, verreisen ‖ [avions] starten • *loc p :* ***à ~ d'****aujourd'hui,* von heute ab; *À ~ d'ici,* von hier aus.

partisan *m* Anhänger *m* ‖ MIL. Partisan *m.*
partition *f* Partitur *f.*
partout *av* überall (hin).
parure *f* Schmuck *m.*
parven|ir *vi* erreichen; gelangen. **~u, e** *s* Emporkömmling *m.*
1. pas *m* Schritt, Tritt *m; Faux ~,* Fehltritt; *~ de course,* Laufschritt ‖ *Faire les cent ~,* auf und ab gehen ‖ *Céder le ~ à qn,* jm den Vortritt lassen ‖ *~ de porte,* Türschwelle *f* • *loc av : ~ **à** ~,* Schritt für Schritt.
2. pas *av : Ne ... ~,* nicht ‖ *~ du tout,* keineswegs; *~ d'argent,* kein Geld.
passable *a* leidlich; mittelmäßig.
pass|age *m* (Durch)zug *m* ‖ [voitures] Durchfahrt *f* ‖ [lieu] Durch-, Übergang *m; ~ à niveau,* Bahnübergang; *~ souterrain,* Unterführung *f* ‖ [livre] Stelle *f.* **~ager, ère** *a* vorübergehend • *m* Fahrgast *m* ‖ AÉR. Fluggast *m.* **~ant** *m* Vorübergehende(r) *asm.*
passe *f* MAR. Fahrtrinne *f.*
passé, e *a : L'an ~,* voriges Jahr ‖ *L'été est ~,* der Sommer ist vorbei, -über ‖ [teinte] verblichen • *m* Vergangenheit *f.*
passe-|montagne *m* Kopfschützer *m.* **~partout** *m inv* Nachschlüssel *m.*
passeport *m* (Reise)paß *m.*
passer *vi* durchgehen, -fahren ‖ [temps] vergehen, -streichen ‖ [couleurs] verblassen; verschießen ‖ *~ à qch,* zu etw übergehen (sép.) ‖ *~ de main en main,* von Hand zu Hand gehen ‖ *~ devant,* an (dat.) vorbeigehen ‖ *~ par Paris,* über Paris fahren ‖ *~ pour pauvre,* als arm gelten ‖ *Se faire ~ pour,* sich für ... ausgeben • *vt* [lieu] *~ la frontière,* die Grenze überschreiten; *~ le pont,* über die Brücke gehen/fahren ‖ [temps] *~ le temps,* die Zeit verbringen/vertreiben; *~ l'hiver,* überwintern (insép.); *~ la nuit à X,* in X übernachten ‖ [choses] *~ un contrat,* einen Vertrag abschließen ‖ *~ un examen,* eine Prüfung bestehen ‖ *~ un plat,* ein Gericht (herum)reichen ‖ *~ un vêtement,* ein Kleid anziehen ‖ *~ au crible,* durchseihen (sép.); FIG. durchhecheln (sép.) • *vpr* [se produire] geschehen; vorkommen; *Que se passe-t-il ?,* was ist los ? ‖ *Se ~ de,* entbehren.
passereau *m* Sperling *m.*
pass|erelle *f* Fußgängerbrücke *f* ‖ MAR. Kommandobrücke *f.* **~e-temps** *m inv* Zeitvertreib *m.* **~eur** *m* Fährmann *m.*
pass|ible *a : ~ d'une peine,* straffällig. **~if, ive** *a* passiv; untätig.
passion *f* Leidenschaft *f* ‖ REL. °~, Passion *f.* **~nant, e** *a* fesselnd. **~né, e** *a* leidenschaftlich.
passivité *f* Untätigkeit *f.*
passoire *f* (Küchen)sieb *n.*

pasteur *m* Hirt *m* || Pfarrer *m*.
pastille *f* Tablette *f*.
pataud, e *a* plump.
patauger *vi* waten.
pât|e *f* [farine] Teig *m*; **~s** *alimentaires*, Teigwaren *fpl* || **~** *de fruits*, Fruchtpaste *f* || **~** *dentifrice*, Zahnpasta *f*. **~é** *m* Pastete *f* || [tache] Tintenklecks *m* || **~** *de maisons*, Häuserblock *m*. **~ée** *f* (Hunde)futter *n*.
patent, e *a* offenkundig.
patente *f* Gewerbesteuer *f*.
patère *f* Kleiderhaken *m*.
patern|el, le *a* väterlich; Vater... **~ité** *f* Vaterschaft *f*.
pâteux, euse *a* teigig; pappig.
pathétique *a* pathetisch.
patien|ce *f* Geduld *f*. **~t, e** *a* geduldig • *s* Patient(in). **~ter** *vi* sich gedulden.
patin *m* : **~** *à glace*, Schlittschuh *m*; **~** *à roulettes*, Rollschuh *m*.
patine *f* Edelrost *m*; Patina *f*.
patin|er *vi* Schlittschuh laufen || ausrutschen. **~oire** *f* Eisbahn *f*.
pâtir *vi* : **~** *de*, unter (dat.) leiden.
pâtiss|erie *f* Konditorei *f* || [gâteau] Gebäck *n*. **~ier** *m* Konditor *m*.
patois *m* Mundart *f*.
pâtre *m* Hirt *m*.
patrie *f* Vaterland *n*; Heimat *f*.
patrimoine *m* Erbgut *n*.
patriot|e *s* Patriot(in). **~isme** *m* Vaterlandsliebe *f*.
patron, ne *s* Schutzpatron(in) || Arbeitsgeber(in) || [café] Wirt *m* • *m* [modèle] Schablone *f*.
patrouill|e *f* : **~** *de police*, Polizeistreife *f*. **~eur** *m* MAR. Schnellboot *n*.
patte *f* Pfote, Tatze *f*; Fuß *m*.
pâtur|age *m* Weide, Alp *f*. **~e** *f* Futter *n*.
paume *f* innere Handfläche.
paupière *f* (Augen)lid *n*.
pause *f* Pause, Rast *f*.
pauvre *a* arm(selig); dürftig. **~té** *f* Armut *f*.
pav|é *m* Pflasterstein *m*; Pflaster *n*. **~er** *vt* pflastern.
pavillon *m* Gartenhaus *n* || [drapeau] Flagge *f*.
pavoiser *vt* (be)flaggen.
pavot *m* (Klatsch)mohn *m*.
pay|able *a* zahlbar. **~er** *vt* (be-, aus)zahlen; **~** *une facture*, eine Rechnung begleichen || [rendre] ent-, vergelten • *vi* sich auszahlen.
pays *m* Land *n*; **~** *natal*, Heimatland. **~age** *m* Landschaft *f*. **~an, ne** *s* Bauer *m*; Bäuerin *f*. °**~-Bas** *mpl* die Niederlande *npl*.
péage *m* Gebühr *f*.
peau *f* [homme] Haut *f* || [animaux] Fell *n*; Pelz *m*.
1. pêche *f* BOT. Pfirsich *m*.
2. pêche *f* Fischerei *f*; Fischfang *m* || **~** *à la ligne*, Angeln *n*.
péch|é *m* Sünde *f*. **~er** *vi* sündigen; sich versündigen.
1. pêcher *m* Pfirsichbaum *m*.

2. pêch|er *vt* fischen ; fangen || [à la ligne] angeln. **~eur** *m* Fischer *m*.

pécheur, eresse *s* Sünder(in).

pécule *m* Ersparnisse *fpl.*

pécuniaire *a* geldlich ; Geld...

pédagogie *f* Pädagogik *f*.

pédal|e *f* Pedal *n;* Fußhebel *m*. **~er** *vi* radeln ; radfahren.

pédant, e *a* pedantisch.

pédiatre *m* Kinderarzt *m*.

pédicure *s* Fußpfleger(in).

peign|e *m* Kamm *m*. **~er** *vt* (durch)kämmen. **~oir** *m* Bademantel *m*.

peindre *vt* (be)malen || [mur] anstreichen.

pein|e *f* [punition] Strafe *f; Sous ~ de mort,* bei Todesstrafe || [chagrin] Kummer *m; Faire de la ~,* Leid tun || [difficulté] Mühe *f; Sans ~,* mühelos || *Ce n'est pas la ~,* es lohnt (sich) nicht • *loc av : à ~,* kaum. **~er** *vt : ~ qn,* jm Kummer machen • *vi* sich plagen.

peint|re *m* Maler *m*. || *~ en bâtiment,* Anstreicher *m*. **~ure** *f* Malerei *f* || [œuvre] Gemälde *n* || [matière] Farbe *f*.

péjoratif, ive *a* herabsetzend.

pelage *m* Fell *n;* Pelz *m*.

pêle-mêle *av* durcheinander.

peler *vt* schälen • *vi* sich häuten.

pèlerin *m* Pilger *m*. **~age** *m* Wallfahrt *f*. **~e** *f* Umhang *m*.

pelle *f* Schaufel, Schippe *f*.

pelleterie *f* Pelzwaren *fpl.*

pellicule *f* Häutchen *n* || [cheveux] Schuppe *f* || PHOT. Film *m*.

pelot|e *f* Knäuel *n*. **~on** *m :* SP. *~ de tête,* Spitzenmannschaft *f*. **~onner (se)** *vpr* sich zusammenkauern.

pelouse *f* Rasenplatz *m*.

peluche *f* Plüsch *m*.

pelure *f* Schale, Hülse *f*.

pénal, e, aux *a* Straf...

penaud, e *a* verschämt.

pench|ant *m* (Ab)hang *m* || Neigung *f*. **~er** *vt/vi* neigen (zu, dat.) • *vpr* sich neigen.

1. pendant, e *a* (herab)hängend || FIG. in der Schwebe • *m* Gegenstück *n*.

2. pendant *p* während (gén.) • *loc c : ~* **que,** während ; indem.

pend|entif *m* Anhänger(schmuck) *m*. **~erie** *f* Garderobe *f*. **~re** *vt* (auf)hängen • *vi* (herab)hängen.

pendule *m* PHYS. Pendel *m, n* • *f* Pendel-, Stutzuhr *f*.

pénétr|ant, e *a* [regard] durchdringend. **~ation** *f* FIG. Scharfsinn *m*. **~er** *vt* durchdringen (insép.) || FIG. ergründen • *vi* eindringen ; eintreten.

pénible *a* mühsam, -selig ; peinlich.

péniche *f* Schleppkahn *m*.

péninsule *f* Halbinsel *f*.

pénit|ence *f* Buße *f*. **~entiaire** *a* Straf...

pénombre *f* Zwielicht *n*.

1. pensée *f* BOT. Stiefmütterchen *n*.

2. pensée *f* Denken *n;* Gedanke *m; La ~ de la mort,* der Gedanke an den Tod ‖ *Venir à la ~,* in den Sinn kommen ‖ [opinion] Ansicht, Meinung *f.*

penser *vi/vt* denken ‖ [méditer] nachdenken ‖ [considérer] bedenken ‖ [opiner] meinen ‖ [se souvenir] gedenken; *~ à un ami,* an einen Freund denken.

pens|eur *m* Denker *m.* **~if, ive** *a* nachdenklich.

pension *f* Pension *f; Kostgeld n; Prendre en ~,* in Kost nehmen. **~naire** *s* Kostgänger(in).

pentagone *m* Fünfeck *n.*

pente *f* Abhang *m;* Gefälle *n.*

Pentecôte *f* Pfingsten *n.*

pénurie *f* Knappheit *f.*

pépier *vi* piepsen.

pépin *m* Kern *m.* **~ière** *f* Baumschule *f.*

per|çant, e *a* (durch)bohrend ‖ [voix] schrill. **~cée** *f* MIL. Durchbruch *m.* **~ce-neige** *f inv* Schneeglöckchen *n.*

percept|eur *m* Steuereinnehmer *m.* **~ible** *a* wahrnehmbar; *~ à l'oreille,* vernehmbar. **~ion** *f* Wahrnehmung *f* ‖ FIN. Steuereinnahme *f.*

percer *vt* [trou] (durch)bohren (sép.) ‖ [tunnel] durchbrechen (sép.) ‖ [un secret] durchschauen (insép.) • *vi* [dent] durchbrechen (sép.) ‖ [lumière] durchschimmern (sép.) ‖ [se distinguer] sich durchsetzen (sép.).

percevoir *vt* [argent] einnehmen ‖ [sensations] wahrnehmen.

1. perche *f* [poisson] Barsch *m.*

2. perch|e *f* [bois long] Stab *m;* Stange *f.* **~er (se)** *vpr* sich setzen. **~oir** *m* Hühnerstange *f.*

perclus, e *a* lahm.

percu|ssion *f* Schlag, Stoß *m* ‖ MUS. Schlaginstrumente *npl.* **~ter** *vt* stoßen.

perdant, e *s* Verlieren(in).

perdre *vt* verlieren ‖ *~ au jeu,* verspielen ‖ *~ une occasion,* eine Gelegenheit verpassen ‖ [égarer] verlegen ‖ [détruire] zugrunde richten • *vpr* (sens pass.) verlorengehen ‖ [s'égarer] sich verirren.

perdrix *f* Rebhuhn *n.*

père *m* Vater *m.*

péremptoire *a* unwiderlegbar.

perfection *f* Vollkommenheit *f.* **~ner** *vt* vervollkommnen; fortbilden.

perfid|e *a* heimtückisch. **~ie** *f* Treulosigkeit, (Heim)tücke *f.*

perfor|ation *f* Durchbohrung *f.* **~er** *vt* durchbohren, -lochen (insép.) ‖ *Carte ~ée,* Lochkarte *f.*

performance *f* Leistung *f.*

péricliter *vi* verfallen.

péril *m* Gefahr *f.* **~leux, euse** *a* gefährlich.

périmer (se) *vpr* verfallen, -jähren; ungültig werden.

périmètre *m* Umfang *m.*

période *f* Zeitraum *m;*

Periode *f*. **~ique** *a* periodisch • *m* Zeitschrift *f*.
péripétie *f* Schicksalswende *f*.
périphérie *f* [ville] Stadtrand *m*.
péri|r *vi* umkommen (sép.). **~ssable** *a* vergänglich, -derblich.
périt|oine *m* Bauchfell *n*. **~onite** *f* Peritonitis *f*.
perl|e *f* Perle *f*. **~é, e** *a* geperlt.
perman|ence *f* [durée] (Fort)dauer *f*; *En* ~, dauernd; ständig ‖ *(Service de)* ~, Bereitschaftsdienst *m*. **~ent, e** *a* fortdauernd; ständig; Dauer... • *f* [coiffure] Dauerwelle *f*.
perméable *a* durchlässig.
perm|ettre *vt* erlauben; gestatten; zulassen. **~is** *m* : ~ *de conduire*, Führerschein *m*. **~ission** *f* Erlaubnis *f* ‖ *Avoir la* ~, dürfen ‖ MIL. Urlaub *m*.
permuter *vt* (aus)tauschen ‖ ÉL. umschalten (sép.).
pernicieux, euse *a* verderblich.
perpendiculaire *a* senkrecht.
perpétrer *vt* begehen; verüben.
perpétu|el, le *a* ständig; stetig; ewig. **~er** *vt* verewigen; fortpflanzen. **~ité** *f* Fortdauer *f*, -bestand *m* ‖ *À* ~, auf Lebensdauer, -zeit.
perplexe *a* ratlos.
perquisition *f* Haussuchung *f*.
perron *m* Frei-, Vortreppe *f*.
perr|oquet *m* Papagei *m*. **~uche** *f* (Wellen)sittich *m*.
perruque *f* Perücke *f*.
persécuter *vt* verfolgen.
persévér|ance *f* Beharrlichkeit *f*. **~er** *vi* ausdauern.
persienne *f* Fensterladen *m*.
persil *m* Petersilie *f*.
persister *vi* be-, verharren.
personn|age *m* (bedeutende) Person ‖ LITT. Figur *f*. **~alité** *f* Persönlichkeit *f*. **~e** *f* Person *f*; Mensch *m* • *loc av* : ***en*** ~, persönlich • *pr indéf m inv* [négatif] niemand; kein Mensch. **~el, le** *a* persönlich; Privat... • *m* Personal *n*. **~ifier** *vt* verkörpern.
perspective *f* Aussicht, Perspektive *f*.
perspicace *a* scharfsichtig.
persuader *vt* überreden.
perte *f* Verlust *m* ‖ [manque] Ausfall *m* ‖ FIG. Untergang, Verderb *m* • *loc av* : ***à ~ de vue***, unabsehbar.
pertinent, e *a* triftig.
perturber *vt* stören.
perver|s, e *a* verdorben. **~tir** *vt* verderben.
pes|ant, e *a* schwer ‖ FIG. schwerfällig. **~anteur** *f* Schwere *f*. **~er** *vt* (ab)wiegen ‖ FIG. (ab-, er)wägen • *vi* wiegen ‖ ~ *sur*, (be)lasten; drücken.
pet *m* Furz *m*.
pétale *m* Blumenblatt *n*.
pét|arader *vi* knattern. **~ard** *m* Petarde *f*. **~iller** *vi* [feu] knistern; prasseln ‖ [vin] schäumen; prickeln ‖ FIG. sprühen.
petit, e *a* klein; Klein... (ou

forme diminutive en «-chen» et «-lein»); ~ *bois*, Kleinholz *n* ‖ FIG. [mesquin] kleinlich • *s* [animaux] Junge(s) *n* ‖ ~*s et grands*, groß und klein.

petit-fils *m* Enkel *m*.

pétition *f* Bittschrift *f*.

pétrifier *vt* versteinern.

pétr|in *m* Backtrog *m*. **~ir** *vt* kneten.

pétrol|e *m* Erdöl *n*. **~ier** *m* (Öl)tanker *m*. **~ifère** *a* : *Gisement* ~, Erdöllager *n*.

pétulant, e *a* ungestüm.

peu *av* wenig; ~ *à* ~, allmählich; *Un* ~, ein wenig; etwas; *Un petit* ~, ein bißchen ‖ *Sous* ~, demnächst; *Depuis* ~, seit kurzem.

peupl|e *m* Volk *n*. **~er** *vt* bevölkern, -siedeln.

peuplier *m* Pappel *f*.

peur *f* Furcht, Angst *f* ‖ *Avoir* ~ *de*, Angst haben vor (dat.) • *loc c* : **de ~ que,** aus Furcht, daß. **~eux, euse** *a* ängstlich; scheu.

peut-être *loc av* vielleicht.

phalange *f* Finger-, Zehenglied *n*.

phare *m* Leuchtturm *m* ‖ AUT. Scheinwerfer *m*.

pharmac|ie *f* Apotheke *f*. **~ien** *m* Apotheker *m*.

pharynx *m* Rachen *m*.

phase *f* Phase *f*; Abschnitt *m*.

phénomène *m* Phänomen *n*; (Natur)erscheinung *f*.

philanthrope *m* Menschenfreund *m*.

philosophie *f* Philosophie *f* ‖ *Classe de* ~, Oberprima *f*.

phlébite *f* Phlebitis *f*.

phoque *m* Seehund *m*; Robbe *f*.

phosph|ate *m* Phosphat *n*. **~ore** *m* Phosphor *m*.

photo|copie *f* Photokopie *f*. **~graphe** *s* Photograph(in). **~graphie** *f* Foto, Lichtbild *n*; Aufnahme *f*. **~graphier** *vt* aufnehmen ‖ FAM. knipsen.

phrase *f* Satz *m*.

phtisie *f* Schwindsucht *f*.

physicien *m* Physiker *m*.

physiologie *f* Physiologie *f*.

physionomie *f* Gesichtszüge *mpl*.

physique *a* physisch ‖ [science] physikalisch • *m* [aspect] Äußere(s) *asn* • *f* [science] Physik *f*.

piaffer *vi* stampfen.

piailler *vt* piep(s)en.

pian|iste *s* Klavierspieler(in). **~o** *m* Klavier *n*; ~ *à queue*, Flügel *m*.

1. pic *m* [oiseau] Specht *m*.

2. pic *m* Hacke *f* ‖ (Berg)spitze *f* ‖ *À* ~, senkrecht.

pichet *m* (kleiner) Krug.

picorer *vt* aufpicken.

pie *f* Elster *f*.

pièce *f* [morceau] (Bruch)stück *n* ‖ ~ *détachée*, Einzel-, Ersatzteil *m* ‖ [monnaie] ~ *de cinq mark*, Fünfmarkstück *n* ‖ [chambre] Zimmer *n*; Stube *f* ‖ SPECT. Stück, Spiel *n* ‖ [document] Schriftstück *n*; ~ *d'identité*, Ausweispapier *n*.

pied *m* Fuß *m*; *Prendre* ~,

Fuß fassen; ~*s nus,* barfuß; *A* ~, zu Fuß || ~ *de vigne,* Reb-, Weinstock *m* || PHOT. Stativ *n* || *Mettre sur* ~, zustande bringen || *De* ~ *ferme,* festen Fußes.
pied-à-terre *m inv* Absteigequartier *n.*
piédestal *m* Sockel *m;* Postament *n.*
piège *m* Falle *f.*
pierraille *f* Geröll *n.*
pierr|e *f* Stein *m; En* ~, steinern; ~ *précieuse,* Edelstein; ~ *de taille,* Quaderstein || ~ *de touche,* Prüfstein. **~eux, euse** *a* steinig.
piété *f* Frömmigkeit *f.*
piétiner *vi* stampfen • *vt* zertreten.
piéton *m* Fußgänger *m.*
pieu *m* Pfahl, Pfosten *m.*
pieux, euse *a* fromm.
pigeon *m* Taube *f;* ~ *voyageur,* Brieftaube. **~nier** *m* Taubenschlag *m.*
pignon *m* Giebel *m* || Getrieberad *n.*
pilastre *m* Wandpfeiler *m.*
pile *f* Haufen, Stoß *m* || ÉL. Batterie *f.*
pilier *m* Pfeiler *m.*
piller *vt* (aus)plündern.
pilot|e *m* MAR. Steuermann, Lotse *m* || MAR., AÉR. Pilot *m.* **~er** *vt* steuern; lotsen.
pilotis *m* Pfahlwerk *n.*
pilule *f* Pille *f.*
piment *m* Würze *f.*
pimpant, e *a* schmuck.
pin *m* Föhre *f;* ~ *maritime,* Kiefer *f;* ~ *parasol,* Pinie *f.*
pince *f* [outil] Zange *f* || [agrafe] Klammer *f* || [crabe] Schere *f.*
pinceau *m* Pinsel *m.*
pinc|er *vt* kneifen; klemmen; zwicken || [attraper] erwischen. **~ette** *f* Pinzette *f.*
pinson *m* (Buch)fink *m.*
pintade *f* Perlhuhn *n.*
pioch|e *f* (Spitz)hacke *f.* **~er** *vt* (auf)hacken.
piolet *m* Eispickel *m.*
pion *m* Bauer *m* || Stein *m.*
pionnier *m* Pionier *m.*
pipe *f* Pfeife *f.*
piqu|ant, e *a* stechend || scharf; beißend • *m* Stachel *m.* **~e** *f* Pike *f* || [cartes] Pik *n.* **~e-feu** *m inv* Stocher *m.*
piquer *vt* stechen || FIG. [curiosité] reizen • *vi* stacheln; brennen • *vpr* [vin] sauer werden.
piquet *m* Pflock *m* || [grève] Streikposten *m.*
piqûre *f* Stich *m* || [serpent] Biß *m* || MÉD. Spritze *f.*
pirate *m* Seeräuber *m.*
pire *a* schlimmer.
1. pis *m* ZOOL. Euter *n.*
2. pis *av* : *Tant* ~, um so schlimmer. **~-aller** *m inv* Notbehelf *m.*
pisci|culture *f* Fischzucht *f.* **~ne** *f* Schwimmbad *n;* ~ *couverte,* Hallenbad *n.*
pissenlit *m* Löwenzahn *m.*
piste *f* Spur *f* || Bahn *f.*
pistil *m* Stempel *m.*
pistolet *m* Pistole *f.*
piston *m* Kolben *m.*
piteux, euse *a* erbärmlich.

pitié *f* Mitleid *n* ‖ *Sans* ~, erbarmungslos.
pitre *m* Hanswurst *m*.
pittoresque *a* malerisch.
pivoine *f* Pfingstrose *f*.
pivot *m* Drehpunkt, Stift *m*. **~er** *vi* schwenken.
placard *m* Wandschrank *m* ‖ [affiche] Plakat *n*.
place *f* Raum, Platz *m; ~ debout, ~ assise,* Steh-, Sitzplatz ‖ *À votre* ~, an Ihrer Stelle ‖ *Sur* ~, an Ort und Stelle ‖ [emploi] Stelle *f*. **~ment** *m* (Geld)anlage *f*.
placer *vt* setzen ‖ (auf)stellen ‖ legen ‖ [emploi] unterbringen (sép.) ‖ [argent] anlegen.
placide *a* ruhig; gelassen.
plafond *m* (Zimmer)decke *f* ‖ [maximum] Höchstgrenze *f*.
plage *f* Strand *m;* Strandbad *n*.
plaid *m* Reisedecke *f*.
plaid|er *vt* plädieren; verteidigen ‖ *~ coupable,* sich schuldig bekennen. **~oirie** *f* Verteidigungsrede *f*.
plaie *f* Wunde *f;* wunde Stelle.
plaignant, e *s* (An)kläger(in).
plaindre *vt* beklagen, -dauern, -mitleiden • *vpr* (sich be)klagen über (acc.).
plaine *f* Ebene *f;* Flachland *n*.
plaint|e *f* Klage *f*. **~if, ive** *a* kläglich.
plai|re *vt/vi* gefallen ‖ *S'il vous plaît,* bitte. **~sant, e** *a* angenehm. **~santer** *vi* spaßen; scherzen; *Pour* ~, zum Spaß. **~anterie** *f* Scherz *m*.
plaisir *m* Vergnügen, Gefallen *n; Avec* ~, mit Vergnügen; gern.
plan *m* Plan *m;* Fläche *f* ‖ [ville] Stadtplan ‖ *Premier* ~, Vordergrund *m*.
planch|e *f* Brett *n; ~ à dessin,* Reißbrett ‖ Platte *f* ‖ AGR. Beet *n*. **~er** *m* Fußboden *m*.
planer *vi* schweben; gleiten.
planète *f* Planet *m*.
planeur *m* Segelflugzeug *n*.
planifier *vt* planen.
plant *m* Setzling *m*. **~ation** *f* Plantage *f*. **~e** *f* BOT. Pflanze *f;* Gewächs *n* ‖ AN. *~ du pied,* Fußsohle *f*. **~er** *vt* (an-, be)pflanzen ‖ [tente] aufschlagen.
plantureux, euse *a* üppig.
plaque *f* Platte, Tafel *f;* Schild *n*.
plast|ic *m* Sprengstoff *m*. **~ique** *a* plastisch ‖ *Matière* ~, Kunststoff *m* ‖ *Arts* ~*s,* bildende Künste *fpl*.
plastron *m* Vorhemd *n*.
1. plat *m* Schüssel *f* ‖ [mets] Speise *f;* Gericht *n*.
2. plat, e *a* flach; eben • *loc av : à* ~, [batterie] leer ‖ [pneu] platt.
platane *m* Platane *f*.
plat|eau *m* Brett *n;* Platte *f;* Tablett *n* ‖ [balance] Waagschale *f* ‖ GÉOGR. Hochebene *f*. **~e-bande** *f* Beet *n*. **~e-forme** *f* Plattform *f*.
plâtr|e *m* (Gips)abguß *m*. **~er** *vt* ein-, vergipsen.
plausible *a* glaubwürdig.

plébiscite *m* Volksabstimmung *f*.

plein, e *a* voll ; ~ *d'eau*, voller Wasser ; ~*e lune*, Vollmond *m* || FIG. ~*s gaz*, Vollgas *n* ; ~ *pouvoir*, Vollmacht *f* ; *En* ~ *air*, im Freien ; *En* ~ *été*, im Hochsommer ; *En* ~*e mer*, auf hoher See || [animaux] trächtig • *m* : [essence] *Faire le* ~, volltanken.

plén|ipotentiaire *m* Bevollmächtigte(r) *m*. **~itude** *f* Fülle *f*.

pleurer *vi* weinen • *vt* beweinen.

pleurésie *f* Rippenfellentzündung *f*.

pleuvoir *v impers* regnen.

pli *m* Falte *f* ; *Faire des* ~*s*, Falten werfen || *Mise en* ~*s*, Wasserwelle *f* || [cartes] Stich *m*. **~ant, e** *a* zusammenklappbar • *m* Klappstuhl *m*. **~er** *vt* falten ; biegen ; knicken • *vi* sich biegen ; nachgeben • *vpr* FIG. sich anpassen.

plinthe *f* Fußleiste *f*.

plisser *vt* falten.

plomb *m* Blei *n* || ÉL. Sicherung *f* || [chasse] Schrot *n*. **~age** *m* [dent] Füllung *f*. **~ier** *m* Spengler, Klempner *m*.

plong|ée *f* Tauchen *n*. **~eoir** *m* Sprungturm *m*. **~eon** *m* (Kopf)sprung *m*. **~er** *vt* eintauchen ; versenken • *vi* tauchen • *vpr* FIG. sich versenken. **~eur** *m* Taucher *m*.

ployer *vt/vi* (sich) biegen.

pluie *f* Regen *m*.

plum|age *m* Gefieder *n*. **~e** *f* Feder *f*. **~eau** *m* Staubwedel *m*. **~er** *vt* (aus)rupfen. **~ier** *m* Federkasten *m*.

plupart (la) *f* die meisten ; *Pour* ~, zumeist • *loc av* : ~ *du temps*, meistens.

pluriel *m* Mehrzahl *f* ; Plural *m*.

plus *av* [addition] und ; plus || [comparatif] mehr, ou compar. ; ~ *grand*, größer || *Deux fois* ~ *large*, zweimal so breit || ~ *que jamais*, mehr denn je || [superlatif] am meisten, ou superl. ; *Le* ~ *grand*, der größte || [négatif] ~ *un mot*, kein Wort mehr || *Moi non* ~, ich auch nicht ; ~ *rien*, nichts mehr || LOC : ***au*** ~, höchstens || ***d'autant*** ~ ***(que)***, um so mehr (als) || ***de*** ~ ***en*** ~, immer mehr || ***en*** ~, dazu. **~ieurs** *a indéf/pr pl* mehrere. **~-value** *f* Mehrwert *m*.

plutôt *av* vielmehr ; lieber.

pluvieux, euse *a* regnerisch.

pneu *m* Reifen *m*. **~matique** *a* Luft...

pneumonie *f* Lungenentzündung *f*.

poche *f* Tasche *f*.

pochoir *m* Schablone *f*.

1. poêle *m* (Heiz)ofen *m*.

2. poêle *f* Pfanne *f*.

po|ème *m* Gedicht *n*. **~ésie** *f* Lyrik *f* || Gedicht *n*. **~ète** *m* Dichter *m*.

poids *m* Gewicht *n* ; ~ *net*, Reingewicht || ~ *lourd*, Lastkraftwagen *m* (LKW) || FIG.

Last *f* || [importance] Wichtigkeit *f*.
poignant, e *a* packend.
poignard *m* Dolch *m*.
poign|e *f* : *À* ~, tatkräftig. **~ée** *f* [quantité] Handvoll *f* || [porte] Griff *m* || ~ *de main*, Händedruck *m*. **~et** *m* Handgelenk *n*.
poil *m* Haar *n*. **~u, e** *a* behaart.
poinçon *m* Pfriem *m* || Stempel *m*. **~ner** *vt* lochen || stempeln.
poindre *vi* [jour] anbrechen.
poing *m* Faust *f*.
point *m* Punkt *m* || [couture] Stich *m* || ~ *de côté*, Seitenstich *m* || ~ *d'interrogation*, Fragezeichen *n* || ~ *cardinal*, Himmelsrichtung *f* || AÉR., MAR. *Faire le* ~, orten || PHOT. *Mettre au* ~, einstellen || AUT. ~ *mort*, Leerlauf *m* || *Être sur le* ~ *de*, im Begriff sein, zu || *Au* ~ *du jour*, bei Tagesanbruch || ~ *de vue*, Standpunkt *m* || *(Cuit) à* ~, durchgebraten • *av* : ~ *du tout*, keineswegs.
pointe *f* Spitze *f* || [clou] Zwecke *f*.
point|er *vt* [régler] einstellen • *vi* ragen. **~eur** *m* Richtkanonier *m*. **~illeux, euse** *a* spitzfindig. **~u, e** *a* spitz || [voix] scharf. **~ure** *f* (Schuh)nummer *f*; Größe *f*.
poire *f* Birne *f*.
poireau *m* Porree *m*.
pois *m* : *Petit* ~, junge Erbse.
poison *m* Gift *n*.
poisseux, euse *a* klebrig.
poisson *m* Fisch *m*. **~nier, ère** *s* Fischhändler(in).
poitrine *f* Brust *f*.
poivr|e *m* Pfeffer *m*. **~on** *m* Paprika *m*.
poix *f* Pech *n*.
polaire *a* polar.
pôle *m* Pol *m*.
poli, e *a* [lisse] glatt || FIG. höflich.
police *f* Polizei *f* || [assurance] Police *f*. **~-secours** *f* Überfallkommando *n*.
polichinelle *m* Hanswurst *m*.
policier, ère *a* : *Roman* ~, Kriminalroman *m* • *m* Polizist *m*.
polir *vt* polieren; schleifen.
polisson *m* Gassenjunge *m*.
politesse *f* Höflichkeit *f*.
politique *a* politisch || *Homme* ~, Politiker *m* • *f* Politik *f*.
pollen *m* Blütenstaub *m*.
pollution *f* (Umwelt)verschmutzung *f*.
Pologne *f* Polen *n*.
poltron, ne *a* feige • *m* Feigling *m*.
poly- *préf* Viel...; Mehr...; Poly... **~copier** *vt* vervielfältigen. **~glotte** *a* mehr-, vielsprachig.
pommade *f* Salbe *f*.
pomm|e *f* Apfel *m* || ~ *de terre*, Kartoffel *f*. **~eau** *m* Knauf *m*. **~ette** *f* Backenknochen *m*. **~ier** *m* Apfelbaum *m*.
pompe *f* Pumpe *f* || ~ *à essence*, Tankstelle *f* || ~ *à incendie*, Feuerspritze *f* || *Pl* :

~s *funèbres,* Beerdigungsinstitut *n.*
pomper *vt* pumpen.
pomp|ier *m* Feuerwehrmann *m; Les ~s,* die Feuerwehr. **~iste** *m* Tank(stellen)wart *m.*
ponce *f : Pierre ~,* Bimsstein *m.*
ponct|ualité *f* Pünktlichkeit *f.* **~uation** *f* Interpunktion *f.* **~uel, le** *a* pünktlich.
pondéré, e *a* ausgeglichen.
pondre *vt* Eier legen.
pont *m* Brücke *f; ~ suspendu,* Hängebrücke || MAR. Deck *n.*
ponte *f* Legezeit *f.*
pont|-levis *m* Zugbrücke *f.* **~on** *m* Brückenboot *n.*
popul|ace *f* Pöbel *m.* **~aire** *a* volkstümlich; Volks... || beliebt. **~ation** *f* Bevölkerung *f.*
porc *m* Schwein *n.*
porcelaine *f* Porzellan *m.*
porcelet *m* Spanferkel *n.*
porc-épic *m* Stachelschwein *n.*
porche *m* (Portal)vorbau *m.*
porcher, ère *s* Schweinehirt(in).
poreux, euse *a* porös.
1. port *m* Hafen *m* || Hafenstadt *f* || *À bon ~,* im sicheren Hafen.
2. port *m* [frais] Porto *n,* -gebühr *f* || [attitude] (Körper)haltung *f.*
portail *m* Tor, Portal *n.*
port|ant, e *a : Bien ~,* gesund. **~atif, ive** *a* tragbar; handlich.
porte *f* Tür *f* || Tor *n; ~ cochère,* Toreinfahrt *f.*
porte|-avions *m inv* Flugzeugträger *m.* **~-bagages** *m inv* Gepäckträger *m.* **~-clefs, -clés** *m inv* Schlüsselring *m.* **~-documents** *m inv* Aktentasche *f.*
portée *f* ZOOL. Wurf *m* || [distance] Reichweite *f; À ~ de la main,* greifbar || MUS. Notenlinien *fpl.*
porte|feuille *m* Brieftasche *f.* **~manteau** *m* Kleiderständer, -haken *m* || [cintre] Bügel *m.* **~-monnaie** *m inv* Geldbeutel *m.* **~-parole** *m inv* Wortführer *m* || Sprecher *m.* **~-plume** *m inv* Federhalter *m.*
porter *vt* tragen || FIG. *~ bonheur,* Glück bringen; *~ secours,* Hilfe leisten || [coup] versetzen || *~ un nom,* einen Namen führen || *~ plainte,* verklagen || *~ à l'écran,* verfilmen • *vi : ~ sur,* sich beziehen auf (acc.) • *vpr : Je me porte bien,* es geht mir gut.
porteur *m* Gepäckträger *m.*
porte-voix *m inv* Sprachrohr *n.*
port|ier *m* Pförtner *m.* **~ière** *f* Wagentür *f.*
portion *f* Teil *m;* Portion *f.*
portique *m* Säulenhalle *f.*
portrait *m* Bild(nis), Porträt *n.*
pos|e *f* [action] → ~ER || [modèle] Modellsitzen *n* || [attitude] Pose *f.* **~é, e** *a* FIG. [calme] gesetzt.

pos|er *vt* (hin)setzen, -stellen, -legen ‖ FIG. ~ *une question,* eine Frage stellen • *vi* ARTS Modell stehen/sitzen • *vpr* sich legen/setzen ‖ landen. **~eur** *m* Angeber *m.*

positif, ive *a* positiv ‖ bejahend ‖ [esprit] nüchtern • *m* PHOT. Abzug *m.*

position *f* Lage, Stellung *f* ‖ ~ *debout,* Stehen *n.*

poss|éder *vt* besitzen ‖ [connaître] beherrschen. **~esseur** *m* Besitzer *m.* **~ession** *f* Besitzung *f;* Besitztum *n* ‖ JUR. Besitz *m.*

possib|ilité *f* Möglichkeit *f.* **~le** *a* möglich ; *Le plus ~,* möglichst viel.

postal, e, aux *a* Post...

1. poste *f* Post *f* ‖ [bureau] Postamt *n;* ~ *aérienne,* Luftpost ; ~ *restante,* postlagernd.

2. post|e *m* Posten *m;* Amt *n;* Stelle *f* ‖ ~ *de police,* Polizeiwache *f* ‖ ~ *de télévision,* Fernsehapparat *m* ‖ ~ *d'essence,* Tankstelle *f.* **~er** *vt* [lettres] aufgeben • *vpr* Stellung beziehen.

postérieur, e *a* [temps] später ‖ [espace] hinter.

postérité *f* Nachkommenschaft *f.*

postiche *a* unecht ; falsch.

postier *m* Postbeamte(r) *as.*

posture *f* Positur *f* ‖ FIG. Lage *f.*

pot *m* Topf *m;* Kanne *f;* ~ *de fleurs,* Blumentopf ‖ TECHN. ~ *d'échappement,* Auspufftopf *m.*

potable *a* trinkbar.

potag|e *m* Suppe *f.* **~er** *m* Gemüsegarten *m.*

potasse *f* Kali *n.*

pot|-au-feu *m inv* Rindfleischsuppe *f.* **~-de-vin** *m* Schmiergeld *n.*

poteau *m* Pfahl, Pfosten *m* ‖ ~ *indicateur,* Wegweiser *m.*

potelé, e *a* drall ; prall.

pot|erie *f* Tonwaren *fpl.* **~ier** *m* Töpfer *m.*

potin *m* FAM. Klatsch *m.*

potiron *m* Riesenkürbis *m.*

pou *m* Laus *f.*

poubelle *f* Mülleimer *m.*

pouce *m* Daumen *m* ‖ Zoll *m.*

poudr|e *f* Staub *m;* Pulver *n.* **~eux, euse** *a* staubig ‖ *Neige ~euse,* Pulverschnee *m.* **~ier** *m* Puderdose *f.*

poulailler *m* Hühnerstall *m.*

poulain *m* Fohlen, Füllen *n.*

poul|arde *f* Masthuhn *n.* **~e** *f* Huhn *n;* Henne *f.* **~et** *m* Hühnchen *n.*

poulie *f* Rolle *f.*

pouls *m* Puls *m.*

poumon *m* Lunge *f.*

poupe *f* MAR. Heck *m.*

poup|ée *f* Puppe *f.* **~onnière** *f* Klein(st)kinderkrippe *f.*

pour *p : Le train ~ Hambourg,* der Zug nach Hamburg ; ~ *cela,* dazu ; zu diesem Zweck ‖ ~ *moi,* für mich ‖ ~ *toujours,* auf immer ‖ *Lutter ~ la vie,* ums Leben kämpfen ; ~

l'amour de Dieu, um Gottes willen || *Passer ~ riche,* für reich gelten || *Cinq ~ cent,* fünf prozent || *~ cette raison,* aus diesem Grunde || *~ quoi faire?,* um was zu tun? • *loc c : ~* ***que,*** damit.

pourboire *m* Trinkgeld *n.*

pourcentage *m* Prozentsatz *m.*

pour|chasser *vt* hetzen. **~parlers** *mpl* Verhandlung *f.*

pourpre *a* purpurrot.

pourquoi *av interr* warum? • *c : C'est ~,* deshalb.

pourr|i, e *a* faul || [bois] morsch || verdorben. **~ir** *vi* (ver)faulen • *vt* FIG. verderben. **~iture** *f* Verwesung *f* || FIG. Verderbtheit *f.*

poursui|te *f* Verfolgung *f* || [continuation] Fortsetzung *f.* **~vre** *vt* verfolgen || [continuer] fortsetzen.

pourtant *av* dennoch; doch.

pourv|oi *m* JUR. Berufung *f.* **~oir** *vi* sorgen für (acc.) • *vt* ausstatten (mit) || [poste] besetzen • *loc c : ~u qu'il soit là!,* wenn er nur da ist!

pouss|e *f* junger Trieb; Schößling *m.* **~ée** *f* Druck, Schub *m.*

pousser *vt* schieben || drücken || [faire avancer] (voran)treiben || [cris] ausstoßen • *vi* wachsen.

poussette *f* Kinderwagen *m.*

pouss|ier *m* Kohlenstaub *m.* **~ière** *f* Staub *m.* **~iéreux, euse** *a* staubig; verstaubt.

poussif, ive *a* kurzatmig.

poussin *m* Küken, Küchlein *n.*

poutre *f* Balken *m.*

pouvoir *vt* können || [autorisation] dürfen || [éventualité] mögen • *vpr impers : Il se peut,* (es) mag/kann sein • *m : ~ d'achat,* Kaufkraft *f* || POL. Gewalt, Macht *f.*

prairie *f* Wiese *f.*

prati|cable *a* [chemin] gang-, befahrbar. **~que** *a* praktisch; zweckmäßig • *f* Praxis *f* || [expérience] (praktische) Erfahrung. **~quer** *vt* ausüber || treiben.

pré *m* Wiese *f.*

préavis *m : Sans ~,* fristlos.

précaire *a* unsicher.

précaution *f* Vorsicht *f* || *Prendre ses ~s,* sich vorsehen.

précéd|ent, e *a* vorig; früher. **~er** *vt* vorangehen (dat.).

précepte *m* Vorschrift *f.*

prêcher *vt/vi* predigen.

précieux, euse *a* kostbar; köstlich || geziert.

précip|ice *m* Abgrund *m.* **~itamment** *av* Hals über Kopf. **~itation** *f* Übereilung, -stürzung *f.* **~iter** *vt* (nieder-, herab)stürzen || FIG. überstürzen (insép.) • *vpr : Se ~ dans,* hineinstürzen in (acc.) || FIG. sich überstürzen.

précis, e *a* genau • *m* Abriß *m.* **~er** *vt* näher bestimmen. **~ion** *f* Genauigkeit *f.*

précoce *a* frühzeitig, -reif.

préconiser *vt* befürworten.

pré|curseur *m* Vorläufer *m.*

~décesseur *m* Vorgänger *m.* **~destiner** *vt* vorherbestimmen.

prédicateur *m* Prediger *m.*

prédiction *f* Vorhersage *f.*

prédilection *f* Vorliebe *f.*

pré|dire *vt* vorher-, voraussagen. **~dominer** *vi* vorherrschen. **~éminence** *f* Vorrang *m.* **~fabriqué, e** *a* Fertig... **~face** *f* Vorrede *f.*

préfér|ence *f* Vorzug *m;* Vorliebe *f.* **~er** *vt* vorziehen; lieber haben.

préhistoire *f* Vorgeschichte *f.*

préjudic|e *m* Nachteil, Schade(n) *m.* **~iable** *a* nachteilig.

préjugé *m* Vorurteil *n.*

prélat *m* Prälat *m.*

prélever *vt* entnehmen.

pré|liminaire *a* Vor... **~lude** *m* Vorspiel *n.* **~maturé, e** *a* vorzeitig. **~méditation** *f* Vorbedacht *m.*

prem|ier, ère *a* (der, die, das) erste || *Matières ~ères,* Rohstoffe *mpl* • *m : Le ~ venu,* der erste beste || SPECT. *Jeune ~,* erster Liebhaber • *f : (Classe de) ~,* Oberprima *f* || SPECT. Ur-, Erstaufführung *f.* **~ièrement** *av* erstens; zuerst.

pré|molaire *f* vorderer Backenzahn. **~munir (se)** *vpr* sich sichern vor (dat.).

prenant, e *a* [qui occupe] zeitraubend || [émouvant] ergreifend.

prendre *vt* nehmen || FIG. *~ la parole,* das Wort ergreifen || *~ un billet,* eine Fahrkarte lösen || *~ du temps,* Zeit erfordern || *~ une décision,* einen Entschluß fassen || *~ des mesures,* Maßnahmen treffen || *~ pour un génie,* für ein Genie halten || *~ une direction,* eine Richtung einschlagen || *~ feu,* Feuer fangen || *~ froid,* sich erkälten || *~ part à,* teilnehmen an (dat.) || *À tout ~,* alles in allem (genommen) • *vi* gedeihen || [se figer] gerinnen || FIG. *~ à droite,* rechts gehen || [réussir] verfangen • *vpr : S'en ~ à qn de qch,* jm die Schuld an etw (dat.) zuschieben || *S'y ~ adroitement,* geschickt angreifen.

prénom *m* Vorname *m.*

préoccup|ation *f* Besorgnis *f.* **~er** *vt* beunruhigen.

prépar|atifs *mpl* Vorbereitungen *fpl.* **~ation** *f* Vor-, Auf-, Zubereitung *f* || CHIM. Präparat *n.* **~er** *vt* (vor)bereiten || [plat] zubereiten.

prépondérance *f* Übergewicht *n.*

préposition *f* Präposition *f.*

prérogative *f* Vorrecht *n.*

près *av* nahe; nebenan • *loc p* **~ de** *: Tout ~ d'ici,* ganz in der Nähe, dicht bei uns • *loc av :* **à peu ~**, ungefähr; etwa; beinahe.

présager *vt* ankündigen.

presbyte *a* weitsichtig.

presbytère *m* Pfarrhaus *n.*

prescri|ption *f* Vorschrift *f* || MÉD. Verordnung *f* || JUR. Ver-

jährung *f.* **~re** *vt* vorschreiben ‖ verordnen • *vpr* verjähren.
préséance *f* Vorrang *m.*
prés|ence *f* Anwesenheit, Gegenwart *f;* Vorhandensein *n.* **~ent, e** *a* anwesend ; gegenwärtig • *interj* : *~!*, hier! • *m* Gegenwart *f* • *loc av/c* : ***à** ~ **(que)**,* jetzt (,wo).
présent *m* [don] Geschenk *n.*
présentation *f* Vorstellung *f.*
présenter *vt* vorlegen ; vorzeigen ‖ [offrir] (dar)bieten ‖ [quelqu'un] vorstellen • *vpr* [personnes] sich (vor)stellen ; sich melden.
préserver *vt* : *~ de,* bewahren vor (dat.).
présid|ence *f* Vorsitz *m.* **~ent** *m* Vorsitzende(r) *m.* **~er** *vt* präsidieren.
presqu|e *av* beinah(e) ; fast. **~'île** *f* Halbinsel *f.*
press|ant, e *a* zudringlich ‖ dringend. **~e** *f* Gedränge *n* ‖ [hâte] Eile *f* ‖ [journaux] Presse *f.* **~é, e** *a* dringend ‖ *Être ~,* es heilig haben.
pressent|iment *m* Vorgefühl *n ;* Ahnung *f.* **~ir** *vt* ahnen.
press|er *vt* [serrer] (aus)drücken, -pressen ‖ [raisin] keltern ‖ FIG. [insister] in jn dringen • *vi* [appuyer] drücken auf ‖ [être urgent] drängen ; eilen • *vpr* [se serrer] sich drängen ‖ [se hâter] (sich be)eilen. **~ion** *f* Druck *m ; ~ atmosphérique,* Luftdruck. **~oir** *m* Kelter *f.* **~urer** *vt* auspressen ; keltern.
prestation *f* Leistung *f.*
prest|e *a* flink, hurtig. **~idigitateur** *m* Taschenspieler *m.*
prestige *m* Ansehen *n.*
présumer *vt* annehmen.
1. prêt, e *a* bereit ; fertig.
2. prêt *m* Darlehen *n ;* Anleihe *f.*
préten|dant *m* Bewerber *m.* **~dre** *vt* [affirmer] behaupten ‖ *~ à,* sich bewerben um. **~du, e** *a* angeblich. **~tieux, euse** *a* anspruchsvoll. **~tion** *f* Anspruch *m.*
prêter *vt* (ver-, aus)leihen ; borgen ‖ *~ secours,* Hilfe leisten • *vpr* [convenir] sich eignen (zu, dat.).
prétext|e *m* Vorwand *m.* **~er** *vt* vorgeben, -schützen.
prêtre *m* Priester *m.*
preuve *f* Beweis *m* ‖ Probe *f* ‖ *Faire ses ~s,* sich bewähren.
prévaloir *vi* vorwiegen ; obsiegen.
préven|ance *f* Zuvorkommenheit *f.* **~ir** *vt* [empêcher] vorbeugen (dat.) ‖ [satisfaire] zuvorkommen (dat.) ‖ [avertir] benachrichtigen. **~u, e** *a* [influencé] voreingenommen ; befangen • *s* Angeklagte(r) *as.*
prév|ision *f* Erwartung *f.* **~oir** *vt* voraussehen. **~oyance** *f* Vor-, Fürsorge *f.*
pri|er *vt* : *~ qn de,* jn um etw bitten • *vt/vi* REL. beten (zu). **~ère** *f* Bitte *f* ‖ REL. Gebet *n.*
primaire *a* primär ‖ *École ~,* Grundschule *f.*
prim|e *f* Prämie, Zulage *f.*

~er *vt* prämieren ‖ übertreffen (insép.). **~eurs** *fpl* Frühobst, -gemüse *n*. **~evère** *f* Schlüsselblume *f*. **~itif, ive** *a* primitiv ; Ur...

princ|e *m* Fürst, Prinz *m*. **~ier, ère** *a* fürstlich. **~ipal, e, aux** *a* hauptsächlich ; Haupt... • *m* [chose importante] Hauptsache *f*.

principe *m* Grundsatz *m;* Prinzip *n*.

printemps *m* Frühling *m*, -jahr *n*.

priorité *f* Priorität *f* ‖ Vorfahrt *f*.

prise *f* Einnahme *f;* Fang *m* ‖ *~ de position,* Stellungnahme *f* ‖ ÉL. *~ de courant,* Steckdose *f* ‖ *Lâcher ~,* loslassen ‖ *Donner ~ à,* Anlaß zu (dat.) geben.

priser *vt* [tabac] schnupfen.

prison *f* Gefängnis *n*. **~nier, ère** *s* Gefangene(r) *as*.

priv|ation *f* Beraubung *f;* Entzug *m;* Entbehrung *f*. **~é, e** *a* privat ; *Vie ~e,* Privatleben *n*. **~er** *vt* : *~ qn de qch,* jn um etw bringen.

privilège *m* Vorrecht, Privileg *n*.

prix *m* Preis *m;* *~ d'achat,* Kaufpreis ‖ *À bas ~,* wohlfeil ‖ *À tout ~,* um jeden Preis.

prob|abilité *f* Wahrscheinlichkeit *f*. **~able** *a* wahrscheinlich.

probe *a* redlich ; ehrlich.

problème *m* Problem *n*.

procéd|é *m* Verfahren *n*. **~er** *vi* verfahren ‖ *~ à qch,* etw vornehmen. **~ure** *f* (Gerichts)verfahren *n*.

procès *m* Prozeß *m*.

procession *f* Umzug *m*.

processus *m* Vorgang *m*.

procès-verbal *m* Protokoll *n*.

proch|ain, e *a* [lieu] nächst. **~e** *a* nahe(stehend).

proclamer *vt* ausrufen.

procur|ation *f* Vollmacht *f*. **~er** *vt* besorgen ; verschaffen. **~eur** *m* Staatsanwalt *m*.

prodigalité *f* Verschwendung *f*.

prodig|e *m* Wunder *n*. **~ieux, euse** *a* wunderbar.

prodigu|e *a* verschwenderisch. **~er** *vt* nicht sparen mit.

produc|teur *m* Erzeuger, Produzent *m*. **~tif, ive** *a* ergiebig ; produktiv. **~tion** *f* Produktion, Erzeugung *f*.

produi|re *vt* hervorbringen ; erzeugen ; produzieren ‖ [montrer] vorlegen • *vpr* sich ereignen. **~t** *m* Produkt, Erzeugnis *n* ‖ [rapport] Ertrag *m*.

profan|e *m* Laie *m*. **~er** *vt* schänden.

proférer *vt* hervorbringen.

profess|er *vt* [opinion] (sich) bekennen zu ‖ [exercer] ausüben. **~eur** *m* Professor, Studienrat *m*. **~ion** *f* Beruf *m* ‖ *~ de foi,* (Glaubens)bekenntnis *n*. **~ionnel, le** *a* beruflich ; Berufs...

profil *m* Profil *n;* Seitenansicht *f*.

profit *m* Gewinn, Nutzen *m*. **~able** *a* einträglich. **~er** *vi :*

~ *de,* (aus)nutzen ‖ ~ *à qn,* jm zugutekommen.

profond, e *a* tief. **~eur** *f* Tiefe *f* ‖ FIG. ~ *(d'esprit),* Tiefsinn *m.*

profusion *f* (Über)fülle *f; À* ~, überreichlich.

programme *m* Programm *n.*

progr|ès *m* Fortschritt *m.* **~esser** *vi* fortschreiten ‖ MIL. vordringen. **~essif, ive** *a* fortschreitend. **~essiste** *a* fortschrittlich. **~essivement** *a* allmählich.

prohiber *vt* verbieten.

proie *f* Beute *f.*

projec|teur *m* Scheinwerfer *m.* **~tile** *m* Geschoß *n.* **~tion** *f* (Ab)wurf *m* ‖ [film] Vorführung *f.*

proj|et *m* Projekt *n;* Entwurf *m.* **~eter** *vt* werfen; schleudern ‖ FIG. entwerfen; vorhaben ‖ TECHN. projizieren.

prolétaire *s* Proletarier(in).

proliférer *vi* wuchern.

prolixe *a* weitschweifig.

prologue *m* Prolog *m.*

prolong|ation *f* Verlängerung *f.* **~er** *vt* verlängern.

promen|ade *f* Spaziergang *m,* -fahrt *f.* **~er** *vt* spazierenführen • *vpr* spazierengehen. **~eur, euse** *s* Spaziergänger(in).

prom|esse *f* Versprechung *f.* **~ettre** *vt* versprechen, -heißen.

pro|montoire *m* Vorgebirge *n.* **~motion** *f* Beförderung *f.* **~mouvoir** *vt* befördern.

prompt, e *a* schnell; geschwind.

promulguer *vt* verkünden.

pronom *m* Fürwort, Pronomen *n.*

pronon|cer *vt* aussprechen • *vpr* Stellung nehmen. **~ciation** *f* Aussprache *f.*

pronostic *m* Prognose *f.*

propagande *f* Propaganda *f.*

propager *vt* ver-, ausbreiten • *vpr* um sich greifen.

propension *f* Hang *m.*

proph|ète *m* Prophet *m.* **~étiser** *vt* prophezeien.

prophylaxie *f* Vorbeugung *f.*

propice *a* günstig.

proportion *f* Verhältnis *n* • *loc p* : ***en ~ de,*** im Verhältnis zu. **~nel, le** *a* verhältnismäßig.

propos *m* [paroles] Äußerung *f* ‖ [intention] Vorsatz *m,* -haben *n* • *loc av* : ***à ~,*** zu gelegener Zeit • *loc p* : ***à ~ de,*** anläßlich (gén.).

propos|er *vt* vorschlagen • *vpr* : *Se ~ de,* sich (etw) vornehmen. **~ition** *f* Vorschlag *m* ‖ GRAMM. Satz *m.*

propre *a* eigen; *Nom ~,* Eigenname *m* ‖ [apte] geeignet ‖ [net] sauber • *m* Eigenart *f.* **~té** *f* Sauberkeit *f.*

propriét|aire *m* Besitzer, Eigentümer *m.* **~é** *f* Eigentum *n* ‖ Eigenschaft *f.*

propuls|er *vt* (vor)antreiben. **~ion** *f* Antrieb *m.*

proroger *vt* aufschieben; verlängern.

prosaïque *a* nüchtern.
proscrire *vt* ächten ‖ FIG. verpönen.
prospecter *vt* GÉOL. schürfen ‖ COMM. Kunden werben.
prospectus *m* Prospekt *m*.
prosp|ère *a* blühend. **~érer** *vi* gedeihen; blühen. **~érité** *f* Gedeihen *n*.
protec|teur, trice *a* Schutz... ‖ [air] gönnerhaft • *s* Beschützer(in), Gönner(in). **~tion** *f* Schutz *m*.
protég|é *m* Schützling *m*. **~er** *vt* (be)schützen.
protéine *f* Protein *n*.
protestant, e *a* evangelisch.
protest|ation *f* Protest *m*. **~er** *vi* protestieren; Einspruch erheben.
proue *f* Bug *m*.
prouesse *f* Heldentat *f*.
prouver *vt* be-, nachweisen ‖ [dénoter] zeigen; zeugen (von).
proven|ance *f* Herkunft *f*. **~ir** *vi* herkommen; stammen (aus).
proverbe *m* Sprichwort *n*.
providence *f* Vorsehung *f*.
province *f* Provinz *f*.
provis|eur *m* Oberstudiendirektor *m*. **~ions** *fpl* Vorrat *m*. **~oire** *a* provisorisch; vorläufig.
provo|cation *f* Herausforderung *f*. **~quer** *vt* herausfordern; provozieren.
proximité *f* Nähe *f*.
prude *a* spröde.
prud|ence *f* Vorsicht *f*. **~ent, e** *a* vor-, umsichtig.
prun|e *f* Pflaume, Zwetsch(g)e *f*. **~eau** *m* Backpflaume *f*. **~elle** *f* BOT. Schlehe *f* ‖ [pupille] Augapfel *m*.
Prusse *f* Preußen *n*.
psalmodier *vt* psalmodieren.
psaume *m* Psalm *m*.
pseudonyme *m* Deckname *m*.
psych|ique *a* psychisch; seelisch. **~ologue** *m* Psychologe *m*.
puanteur *f* Gestank *m*.
public, ique *a* öffentlich • *m* Öffentlichkeit *f*; Publikum *n*.
publi|cation *f* Veröffentlichung *f*. **~cité** *f* [réclame] Werbung *f*. **~er** *vt* veröffentlichen ‖ [nouvelle] verbreiten.
puce *f* Floh *m*.
pud|eur *f* Scham(haftigkeit) *f*. **~ique** *a* schamhaft; keusch.
puer *vi/vt* stinken (nach).
puér|icultrice *f* Säuglingspflegerin *f*. **~il, e** *a* kindisch.
puis *av* d(a)rauf; (so)dann.
puiser *vt* schöpfen.
puisque *c* weil; da.
puiss|ance *f* Macht *f* ‖ MATH. Potenz *f* ‖ [son] Stärke *f*. **~ant, e** *a* mächtig.
puits *m* Brunnen *m* ‖ MIN. Schacht *m*.
pulluler *vi* wimmeln; wuchern.
pulpe *f* Fruchtfleisch *n*.
pulsation *f* MÉD. Pulsschlag *m*.
pulvériser *vt* zerstäuben ‖ FIG. vernichten.
punaise *f* Wanze *f* ‖ [clou] Zwecke *f*.

puni|r *vt* (be)strafen. **~tion** *f* Strafe *f* || Bestrafung *f*.
1. pupille *f* AN. Pupille *f*.
2. pupille *s* Mündel *n*.
pupitre *m* (Schreib-, Noten)-pult *n*.
pur, e *a* rein; lauter.
purée *f* Brei *m*; Püree *n*.
purgatif *m* Abführmittel *n*.
purg|e *f* Reinigung *f* || POL. Säuberung *f*. **~er** *vt* reinigen; läutern || MÉD. abführen || JUR. [peine] absitzen.
purifier *vt* reinigen; läutern.
purin *m* (Mist)jauche *f*.
pur-sang *m inv* Vollblut-(pferd) *n*.
purulent, e *a* eiternd.
pus *m* Eiter *m*.
pusillanime *a* kleinmütig.
putois *m* Iltis *m*.
putr|éfaction *f* Fäulnis *f*. **~éfier (se)** *vpr* verwesen, -faulen.
pylône *m* Pylon *m* || Mast *m*.
pyramide *f* Pyramide *f*.

q

quadr|ilatère *m* Viereck *n*. **~illé, e** *a* kariert; gewürfelt. **~upède** *m* Vierfüßler *m*. **~upler** *vt* vervierfachen.
quai *m* Kai *m* || Bahnsteig *m*.
qualifi|catif *m* Bestimmungswort *n*. **~cation** *f* [qualité] Eignung *f*. **~é, e** *a* : *Ouvrier ~,* Facharbeiter *m*. **~er** *vt* [donner un nom] bezeichnen || [donner qualité] eignen; qualifizieren.
qualité *f* [manière d'être] Eigenschaft *f* || *En ~ de,* als || [vertu] Tugend *f* || COMM. Qualität, Güte *f*.
quand *av* wann; *Depuis ~?,* seit wann?; wie lange?; *Jusqu'à ~,* bis wann || *~ même,* trotzdem • *c* wenn; als; wann; *~ il venait,* wenn er kam; *~ il vint,* als er kam.
quant à *loc p* : *~ à moi,* was mich betriff.
quantité *f* Quantität *f* || MATH. Größe *f* || [foule] Menge *f*.
quarant|aine *f* etwa vierzig || Sperrzeit *f*. **~e** *num* vierzig. **~ième** *m* Vierzigstel *n*.
quart *m* Viertel *n*; *~ d'heure,* Viertelstunde *f* || [poids] Viertelpfund *m* || [gobelet] Feldbecher *m* || MAR. Wache *f*. **~ier** *m* Viertel *n*; Stadtteil *m* || *~ général,* Hauptquartier *n*.
quatorze *num* vierzehn.
quatre *num* vier || *Se mettre en ~,* keine Mühe scheuen. **~-vingt-dix** *num* neunzig. **~-vingt(s)** *num* achtzig.
quatrième *num* vierte(r).
quatuor *m* Quartett *n*.
que *pr rel* den, die, das; die ||

ce ~, was • *pr interr : ~ faire ?*, was tun? ‖ *Qu'est-ce qui*, was • *av : ~ de fois !*, wie oft! • *c de subord* daß; *Je crois ~ non*, ich glaube nicht ‖ [souhait, ordre] *Qu'il vienne !*, er soll kommen! ‖ [condit.] wenn ‖ [compar.] *Aussi grand ~*, so groß wie; *Plus grand ~*, größer als • *loc av :* **ne ... ~**, [quantité] nur ‖ [pas avant] erst.

quel, le *a interr/excl* welche(r), -s; was für ein(e) • *loc rel :* ***quel(s)... que, quelle(s) ... que***, wer ... auch; was ... auch.

quelconque *a indéf* beliebig.

quelque *a indéf* irgendein ‖ *Il y a ~ temps*, vor einiger Zeit ‖ *Pl* einige; ein paar ‖ ~ ***chose***, (et)was ‖ ~ ***part*** irgendwo(hin) • *av* [environ] ungefähr; etwa ‖ [concession] ~ ... ***que***, wie (*ou* so) ... auch immer.

quelqu|efois *av* manchmal. **~'un, e** *pr indéf* (irgend)-eine(r); jemand.

quémander *vt* betteln (um, acc.).

quenelle *f* Fleischklößchen *n*.

querell|e *f* Streit, Zank *m*. **~er (se)** *vpr* sich zanken. **~eur, euse** *a* streitsüchtig.

question *f* Frage *f; Poser une ~*, eine Frage stellen ‖ *De quoi est-il ~ ?*, wovon ist die Rede? **~naire** *m* Fragebogen *m*. **~ner** *vt* (be-, aus)fragen.

quêt|e *f* Suche *f* ‖ Geldsammlung *f*. **~er** *vt* (auf)suchen; werben (um); sammeln.

queue *f* Schwanz, Schweif *m* ‖ BOT. Stiel *m* ‖ [robe] Schleppe *f* ‖ FIG. *Faire la ~*, Schlange stehen.

qui *pr rel* der, die, das; welcher ‖ *~ que ce soit*, wer es auch sein mag • *pr interr* wer?; *~ est-ce ~ ?* wer?

quiconque *pr indéf* wer auch immer; jeder, der.

quiétude *f* (Seelen)ruhe *f*.

quignon *m* (Brot)kanten *m*.

quille *f* MAR. Kiel *m* ‖ Kegel *m*.

quincaillerie *f* Eisenwaren *fpl*.

quinconce *m : En ~*, schachbrettförmig.

quint|al *m* Doppelzentner *m*. **~e** *f* MUS. Quinte *f* ‖ *~ (de toux)*, Hustenanfall *m*. **~upler** *vt* verfünffachen.

quinz|aine *f* etwa fünfzehn ‖ *Dans une ~*, in vierzehn Tagen. **~e** *num* fünfzehn.

quitt|ance *f* Quittung *f*. **~e** *a* ledig; frei ‖ *Être ~ d'un souci*, eine Sorge los sein • *loc p :* ~ ***à***, auf die Gefahr hin ...zu (inf.). **~er** *vt* (ver)lassen.

qui-vive *m : Être sur le ~*, auf seiner Hut sein.

quoi *pr rel : À ~*, woran, wozu; *Après ~*, worauf; *De ~*, wovon ‖ [concessif] ~ ... ***que*** was auch (immer) • *pr interr* was? • *interj* was!; wie! **~que** *c* (subj.) obgleich, -wohl.

quote-part *f* Quote *f;* Anteil *m*.

quotidien, ne *a* (all)täglich • *m* Tageszeitung *f*.

r

rabais *m* Rabatt, Abschlag *m*. **~ser** *vt* herabsetzen.
rabat *m* Umschlag *m*. **~-joie** *m inv* Miesmacher *m*. **~teur** *m* (Zu)treiber *m*. **~tre** *vt* um-, herunterklappen ‖ [couvercle] niederklappen ‖ COMM. herabsetzen; ab-, nachlassen.
râble *m* Rücken *m;* Kreuz *n*.
rabot *m* Hobel *m*. **~er** *vt* (glatt)hobeln.
rabougri *a* verkümmert.
raccommoder *vt* flicken.
raccord|ement *m* Anschluß *m*. **~er** *vt* verbinden ‖ ÉL., RAD. anschließen.
raccourcir *vt* ver-, abkürzen.
raccrocher *vt* TÉL. einhängen.
rac|e *f* Rasse *f*. **~é, e** *a* rassig.
rach|at *m* Rückkauf *m*. **~eter** *vt* frei-, loskaufen ‖ REL. erlösen ‖ FIG. wiedergutmachen.
racial, e, aux *a* rassisch.
racine *f* Wurzel *f; Prendre ~,* Wurzel schlagen ‖ *~ carrée,* Quadratwurzel.
racler *vt* abkratzen.
racolage *m* Kundenwerbung *f*.
racont|ar *m* Gerede *n*. **~er** *vt* erzählen; berichten.
racornir (se) *vpr* verknöchern.
rade *f* Reede *f*.
radeau *m* Floß *n*.
radiateur *m* Heizkörper *m* ‖ AUT. Kühler *m*.
1. radiation *f* (Aus)strahlung *f*.
2. radiation *f* [action de rayer] Streichung *f* ‖ COMM. Löschung *f*.
radical, e, aux *a* radikal ‖ Wurzel... ‖ FIG. gründlich • *m* GRAMM. (Wort)stamm *m*.
radieux, euse *a* strahlend.
radio *f* Radio *n;* Rundfunk *m*. **~diffuser** *vt* übertragen (insép.). **~graphie** *f* Röntgenaufnahme *f*. **~graphier** *vt* röntgen. **~phonique** *a* : *Pièce ~,* Hörspiel *n*. **~scopie** *f* Röntgendurchleuchtung *f*. **~thérapie** *f* Röntgenbehandlung *f*.
radis *m* Radieschen *n* ‖ *~ noir,* Rettich *m*.
radoter *vi* faseln.
radouber *vt* ausbessern.
rafale *f* Windstoß *m;* Bö *f*.
raffermir *vt* festigen; stärken.
raffin|age *m* Veredelung *f*. **~é, e** *a* raffiniert. **~er** *vt* verfeinern; raffinieren; veredeln. **~erie** *f* Raffinerie *f*.
raffoler *vi : ~ (de),* schwärmen (für).
rafler *vt* wegraffen.
rafraîch|ir *vt* abkühlen ‖ FIG. auffrischen • *vpr* kühler werden ‖ [personne] sich erfrischen. **~issement** *m* Erfrischung *f*.

rag|e *f* (Toll)wut *f* ‖ *Faire* ~, toben. **~er** *vi* wüten.
ragot *m* Klatsch *m*.
ragoût *m* Ragout *n*.
raid *m* Einfall, Angriff *m*.
raid|e *a* steif ‖ stramm; straff. **~ir** *vt* spannen; straffen; versteifen.
1. raie *f* Strich *m* ‖ [cheveux] Scheitel *m*.
2. raie *f* ZOOL. Rochen *m*.
rail *m* Schiene *f*.
raill|er *vt* be-, verspotten; auslachen. **~erie** *f* Spott *m*.
rainure *f* Nute, Rille *f*.
raisin *m* Traube *f*; *~s secs*, Rosinen *fpl*.
raison *f* Vernunft *f* ‖ *Avoir* ~, recht haben ‖ [motif] Grund *m*; *Pour cette* ~, aus diesem Grund; *Sans* ~, grundlos.
raisonn|able *a* vernünftig; verständig. **~ement** *m* Urteilskraft *f* ‖ Gedankengang *m*. **~er** *vi/vt* überlegen (insép.).
rajeunir *vt* verjüngen • *vi* jünger werden.
rajuster *vt* FIG. angleichen; in Ordnung bringen.
ralent|i *m* Leerlauf *m* ‖ CIN. Zeitlupenaufnahme *f*. **~ir** *vt* verlangsamen • *vi* langsamer gehen, fahren.
râler *vi* röcheln ‖ meckern.
rallier *vt* sammeln • *vpr* : *Se* ~ *à*, sich anschließen (dat.).
rallong|e *f* [table] Ausziehplatte *f*. **~er** *vt* verlängern.
rallumer *vt* wieder anzünden.
rallye *m* Sternfahrt *f*.
ramage *m* Zwitschern *n*.
ramasser *vt* aufsammeln, -lesen • *a* : **~é, e**, untersetzt.
1. rame *f* (Bohnen)stange *f*.
2. rame *f* MAR. Ruder *n*; Riemen *m*.
3. rame *f* [papier] Ries *n* ‖ Zug *m*.
rameau *m* Zweig *m*.
ramener *vt* zurückführen, -bringen.
ramification *f* Verzweigung *f*.
ramollir *vt* er-, aufweichen.
ramoneur *m* Schornsteinfeger *m*.
ramp|e *f* [route] Auffahrt *f* ‖ [escalier] Geländer *n*. **~er** *vi* kriechen.
rance *a* ranzig.
rancœur *f* Groll *m*.
rançon *f* Lösegeld *n*.
rancun|e *f* Groll *m*. **~ier, ère** *a* nachtragend.
randonnée *f* Wanderung *f*.
rang *m* Reihe *f* ‖ Rang *m* ‖ MIL. Reihe *f*; Glied *n*. **~é, e** *a* ordentlich. **~ée** *f* Reihe, Linie *f*. **~er** *vt* ordnen ‖ [par espèces] sortieren • *vpr* [s'écarter] ausweichen.
ranimer *vt/vpr* (sich) wieder beleben.
rapac|e *m* Raubvogel *m*. **~ité** *f* Habsucht *f*.
rapatrié, e *s* Heimkehrer(in).
râp|e *f* Reibeisen *n*; Raspel *f*. **~é, e** *a* [habits] schäbig. **~er** *vt* reiben.
rapid|e *a* schnell ‖ geschwind ‖ [pente] steil • *m* [courant] Stromschnelle *f* ‖ Schnellzug *m*. **~ité** *f* Schnelligkeit *f*.

rapiécer *vt* flicken.

rappel *m* Zurück-, Abberufung *f* || ~ *à l'ordre,* Ordnungsruf *m* || FIG. *Battre le* ~, zusammentrommeln. **~er** *vt* ab-, zurück(be)rufen || [faire souvenir] erinnern (an, acc.) • *vpr* sich erinnern (an, acc.).

rapport *m* [produit] Ertrag *m* || [compte rendu] Bericht *m* || [relation] Verhältnis *n,* Beziehung *f* (zu) || *Pl* Beziehungen *fpl* • *loc p :* **par ~ à,** in Bezug auf (acc.). **~er** *vt* zurückbringen || [produire] einbringen, -tragen || [relater] berichten ; referieren • *vpr : Se ~ à qch,* sich auf etw (acc.) beziehen.

rapporteur *m* Referent *m.*

rapproch|ement *m* Annäherung *f.* **~er** *vt* näher rücken || FIG. näherbringen • *vpr* sich nähern (dat.).

rapt *m* Raub *m ;* Entführung *f.*

raquette *f* Schläger *m.*

rar|e *a* selten || spärlich. **~éfier (se)** *vpr* sich verdünnen. **~eté** *f* Selten-, Knappheit *f.*

ras, e *a* kurzhaarig • *loc p : Au ~ du sol,* zu ebener Erde. **~er** *vt* rasieren || [forêt] roden || [maison] niederreißen || [frôler] streifen • *vpr* sich rasieren. **~oir** *m* Rasiermesser *n.*

rassasier *vt* sattmachen • *a :* **~é, e,** satt.

rassembl|ement *m* Versammlung *f.* **~er** *vt* versammeln.

rasséréner (se) *vpr* (sich) beruhigen.

rassis, e *a* altbacken.

rassurer *vt* beruhigen.

rat *m* Ratte *f.*

ratatiner (se) *vpr* ein-, zusammenschrumpfen.

rate *f* Milz *f.*

râtelier *m* Futterkrippe *f* || [dentier] Gebiß *n.*

rater *vi* versagen • *vt* verfehlen || [occasion] versäumen • *m :* **~é,** AUT. Fehlzündung *f* || [personne] Versager *m.*

ratifier *vt* ratifizieren.

ration *f* Ration *f.*

rationnel, le *a* rationell.

rationnement *m* Rationierung *f.*

ratisser *vt* harken ; rechen.

rattacher *vt* wieder anbinden ; anknüpfen.

rattraper *vt* ein-, nachholen.

rature *f* Streichung *f.*

rauque *a* rauh ; heiser.

ravag|e *m* Verwüstung *f.* **~er** *vt* verwüsten.

ravaler *vt* verputzen.

ravauder *vt* stopfen ; flicken.

rave *f* Rübe *f.*

ravin *m* Hohlweg *m ;* Schlucht *f.*

rav|ir *vt* [enlever] entführen || FIG. entzücken. **~issant, e** *a* reizend ; entzückend.

ravitaillement *m* Verpflegung *f.*

raviver *vt* neubeleben.

ray|é, e *a* gestreift. **~er** *vt* lini(i)eren || [effacer] streichen.

rayon *m* Strahl *m* || FIG.

Reichweite *f* || [tablette] Regal *n* || Abteilung *f*.
rayonn|ement *m* (Aus)strahlung *f*. **~er** *vi* (aus-, er)strahlen.
rayure *f* [trace] Streifen *m*.
raz *m* : ~ *de marée*, Springflut *f*.
ré *m* D *n* ; ~ *bémol*, Des *n* ; ~ *dièse*, Dis *n*.
réact|eur *m* Düsenantrieb *m* || Reaktor *m*. **~ion** *f* Reaktion *f*.
réagir *vi* : ~ *à*, reagieren auf (acc.).
réalis|ateur *m* Filmregisseur *m*. **~ation** *f* Verwirklichung, Leistung *f*. **~er** *vt* verwirklichen ; zustandebringen ; realisieren || [bénéfices] erzielen • *vpr* in Erfüllung gehen. **~me** *m* Realismus *m* ; Sachlichkeit *f*.
réalité *f* Wirklichkeit *f*.
réanimation *f* Wiederbelebung *f*.
réarmer *vt* aufrüsten.
rebâtir *vt* wiederaufbauen.
rebell|e *m* Aufrührer *m*. **~er (se)** *vpr* rebellieren.
rébellion *f* Aufruhr *m*.
rebond|i, e *a* prall. **~ir** *vi* zurück-, abprallen.
rebord *m* Kante *f*.
rebrousser *vt* : ~ *chemin*, kehrtmachen.
rébus *m* Bilderrätsel *n*.
rebut *m* Ausschuß *m*. **~er** *vt* abstoßen.
récalcitrant, e *a* störrisch.
récapituler *vt* zusammenfassen ; rekapitulieren.
receler *vt* verhehlen.
récemment *av* vor kurzem.
recenser *vt* zählen.
récent, e *a* neu(est).
récépissé *m* Empfangsschein *m*.
récept|eur *m* Empfänger *m* || Fernsehgerät *n* || [téléphone] Hörer *m*. **~if, ive** *a* empfänglich. **~ion** *f* Empfang *m*.
recette *f* [somme] Einnahme *f* || [impôts] Steueramt *n* || Rezept *n*.
recev|eur *m* [autobus] Schaffner *m* || ~ *des contributions*, Steuereinnehmer *m*. **~oir** *vt* empfangen ; erhalten ; bekommen.
rechange *m* : ***Pièce de ~***, Ersatzteil *m*. || ***Roue de ~***, Reserverad *n*.
réchapper *vi* davonkommen.
recharger *vt* aufladen.
réch|aud *m* Kocher *m*. **~auffer** *vt* aufwärmen.
rêche *a* rauh || herb.
recherch|e *f* Suche, (Er)forschung *f*. **~é, e** *a* ausgesucht || PÉJ. gekünstelt. **~er** *vt* nachforschen || streben (nach) || [police] fahnden nach (dat.).
rechute *f* Rückfall *m*.
récidiver *vi* rückfällig werden.
récif *m* Riff *n*.
récipient *m* Behälter *m*.
récipro|cité *f* Gegenseitigkeit *f*. **~que** *a* gegenseitig.
récit *m* Bericht *m* ; Erzählung *f*. **~ation** *f* Vortrag *m*. **~er** *vt* hersagen ; vortragen.
réclam|ation *f* [plainte] Beschwerde *f*. **~e** *f* Reklame *f*.

~er *vt* (zurück)fordern • *vi* sich beschweren.
réclusion *f* Zuchthausstrafe *f*.
recoin *m* Schlupfwinkel *m*.
récolt|e *f* Ernte *f* ‖ [fruits] Lese *f*. **~er** *vt* (ein)ernten ‖ lesen.
recommand|ation *f* Empfehlung *f*. **~é, e** *a* [postes] eingeschrieben. **~er** *vt* empfehlen.
recommencer *vt* (noch einmal) von vorne anfangen.
récompenser *vt* (be)lohnen.
réconcili|ation *f* Ver-, Aussöhnung *f*. **~er** *vt* ver-, aussöhnen.
réconfort *m* Stärkung *f*; Trost *m*. **~er** *vt* stärken; trösten.
reconnaiss|ance *f* Anerkennung *f* ‖ Erkenntlichkeit *f* ‖ MIL. Aufklärung *f*. **~ant, e** *a* erkenntlich; dankbar.
reconnaître *vt* (wieder) erkennen ‖ zu-, anerkennen.
reconquérir *vt* zurückerobern.
reconstituer *vt* wiederherstellen.
reconstruction *f* Wiederaufbau *m*.
recopier *vt* abschreiben.
record *m* Bestleistung *f*; Rekord *m*.
recourber *vt* (um)biegen.
recour|ir *vi* : ~ *à qch*, zu etw greifen. **~s** *m* Zuflucht *f* ‖ JUR. Berufung *f*.
recouvrer *vt* wiedererlangen.
recouvrir *vt* be-, überdecken (insép.).
récréation *f* Pause *f*.
récrimination *f* Beschwerde *f*.
récrire *vt* umarbeiten.
recrudescence *f* Zunahme *f*.
recru|e *f* MIL. Rekrut *m*. **~ter** *vt* rekrutieren; werben.
rectangle *m* Rechteck *n*.
rectiligne *a* g(e)radlinig.
reçu *m* Quittung *f*.
recueil *m* Sammlung *f*. **~lement** *m* Sammlung *f*. **~lir** *vt* sammeln ‖ aufnehmen • *vpr* sich sammeln.
recul *m* Rücklauf, -gang *m* ‖ FIG. [distance] Abstand *m*. **~é, e** *a* abgelegen. **~er** *vt* [différer] verschieben • *vi* zurückgehen, -weichen, -treten, -fahren. **~ons (à)** *loc av* rückwärts.
récupérer *vt* rückgewinnen.
récurer *vt* scheuern.
récuser *vt* zurückweisen.
rédact|eur, trice *s* Schriftleiter(in); Redakteur(in). **~ion** *f* Abfassung *f* ‖ Schriftleitung, Redaktion *f*.
reddition *f* MIL. Übergabe *f*.
rédemption *f* Erlösung *f*.
redevance *f* Abgabe *f*.
rédiger *vt* ab-, verfassen.
redi|re *vi* wiederholen ‖ [blâmer] aussetzen an (dat.). **~te** *f* (unnütze) Wiederholung.
redonner *vt* zurückgeben.
redoubler *vt* verdoppeln, -stärken ‖ [une classe] wiederholen.
redouter *vt* befürchten.
redress|ement *m* Wiederaufstieg *m* ‖ FIN. Sanierung *f*.

~er *vt* (auf)richten || berichtigen; (ver)bessern • *vpr* sich wieder aufrichten.
rédu|ction *f* Verkürzung *f* || [prix] Ermäßigung *f* || [fracture] Einrenkung *f*. **~ire** *vt* (ver)mindern; verringern || [délai] abkürzen || *~ à néant,* zunichtemachen || MÉD. einrenken • *vpr : Se ~ à,* nur in etw (dat.) bestehen. **~it, e** *a : À prix ~,* zu ermäßigten Preisen • *m* Verschlag *m*.
ré|édifier *vt* wiederaufbauen. **~édition** *f* Neuauflage *f*. **~éducation** *f* MÉD. Heilgymnastik *f*.
réel, le *a* wirklich; real.
réélection *f* Wiederwahl *f*.
ré|évaluer *vt* FIN. aufwerten. **~expédier** *vt* nachsenden.
refaire *vt* umarbeiten (sép.).
réfectoire *m* Speiseraum, -saal *m*.
référ|ence *f* Beleg *m*. **~endum** *m* Urabstimmung *f*. **~er** *vi : En ~ à qn,* jm berichten • *vpr : Se ~ à qch,* auf etw (acc.) Bezug nehmen.
réfléch|i, e *a* wohlerwogen || [personne] bedächtig. **~ir** *vt* reflektieren • *vi* überlegen (insép.).
refl|et *m* Widerschein *m*. **~éter** *vt* widerspiegeln.
réflexe *m* Reflex *m*.
réflexion *f* Rückstrahlung *f* || (Nach)denken *n*; Überlegung *f*.
re|fluer *vi* zurückfließen. **~flux** *m* Ebbe *f*.
réform|e *f : ~ agraire,* Bodenreform *f* || HIST. Reformation *f*. **~er** *vt* reformieren || MIL. ausmustern.
refouler *vt* zurückdrängen || FIG. verdrängen.
réfractaire *a* widerspenstig.
refrain *m* Kehrreim *m*.
réfréner *vt* im Zaume halten.
réfrigérateur *m* Kühlschrank *m*.
refroidir *vt* abkühlen.
refuge *m* Zufluchtsort *m* || [pour piétons] Schutzinsel *f*.
réfugi|é *m* Flüchtling *m*. **~er (se)** *vpr* Zuflucht suchen.
refus *m* (Ver)weigerung *f*. **~er** *vt* ablehnen || verweigern.
réfuter *vt* widerlegen.
regagner *vt* zurückgewinnen.
régal *m* Genuß *m*. **~er (se)** *vpr* sich gütlich tun (an, dat.).
regard *m* Blick *m*. **~er** *vt* anschauen, -blicken; ansehen; *~ par la fenêtre,* zum Fenster hinaussehen; *~ fixement,* anstarren; *~ qn en face,* jm ins Gesicht sehen || [concerner] *Cela ne me ~e pas,* das geht mich nicht(s) an.
régate *f* Regatta *f*.
régénérer *vt* regenerieren; wiederherstellen.
régie *f* Regie, Verwaltung *f*.
regimber *vi* sich sträuben.
régim|e *m* MÉD. Diät *f* || POL. Regime *n*; Regierungsform *f* || TECHN. *À plein ~,* auf Hochtouren. **~ent** *m* Regiment *n*.
région *f* Gegend *f*; Gebiet *n* || Landschaft *f*.
régi|r *vt* regieren. **~sseur** *m* Regisseur *m*.

registre *m* Register *n* || [vocal] Stimmlage *f*.
réglage *m* Einstellung *f*.
règle *f* Lineal *n* || FIG. Regel *f*; *En ~ générale,* in der Regel. **~ment** *m* Regelung *f* || COMM. Begleichung *f* || *~ de comptes,* Abrechnung *f*.
réglement|aire *a* vorschriftsmäßig. **~er** *vt* gesetzlich regeln.
régler *vt* [papier] lini(i)eren || FIG. regeln; bestimmen || TECHN. regulieren; einstellen.
réglisse *f* Lakritze *f*.
règne *m* Regierung, Herrschaft *f* || ZOOL. *~ animal,* Tierreich *n*.
régner *vi* herrschen (über, acc.).
régresser *vi* züruckgehen.
regret *m* Bedauern *n* • *loc av : à ~,* ungern. **~table** *a* bedauerlich. **~ter** *vt* bedauern, -klagen || *~ qn,* jn vermissen || *Je ~e,* es tut mir leid.
régul|arité *f* Regelmäßigkeit *f*. **~ation** *f* Regulierung *f*. **~ier, ère** *a* regelmäßig • *m* REL. Ordensgeistliche(r) *asm*.
réhabiliter *vt* rehabilitieren.
rehausser *vt* erhöhen.
réimpression *f* Neudruck *m*.
rein *m* Niere, Lende *f*.
reine *f* Königin *f*.
réintégrer *vt* wiedereinsetzen || [domicile] wieder beziehen.
rejaillir *vi* zurückfallen (auf).
rejet *m* Zurückweisung *f* || BOT. Schößling *m*. **~er** *vt* zurückwerfen || ablehnen; zurückweisen; abschlagen. **~on** *m* Nachkomme *m*.
rejoindre *vt* [rattraper] einholen.
réjou|i, e *a* vergnügt. **~ir** *vt* (er)freuen; erheitern • *vpr* sich freuen auf/über (acc.). **~issances** *fpl* Belustigungen *fpl*.
relâch|e *m* Pause *f*. **~é, e** *a* locker. **~er** *vt* lockern || freilassen • *vpr* sich lockern; erschlaffen.
relais *m* Staffel *f* || ÉL. Relais *n*.
relancer *vt* wiederbeleben || ankurbeln.
relat|er *vt* berichten. **~if, ive** *a* bedingt; relativ. **~ion** *f* Beziehung *f*. **~ivement** *av* verhältnismäßig.
relax|e *f* Freispruch *m*. **~er (se)** *vpr* sich entspannen.
relayer *vt* ablösen.
reléguer *vt* verbannen.
relent *m* übler Geruch.
rel|ève *f* Ablösung *f*; *~ des équipes,* Schichtwechsel *m*. **~evé, e** *a* CUIS. scharf • *m* : *~ de compte,* Kontoauszug *m*. **~èvement** *m* Wiederaufstieg *m*. **~ever** *vt* (wieder)aufrichten || *~ son col,* den Kragen hochschlagen || [prix] erhöhen || [souligner] hervorheben || *~ qn de ses fonctions,* jn seines Amtes entheben || [relève] ablösen • *vi : ~ de,* abhängig sein von (dat.) • *vpr* wieder aufstehen.
relief *m* Relief *n* || *Mettre en ~,* hervorheben.

reli|er *vt* [livre] (ein)binden ‖ verbinden ‖ ÉL. anschließen. **~eur** *m* Buchbinder *m*.
relig|ieux, euse *a* religiös. **~ion** *f* Religion *f*.
reliqu|aire *m* Reliquienschrein *m*. **~at** *m* Rest *m*. **~e** *f* Reliquie *f*.
reliure *f* Einband *m*.
reluire *vi* leuchten ; glänzen.
remanier *vt* umarbeiten.
remarqu|able *a* bemerkenswert. **~e** *f* Bemerkung *f*. **~er** *vt* bemerken.
remblai *m* Aufschüttung *f*.
rembourrer *vt* (aus)polstern.
rembourser *vt* zurück(be)zahlen ; (zurück)erstatten.
rem|ède *m* Heilmittel *n* ‖ FIG. (Ab)hilfe *f*. **~édier** *vi* abhelfen (dat.).
remerci|ement *m* Dank *m*. **~er** *vt* danken (dat.) ‖ [congédier] verabschieden.
remettre *vt* wiederhinsetzen, -stellen, -legen ; ~ *en vigueur,* wieder in Kraft setzen ‖ ~ *qch à qn,* jm etw überreichen, -geben (insép.) ‖ ~ *à plus tard,* auf später verschieben • *vpr* [guérir] sich erholen ‖ *S'en ~ à (qn),* sich verlassen auf (acc.).
remise *f* : ~ *en marche,* Wiederingangsetzung *f* ‖ Übergabe *f* ‖ Zustellung *f* ‖ COMM. Nachlaß *m* ‖ [local] Schuppen, Verschlag *m*.
remmailler *vt* aufmaschen.
remont|ée *f* Wiederaufstieg *m*. **~e-pente** *m* Schilift *m*.
remonter *vi* (wieder) hinaufsteigen ‖ [dans le temps] zurückgehen • *vt* wiederbesteigen ‖ ~ *le courant,* stromaufwärts fahren ‖ [montre] aufziehen ‖ FIG. stärken.
remontrance *f* Vorstellung *f*.
remords *m* Gewissensbiß *m*.
remorqu|e *f* AUT. Anhänger *m*. **~er** *vt* schleppen. **~eur** *m* Schlepper *m*.
rémouleur *m* Scherenschleifer *m*.
remous *m* Strudel *m*.
rempart *m* Wall *m* ; Bollwerk *n*.
rempla|çant, e *s* Stellvertreter(in). **~cer** *vt* [qn] vertreten ; [qch] ersetzen.
remplir *vt* auffüllen ‖ vollgießen ‖ ~ *une page,* eine Seite vollschreiben (sép.) ‖ FIG. erfüllen ‖ [formulaire] ausfüllen • *vpr* sich füllen.
remporter *vt* davontragen.
remuer *vt* bewegen ; rühren.
rémunération *f* Lohn *m*.
ren|aissance *f* (Wieder)aufleben *n*. **~aître** *vi* wieder aufleben.
renard *m* Fuchs *m*.
renchérir *vi* teurer werden ‖ ~ *sur qn,* jn überbieten.
rencontr|e *f* Begegnung *f* ‖ SP. Treffen *n*. **~er** *vt* (an)treffen ; begegnen (dat.).
rend|ement *m* [travail] Leistung *f*. **~ez-vous** *m* Verabredung *f*. **~re** *vt* wieder-, zurückgeben ‖ ~ *la justice,* Recht sprechen ‖ ~ *heureux,* glücklich machen ‖ ~ *compte*

de qch, über etw (acc.) berichten ‖ ~ *service à qn*, jm einen Dienst leisten • *vi* sich rentieren ‖ [vomir] (sich er)brechen • *vpr* [aller] sich begeben ‖ [capituler] sich ergeben ‖ [avec attr.] sich... machen.

rêne *f* Zügel *m*.

renégat *m* Abtrünnige(r) *asm*.

renferm|é, e *a* verschlossen. **~er** *vt* einschließen; einsperren ‖ [contenir] enthalten.

renflouer *vt* wieder flottmachen.

renf|orcer *vt* verstärken. **~ort** *m* Verstärkung *f*.

renfrogné, e *a* verdrießlich.

rengain|e *f* Schlager *m*. **~er** *vt* wieder einstecken.

renier *vt* verleugnen.

renifler *vi* schnüffeln.

renom *m* (guter) Ruf; Name *m*. **~mé, e** *a* bekannt.

renonc|ement *m* Verzicht *m*. **~er** *vt* verzichten auf (acc.); entsagen (dat.).

renouer *vt* wieder anknüpfen.

renouv|eau *m* neue Blüte. **~eler** *vt* erneuern ‖ [prolonger] verlängern.

rénover *vt* erneuern; auffrischen.

renseign|ement *m* Auskunft *f*. **~er** *vt* unterrichten; Auskunft geben • *vpr* sich erkundigen.

rent|abilité *f* Rentabilität *f*. **~able** *a* : *Être* ~, sich rentieren.

rentr|ée *f* Heim-, Wiederkehr *f* ‖ ~ *des classes*, Schulanfang *m*. **~er** *vi* [chez soi] heimkehren; nach Hause kommen • *vt* : ~ *la récolte*, die Ernte einbringen.

renverser *vt* umstürzen, -werfen, -fahren, -stoßen (sép.) • *vpr* umfallen, -kippen (sép.).

renv|oi *m* Verschiebung *f* ‖ [congé] Entlassung *f* ‖ Hinweis *m*. **~oyer** *vt* zurückschicken, -senden ‖ [congédier] entlassen ‖ auf (acc.) ver-, hinweisen ‖ [ajourner] auf-, verschieben (auf, acc.).

réorganiser *vt* reorganisieren.

réouverture *f* Wiedereröffnung *f*.

repaire *m* Höhle *f*.

répandre *vt* vergießen, -schütten ‖ FIG. verbreiten • *vpr* überfließen (sép.) ‖ sich verbreiten.

répar|ation *f* Reparatur *f* ‖ FIG. Wiedergutmachung *f*. **~er** *vt* reparieren ‖ ausbessern ‖ FIG. [faute] wiedergutmachen.

repartir *vi* wieder abreisen.

réparti|r *vt* verteilen. **~tion** *f* Verteilung *f*.

repas *m* Mahlzeit *f*; Essen *n*.

repasser *vi* wieder vorbeikommen • *vt* [linge] bügeln.

repêcher *vt* herausfischen.

repent|ir *m* Reue *f*. **~ir (se)** *vpr* bereuen.

répercu|ssion *f* Nachwirkung *f*. **~ter (se)** *vpr* (zu)-rückwirken (auf, acc.).

rep|ère *m* Merkzeichen *n*. **~érer** *vt* orten.

répertoire *m* Register *n*.

répét|er *vt* wiederholen (insép.) ‖ SPECT. einstudieren. **~ition** *f* Wiederholung *f* ‖ SPECT. Probe *f*.
répit *m* Aufschub *m*; Frist *f*; *Sans* **~**, pausenlos.
repli *m* (Doppel)falte *f* ‖ MIL. Rückzug *m*. **~er** *vt* zusammenfalten • *vpr* sich zurückziehen.
répliqu|e *f* Erwiderung *f*. **~er** *vi* entgegnen; erwidern.
répondre *vt* antworten • *vi* : **~** *à*, antworten (auf, acc.); beantworten (acc.) ‖ **~** *de*, bürgen, stehen für.
réponse *f* Antwort *f*.
report|age *m* Reportage *f*. **~er** *vt* zurücktragen ‖ COMM. übertragen ‖ verschieben.
repos *m* Ruhe *f*. **~er** *vt* wiederhinlegen • *vi* (aus)ruhen; beruhen (auf, dat.) • *vpr* sich (aus)ruhen.
repouss|ant, e *a* abstoßend. **~er** *vt* zurückstoßen ‖ [refuser] abschlagen ‖ FIG. abstoßen ‖ [ajourner] verschieben.
repousser *vi* wieder wachsen.
repoussoir *m* FIG. Folie *f*.
répréhensible *a* sträflich.
reprendre *vt* wiederaufnehmen ‖ [blâmer] rügen • *vi* wieder einsetzen • *vpr* : *Se* **~** *(en parlant)*, sich verbessern.
représailles *fpl* Vergeltungsmaßnahmen *fpl*.
représent|ant *m* : **~** *de commerce*, Handelsvertreter *m*. **~ation** *f* Darstellung *f* ‖ SPECT. Aufführung *f*. **~er** *vt* dar-, vorstellen ‖ SPECT. aufführen ‖ COMM. vertreten • *vpr* sich vorstellen.
répr|ession *f* Unterdrückung *f*. **~imande** *f* Verweis *m*. **~imer** *vt* unterdrücken.
repris|e *f* Wiederaufnahme *f* ‖ *À plusieurs* **~***s*, wiederholt ‖ SPECT. Wiederaufführung *f* ‖ SP. Runde *f*. **~er** *vt* stopfen; flicken.
réprobation *f* Mißbilligung *f*.
reproch|e *m* Vorwurf *m*. **~er** *vt* vorwerfen.
reprod|uction *f* Fortpflanzung *f* ‖ Abbildung *f* **~uire** *vt* reproduzieren • *vpr* sich wiederholen ‖ sich fortpflanzen.
réprouver *vt* verwerfen.
reptile *m* Reptil *n*.
repu, e *a* satt.
répudier *vt* verstoßen.
répugn|ance *f* Widerwillen *m*. **~ant, e** *a* widerlich. **~er** *vt* [avoir de la répugnance] verabscheuen ‖ [inspirer de la répugnance] zuwider sein.
réput|ation *f* Ruf, Leumund *m*. **~é, e** *a* angesehen.
requête *f* Ersuchen, Gesuch *n*.
requin *m* Hai(fisch) *m*.
réquisi|tion *f* Antrag *m* ‖ Beschlagnahme *f*. **~tionner** *vt* beschlagnahmen. **~toire** *m* Anklagerede *f*.
rescapé *m* Überlebende(r) *asm*.
réseau *m* Netz *n*.
réserv|e *f* Rücklage *f*; Vorrat *m* ‖ [naturelle] Schutzgebiet *n* ‖ [discrétion] Zurückhaltung *f* • *loc av* : **sans ~**, vorbehaltlos.

~é, e *a* FIG. zurückhaltend. **~er** *vt* reservieren ‖ aufsparen ‖ vorbehalten. **~oir** *m* Behälter *m* ‖ Tank *m*.
résid|ence *f* Wohnort, -sitz *m*; *Changement de* ~, Wohnungswechsel *m*. **~er** *vi* sich aufhalten; wohnen.
résidu *m* Rückstand *m*.
résign|ation *f* Resignation, Ergebung *f*. **~er** *vt* [fonctions] niederlegen • *vpr* resignieren; sich ergeben (in, acc.).
résilier *vt* (auf)kündigen.
résine *f* Harz *n*.
résist|ance *f* Widerstand *m*. **~ant, e** *a* ausdauernd. **~er** *vi* widerstehen ‖ [supporter] aushalten.
résolu, e *a* entschlossen. **~tion** *f* Entschlossenheit *f* ‖ [motion] Beschluß *m*.
réson|ance *f* Widerhall *m*. **~ner** *vi* wider-, nachhallen ‖ erklingen.
résorber *vt* beseitigen.
résoudre *vt* (auf)lösen ‖ beschließen • *vpr* [se décider] sich entschließen.
respect *m* (Hoch)achtung, Ehrfurcht *f*. **~able** *a* achtbar ‖ beachtlich. **~er** *vt* achten; (ver)ehren. **~if, ive** *a* jeweilig. **~ueux, euse** *a* ehrerbietig.
respir|ation *f* Atem *m*; Atmen *n*. **~er** *vi* atmen.
resplendir *vi* strahlen; glänzen.
responsab|ilité *f* Verantwortung *f* ‖ JUR. Haftung *f*. **~le** *a* verantwortlich, haftbar (für, acc.).
ressac *m* Brandung *f*.
ressembl|ance *f* Ähnlichkeit *f*. **~ant, e** *a* ähnlich. **~er** *vi* ähnlich sein/sehen; gleichen.
ressemeler *vt* neubesohlen.
ressent|iment *m* Groll *m*. **~ir** *vt* empfinden; spüren.
resserrer *vt* fester ziehen ‖ FIG. [liens] enger knüpfen.
ressort *m* Sprung-, Triebfeder *f* ‖ [compétence] Bereich *m*; Fach *n*. **~ir** *vi* [se détacher] hervortreten ‖ [résulter] sich ergeben ‖ ~ *(à)*, gehören (zu). **~issant** *m* Staatsangehörige(r) *asm*.
ressources *fpl* (Geld)mittel *npl*.
ressusciter *vi* auferstehen.
restaur|ant *m* Gaststätte *f*; Restaurant *n*. **~ation** *f* Restaurierung *f*. **~er** *vt* wiederherstellen; restaurieren • *vpr* sich stärken.
rest|e *m* Rest *m* ‖ *Pl* Überreste, Abfälle *mpl* • *loc av* : ***du*** ~, außerdem. **~er** *vi* (übrig) bleiben.
restituer *vt* (zurück)erstatten, -geben.
restr|eindre *vt* be-, einschränken • *vpr* sich beschränken (auf, acc.). **~ictions** *fpl* Rationierung *f*.
résult|at *m* Resultat, Ergebnis *n*. **~er** *vi* folgen, sich ergeben (aus, dat.).
résum|é *m* Zusammenfassung *f*. **~er** *vt* zusammenfassen.

résurgence *f* Wiedererscheinung *f*.
résurrection *f* Auferstehung *f* || FIG. Wiederaufleben *n*.
retable *m* Altarbild *n*.
rétabl|ir *vt* wiederherstellen • *vpr* sich erholen. **~issement** *m* Wiederherstellung *f*.
retard *m* Verspätung, (Ver)säumnis *f* || *Arriver en ~*, zu spät kommen. **~ataire** *m* Nachzügler *m*. **~er** *vt* verzögern ; aufhalten || [montre] zurückstellen • *vi* nachgehen.
retenir *vt* (zurück)halten || behalten || [réserver] bestellen.
retent|ir *vi* widerhallen || erklingen, -tönen. **~issement** *m* Widerhall *m*.
retenue *f* Abzug *m* || FIG. Zurückhaltung *f*.
rétif, ive *a* störrisch.
rétine *f* Netzhaut *f*.
retirer *vt* ent-, zurückziehen, -nehmen • *pp/a* : **~é, e**, [personne] zurückgezogen || [endroit] abseitig • *vpr* sich zurückziehen.
retombées *fpl* Niederschläge *mpl*.
rétorquer *vt* erwidern.
retors, e *a* FIG. gerieben.
retouche *f* Retusche *f*.
retour *m* Rückkehr, -reise, -fahrt *f*; Wiederkehr *f* || *Billet aller et ~*, Rückfahrkarte *f* || *~ à l'envoyeur*, zurück an Absender || *Par ~ du courrier*, postwendend • *loc av* : **en ~**, dafür, -gegen. **~ner** *vi* zurückkehren, -gehen || *~ dans son pays*, heimkehren • *vt* umdrehen, -wenden, -kehren (sép.) || [champ] umgraben (sép.) || [renvoyer] zurücksenden • *vpr* sich umdrehen (sép.). || *S'en ~*, weg-, heimgehen.
retracer *vt* [décrire] schildern.
rétracter *vt* FIG. zurücknehmen • *vpr* FIG. widerrufen.
retrait *m* Entziehung *f* || Entzug *m*. **~e** *f* Rücktritt, Ruhestand *m* ; Pension *f* || MIL. *Battre en ~*, den Rückzug antreten. **~é** *m* Rentner *m*.
retranch|ement *m* MIL. Verschanzung *f*. **~er** *vt* abziehen • *vpr* sich verschanzen.
retranscrire *vt* abschreiben.
retransmettre *vt* RAD. übertragen (insép.).
rétrécir *vt* ver-, einengen • *vi/vpr* einschrumpfen ; sich verengen.
rétribuer *vt* entlohnen.
rétroactif, ive *a* rückwirkend.
rétrograd|e *a* rückschrittlich. **~er** *vi* AUT. zurückschalten.
rétrospective *f* Rückblick *m*.
retrouss|é, e *a* : *Nez ~*, Stülpnase *f*. **~er** *vt* hochschürzen.
retrouver *vt* wiederfinden • *vpr* : *S'y ~*, sich zurechtfinden.
rétroviseur *m* Rückspiegel *m*.
réun|ifier *vt* wiedervereinigen. **~ion** *f* Vereinigung, Versammlung *f*. **~ir** *vt* zusammenführen ; vereinigen || [assemblée] versammeln • *vpr* zusammenkommen.

réussi|r *vi* Erfolg haben; gelingen; *J'ai ~i à,* es ist mir gelungen, zu ‖ [s'imposer] sich durchsetzen (sép.) ‖ [examen] bestehen. **~te** *f* Gelingen *n.*
reval|oir *vt* vergelten. **~oriser** *vt* aufwerten.
revanche *f* Revanche, Rache *f* ‖ *En ~,* dafür; dagegen.
rêve *m* Traum *m.*
revêche *a* mürrisch.
réveil *m* Wecken *n* ‖ Erwachen *n* ‖ [pendule] Wecker *m.* **~ler** *vt* (auf)wecken • *vpr* erwachen.
révél|ateur, trice *a* aufschlußreich. **~ation** *f* Enthüllung *f.* **~er** *vt* enthüllen.
revendi|cation *f* Forderung *f.* **~quer** *vt* fordern.
revendre *vt* wieder verkaufen.
reven|ir *vi* wieder-, zurück-, heimkommen ‖ FIG. *~ à soi,* wieder zu sich kommen; *~ au même,* auf dasselbe hinauslaufen ‖ [coûter] kosten ‖ [échoir] zukommen. **~u** *m* Einkommen *n* ‖ *Pl* Einkünfte *fpl.*
rêver *vt/vi* träumen.
réverb|ération *f* (Zu)rückstrahlung *f.* **~ère** *m* Straßenlaterne *f.*
révér|ence *f* Knicks *m.* **~er** *vt* verehren.
rêverie *f* Träumerei *f.*
revers *m* Kehrseite *f* ‖ [vêtement] Aufschlag *m* ‖ [défaite] Rückschlag *m.*
revers|ement *m* Rückzahlung *f.* **~er** *vt* zuruckzahlen.
réversible *a* umkehrbar ‖ JUR. übertragbar.
revêt|ement *m* Verkleidung *f.* **~ir** *vt* (be)kleiden.
rêveur, euse *a* träumerisch • *s* Träumer(in).
revirement *m* Umschwung *m.*
réviser *vt* überprüfen; revidieren ‖ TECHN. überholen (insép.).
revivre *vi* wiederaufleben.
révocation *f* Absetzung *f.*
revoir *vt* wiedersehen; überprüfen • *m* : *Au ~,* auf Wiedersehen!
révolt|e *f* Empörung *f* ‖ Aufstand *m.* **~é, e** *a* entrüstet. **~er** *vt* empören • *vpr* aufstehen.
révolu, e *a* verstrichen.
révolution *f* ASTR. Umlauf *m* ‖ Umsturz *m;* Revolution *f.*
révoquer *vt* widerrufen ‖ [fonctionnaire] absetzen.
revue *f* : *~ de presse,* Presseschau *f* ‖ MIL. Truppenschau *f; Passer en ~,* mustern ‖ Zeitschrift *f.*
rez-de-chaussée *m inv* Erdgeschoß *n.*
rhinocéros *m* Nashorn *n.*
rhubarbe *f* Rhabarber *m.*
rhum *m* Rum *m.*
rhumatisme *m* Rheumatismus *m.*
rhume *m* Schnupfen *m.*
ricaner *vi* grinsen.
rich|e *a* reich. **~esse** *f* Reichtum *m.*
ricoch|er *vi* auf-, abprallen. **~et** *m* Abprall(er) *m.*
rid|e *f* Runzel *f.* **~é, e** *a* runz(e)lig.

rideau *m* Gardine *f;* Vorhang *m.*
rider *vt* runzeln || [eau] kräuseln.
ridicule *a* lächerlich.
rien *pr indéf* [positif] etwas; *Sans* ~ *dire,* ohne etwas zu sagen || [négatif] *Ne ...* ~, nichts; *Plus* ~, nichts mehr; ~ *du tout,* gar nichts || *Pour* ~, umsonst || *Cela ne fait* ~, das macht nichts (aus) • *loc :* ~ ***que,*** nichts als; lauter.
rigide *a* steif; starr.
rigole *f* Rinne *f;* Rinnstein *m.*
rig|oureux, euse *a* rigoros; streng. **~ueur** *f* Strenge *f* • *loc av :* ***à la*** ~, allenfalls || ***de*** ~, unerläßlich.
rim|e *f* Reim *m.* **~er** *vi* (sich) reimen || Fig. *Ne* ~ *à rien,* völlig sinnlos sein.
rinceau *m* Rankwerk *n.*
rincer *vt* (ab)spülen.
ripost|e *f* Gegenschlag *m.* **~er** *vi* zurückschlagen.
rire *vi* lachen; ~ *jaune,* gezwungen lachen; *Faire* ~, zum Lachen bringen || *Mourir de* ~, sich totlachen || ~ *de,* spotten (über, acc.) • *m* Lachen, Gelächter *n.*
ris|ée *f* Gespött *n.* **~ible** *a* lächerlich.
risqu|e *m* Risiko, Wagnis *n* || *Au* ~ *de,* auf die Gefahr hin, zu. **~er** *vt* riskieren; wagen || ~ *de,* Gefahr laufen, zu • *pp/a :* ***~é, e,*** riskant.
ristourne *f* Nachlaß *m.*
rite *m* Ritus, Brauch *m.*
rivage *m* Ufer *n;* Strand *m.*
rival, aux *m* Nebenbuhler, Rivale *m.* **~iser** *vi* wetteifern.
rive *f* Ufer *n.* **~rain** *m* Straßenanlieger *m.*
rivet *m* Niet(e) *m(f).*
rivière *f* Fluß *m.*
rixe *f* Schlägerei, Keilerei *f.*
riz *m* Reis *m.* **~ière** *f* Reisfeld *n.*
robe *f* (Damen)kleid *n* || ~ *de chambre,* Schlafrock *m.*
robinet *m* Hahn *m.*
robot *m* Roboter *m.*
robuste *a* kräftig; rüstig.
roc *m* Felsen *m.*
roch|er *m* Felsen *m;* Gestein *n.* **~eux, euse** *a* felsig.
roder *vt* einfahren; einschleifen.
rôder *vi* umherschweifen.
rogner *vt* be-, abschneiden.
rognon *m* Niere *f.*
rognures *fpl* Schnitzel *npl.*
roi *m* König *m.*
roitelet *m* Zaunkönig *m.*
rôle *m* Rolle *f* || [liste] Liste *f* || *À tour de* ~, der Reihe nach.
roman *m* Roman *m;* ~ *policier,* Kriminalroman. **~cier** *m* Romanschriftsteller *m.* **~esque** *a* romantisch, -haft.
romantique *a* romantisch • *s* Romantiker(in).
romarin *m* Rosmarin *m.*
rompre *vt* (zer-, auf)brechen || ~ *des liens,* Bande zerreißen • *vi* [se briser] brechen || Fig. ~ *avec qn,* mit jm brechen • *vpr* (zer-, zusammen)brechen.

ronce *f* Brombeerstrauch *m*.

rond, e *a* rund ; abgerundet • *m* Kreis *m*. **~e** *f* [inspection] Runde *f* ‖ [danse] Reihen, Reigen *m* ‖ MUS. ganze Note • *loc av* : ***à la*** *~*, rings herum. **~elle** *f* Scheibe *f*. **~ement** *av* rundheraus. **~-point** *m* runder Platz.

ronfler *f* schnarchen ‖ [moteur] dröhnen.

rong|er *vt* zernagen ‖ [acide] ätzen • *vpr* FIG. sich aufzehren. **~eurs** *mpl* Nagetiere *npl*.

ronronner *vi* schnurren ; knurren.

ros|ace *f* Rosette *f*. **~e** *f* Rose *f* • *a* rosa. **~é, e** *a* rosig ; rosenrot.

roseau *m* Schilf(rohr) *n*.

rosée *f* Tau *m*.

rosier *m* Rosenstock *m*.

ross|ée *f* Tracht *(f)* Prügel. **~er** *vt* verprügeln.

rossignol *m* Nachtigall *f*.

rot *m* Rülps(er) *m*.

rotation *f* Drehung *f*.

rôti *m* Braten *m*.

rotin *m* [meubles] Rohrmöbel *npl*.

rôtir *vt* braten.

rotule *f* Kniescheibe *f*.

rouage *m* Räderwerk *n*.

roublard, e *a* durchtrieben.

roucouler *vi* gurren.

roue *f* Rad *n* ‖ *~ libre*, Freilauf *m*.

roug|e *a* rot • *m* : *~ à lèvres*, Lippenstift *m*. **~e-gorge** *m* Rotkehlchen *n*. **~eole** *f* Masern *fpl*. **~eur** *f* Röte *f* **~ir** *vt* : *~ au feu*, glühen • *vi* FIG. erröten.

rouill|e *f* Rost *m*. **~er** *vi* rosten ; Rost ansetzen.

roul|ant, e *a* : *Escalier ~*, Rolltreppe *f* ‖ MIL. *Feu ~*, Trommelfeuer *n*. **~eau** *m* Rolle, Walze *f*. **~ement** *m* : *~ de tambour*, Trommelwirbel *m* ‖ *~ à billes*, Kugellager *n*.

roul|er *vt* rollen ; drehen ‖ aufrollen ‖ [tromper] prellen • *vi* rollen ‖ MAR. schlingern. **~ette** *f* Rolle *f* ‖ Roulette *f*. **~is** *m* Schlingern *n*. **~otte** *f* Wohnwagen *m*.

round *m* Runde *f*.

rouspéter *vi* FAM. meckern.

rouss|eur *f* : *Taches de ~*, Sommersprossen *fpl*. **~ir** *vt* ansengen.

rout|e *f* (Land)straße *f* ‖ *Bonne ~!*, gute Fahrt! ‖ *En ~*, unterwegs. **~ier, ère** *a* Straßen... • *m* Fernfahrer *m*. **~ine** *f* Schlendrian *m*.

roux, rousse *a* rothaarig.

roy|al, e, aux *a* königlich. **~aume** *m* Königreich *n*.

ruban *m* Band *n ;* Streifen *m*.

rub|éole *f* Röteln *fpl*. **~is** *m* Rubin *m*.

rubrique *f* Stichwort *n*.

ruche *f* Bienenkorb *m*.

rude *a* roh ; rauh.

rudiments *mpl* Anfangsgründe *mpl*.

rue *f* Straße, Gasse *f ; ~ principale*, Hauptstraße.

ruée *f* Ansturm *m*.

ruelle *f* Gasse *f*.

ruer *vi* ausschlagen • *vpr : Se ~ sur,* sich stürzen auf (acc.).
rugir *vi* PR. et FIG. brüllen.
rugueux, euse *a* uneben; rauh.
ruin|e *f* Zusammenbruch *m; Tomber en ~,* verfallen || Ruin *m* || *Pl* Trümmer *npl.* **~er** *vt* zugrunderichten.
ruiss|eau *m* Bach *m.* **~eler** *vi* rieseln; rinnen.
rumeur *f* FIG. Gerücht *n.*
ruminer *vt/vi* wiederkäuen.
rupture *f* (Ab)bruch *m.*
rural, e, aux *a* ländlich; Land...
rus|e *f* List *f.* **~é, e** *a* listig.
russ|e *a* russisch • *m :* °~, Russe *m.* °**~ie** *f* Rußland *n.*
rustique *a* ländlich; bäurisch.
rut *m* Brunst *f.*
rythme *m* Rhythmus *m.*

S

sa *a poss* → SON 1.
sabl|e *m* Sand *m.* **~er** *vt* mit Sand bestreuen. **~ier** *m* Sandbüchse, -uhr *f.*
saborder *vt* versenken.
sabot *m* Holzschuh *m* || [animal] Huf *m.* **~age** *m* Sabotage *f.* **~er** *vt* sabotieren. **~eur** *m* Saboteur *m.*
sabre *m* Säbel *m.*
sac *m* Sack *m;* Tasche *f; ~ à dos,* Rucksack; *~ à main,* Handtasche.
saccade *f* Ruck, Stoß *m.*
saccager *vt* verwüsten.
sacoche *f* (Sattel)tasche *f.*
sacr|e *m* Weihe *f.* **~é, e** *a* heilig; geweiht. **~ement** *m* Sakrament *n.* **~er** *vt* weihen • *vi* fluchen. **~ifice** *m* Opfer *n.* **~ifier** *vt* (auf)opfern. **~ilège** *m* Gotteslästerung *f.*
sacrist|ain *m* Küster *m.* **~ie** *f* Sakristei *f.*
sagacité *f* Scharfsinn *m.*
sag|e *a* weise || [enfants] artig. **~e-femme** *f* Hebamme *f.* **~esse** *f* Weisheit *f.*
saign|ant, e *a* blutend; blutig. **~er** *vi* bluten.
saill|ant, e *a* vorspringend • *m* Vorsprung *m.* **~ir** *vi* vorspringen.
sain, e *a* gesund || *~ et sauf,* unversehrt.
saindoux *m* Schmalz *m.*
saint, e *a* heilig; *~ Pierre,* der heilige Petrus • *s* Heilige(r) *as.*
sais|ie *f* Pfändung *f.* **~ir** *vt* ergreifen; packen || JUR. pfänden || FIG. [comprendre] fassen. **~issement** *m* Schock *m.*
saison *f* (Jahres)zeit *f.*
salad|e *f* Salat *m.* **~ier** *m* Salatschüssel *f.*
salaire *m* Lohn *m.*
salaison *f* Pökelfleisch *n.*

salarié *m* Arbeitsnehmer, Lohnempfänger *m.*
sale *a* schmutzig.
saler *vt* (ein)salzen; (ein)pökeln • *pp/a* : **~é, e,** salzig.
saleté *f* Schmutz *m.*
sali|ère *f* Salzbüchse *f.* **~ne** *f* Salzbergwerk *n.*
salir *vt* be-, verschmutzen.
salive *f* Speichel *m.*
salle *f* Saal *m* ‖ ~ *à manger,* Eßzimmer *n.*
salon *m* Salon *m.*
salsifis *m* Haferwurz *f.*
salubre *a* gesund.
salu|er *vt* (be)grüßen. **~t** *m* Heil *n* ‖ Gruß *m.* **~taire** *a* heilsam. **~tation** *f* Begrüßung *f.*
samedi *m* Samstag *m.*
sanctifier *vt* heiligen.
sanctionner *vt* sanktionieren.
sanctuaire *m* Heiligtum *n.*
sandale *f* Sandale *f.*
sang *m* Blut *n.* **~-froid** *m* Kaltblütigkeit *f.* **~lant, e** *a* blutig.
sangl|e *f* Gurt *m.* **~er** *vt/vpr* (sich) gürten.
sanglier *m* Eber *m.*
sangloter *vi* schluchzen.
sangsue *f* Blutegel *m.*
sanguin, e *a* Blut... • *f* Rötel(stift) *m.* **~aire** *a* blutrünstig.
sans *p* ohne (acc.); ...los; ~ *force,* ohne Kraft; kraftlos • *loc c* : ~ ***que,*** ohne daß. **~-abri** *m* Obdachlose(r) *asm.* **~-gêne** *m inv* Ungeniertheit *f.*
santé *f* Gesundheit *f.*
sap|er *vt* untergraben (insép.). **~eur-pompier** *m* Feuerwehrmann *m.*
sapin *m* Tanne *f.*
sarcler *vt* jäten.
sardine *f* Sardine *f.*
sarment *m* (Wein)ranke *f.*
sarrau *m* Kittel *m.*
sas *m* Haarsieb *n* ‖ [écluse] Schleusenkammer *f.*
satellite *m* Satellit *m* ‖ Trabant *m.*
satiété *f* (Über)sättigung *f.*
satin *m* Atlas *m.*
satis|faction *f* Befriedigung *f.* **~faire** *vt* befriedigen. **~faisant, e** *a* befriedigend. **~fait, e** *a* zufrieden (mit).
saturer *vt* sättigen.
sauc|e *f* Soße *f.* **~isse** *f* Würstchen *n.* **~isson** *m* (Schnitt)wurst *f.*
sauf, sauve *a* wohlbehalten • *p* ausgenommen (acc.); bis auf (acc.). **~-conduit** *m* Geleitbrief *m.*
sauge *f* Salbei *m, f.*
saugrenu, e *a* albern; töricht.
saule *m* : ~ *(pleureur),* (Trauer)weide *f.*
saumon *m* Lachs, Salm *m.*
saumure *f* Salz-, Pökelbrühe *f.*
saupoudrer *vt* bestreuen (mit, dat.).
saur *a* : *Hareng* ~, Bück(l)ing *m.*
saut *m* Sprung *m;* ~ *en hauteur,* Hochsprung; ~ *en longueur,* Weitsprung. **~e-mouton** *m inv* Bockspringen *n.*

~er *vi* springen || [exploser] in die Luft springen || *Faire ~*, sprengen • *vt* überlesen (insép.).
saut|erelle *f* Heuschrecke *f*. **~iller** *vi* hüpfen.
sauvage *a* wild || ungesellig.
sauv|egarder *vt* schützen. **~er** *vt* retten || [cacher] bergen • *vpr* entfliehen. **~etage** *m* Bergung *f*. **~eur** *m* (Er)retter *m*.
savant, e *a* gelehrt • *s* Gelehrte(r) *m*; Wissenschaft(l)er(in).
savate *f* Latsch(e) *m (f)*.
saveur *f* Geschmack *m*.
savoir *vt* wissen; können || [énumération] *À ~*, nämlich || *~ l'allemand*, Deutsch können || *Je ne sais qui*, ich weiß nicht wer • *m* Wissen *n*. **~-faire** *m inv* Geschick *n*. **~-vivre** *m inv* Lebensart *f*.
savon *m* Seife *f*; *~ à barbe*, Rasierseife. **~ner** *vt* einseifen. **~nette** *f* Toilettenseife *f*.
savour|er *vt* (aus)kosten; genießen. **~eux, euse** *a* saftig.
Saxe *f* Sachsen *n*.
scabreux, euse *a* heikel.
scalpel *m* Seziermesser *n*.
scandal|e *m* Skandal *m*; Ärgernis *n*. **~eux, euse** *a* skandalös.
scaphandr|e *m* Taucheranzug *m*. **~ier** *m* Taucher *m*.
scarabée *m* Käfer *m*.
scarlatine *f* Scharlach *m*.
sceau *m* Siegel *n*.
scélérat *m* Schuft *m*.
sceller *vt* versiegeln.
scénario *m* Drehbuch *n*.
scène *f* Szene, Bühne *f*.
scepti|cisme *m* Skepsis *f*. **~que** *a* skeptisch • *m* Skeptiker *m*.
sceptre *m* Zepter *m, n*.
schéma *m* Schema *n*.
schiste *m* Schiefer *m*.
sciatique *f* Ischias *f*.
scie *f* Säge *f*.
scien|ce *f* Wissenschaft *f*. **~tifique** *a* wissenschaftlich.
sci|er *vt* sägen. **~erie** *f* Sägewerk *n*, -mühle *f*.
scintiller *vt* funkeln; schimmern.
scission *f* Spaltung *f*.
sciure *f* Sägemehl *n*.
scolaire *a* Schul...
scorie *f* Schlacke *f*.
scout *m* Pfadfinder *m*.
scrupule *m* Skrupel *m*.
scrut|ateur *m* Wahlprüfer *m*. **~er** *vt* prüfen. **~in** *m* Abstimmung *f*.
sculpt|er *vt* (aus)hauen || [bois] schnitzen. **~eur** *m* Bildhauer *m*. **~ure** *f* Skulptur *f*.
se *pr réfl* sich.
séan|ce *f* Sitzung *f* || SPECT. Vorstellung *f*. **~t** *m* Gesäß *n*.
seau *m* Eimer, Kübel *m*.
sec, seche *a* trocken || dürr • *loc av* : *Mettre à ~*, trockenlegen.
sécateur *m* Baumschere *f*.
séch|er *vt* (aus)trocknen • *vi* trocken werden. **~eresse** *f* Trockenheit, Dürre *f*.

second, e *num* zweite(r, s). **~aire** *a* nebensächlich; Neben... || *École* ~, Oberschule *f*. **~e** *f* Sekunde *f* || ENS. Sekunda *f*.
secouer *vt* schütteln.
secour|able *a* hilfreich. **~ir** *vt* helfen (dat.). **~iste** *m* Sanitätshelfer *m*. **~s** *m* Hilfe *f*.
secousse *f* Stoß, Ruck *m*.
secr|et, ète *a* heimlich; geheim • *m* Geheimnis *n* • *loc av*: *En* ~, heimlich; insgeheim. **~étaire** *s* Sekretär(in) • *m* Schreibschrank *m*.
sécréter *vt* absondern; sekretieren.
secte *f* Sekte *f*.
sect|eur *m* Ausschnitt *m* || Revier *n*. **~ion** *f* Schnitt *m* || MIL. Zug *m*.
séculaire *a* hundertjährig.
sécurité *f* Sicherheit *f* || [dispositif] Sicherung *f*.
sédatif, ive *a* schmerzstillend.
sédentaire *a* seßhaft.
sédiment *m* Bodensatz *m*.
sédition *f* Aufstand, -ruhr *m*.
sédu|cteur *m* Verführer *m*. **~ction** *f* Verführung *f*. **~ire** *vt* verführen.
ségrégation *f* Absonderung *f*.
seiche *f* Tintenfisch *m*.
seigle *m* Roggen *m*.
seigneur *m* Herr *m*.
sein *m* Brust *f* || FIG. Schoß *m*.
séisme *m* Erdbeben *n*.
seiz|e *num* sechzehn. **~ième** *num* sechzehnte(r).
séjour *m* Aufenthalt *m*. **~ner** *vi* sich aufhalten.
sel *m* Salz *n* || FIG. Würze *f*.
sélection *f* Auswahl, -lese *f*.
sell|e *f* Sattel *m*. **~er** *vt* satteln. **~ier** *m* Sattler *m*.
selon *p* gemäß; (je) nach (dat.).
semaine *f* Woche *f*.
sembl|able *a* ähnlich; gleich(artig) • *m* Mitmensch *m*. **~ant** *m*: *Faire* ~ *de*, tun, als ob. **~er** *vi* scheinen.
semelle *f* Sohle *f*.
sem|ence *f* Same(n) *m*. **~er** *vt* (aus)säen || ausstreuen.
semestre *m* Semester *n*.
semi *préf* halb...
séminaire *m* Seminar *n*.
semis *m* [plante] junge Saat.
semonce *f* Verweis *m*.
semoule *f* Grieß *m*.
sénat *m* Senat *m*.
sénile *a* greisenhaft.
sens *m* Sinn *m* || *Le bon* ~, der gesunde Menschenverstand || *(Rue à)* ~ *unique*, Einbahnstraße *f*. **~ation** *f* Empfindung *f* || FIG. *Faire* ~, Aufsehen erregen. **~é, e** *a* verständig. **~ibilité** *f* Empfindlichkeit *f*. **~ible** *a* wahrnehmbar; fühlbar || *Monde* ~, Sinnenwelt *f* || empfindlich. **~oriel, le** *a* Sinnes... **~uel, le** *a* sinnlich.
sentence *f* Sinnspruch *m* || Urteil *n*.
senteur *f* (Wohl)geruch, Duft *m*.
sentier *m* Pfad *m*.
sentiment *m* Empfindung *f*; Gefühl *n*. **~al, e, aux** *a* gefühlvoll.
sentinelle *f* Wachposten *m*.

sentir *vt* fühlen ; spüren ; empfinden || [odorat] riechen • *vi* [odeur] riechen ; duften.
seoir *vi* passen • *v impers : Il sied de ...*, es schickt sich, zu...
sépar|ation *f* Trennung *f*. **~er** *vt* (ab)trennen ; scheiden • *vpr* [personnes] sich trennen.
sept *num* sieben. **~embre** *m* September *m*. **~entrional, e, aux** *a* nördlich.
septicémie *f* Blutvergiftung *f*.
sept|ième *num* siebente(r, s) • *m* Siebentel *n*. **~uagénaire** *s* Siebziger- (in).
sépulcre *m* Grab(mal) *n*.
séquelles *fpl* Nachwehen *npl*.
séquence *f* [film] Bildfolge *f*.
séquestr|ation *f* Freiheitsberaubung *f*. **~e** *m* Beschlagnahme *f*. **~er** *vt* [qn] einsperren.
serein, e *a* ruhig ; heiter.
sérénade *f* Ständchen *n*.
sérénité *f* Heiterkeit *f*.
sergent *m* Unteroffizier *m*.
série *f* Serie, Reihe *f*.
sérieux, euse *a* ernst ; ernsthaft, -lich • *m* Ernst *m*.
seringue *f* Spritze *f*.
serment *m* Eid, Schwur *m*.
sermon *m* Predigt *f*.
serpe *f* Hippe *f*.
serpent *m* Schlange *f*. **~er** *vi* sich (hin)schlängeln.
serpillière *f* Scheuertuch *n*.
serr|e *f* [griffe] Klaue, Kralle *f* || Treibhaus *n*. **~er** *vt* (zusammen)drücken, -pressen || TECHN. [frein ; vis] anziehen || FIG. *~ le cœur*, beklemmen • *vpr* zusammenrücken. **~ure** *f* Schloß *n*. **~urier** *m* Schlosser *m*.
serv|eur, euse *s* Kellner(in). **~iable** *a* dienstfertig.
serv|ice *m* Dienst *m ;* Bedienung *f* || [bureau] Stelle *f* || *Mettre en, hors ~*, in, außer Betrieb setzen || [vaisselle] Service, Geschirr *n* || *~ militaire*, (Wehr)dienst *m*. **~iette** *f* : *~ de table*, Serviette *f* || *~ de toilette*, Handtuch *n* || [cartable] Mappe *f*. **~ilité** *f* Unterwürfigkeit *f*.
serv|ir *vt* dienen (dat.) ; bedienen (acc.) || [apporter] auftragen • *vi* [être utile] nützen ; dienen || *Cela ne sert à rien*, das hilft nichts || *~ de*, dienen als. **~iteur** *m* Diener *m*. **~itude** *f* Unfreiheit *f*.
session *f* Sitzung, Tagung *f*.
seuil *m* (Tür)schwelle *f*.
seul, e *a* allein || einsam. **~ement** *av* nur ; bloß ; allein || [date] erst.
sève *f* Saft *m* || FIG. Kraft *f*.
sévère *a* streng.
sévices *mpl* Mißhandlungen *fpl*.
sevrer *vt* entwöhnen.
sexagénaire *m* Sechzig(jährig)er *m*.
sexe *m* Geschlecht *n*.
seyant, e *a* kleidsam.
1. si *c* wenn ; *~ j'étais riche*, wenn ich reich wäre || [interrogation] ob || *Comme ~*, als ob || *~ (bien) que*, so, daß || *~ ...*

que, wie ... auch • *av* so(sehr) ‖ [affirmatif] doch.

2. si *m inv* H*n*; ~ *bémol,* B*n*; ~ *dièse,* His *n.*

sidérurgie *f* Stahlindustrie *f.*

siècle *m* Jahrhundert *n.*

si|ège *m* Sitz *m* ‖ MIL. Belagerung *f.* **~éger** *vi* sitzen; tagen.

sien, ne *a/pr poss* sein, seine; ihr, ihre.

sieste *f* Mittagsschläfchen *n.*

siffl|ement *m* Pfiff *m.* **~er** *vi/vt* pfeifen; zischen. **~et** *m* Pfeife *f* ‖ *(Coup de)* ~, Pfiff *m.*

sigle *m* Sigel *n.*

signal *m* Signal, Zeichen *n* ‖ ~ *d'alarme,* Notbremse *f.* **~er** *vt* melden ‖ [marquer] signalisieren. **~isation** *f* : ~ *routière,* Beschilderung *f.*

signature *f* Unterschrift *f.*

sign|e *m* (An)zeichen *n* ‖ [geste] Wink *m.* **~er** *vt* unterschreiben.

signif|icatif, ive *a* bezeichnend, -deutsam. **~ication** *f* Bedeutung *f.* **~ier** *vt* bedeuten; heißen ‖ [faire savoir] kundtun.

silenc|e *m* (Still)schweigen *n* ‖ ~!, Ruhe! ‖ MUS. Pause *f.* **~ieux, euse** *a* still; schweigsam ‖ lautlos.

silex *m* Feuerstein *m.*

silhouette *f* Silhouette *f*; Umriß *m.*

sill|age *m* Kielwasser *n.* **~on** *m* Furche *f.* **~onner** *vt* (durch)furchen, -ziehen (insép.).

simil|aire *a* gleichartig. **~itude** *f* Ähnlichkeit *f.*

simpl|e *a* einfach ‖ [modeste] schlicht ‖ einfältig • *m* : ~ *(d'esprit),* Einfaltspinsel *m.* **~icité** *f* Einfachheit *f.* **~ifier** *vt* vereinfachen.

simul|acre *m* Trugbild *n.* **~er** *vt* simulieren.

simultané, e *a* gleichzeitig.

sincère *a* aufrichtig.

singe *m* Affe *m.*

singul|arité *f* Eigentümlichkeit *f.* **~ier, ère** *a* sonderbar ‖ eigenartig • *m* Einzahl *f*; Singular *m.*

sinistre *a* düster; grausig • *m* Unglück *n.*

sinon *c* sonst.

sinu|eux, euse *a* gewunden. **~osité** *f* Windung *f.*

sirop *m* Sirup *m.*

site *m* Landschaft, Lage *f.*

sitôt *av* sobald • *loc c* : ~ *que,* sobald (als).

situ|ation *f* Lage *f* ‖ Situation *f.* **~é, e** *a* gelegen; *Être* ~, liegen.

six *num* sechs. **~ième** *num* sechste(r) • *m* Sechstel *n.*

ski *m* Ski, Schi *m* ‖ SP. Schifahren *n.* **~er** *vi* Ski laufen.

slip *m* Schlüpfer *m.*

slogan *m* Schlagwort *n.*

sobre *a* nüchtern ‖ genügsam.

sobriquet *m* Spitzname *m.*

soc *m* Pflugschar *f.*

soci|able *a* gesellig. **~al, e, aux** *a* gesellschaftlich; sozial. **~été** *f* Gesellschaft *f* ‖ [groupe] Verein *m.*

socle *m* Sockel, Untersatz *m*.
sœur *f* Schwester *f*.
sofa *m* Sofa *n*.
soi *pr pers* sich. **~-disant** *a inv* angeblich.
soie *f* Seide *f* || *~s (de porc)*, (Schweine)borsten *fpl*.
soif *f* Durst *m*.
soign|er *vt* pflegen; sorgen (für). **~eux, euse** *a* sorgfältig.
soin *m* Sorgfalt *f* || MÉD. Pflege *f*.
soir *m* Abend *m; Le ~*, abends. **~ée** *f* Abendgesellschaft *f*.
soit *c : ~, ... ~*, sei es..., sei es...
soixante *num* sechzig. **~-dix** *num* siebzig.
1. sol *m* (Erd)boden *m*.
2. sol *m inv* MUS. G *n; ~ bémol*, Ges *n; ~ dièse*, Gis *n*.
solaire *a* Sonnen...
soldat *m* Soldat *m*.
1. solde *f* Besoldung *f*.
2. sold|e *m* Saldo, Restbestand *m* || *~s d'été*, Sommerschlußverkauf *m*. **~er** *vt* begleichen || ausverkaufen.
sole *f* Seezunge, Scholle *f*.
soleil *m* Sonne *f*.
solennel, le *a* feierlich.
solfège *m* Solfeggio *n*.
solidaire *a* solidarisch.
solid|e *a* fest. **~ifier (se)** *vpr* fest werden. **~ité** *f* Festigkeit *f*.
soli|taire *a* einsam. **~tude** *f* Einsamkeit *f*.
solive *f* Deckenbalken *m*.
sollicit|er *vt* dringend ersuchen. **~ude** *f* (Für)sorge *f*.
solstice *m* Sonnenwende *f*.
solu|ble *a* (auf)lösbar. **~tion** *f* (Auf)lösung *f*.
solvabilité *f* Zahlungsfähigkeit *f*.
sombr|e *a* düster; dunkel; finster. **~er** *vi* untergehen (sép.).
sommaire *a* summarisch • *m* Inhaltsangabe *f*.
1. somme *f* [montant] Summe *f*; Betrag *m*.
2. somme *f : Bête de ~*, Lasttier *n*.
3. somm|e *m* Schlummer *m*. **~eil** *m* Schlaf *m*.
sommelier *m* Kellermeister *m*.
sommer *vt* auffordern.
sommet *m* Gipfel *m*.
sommier *m* (Auflage)matratze *f*.
somn|ambule *s* Schlafwandler(in). **~ifère** *m* Schlafmittel *n*. **~olent, e** *a* schläfrig.
somptueux, euse *a* prächtig.
1. son, sa, ses *a poss* sein, seine, seine; ihr, ihre, ihre.
2. son *m* AGR. Kleie *f*.
3. son *m* Ton *m* || Laut *m* || Schall *m*.
sond|age *m* Stichprobe *f*. **~e** *f* (Peil)lot *n* || Sonde *f*. **~er** *vt* loten || sondieren.
song|e *m* Traum *m*. **~er** *vt/vi* sinnen || grübeln. **~erie** *f* Träumerei *f*. **~eur, euse** *a* nachdenklich.

son|ner *vi* läuten; klingen. **~nerie** *f* Geläute, -klingel *n.* **~nette** *f* Klingel *f.* **~ore** *a* [bruyant] volltönend. **~orité** *f* Klang *m.*
soporifique *m* Schlafmittel *n.*
sorcière *f* Hexe *f.*
sordide *a* dreckig || schäbig.
sort *m* Zufall *m; Los n; Tirer au ~,* (aus)losen.
sorte *f* Art *f* || *Toutes ~s de,* allerlei • *loc av* : ***en quelque ~,*** einigermaßen • *loc c* : ***de ~ que,*** so daß.
sortie *f* Ausgang *m,* -fahrt *f* || FIG. [algarade] Ausfall *m.*
sortilège *m* Zauberei *f.*
sortir *vi* ausgehen || (hin)ausfahren || *Sortez!* hinaus! || *~ du lit,* aus dem Bett steigen || MAR. *~ du port,* auslaufen.
sosie *m* Doppelgänger *m.*
sot, te *a* dumm • *s* Dummkopf *m.* **~tise** *f* Dummheit *f.*
soubassement *m* Grundmauer *f.*
souche *f* (Baum)stumpf *m* || [famille] Stamm *m.*
1. souci *m* Sorge *f.*
2. souci *m* BOT. Ringelblume *f.*
souci|er (se) *vpr* sich kümmern (um, acc.). **~eux, euse** *a* sorgenvoll.
soucoupe *f* Untertasse *f.*
soudain, e *a/av* plötzlich.
soude *f* Natron *n.*
soud|er *vt* (zusammen)-schweißen, -löten • *vpr* zusammenwachsen. **~ure** *f* Schweißung *f.*
souffl|e *m* Hauch *m* || Atem(zug) *m* || *Être à bout de ~,* außer Atem sein. **~é** *m* CUIS. Auflauf *m.* **~er** *vi* blasen; hauchen || [vent] wehen. **~et** *m* (Blase)balg *m.* **~eur** *m* SPECT. Souffleur *m* || [de verre] Glasbläser *m.*
souffr|ance *f* (Leid(en) *n.* **~e-douleur** *m inv* Prügelknabe *m.* **~ir** *vt* (er)leiden; ausstehen || dulden • *vi* : ***~ de,*** leiden (an, dat.).
soufre *m* Schwefel *m.*
souhait *m* Wunsch *m.* **~er** *vt* wünschen.
souill|er *vt* besudeln. **~ure** *f* Makel *m.*
soûl, e *a* betrunken, -soffen.
soulag|ement *m* Erleichterung, Linderung *f.* **~er** *vt* erleichtern.
soûler (se) *vpr* sich besaufen.
soul|èvement *m* Aufstand *m.* **~ever** *vt* auf-, hochheben • *vpr* sich erheben || aufstehen.
soulier *m* Schuh *m.*
souligner *vt* unterstreichen (insép.).
soum|ettre *vt* unterwerfen (insép.) || [proposer] unterbreiten (insép.). **~is, e** *a* unterwürfig.
soupape *f* Ventil *n.*
soupçon *m* Verdacht *m* || [vague idée] Ahnung *f.* **~ner** *vt* verdächtigen || [supposer] ahnen.
soupe *f* Suppe *f.*
soupente *f* Hängeboden *m.*
souper *m* Abendessen *n.*

soupeser *vt* abwägen.
soupière *f* Suppenschüssel *f.*
soupir *m* Seufzer *m.* **~ail** *m* Kellerfenster *n.* **~er** *vi* seufzen.
souple *a* biegsam ; geschmeidig.
source *f* Quelle *f.*
sourcil *m* Augenbraue *f.*
sourd, e *a* taub ‖ [étouffé] dumpf. **~ine** *f* (Schall)dämpfer *m* ‖ FIG. *En ~,* in aller Stille. **~(e)-muet(te)** *a* taubstumm.
sourdre *vi* hervorquellen.
souricière *f* (Mäuse)falle *f.*
sourire *vi* lächeln • *m* Lächeln *n.*
souris *f* Maus *f.*
sournois, e *a* hinterhältig.
sous *p* unter ‖ *~ la main,* bei der, zur Hand ‖ *~ nos yeux,* vor unseren Augen ‖ [temps] *~ peu,* binnen kurzem. **~-alimentation** *f* Unterernährung *f.*
souscri|ption *f* Subskription *f.* **~re** *vt* subskribieren.
sous|-développé, e *a* unterentwickelt. **~-entendu** *m* Anspielung *f.* **~-estimer** *vt* unterschätzen. **~-lieutenant** *m* Leutnant *m.* **~-locataire** *m* Untermieter *m.* **~-marin** *m* Unterseeboot *n.* **~-officier** *m* Unteroffizier *m.* **~-sol** *m* Untergrund *m.* **~-titre** *m* Untertitel *m.*
soustr|action *f* Substraktion *f.* **~aire** *vt* subtrahieren ; abziehen.
soutenir *vt* (unter)stützen (insép.) ‖ beistehen (dat.) ‖ *~ que,* behaupten, daß.
souterrain, e *a* unterirdisch ; Unter... ; *Passage ~,* Unterführung *f.*
soutien *m* Stütze *f* ‖ Unterstützung *f.* **~-gorge** *m* Büstenhalter *m.*
souvenir *m* Erinnerung (an, acc.) *f* ‖ *En ~ de,* zum Andenken an (acc.) • *vpr* sich erinnern (an, acc.).
souvent *av* oft ; häufig ; öfters.
souverain, e *a* oberst ; höchst • *s* Herrscher(in). **~eté** *f* Oberhoheit *f.*
soyeux, euse *a* seidig.
spacieux, euse *a* geräumig.
sparadrap *m* Heftpflaster *n.*
spasme *m* Krampf *m.*
spatial, e, aux *a* Raum...
spécial, e, aux *a* speziell ; Sonder... **~ement** *av* besonders. **~iser** *vt* spezialisieren. **~iste** *m* Fachmann *m.*
spéci|fique *a* spezifisch. **~men** *m* Muster *n.*
specta|cle *m* Anblick *m* ‖ [artistique] Schauspiel *n.* **~teur, trice** *s* Zuschauer(in).
spectre *m* Gespenst *n* ‖ Spektrum *n.*
spécul|ateur *m* Spekulant *m.* **~er** *vi* spekulieren.
sphère *f* Sphäre *f* ‖ Kugel *f.*
spirale *f* Spirale *f.*
spirit|uel, le *a* geistig ‖ REL. geistlich ‖ witzig. **~ueux** *mpl* Spirituosen *npl.*
splend|eur *f* Pracht *f.* **~ide** *a* prächtig ; herrlich.

spolier *vt* be-, ausrauben.
spongieux, euse *a* schwammig.
spontané, e *a* spontan. **~ité** *f* Spontaneität *f.* **~ment** *av* von selbst.
sport *m* Sport *m; Faire du ~,* Sport treiben. **~if, ive** *a* sportlich.
sprint *m* Spurt *m.*
square *m* Anlage *f.*
squelette *m* Skelett *n.*
stab|iliser *vt* stabilisieren. **~le** *a* stabil ‖ beständig.
stade *m* Stadium *n;* Sportplatz *m.*
stag|e *m* Praktikum *n.* **~iaire** *s* Praktikant(in).
stagner *vi* still stehen.
stalle *f* Chorstuhl *m* ‖ Stand *m.*
standard *m* TÉL. Fernsprechschrank *m.* **~iser** *vt* normen.
station *f* : *~ debout,* Stehen *n* ‖ *~ climatique,* Luft(kur)ort *m* ‖ Haltestelle *f.* **~naire** *a* unverändert. **~ner** *vi* stehenbleiben; stationieren. **~-service** *f* Tankstelle *f.*
statue *f* Statue *f;* Standbild *n.*
statuer *vt* statuieren.
stature *f* Statur *f;* Wuchs *m.*
statut *m* Statut *n;* Satzung *f.*
sténo|dactylo *s* Stenotypist(in). **~graphie** *f* Kurzschrift *f.*
steppe *f* Steppe *f.*
stéril|e *a* unfruchtbar. **~iser** *vt* sterilisieren; entkeimen.
stigmat|e *m* Wundmal *n.* **~iser** *vt* brandmarken.
stimul|ant *m* Reizmittel *n* ‖ Stimulus *m.* **~er** *vt* (an)reizen.
stipul|ation *f* Klausel *f.* **~er** *vt* ausbedingen.
stock *m* (Lager)vorrat *m.* **~er** *vt* (auf)speichern; (ein)lagern.
stoïque *a* stoisch; gleichmütig.
stop *m* Stopplicht *n.* **~per** *vt/vi* stoppen; anhalten.
store *m* Rollvorhang *m.*
strapontin *m* Klappsitz *m.*
stratification *f* Schichtung *f.*
strict, e *a* streng ‖ *Le ~ nécessaire,* das unbedingt Notwendige.
strident, e *a* schrill.
strier *vt* rillen.
structure *f* Struktur *f;* (Auf)-bau *m.*
studieux, euse *a* fleißig.
stup|éfaction *f* Bestürzung *f.* **~éfait, e** *a* verblüfft, -dutzt. **~éfier** *vt* verblüffen. **~ide** *a* blöde. **~idité** *f* Blödsinn *m.*
style *m* Stil *m.*
stylo(graphe) *m* Füller *m* ‖ *Stylo à bille,* Kugelschreiber *m.*
suaire *m* Schweißtuch *n.*
suave *a* sanft; hold.
subalterne *a* untergeordnet.
subconscient *m* Unterbewußtsein *n.*
subir *vt* erleiden; durchmachen; über sich ergehen lassen ‖ [changement] erfahren.
subit, e *a* plötzlich.
subjuguer *vt* FIG. bezwingen.
sublime *a* erhaben.
submer|ger *vt* überschwemmen, -strömen (insép.) ‖ FIG.

überhäufen (mit). **~sible** *m* U-Boot *n.*
subordonner *vt* unterordnen (sép.).
subside *m* Zuschuß *m.*
subsis|tance *f* (Lebens)unterhalt *m;* Auskommen *n.* **~ter** *vi* weiterbestehen.
substan|ce *f* Substanz *f* || Gehalt *m* || [matière] Stoff *m.* **~tiel, le** *a* stofflich || kräftig || inhaltsreich. **~tif** *m* Hauptwort *n.*
substituer *vt* unterschieben (sép.) • *vpr : Se ~ à qn,* sich an js Stelle setzen.
subterfuge *m* Ausflucht *f.*
subtil, e *a* subtil; fein. **~ité** *f* Scharfsinn *m.*
suburbain, e *a* Vorort...
subvention *f* Zuschuß *m.*
suc *m* Saft *m* || FIG. Kern *m.*
succédané *m* Ersatz *m.*
succéder *vt : ~ à qch,* auf etw (acc.) folgen; *~ à qn,* jm nachfolgen.
succès *m* Erfolg *m.*
success|eur *m* Nachfolger *m.* **~ion** *f* [suite] Folge *f* || JUR. Nachfolge, Erbschaft *f.* **~ivement** *av* nacheinander.
succinct, e *a* bündig.
succomber *vi* unter-, erliegen (insép.) || [périr] umkommen (sép.).
succulent, e *a* saftig.
succursale *f* Zweigstelle *f.*
suc|er *vt* saugen; lutschen. **~ette** *f* Schnuller *m.*
sucr|e *m* Zucker *m; ~ en morceaux, en poudre,* Würfel-, Staubzucker. **~er** *vt* (ein)zuckern || FIG. versüßen. **~ier** *m* Zuckerdose *f.*
sud *m* Süd(en) *m; Au ~ de,* südlich von. **~-est** *m* Südost(en) *m.* **~-ouest** *m* Südwest(en) *m.*
Suède *f* Schweden *n.*
su|er *vi* schwitzen. **~eur** *f* Schweiß *m.*
suffi|re *vi* genügen; hin-, ausreichen (für, acc.). **~samment** *av* genug. **~sant, e** *a* [assez] genügend.
suffoquer *vi* ersticken.
suffrage *m* (Wahl)stimme *f.*
sugg|érer *vt* anregen; suggerieren. **~estion** *f* Anregung *f.*
suicid|e *m* Selbstmord *m.* **~er (se)** *vpr* Selbstmord begehen.
suie *f* Ruß *m.*
suif *m* Talg *m.*
suinter *vi* (durch)sickern.
Suisse *f* Schweiz *f.*
suite *f* Folge *f* || [cortège] Gefolge *n* || Fortsetzung *f* || LOC : *Tout de ~,* (so)gleich || *Par la ~,* später || *Par/À la ~ de,* infolge (gén.).
suiv|ant, e *a* folgend; nächst • *p* gemäß, entsprechend (dat.). **~re** *vt* folgen (dat.) || *~ des yeux,* nachblicken || [longer] entlanggehen || [conseil] befolgen || [comprendre] mitkommen || *~ des cours,* Vorlesungen besuchen • *vi : À ~,* Fortsetzung folgt || [courrier] *Faire ~,* nachsenden.
1. sujet, te *a* unterworfen.

2. sujet *m* [motif] Anlaß *m* ‖ [matière] Thema *n; À ce ~,* diesbezüglich ‖ [d'un prince] Untertan *m.*
sulf|ate *m* Sulfat *n.* **~ure** *m* Sulfid *n.* **~urique** *a* Schwefel...
super *préf* Über... ; Super...
superbe *a* prächtig.
supercherie *f* Schwindel *m.*
superfic|ie *f* (Ober)fläche *f.* **~iel, le** *a* oberflächlich ‖ seicht.
superflu, e *a* überflüssig • *m* Überfluß *m.*
supérieur, e *a* Ober... ‖ überlegen • *m* Vorgesetzte(r) *asm.*
super|poser *vt* über-, aufeinanderlegen. **~stition** *f* Aberglaube *m.*
supplanter *vt* verdrängen.
suppl|éant *m* Stellvertreter *m.* **~éer** *vt* vertreten ‖ abhelfen (dat.). **~ément** *m* Zulage *f* ‖ Zuschlag *m* ‖ [journal] Beilage *f.* **~émentaire** *a* zusätzlich ‖ *Heures ~s,* Überstunden *fpl.*
suppli|cier *vt* foltern. **~er** *vt* (an)flehen.
support *m* Unterlage *f.* **~able** *a* erträglich. **~er** *vt* FIG. ertragen ; aushalten.
suppos|er *vt* annehmen ; voraussetzen. **~ition** *f* Annahme *f.*
suppositoire *m* Zäpfchen *n.*
suppr|ession *f* Abschaffung *f.* **~imer** *vt* abschaffen ; beseitigen ; aufheben.
suppurer *vi* (ver)eitern.
supputer *vt* berechnen.
supr|ématie *f* Überlegenheit *f.* **~ême** *a* höchst ; oberst ‖ letzt.
1. sur *p* auf ; an ; *~ la table,* auf dem (den) Tisch ; *~ la plage,* am Strand ; *Francfort ~-le-Main,* Frankfurt am Main ‖ *Avoir qch ~ soi,* etw bei sich haben ‖ *~ ce,* darauf(hin) ‖ *~ mon conseil,* auf meinen Rat ‖ *Une personne ~ dix,* einer von zehn ‖ *Écrire ~ un sujet,* über ein Thema schreiben.
2. sur, e *a* sauer ; säuerlich.
sûr, e *a* sicher ‖ [de confiance] zuverlässig.
sur|abondant, e *a* überreichlich. **~anné, e** *a* altmodisch. **~charge** *f* Übergewicht *n.* **~charger** *vt* überladen (insép.). **~classer** *vt* SP. übertreffen (insép.). **~croît (de)** *loc av* obendrein.
surdité *f* Taubheit *f.*
sureau *m* Holunder *m.*
surélever *vt* aufstocken.
sûrement *av* sicher.
sur|enchérir *vi* (jn) überbieten (insép.). **~estimer** *vt* überschätzen.
sûreté *f* Sicherheit *f* ‖ [certitude] Gewißheit *f.*
surface *f* (Ober)fläche *f.*
surgelé, e *a* tiefgekühlt.
surgir *vi* auftauchen.
sur|homme *m* Übermensch *m.* **~impression** *f* Doppelbelichtung *f.*
sur|-le-champ *loc av* auf der Stelle. **~lendemain** *m* übernächster Tag. **~mener (se)**

vpr sich überarbeiten. **~monter** *vt* überwinden. **~naturel, le** *a* übernatürlich. **~nom** *m* Zuname *m.* **~nombre** *m* Überzahl *f; En ~,* überzählig.
sur|passer *vt* übertreffen (insép.). **~peuplé, e** *a* übervölkert. **~plomber** *vi* überhängen (sép.). **~plus** *m* Überschuß *m.*
surpr|endre *vt* überraschen (insép.) ‖ [prendre sur le fait] erwischen. **~ise** *f* Überraschung *f;* Befremden *n* ‖ MIL. Überfall *m.*
sursauter *vi* auf-, hochfahren.
surs|eoir *vt* ver-, aufschieben. **~is** *m* Aufschub *m.*
surtaxe *f* Zuschlag *m.*
surtout *av* vor allem.
surveill|ance *f* Überwachung *f.* **~ant, e** *s* Aufseher(in). **~er** *vt* überwachen.
survenir *vi* dazwischen kommen.
survêtement *m* Trainingsanzug *m.*
survivre *vi* überleben.
survoler *vt* überfliegen (insép.).
susceptible *a* [capable] geeignet (für) ‖ [irritable] empfindlich.
susciter *vt* hervorrufen.
susdit, e *a* besagt.
suspect, e *a* verdächtig. **~er** *vt* verdächtigen.
sus|pendre *vt* (auf)hängen ‖ [interrompre] einstellen; suspendieren. **~pendu, e** *a* : TECHN. *Bien ~,* gut gefedert ‖ *Être ~,* hängen. **~pens (en)** *loc av* schwebend. **~pension** *f* Einstellung *f* ‖ AUT. Federung *f.*
suspicion *f* Verdacht *m.*
sustenter (se) *vpr* sich ernähren.
suture *f* Naht *f.*
svelte *a* schlank.
syllabe *f* Silbe *f.*
sylvestre *a* Wald...
symbole *m* Sinnbild, Symbol *n.*
symétrie *f* Symmetrie *f.*
sympath|ie *f* Sympathie *f* ‖ Teilnahme *f.* **~ique** *a* sympathisch.
symphonie *f* Symphonie *f.*
symptôme *m* Symptom *n.*
synchroniser *vt* synchronisieren; gleichschalten.
syncope *f* Ohnmacht *f.*
syndic *m* Syndikus *m.* **~aliste** *m* Gewerkschaftler *m.* **~at** *m* Gewerkschaft *f* ‖ *~ d'initiative,* Fremdenverkehrsverein *m.*
synonyme *a* gleichbedeutend • *m* Synonym *n.*
syntaxe *f* Syntax *f.*
synth|èse *f* Synthese *f.* **~étique** *a* : *Caoutchouc ~,* Kunstgummi *n.*
syst|ématique *a* systematisch. **~ème** *m* System *n.*

t

tab|ac *m* Tabak *m*. **~atière** *f* Tabakdose *f*.

table *f* Tisch *m*; Tafel *f* ‖ *Se mettre à ~*, sich zu Tisch setzen ‖ *~ des matières*, Inhaltsverzeichnis *n*.

tabl|eau *m* [peinture] Bild *n* ‖ *~ noir*, Tafel *f* ‖ *~ d'honneur*, Ehrenliste *f* ‖ *~ de bord*, Armaturenbrett *n*. **~ette** *f* Brett *n* ‖ [chocolat] Tafel *f*.

tablier *m* Schürze *f* ‖ [pont] Brückenbelag *m*.

tabouret *m* Hocker *m*.

tache *f* Fleck(en) *m* ‖ *~s de rousseur*, Sommersprossen *fpl* ‖ *~ d'encre*, Tintenklecks *m* ‖ [tare] Makel *m*; *Sans ~*, makellos.

tâche *f* Aufgabe *f*.

tacher *vt* beflecken; schmieren.

tâcher *vt* : *~ de*, versuchen, zu.

tacheté, e *a* gesprenkelt.

tacit|e *a* stillschweigend. **~urne** *a* schweigsam.

tact *m* Fingerspitzengefühl *n*.

tactile *a* Gefühls...; Tast...

taffetas *m* Taf(fe)t *m*.

taie *f* (Kopf)kissenbezug *m*.

taill|e *f* Schnitt *m* ‖ [pierres précieuses] Schliff *m* ‖ [dimension] (Körper)größe *f*; Wuchs *m*. **~e-crayons** *m* Bleistiftspitzer *m*. **~er** *vt* schneiden ‖ [arbre] stutzen ‖ [diamant] schleifen. **~eur** *m* : *~ de pierres*, Steinmetz *m* ‖ [vêtements] Schneider *m* ‖ Damenkostüm *n*. **~is** *m* Dickicht *n*.

taire *vt* verschweigen • *vpr* (still)schweigen; verstummen.

talent *m* Talent *n*; Begabung *f*.

talon *m* Ferse *f* ‖ [chaussure] Absatz *m*. **~ner** *vt* (jm) hart zusetzen.

talus *m* Böschung, Schräge *f*.

tambour *m* Trommel *f*.

tamis *m* Sieb *n*. **~er** *vt* seihen; durchsieben (sép.).

tampon *m* Pfropfen *m* ‖ [timbre] Stempel *m*. **~ner** *vt* [heurter] zusammenprallen, -stoßen ‖ [lettre] abstempeln.

tancer *vt* ausschelten.

tanche *f* Schlei(e) *f*.

tandis que *loc c* während.

tangible *a* fühl-, greifbar.

tanguer *vi* MAR. stampfen.

tanière *f* Höhle *f*.

tann|er *vt* gerben. **~eur** *m* Gerber *m*.

tant *av* so(viel, -sehr); *~ de fois*, so oft ‖ so lange • *loc av* : *~* ***mieux***, desto besser ‖ *~* ***pis***, desto schlimmer • *loc c* : *~* ***que***, solange (wie) ‖ ***en ~ que***, als.

tante *f* Tante *f*.

tantôt *av* : *~ ..., ~ ...*, bald ..., bald ...

taon *m* Bremse *f*.

tap|age *m* Lärm, Krach *m.* **~e** *f* Klaps *m.* **~er** *vt* klopfen || [à la machine] tippen • *vi* : *~ du pied,* mit dem Fuß stampfen.
tapir (se) *vpr* sich kauern.
tapis *m* Teppich *m.* **~-brosse** *m* Türmatte *f.* **~ser** *vt* tapezieren. **~serie** *f* Gobelin *m.*
taquet *m* Pflock *m* || Zapfen *m.*
taquin, e *a* neckisch. **~er** *vt* necken.
tard *av* spät ; *Au plus ~*, spätestens. **~er** *vi* zögern ; zaudern || *Sans plus ~*, unverzüglich. **~if, ive** *a* spät(reif).
tare *f* Tara *f* || Fehler *m.*
targette *f* Schubriegel *m.*
tarif *m* Tarif *m.*
tarir *vt* trockenlegen • *vi* versiegen || FIG. sich erschöpfen.
tart|e *f* Torte *f.* **~ine** *f* Brotschnitte *f;* Butterbrot *n.*
tartre *m* Wein-, Zahnstein *m.*
tartufe *m* Heuchler *m.*
tas *m* Haufen *m.*
tasse *f* Tasse *f; ~ à café,* Kaffeetasse.
tasser *vt* zusammendrücken • *vpr* sich senken || FAM. sich geben.
tâter *vt* (be)fühlen ; (be)tasten.
tatillon, ne *a* peinlich.
tâtonner *vi* (sich vor)tasten.
taup|e *f* Maulwurf *m.* **~inière** *f* Maulwurfshaufen *m.*
taureau *m* Stier, Bulle *m.*
taux *m* Satz *m.*
taverne *f* Schenke, Kneipe *f.*
tax|e *f* Taxe, Steuer *f; ~ sur la valeur ajoutée,* Mehrwertsteuer. **~er** *vt* besteuern. **~i** *m* Taxe *f;* Taxi *n.*
tchèque *a* tschechisch.
te *pr pers* dich (acc.) ; dir (dat.).
techn|icien, ne *s* Techniker(in). **~ique** *a* technisch ; Fach... • *f* Technik *f.*
teigne *f* Räude *f.*
teindre *vt* färben.
teint *m* Gesichtsfarbe *f.* **~e** *f* Farbton *m.* **~er** *vt* färben ; tönen. **~ure** *f* Farbstoff *m* || *~ d'iode,* Jodtinktur *f.* **~urerie** *f* Färberei *f.*
tel, le *a/pr* solch(er-, -e, -es) ; so ein(er, -e, es) ; derartig || *Monsieur Un ~*, Herr Soundso • *loc c* : **de telle sorte que,** so, daß ; derart, daß.
télé|commande *f* Fernsteuerung *f.* **~commander** *vt* fernsteuern. **~communication** *f* Fernmeldewesen *n.*
télégr|amme *m* Telegramm *n.* **~aphier** *vt* telegraphieren.
télé|guider *vt* fernlenken. **~objectif** *m* Teleobjektiv *n.* **~phérique** *m* Schwebebahn *f.*
téléphon|e *m* Telefon *n;* Fernsprecher *m.* **~er** *vi* telefonieren. **~ique** *a* : *Appel ~*, Anruf *m.*
télescop|e *m* Fernrohr *n.* **~er** *vt* zusammenstoßen mit (dat.).
télé|scripteur *m* Fernschreiber *m.* **~siège** *m* Sessellift *m.* **~ski** *m* Schilift *m.* **~viseur**

m Fernsehgerät *n.* **~vision** [FAM. **télé**] *f* Fernsehen *n.*

télex *m* Fernschreiben *n.*

tellement *av* so (sehr); dermaßen.

téméraire *a* waghalsig; verwegen.

témoign|age *m* Zeugnis *n.* **~er** *vt* bezeugen; zeugen (von, dat.) • *vi* JUR. als Zeuge auftreten.

témoin *m* Zeuge *m; ~ oculaire,* Augenzeuge ‖ [mariage] Trauzeuge • *a : Lampe ~,* Kontrollampe *f.*

tempe *f* Schläfe *f.*

tempér|ament *m* Temperament *n* ‖ COMM. *Acheter à ~,* auf Raten kaufen. **~ance** *f* Mäßigung *f.* **~ature** *f* Temperatur *f.* **~er** *vt* mäßigen.

tempête *f* Sturm *m.*

temple *m* Tempel *m.*

tempor|aire *a* zeitweilig. **~el, le** *a* zeitlich ‖ [séculier] weltlich. **~iser** *vt* abwarten.

temps *m* Zeit *f; Avoir le ~,* Zeit haben; *Il est (grand) ~,* es ist höchste Zeit; *Prendre son ~,* sich Zeit lassen ‖ *À ~,* rechtzeitig ‖ *Combien de ~?,* wie lange? ‖ *De ~ en ~,* ab und zu ‖ *La plupart du ~,* meistens ‖ [temps qu'il fait] Wetter *n;* Witterung *f* ‖ MUS. Tempo *n;* Takt *m.*

tenace *a* zäh(e) ‖ beharrlich.

tenaille *f* Zange *f.*

tenant *m* [personne] Verfechter *m* ‖ SP. *~ du titre,* Titelträger *m.*

tendance *f* Tendenz *f.*

tendon *m* Sehne *f.*

1. tendre *vt* dehnen; (an)-spannen ‖ [bras] (aus)strecken ‖ *~ l'oreille,* die Ohren spitzen ‖ *~ un piège,* eine Falle stellen ‖ *~ la main à qn,* jm die Hand reichen ‖ *~ à,* trachten (nach, dat.).

2. tendr|e *a* mürbe ‖ FIG. zart; zärtlich. **~esse** *f* Zärtlichkeit *f.*

tén|èbres *fpl* Dunkel(heit) *n(f);* Finsternis *f.* **~ébreux, euse** *a* finster; dunkel; düster.

teneur *f* Wortlaut, Inhalt *m* ‖ [proportion] Gehalt *m.*

ténia *m* Bandwurm *m.*

tenir *vt* (fest)halten ‖ *~ de la place,* Raum einnehmen ‖ *~ sa droite,* sich rechts halten ‖ *~ la caisse,* die Kasse führen ‖ [considérer comme] halten (für) ‖ *~ lieu de,* vertreten ‖ *~ le coup,* aus-, durchhalten (sép.) ‖ *~ à la vie,* am Leben hängen ‖ *J'y tiens beaucoup,* ich lege großen Wert darauf ‖ *Il tient à partir,* er besteht darauf, abzureisen • *vi : Ne pas ~,* locker/lose sein ‖ *~ à cœur,* am Herzen liegen ‖ [subsister] (an)halten; bleiben; *~ bon,* standhalten; *Ne plus pouvoir y ~,* es nicht mehr aushalten können • *v impers* abhängen (von) ‖ *Qu'à cela ne tienne,* darauf soll es nicht ankommen ‖ *À quoi cela tient-il?,* woran liegt es? • *vpr : Se ~ droit,* aufrecht stehen ‖ *Se ~ tran-*

quille, sich ruhig verhalten ‖ [réunion] stattfinden ‖ *Tenons-nous-en là,* lassen wir es dabei bewenden.

tennis *m* Tennis *n.*

ténor *m* Tenor *m.*

tension *f* Spannung *f* ‖ *Haute* ~, Hochspannung ‖ MÉD. Blutdruck *m.*

tentacule *m* Fühler *m.*

tent|ant, e *a* verlockend. **~ation** *f* Versuchung *f.* **~ative** *f* Versuch *m.*

tente *f* Zelt *n.*

tenter *vt* versuchen ‖ [tentation] verlocken; reizen.

tenture *f* Behang *m;* Tapete *f.*

tenu, e *a : Bien* ~, gepflegt ‖ [obligé] angehalten (zu, dat.).

ténu, e *a* dünn; zart; fein.

tenue *f* (Ab)haltung *f* ‖ AUT. ~ *de route,* Straßenlage *f* ‖ COMM. ~ *des livres,* Buchführung *f* ‖ [vêtement] Kleidung *f.*

term|e *m* Abschluß *m;* Ende *n* ‖ ~ *du voyage,* Reiseziel *n* ‖ [loyer] *(Jour du)* ~, Zinstag *m* ‖ COMM. Frist *f;* Termin *m* ‖ *À* ~, auf Zeit ‖ *À court* ~, kurzfristig ‖ [mot] *Aux* ~*s du contrat,* laut des Vertrags ‖ *En d'autres* ~*s,* mit anderen Worten ‖ *Moyen* ~, Mittelweg *m.* **~inaison** *f* Endung *f.* **~inal, e, aux** *a* End... **~iner** *vt* beend(ig)en; abschließen • *vpr* enden; auslaufen. **~inus** *m* Endstation *f.*

tern|e *a* fahl; matt; farblos. **~ir** *vt* beflecken.

terr|ain *m* Boden *m;* Grundstück, Gelände *n* ‖ ~ *d'atterrissage,* Landungsplatz *m.* **~asse** *f* Terrasse *f.* **~asser** *vt* niederschlagen. **~e** *f* Erde *f;* Erdball *m* ‖ ~ *cuite,* Tonware *f* ‖ ~ *ferme,* Festland *n* ‖ *Toucher* ~, landen ‖ ÉL. Erdung *f.* **~eau** *m* Muttererde *f.* °**~e-Neuve** *f* Neufundland *n.* **~e-plein** *m* Erdwall *m.* **~estre** *a* Erd...; Land... ‖ irdisch.

terr|eur *f* Entsetzen *n* ‖ Terror *m.* **~ible** *a* schrecklich.

terrier *m* (Fuchs)bau *m,* -loch *n.*

terrifier *vt* erschrecken.

terrine *f* Napf *m* ‖ Fleischpastete *f.*

territoire *m* Gebiet *n.*

tertre *m* Anhöhe *f.*

tesson *m* Scherbe *f.*

test *m* Test *m;* Probe *f.*

testament *m* Testament *m;* Vermächtnis *f.*

tester *vt* prüfen; testen.

têtard *m* Kaulquappe *f.*

tête *f* Kopf *m;* Haupt *n;* ~ *nue,* barhaupt ‖ [arbre] Krone *f* ‖ ~ *de bétail,* Stück *(n)* Vieh ‖ ~ *de ligne,* Kopfstation *f* ‖ *En* ~, voran ‖ *Être à la* ~ *de qch,* an der Spitze (gén.) stehen ‖ MIL. ~ *de pont,* Brückenkopf *m* ‖ ~ *de linotte,* Strohkopf *m* ‖ ~ *en l'air,* Windbeutel *m* ‖ ~ *de Turc,* Prügelknabe *m* ‖ *Avoir la* ~ *dure,* schwer von Begriff sein ‖ *Se casser la* ~, sich den Kopf zerbrechen ‖

Tenir ~ *à qn,* jm die Stirn bieten. **~-à-queue** *m inv* Kehrtwendung *f.* **~-à-~** *m inv* Gespräch *(n)* unter vier Augen.
tét|er *vt* saugen. **~ine** *f* [enfants] Schnuller *m.*
têtu, e *a* eigensinnig.
texte *m* Text *m.*
textile *a* Textil... • *mpl* Textilien *npl.*
textuel, le *a* wörtlich.
texture *f* Gewebe *n* ‖ Gefüge *n.*
thé *m* Tee *m.*
théâtre *m* [lieu] Theater *n* ‖ ~ *en plein air,* Freilichtbühne *f* ‖ FIG. Schauplatz *m.*
théière *f* Teekanne *f.*
thème *m* Thema *n* ‖ Motiv *n.*
théor|ème *m* Lehrsatz *m.* **~ie** *f* Lehre, Theorie *f* ‖ *En* ~, theoretisch.
therm|al, e, aux *a* : *Établissement* ~, Kurhaus *n.* **~ique** *a* : *Centrale* ~, Wärmekraftwerk *n.* **~omètre** *m* Thermometer *n.* **~onucléaire** *a* : *Bombe* ~, Wasserstoffbombe *f.*
thésauriser *vt* horten.
thèse *f* These, Behauptung *f.*
thon *m* Thunfisch *m.*
thorax *m* Brustkasten *m.*
thym *m* Thymian *m.*
thyroïde *f* Schilddrüse *f.*
tibia *m* Schienbein *n.*
ticket *m* Fahrschein *m.*
tiède *a* lau(warm); mild.
tien, ne *a/pr poss* dein; der, die, das Deinige.
tiers, tierce *a* dritt(er, -e, -es) • *m* Drittel *n.*
tige *f* Stiel *m* ‖ Stengel *m.*
tigre *m* Tiger *m.*
tilleul *m* Linde *f.*
timbale *f* MUS. Pauke *f* ‖ [gobelet] Trinkbecher *m.*
timbr|e *m* Klingel *f* ‖ Klang *m* ‖ [vignette] Marke *f* ‖ ~ *de la poste,* Poststempel *m.* **~e-poste** *m* Briefmarke *f.* **~er** *vt* (ab)stempeln.
timide *a* schüchtern.
timon *m* Deichsel *f.*
timoré, e *a* überängstlich.
tinter *vi* läuten; bimmeln.
tir *m* Schießen *n;* Beschuß *m.* **~age** *m* : ~ *au sort,* Auslosung *f* ‖ [cheminée] Ziehen *n* ‖ TYP. Auflage *f* ‖ PHOT. Abzug *m.* **~ailler** *vt* hin- und herziehen. **~ant** *m* : ~ *d'eau,* Tiefgang *m.* **~e-bouchon** *m* Korkenzieher *m.* **~elire** *f* Sparbüchse *f.*
tir|er *vt* ziehen ‖reißen ‖ zerren ‖ ~ *du vin,* Wein abzapfen ‖ [livre] drucken ‖ PHOT. abziehen ‖ ~ *des coups de feu,* schießen ‖ ~ *un chèque,* einen Scheck ausstellen ‖ ~ *les cartes,* die Karten legen ‖ ~ *au sort,* auslosen • *vi* [cheminée] ziehen • *vpr* : *Se* ~ *d'affaire,* sich heraushelfen. **~et** *m* Gedankenstrich *m.* **~eur** *m* Schütze *m.* **~oir** *m* Schublade *f.*
tisane *f* Kräutertee *m.*
tison *m* (Feuer)brand *m.* **~nier** *m* Schürhaken *m.*
tiss|age *m* [usine] Weberei *f.* **~er** *vt* weben. **~erand** *m* Weber *m.* **~u** *m* Gewebe *n;* Stoff *m.*

titr|e *m* Titel *m;* Überschrift *f* || FIN. Wertpapier *n* || [teneur] Gehalt *m* || LOC : *À ~ honorifique,* ehrenamtlich || *À juste ~,* mit vollem Recht || *À ~ d'ami,* als Freund. **~er** *vt* CHIM. titrieren.
tituber *vi* (hin und her) taumeln.
titul|aire *a* ordentlich; Titular... • *m* Inhaber *m.* **~ariser** *vt* fest anstellen.
toast *m* Trinkspruch *m.*
toboggan *m* Rutschbahn *f.*
toi *pr pers* du; dich; dir.
toil|e *f* Leinwand *f;* Tuch *n;* *~ cirée,* Wachstuch || *~ de tente,* Zeltbahn *f* || ARTS [peinte] Gemälde *n* || *~ d'araignée,* Spinn(en)gewebe *n.* **~ette** *f* Toilette *f.*
tois|e *f* Klafter *f* || [règle graduée] Meßlatte *f.* **~er** *vt* mustern.
toison *f* Schaffell *n.*
toit *m* (Ob)dach *n* || AUT. *~ ouvrant,* Schiebedach *n.*
tôle *f* Blech *n.*
tolér|ant, e *a* duldsam. **~er** *vt* (er)dulden.
tomate *f* Tomate *f.*
tombeau *m* Grab *n;* Gruft *f.*
tomber *vi* fallen; stürzen || [nuit] hereinbrechen || [avion] abstürzen || *~ à la renverse,* umfallen (sép.) || *~ par terre,* zu Boden fallen || [jour] sich neigen || [vent] sich legen || *Cela ~e bien,* das trifft sich gut || *~ malade,* krank werden || *~ dans l'oubli,* in Vergessenheit geraten || *~ sur qch,* stoßen auf (acc.) || *Faire ~ qn,* jn zu Fall bringen.
tombereau *m* Kippkarren *m.*
tome *m* Band *m.*
1. ton, ta, tes *a poss* dein, deine, dein; deine.
2. ton *m* Ton *m,* -art *f* || *Donner le ~,* den Ton angeben || [couleurs] Farbton. **~alité** *f* RAD. Klang *m* || TÉL. Wählton *m.*
tond|euse *f* : *~ à gazon,* Rasenmäher *m.* **~re** *vt* (ab)scheren || [prairie] mähen || [haie] beschneiden.
toni|fier *vt* stärken. **~que** *a* stärkend • *m* Stärkungsmittel *n.*
tonnage *m* Schiffsraum *m.*
tonn|e *f* Tonne *f.* **~eau** *m* Faß *n* || AUT. *Faire un ~,* sich überschlagen (insép.). **~elier** *m* Faßbinder, Böttcher *m.* **~elle** *f* Gartenlaube *f.*
tonn|er *vi* donnern; krachen. **~erre** *m* Donner *m.*
tonte *f* Schafschur *f.*
toquade *f* FAM. Grille *f.*
toqu|e *f* Barett *n;* Kappe *f.* **~é, e** *a* FAM. verrückt.
torch|e *f* Fackel *f.* **~on** *m* Wisch-, Scheuerlappen *m.*
tordre *vt* verdrehen; winden || [linge] auswringen • *vpr* : *Se ~ le pied,* sich den Fuß verstauchen.
tornade *f* Wirbelsturm *m.*
torpeur *f* Erstarrung *f.*
torpille *f* Torpedo *m.*
torréfier *vt* rösten; dörren.

torrent *m* Wildbach *m.* **~iel, le** *a* : *Pluie ~le,* Platzregen *m.*
torride *a* brennend heiß.
tors, e *a* krumm.
torse *m* Torso, Rumpf *m.*
tort *m* Unrecht *n; À ~,* zu Unrecht; *Avoir ~,* unrecht haben || *Faire du ~ à qn,* jm schaden.
tortiller (se) *vpr* sich drehen und winden.
tortue *f* Schildkröte *f.*
tortueux, euse *a* gewunden.
tortur|e *f* Folter *f.* **~er** *vt* foltern.
tôt *av* früh || *~ ou tard,* über kurz oder lang.
total, e, aux *a* ganz; gesamt • *m* Gesamtbetrag *m* || *Au ~,* insgesamt. **~ement** *av* ganz und gar. **~ité** *f* Gesamtheit *f.*
touch|ant, e *a* rührend. **~e** *f* ARTS Pinselstrich *m* || [piano] Taste *f.* **~er** *vt* an-, berühren || [chèque] einlösen; [salaire] beziehen || [atteindre] treffen || *~ terre,* landen || [concerner] angehen || [émouvoir] rühren • *m* : *Au ~,* beim Anfühlen.
touff|e *f* Büschel *n, m.* **~u, e** *a* dicht; buschig.
toujours *av* immer; stets || [encore] immer noch.
toupet *m* Haarschopf *m* || FIG. Unverfrorenheit *f.*
toupie *f* Kreisel *m.*
1. tour *m* (Um)drehung *f* || *~ d'horizon,* Umschau *f* || *Faire le ~ de,* herumgehen (um, acc.) || [promenade] Tour, Rundfahrt *f* || [ruse] Streich *m* || *~ d'adresse,* Kunstgriff *m* || *À qui le ~?* wer ist an der Reihe? || TECHN. Drehbank *f.*
2. tour *f* Turm *m.*
tourbe *f* Torf *m.*
tourbillon *m* Wirbel, Strudel *m.* **~ner** *vi* wirbeln, -kreiseln.
tourisme *m* Fremdenverkehr *m.*
tourment *m* Qual *f.* **~e** *f* Unwetter *n.* **~er** *vt* plagen; quälen.
tourn|ant, e *a* Dreh... • *m* Kurve *f* || FIG. Wendepunkt *m.* **~e-disque** *m* Plattenspieler *m.* **~ée** *f* Dienstreise *f.* **~er** *vt* drehen || *~ le bouton,* ein-, ausschalten || *~ le coin,* um die Ecke biegen || CIN. drehen • *vi* sich drehen || *~ en rond,* kreisen || *~ à droite,* rechts abbiegen || [vent] umschlagen (sép.) • *vpr* sich drehen.
tourn|esol *m* Sonnenblume *f.* **~eur** *m* Dreher *m.* **~evis** *m* Schraubenzieher *m.* **~iquet** *m* Drehkreuz *n.* **~oyer** *vi* kreise(l)n. **~ure** *f* Wendung *f.*
tourteau *m* AGR. Trester *mpl.*
tourterelle *f* Turteltaube *f.*
Toussaint *f* Allerheiligen *n.*
tousser *vi* husten.
tout, e; tous, toutes *a* ganz; all(er, -e, -es); *~e l'Allemagne,* ganz Deutschland; *~e l'année,* das ganze Jahr; *~ le monde,* alle (Leute); alle Welt || *À ~e heure,* zu jeder Zeit • *pr indéf* : *Avant ~,* vor allem || *~s (les) deux,* beide •

av : ~ *au plus,* höchstens ‖ ~ *seul,* ganz allein ‖ ~ *à coup,* plötzlich ‖ ~ *à fait,* völlig ‖ ~ *à l'heure,* [passé] soeben ; [futur] bald ‖ ~ *de même,* immerhin ‖ ~ *de suite,* gleich • *m* Ganze(s) *asn.* **~efois** *av* jedoch.

toux *f* Husten *m.*

toxique *a* giftig.

trac *m* Lampenfieber *n.*

tracasser *vt* ärgern ; beunruhigen.

trac|e *f* Spur, Fußstapfe *f.* **~é** *m* (Um)riß *m.* **~er** *vt* ziehen ‖ [plan] entwerfen.

trachée-artère *f* Luftröhre *f.*

tract *m* Flugblatt *n,* -schrift *f.*

tractation *f* Verhandlung *f.*

tract|eur *m* Traktor *m.* **~ion** *f* : ~ *(avant),* Vorderradantrieb *m.*

tradition *f* Überlieferung *f.* **~nel, le** *a* herkömmlich.

trad|ucteur *m* Übersetzer *m.* **~uction** *f* Übersetzung *f.* **~uire** *vt* übersetzen (insép.) ‖ FIG. wiedergeben.

trafic *m* : ~ *commercial,* Handelsverkehr *m* ; ~ *aérien,* Flugverkehr *m.*

trag|édie *f* Tragödie *f* ; Trauerspiel *n.* **~ique** *a* tragisch.

trahi|r *vt* verraten. **~son** *f* Verrat *m.*

train *m* [allure] Gang *m* ; Tempo *n* ‖ TRANSP. Zug *m* ; ~ *de marchandises,* Güterzug ‖ ~ *d'atterrissage,* Fahrgestell *n* ‖ *Être en ~ de,* daran sein, zu.

traîn|ard *m* Nachzügler *m.* **~e** *f* Schleppe *f.* **~eau** *m* Schlitten *m.* **~er** *vt* schleppen ; ziehen • *vi* : ~ *en longueur,* sich in die Länge ziehen.

train-train *m* Schlendrian *m.*

traire *vt* melken.

trait *m* Zug *m* ‖ [ligne] Strich *m* ; ~ *d'union,* Bindestrich ‖ *Pl* Gesichtszüge *mpl.* **~e** *f* Melken *n* ‖ *Tout d'une ~,* in einem Zuge ‖ COMM. Wechsel *m.* **~é** *m* (Staats)vertrag *m* ; ~ *de paix,* Friedensvertrag ‖ [ouvrage] Traktat *n.* **~ement** *m* Behandlung *f* ‖ [rémunération] Gehalt *n.*

traiter *vt* behandeln ‖ [modifier] verarbeiten • *vi* [négocier] verhandeln (insép.).

traître *m* Verräter *m.*

traj|ectoire *f* Flug- Geschoßbahn *f.* **~et** *m* Strecke *f.*

tram|e *f* TEXT. Einschlag *m.* **~er** *vt* [comploter] anzetteln.

tramway *m* Straßenbahn *f.*

tranch|ant, e *a* schneidend ; scharf • *m* Schneide *f* ‖ *À double ~,* zweischneidig. **~e** *f* Schnitte, Scheibe *f* ‖ [livre] Schnitt *m.* **~ée** *f* (Schützen)graben *m.* **~er** *vt* (zer)schneiden ‖ [une question] klar entscheiden • *vi* [faire contraste] grell abstechen.

tranquill|e *a* ruhig ; still(e). **~iser** *vt* beruhigen. **~ité** *f* Ruhe *f.*

transaction *f* Vergleich *m.*

transatlantique *m* Überseedampfer *m* ‖ [fauteuil] Liegestuhl *m.*

trans|border *vt* umladen (sép.). **~crire** *vt* umschreiben (sép.).
transept *m* Querschiff *n*.
transf|érer *vt* verlegen, -setzen || übertragen (insép.) [auf, acc.]. **~ert** *m* Übertragung, -weisung *f*.
transform|ateur *m* Transformator *m*. **~ation** *f* (Ver)wandlung *f* || [travail] Verarbeitung *f*. **~er** *vt* verwandeln || TECHN. verarbeiten || umbauen (sép.).
transfuge *m* Überläufer *m*.
transfusion *f* Blutübertragung *f*.
transgresser *vt* überschreiten (insép.).
transiger *vi* sich abfinden.
transit *m* Durchgang, Transit *m*. **~ion** *f* Übergang *m*. **~oire** *a* vorübergehend.
translucide *a* durchscheinend.
transm|ettre *vt* übertragen, -senden, -mitteln (insép.) || vererben • *vpr* sich fortpflanzen. **~ission** *f* Übertragung *f*.
transpar|aître *vi* durchscheinen (sép.). **~ent, e** *a* durchsichtig.
transpercer *vt* durchbohren, -stechen (insép.).
transpirer *vi* (aus)schwitzen.
transplanter *vt* verpflanzen.
transport *m* Beförderung *f*; Transport, Verkehr *m*. **~able** *a* transportfähig. **~er** *vt* befördern; transportieren || FIG. hinreißen; begeistern. **~eur** *m* Spediteur *m*.
transposer *vt* versetzen || transponieren.
transvaser *vt* umgießen (sép.).
transversal, e, aux *a* Quer...
trapèze *m* Trapez *n*.
trappe *f* Falltür *f*.
trapu, e *a* untersetzt.
traquer *vt* hetzen.
travail, aux *m* Arbeit *f* || Be-, Verarbeitung *f* || *Pl* JUR. *~aux forcés*, Zwangsarbeit *f*. **~ler** *vi* arbeiten; schaffen || [bois] sich werfen • *vt* be-, verarbeiten. **~leur, euse** *a* arbeitsam; fleißig • *s* Arbeiter(in).
travers *m* [défaut] Fehler *m* • *loc av* : **de ~**, schief || *Répondre de ~*, falsch antworten • *loc p* : **à ~**, (quer)durch. **~e** *f* Querbalken *m*. **~ée** *f* Durch-, Überfahrt *f*. **~er** *vt* durchgehen, -fahren (insép.); überqueren (insép.) || FIG. durchmachen (sép.). **~in** *m* Kopfpolster *n*.
travestir *vt* verkleiden.
trébucher *vi* stolpern.
trèfle *m* Klee *m*, -blatt *n* || [cartes] Kreuz, Treff *n*.
treill|age *m* Gitterwerk *n*. **~e** *f* Weinlaube *f*, -spalier *n*. **~is** *m* TEXT. Drillich *m*.
treize *num* dreizehn.
trembl|e *m* Espe *f*. **~ement** *m* Zittern *n* || *~ de terre*, Erdbeben *n*. **~er** *vi* zittern; beben || *~ pour qn*, um jn bangen.
tremp|e *f* TECHN. Härten *n*; Härte *f* || FIG. Schlag *m*. **~er** *vt* [pluie] durchnässen (insép.) || [durcir] härten; PR. et FIG.

stählen • *a* : **~é, e,** naß; durchnäßt ‖ FIG. [caractère] gestählt.
tremplin *m* Sprungbrett *n.*
trent|aine *f* etwa dreißig. **~e** *num* dreißig.
trépan|ation *f* Schädelbohrung *f.* **~er** *vt* trepanieren.
trépasser *vi* verscheiden.
trépid|ant, e *a* fieberhaft. **~ation** *f* Erregung *f.* **~er** *vi* beben.
trépied *m* Dreifuß *m.*
trépigner *vi* trampeln.
très *av* sehr; höchst; recht.
trésor *m* Schatz *m* ‖ FIN. Schatzamt *n.* **~ier** *m* Schatzmeister *m.*
tress|aillir *vi* zusammenzucken. **~auter** *vi* auffahren.
tress|e *f* Flechte *f*; Zopf *m.* **~er** *vt* flechten.
tréteau *m* Gestell, Gerüst *n.*
treuil *m* Winde *f.*
trêve *f* Waffenruhe *f* ‖ FIG. Rast *f.*
tri *m* Sortieren *n*; Auslese *f.*
triade *f* Dreiheit, -zahl *f.*
triangle *m* Dreieck *n.*
tribu *f* (Volks)stamm *m.*
tribulations *fpl* Widerwärtigkeiten *fpl.*
tribun|al, aux *m* Gericht *n*; *~ d'instance,* Amtsgericht. **~e** *f* Tribüne *f.*
tribut *m* Tribut *m*; Abgabe *f.*
tricher *vi* mogeln.
tricolore *a* dreifarbig ‖ *Drapeau* ~, Trikolore *f.*
tricot *m* Strickarbeit *f.* **~er** *vt* stricken.
tricycle *m* Dreirad *n.*
trier *vt* (aus)lesen; sortieren.
trille *m* Triller *m.*
trimer *vt* FAM. schuften.
trimestre *m* Vierteljahr, Quartal *n.*
tringle *f* Leiste, Stange *f.*
trinité *f* Trinität, Dreifaltigkeit *f.*
trinquer *vi* anstoßen ‖ *~ à la santé de qn,* jm zutrinken.
trio *m* Trio *n* ‖ MUS. Terzett *n.*
triomph|e *m* Triumph *m.* **~er** *vi* triumphieren.
trip|e *f* Gedärm *n* ‖ *Pl* Kaldaunen *fpl.* **~ier** *m* Darmhändler *m.*
tripl|e *a* dreifach, -malig. **~er** *vt* verdreifachen.
tripot *m* Spielhölle *f.* **~er** *vt* FAM. an etw fingern.
trique *f* Knüppel *m.*
triste *a* traurig ‖ düster.
triturer *vt* zerreiben.
trivial, e, aux *a* gemein; ordinär.
troc *m* Tausch(handel) *m.*
trognon *m* Strunk *m*; Griebs *m.*
trois *num* drei ‖ *À* ~, zu dritt. **~ième** *num* dritt(er, -e, -es). **~ièmement** *av* drittens.
trolleybus *m* Trolleybus *m.*
trombe *f* : *~ d'eau,* Wasserhose *f.*
trombone *m* Posaune *f.*
trompe *f* Jagdhorn *n* ‖ Rüssel *m.*
trompe-l'œil *m* Augentäuschung *f.*
tromp|er *vt* (be)trügen; täu-

schen • *vpr* (sich) irren; sich täuschen. **~erie** *f* Betrug *m.*
trompette *f* Trompete, Posaune *f.*
trompeur, euse *a* betrügerisch.
tronc *m* Stamm *m* ‖ [homme] Rumpf *m* ‖ Opferstock *m.*
tronçon *m* Teilstrecke *f* ‖ Stumpf *m.*
trône *m* Thron *m.*
tronquer *vt* verstümmeln.
trop *av* zuviel ‖ zu sehr ‖ [avec un adj.] zu.
trophée *m* Trophäe *f.*
trop|ical, e, aux *a* tropisch. **~ique** *m* Wendekreis *m.*
troquer *vt* aus-, vertauschen.
trot *m* Trab *m.*
trott|er *vi* traben. **~oir** *m* Bürgersteig *m.*
trou *m* Loch *n.*
troubl|e *a* trübe • *m* Aufregung *f;* Verwirrung *f* ‖ *Pl* [émeute] Unruhen *fpl.* **~e-fête** *m inv* Störenfried *m.* **~er** *vt* trüben ‖ verwirren ‖ stören.
trou|ée *f* Öffnung *f.* **~er** *vt* durchlöchern • *vpr* Löcher bekommen.
troup|e *f* Haufen *m* ‖ Truppe *f.* **~eau** *m* Herde *f.*
trouss|e *f* Bündel *n;* Tasche, Garnitur *f.* **~eau** *m* : *~ de clefs,* Schlüsselbund *m* ‖ *~ de mariée,* Aussteuer *f.*
trouv|aille *f* glücklicher Fund ‖ FIG. guter Einfall. **~er** *vt* (heraus)finden ‖ *Aller ~ qn,* jn aufsuchen ‖ [imaginer] erdenken ‖ [inventer] erfinden • *a* **~é, e** : *Objets ~és,* Fundsachen *fpl* • *vpr* sich befinden ‖ *Se ~ mal,* ohnmächtig werden • *v impers* sich treffen.
truc *m* Kniff, Trick *m.*
truchement *m* Vermittlung *f.*
truculent, e *a* urwüchsig.
truelle *f* Maurerkelle *f.*
truffe *f* Trüffel *f.*
truie *f* Sau *f.*
truite *f* Forelle *f.*
truquer *vt* fälschen.
tu *pr pers* du.
tube *m* [souple] Schlauch *m* ‖ [rigide] Röhre *f.*
tuberculose *f* Tuberkulose *f.*
tu|er *vt* töten; totschlagen; umbringen (sép.) ‖ *~ à coups de bâton,* erschlagen • *vpr* sich umbringen (sép.) ‖ [accident] umkommen ‖ FIG. *Se ~ au travail,* sich totarbeiten. **~erie** *f* Gemetzel *n.*
tuile *f* Ziegel *m.*
tulipe *f* Tulpe *f.*
tumeur *f* Tumor *m.*
tumulte *m* Tumult, Aufruhr *m.*
tunique *f* Waffenrock *m.*
tunnel *m* Tunnel *m.*
turbine *f* Turbine *f.*
turbot *m* Steinbutt *m.*
turbulent, e *a* ausgelassen.
Turquie *f* Türkei *f.*
tut|elle *f* Vormundschaft *f.* **~eur** *m* Vormund *m* ‖ AGR. Stütze *f.*
tutoyer *vt/vpr* (sich) duzen.
tuyau *m* Rohr *n;* Röhre *f* ‖ [souple] Schlauch *m* ‖ *~ d'orgue,* Orgelpfeife *f* ‖ FAM. [renseignement] Tip *m.*

tympan *m* AN. Trommelfell *n* || ARCH. Giebelfeld *n.*
type *m* Typ *m;* Grundform *f* || TYP. Letter, (Druck)type *f.*
typhon *m* Taifun *m.*
typique *a* typisch.
typographe *m* Buchdrucker *m.*
tyran *m* Tyrann *m.*
tzigane *s* Zigeuner(in).

U

ulc|ère *m* Geschwür *n.* **~érer** *vt* FIG. tief kränken.
ultérieur, e *a* später.
ultime *a* äußerst.
ultra-court, e *a* : *Ondes ~es,* Ultrakurzwellen *fpl* (UKW).
un, une *num* ein(er), eine, ein(s) || *~ à ~,* einzeln • *art indéf* ein, eine • *pr indéf : L'~ après l'autre,* nacheinander.
unanim|e *a* einstimmig. **~ité** *f : À l'~,* einstimmig.
uni, e *a* eben; glatt.
uni|fication *f* (Ver)einigung *f.* **~fier** *vt* vereinigen. **~forme** *a* gleichförmig • *m* Uniform *f.* **~latéral, e, aux** *a* einseitig. **~ment** *av : Tout ~,* ganz einfach.
union *f* Vereinigung *f* || Einigkeit *f* || Verein, Verband *m.*
unique *a* einzig(artig) || einmalig.
unir *vt* vereinigen.
uni|sson *m* Ein-, Gleichklang *m.* **~té** *f* Einheit *f* || Stück *n.*
univers *m* Weltall *n.* **~el, le** *a* umfassend; universal; Welt...
universit|aire *a* akademisch. **~é** *f* Universität, Hochschule *f.*
urb|ain, e *a* städtisch; Stadt... **~aniste** *m* Städteplaner *m.*
urée *f* Harnstoff *m.*
urg|ence *f* Dringlichkeit *f* || *D'~,* dringend. **~ent, e** *a* dringend.
urine *f* Harn, Urin *m.*
urne *f* Urne *f.*
urticaire *f* Nesselausschlag *m.*
us|age *m* Gebrauch *m;* Benutzung *f* || *Hors d'~,* unbrauchbar || [coutume] Brauch *m;* Sitte *f* || JUR. Nutznießung *f.* **~agé, e** *a* verbraucht. **~ager** *m* Benutzer *m.*
user *vt* anwenden || [détériorer] verbrauchen; abtragen • *vpr* sich abnutzen.
usine *f* Fabrik *f;* Werk *n* || *~ sidérurgique,* Eisenhütte *f.*
usité, e *a* gebräuchlich.
ustensile *m* Gerät, Werkzeug *n.*
usuel, le *a* üblich.
usufruitier, ère *s* Nutznießer(in).

1. usure *f* [prêt] Wucher *m.*
2. usure *f* Abnutzung *f;* Verschleiß *m.*
usurper *vt* usurpieren; sich anmaßen.
ut *m* C *n;* ~ *dièse,* Cis *n.*
util|e *a* nützlich. **~isable** *a* brauchbar. **~iser** *vt* benutzen. **~ité** *f* Nützlichkeit *f;* Nutzen *m.*

V

vac|ance *f* offene Stelle ‖ *Pl* Ferien *fpl.* **~ant, e** *a* frei.
vacarme *m* Lärm, Krach *m.*
vaccin *m* Impfstoff *m.* **~er** *vt* impfen.
vache *f* Kuh *f.*
vaciller *vi* (sch)wanken ‖ [flamme] flackern.
va-et-vient *m inv* Hin und Her *n* ‖ ÉL. Wechselschalter *m.*
vagabond *m* Landstreicher *m.* **~er** *vi* umher-, herumstreichen.
vagir *vi* schreien; wimmern.
1. vague *a* unbestimmt; vage ‖ [terrain] unbebaut.
2. vague *f* Welle, Woge *f.*
vaillant, e *a* tapfer.
vain, e *a* vergeblich ‖ [futile] eitel • *loc av :* **en** ~, vergeblich.
vain|cre *vt* besiegen • *vi* siegen. **~queur** *m* Sieger *m.*
vaisseau *m* Schiff *n* ‖ ~ *sanguin,* Blutgefäß *n.*
vaisselle *f* Geschirr *n.*
valable *a* gültig.
valet *m* Knecht *m* ‖ ~ *de chambre,* Kammerdiener *m.*
valeur *f* Wert *m* ‖ [bravoure] Tapferkeit *f.* **~eux, euse** *a* tapfer.
valid|e *a* gesund ‖ vollgültig. **~ité** *f* (Rechts)gültigkeit *f.*
valise *f* (Hand)koffer *m.*
vall|ée *f* Tal *n.* **~onné, e** *a* hügelig.
valoir *vi* gelten; taugen; wert sein ‖ ~ *mieux,* besser sein ‖ ~ *la peine,* sich lohnen.
valse *f* Walzer *m.*
valve *f* [soupape] Ventil *n.*
vanit|é *f* Eitelkeit *f.* **~eux, euse** *a* eitel.
vanne *f* (Schleusen)tor *n.*
vann|er *vt* sieben; schwingen. **~erie** *f* Korbwaren *fpl.*
vant|ard *m* Aufschneider *m* • *a* prahlerisch. **~ardise** *f* Prahlerei *f.* **~er** *vt* rühmen • *vpr* sich rühmen (gén.).
vap|eur *f* Dampf, Dunst *m* ‖ [épaisse] Qualm *m* • *m* Dampfer *m.* **~oreux, euse** *a* dunstig ‖ duftig. **~orisateur** *m* Zerstäuber *m.*
vaquer *vt :* ~ *à ses occupations,* seinen Geschäften nachgehen.

vari|able *a* veränderlich ‖ [temps] unbeständig. **~ation** *f* Schwankung *f*.
varic|e *f* Krampfader *f*. **~elle** *f* Windpocken *fpl*.
vari|er *vt* abwandeln; variieren • *vi* abwechseln • *a* : **~é, e,** verschieden(artig). **~été** *f* Verschiedenheit *f* ‖ [espèce] Abart *f*.
variole *f* Pocken *fpl*.
1. vase *m* Vase *f*; Gefäß *n*.
2. vase *f* Schlamm, Schlick *m*.
vaste *a* weit; geräumig.
vaurien *m* Taugenichts *m*.
vautour *m* Geier *m*.
vautrer (se) *vpr* sich wälzen.
veau *m* Kalb(fleisch, -leder) *n*.
vedette *f* MAR. Schnellboot *n* ‖ CIN. (Kino)star *m*.
végét|al, aux *m* Gewächs *n*. **~ation** *f* Wachstum *n* ‖ *Pl* MÉD. Wucherungen *fpl*. **~er** *vi* verkümmern.
véhément, e *a* heftig.
véhicul|e *m* Fahrzeug *n* ‖ FIG. Träger *m*. **~er** *vt* befördern.
veill|e *f* : *La ~ de,* am Tage vor. **~er** *vi* wachen ‖ *~ à ce que,* zusehen, daß. **~eur** *m* : *~ de nuit,* Nachtwächter *m*. **~euse** *f* Nachtlicht *n*.
veine *f* Ader *f* ‖ FAM. Schwein *n*.
vélo *m* FAM. (Fahr)rad *n*. **~cité** *f* Schnelligkeit *f*. **~moteur** *m* Moped *n*.
velours *m* Sam(me)t *m*; *~ côtelé,* Rippsamt.
velu, e *a* haarig; behaart.
vénal, e, aux *a* käuflich.
vendange *f* Weinlese *f*.
vend|eur, euse *s* Verkäufer(in). **~re** *vt* verkaufen ‖ *~ aux enchères,* versteigern.
vendredi *m* Freitag *m*; *~ saint,* Karfreitag.
vénéneux, euse *a* giftig.
vénér|able *a* ehrwürdig. **~ation** *f* Verehrung *f*. **~er** *vt* verehren.
veng|eance *f* Rache *f*. **~er** *vt* rächen • *vpr* : *Se ~ de qn,* sich an jm rächen.
ven|imeux, euse *a* giftig. **~in** *m* Giftstoff *m*.
venir *vi* kommen; *~ en courant,* gelaufen kommen ‖ *~ à l'esprit,* einfallen ‖ *En ~ aux mains,* handgreiflich werden ‖ **à ~,** künftig ‖ **~ de** : *Vient de paraître,* soeben erschienen.
vent *m* Wind *m* ‖ FIG. *Avoir ~ de qch,* Wind von etw bekommen.
vente *f* Verkauf *m* ‖ *~ aux enchères,* Auktion *f*.
vent|er *v impers* : *Il ~e,* es ist windig. **~eux, euse** *a* windig. **~ilation** *f* Lüftung *f* ‖ FIG. Verteilung *f*. **~iler** *vt* lüften ‖ aufteilen.
ventouse *f* Schröpfkopf *m*.
ventre *m* Bauch, Leib *m*.
venue *f* Ankunft *f*.
ver *m* Wurm *m*; *~ luisant* Glühwürmchen *n*; *~ de terre,* Regenwurm.
véracité *f* Wahrhaftigkeit *f*.
verb|al, e, aux *a* mündlich. **~e** *m* Verb, Zeitwort *n*. **~iage** *m* Wortschwall *m*.

verdeur *f* Unreife *f* || Herbe *f*.
verdict *m* Urteil *n*.
verd|oyer *vi* grünen. **~ure** *f* Grün *n*.
véreux, euse *a* wurmstichig.
verge *f* Rute, Gerte *f*.
verger *m* Obstgarten *m*.
vergl|acé, e *a* vereist. **~as** *m* Glatteis *n*.
véri|dique *a* wahrhaftig. **~fier** *vt* nach-, überprüfen || [confirmer] bestätigen.
véri|table *a* wahrhaftig ; echt. **~té** *f* Wahrheit *f*.
vermeil, le *a* hochrot.
vermicelle *m* Fadennudel *f*.
vermifuge *m* Wurmmittel *n*.
vermillon *m* Zinnober *m*.
verm|ine *f* Ungeziefer *n*. **~oulu, e** *a* wurmstichig.
vern|ir *vt* lackieren ; firnissen. **~is** *m* Lack, Firnis *m ;* Glasur *f*.
vérole *f : Petite* ~, Pocken *fpl*.
verr|e *m* Glas *n*. **~ière** *f* Glasdach *n*.
verrou *m* Riegel *m*. **~iller** *vt* ver-, abriegeln.
verrue *f* Warze *f*.
1. vers *m* POÉS. Vers *m*.
2. vers *p* gegen ; nach.
versant *m* (Ab)hang *m*.
versatile *a* wankelmütig.
vers|ement *m* (Ein)zahlung *f*. **~er** *vt* [liquide] vergießen, -schütten || ~ *à boire,* einschenken || be-, einzahlen • *vi* umkippen (sép.) • *pp/a :* **~é, e,** erfahren.
versification *f* Reimkunst *f*.
version *f* Übersetzung *f* || ~ *originale,* Originalfassung *f*.
verso *m* Rückseite *f*.
vert, e *a* grün || [rude] derb. **~-de-gris** *m* Grünspan *m*.
vert|ébral, e, aux *a : Colonne ~e,* Wirbelsäule *f*. **~èbre** *f* Wirbel(knochen) *m*.
vertical, e, aux *a* senkrecht • *f* Senkrechte *f*.
vertig|e *m* Schwindel, Taumel *m* || *J'ai le* ~, es schwindelt mir. **~ineux, euse** *a* schwindlig.
vertu *f* Tugend *f* • *loc p :* **en ~ de,** kraft (gén.). **~eux, euse** *a* tugendhaft.
verve *f* Schwung *m ;* Feuer *n*.
verveine *f* Verbene *f*.
vésicule *f :* ~ *biliaire,* Gallenblase *f*.
vessie *f* Harnblase *f*.
vest|e *f* Jacke *f*. **~iaire** *m* Kleiderablage *f*.
vestibule *m* Diele *f*.
vestiges *mpl* Spuren *fpl*.
veston *m* Jacke *f*.
vêtement *m* Kleidung *f*.
vétérinaire *m* Tierarzt *m*.
vêtir *vt* (be)kleiden • *vpr* sich anziehen.
vétuste *a* alt || baufällig.
veuf, veuve *s* Witwer *m ;* Witwe *f*.
veule *a* schlaff ; schlapp.
vex|ant, e *a* ärgerlich. **~ation** *f* Schererei *f*. **~er** *vt* kränken.
viable *a* lebensfähig.
viaduc *m* Viadukt *m*.
viager, ère *a : Rente ~ère,* Leibrente *f*.

viande *f* Fleisch *n.*
vibr|ation *f* Schwingung *f.* **~er** *vi* schwingen ; vibrieren.
vicaire *m* Vikar *m.*
vice *m* Fehler *m ;* Gebrechen *n* ‖ Laster *n.*
vice-président *m* Vizepräsident *m.*
vic|ier *vt* verderben • *a* **~é, e** : *Air ~*, verbrauchte Luft. **~ieux, euse** *a* lasterhaft.
vicissitudes *fpl* Wechselfälle *mpl.*
victime *f* Opfer *n.*
vict|oire *f* Sieg *m* (über, acc.). **~orieux, euse** *a* siegreich.
victuailles *fpl* Proviant *m.*
vid|ange *f* Leerung *f* ‖ Ölwechsel *m.* **~e** *m* leer ; öde • *m* Leere *f* ‖ PHYS. Vakuum *n.* **~e-ordures** *m inv* Müllschlucker *m.* **~er** *vt* (ent)leeren ‖ [poisson] ausnehmen.
vie *f* Leben *n ; Être en ~*, am Leben sein.
vieil|lard *m* Greis *m.* **~lesse** *f* (hohes) Alter. **~lir** *vi* altern. **~lissement** *m* Altern *n.*
vierge *a* jungfräulich ‖ *Forêt ~*, Urwald *m* • *f* Jungfrau *f.*
vieux, vieille *a* alt.
vif, vive *a* lebendig ‖ [animé] lebhaft.
vigilant, e *a* wachsam.
vign|e *f* (Wein)rebe *f* ‖ [plant] Weinstock *m* ‖ [clos] Weinberg *m.* **~eron** *m* Winzer, Weinbauer *m.* **~oble** *m* Weinberg *m.*
vig|oureux, euse *a* kräftig ; rüstig. **~ueur** *f* Kraft, Stärke *f* ‖ *Entrer en ~*, in Kraft treten.
vil, e *a* gemein ; niederträchtig.
vilain, e *a* häßlich ‖ [enfant] garstig.
village *m* Dorf *n.* **~ois, e** *a* Dorf... • *s* Dorfbewohner(in).
ville *f* Stadt *f ; Vieille ~*, Altstadt ; *En ~*, in der Stadt.
villégiature *f* Sommerfrische *f.*
vin *m* Wein *m ; ~ rouge, blanc*, Rot-, Weißwein ‖ *~ d'honneur*, Willkommenstrunk *m.*
vinaigr|e *m* Essig *m.* **~ette** *f* Essigsoße *f.*
vindicatif, ive *a* rachsüchtig.
vingt *num* zwanzig. **~aine** *f* etwa zwanzig.
viol *m* Vergewaltigung *f.* **~ation** *f* Verletzung *f ;* Bruch *m* ‖ *~ de domicile*, Hausfriedensbruch. **~ence** *f* Heftigkeit, Gewalt *f.* **~ent, e** *a* heftig ‖ gewalttätig ; gewaltsam ‖ [lumière] grell. **~er** *vt* vergewaltigen ‖ [contrat] verletzen.
violet, te *a* violett ; veilchenblau • *f* Veilchen *n.*
violon *m* Geige *f.* **~celle** *m* Cello *n.*
vipère *f* Viper, Otter *f.*
virage *m* Wendung, Kurve *f.*
vir|ement *m* : *~ postal*, Postüberweisung *f.* **~er** *vi* (sich) wenden ‖ [voitures] abbiegen • *vt* überweisen.
virginal, e, aux *a* jungfräulich.
virgule *f* Komma *n.*

viril, e *a* männlich; Mannes... **~ité** *f* Männlichkeit *f*.
virulent, e *a* heftig; bissig.
vis *f* Schraube *f*.
visa *m* Visum *n*.
visage *m* (An)gesicht *n*.
vis-à-vis *loc av/p* gegenüber (dat.); gegen (acc.).
viscère *m* Eingeweide *n*.
visée *f* Ziel *n*.
1. viser *vt* zielen (auf, acc.).
2. viser *vt* [contrôler] beglaubigen.
vis|eur *m* OPT. Sucher *m*. **~ibilité** *f* Sicht *f*. **~ible** *a* sichtbar. **~iblement** *av* offensichtlich. **~ière** *f* Visier *n*; Schirm *m*.
vision *f* Sehen, Schauen *n* ‖ [apparition] (Traum)gesicht *n*. **~naire** *a* seherisch.
visit|e *f* Besuch *m* ‖ MÉD. Visite *f* ‖ [monument] Besichtigung *f*. **~er** *vt* besuchen; besichtigen; untersuchen. **~eur, euse** *s* Besucher(in); Gast *m*.
vison *m* Nerz *m*.
visqueux, euse *a* klebrig.
visser *vt* (zu)schrauben.
vital, e, aux *a* Lebens... ‖ FIG. [essentiel] lebenswichtig.
vite *a* schnell; rasch.
vitesse *f* Geschwindigkeit *f* ‖ AUT. Gang *m* ‖ *Changer de ~*, umschalten.
vitic|ole *a* Wein(bau)... **~ulteur** *m* Weinbauer *m*.
vitr|ail, aux *m* Kirchenfenster *n*. **~e** *f* (Fenster)scheibe *f*. **~eux, euse** *a* glasig. **~ier** *m* Glaser *m*. **~ine** *f* Glasschrank *m* ‖ [boutique] Schaufenster *n*.
viv|ace *a* langlebig ‖ lebhaft. **~acité** *f* Lebhaftigkeit *f*. **~ant, e** *a* lebend(ig) ‖ *Un être ~*, ein Lebewesen *n* ‖ *De son ~*, zu seinen Lebzeiten. **~e** *interj* es lebe...!; Heil...! **~ier** *m* Fischkasten *m*. **~ifier** *vt* stärken.
vivre *vi* leben; *~ au jour le jour*, von der Hand in den Mund leben • *vt* : *~ une grande joie*, eine große Freude erleben ‖ LOC : *Être sur le qui-vive*, auf der Hut sein • *mpl* Lebensmittel *npl*.
voc|able *m* Vokabel *f*. **~abulaire** *n* Wortschatz *m*. **~al, e, aux** *a* : *Cordes ~es*, Stimmbänder *npl*. **~alise** *f* Stimmübung *f*. **~ation** *f* Berufung *f*.
vociférer *vi* schreien; schimpfen.
vœu *m* Wunsch *m*.
vogue *f* Beliebtheit *f*.
voguer *vi* dahinsegeln.
voici *p* hier ist ‖ *~ Paul*, da kommt Paul.
voie *f* Weg *m*; Bahn *f* ‖ *~ navigable*, Wasserweg ‖ TRANSP. Gleis *n*; *~ ferrée*, Eisenbahn ‖ MAR. *~ d'eau*, Leck *n*.
voilà *p* da ist, sind, kommt, kommen ‖ *~ tout*, weiter nichts ‖ *~ pourquoi*, darum.
1. voile *m* Schleier *m* ‖ AN. *~ du palais*, Gaumensegel *n*.
2. voile *f* MAR. Segel *n* ‖ *Faire ~ vers*, segeln nach.
voil|é, e *a* : *Roue ~e*, verzo-

genes Rad. **~er** *vt* verschleiern. **~ette** *f* Hutschleier *m.*
voil|ier *m* Segler *m;* Segelschiff *n.* **~ure** *f* Segelwerk *n.*
voir *vi* sehen • *vt* sehen ‖ [comprendre] einsehen ‖ ~ *rouge,* rot sehen ‖ *Aller ~ qn,* jn besuchen ‖ *En faire ~ à qn,* jm viel zu schaffen geben ‖ *J'en ai vu d'autres,* ich habe schon Schlimmeres erlebt ‖ *Cela n'a rien à ~,* das hat damit nichts zu tun • *vpr : Cela se voit rarement,* das kommt selten vor.
voirie *f* Straßenbauamt *n.*
voisin, e *a* Nachbar... • *s* Nachbar(in). **~age** *m* Nachbarschaft *f.*
voiture *f* Wagen *m; ~ d'enfant,* Kinderwagen ‖ AUT. (Kraft)wagen ‖ *Aller en ~,* fahren. **~-couchettes** *f* Liegewagen *m.* **~-lit** *f* Schlafwagen *m.* **~-restaurant** *f* Speisewagen *m.*
voix *f* Stimme *f* ‖ *A ~ basse,* leise ‖ *À mi-~,* halblaut.
1. vol *m* Flug *m; Au ~,* im Fluge ‖ *À ~ d'oiseau,* in Luftlinie.
2. vol *m* Diebstahl, Raub *m.*
vol|aille *f* Geflügel *n.* **~ant** *m* [étoffe] Falbel *f* ‖ [commande] Steuer *n.* **~atile** *m* Geflügel *n.* **~atiliser (se)** *vpr* verdunsten.
volcan *m* Vulkan *m.*
volée *f : ~ de moineaux,* Spatzenschwarm *m.*
1. voler *vi* fliegen.
2. voler *vt* stehlen.
volet *n* Fensterladen *m.*
voleur *m* Dieb *m.*
volière *f* Vogelhaus *n.*
volont|aire *a* freiwillig ‖ [intentionnel] absichtlich • *m* Freiwillige(r) *asm.* **~é** *f* Wille *m* ‖ *Mauvaise ~,* Böswilligkeit *f* ‖ LOC : *À ~,* nach Belieben. **~iers** *av* gern.
volte-face *f : Faire ~,* kehrtmachen.
volubile *a* geschwätzig.
volum|e *m* [livre] Band *m* ‖ [espace] Umfang, Raum *m.* **~ineux, euse** *a* umfangreich.
volupté *f* Sinnenlust, Wollust *f.*
vomir *vt* sich erbrechen.
vorace *a* gefräßig ; gierig.
vot|e *m* Abstimmung, Wahl *f; Droit de ~,* Wahlrecht *n.* **~er** *vi* abstimmen.
votre (*pl* **vos**) *a poss* euer(e) ; Ihr(e).
vôtre *pr poss : Le, la, les ~(s),* der, die, das Ihrige, eurige ; die Ihrigen, eurigen.
vouer *vt* weihen ; widmen.
vouloir *vt* wollen ‖ [désirer] *Je voudrais,* ich möchte ‖ *Que veut dire cela ?,* was soll daß heißen ? ‖ *En ~ à qn,* auf jn böse sein • *pp/a :* **~u, e,** gewollt ; absichtlich ‖ gehörig ‖ erforderlich • *m* Wollen *n;* Wille *m.*
vous *pr pers* ihr ; Sie ; euch ; Ihnen.
voût|e *f* Gewölbe *n.* **~er** *vt*

wölben • *vpr* sich wölben; krumm werden.
vouvoyer *vt* siezen.
voyag|e *m* Reise, Fahrt *f* ‖ *Être en ~*, verreist sein. **~er** *vi* reisen; fahren. **~eur, euse** *s* Reisende(r) *as*.
voyant, e *a* [criard] auffällig • *m* [lumineux] Kontrollicht *n*.
voyelle *f* Vokal *m*.
voyou *m* Straßenjunge, Lümmel *m*.
vrai, e *a* wahr, -haft, -haftig ‖ echt • *loc av : À dire ~*, eigentlich • *m : Pour de ~*, im Ernst. **~ment** *av* wahrhaftig; wirklich. **~semblable** *a* wahrscheinlich.
vrille *f* BOT. Ranke *f*.
vrombir *vi* (er)dröhnen.
vu *p* angesichts (gén.) • *loc c : ~ **que***, da.
vue *f* Gesicht, Sehen *n*; Sehkraft *f* ‖ *À perte de ~*, unabsehbar ‖ *À première ~*, beim ersten Anblick ‖ *À la ~ de tous*, vor aller Augen ‖ *Une belle ~*, eine schöne Aussicht ‖ *~ d'ensemble*, Überblick *m* ‖ *~ aérienne*, Luftbild *n* ‖ *En ~ de*, in der Absicht, zu ‖ *Payable à ~*, auf Sicht zahlbar ‖ *Pl* Absichten *fpl*.
vulg|aire *a* gemein. **~arisation** *f* volkstümliche Darstellung. **~ariser** *vt* allgemein verständlich machen. **~arité** *f* Gemeinheit *f*.
vulnérable *a* verwundbar, -letzbar.

W

wagon *m* Eisenbahnwagen *m*; *~ de marchandises*, Güterwagen. **~net** *m* Kippwagen *m*; Lore *f*.
water-|closet [*abr.* ***w.-c.***) *m* Klo(sett) *n*. **~polo** *m* Wasserball *m*.
week-end *m* Wochenende *n*.

X

x *m : Rayons ~*, Röntgenstrahlen *mpl*.
xénophobe *a* ausländerfeindlich.

y

y *av* [sans mouvement] hier ; da || [avec mouvement] dahin ; dorthin • *pr pers :* [avec un verbe] ~ *penser,* daran denken || ~ *être,* bei der Sache sein || *Il* ~ *va de,* es geht um (acc.) || ~ *compris,* inklusive ; einschließlich (gén.) || ***il*** ~ **a,** es gibt, ist, sind, stehen || Il ~ *a trois ans,* vor drei Jahren || *Il n'*~ *a pas de quoi,* keine Ursache !
yiddisch *a* jiddisch.
yogourt *m* Joghourt *n.*
Yougoslavie *f* Jugoslawien *n.*

z

zèbre *m* Zebra *n.*
zébr|er *vt* streifen || [éclairs] durchzucken (insép.). ~**ure** *f* (Zebra)streifen *m.*
zèle *m* Eifer, Fleiß *m* || *Grève du* ~, Bummelstreik *m.*
zélé, e *a* eifrig ; fleißig.
zénith *m* Scheitelpunkt *m.*
zéro *m* Null *f.*
zeste *m :* ~ *de citron,* Zitronenschale *f.*
zézayer *vi* lispeln.
zibeline *f* Zobel *m.*
zigzag *m* Zickzack *m.* ~**uer** *vi* im Zickzack gehen.
zinc *m* Zink *n* || POP. Theke *f.*
zizanie *f* Zwietracht *f.*
zodiaque *m* Tierkreis *m.*
zona *m* Gürtelrose *f.*
zone *f* Zone *f* || ~ *frontière* Grenzgebiet *n.*
zoo *m* Zoo *m ;* Tiergarten *m.*

LAROUSSE DE POCHE

DEUTSCH FRANZÖSISCH

von Jean Clédière
Chargé d'enseignement à
l'Université de Metz

Daniel Rocher
professeur à l'Université
d'Aix-en-Provence

völlig neu
überarbeitete Auflage

Librairie Larousse

Zeichenerklärungen

~ steht für das Stichwort in den Beispielen sowie in den mit ihm zusammengesetzten bzw. von ihm abgeleiteten Wörtern, soweit die alphabetische Reihenfolge durch kein anderes Stichwort unterbrochen wird :

fassen *vt* saisir ... ; *Mut* ~, prendre courage.

°~ weist darauf hin, daß das zusammengesetzte bzw. abgeleitete Wort ein Substantiv ist :

Gast *m2* hôte *m; client m.* **°~ arbeiter** *m3* (= Gastarbeiter) ... **~ freundlich** *a* (= gastfreundlich) ...

- steht für ein Wortteil, das zwei aufeinanderfolgenden Synonymen gemeinsam ist :

entspringen, -schlüpfen (= entspringen, entschlüpfen)
ab-, wegleiten (= ableiten, wegleiten)

· weist darauf hin, daß das Wort mit einen Präfix oder einen Bestimmugs wort einsetzt :

be·strafen ; best·möglich

| bezeichnet das Ende eines Stichworts; was darauf kommt ist eine grammatikalische Endung bzw. das letzte Element einer Zusammensetzung oder Ableitung :

be·trüb|en attrister. **°~nis** tristesse.

|| trennt verschiedene Bedeutungen oder Verwendungen desselben Worts :

be·stellen cultiver || COMM. commander.

• trennt die verschiedenen grammatischen Kategorien desselben Worts :

ganz *a* entier • *av* tout à fait.

* signalisiert ein starkes Verb und verweist auf das Verzeichnis der starken Verben.

m0, m1 usw., *f0, f1* usw. geben die Deklinationsklasse an, zu der das betreffende Substantiv gehört, und verweisen auf das Verzeichnis der Deklinationsklassen.

Abréviations françaises
französische Abkürzungen

Abréviations générales, Allgemeines

apr., av. J.-C.	après, avant Jésus-Christ	nach, vor Christi Geburt
B. P.	boîte postale (Postes)	Postfach (Postf.)
B. S. G. D. G.	breveté sans garantie du gouvernement	patentiert ohne staatliche Gewähr
c.-à-d.	c'est-à-dire	das heißt
c/c	compte courant	Kontokorrent
C. C. P.	compte chèques postaux	Postscheckkonto
cf.	*confer* (voir)	vgl., vergleiche
cm	centimètre	Zentimeter
dest.	destinataire	Empfänger
E. D. F.	Électricité de France	(Frz.) Elektrizitätsgesellschaft
env.	environ	etwa
etc.	*et cetera*	usw., und so weiter
exp.	expéditeur	Absender
g	gramme	Gramm
h	heure	Stunde, Uhr
ibid.	*ibidem* (au même endroit)	*ebenda*
id.	*idem*	desgleichen
kg	kilogramme	Kilogramm
N. B.	*Nota bene*	Merke wohl!
O. N. M.	Office national météorologique	meteorologische Zentralanstalt
P. C. V.	à percevoir	Rückfragegespräch
P. T. T.	Postes et Télécommunications	Post- und Fernmeldewesen
p. ex.	par exemple	zum Beispiel (z. B.)
P. M. U.	Pari mutuel urbain	Totalisator
pp.	pages...	Seiten
P.-S.	post-scriptum	Postskriptum; Nachschrift
R. A. T. P.	Régie autonome des transports parisiens	Pariser Ubahn-und Omnibusgesellschaft
R. F.	République française	Französische Republik
R. P.	Recette principale (Postes)	Hauptpostamt
R. S. V. P.	répondez, s'il vous plaît	um Antwort wird gebeten
S. A. R. L.	société à responsabilité limitée	Gesellschaft mit beschränkter Haftung (G. m. b. H.)
S. M. I. C.	Salaire minimum interprofessionnel de croissance	gesetzlicher Mindestlohn
S. N. C. F.	Société nationale des chemins de fer français	(Frz.) staatliche Eisenbahngesellschaft
S. S.	Sécurité sociale	Sozialversicherung
s. v. p.	s'il vous plaît	Bitte!
T. S. V. P.	tournez, s'il vous plaît	Bitte wenden!
T. V.	télévision	Fernsehen
T. V. A.	taxe sur la valeur ajoutée	Mehrwertsteuer (Mwst)

Appellations et titres, Titel

D^r	Docteur	Doktor
M.	Monsieur	Herr, Herrn
M^e	Maître	(Titel eines Rechtsanwalts)
Mlle	Mademoiselle	Fräulein
MM.	Messieurs	Herren
Mme	Madame	Frau
R. P.	Révérend Père	Ehrwürdiger Vater

Abréviations militaires, Militärisches

D. C. A.	défense contre avions	Flak
F. F. A.	forces françaises en Allemagne	französische Streitkräfte in Deutschland
F. M.	« franchise militaire »	« gebührenfrei » [Soldatenbriefe]
Q. G.	quartier général	Hauptquartier

Abréviations politiques, Politisches

B. I. T.	Bureau international du travail	Internationales Arbeitsamt
C. C.	corps consulaire	konsularisches Korps
C. D.	corps diplomatique	diplomatisches Korps
C. E. C. A.	Communauté européenne du charbon et de l'acier	Europäische Gemeinschaft für Kohle und Stahl (EGKS)
C. E. E.	Communauté économique européenne	Europäische Wirtschaftsgemeinschaft (EWG)
F. M. I.	Fonds monétaire international	Internationaler Währungsfonds (IWF)
O. C. D. E.	Organisation de coopération et de développement économique	Organisation für wirtschaftliche Zusammenarbeit und Entwicklung
O. E. C. E.	Organisation européenne de coopération économique	Europäischer Wirtschaftsrat (EWR)
O. F. A. J.	Office franco-allemand pour la jeunesse	Deutsch-französisches Jugendwerk
O. N. U.	Organisation des Nations unies	Organisation der Vereinten Nationen
O. T. A. N.	Organisation du traité de l'Atlantique Nord	Nordatlantik-Pakt-Organisation
R. D. A.	République démocratique allemande	Deutsche Demokratische Republik
R. F. A.	République fédérale allemande	Bundesrepublik Deutschland
U. E. P.	Union européenne de paiement	Europäische Zahlungsunion
U. R. S. S.	Union des républiques socialistes soviétiques	Sowjetunion (UdSSR)

Points cardinaux, Himmelsgegenden

E. = est, Osten ; N. = nord, Norden ; N.-E. = nord-est, Nordosten ; N.-O. = nord-ouest, Nordwesten ; O. = ouest, Westen ; S. = sud, Süden ; S.-E. = sud-est, Südosten ; S.-O. = sud-ouest, Südwesten.

deutsche Abkürzungen
Abréviations allemandes

Allegemeines, Abréviations générales

Bd.	Band	volume
b. w.	Bitte wenden!	tournez, s'il vous plaît (t. s. v. p.)
bzw.	beziehungsweise	ou bien ; éventuellement ; respectivement
ca	zirka ; etwa	environ
dgl.	dergleichen	tel ; pareil
d. J.	1. dieses Jahres ; 2. der Jüngere	1. de l'année ; 2. le jeune
d. M.	dieses Monats	du mois courant
D-Zug	Durchgangszug	rapide ; express
ebd.	*ebenda*	à cet endroit, *ibidem*
geb.	geboren	né
ggf.	gegebenenfalls	le cas échéant
Hbf	Hauptbahnhof	gare centrale
i. J.	im Jahre	dans l'année
LKW	Lastkraftwagen	camion
MEZ	mitteleuropäische Zeit	heure de l'Europe centrale
Mwst.	Mehrwertsteuer	taxe sur la valeur ajoutée (T. V. A.)
PKW	Personenkraftwagen	voiture de tourisme
PS	Pferdestärke	cheval-vapeur
S.	Seite	page
s.	siehe	voyez (v.)
SB	Selbst-Bedienung	libre service (essence)
Str.	Straße	rue
s. o.	siehe oben	voir plus haut
TÜV	technischer Überwachungsverein	contrôle technique des véhicules
u.	und	et
u. a. m.	und anderes mehr	et d'autres
UKW	Ultrakurzwellen	modulation de fréquence
usw.	und so weiter	etc.
vgl.	vergleiche	confer (cf.)
v. H.	vom Hundert	pour cent
z. B.	zum Beispiel	par exemple
ZDF	Zweites Deutsches Fernsehen	deuxième chaine (T.V.)
z. T.	zum Teil	en partie
z. Z.(t).	zur Zeit	actuellement

Handelskorrespondenz, Correspondance commerciale

Abs.	Absender	expéditeur
AGmbH	Aktiengesellschaft mit beschränkter Haftung	société anonyme à responsabilité limitée

betr.	betreffs, betreffend	concernant
DBP	deutsche Bundespost	Postes fédérales allemandes
d. h.	das heißt	c'est-à-dire
d. i.	das ist	c'est-à-dire
DM.	deutsche Mark	Mark allemand
Empf.	Empfänger	destinataire
Ew.	Euer	votre
ff.	folgende Seiten	suivant; et la suite; pages suivantes
fr.	frei	franco
Gebr.	Gebrüder	frères
GmbH	Gesellschaft mit beschränkter Haftung	société à responsabilité limitée
i. A.	im Auftrage	pour ordre (p. o.)
i. V.	in Vertretung	par intérim
Kto	Konto	compte
OHG	offene Handelsgesellschaft	société en nom collectif
p. A.	per Adresse	aux bons soins de
Postf.	Postfach	boîte postale
p. p. ou p. pa.	per procura	par procuration
PSchA.	Postscheckamt	compte chèques postaux (C. C. P.)
St.	Stück	pièce
u. A. w. g.	um Antwort wird gebeten	répondez s'il vous plaît (r. s. v. p.)
z. Z.	zur Zeit	en ce moment
w. S. g. u.	wenden Sie gefälligst um	tournez, s'il vous plaît

Titel, Titres

Dipl.-Ing.	Diplom-Ingenieur	ingénieur diplômé
Dr.	Doktor	docteur
Dr. jur.	Doktor der Rechtswissenschaften	docteur en droit
Dr. med.	Doktor der Medizin	docteur en médecine
Dr. phil.	Doktor der Philosophie	docteur ès lettres
Frl.	Fräulein	mademoiselle
M. d. B.	Mitglied des Bundestags	membre du Parlement fédéral

Erdkundliches, Abréviations géographiques

a. M.	am Main	... sur-le-Main
a. O.	an der Oder	... sur-l'Oder
Kr.	Kreis	cercle; canton; district
NO	Nordosten	nord-est
NW	Nordwesten	nord-ouest
SO	Südosten	sud-est
SW	Südwesten	sud-ouest
ü. M.	über Meeresspiegel	au-dessus de la mer

Gerichtliches, Abréviations juridiques

BGB	bürgerliches Gesetzbuch	Code civil

HGB	Handelsgesetzbuch	Code de commerce
HR	Handelsregister	registre du commerce
Kripo	Kriminalpolizei	police criminelle
StGB	Strafgesetzbuch	Code pénal
StVO	Straßenverkehrsordnung	code de la route

Parteien, Verbände, usw., Organismes divers

ADAC	Allgemeiner Deutscher Automobilclub	Club automobile allemand
AG	Aktiengesellschaft	société par actions
BIZ	Bank für internationalen Zahlungsausgleich	Banque des règlements internationaux (B. R. I.)
BRD	Bundesrepublik Deutschland	République fédérale d'Allemagne
CDU	Christlich-demokratische Union	Union démocratique chrétienne
CSU	Christlich-soziale Union	Union sociale chrétienne
DAAD	Deutscher Akademischer Austauschdienst	Office allemand d'échanges universitaires
DB	Deutsche Bundesbahn	Chemins de fer allemands
DDR	Deutsche demokratische Republik	République démocratique allemande
DFJW	Deutsch-französisches Jugendwerk	Office franco-allemand pour la jeunesse (OFAJ)
DGB	Deutscher Gewerkschaftsbund	Fédération des syndicats allemands
DKP	Deutsche kommunistische Partei	Parti communiste allemand
EAG	Europäische Atomgemeinschaft	Communauté européenne de l'énergie atomique (Euratom)
EGKS	Europäische Gemeinschaft für Kohle und Stahl	Communauté européenne du charbon et de l'acier (C. E. C. A.)
EWG	Europäische Wirtschaftsgemeinschaft	Communauté économique européenne (C. E. E.)
EWR	Europäischer Wirtschaftsrat	Organisation économique du Conseil de l'Europe
EZU	Europäische Zahlungsunion	Union européenne des paiements
FDJ	Freie Deutsche Jugend (DDR)	Jeunesse allemande libre (R. D. A.)
FDP	Freie demokratische Partei	Parti démocratique allemand
SED	Sozialistische Einheitspartei Deutschlands (DDR)	Parti socialiste unifié (R. D. A.)
SPD	Sozialdemokratische Partei Deutschlands	Parti social-démocrate allemand
VEB	Volkseigener Betrieb (DDR)	entreprise socialisée (R. D. A.)
VP (Vopo)	Volkspolizei (DDR)	police populaire (R. D. A.)

Déclinaisons des substantifs

Les substantifs allemands se répartissent en trois genres : masculin, neutre et féminin.
Ils présentent généralement une forme de singulier et une forme de pluriel, avec deux marques de déclinaison, au génitif singulier et au datif pluriel :
— le tableau suivant distingue 12 types de noms, selon leurs variations au génitif singulier et au pluriel ;
— au datif pluriel, tous les noms prennent la terminaison *(e)n* sauf les noms à pluriel en *s*.
Les masculins faibles de la catégorie *m4* (type *der Knabe*) ont *n* à tous les cas autres que le nominatif singulier.
Les féminins sont invariables au singulier. Au pluriel, ceux de *f1* ont *(e)n* à tous les cas ; ceux de *f2* ont *en* au datif seulement.

	Nom. sing.	*Gén. sing.*	*Pluriel*
m0	Tand	(e)s	néant
m1	Tisch	(e)s	e
m2	Stuhl	(e)s	¨e
m3	Lehrer	s	= sing.
m4	Knabe ; Hirt	(e)n	(e)n
n0	Leben	s	néant
n1	Ding	(e)s	e
n2	Glied ;	(e)s	er
	Buch	(e)s	¨er
n3	Fenster	s	= sing.
f0	Gesamtheit		néant
f1	Frau ; Dame		(e)n
f2	Wand		¨e

Tous les noms qui n'entrent pas dans l'une des catégories ci-dessus font l'objet d'une double indication (une seule pour le féminin) : génitif singulier, nominatif pluriel : ex. Abonnement *n* (s, s) ; Firma *f* (men) ; Firnis *m* (ses, se) ; Reichtum *m* (s, ¨er).

Conjugaison

Verbes auxiliaires

Sein (être)

PRÉSENT DE L'INDICATIF : *ich bin, du bist, er ist, wir sind, ihr seid, sie sind;* PRÉTÉRIT : *ich war;* PASSÉ COMPOSÉ : *ich bin gewesen;* SUBJONCTIF I : *ich sei; SUBJONCTIF II : ich wäre.*
Il s'emploie pour les verbes *sein, werden, bleiben* et les intransitifs marquant le changement de lieu ou d'état.

Haben (avoir)

PRÉSENT DE L'INDICATIF : *ich habe, du hast, er hat, wir haben, ihr habt, sie haben;* PRÉTÉRIT : *ich hatte;* SUBJ. : *ich hätte;* PASSÉ COMPOSÉ : *ich habe gehabt.*
Il s'emploie pour les transitifs; les intransitifs qui n'indiquent pas de changement de lieu ou d'état; les réfléchis.

Werden (devenir)

PRÉSENT DE L'INDICATIF : *ich werde, du wirst, er wird, wir werden, ihr werdet, sie werden;* PRÉTÉRIT : *ich wurde;* SUBJ. : *ich würde;* PASSÉ COMPOSÉ : *ich bin geworden.*
Il s'emploie pour le futur, le conditionnel, le passif-action :
er **wird** *schreiben; er* **würde** *schreiben; der Brief* **wird** *geschrieben.*
Aux temps composés du passif, le participe passé de **werden** est **worden :** *das Schloß ist im Jahre* 1750 *gebaut* **worden.**

Verbes forts et verbes faibles

Les verbes allemands se divisent en deux grands groupes, suivant le rapport entre le radical du présent de l'indicatif et celui du prétérit.
On appelle VERBES FAIBLES ceux qui forment le prétérit en ajoutant le suffixe **-te** au radical du présent. Ex. : **lieb**|*en, ich lieb*|**te.**
On appelle VERBES FORTS ceux qui forment le radical du prétérit en changeant la voyelle de la syllabe principale (Il s'agit de quelque deux cents verbes, souvent d'usage très courant). Ex. : **springen,** *ich spr***a***ng.* Le prétérit des verbes forts se distingue par l'absence de terminaison aux première et troisième personnes du singulier.
Les VERBES FAIBLES IRRÉGULIERS, appelés aussi VERBES MIXTES, combinent au prétérit la désinence **-te** des verbes faibles avec une altération du radical. Ex. : **kennen,** *ich k***a***nn***te; denken,** *ich* **dachte.**

Conjugaison faible
Verbe « machen » (auxiliaire *haben*)

INDICATIF		SUBJONCTIF I	
Présent.	*Futur.*	*Présent.*	*Futur.*
ich mache	ich werde machen	ich mache	ich werde machen
du machst	du wirst machen	du machest	du werdest machen
er macht	er wird machen	er mache	er werde machen
wir machen	wir werden machen	wir machen	wir werden machen
ihr macht	ihr werdet machen	ihr machet	ihr werdet machen
sie machen	sie werden machen	sie machen	sie werden machen
Prétérit.			
ich machte	wir machten		
du machtest	ihr machtet		
er machte	sie machten		
Parfait.	*Futur antérieur.*	*Parfait.*	*Futur antérieur.*
ich habe gemacht	ich werde gemacht haben	ich habe gemacht	ich werde gemacht haben
Plus-que-parfait	er wird	er habe	er werde
ich hatte gemacht	gemacht haben	gemacht	gemacht haben

IMPÉRATIF	SUBJONCTIF II	
mache	*Présent.*	*Futur.*
machen wir	ich machte	ich würde machen
macht	du machtest	du würdest machen
machen Sie	er machte	er würde machen
FORMES IMPERSONNELLES	wir machten	wir würden machen
Infinitif.	ihr machtet	ihr würdet machen
machen	sie machten	sie würden machen
Infinitif parfait.	*Parfait.*	*Futur antérieur.*
gemacht haben	ich hätte gemacht	ich würde gemacht haben
Participe présent.	er hätte	er würde
machend	gemacht	gemacht haben
Participe passé.		
gemacht		

Conjugaison forte
Verbe « fahren » (auxiliaire *sein*)

INDICATIF		SUBJONCTIF I	
Présent.	*Futur.*	*Présent.*	*Futur.*
ich fahre	ich werde fahren	ich fahre	ich werde fahren
du fährst	du wirst fahren	du fahrest	du werdest fahren
er fährt	er wird fahren	er fahre	er werde fahren
wir fahren	wir werden fahren	wir fahren	wir werden fahren
ihr fahrt	ihr werdet fahren	ihr fahret	ihr werdet fahren
sie fahren	sie werden fahren	sie fahren	sie werden fahren
Prétérit.			
ich fuhr	wir fuhren		
du fuhrst	ihr fuhrt		
er fuhr	sie fuhren		
Parfait.	*Futur antérieur.*	*Parfait.*	*Futur antérieur.*
ich bin gefahren	ich werde	ich sei gefahren	ich werde
	gefahren sein	er sei gefahren	gefahren sein
Plus-que-parfait.	er wird		er werde
ich war gefahren	gefahren sein		gefahren sein

IMPÉRATIF
fahre
fahren wir
fahrt
fahren Sie

FORMES IMPERSONNELLES
Infinitif.
fahren
Infinitif parfait.
gefahren sein
Participe présent.
fahrend
Participe passé.
gefahren

SUBJONCTIF II	
Présent.	*Futur.*
ich führe	ich würde fahren
du führest	du würdest fahren
er führe	er würde fahren
wir führen	wir würden fahren
ihr führet	ihr würdet fahren
sie führen	sie würden fahren
Parfait.	*Futur antérieur.*
ich wäre	ich würde
gefahren	gefahren sein
er wäre	er würde
gefahren	gefahren sein

Verbes forts, faibles irréguliers et de modalité

INFINITIF	PRÉTÉRIT	PART. PASSÉ
backen (er bäckt)	buk (Vx)	gebacken
befehlen (er befiehlt)	befahl	befohlen
sich befleißen	befliß	beflissen
beginnen	begann	begonnen
beißen	biß	gebissen
bergen (er birgt)	barg (bürge) [1]	geborgen
bersten (er birst)	barst (börste)	geborsten *(s)* [2]
biegen	bog	gebogen
bieten	bot	geboten
binden	band	gebunden
bitten	bat	gebeten
blasen (er bläst)	blies	geblasen
bleiben	blieb	geblieben
braten (er brät)	briet	gebraten
brechen (er bricht)	brach	gebrochen
brennen	brannte	gebrannt
bringen	brachte	gebracht
denken	dachte	gedacht
dreschen (er drischt)	drosch	gedroschen
dringen	drang	gedrungen *(s)*
dürfen (er darf)	durfte	gedurft
empfehlen (er empfiehlt)	empfahl	empfohlen
erlöschen (er erlischt)	erlosch	erloschen *(s)*
erschrecken (er erschrickt)	erschrak	erschrocken *(s)*
erwägen	erwog	erwogen
essen (er ißt)	aß	gegessen
fahren (er fährt)	fuhr	gefahren *(s)*
fallen (er fällt)	fiel	gefallen *(s)*
fangen (er fängt)	fing	gefangen
fechten (er ficht)	focht	gefochten
finden	fand	gefunden
fliegen	flog	geflogen *(s)*
fliehen	floh	geflohen *(s)*
fließen	floß	geflossen *(s)*
fressen (er frißt)	fraß	gefressen
frieren	fror	gefroren
gären	gor (Vx)	gegoren
gebären (sie gebiert)	gebar	geboren
geben (er gibt)	gab	gegeben

gehen	ging	gegangen *(s)*
gelingen (es gelingt)	gelang	gelungen *(s)*
gelten (es gilt)	galt	gegolten
genesen	genas	genesen
genießen	genoß	genossen
geschehen (es geschieht)	geschah	geschehen *(s)*
gewinnen	gewann	gewonnen
gießen	goß	gegossen
gleichen	glich	geglichen
gleiten	glitt	geglitten *(s)*
graben (er gräbt)	grub	gegraben
greifen	griff	gegriffen
halten (er hält)	hielt	gehalten
hangen (er hängt)	hing	gehangen
hauen	hieb	gehauen
heben	hob	gehoben
heißen	hieß	geheißen
helfen (er hilft)	half (hülfe)	geholfen
kennen	kannte	gekannt
klingen	klang	geklungen
kneifen	kniff	gekniffen
können (er kann)	konnte	gekonnt
kommen	kam	gekommen *(s)*
kriechen	kroch	gekrochen *(s)*
laden (er lädt [ladet])	lud	geladen
lassen (er läßt)	ließ	gelassen
laufen (er läuft)	lief	gelaufen *(s)*
leiden	litt	gelitten
leihen	lieh	geliehen
lesen (er liest)	las	gelesen
liegen	lag	gelegen
lügen	log	gelogen
meiden	mied	gemieden
melken	molk	gemolken
messen (er mißt)	maß	gemessen
mögen (er mag)	mochte	gemocht
müssen (er muß)	mußte	gemußt
nehmen (er nimmt)	nahm	genommen
nennen	nannte	genannt
pfeifen	pfiff	gepfiffen
preisen	pries	gepriesen

raten (er rät)	riet	geraten
reiben	rieb	gerieben
reißen	riß	gerissen
reiten	ritt	geritten *(s)*
rennen	rannte	gerannt *(s)*
riechen	roch	gerochen
ringen	rang	gerungen
rinnen	rann	geronnen
rufen	rief	gerufen
saufen (er säuft)	soff	gesoffen
saugen	sog	gesogen
schaffen	schuf	geschaffen
scheiden	schied	geschieden
scheinen	schien	geschienen
schelten (er schilt)	schalt (schölte)	gescholten
schieben	schob	geschoben
schießen	schoß	geschossen
schlafen (er schläft)	schlief	geschlafen
schlagen (er schlägt)	schlug	geschlagen
schleichen	schlich	geschlichen *(s)*
schleifen	schliff	geschliffen
schließen	schloß	geschlossen
schlingen	schlang	geschlungen
schmeißen	schmiß	geschmissen
schmelzen (er schmilzt)	schmolz	geschmolzen
schneiden	schnitt	geschnitten
schreiben	schrieb	geschrieben
schreien	schrie	geschrie(e)n
schreiten	schritt	geschritten *(s)*
schweigen	schwieg	geschwiegen
schwellen (er schwillt)	schwoll	geschwollen *(s)*
schwimmen	schwamm	geschwommen *(s)*
schwinden	schwand	geschwunden *(s)*
schwingen	schwang	geschwungen
schwören	schwor	geschworen
sehen (er sieht)	sah	gesehen
senden	sandte (sendete)	gesandt (gesendet)
sieden	sott (Vx)	gesotten
singen	sang	gesungen
sinken	sank	gesunken *(s)*
sitzen	saß	gesessen

sollen (er soll)	sollte	gesollt
spinnen	spann	gesponnen
sprechen (er spricht)	sprach	gesprochen
sprießen	sproß	gesprossen *(s)*
springen	sprang	gesprungen *(s)*
stechen (er sticht)	stach	gestochen
stehen	stand (stünde)	gestanden
stehlen (er stiehlt)	stahl	gestohlen
steigen	stieg	gestiegen *(s)*
sterben	starb (stürbe)	gestorben
stinken	stank	gestunken
stoßen (er stößt)	stieß	gestoßen
streichen	strich	gestrichen
streiten	stritt	gestritten
tragen (er trägt)	trug	getragen
treffen (er trifft)	traf	getroffen
treiben	trieb	getrieben
treten (er tritt)	trat	getreten *(s)*
trinken	trank	getrunken
trügen	trog	getrogen
tun (er tut)	tat	getan
verbieten	verbot	verboten
verderben (es verdirbt)	verdarb (verdürbe)	verdorben
verdrießen	verdroß	verdrossen
vergessen (er vergißt)	vergaß	vergessen
verlieren	verlor	verloren
wachsen (er wächst)	wuchs	gewachsen *(s)*
waschen (er wäscht)	wusch	gewaschen
weichen	wich	gewichen *(s)*
weisen	wies	gewiesen
wenden	wandte (wendete)	gewandt (gewendet)
werben (er wirbt)	warb (würbe)	geworben
werfen (er wirft)	warf (würfe)	geworfen
wiegen	wog	gewogen
winden	wand	gewunden
wollen (er will)	wollte	gewollt
zeihen	zieh	geziehen
ziehen	zog	gezogen *(s)*
zwingen	zwang	gezwungen

(1) Entre parenthèses, le subjonctif II avec autre voyelle que le prétérit.

(2) *(s)* indique que le verbe se conjugue avec l'auxiliaire *sein*.

Éléments de grammaire

Les cas

Les formes de l'article, de l'adjectif et du substantif varient suivant le cas :
Nominatif : cas du sujet et de l'attribut (en allemand **Werfall**).
Génitif : cas du complément déterminatif (**Wesfall**).
Datif : complément d'attribution et objet indirect (**Wemfall**).
Accusatif : cas de l'objet du verbe transitif (**Wenfall**).

Articles et déterminatifs

Article défini

	MASCULIN	FÉMININ	NEUTRE	PLURIEL
N.	*d*er	*d*ie	*d*as	*d*ie
G.	*d*es	*d*er	*d*es	*d*er
D.	*d*em	*d*er	*d*em	*d*en
A.	*d*en	*d*ie	*d*as	*d*ie

Suivent cette déclinaison : 1. Les pr. et a. : **welcher, dieser, jener, mancher, aller, jeder, einige, viele, wenige, mehrere.** 2. Les pr. poss. : **meiner, deiner, seiner, ihrer, unserer, eurer, ihrer.**

Article indéfini

	MASCULIN	FÉMININ	NEUTRE	
N.	*ein*	*eine*	*ein*	
G.	*eines*	*einer*	*eines*	sans pluriel
D.	*einem*	*einer*	*einem*	
A.	*einen*	*eine*	*ein*	

Le déterminatif indéfini négatif **kein** suit cette déclinaison, mais avec pluriel : *keine, keiner, keinen, keine.* De même les a. poss. *(mein, dein, ihr, unser, euer, ihr),* avec pluriel.

Adjectifs épithètes

• avec l'article défini, ou un déterminatif de même flexion

	MASCULIN	FÉMININ	NEUTRE
N..........	*der gut***e** *Mann*	*die gut***e** *Frau*	*das gut***e** *Kind*
G..........	*des gut***en** *Mannes*	*der gut***en** *Frau*	*des gut***en** *Kindes*
D..........	*dem gut***en** *Mann*	*der gut***en** *Frau*	*dem gut***en** *Kind*
A..........	*den gut***en** *Mann*	*dit gut***e** *Frau*	*das gut***e** *Kind*

Au pluriel, pour les trois genres, l'adjectif précédé de l'article défini prend **-en** aux quatre cas.

• avec l'article indéfini

	MASCULIN	FÉMININ	NEUTRE
N..........	*ein guter...*	*eine gute...*	*ein gutes...*
G..........	*eines guten...*	*einer guten...*	*eines guten...*
D..........	*einem guten...*	*einer guten...*	*einem guten...*
A..........	*einen guten...*	*eine gute...*	*ein gutes...*

• sans déterminatif

	MASCULIN	FÉMININ	NEUTRE	PLURIEL
N..........	*guter Wein*	*kalte Milch*	*helles Bier*	*alte Leute*
G..........	*guten Weins*	*kalter Milch*	*hellen Biers*	*alter Leute*
D..........	*gutem Wein*	*kalter Milch*	*hellem Bier*	*alten Leuten*
A..........	*guten Wein*	*kalte Milch*	*helles Bier*	*alte Leute*

Degrés de comparaison des adjectifs

Le comparatif se forme avec le suffixe **-er** : *schön, schön***er**. Certains adjectifs prennent l'inflexion au comparatif : **alt, ä***lt***er**. De même : *arg, arm, dumm, groß, grob, hart, jung, kalt, klug, krank, krumm, kurz, lang, nah, scharf, schwach, schwarz, stark, warm.*

Le superlatif se forme avec le suffixe **-st** : *schön, der schön***ste**.

Il y a quelques irrégularités : *gut* fait au comparatif **besser** et au superlatif **der beste** ; *hoch* fait au comparatif **höher** ; *groß* fait au superlatif **der größte** ; *nah* fait au superlatif **der nächste**.

Pronoms

Pronoms personnels

	ich	du	er	sie	es	wir	ihr	sie	Sie
N.	*ich*	*du*	*er*	*sie*	*es*	*wir*	*ihr*	*sie*	*Sie*
D.	*mir*	*dir*	*ihm*	*ihr*	*ihm*	*uns*	*euch*	*ihnen*	*Ihnen*
A.	*mich*	*dich*	*ihn*	*sie*	*es*	*uns*	*euch*	*sie*	*Sie*

Pronoms interrogatifs

MASCULIN, FÉMININ : N. *wer,* G. *wessen,* D. *wem,* A. *wen.*
NEUTRE : N. *was,* G. *wessen,* A. *was.*

Pronoms possessifs

Meiner, deiner, seiner, ihrer, uns(e)rer, eu(e)rer, ihrer, Ihrer se déclinent comme le démonstratif : *meiner, meine, meines,* etc.

Pronoms relatifs

On emploie soit le pronom *der, die, das,* soit *welcher, welche, welches,* qui se décline comme l'interrogatif.

	MASCULIN	FÉMININ	NEUTRE	PLURIEL
N.	............*der*	*die*	*das*	*die*
G.	............*dessen*	*deren*	*dessen*	*derer*
D.	............*dem*	*der*	*dem*	*denen*
A.	............*den*	*die*	*das*	*die*

Genre des noms

Les êtres de sexe masculin sont généralement désignés par un nom masculin, et ceux de sexe féminin par un nom féminin. Par ailleurs, • Les noms qui ont la forme d'un radical verbal sont presque toujours masculins : **der** *Schlag.* • Les noms à suffixes désignant des abstractions sont féminins. De même les substantifs féminins dérivés d'adjectifs : **die** *Kälte.* • Presque tous les noms d'arbres sont féminins : **die** *Eiche.* • Presque tous les noms de métaux sont neutres : **das** *Eisen.* • *Les diminutifs en* **-chen** et **-lein** sont tous neutres. • Les noms de couleurs sont neutres : **das** *Rot.* • Sont neutres aussi les noms de ville et de pays sauf **die** *Schweiz* et les noms de pays terminés par **-ei (die** *Türk***ei).**

Particules verbales

Les particules s'associent au verbe de deux façons :
— comme **particule inséparable,** formant avec le verbe un tout;
— comme **particule séparable.**

Les particules inséparables sont : **be-, emp-, ent-, er-, ge-, miß-, ver-, zer-.** Elles ne portent pas l'accent, qui demeure sur le radical verbal.

Les particules séparables sont : **ab, an, auf, aus, bei, dar, ein, empor, entgegen, fort, heim, her** (et ses composés), **hin** (et ses composés), **los, mit, nach, nieder, vor** (et ses composés), **weg, zu** (et ses composés. Ex. : *zurück, zusammen*).

Six particules sont tantôt séparables, tantôt inséparables, suivant le sens du groupe verbe-particule. Ces particules à double régime sont : **durch, um, über, unter, hinter, wieder**; elles ne sont accentuées que quand elles sont séparables.

La particule séparable termine la phrase dans la proposition indépendante, si le verbe est à un temps simple. À un temps composé, la particule est avant le participe ou l'infinitif. Si la proposition est **subordonnée,** avec **rejet,** le verbe à une forme simple se trouve **après** la particule; à un temps composé, on a : **particule participe auxiliaire.**

Prépositions

1) Toujours avec l'**accusatif : durch; für; gegen; ohne; um; wider.**
2) Toujours avec le **génitif : trotz; während; wegen.**
3) Toujours avec le **datif : aus; bei; mit; nach; seit; von; zu.**
4) **Suivies du datif** (sens statique) ou **de l'accusatif** (mouvement vers un lieu) : **an; auf; hinter; in; neben; über; unter; vor; zwischen.**

Noms de nombre

eins (1); *zwei* (2); *drei* (3); *vier* (4); *fünf* (5); *sechs* (6); *sieben* (7); *acht* (8); *neun* (9); *zehn* (10); *elf* (11); *zwölf* (12); *dreizehn* (13); *vierzehn* (14); *fünfzehn* (15); *sechzehn* (16); *siebzehn* (17); *achtzehn* (18); *neunzehn* (19); *zwanzig* (20); *dreißig* (30); *vierzig* (40); *fünfzig* (50); *sechzig* (60); *siebzig* (70); *achtzig* (80); *neunzig* (90).
zweiundzwanzig (22); *vierhundertsiebenunddreißig* (437), etc.

a

A *n* MUS. la *m* • *p* : **a,** COMM. au prix de ; à.
Aachen *n0* Aix-la-Chapelle *f.*
Aal *m1* anguille *f.*
Aas *n* (es, e/Äser) charogne *f* || appât *m.* °**~geier** *m3* vautour *m.*
ab *av* **1.** LIEU : *von hier ~,* en partant d'ici. **2.** TEMPS à partir de, depuis ; *~ heute/von heute ~,* à partir d'aujourd'hui. **3.** *von fünf drei ~,* trois ôté de cinq. **4.** LOC : *~ und zu,* de-ci, de-là ; *auf und ~ gehen,* aller et venir • *part sép.*
ab·änder|lich *a* variable. **~n** *vt* changer. °**~ung** *f1* changement *m.*
Ab·bau *m0* démontage *m* || [Stellen] suppression *f* d'emplois. **~en** *vt* démonter || [entlassen] licencier.
ab·beizen *vt* décaper.
ab·bekommen* *vt* enlever.
ab·beruf|en* *vt* révoquer. °**~ung** *f1* révocation *f.*
ab·bestellen *vt* décommander.
ab·biegen* *vt* courber, plier • *vi* s'écarter.
Ab·bild *n2* copie *f ;* portrait *m.* °**~ung** *f1* illustration *f.*
ab·binden* *vt* délier, détacher.
Ab·bitte *f1* pardon (demandé).
ab·blenden *vt* voiler || PHOT. diaphragmer || AUT. passer en code.
ab·blühen *vi* se faner.
ab·brechen* *vt* briser • *vi* s'arrêter.
ab·bringen* *vt* enlever || FIG. dissuader.
ab·bröckeln *vi* s'émietter.
Ab·bruch *m2* démolition *f ;* éboulement *m* || FIG. préjudice *m.*
ab·büßen *vt* expier.
ab·dampfen *vi* s'évaporer.
ab·dank|en *vt* congédier • *vi* démissionner. °**~ung** *f1* abdication *f.*
ab·darben *vpr* se priver de.
ab·decken *vt* découvrir || [Tisch] desservir.
ab·dicht|en *vt* boucher. °**~ung** *f1* joint *m.*
ab·drehen *vt* tordre || fermer (robinet).
Ab·drift *f1* MAR. dérive *f.*
Abend *m1* soir *m ;* soirée *f ; am ~,* le soir ; *heute ~,* ce soir ; *am ~ vorher,* la veille (au soir) ; *guten ~!,* bonsoir ! || [Westen] couchant, occident *m.* °**~brot** *n1,* °**~essen** *n3* dîner, souper *m.* °**~gesellschaft** *f1* soirée *f.* °**~land** *n0* Occident *m.* **~lich** *a* du soir. °**~rot** *n0* coucher *m* du soleil. **~s** *av* le soir.

Abenteu|er *n3* aventure *f.* °**~rer** *m3* aventurier *m.*
aber *c* mais, cependant, pourtant ; *nun* ~, or • *av* encore ; de nouveau. °**~glaube** *m* (ns) superstition *f.* **~gläubisch** *a* superstitieux.
ab·erkennen* *vt* contester.
aber|malig *a* répété. **~mals** *av* encore une fois.
ab·fahr|en* *vt* charrier ‖ [Reifen] user • *vi* partir (en véhicule). °**~t** *f1* départ *m.*
Ab·fall *m2* chute *f* ‖ GÉOL. pente *f* ‖ *Pl* déchets *mpl.* °**~eimer** *m3* poubelle *f.* **~en*** *vi* tomber ‖ FIG. échoir ‖ renier.
ab·fangen* *vt* attraper ; capter.
ab·färben *vi* déteindre.
ab·fertig|en *vt* expédier. °**~ung** *f1* expédition f.
ab·find|en* *vt* indemniser • *vpr* : FIG. *sich mit etw* ~, prendre son parti de qch. °**~ung** *f1* arrangement *m.*
ab·fliegen* *vi* s'envoler.
ab·fließen* *vi* s'écouler.
Ab·flug *m2* décollage *m.*
Ab·fluß *m2* écoulement *m.*
Ab·folge *f0* suite, succession *f.*
Ab·fuhr *f1* enlèvement *m;* transport *m.*
ab·führ|en *vt* emmener, emporter ‖ MÉD. purger. °**~mittel** *n3* laxatif *m,* purge *f.*
Ab·gabe *f1* livraison *f;* remise *f* ‖ FIN. impôt *m.*
Ab·gang *m2* départ *m.*
ab·gängig *a* manquant.
Ab·gas *n1* gaz *m* d'échappement.
ab·geben* *vt* remettre, donner ; céder ‖ SP. *den Ball* ~, faire une passe • *vpr* (*mit,* dat.) s'occuper de.
ab·ge|brannt *a* FAM. fauché. **~griffen** *a* usé.
ab·gehen* *vi* s'en aller ‖ COMM. se vendre.
Ab·geld *n2* rabais *m.*
ab·gelegen *a* écarté. °**~heit** *f0* éloignement *m.*
ab·geneigt *a* défavorable à.
Ab·geordnete(r) *asm* député *m.*
ab·gerissen *a* déchiré.
ab·geschieden *a* isolé ‖ FIG. mort.
ab·geschmackt *a* fade.
ab·gesehen von *loc p* (dat.) abstraction faite de.
ab·gespannt *a* fatigué.
ab·gestanden *a* éventé.
ab·getan *a* réglé ; fini.
Ab·gewogenheit *f0* équilibre *m.*
ab·gewöhnen *vpr* : *sich etw* ~, se déshabituer de qch.
Ab·gott *m* (es, ¨er) idole *f.*
ab·grenz|en *vt* délimiter. °**~ung** *f1* délimitation *f.*
Ab|grund *m2* abîme *m.* **~gründig** *a* insondable.
ab·haken *vt* décrocher ‖ marquer d'une croix.
ab·halten* *vt* éloigner.
ab·handeln *vt* : *von Preise* ~, marchander.
ab·handen *av* : *etw ist mir* ~ *gekommen,* j'ai perdu qch.

Ab·hang *m2* pente *f*.
ab·häng|en *vt* décrocher • *vi** dépendre. **~ig** *a* dépendant. °**~igkeit** *f0* dépendance *f*.
ab·hauen* *vt* trancher • *vi* [*prét* : ***haute***] filer.
ab·heben* *vt* soulever ‖ décrocher.
ab|helfen* *vi* aider/remédier à. °**~hilfe** *f1* remède *m*.
ab·hold *a* (dat.) hostile.
ab·hol|en *vt* aller chercher.
ab·horchen *vt* écouter ‖ MÉD. ausculter.
ab·hören *vt* interroger; écouter.
ab·irr|en *vi* s'égarer. °**~ung** *f1* égarement *m*.
Abitur *n1* baccalauréat *m*.
ab·karten *vt* manigancer.
ab·kaufen *vt* (r)acheter.
Ab·kehr *f0* éloignement *m*. **~en** *vt* balayer • *vpr* se détourner.
ab·knöpfen *vt* déboutonner.
ab·knüpfen *vt* détacher.
Ab·komme *m4* descendant *m*. **~n*** *vi* s'éloigner • *n3* : °**~**, accord *m*.
ab·koppeln *vt* décrocher.
ab·kühlen *vt* rafraîchir.
Ab·kunft *f2* origine *f* | JUR. convention *f*.
ab·kürz|en *vt* abréger. °**~ung** *f1* abréviation *f*.
ab·lad|en* *vt* décharger. °**~e·platz** *m2* débarcadère *m*. °**~ung** *f1* déchargement *m*.
Ab·laß *m* (sses, ässe) écoulement *m* ‖ COMM. rabais *m* ‖ FIG. *ohne* **~**, sans arrêt.
ab·lassen* *vt* vider ‖ renoncer.
Ab·laß|hahn *m2*, °**~ventil** *m1* purgeur *m*.
Ab·lauf *m2* écoulement, cours *m* ‖ COMM. terme *m*, échéance *f*. **~en*** *vt* (par)courir • *vi* s'écouler ‖ [Frist] expirer. °**~frist** *f1* délai *m*.
ab·lauschen *vt* épier.
ab·leben *vi* décéder • *a* : ***abgelebt***, démodé.
ab·leg|en *vt* déposer, enlever ‖ *eine Prüfung* **~**, passer un examen. °**~er·raum** *m2* vestiaire *m*.
ab·lehn|en *vt* refuser. °**~ung** *f1* refus *m*.
ab·leit|en *vt* dévier. °**~ung** *f1* déviation *f*.
ab·lenk|en *vt* détourner. °**~ung** *f1* déviation *f*.
ab·lesen* *vt* ramasser.
ab·leugnen *vt* nier.
ab·liefern *vt* livrer.
ab·liegen* *vi* être éloigné.
ab·löschen *vt* éteindre; effacer.
ab·lösen *vt* détacher ‖ relayer, relever.
ab·mach|en *vt* FIG. régler. °**~ung** *f1* convention *f*.
ab·mager|n *vi* maigrir. °**~ung** *f0* amaigrissement *m*.
ab·mähen *vt* faucher.
ab·melden *vpr* annoncer son départ.
ab·messen* *vt* mesurer; doser.
ab·mühen *vpr* se donner du mal.

Ab·nahme *f1* enlèvement *m* ‖ diminution *f* ‖ COMM. réception *f*. °**~schein** *m1* récépissé *m*.

ab·nehm|en* *vt* enlever; démonter ‖ COMM. réceptionner • *vi* diminuer. °**~er** *m3*, °**~erin** *f1* acheteur, client *s*.

Ab·neigung *f1* antipathie *f*.

ab·norm *a* anormal.

ab·nutzen *vt* user.

Abonn|ement *n* (s, s) abonnement *m*. °**~ent** *m4*, °**~entin** *f1* abonné *s*. **~ieren** *vt/vi* (*auf*, acc.) [s']abonner à.

Ab·ort *m1* W.-C. *mpl*.

ab·pressen *vt* extorquer.

ab·rahmen *vt* écrémer.

ab·raten *vi* : *jm von etw ~*, déconseiller qch à qn.

Ab|raum *m2* décombres *mpl*. **~raümen** *vt* déblayer.

ab·rechn|en *vt* déduire. °**~ung** *f1* déduction *f*.

Ab·rede *f1* accord *m* ‖ *in ~ stellen*, contester.

ab·reiben* *vt* frotter; user; râper.

Ab·reise *f1* départ *m*. **~n** *vi* partir.

Ab·reiß|block *m2* bloc-notes *m*. **~en*** *vt* démolir ‖ [Blatt] arracher.

ab·richten *vt* dresser ‖ TECHN. ajuster.

Ab·riß *m* (sses, sse) démolition *f* ‖ [Entwurf] abrégé *m*.

ab·rollen *vt* dérouler.

Ab·ruf *m1* rappel *m*; révocation *f*. **~en*** *vt* (r)appeler.

ab·runden *vt* arrondir.

ab·rüst|en *vt* désarmer. °**~ung** *f0* désarmement *m*.

Ab·sage *f1* refus *m*. **~n** *vt* annuler • *vi* refuser.

Ab·satz *m2* [Schuh] talon *m* ‖ [Treppe] palier *m* ‖ TYP. paragraphe *m* ‖ COMM. vente *f*. °**~markt** *m2* débouché *m*.

ab·schaff|en *vt* supprimer. °**~ung** *f1* suppression *f*.

ab·schalten *vt* ÉL. couper ‖ TECHN. débrayer.

ab·schätz|en *vt* évaluer. °**~ung** *f1* estimation *f*.

ab·scheiden* *vt* séparer • *vi* décéder.

Ab·scheu *m0* dégoût *m*. **~erregend** *a* dégoûtant. **~lich** *a* affreux.

ab·schieben* *vt* repousser.

Ab·schied *m1* départ *m*; adieu *m*.

Ab|schlag *m2* [Wald] abattis *m* ‖ COMM. rabais *m* ‖ [Abzahlung] acompte *m*. **~schlagen*** *vt* abattre ‖ COMM. baisser. **~schlägig** *a* négatif.

ab·schlepp|en *vt* remorquer. °**~wagen** *m3* dépanneuse *f*.

ab·schließen* *vt* fermer ‖ conclure.

Ab·schluß *m* (usses, üsse) : *~ eines Vertrags*, conclusion *f* d'un contrat. °**~bilanz** *f1* bilan (définitif).

ab·schnallen *vt* déboucler.

ab·schn|eiden* *vt* découper; trancher. °**~itt** *m1* coupon *m* ‖ [Gesetz] paragraphe *m*.

ab·schrauben *vt* dévisser.

ab·schrecken *vt* effrayer ‖ [Metall] tremper.
ab·schreiben* *vt* copier ‖ [abziehen] déduire.
Ab·schrift *f1* copie *f*.
ab·schürfen *vt* érafler.
ab·schüssig *a* escarpé.
ab·schütteln *vt* secouer ; faire tomber.
ab·schweif|en *vi* s'écarter. **°~ung** *f1* digression *f*.
ab·schwindeln *vt* escroquer.
ab·seh|bar *a : in ~er Zeit,* à bref délai. **~en*** *vt* prévoir ‖ *auf etw ~,* avoir qch en vue.
ab·seit|ig *a/av* à l'écart.
ab·send|en* *vt* envoyer, expédier. **°~er** *m3* expéditeur *m*. **°~ung** *f1* expédition *f*.
ab·setz|en *vt* déposer ‖ COMM. déduire ‖ JUR. révoquer • *vi* s'interrompre. **°~ung** *f1* déposition *f* ‖ COMM. déduction *f* ‖ [Beamte] révocation *f*.
Ab·sicht *f1* intention *f*. **~lich** *a/av* exprès.
absolut *a/av* absolu(ment).
absolvieren *vt : eine Prüfung ~,* passer un examen.
ab·sonder|lich *a* étrange, bizarre. **~n** *vt* séparer, isoler ‖ BIOL. sécréter. **°~ung** *f1* séparation *f* ‖ BIOL. sécrétion *f*.
ab·spannen *vt* dételer • *pp/a : **abgespannt**,* fatigué.
ab·spenstig *a : ~ machen,* détourner.
ab·sperren *vt* fermer ; bloquer.
ab·spielen *vt* jouer ‖ [Schallplatte] passer • *vpr* avoir lieu.
ab·sprechen* *vt* discuter • *vpr : sich mit jm ~,* convenir avec qn. **~d** *a* défavorable ; négatif.
Ab·sprung *m2* saut, bond *m*.
ab·stamm|en *vi* provenir. **°~ung** *f1* origine *f*.
Ab·stand *m2* écart *m*.
ab·statten *vt : jm einen Besuch ~,* rendre visite à qn.
Ab·stecher *m3* crochet, détour *m*.
ab·stecken *vt* délimiter, jalonner.
ab·stehen* *vi* être distant/écarté.
ab·steigen* *vi* descendre.
ab·stell|en *vt* déposer ; garer ‖ TECHN. couper, arrêter. **°~raum** *m2* débarras *m*.
ab·stempeln *vt* timbrer ; oblitérer.
Ab·stieg *m1* descente *f* ‖ FIG. chute *f*.
ab·stimm|en *vi* voter • *vt* MUS. accorder. **°~ung** *f1* vote *m* ‖ RAD. réglage *m*.
ab·stoppen *vt* stopper ‖ SP. *die Zeit ~,* chronométrer.
ab·stoßen* *vt* dégoûter. **~d** *a* dégoûtant.
abstrakt *a* abstrait.
ab·streiten* *vt* contester.
ab·stuf|en *vt* graduer ‖ s'étager. **°~ung** *f1* nuance *f*.
ab·stumpfen *vt* émousser.
ab·stürzen *vi* s'abattre.
ab·stützen *vt* étayer.
absurd *a* absurde.
Abszeß *m* (sses, sse) abcès *m*.
Abtei *f1* abbaye *f*.

Ab·teil *n1, m1* compartiment *m.* **~en** *vt* diviser. °**~ung** *f1* division *f* ‖ MIL. section *f.*
Ab·trag *m2 : jm ~ tun,* faire tort à qn. **~en*** *vt* enlever ‖ [Kleider] user.
ab·treib|en* *vt* expulser ‖ faire avorter • *vi* MAR. dériver. °**~ung** *f1* expulsion *f* ‖ avortement *m.*
ab·treten* *vi* se retirer • *vt* céder ‖ [Schuhe] user.
Ab·trift *f1* MAR. dérive *f.*
ab·tun* *vt* enlever ‖ POP. *jn kurz ~,* expédier qn.
ab·wägen* *vt* (sou)peser.
ab·wandeln *vt* varier.
ab·wander|n *vi* émigrer. °**~ung** *f0* émigration *f.*
Ab·wandlung *f1* changement *m ;* variation *f.*
ab·warten *vt* attendre.
ab·wärts *av* vers le bas.
ab·wechs|eln *vt/vi* alterner. **~elnd** *a/av* alternatif ; tour à tour. °**~lung** *f1* alternance *f.*
Ab·weg *m1* détour *m.*
Ab·wehr *f1* défense *f* ‖ MIL. contre-espionnage *m.*
ab·weich|en* *vi* s'écarter. °**~ung** *f1* écart *m.*
ab·weisen* *vt* repousser.
ab·wend|en* *vt* détourner. **~ig** *a : ~ machen,* détourner.
ab·werfen* *vt* jeter bas ‖ *Kleider ~,* se déshabiller ‖ *Bomben ~,* bombarder.
ab·wert|en *vt* déprécier. °**~ung** *f1* dévaluation *f.*
ab·wesen|d *a* absent. °**~heit** *f1* absence *f.*
ab·wickeln *vt* dérouler ‖ développer.
ab·wiegen* *vt* peser • *pp/a :* ***abgewogen,*** pondéré.
Ab·wurf *m2* lancement *m.*
ab|zahlen *vt* payer à tempérament. **~zählen** *vt* dénombrer. °**~zahlung** *f1 : auf ~ kaufen,* acheter à tempérament. °**~zählung** *f1* dénombrement *m.*
ab·zapfen *vt* soutirer.
ab·zehren *vt* épuiser ; consumer.
Ab·zeichen *n3* insigne *m.*
Ab·zieh|bild *n2* décalque *m.* **~en*** *vt* enlever, retirer ‖ [Photo] tirer ‖ FIN. déduire ; *Skonto ~,* escompter • *pp :* ***abgezogen,*** déduction faite • *vi* s'éloigner.
ab·zielen *vi* (*auf,* acc.) viser à.
Ab|zug *m2* déduction *f ;* retenue *f* ‖ MIL. départ *m* ‖ PHOT. épreuve *f.* °**~züglich** *p* (gén.) déduction faite de.
ab·zweig|en *vt* dériver ‖ [Baum] émonder • *vi* bifurquer. °**~ung** *f1* bifurcation *f* ‖ EL. dérivation *f.*
ab·zwingen* *vt* arracher.
ach! *interj* hélas ! ‖ ah !
a. Chr. (n.) avant Jésus-Christ.
Achse *f1* axe *m ;* essieu *m.*
Achsel *f1* aisselle *f ;* épaule *f.* °**~zucken** *n0* haussement *m* d'épaules.
Achs·nabe *f1* moyeu *m.*
Acht *f0* attention *f ; sich in ~ nehmen,* faire attention.

acht *num* huit. **~e** *num* huitième.
achten *vt/vi* estimer; *auf etw ~*, faire attention à qch.
ächten *vt* bannir.
achtens·wert *a* estimable.
Achter·deck *n3* pont *m* arrière.
acht|los *a* inattentif. **~sam** *a* attentif. °**~ung** *f0* attention *f*.
Ächtung *f0* proscription *f*.
achtungs·voll *a* déférent.
acht|zehn *num* dix-huit. **~zig** *num* quatre-vingt(s).
ächzen *vi* geindre, gémir.
Acker *m* (s, ¨) champ *m*. °**~bau** *m0* agriculture *f*.
addieren *vt* additionner.
ade! *interj* adieu!
Adel *m0* noblesse *f*.
Ader *f1* artère *f*; veine *f* ‖ BOT. nervure *f*. °**~verkalkung** *f0* artériosclérose *f*.
Adjunkt *m1* adjoint *m*.
Adler *m3* aigle *m*.
adlig *a* noble. °**~e** *asf*, °**~er** *asm* noble *s*.
Admiral *m2* amiral *m*.
adopt|ieren *vt* adopter. °**~iv·kind** *n2* enfant adoptif.
Adress|buch *n2* annuaire *m*. °**~e** *f1* adresse *f*.
adrett *a* adroit; vif.
Adria *f0* Adriatique *f*.
Advent *m1* Avent *m*.
Advokat *m4* avocat *m*.
Affäre *f1* affaire *f*.
Affe *m4* singe *m*.
Affekt *m1* émotion *f*. °**~handlung** *f1* acte passionnel.
äff|en *vt* singer. °**~erei** *f1* singerie *f*.
Afrika *n0* Afrique *f*. °**~ner** *m3*, °**~nerin** *f1* Africain *s*. **~nisch** *a* africain.
After *m1* anus *m* • *préf* : **~**..., arrière ‖ PÉJ. pseudo... °**~miete** *f1* sous-location *f*.
Agent *m4* agent *m*. °**~ur** *f1* agence *f*.
Agitation *f1* agitation *f*.
agrar... *préf* agricole.
Agronom *m4* agronome *m*.
Agrumen *fpl* agrumes *mpl*.
Ägypt|en *n0* Égypte *f*. °**~er** *m3* Égyptien *m*.
ah! *interj* ah!; *~ so!*, tiens!
ahnden *vt* punir.
Ahne *m4*, *f1* aïeul *s* ‖ *Pl* ancêtres *mpl*.
ähneln *vi* ressembler à.
ahnen *vt/vi* pressentir.
ähnlich *a* semblable. °**~keit** *f1* ressemblance *f*.
Ahnung *f1* pressentiment *m*; intuition *f*. **~slos** *a* qui ne se doute de rien. **~svoll** *a* qui a des pressentiments ‖ [Sachen] mystérieux.
Ahorn *m1* érable *m*.
Ähre *f1* épi *m*.
Ais *n* la *m* dièse.
Akadem|ie *f1* académie *f*. °**~iker** *m3*, °**~ikerin** *f1* qui a fait des études universitaires.
Akazie *f1* acacia *m*.
Akkumulator *m* (s, en) [*abr* : *Akku*] accumulateur *m*.
Akrobat *m4* acrobate *m*.
Akt *m1* acte *m* ‖ ARTS nu *m*.
Akte *f1* acte, document *m*.

°**~n·deckel** *m3* chemise *f;* dossier *m.* °**~n·schrank** *m2* classeur *m.* °**~n·tasche** *f1* porte-documents *m.*
Aktie *f1* FIN. action *f.* °**~n·gesellschaft** *f1* [*abr* : *AG*] société *f* anonyme.
Aktionär *m1* actionnaire *m.*
aktiv *a* actif. °**~a,** °**~en** *npl,* °**~kapital** *n1* FIN. actif *m.* °**~posten** *m3,* °**~saldo** *m* (s, dien) solde créditeur.
Aktualität *f1* actualité *f.*
Aktuar *m1* greffier *m.*
aktuell *a* d'actualité.
Akupunktur *f0* acupuncture *f.*
akut *a* aigu.
Akzent *m1* accent *m.*
akzeptieren *vt* accepter.
Alarm *m1* alarme *f.* °**~anlage** *f1* avertisseur *m.*
Alb, Alp *f1* alpage *m; Schwäbische ~,* Jura *m* souabe.
albern *a* niais, bête • *vi* dire des niaiseries. °**~heit** *f1* niaiserie *f.*
Album *n* (s, ben) album *m.*
Albumin *n1* albumine *f.*
alemannisch *a* alémanique.
alert *a* alerte ‖ vigilant.
Alge *f1* algue *f.*
Algebra *f0* algèbre *f.*
Algerien *n0* Algérie *f.*
Alimente *npl* pension *f* alimentaire.
Alk *m1* pingouin *m.*
Alkohol *m1* alcool *m.* °**~iker** *m3* alcoolique *m.* °**~ismus** *m* alcoolisme *m.*
all *a/pr* tout; *~wöchentlich,* hebdomadaire; *dies ~es,* tout cela; *~es in ~em,* somme toute ‖ FAM. fini. **~bekannt** *a* bien connu. **~e·dem** *av* : *bei/trotz ~,* malgré tout.
Allee *f1* allée *f;* avenue *f.*
allein *a* seul • *av* seulement • *c* cependant, mais. **~ig** *a* unique. **~stehend** *a* isolé.
alle|mal *av* toutes les fois. **~n·falls** *av* au besoin. **~nthalben** *av* partout.
aller... *préf* le plus ; très. **~art** *a inv* de toutes sortes. **~dings** *av* sans doute. **~erst** *a* le premier de tous • *av* en premier lieu.
allergisch *a* allergique.
aller|hand *a inv* toutes sortes de. °**~heiligen** *n* Toussaint *f.* **~lei** *a inv* toutes sortes de. **~letzt** *a* tout dernier. **~orten, ~orts** *av* en tous lieux. °**~seelen** *n* jour *m* des Trépassés. **~seits** *av* de tous les côtés.
alle|samt *av* tous ensemble. **~wege** *av* en tout lieu. **~zeit** *av* toujours.
allgemein *a* général • *av* : *im ~en,* en général.
Alli|anz *f1* alliance *f.* °**~ierte(r)** *asm* allié *m.*
all|jährlich *a/av* annuel(lement). **~mächtig** *a* tout-puissant. **~mählich** *a* graduel • *av* peu à peu. **~seitig** *av* de toutes parts. **~seits** *av* à tous égards. °**~tag** *m1* jour *m* ouvrable. **~täglich** *a* quotidien.

all·zu *av* trop. **~sehr** *av* (par) trop. **~viel** *av* trop.
Almosen *n3* aumône *f*.
Alp → ALB.
Alpdrücken *n* cauchemar *m*.
Alpen *fpl* Alpes *fpl*. °**~rose** *f1* rhododendron *m*. °**~sport** *m0* alpinisme *m*.
Alphabet *n1* alphabet *m*. **~isch** *a* alphabétique.
Alpin|ismus *m* alpinisme *m*. °**~ist** *m4*, °**~istin** *f1* alpiniste *s*.
als *c* **1.** COORDINATION comme, en qualité de ; ~ *Kind,* étant enfant. **2.** COMPARAISON : *größer* ~, plus grand que ; *zu groß,* ~ *daß,* trop grand pour que ; *um so mehr...,* ~; *desto* (compar.), ~, d'autant plus ... que ‖ ~ *ob,* comme si. **3.** SUBORDINATION lorsque ; quand (dans le passé). **~bald** *av* aussitôt. **~dann** *av* puis ; ensuite.
also *av* ainsi • *c* donc.
alt *a* vieux, ancien ; *er ist zehn Jahre* ~, il a dix ans.
Alt *m1* MUS. alto *m*.
Altan *m1* balcon *m* ; galerie *f*.
Altar *m2* autel *m*. °**~bild** *n2* retable *m*.
alt·backen *a* rassis.
Alter *n3* âge *m*. **~n** *vi* vieillir.
alternativ *a* alternatif. °**~e** *f1* alternative *f*.
alters *av* : *von* ~ *her,* de tout temps. °**~rente** *f1* pension *f* de vieillesse.
Alter|tum *n2* antiquité *f*. **~tümlich** *a* antique. °**~tums·forscher** *m3* archéologue *m*.
alt|gewohnt *a* traditionnel. °**~händler** *m3* brocanteur *m*. **~hergebracht,** **~herkömmlich** *a* traditionnel. °**~waren·händler** *m3* brocanteur *m*.
Aluminium *n3* aluminium *m*.
am [= *an dem*] : ~ *Meer,* au bord de la mer ; ~ *Montag,* le lundi.
Amboß *m* (sses, sse) enclume *f*.
ambulant *a* ambulant.
Ameise *f1* fourmi *f*. °**~n·haufen** *m3* fourmilière *f*.
Amerika *n0* Amérique. °**~ner** *m3*, °**~nerin** *f1* Américain *s*. **~nisch** *a* américain.
Amme *f1* nourrice *f*.
Amnesie *f1* amnésie *f*.
Amöbe *f1* amibe *f*.
Amortis|ation *f1* amortissement *m*. **~ieren** *vt* amortir.
Ampel *f1* feu *m* de circulation.
Ampfer *m0* oseille *f*.
Amsel *f1* merle *m*.
Amt *n* (es, ¨er) fonction *f* ; emploi *m* ‖ administration *f*. **~ieren** *vi* être en fonction. **~lich** *a/av* officiel(lement).
Amts|enthebung *f1* suspension *f*. °**~gericht** *n1* tribunal *m* de première instance. °**~schreiber** *m3* greffier *m*.
amüs|ant *a* amusant. **~ieren** *vt/vpr* (s')amuser.
an *p* **1.** LIEU (situation, dat.) à ; en ; contre ; *Frankfurt* ~ *der Oder,* Francfort-sur-Oder ‖

(direction, acc.) à ; vers ; contre ; ~ *jn schreiben,* écrire à qn. **2.** TEMPS (en franç. absence fréquente de p.) : ~ *diesem Morgen,* ce matin. **3.** CAUSE : ~ *einer Krankheit leiden,* souffrir d'une maladie. **4.** LOC : *reich* ~, riche en ; ~ *die 200 DM,* dans les/environ 200 DM • *av : von hier* ~, à partir d'ici ; *von nun* ~, désormais ; *das Licht ist* ~, la lumière est allumée • *part sép.*

Analys|e *f1* analyse *f.* **~ieren** *vt* analyser.

Anäm|ie *f0* anémie *f.* **~isch** *a* anémique.

Ananas *f0* ananas *m.*

Anarch|ie *f0* anarchie *f.* °**~ist** *m4* anarchiste *m.*

Anästhesie *f1* anesthésie *f.*

an·bahnen *vt* frayer la voie à.

an·behalten* *vt* [Kleidung] garder.

an·bei *av* ci-joint ; ci-inclus.

an·belangen *v imp* concerner.

an·beraumen *vt* [Termin] fixer.

an·beten *vt* adorer.

An·be|tracht, °**~treff** *m* dans *loc* étant donné ; *in* ~ *seiner Gesundheit,* eu égard à sa santé. **~treffen*** *vt/v imp* concerner ; *was mich anbetrifft,* quant à moi.

an·bieten* *vt* offrir ; proposer.

An·blick *m1* regard *m ;* vue *f.*

an·brechen* *vt* entamer • *vi* commencer.

an·brennen* *vt* mettre le feu à • *vi* prendre feu • *pp/a* ***angebrannt*** : ~ *riechen,* sentir le brûlé.

an·bringen* *vt* poser, appliquer ‖ JUR. [Klage] déposer.

An|bruch *m2* commencement *m.* **~brüchig** *a* gâté.

Andacht *f1* méditation *f ;* prière *f.*

an·dauern *vi* durer. **~d** *a* persistant.

An·denken *n3* souvenir *m ;* mémoire *f.*

ander *a/pr* autre, nouveau ; *am* ~*(e)n Tag(e),* le lendemain ; *nichts* ~*es,* rien d'autre.

ändern *vt/vi/vpr* changer, varier.

anders *av* autrement ; *er wird* ~, il change ; *jd* ~, qn d'autre ; *sich* ~ *besinnen,* se raviser.

ander·seits *av* par ailleurs.

anders·wo *av* ailleurs (situation). **~hin** *av* ailleurs (mouvement).

anderthalb *a inv* un et demi.

Änderung *f1* changement *m.*

an·deut|en *vt* indiquer. °**~ung** *f1* indication *f.* ‖ FIG. (*auf,* acc.) allusion *f* à.

An·drang *m0* affluence *f.*

an·drehen *vt* tourner ‖ TECHN. allumer.

an·dringen* *vi* affluer.

an·droh|en *vt* menacer. °**~ung** *f1* menace *f.*

an·eignen *vpr* s'approprier.

an·einander *av* l'un près de l'autre ; ensemble. **~rücken** *vt/vi* (se) rapprocher.

an·ekeln *vt* dégoûter.
an·erben *vt* hériter • *pp/a : **angeerbt,*** héréditaire.
an·erbieten* *vt* offrir.
an·er|kannt *a* (généralement) admis. **~kennen*** *vt* reconnaître, accepter. °**~kennung** *f0* reconnaissance, acceptation *f.*
an·fachen *vt* attiser.
an·fahr|en* *vi* [Wagen] arriver ‖ MAR. aborder ‖ démarrer • *vt* [anstoßen] accrocher ‖ FIG. brusquer. °**~t** *f1* arrivée *f* ‖ démarrage *m.*
An·fall *m2* agression *f,* attentat *m* ‖ MÉD. accès *m,* crise *f.* **~en*** *vt* attaquer, assaillir.
an·fällig *a : ~ für* (acc.), sujet à.
An·fang *m2* commencement, début *m.* **~en*** *vt/vi* commencer ‖ *ich weiß nichts damit anzufangen,* je ne sais qu'en faire.
An·fänger *m3,* °**~in** *f1* débutant *s.*
an·fangs *av* au commencement • *préf* initial.
an·fassen *vt* saisir.
an·fecht|bar *a* contestable. **~en*** *vt* contester. °**~ung** *f1* contestation *f.*
an·feuchten *vt* humecter.
an·flehen *vt* implorer.
an·fliegen* *vt : einen Flugplatz ~,* faire escale.
An·frage *f1* demande *f.* **~n** *vi : bei jm ~,* se renseigner auprès de qn • *vt* interpeller.
an·frieren* *vi* [Eis] prendre.
an·führ|en *vt* conduire, amener ‖ [Worte] citer. °**~ung** *f1* FIG. citation *f.*
an·füllen *vt* (r)emplir.
An·gabe *f1* indication *f.*
an·geb|en* *vt* indiquer • *vi* [protzen] se vanter • *vpr : sich (als, für) ~,* se faire passer pour. **~lich** *a* prétendu.
an·geboren *a* inné.
An·gebot *n1* offre *f.*
an·gebracht *a* opportun; *nicht ~,* déplacé, inopportun.
an·gebunden *a : kurz ~,* peu bavard.
an·gegangen *a* gâté, avarié.
an·gehen* *vt* aborder ‖ [bitten] demander (qch à qn) ‖ [betreffen] concerner • *vi* [beginnen] commencer.
an·gehör|en *vi* appartenir à. °**~ige** *asf,* °**~ige(r)** *asm* parent *s* ‖ ressortissant *s.*
Angel *f1* **1.** gond *m.* **2.** ligne *f* pour la pêche.
an·gelangen *vi* arriver.
An·geld *n0* arrhes *fpl.*
an·gelegen *a* qui tient à coeur. °**~heit** *f1* affaire *f.*
Angel|rute *f1* canne *f* à pêche. **~weit** *av : die Tür steht ~ auf,* la porte est grande ouverte.
an·gemessen *a* approprié.
an·genehm *a* agréable.
an·gesehen *a* bien vu. °**~heit** *f* considération *f.*
an·gesessen *a* établi, domicilié.
an·gesichts *p* (gén.) en face de.

An·gestellte(r) *as* employé *s*.
an·getan *a* de nature à.
an·getrunken *a* FAM. éméché.
an·gewöhnen *vt* habituer.
Angler *m3* pêcheur *m* à la ligne.
An·gliederung *f1* annexion *f*, rattachement *m*.
an·greif|en* *vt* attaquer. °**~er** *m3* agresseur *m*.
an·grenzen *vi* confiner à. **~d** *a* limitrophe.
An·griff *m1* attaque, agression *f* ‖ FIG. *in ~ nehmen*, entreprendre. **~s·lustig** *a* agressif.
Angst *f2* peur, angoisse, anxiété *f*.
ängstlich *a* anxieux ; peureux.
an·haben *vt* avoir sur soi.
an·haften *vi* adhérer.
An·halt *m1* (point *m* d') appui *m* ‖ [Halteplatz] arrêt *m*. **~en** *vi* persister ‖ s'arrêter • *vt* suspendre ; arrêter ‖ FIG. (*zu*, dat.) inviter à. **~end** *a* continuel. °**~er** *m3 : per ~ fahren*, faire de l'auto-stop.
an·hangen* *vi* être accroché à.
an·häng|en *vt* accrocher • *vi** : POL. *jm ~*, être partisan de qn. °**~er** *m3* breloque *f* ‖ [Zettel] étiquette *f* ‖ AUT. remorque *f* ‖ FIG. partisan *m*. °**~e·schloß** *n* (osses, össer) cadenas *m*. **~lich** *a* fidèle.
an·häuf|en *vt* entasser. °**~ung** *f1* accumulation *f*.
an·heben * *vt* soulever ; relever • *vi* commencer.
an·heften *vt* agrafer.
an·heim·fallen *vi* revenir à.
An·hieb *m1 : auf ~*, du premier coup.
An·höhe *f1* hauteur *f*.
an·hören *vt* écouter.
Animier·mädchen *n3* entraîneuse *f*.
An|kauf *m2* achat *m*. **~kaufen** *vt* acheter. °**~käufer** *m3* acquéreur *m*.
Anker *m3* ancre *f*; *vor ~ gehen*, jeter l'ancre. **~n** *vi* mouiller ; jeter l'ancre. °**~spill** *n1*, °**~winde** *f1* cabestan *m*.
An·klage *f1* accusation *f*. **~n** *vt* accuser.
An·kläger *m3* accusateur *m*.
an·klammern *vt* agrafer ; accrocher.
An·klang *m2* résonance *f*.
an·kleben *vt* afficher.
an·kleide|n *vt* habiller. °**~raum** *m2* vestiaire *m*.
an·klingeln *vt* appeler au téléphone.
an·knipsen *vt : Licht ~*, tourner le bouton.
an·knöpfen *vt* boutonner.
an·knüpfen *vt* nouer.
an|kommen *vi* arriver • *v imp : ~ auf*, dépendre de. °**~kömmling** *m1* nouveau venu.
an·kratzen *vt* érafler.
an·kündigen *vt* annoncer.
An·kunft *f2* arrivée *f*.
an·kurbeln *vt* mettre en marche (à la manivelle) ‖ FIG. relancer.

An·lage *f1* aptitude *f* ‖ TECHN. dispositif *m* ‖ FIN. placement *m* ‖ parc *m*.
an·langen *vi* arriver.
Anlaß *m* (asses, ässe) occasion *f*.
anlass|en* *vt* [Motor] mettre en marche • *vpr : sich gut* ~, bien s'annoncer • *n0 :* °~, démarrage *m*. °**~er** *m3* démarreur *m*.
anläßlich *p* (gén.) à l'occasion de.
An·lauf *m2* élan *m* ‖ FIG. affluence *f* ‖ AUT. démarrage *m*. **~en*** *vi* démarrer • *vt* MAR. aborder.
an·läuten *vt* sonner; appeler au téléphone.
An·lege|brücke *f1* débarcadère *m*. **~n** *vt* mettre; appliquer ‖ *auf jn* ~, viser qn ‖ [Kleid] mettre ‖ FIN placer • *vi* accoster. °**~stelle** *f1* embarcadère *m*.
an·lehnen *vt* adosser; *die Tür ist nur angelehnt,* la porte est entrouverte.
An·leihe *f1* emprunt *m*.
An·leitung *f1* instruction *f*.
an·lieg|en* *vi* être voisin • *v imp : es liegt mir an/zu,* il m'importe de. **~end** *a* contigu ‖ [Kleid] collant • *av* ci-joint. °**~er** *m3* riverain *m*.
an·machen *vt* [Feuer] allumer.
an·maß|en *vpr* avoir la prétention de. **~end** *a* prétentieux. °**~ung** *f1* prétention *f*.
an·meld|en *vt* annoncer ‖ COMM. *Konkurs* ~, déposer son bilan. °**~ung** *f1* déclaration *f*.
an·merken *vt* noter, remarquer.
An·mut *f0* grâce *f*. **~en** *vi* donner l'impression de. **~ig,** **~s·voll** *a* gracieux.
an·näher|n *vt/vpr* (s')approcher. **~nd** *a* approximatif. °**~ung** *f1* approche *f*.
An·nahme *f1* réception *f*; acceptation *f*; adoption *f*.
an·nehmen* *vt* accepter; *angenommen, daß,* supposé que • *vpr* (gén.) se charger de.
annektieren *vt* annexer.
Anno : ~ *dazumal,* jadis.
anonym *a* anonyme.
an·ordn|en *vt* ordonner, organiser. °**~ung** *f1* disposition *f*.
an·packen *vt* saisir.
an·pass|en *vt/vpr* (s')adapter. °**~ung** *f1* ajustement *m*; adaptation *f*.
an·pfeifen* *vt* siffler; *das Spiel* ~, donner le coup d'envoi.
An·prall *m1* choc *m*. **~en** *vi* heurter.
an·rechn|en *vt* facturer ‖ FIG. attribuer. °**~ung** *f1* imputation *f*; facturation *f*.
An·rede *f1* allocution *f*. **~n** *vt* adresser la parole à.
an·reg|en *vt* animer, stimuler. °**~ung** *f1* stimulation *f*.
an·reihen *vt* ranger ‖ [Perlen] enfiler.
an·reisen *vi* arriver (de voyage).

an·reißen* *vt* entamer ‖ [Kunden] raccoler.
An·reiz *m1* stimulation *f.* **~en** *vt* exciter; stimuler.
an·rennen* *vi* accourir.
An·richte *f1* desserte *f.* **~n** *vt* préparer; causer. °**~zimmer** *n3* office *m.*
an·rüchig *a* mal famé.
an·rücken *vi* (s')approcher.
An·ruf *m1* appel *m.* **~en** *vt* appeler.
an·rühren *vt* CUIS. délayer.
An·sage *f1* annonce *f.* **~n** *vt* annoncer. °**~r** *m3* speaker *m.*
an·samm|eln *vt* amasser. °**~lung** *f1* accumulation *f.*
an·sässig *a* domicilié.
An·satz *m2* commencement *m.* °**~stück** *n1* embout *m.*
an·schaff|en *vt* procurer. °**~ung** *f1* acquisition *f.*
an·schalten *vt* : *Licht ~,* allumer.
an·schau|en *vt* contempler. **~lich** *a* clair. °**~ung** *f1* conception *f.*
An·schein *m1* apparence *f.* **~end** *av* apparemment.
an·schicken *vpr* se disposer à.
An·schlag *m2* choc, coup *m* ‖ [Plakat] affiche *f* ‖ [Kosten] devis *m* ‖ FIG. *in ~ kommen,* entrer en ligne de compte ‖ [Mord] attentat *m.* °**~brett** *n2* tableau *m* d'affichage. **~en*** *vt* afficher • *vi* battre, frapper. °**~säule** *f1* colonne *f* Morris.
an·schließen *vt* (r)attacher ‖ RAD. relayer • *vpr* FIG. se rattacher. **~d** *a* contigu • *av* immédiatement après.
An·schluß *m* (usses, üsse) rattachement *m;* branchement *m* ‖ TRANSP. correspondance *f* ‖ *in ~ an,* faisant suite à.
an·schnallen *vt* attacher (une ceinture).
an·schneiden* *vt* entamer.
Anschov|e, °**~is** *f* (ven) anchois *m.*
an·schreiben* *vt* inscrire.
An·schrift *f1* adresse *f.*
an·schwärzen *vt* diffamer.
an·schwell|en* *vi/vt* enfler. °**~ung** *f1* crue *f.*
an·seh|en* *vt/vpr* regarder; *sich die Schaufenster ~,* regarder les vitrines ‖ FIG. considérer; prendre pour ‖ avoir l'air • *n0* : °**~,** vue *f* ‖ apparence *f;* prestige *m; ohne ~ der Person,* sans acception de personne. **~n·lich** *a* considérable. °**~ung** *f0* considération *f;* égard *m; in ~* (gén.), eu égard à.
an·setzen *vt* appliquer, poser ‖[Spiel] miser ‖ [Preise] fixer ‖MÉD. *Fett ~,* engraisser.
An·sicht *f1* vue *f;* aspect *m* ‖ FIG. avis *m.* °**~s·(post)karte** *f1* carte (postale) illustrée.
an·sied|eln *vt/vpr* (s')établir. °**~ler** *m3* colon *m.*
an·spannen *vt* tendre ‖ [Pferd] atteler.
an·spiel|en *vi* : *auf etw ~,* faire allusion à qch. °**~ung** *f1* allusion *f.*

an·spornen *vt* éperonner ‖ FIG. stimuler.
An·sprache *f1* allocution *f.*
an·sprechen *vt* adresser la parole à qn. **~d** *a* sympathique.
an·springen* *vt* bondir • *vi* [Motor] démarrer.
An·spruch *m2* revendication *f*; prétention *f*; *in ~ nehmen,* exiger; *in ~ genommen,* occupé. **~svoll** *a* exigeant.
An·sprung *m2* élan *m.*
An·stalt *f1* établissement *m* ‖ *Pl* préparatifs *mpl.*
An·stand *m2* décence *f* ‖*Pl* hésitations *fpl.*
an·ständig *a* convenable. °**~keit** *f* bienséance *f.*
an·starren *vt* fixer du regard.
an·statt *p* (gén.) au lieu de • *c* : *~ zu/daß,* au lieu de (inf.).
an·steck|en *vt* épingler ‖ MÉD. contaminer. **~end** *a* contagieux. °**~ung** *f1* contagion *f.*
an·steigen* *vi* monter; croître.
an·stell|e [= *an Stelle*] *p* *gén.*; *von,* dat.) au lieu/à la place de. **~en** *vt* placer ‖ employer ‖ TECHN. mettre en marche. **~ig** *a* débrouillard. °**~ung** *f1* emploi *m.*
an·steuern *vt* mettre le cap sur.
An·stieg *m1* montée *f.*
an·stift|en *vt* FIG. provoquer. °**~er** *m3* instigateur *m.*
an·stimmen *vt* entonner ‖ donner le ton.
An·st|oß *m2* heurt, choc *m* ‖ SP. coup *m* d'envoi. **~oßen** *vt* heurter, choquer; cogner • *vi* être contigu à. **~ößig** *a* choquant.
an·streichen* *vt* peindre.
an·streng|en *vt* tendre ‖ [Prozeß] intenter • *vpr* s'efforcer de. **~end** *a* fatigant. °**~ung** *f1* effort *m.*
An·strich *m1* enduit *m*; couche *f*; vernis *m.*
An·sturm *m2* assaut *m.*
an·suchen *vt* solliciter.
an·tasten *vt* tâter ‖ FIG. porter atteinte à.
An·teil *m1* (quote-)part *f*; *an etw ~ haben,* participer à qch ‖ FIG. intérêt *m.* °**~schein** *m* FIN. coupon *m.*
Antenne *f1* antenne *f.*
Anti·biotikum *n* (s, ka) antibiotique *m.*
antik *a* ancien, antique. °**~e** *f1* antiquité *f.*
Anti·pathie *f1* antipathie *f.*
Antiqu|ar *m1* antiquaire *m.* °**~ariat** *n1* librairie *f* d'occasion. **~arisch** *a* d'occasion. °**~ität** *f1* antiquité *f.*
An·trag *m2* proposition, offre *f* ‖ JUR. demande *f.* **~en*** *vt* apporter ‖ FIG. offrir.
an·treiben* *vt* pousser; faire avancer ‖ FIG. exciter.
an·treten* *vi* aborder ‖ MIL. *angetreten!,* rassemblement!
An·trieb *m1* propulsion *f* ‖ FIG. impulsion *f.*
An·tritt *m1* premier pas ‖ FIG. début *m.*

Antwerpen *n0* Anvers *m.*
Antwort *f1* réponse *f.* **~en** *vt (auf,* acc.) répondre. °**~schein** *m1* coupon-réponse *m.*
an·vertrauen *vt* confier (qch à qn).
An·wachs *m0* accroissement *m.* **~en*** *vi* croître.
An·walt *m2* avocat *m;* avoué *m.*
an·wand|eln *vt :* FIG. *es wandelt mich die Lust an/zu* (inf.), j'ai envie de (inf.). °**~lung** *f1* accès *m* || FIG. velléité *f.*
An·wärter *m3* candidat *m* || MIL. aspirant *m.*
an·weis|en* *vt* indiquer; *auf etw angewiesen,* réduit à qch. °**~ung** *f1* directive *f.*
an·wend|en*, ~en *vt* appliquer; utiliser. °**~ung** *f1* emploi *m.*
an·werben* *vt* embaucher.
an·wesen|d *a* présent. °**~heit** *f0* présence *f.*
An·wohner *m3* riverain *m.*
An·wuchs *m2* croissance *f.*
An·wurf *m0* crépi *m.*
An·zahl *f0* nombre *m.* **~en** *vt* payer un acompte. °**~ung** *f1* acompte *m.*
An·zeichen *n3* signe, indice *m.*
An·zeig|e *f1* avis *m,* annonce *f.* **~en** *vt* indiquer; déclarer || annoncer. °**~er** *m3* indicateur *m.*
an·zieh|en* *vt* tirer, tendre || FIG. attirer || [Kleider] mettre. °**~ung** *f0* attrait *m.*
An·zug *m2* costume *m* || FIG. *im ~ sein,* approcher.
an·zünd|en *vt* allumer. °**~ung** *f0* allumage *m.*
an·zweifeln *vt* mettre en doute.
Apfel *m* (s, ¨) pomme *f.* °**~baum** *m2* pommier *m.* °**~most,** °**~wein** *m0* cidre *m.* °**~sine** *f1* orange *f.*
Apotheke *f1* pharmacie *f.* °**~r** *m3* pharmacien *m.*
Apparat *m1* appareil *m.*
Appell *m1* appel *m.* °**~ations·gericht** *n1* cour *f* d'appel.
Appetit *m0* appétit *m.* **~lich** *a* appétissant.
applau|dieren *vi* applaudir. °**~s** *m1* applaudissement *m.*
Aprikose *f1* abricot *m.*
April *m0* avril *m.*
Aquarium *n* (s, rien) aquarium *m.*
Ära *f* (ren) ère *f.*
Arab|er *m3* Arabe *m.* **~isch** *a* arabe.
Arbeit *f1* travail, ouvrage *m.* **~en** *vi* travailler. °**~er** *m3,* °**~erin** *f1* ouvrier *s.* °**~erschaft** *f0* main-d'œuvre *f.* °**~geber** *m3* patron, employeur *m.* °**~nehmer** *m3* salarié *m.* **~sam** *a* laborieux.
Arbeits|amt *n2* office *m* du travail. °**~kraft** *f2* main-d'œuvre *f.* **~los** *a,* °**~lose(r)** *as* chômeur *s.* °**~losigkeit** *f0* chômage *m.* °**~schieds-gericht** *n1* conseil *m* des prud'hommes. °**~sperre** *f1*

lock-out *m*. °~**tag** *m1* jour *m* ouvrable. °~**verhältnisse** *npl* conditions *fpl* de travail. °~**vermittlung** *f1* bureau *m* de placement. °~**versäumnis** *n* (ses) absentéisme *m*. °~**zimmer** *n3* bureau *m*.

Archäologe *m4* archéologue *m*.

Architekt *m4* architecte *m*.

Archiv *n1* archives *fpl*. °~**ar** *m1* archiviste *m*.

Areal *n1* aire *f*.

arg *a* mauvais ; fâcheux.

Ärger *m0* contrariété *f ;* dépit *m*. ~**lich** *a* irritant. ~**n** *vt* agacer, contrarier • *vpr* se fâcher. °~**nis** *n* (ses, se) contrariété *f ;* dépit *m*.

arg|listig *a* perfide. ~**los** *a* candide. °~**wohn** *m0* défiance *f*. ~**wöhnen** *vt* suspecter.

Arithmetik *f0* arithmétique *f*.

Arkt|is *f0* région *f* arctique. ~**isch** *a* arctique.

arm *a* pauvre.

Arm *m1* bras *m*.

Armaturen·brett *n2* tableau *m* de bord.

Arm·band *n2* bracelet *m*. °~**uhr** *f1* montre-bracelet *f*.

Armee *f1* armée *f*.

Ärmel *m3* manche *f*. °~**kanal** *m0* Manche *f*.

Arm·höhle *f1* aisselle *f*.

armieren *vt* blinder ; *armierter Beton,* béton armé.

Arm·lehne *f1* bras *m* de fauteuil.

ärmlich *a* nécessiteux.

Ärmlichkeit *f0* pauvreté *f*.

Arm·muskel *m* (s, n) biceps *m*.

arm·selig *a* pauvre ; pitoyable.

Arm|sessel *m3,* °~**stuhl** *m2* fauteuil *m*.

Armut *f0* pauvreté *f*.

Aroma *n* (s, s) arôme *m*.

Arrest *m1* emprisonnement *m*. °~**ant** *m4* détenu *m*.

arretieren *vt* arrêter.

Art *f1* nature *f* ‖ manière *f ; auf diese ~,* de cette façon ‖ [Gattung] espèce, sorte *f*. ~**en** *vi : nach jm ~,* tenir de qn.

Arterie *f1* artère *f*. °~**n·verkalkung** *f0* artériosclérose *f*.

Arthritis *f0* arthrite *f*.

artig *a* sage ; gentil. °~**keit** *f0* gentillesse *f*.

Artikel *m3* article *m*.

Artischoke *f1* artichaut *m*.

Artist *m4* acrobate *m*.

Arznei *f1,* °~**mittel** *n3* médicament *m*.

Arzt *m2* médecin *m*.

ärztlich *a* médical.

1. As *n* la *m* bémol.

2. As *n* (ses, se) as *m*.

Asbest *m1* amiante *m*.

Asch|e *f1* cendre *f*. °~**en·becher** *m3* cendrier *m*. ~**fahl** *a* gris cendré.

asi|atisch *a* asiatique. °~**en** *n0* Asie *f*.

Asphalt *m1* asphalte *m*.

Assel *f1* mille-pattes *m*.

Assessor *m* (s, en) fonctionnaire *m* stagiaire.

Assimilation *f1* assimilation *f*.
Assisten|t *m4* assistant *m*. °**~z·arzt** *m2* interne *m* des hôpitaux.
Ast *m2* branche *f*.
ästen *vi* se ramifier.
Asthma *n0* asthme *m*.
ästig *a* ramifié || [Holz] noueux.
Astro|loge *m4* astrologue *m*. °**~naut** *m4* astronaute *m*. °**~nom** *m4* astronome *m*.
Ast·schere *f1* sécateur *m*.
Asyl *n1* asile *m*.
Atem *m0* respiration *f*; *außer* ~, essoufflé. °**~not** *f0* essoufflement *m*. °**~wege** *mpl* voies *fpl* respiratoires.
Athlet *m4* athlète *m*. °**~ik** *f0* athlétisme *m*.
Atlantik *m0* océan *m* Atlantique.
Atlas *m* (ses, se) satin *m*.
atmen *vi* respirer.
Atmosphäre *f1* atmosphère *f*.
Atmung *f0* respiration *f*.
Atom *n1* atome *m*. **~ar** *a* nucléaire. °**~bombe** *f1* bombe *f* atomique. °**~energie** *f0* énergie *f* nucléaire. °**~kraftwerk** *n1* centrale *f* nucléaire.
Attentat *n1* attentat *m*.
ätzen *vt* corroder, ronger || MÉD. cautériser. **~d** *a* corrosif, caustique.
Au *f1* prairie *f*.
auch *av/c* [ebenfalls] aussi, également ; *du* ~, toi aussi || [sogar] encore ; même ; ~ *du nicht*, même pas toi || [wohl] en effet ; sans doute ; ~ *wenn*, même si ; *was* ~ *sein mag*, quoi que ce soit ; *wie dem* ~ *sei*, quoi qu'il en soit.
Audienz *f1* audience *f*.
auf *p* **1.** LIEU (direction, acc.) dans, à, vers, sur, par ; ~ *das Land gehen*, aller à la campagne || (situation, dat.) sur, dans, à, en, par ; ~ *der Straße*, dans la rue ; ~ *der Post*, à la poste. **2.** TEMPS (acc.) : *in der Nacht von Montag* ~ *Dienstag*, dans la nuit de lundi à mardi ; *bis* ~ *weiteres*, jusqu'à nouvel ordre. **3.** LOC. de ; à ; sur ; en ; dans ; pour ; ~ *diese Weise*, de cette façon ; ~ *deutsch*, en allemand ; ~ *einmal*, tout à coup ; ~ *Wiedersehen!*, au revoir • *loc p* : **von...** ~ (dat.), depuis, dès • *av* en se dirigeant vers le haut ; ~ *und ab gehen*, faire les cent pas || debout ; *die Tür ist* ~, la porte est ouverte ; *das Brot ist* ~, il n'y a plus de pain • *loc c* : ~ **daß**, afin/pour que • *part sép*.
Auf·bau *m* (s, ten) [re]construction *f* || montage *m*. **~en** *vt* (re)construire || monter.
auf·begehren *vi* protester.
auf·bewahr|en *vt* garder, conserver. °**~ung** *f0* conservation *f*; consigne *f*.
auf·bieten* *vt* convoquer || FIG. mettre en œuvre.
auf·binden* *vt* dénouer, détacher.
auf·blähen *vt/vpr* (se) gonfler.

auf·blühen *vi* fleurir.
auf·bocken *vt* mettre (une auto) sur cales.
auf·brechen* *vt* défoncer • *vi* éclater ‖ FIG. s'en aller.
auf·bringen* *vt* : *die Kosten ∼*, faire face aux frais.
auf·bürden *vt* charger.
auf·decken *vt* étendre, étaler ‖ [enthüllen] découvrir.
auf·drängen *vt* imposer.
auf·drehen *vt* dévisser.
aufdring|lich *a* importun. °**∼ling** *m1* importun *m*.
auf·einander *av* l'un sur/après l'autre. °**∼folge** *f1* succession *f*. **∼stoßen***, **∼treffen*** *vi* se heurter.
Auf·enthalt *m1* arrêt *m*; séjour *m*.
auf·erlegen *vt* imposer.
auf·ersteh|en* *vi* ressusciter. °**∼ung** *f0* résurrection *f*.
auf·fahr|en* *vi* monter ‖ FIG. sursauter. °**∼t** *f1* montée *f*.
auf|fallen* *vi* tomber sur ‖ FIG. surprendre. **∼fallend** *a* frappant. **∼fällig** *a* étonnant.
auf·fangen* *vt* saisir ‖ [Stoß] absorber.
auf·fass|en *vt* comprendre. °**∼ung** *f1* conception *f*.
auf·finden* *vt* découvrir.
auf·flammen *vi* s'enflammer.
auf|fliegen* *vi* s'envoler. °**∼flug** *m2* envol *m*.
auf·fordern *vt* convier, inviter; sommer.
auf·führ|en *vt* représenter • *vpr* FIG. se conduire. °**∼ung** *f1* représentation *f*.
auf·füllen *vt* (r)emplir.
Auf·gabe *f1* expédition *f* ‖ [Schule] devoir *m* ‖ [Verzicht] abandon *m*.
Auf·gang *m2* montée *f* ‖ ASTR. lever *m*.
auf·geben* *vt* expédier ‖ [verzichten] abandonner.
·**auf·geblasen** *a* boursouflé, gonflé.
Auf·gebot *n1* proclamation *f* ‖ FIG. *unter ∼ aller seiner Kräfte*, de toutes ses forces.
auf·gebracht *a* en colère.
auf·gehen* *vi* monter ‖ ASTR. se lever ‖ [sich öffnen] s'ouvrir ‖ se perdre en; se dissoudre.
Auf·geld *n2* arrhes *fpl*.
auf·gelegt *a* : *gut ∼*, bien disposé.
auf·geregt *a* excité.
auf·geschlossen *a* ouvert.
auf·geschossen *a* élancé.
auf·geweckt *a* (r)éveillé.
auf·graben* *vt* creuser; fouiller.
Auf·guß *m* (usses, üsse) infusion *f*.
auf·halten* *vt* laisser ouvert ‖ [hindern] arrêter • *vpr* s'arrêter; séjourner.
auf·hängen *vt* (sus)pendre.
auf·häuf|en *vt* entasser. °**∼ung** *f1* accumulation *f*.
auf·heb|en* *vt* (sou)lever ‖ FIG. supprimer ‖ [aufbewahren] mettre de côté • *n0* °**∼**: FIG. *(viel) ∼s von etw machen*, faire beaucoup de bruit autour de qch. °**∼ung** *f1* levée *f* ‖ JUR. abolition *f*.

auf·hellen *vt* clarifier.
auf·holen *vt* regagner; rattraper.
auf·horchen *vi* tendre l'oreille.
auf·hören *vi* arrêter, cesser • *n0* : °**~**, arrêt *m*.
Auf·kauf *m2* achat *m* en masse.
auf·klappbar *a* décapotable; escamotable.
auf·klär|en *vt* expliquer. °**~ung** *f1* éclaircissement *m* ‖ PHIL. siècle *m* des lumières.
auf·knöpfen *vt* déboutonner.
auf·knüpfen *vt* détacher.
auf·kommen* *vi* s'élever ‖ *für jn ~ müssen,* subvenir aux besoins de qn.
auf·krempeln *vt* retrousser.
auf·kündig|en *vt* donner congé. °**~ung** *f1* congé *m*.
auf·lachen *vi* éclater de rire.
auf·laden *vt* charger.
Auf·lage *f1* revêtement *m* ‖ FIN. impôt *m* ‖ TYP. tirage *m*.
Auf·lauf *m2* attroupement *m* ‖ CUIS. soufflé *m*. **~en*** *vi* gonfler.
auf·legen *vt* poser.
auf·lehn|en *vpr* s'appuyer ‖ FIG. se révolter. °**~ung** *f1* révolte *f*.
auf·lockern *vt* desserrer; défaire.
auf·lös|en *vt* dénouer; dissoudre ‖ FIG. résoudre. °**~ung** *f1* dénouement *m*; dissolution *f*.
auf·mach|en *vt* ouvrir. °**~ung** *f1* présentation *f*.
auf·merk|en *vi* faire attention. **~sam** *a* attentif. °**~samkeit** *f0* attention *f*.
auf·mucken *vi* rouspéter.
auf·munter|n *vt* encourager. °**~ung** *f1* encouragement *m*.
Auf·nahme *f1* accueil *m* ‖ [Kind] adoption *f* ‖ FIG., ADM. établissement *m* ‖ TECHN. enregistrement *m*; *~ eines Films,* prise *f* de vues.
auf·nehmen* *vt* ramasser ‖ accueillir, recevoir ‖ ADM. dresser, établir ‖ TECHN. enregistrer; photographier.
auf·opfer|n *vt* sacrifier. °**~ung** *f1* sacrifice *m*.
auf·passen *vi* (*auf,* acc.) faire attention • *pp/interj* : ***aufgepaßt!*** attention!
auf·platzen *vi* éclater.
auf·polstern *vt* rembourrer.
Auf·prall *m1* choc *m*. **~en** *vi* rebondir.
auf·pumpen *vt* gonfler.
Auf·putz *m0* parure *f*.
auf·ragen *vi* se dresser.
auf·räum|en vt ranger; déblayer. °**~ung** *f1* rangement *m*.
auf·recht *av* debout ‖ FIG. *~ erhalten,* maintenir • *a* vertical. °**~erhaltung** *f0* FIG. maintien *m*.
auf·reg|en *vt* soulever ‖ FIG. agiter; émouvoir; énerver, exciter. **~end** *a* énervant. °**~ung** *f1* agitation *f*; énervement *m*.
auf·reihen *vt* aligner; enfiler.
auf·reißen* *vt* déchirer; arracher.

auf·reiz|en *vt* exciter ; provoquer. °**~ung** *f1* excitation *f*.
auf·richt|en *vt* dresser. **~ig** *a* sincère. °**~igkeit** *f0* sincérité *f*.
auf·ritzen *vt* érafler.
auf·rollen *vt* dérouler.
auf·rücken *vi* monter en grade.
Auf·ruf *m* appel *m*. **~en*** *vt* appeler ‖ JUR. citer.
Auf·ruhr *m1* émeute *f*.
auf·rühren *vt* remuer.
auf·runden *vt* arrondir.
auf·rüst|en *vt* réarmer. °**~ung** *f0* réarmement *m*.
auf·rütteln *vt* secouer.
auf·sässig *a* récalcitrant.
Auf·satz *m2* dissertation, rédaction *f*.
auf·saugen *vt* aspirer ; absorber.
auf·schieben* *vt* pousser ‖ FIG. ajourner, différer.
auf·schießen* *vi* pousser.
Auf·schlag *m2* impact *m* ‖ [Kleid] revers *m*. **~en*** *vt* ouvrir ; *das Zelt* **~**, dresser sa tente.
auf·schließen* *vt* ouvrir.
Auf·schluß *m* (usses, üsse) ouverture *f*. **~reich** *a* instructif.
auf·schneid|en* *vt* fendre. °**~er** *m3* FIG. fanfaron *m*.
Auf·schnitt *m1* entaille *f* ‖ CUIS. assiette anglaise.
auf·schnüren *vt* délacer.
auf·schrauben *vt* dévisser.
Auf·schrei *m1* cri *m*. **~en*** *vi* pousser un cri.
Auf·schub *m1* délai, sursis *m*.
auf·schürzen *vt* retrousser.
auf·schütten *vt* verser.
auf·schw|ingen* *vpr* s'élancer. °**~ung** *m0* élan *m* ; essor *m*.
auf·seh|en* *vi* lever les yeux • *n0* °**~**: **~** *erregen*, faire sensation. **~en·erregend** *a* sensationnel. °**~er** *m3* surveillant *m*.
auf·setzen *vt* mettre, poser.
Auf·sicht *f1* surveillance *f*.
auf·sparen *vt* économiser.
auf·speichern *vt* stocker.
auf·sperren *vt* ouvrir grand.
auf·sprengen *vt* faire sauter.
auf·springen* *vi* sursauter.
auf|spritzen, ~sprudeln *vi* jaillir.
Auf·sprung *m2* bond *m*.
auf·stacheln *vt* FIG. exciter.
Auf·stand *m2* soulèvement *m*.
auf·ständ|ig, ~isch *a* révolté.
auf·stapeln *vt* entasser.
auf·stechen* *vt* percer, crever.
auf·stecken *vt* épingler.
auf·stehen* *vi* se lever.
auf·steigen* *vi* monter, s'élever.
auf·stemmen *vt/vpr* (s')appuyer ; (s')arc-bouter.
Auf·stieg *m1* montée *f*.
auf·stoßen* *vt* enfoncer • *vi* : *gegen etw* **~**, heurter qch.
auf·stülpen *vt* relever les bords de.
auf·suchen *vt* rendre visite à.
Auf·takt *m1* prélude *m*.

auf·tauchen *vi* émerger; surgir.
auf·tau(e)n *vt/vi* dégeler.
auf·teil|en *vt* partager. °**~ung** *f1* répartition *f*; partage *m*.
Auf·trag *m2* commande *f*. **~en*** *vt* [Speise] servir.
auf·treiben* *vt* dénicher.
auf·treten* *vt/vi* marcher ‖ FIG. apparaître.
Auf·trieb *m1* poussée *f* ‖ FIG. essor *m*.
Auf·tritt *m1* entrée *f*.
auf·tun* *vt* ouvrir.
auf·türmen *vt* entasser.
auf·wachen *vi* se réveiller, s'éveiller • *n0* : °**~**, réveil *m*.
Auf·wand *m2* dépense *f*.
auf·wärmen *vt* réchauffer.
Auf·wartefrau *f1* femme *f* de ménage.
auf·wärts *av* vers le haut.
Auf·wartung *f1* service *m*; entretien *m*.
auf·wecken *vt* réveiller.
auf·weisen* *vt* faire apparaître.
auf·wend|en* *vt* mettre en œuvre; dépenser.
auf·werfen* *vt* jeter en l'air; *einen Graben* **~**, creuser un fossé.
auf·wert|en *vt* revaloriser. °**~ung** *f1* revalorisation *f* ‖ FIN. réévaluation *f*.
auf·wickeln *vt* enrouler.
auf·wiegeln *vt* POL. soulever.
auf·wiegen* *vt* compenser.
Auf·wiegler *m3* agitateur *m*.
auf·wühlen *vt* fouiller; remuer.
Auf·wurf *m2* remblai *m*; tertre *m*.
auf·zähl|en *vt* énumérer. °**~ung** *f1* énumération *f*.
auf·zehren *vt* consommer; consumer.
auf·zeichn|en *vt* dessiner; tracer. °**~ung** *f1* dessin *m*; note *f* ‖ *Pl* mémoires *mpl*.
auf|ziehen* *vt* (sou)lever ‖ [Uhr] remonter. °**~zug** *m2* ascenseur *m* ‖ SPECT. acte *m*.
Aug·apfel *m* (s, ¨) prunelle *f*.
Auge *n* (s, n) œil *m* ‖ FIG. *etw im* **~** *haben*, envisager qch.
Augen|arzt *m2* ophtalmologiste *m*. °**~blick** *m1* clin *m* d'œil ‖ FIG. instant *m*. **~blicklich** *a* instantané. °**~braue** *f1* sourcil *m*. **~fällig** *a* évident. °**~höhle** *f1* orbite *f*. °**~lid** *n2* paupière *f*. **~scheinlich** *a* évident. °**~star** *m0* cataracte *f*. °**~wimper** *f1* cil *m*. °**~zahn** *m2* canine *f*.
1. August [-'-] *m0* août *m*.
2. August ['--] *m1* Auguste *m*; *dummer* **~**, clown *m*.
Auktion *f1* vente *f* aux enchères. °**~ator** *m* (s, en) commissaire-priseur *m*.
Aula *f* (las/len) salle *f* des fêtes.
aus *p* (dat.) **1.** ORIGINE hors de; de; **~** *der Stadt kommen*, venir de la ville; **~** *einer Tasse trinken*, boire dans une tasse; **~** *Gold*, en or. **2.** CAUSE par; pour; **~** *diesem Grunde*, pour

cette raison ‖ ***von... ~,*** de ; à partir de ; depuis ; *von meinem Fenster ~,* de ma fenêtre • *av* sorti ; vide ; fini ; *alles ist ~,* tout est fini ; *Licht ~!,* éteignez ! • *part sép.*

aus·arten *vi* dégénérer.

aus·atmen *vt* exhaler.

Aus·bau *m0* démontage *m.* **~en** *vt* démonter.

aus·bedingen *vt* stipuler.

aus·besser|n *vt* réparer. °**~ung** *f1* réparation *f.*

Aus·beut|e *f1* butin *m.* **~en** *vt* exploiter. °**~ung** *f1* exploitation *f.*

aus·biegen* *vt* plier ; courber.

aus·bild|en *vt* former, instruire. °**~er** *m3* instructeur *m.* °**~ung** *f1* formation *f.*

aus·bitten *vpr : das bitte ich mir aus !,* je vous en prie !

aus·bleiben* *vi* être absent/en retard.

Aus·blick *m1* vue *f ;* coup *m* d'œil.

aus·blühen *vi* se faner.

aus·borgen *vt* prêter.

aus·brechen* *vt* arracher ‖ [Speise] vomir • *vi* éclater.

aus·breit|en *vt* étendre, étaler, déployer. °**~ung** *f1* déploiement *m ;* propagation *f.*

aus·bringen* *vt* sortir ‖ FIG. *einen Trinkspruch auf jn ~,* porter un toast à qn.

Aus·bruch *m2* éruption *f* ‖ déclenchement *m.*

Aus·dauer *f0* endurance *f.*

aus·dehn|en *vt* étendre ; dilater. °**~ung** *f1* extension *f ;* dilatation *f.*

aus·denken* *vt* penser ; imaginer.

aus·drehen *vt* dévisser ‖ [Licht] éteindre.

Aus|druck *m2* expression *f.* **~drücken** *vt* presser ‖ FIG. exprimer.

aus·dünsten *vi* s'évaporer.

aus·einander *part. sép/av* en se séparant ; séparément. **~bringen*** *vt* disjoindre, séparer. **~falten** *vt* déplier. **~gehen*** *vi* se séparer. **~liegen*** *vi* être séparés l'un de l'autre. **~setzen** *vt* expliquer. °**~setzung** *f1* discussion *f.* **~treiben*** *vt* disperser.

aus·erlesen *vt* choisir ; élire.

aus·fahr|en* *vt/vi* sortir. °**~t** *f1* sortie, issue *f.*

Aus·fall *m2* chute *f* ‖ FIG. perte *f.* **~en*** *vi* tomber ‖ FIG. *gut ~,* bien se terminer.

aus·fertig|en *vt* rédiger. °**~ung** *f1* copie *f.*

aus·find|en* *vt* trouver • *vpr* s'y retrouver. **~ig** *a : ~ machen,* découvrir.

aus·fließen* *vi* s'écouler.

Aus·flucht *f2* prétexte *m ;* échappatoire *f.*

Aus·flug *m2* excursion *f.*

aus·fragen *vt* questionner.

Aus·fuhr *f1* exportation *f.*

aus·führ|bar *a* réalisable. **~en** *vt* exécuter ‖ COMM. exporter. **~lich** *a* détaillé. °**~ung** *f1* exécution *f.*

aus·füllen *vt* remplir.
Aus·gabe *f1* dépense *f* ‖ FIN. émission *f* ‖ [Bücher] édition *f.*
Aus·gang *m2* sortie, issue *f.*
aus·geben* *vt* dépenser • *vpr* : FIG. *sich für jn ~,* se faire passer pour qn.
aus·gebucht *a* [Flug] complet.
aus·gedacht *a* bien conçu.
aus·gedient *a* retraité.
Aus·geglichenheit *f0* équilibre *m.*
aus·gehen* *vi* sortir.
aus·gerechnet *av* précisément.
aus·geschlossen *a* exclu ; excepté.
aus·gesprochen *a* déclaré ; prononcé • *av* absolument.
aus·getragen *a* hors d'usage.
aus·gewogen *a* mesuré.
aus·gezeichnet *a* excellent.
aus·giebig *a* abondant.
aus·gießen* *vt* (dé)verser.
Aus·gleich *m1* compromis *m;* compensation *f* ‖ SP. handicap *m.* **~en*** *vt* égaliser ; compenser ‖ COMM. régler. °**~getriebe** *n0* différentiel *m.* °**~ung** *f1* règlement *m.*
aus·graben* *vt* déterrer ; *ein Loch ~,* creuser un trou.
Aus·guß *m* (usses, üsse) évier *m.*
aus·haken *vt* décrocher.
aus·halten* *vt* supporter • *vi* persévérer.
aus·händigen *vi* remettre en mains propres ; délivrer.
Aus·hang *m2* affiche *f.*
aus·hänge|n *vt* afficher ‖ décrocher. °**~schild** *n2* enseigne *f.* °**~tafel** *f1* écriteau *m.*
aus·harren *vi* persévérer.
aus·heben* *vt* enlever ‖ MIL. recruter.
Aus·hilf|e *f1* aide *f.* °**~s·kraft** *f2* auxiliaire *s.*
aus·höhl|en *vt* creuser. °**~ung** *f1* cavité *f.*
aus·kennen *vpr* s'y connaître.
aus·kleid|en *vt* déshabiller. °**~e·raum** *m2* vestiaire *m.*
aus·klinken *vt* déclencher.
aus·kochen *vt* faire bouillir.
aus·kommen* *vi* sortir ‖ FIG. s'en sortir • *n0* : °**~,** ressources *fpl* ‖ accord *m.*
aus·kosten *vt* déguster.
aus·kugeln *vt* démettre, déboîter.
Aus·kunft *f2* renseignement *m.*
aus·kuppeln *vt* débrancher ; débrayer.
aus·lachen *vt* se moquer de.
aus·laden* *vt* décharger.
Aus·lage *f1* étalage *m.*
Aus|land *n0* étranger *m.* °**~länder** *m3,* °**~länderin** *f1* étranger *s.* **~ländisch** *a* étranger.
Aus|laß *m* (asses, ässe) issue *f.* **~lassen*** *vt* laisser sortir ‖ [vergessen] omettre.
Aus·lauf *m2* écoulement *m.* **~en*** *vi* sortir ‖ fuir.
aus·leben *vi* cesser de vivre.
aus·leer|en *vt* vider ; vidanger. °**~ung** *f1* vidange *f* ‖ [Briefe] levée *f.*

aus·leg|en *vt* étendre, étaler ‖ FIG. expliquer. °**~ung** *f1* commentaire *m.*
Aus·leih|e, ~ung *f1* prêt *m.* **~en*** *vt* prêter.
Aus·lese *f1* choix *m;* élite *f.* **~n** *vt* choisir ; trier.
aus·lief|ern *vt* expédier. °**~erung** *f1* livraison *f.*
aus·löschen* *vt* éteindre ‖ FIG. effacer.
aus·losen *vt* tirer au sort.
aus·lösen *vt* détacher ‖ TECHN. déclencher.
aus·lüften *vt* aérer.
aus·machen *vt* éteindre ; *was macht das aus ?,* qu'importe ? • *pp/a* : ***ausgemacht,*** d'accord.
Aus·maß *n1* dimension *f.*
aus·mustern *vt* passer en revue ‖ MIL. réformer.
Aus|nahme *f1* exception *f.* **~nehmen*** *vt* sortir ; vider ‖ FIG. excepter.
aus|nützen *vt* utiliser. °**~nutzung** *f1* utilisation *f.*
aus·packen *vt* déballer.
Aus·pfändung *f1* saisie *f.*
aus·pfeifen* *vt* huer, siffler.
aus·prob|en, ~ieren *vt* essayer.
Aus·puff *m1,* °**~gase** *npl* gaz *mpl* d'échappement. °**~rohr** *n1* tuyau *m* d'échappement.
Aus·putz *m1* décor *m.* **~en** *vt* orner, décorer.
aus·radieren *vt* effacer.
aus·rangieren *vt* mettre au rebut.
aus·räum|en *vt* vider ; nettoyer. °**~ung** *f1* nettoyage *m.*
aus·rechnen *vt* calculer.
Aus·rede *f1* excuse *f.* **~n** *vt : jm etw ~,* dissuader qn de qch • *vpr* s'expliquer.
aus·reichen *vi* suffire. **~d** *a* suffisant.
Aus·reise *f1* départ *m.*
aus·reißen* *vt* extirper, arracher ; déchirer.
aus·renken *vt* démettre, déboîter.
aus·richten *vt* aligner ‖ [vorbereiten] organiser.
aus·roden *vt* défricher.
aus·rollen *vt* dérouler.
aus·rotten *vt* extirper.
Aus·ruf *m1* exclamation *f.* **~en*** *vt* crier. °**~ung** *f1* proclamation *f.*
aus·ruhen *vi* se reposer.
aus·rüst|en *vt* équiper. °**~ung** *f1* équipement *m.*
aus·rutschen *vi* déraper.
Aus·saat *f0* semailles *fpl.*
Aus·sage *f1* déclaration *f.* **~n** *vt* déclarer.
aus·schalt|en *vt* exclure ‖ TECHN. couper. °**~er** *m1* disjoncteur *m.* °**~ung** *f3* élimination *f* ‖ ÉL. coupure *f.*
Aus·schank *m2* débit *m* de boissons.
Aus·schau *f1* tour *m* d'horizon.
aus·scheiden *vi* s'en aller • *vt* écarter, éliminer.
aus·schenken *vt* verser (à boire).
aus·schiffen *vt* débarquer.
Aus·schlag *m2* oscillation *f* ‖ MÉD. eczéma *m* ‖ FIG.

den ~ geben, faire pencher la balance. **~en*** *vt* crever; casser ‖ [verweigern] refuser. **~gebend** *a* décisif.

aus·schließ|en* *vt* exclure, excepter. **~lich** *a* exclusif.

Aus·schluß *m* (usses, üsse) exclusion *f*.

aus·schn|eiden* *vt* découper; élaguer • *pp/a* : ***ausgeschnitten*** décolleté. °**~itt** *m1* échancrure *f* ‖ [Zeitung] coupure *f*.

aus·schrauben *vt* dévisser.

aus·schreiben* *vt* transcrire ‖ [Scheck] remplir.

Aus·schreitung *f1* exaction *f*.

Aus·schuß *m* (usses, üsse) jury *m*. °**~ware** *f1* marchandise *f* de rebut.

aus·schütteln *vt* secouer.

aus·schütten *vt* répandre; vider.

aus·schwenkbar *a* à bascule; pivotant; articulé.

aus·schwitzen *vi* transpirer.

aus·sehen* *vi* regarder ‖ paraître, sembler; *~ wie,* ressembler à • *n0* : °**~,** air, aspect *m*; apparence *f*.

außen *av* (au-)dehors, à l'extérieur. °**~handel** *m0* commerce extérieur. °**~minister** *m3* ministre *m* des Affaires étrangères. °**~stürmer** *m3* SP. ailier *m*.

außer *p* (dat.) hors de; *~ Betrieb,* hors service • *loc c* : *~* ***daß,*** si ce n'est que ‖ *~* ***wenn*** à moins que.

äußer *a* extérieur, externe.

außerdem *av* en outre/plus.

Äußere(s) *asn* extérieur *m*.

außer|gewöhnlich *a* extraordinaire. **~halb** *av* à l'extérieur • *p* (gén.) hors de.

äußerlich *a* extérieur. °**~keit** *f1* formalité *f*.

äußern *vt* exprimer.

außer·ordentlich *a* extraordinaire.

äußerst *a* [*superl* de ***äußer***] le plus éloigné; extrême ‖ *aufs ~e,* extrêmement • *av* extrêmement, fort.

außer·stande *av* incapable/hors d'état de.

Äußerung *f1* manifestation *f*; déclamation *f*.

aus·setz|en *vt* exposer ‖ [tadeln] critiquer ‖ [Kind] abandonner • *vi* s'arrêter; avoir des ratés. °**~ung** *f1* exposition *f* ‖ arrêt *m*; raté *m*.

Aus·sicht *f1* vue, perspective *f*. **~slos** *a* sans espoir.

aus·sinnen* *vt* inventer.

aus·söhnen *vt* réconcilier.

aus·sonder|n *vt* trier; séparer. °**~ung** *f1* tri *m*.

aus·spähen *vt* épier, espionner.

aus·spannen *vt* déployer ‖ dételer.

aus·sperr|en *vt* écarter ‖ lock-outer. °**~ung** *f1* lock-out *m*.

aus·spielen *vt* jouer • *pp/a* : ***ausgespielt,*** [Platte] usé.

Aus·spr|ache *f1* prononciation *f*. **~echen*** *vt* prononcer; exprimer.

aus·springen* *vi* sortir brusquement ‖ TECHN. se déclencher.
aus·spritzen *vi* jaillir.
Aus·spruch *m2* parole(s) *f(pl)*; propos *mpl.*
aus·spucken *vt* cracher.
aus·spülen *vt* rincer; laver.
aus·staffieren *vt* équiper.
Aus·stand *m2* grève *f.*
aus·statt|en *vt* équiper. **°~ung** *f1* équipement *m.*
aus|stauben, ~stäuben *vt* épousseter.
aus·stechen* *vt* [Augen] crever.
aus·stehen* *vi* [Post] être en souffrance • *vt* subir.
aus·steigen* *vi* descendre.
aus·stell|en *vt* exposer ‖ COMM., ADM. établir; délivrer ‖ [Scheck] tirer. **°~er** *m3* tireur *m.* **°~ung** *f1* exposition *f* ‖ COMM., ADM. établissement *m*; émission *f.*
aus·sterben* *vi* dépérir.
Aus·steuer *f1* trousseau *m.*
Aus·stieg *m1* descente *f.*
aus·stoßen* *vt* expulser.
aus·strahl|en *vi* rayonner. **°~ung** *f1* rayonnement *m.*
aus·strecken *vt* étendre.
aus·streichen* *vt* rayer.
aus·streuen *vt* (r)épandre.
aus·ström|en *vi/vt* (se) répandre. **°~ung** *f1* écoulement *m*; émanation *f.*
aus·suchen *vt* choisir, sélectionner.
Aus·tausch *m1* échange, troc *m.* **~en** *vt* échanger.
aus·teil|en *vt* distribuer. **°~ung** *f1* distribution *f.*
Auster *f1* huître *f.*
aus·tilgen *vt* extirper ‖ [Schuld] amortir.
aus·tragen* *vt* distribuer ‖ SP. disputer.
aus·treib|en* *vt* chasser, expulser. **°~ung** *f1* expulsion *f.*
aus·treten* *vi* sortir; démissionner • *vt* [Schuhe] éculer.
aus·trinken* *vt* : *sein Glas* ~, vider son verre.
Aus·tritt *m1* sortie *f.*
aus·trockn|en *vt* essuyer. **°~ung** *f0* assèchement *m.*
aus·üben *vt* exercer, pratiquer.
Aus·verkauf *m2* soldes *mpl.* **~en** *vt* liquider, solder. **~t** *a* [Ware] épuisé.
Aus|wahl *f1* choix *m*; sélection *f.* **~wählen** *vt* choisir.
Aus·wander|er *m3* émigrant *m.* **~n** *vi* émigrer. **°~ung** *f1* émigration *f.*
aus·wärt|ig *a* étranger. **~s** *av* (au-)dehors.
aus·waschen* *vt* rincer.
aus·wechsel|n *vt* (é)changer. **°~ung** *f1* échange *m.*
Aus·weg *m1* issue *f.* **~los** *a* sans issue.
aus·weichen* *vi* (dat.) FIG. éviter.
Aus·weis *m1* pièce *f* d'identité; papiers *mpl.* **~en*** *vt* expulser • *vpr* décliner son identité. **°~karte** *f1* carte *f* d'identité. **°~ung** *f1* expulsion *f.*

aus·weiten *vt* élargir.
aus·wendig *a* extérieur • *av* par cœur.
aus·werfen* *vt* rejeter ; *einen Graben* ~, creuser un fossé.
aus·werten *vt* exploiter.
aus·wirk|en *vt* obtenir • *vpr* se répercuter. °**~ung** *f1* effet *m*.
aus·wischen *vt* effacer.
Aus·wuchs *m2* excroissance *f* ; tumeur *f*.
Aus·wurf *m2* crachat *m* || FIG. rebut *m*.
aus·zeichn|en *vt* distinguer. °**~ung** *f1* distinction *f*.
aus|ziehen* *vt* ôter ; retirer • *vi* partir • *vpr* se déshabiller. °**~zug** *m2* départ *m* || [Tisch] rallonge *f* || [Buch] extrait *m* || [Konto] relevé *m*.
Auto [*abr* de ***Automóbil***] *n* (s, s) auto(mobile) *f*. °**~bahn** *f1* autoroute *f*. **~bus** *m* (ses, se) autobus *m*. °**~droschke** *f1* taxi *m*. °**~fähre** *f1* bac *m* à voitures. °**~fahrer** *m3* automobiliste *m*. °**~heber** *m3* cric *m*.
Automat *m4* distributeur *m* automatique. **~isch** *a* automatique.
Auto·mechaniker *m3* mécanicien-garagiste *m*.
Autor *m* (s, en) auteur *m*.
Auto|reise·zug *m2* train *m* autos-couchettes. °**~reparatur** *f1* dépannage *m*. °**~schau** *f1* Salon *m* de l'auto.
avancieren *vi* avoir de l'avancement.
Axt *f2* cognée, hache *f*.
Azal|ee, °**~ie** *f1* azalée *f*.
Azur *m0* azur *m*. **~blau** *a* azuré.

b

B *n* MUS. si *m* bémol.
Bach *m2* ruisseau *m*.
Back(·bord) *n1* bâbord *m*.
Backe *f1* joue *f* || TECHN. mâchoire *f*.
backen* *vt/vi* cuire, frire.
Backen·zahn *m2* molaire *f*.
Bäcker *m3*, °**~in** *f1* boulanger *s*. °**~ei** *f1* boulangerie *f*. °**~laden** *m1* boulangerie *f*.
Back|fisch *m1* friture *f* || FIG. petite jeune fille. °**~hähnchen** *n1* poulet rôti. °**~ofen** *m* (s, ¨) four *m*. °**~stein** *m1* brique *f*. °**~waren** *fpl* pâtisserie *f*.
Bad *n2* bain *m*. °**~e·anzug** *m2* maillot *m* de bain. **~en** *vt/vi/vpr* (se) baigner.
Baden *n0* pays *m* de Bade.
Bade|ort *m1* station *f* balnéaire. °**~stelle** *f1* baignade *f*. °**~wanne** *f1* baignoire *f*. °**~zimmer** *n3* salle *f* de bains.
badisch *a* badois.

Bagger *m3* drague *f*; excavatrice *f*. **~n** *vt* draguer.
Bahn *f1* voie *f*; chemin *m*; route *f*; *mit der ~/per ~*, par chemin de fer. **~en** *vt* frayer. °**~hof** *m2* gare *f*. °**~steig** *m1* quai *m* (de gare). °**~übergang** *m2* passage *m* à niveau. °**~unterführung** *f1* passage souterrain.
Bahre *f1* civière *f*.
Baiser *n* (s, s) meringue *f*.
Baisse *f0* FIN baisse *f*.
Bake *f1* bouée *f*.
Bakterie *f1* bactérie *f*.
Balance *f1* équilibre *m*.
bald *av* bientôt; ~ ... ~ ..., tantôt..., tantôt... **~ig** *a* prochain. **~igst** *av* au plus tôt. **~möglichst** *av* le plus tôt possible.
Balg *m2* peau *f*; dépouille *f* ‖ TECHN. soufflet *m*. **~en** *vpr* POP. se chamailler. °**~erei** *f1* rixe *f*.
Balken *m3* poutre *f*. °**~werk** *n1* charpente *f*.
Balkon *m1* balcon *m*.
1. Ball *m2* balle *f*; ballon *m*.
2. Ball *m1* bal *m*.
ballen *vt* mettre en boule • *m3* : °**~**, ballot *m*.
Ballett *n1* ballet *m*. °**~tanzer** *m3* danseur *m*.
Ballon *m1* ballon *m*.
Ballungs·raum *m2* agglomération industrielle.
banal *a* banal.
Banane *f1* banane *f*.
1. Band *n2* ruban *m* ‖ [Tonband] bande *f* ‖ *Arbeit am laufenden ~*, travail *m* à la chaîne.
2. Band *n1* lien (moral).
3. Band *m2* volume, tome *m*.
Bande *f1* bande *f*.
bändig|en *vt* dompter. °**~er** *m3* dompteur *m*.
bang|(e) *a* anxieux, inquiet. **~en** *vi* (*um*, acc.) craindre pour. °**~igkeit** *f0* angoisse *f*.
1. Bank *f2* banc *m*; banquette *f* ‖ TECHN. établi *m*.
2. Bank *f1* banque *f*.
Bankett *n1* banquet *m*.
Bankette *f1* accotement *m*.
Bank|konto *n* (s, ten) compte *m* en banque. °**~note** *f1* billet *m* de banque. °**~raub** *m2* hold-up *m*. °**~rott** *m1* banqueroute *f* • *a* : **~**, insolvable.
Bann *m1* bannissement *m* ‖ FIG. fascination *f*. **~en** *vt* bannir ‖ FIG. fasciner. °**~gut** *n2*, °**~ware** *f1* contrebande *f*.
bar *a* nu; *~en Hauptes*, tête nue ‖ [Geld] comptant.
Bar *f* (s) bar *m*.
Bär *m4* ours *m*.
Barbe *f1* bar *m*.
Bar·bestand *m2* disponibilités *fpl*.
barbier|en *vt* raser. °**~messer** *n3* rasoir *m*.
bar|fuß *av* pieds nus. °**~geld** *n0* espèces *fpl*. **~häuptig** *av* tête nue. °**~kauf** *m2* achat *m* au comptant.
Barke *f1* barque *f*.
bar·köpfig *av* tête nue.
barm·herzig *a* charitable. °**~keit** *f1* charité *f*.

Barometer *m3, n3* baromètre *m.*
Barrel *n* (s, s) baril *m.*
Barren *m3* lingot *m* || SP. barres *fpl* parallèles.
Barsch *m1,* **Bärsche** *f1* [Fisch] perche *f.*
barsch *a* bourru ; brutal.
Barschaft *f1* avoir *m* liquide.
Bart *m2* barbe *f.*
bärtig *a* barbu ; poilu.
Bar·zahlung *f1* paiement *m* comptant.
Basar *m1* bazar *m.*
1. Base *f1* cousine *f* || FIG. commère *f.*
2. Base *f1* base *f;* fondement *m.*
Basel *n0* Bâle *m.*
basieren *vi* se fonder sur.
Baß *m* (asses, ässe) MUS. basse *f.* °**~geige** *f1* contrebasse *f.* °**~sänger** *m3* basse *f.*
Bast *m0* rafia *m.* **~eln** *vt* bricoler. °**~ler** *m3* bricoleur *m.*
Batterie *f1* batterie *f;* pile *f.*
Bau *m* ([e]s, e/Bauten) bâtiment, édifice *m;* construction *f* || culture *f* (des champs). °**~arbeiter** *m3* ouvrier *m* du bâtiment. °**~art** *f1* style *m.*
Bauch *m2* ventre *m.* °**~fell·entzündung** *f1* péritonite *f.* °**~grimmen** *n3* coliques *fpl.*
bäuch|ig *a* ventru. **~lings** *av* à plat ventre.
Bauch·schmerzen *mpl* colique *f;* mal *m* au ventre.
bauen *vt* bâtir, construire || AGR. cultiver || MIN. exploiter • *vi : auf jn* **~**, miser sur.
1. Bauer *m4* paysan *m* || [Kartenspiel] valet *m.*
2. Bauer *n3* cage *f* d'oiseau.
Bäu(e)r|in *f1* paysanne *f.* **~isch** *a* rustique.
Bauern|hof *m2* ferme *f.* °**~stand** *m2* paysans *mpl.*
Bauers|frau *f1* paysanne *f.* °**~mann** *m* (s, -leute) paysan *m.*
bau|fällig *a* délabré. °**~grund** *m2* terrain *m* à bâtir. °**~kunst** *f0* architecture *f.*
Baum *m2* arbre *m.*
Bau|material *n0* matériaux *mpl* de construction. °**~meister** *m3* architecte *m.*
baumeln *vi* pendiller.
baümen *vpr* se cabrer.
Baum|gärtner *m3* pépiniériste *m.* °**~schere** *f1* sécateur *m.* °**~wolle** *f0* coton *m.* **~wollen** *a* de coton.
Bausch *m2* bourrelet *m;* renflement *m* || FIG. *in* **~** *und Bogen* en vrac. **~en** *vi* bouffer. **~ig** *a* bouffant.
Bau|stelle *f1* chantier *m.* °**~stein** *m1* moellon *m.* °**~stoff** *m1* matériau *m* de construction. °**~unternehmer** *m3* entrepreneur *m.* °**~werk** *n1* édifice *m.*
Bayer *m3,* °**~in** *f1* Bavarois *s.* **~isch** *a* bavarois. °**~n** *n0* Bavière *f.*
Bazill|e *f1,* °**~us** *m* (-, llen) bacille *m.* **~en·tötend** *a* antiseptique.

be·absichtigen *vt* avoir l'intention de.
be·acht|en *vt* considérer. **~enswert, ~lich** *a* notable. °**~ung** *f0* observation *f*.
Be·amt|e(r) *asm*, °**~in** *f1* fonctionnaire *s*; employé *s*.
be·ängstigen *vt* inquiéter.
be·anspruchen *vt* revendiquer.
be·anstand|en *vt* critiquer. °**~ung** *f1* réclamation *f*.
be·antwort|en *vt* répondre à. °**~ung** *f1* réponse *f*.
be·arbeiten *vt* façonner; usiner; traiter.
be·argwöhnen *vt* suspecter.
be·aufsichtigen *vt* surveiller.
be·auftragen* *vt* charger.
be·bauen *vt* bâtir ‖ cultiver.
beben *vi* trembler; vibrer.
be·bildern *vt* illustrer.
Becher *m3* coupe *f*; gobelet *m* ‖ TECHN. godet *m*.
Becken *n3* bassin *m*.
be·dacht *a* **1.** comblé; loti. **2.** couvert d'un toit.
Be·dacht *m* : *mit* ~, avec circonspection.
be·dächtig *a* prudent.
be·danken *vpr* : *sich bei jm* ~, remercier qn.
Be·darf *m0* besoin(s) *m(pl)*. °**~s·artikel** *m3* fournitures *fpl*. °**~s·fall** *m* : *im* ~, en cas de besoin.
be·dauern *vt* regretter; plaindre • *n0* : °**~**, regret *m*. **~s·wert, ~s·würdig** *a* regrettable.
be·decken *vt* couvrir.
be·denk|en* *vt* considérer; réfléchir à ‖ hésiter • *vpr* : *sich anders* ~, se raviser • *n3* : °**~**, réflexion *f*. **~lich** *a* soucieux ‖ [Dinge] dangereux.
be·deut|en *vt* signifier. **~end, ~sam** *a* significatif, important. °**~samkeit** *f1* importance *f*. °**~ung** *f1* sens *m*; importance *f*. **~ungslos** *a* insignifiant.
be·dien|en *vt* servir • *vpr* (gén.) se servir de. °**~te(r)** *as* domestique *s*. °**~ung** *f1* service *m* ‖ [Personal] personnel *m* domestique ‖ TECHN. maniement *m*.
Be·ding *m1* condition *f*. **~en** *vt* stipuler. **~t** *a* conditionnel. °**~ung** *f1* condition *f*. **~ungslos** *a* inconditionnel; sans condition.
be·dräng|en *vt* serrer de près; harceler. °**~nis** *f* (se) gêne *f*; embarras *m*.
be·droh|en *vt* menacer. **~lich** *a* menaçant.
be·drück|en *vt* presser ‖ FIG. opprimer. °**~theit,** °**~ung** *f0* oppression *f*.
be·dürf|en *vi* (gén.) avoir besoin de. °**~nis** *n* (ses, se) besoin *m*. **~tig** *a* indigent, pauvre.
be·eid|en, ~igen *vt* assermenter.
be·eifern *vpr* s'empresser.
be·eilen *vpr* se dépêcher.
be·eindrucken *vt* impressionner.

be·einflussen *vt* influencer.
be·einträchtig|en *vt* léser. °**~ung** *f1* préjudice *m.*
be·end|en, ~igen *vt* terminer.
be·engen *vt* resserrer; rétrécir.
be·erdig|en *vt* enterrer. °**~ung** *f1* enterrement *m.*
Beere *f1* baie *f;* grain *m.*
Beet *n1* plate-bande *f;* parterre *m.*
be·fähigen *vt* rendre capable de.
be·fallen* *vt* attaquer.
be·fangen *a* gêné. °**~heit** *f1* prévention *f;* préjugé *m.*
be·fassen *vpr* (*mit,* dat.) s'occuper de.
Be·fehl *m1* ordre, commandement *m.* **~en** *vt* ordonner, commander.
be·festigen *vt* fixer; attacher || MIL. fortifier.
be·feuchten *vt* humecter.
be·feuern *vt* baliser.
be·finden* *vt* trouver; juger • *vpr* se trouver • *n0 :* °**~,** avis *m* || MÉD. état *m* de santé.
be·flecken *vt* tacher.
be·fleißigen *vpr* (gén.) s'efforcer de.
be·flissen *a* appliqué, zélé. °**~heit** *f0* application *f.*
be·folgen *vt* suivre; obéir à.
Be·förder|er *m3* transporteur *m.* **~n** *vt* transporter; promouvoir. °**~ung** *f1* transport *m;* avancement *m.* °**~ungs·mittel** *n3* moyen *m* de transport.
be·frachten *vt* charger || MAR. affréter.
be·frag|en *vt* questionner, interroger • *vpr* s'informer. °**~ung** *f1* enquête *f* || JUR. interrogatoire *m.*
be·frei|en *vt* libérer, délivrer. °**~ung** *f1* libération *f.*
be·fremd|en *vt* surprendre. **~end, ~lich** *a* déconcertant.
be·freundet *a* ami.
be·fried|en *vt* pacifier. **~igen** *vt* satisfaire, contenter. °**~igung** *f1* satisfaction *f.*
be·fug|en *vt* autoriser. °**~nis** *f* (se) autorisation *f.*
Be·fund *m1* état *m* (de lieux, de choses).
be·fürcht|en *vt* craindre, redouter. °**~ung** *f1* crainte *f.*
be·für·worten *vt* recommander, préconiser.
be·gab|t *a* doué. °**~ung** *f1* talent, don *m.*
be·geben* *vpr : sich nach Berlin* **~,** aller à Berlin • *v imp : es begibt sich, daß,* il arrive que. °**~heit** *f1* événement *m.*
be·gegn|en *vi* rencontrer; *sie ist mir begegnet,* je l'ai rencontrée. °**~ung** *f1* rencontre *f.*
be·gehen* *vt* [Weg] emprunter || FIG. célébrer; commettre.
be·gehren *vt* désirer. **~s·wert** *a* désirable.
be·geister|n *vt* enthousiasmer; passionner. °**~ung** *f1* enthousiasme *m.*
Begier *f0,* °**~de** *f1* désir *m.* **~ig** *a* avide.

be·gießen* *vt* arroser.
Be·ginn *m0* commencement, début *m.*
be·glaubig|en *vt* attester. **°~ung** *f1* attestation *f.*
be·gleich|en *vt* COMM. régler. **°~ung** *f1* règlement *m.*
be·gleit|en *vt* accompagner. **°~er** *m3* compagnon *m.* **°~ung** *f1* accompagnement *m.*
be·glück|en *vt* rendre heureux. **~wünschen** *vt* féliciter.
be·gnadigen *vt* gracier.
be·gnügen *vpr* (*mit,* dat.) se contenter de.
be·gr|aben* *vt* enterrer. **°~äbnis** *n* (ses, se) enterrement *m.*
be·greif|en* *vt* comprendre. **~lich** *a* compréhensible.
be·grenzen *vt* (dé)limiter.
Be·griff *m1* concept *m;* notion, idée *f; im ~ sein, zu,* être sur le point de. **~lich** *a* abstrait.
be·gründ|en *vt* créer, fonder ‖ FIG. justifier. **°~er** *m3* fondateur *m.* **°~ung** *f1* fondation *f.*
be·grüßen *vt* saluer.
be·günstigen *vt* favoriser.
be·gutacht|en *vt* expertiser. **°~er** *m3* expert *m.* **°~ung** *f1* expertise *f.*
be·haart *a* chevelu ; poilu.
be·haftet *a* atteint de ‖ FIG. criblé de ; *mit Schulden ~,* criblé de dettes.
be·hag|en *vi* plaire • *n0 : °~,* agrément *m.* **~lich** *a* confortable. **°~lichkeit** *f0* agrément *m.*
be·halten* *vt* garder, conserver.
Be·hälter *m3* réservoir *m.*
be·hand|eln *vt* traiter. **°~lung** *f1* traitement *m.*
Be·hang *m2* tenture *f.*
be·harr|en *vi* persister ; persévérer. **~lich** *a* persévérant. **°~lichkeit** *f0* persévérance *f.*
be·haupt|en *vt* affirmer. **°~ung** *f1* affirmation *f.*
be·heben* *vt* supprimer ‖ réparer ; pallier.
be·heimatet *a* domicilié.
be·heiz|en *vt* chauffer. **°~ung** *f1* chauffage *m.*
Be·helf *m1* expédient *m.* **~en** *vpr* se tirer d'affaire. **~s·mäßig** *a* de fortune.
be·helligen *vt* importuner.
be·herbergen *vt* héberger.
be·herrsch|en *vt* dominer ; régner sur ; maîtriser. **°~theit** *f0* maîtrise *f* de soi. **°~ung** *f0* domination *f.*
be·hilflich *av* secourable, serviable.
be·hinder|n *vt* gêner ; empêcher. **°~ung** *f0* gêne *f.*
Be·hörde *f1* autorité *f.*
Be·huf *m0 : zu diesem ~,* à cette fin.
be|hüten *vt* (sauve)garder ; protéger. **~hutsam** *a* prudent. **°~hütung** *f0* protection *f* ; garde *f.*
bei *p* (dat.) **1.** LIEU chez ; (au)près de ; à ; *~ mir,* chez moi ; *~ der Kirche,* près de l'église. **2.** TEMPS lors de ; par ; étant donné ; *~ Tag,* de jour. **3.** mal-

gré ; en dépit de ; ~ *alledem,* malgré tout cela ‖ environ. **4.** LOC : ~ *der Hand nehmen,* prendre par la main ; *Schritt ~ Schritt,* pas à pas • *suff :* ***da~, an~, hier~,*** ci-joint ; *dabei bleibt es,* on en reste là • *part sép.*

bei·behalten* *vt* conserver.

bei·bringen* *vt* apporter ; fournir ‖ FIG. inculquer.

Beicht|e *f1* confession *f.* **~en** *vt* confesser, avouer.

beide *a/pr indéf* les deux.

beider||lei *a inv* des deux espèces. **~seits** *av* réciproquement • *p* (gén.) de part et d'autre de.

bei·einander *av* ensemble.

Bei·fall *m0* applaudissements *mpl.*

bei·folgend *av* ci-joint.

bei·füg|en *vt* joindre. °**~ung** *f1* adjonction *f.*

Bei|gabe *f1* supplément *m.* **~geben*** *vt* ajouter. °**~hilfe** *f1* secours *m ;* subvention *f.* **~kommen*** *vi* (dat.) s'approcher de.

Beil *n1* hache *f.*

Bei·lage *f1* annexe *f* ‖ CUIS. garniture *f.*

bei·läufig *a* accessoire.

bei·legen *vt* joindre ; annexer.

bei·leibe *av* : ~ *nicht!,* pas du tout !

Bei·leid *n0,* °**~s·bezeigung** *f0* condoléances *fpl.*

bei·lieg|en* *vi* (dat.) être joint à. **~end** *av* ci-joint.

beim [= ***bei dem***] → BEI.

bei|messen* *vt* attribuer ; prêter. **~mischen** *vt* mélanger avec ; mêler. °**~mischung** *f1* mélange *m.*

Bein *n1* **1.** os *m.* **2.** jambe *f ;* patte *f* ‖ *jm ein ~ stellen,* faire un croc-en-jambe à qn. **3.** [Tisch] pied *m.*

bei·nah(e) *av* presque ; environ.

Bei·name *m* (ns, n) surnom *m.*

Bein·kleid *n2* pantalon *m.*

bei·pflichten *vi* (dat.) consentir à ; approuver.

be·irren *vt* décontenancer.

bei|sammen *av* ensemble. **~schließen*** *vt* joindre.

bei·seite *av* à part ; de côté, à l'écart. **~lassen*** *vt* laisser de côté. **~legen** *vt* mettre de côté.

Bei·spiel *n1* exemple *m ; zum ~,* par exemple. **~haft** *a* exemplaire. **~s·weise** *av* par exemple.

beiß|en* *vt/vi* mordre. °**~zange** *f1* tenaille(s) *f(pl).*

Bei·st|and *m2* secours *m.* **~ehen*** *vi* (dat.) secourir.

Bei·steuer *f1* secours *m.*

bei·stimm|en *vi* consentir à. °**~ung** *f0* consentement *m.*

Bei·trag *m2* contribution *f ;* participation *f.* **~en*** *vi* (*zu,* dat.) contribuer à.

bei·treiben* *vt* recouvrer ; faire rentrer.

bei|treten* *vi* adhérer à. °**~tritt** *m1* adhésion *f.*

bei·wohnen *vi* (dat.) être présent, assister à.

Beize *f1* décapant *m.*
bei·zeiten *av* à temps.
beiz|en *vt* décaper. **°~mittel** *n3* décapant *m.*
be·jah|en *vt* approuver. **°~ung** *f1* approbation *f.*
be·jahrt *a* âgé.
be·kämpf|en *vt* combattre. **°~ung** *f1* lutte *f.*
be·kannt *a* connu. **°~e(r)** *as* (personne *f* de) connaissance *f.* **°~gabe** *f1* notification *f.* **~geben*** *vt* communiquer. **~machen** *vt* publier. **°~machung** *f1* avis *m.* **°~schaft** *f0* connaissance *f.*
be·kehr|en *vt* convertir. **°~ung** *f1* conversion *f.*
be·kenn|en* *vt* avouer, reconnaître. **°~tnis** *n* (ses, se) confession *f.*
be·klag|en *vt* déplorer • *vpr : sich über etw ~,* se plaindre de qch. **°~te(r)** *as* inculpé *s.*
be·kleid|en *vt* (re)vêtir ; habiller ‖ FIG. garnir ‖ *ein Amt ~,* occuper une charge. **°~ung** *f1* vêtement(s) *m(pl)* ‖ revêtement *m.*
be·klemm|en *vt* serrer. **°~ung** *f0* angoisse *f.*
be·klommen *a* anxieux. **°~heit** *f1* angoisse *f.*
be·kommen* *vt* recevoir ; obtenir ; avoir ; *den Schnupfen ~,* s'enrhumer • *vi* réussir, convenir.
be·kömmlich *a* digeste.
be·kümmern *vt* affliger • *vpr* (*um,* acc.) s'inquiéter/s'occuper de. **°~is** *f* (se) souci *m.*
be·lächeln *vt* railler.
be·lad|en* *vt* charger. **°~ung** *f1* charge *f ;* chargement *m.*
Be·lag *m2* revêtement *m ;* garniture *f.*
be·lager|n *vt* assiéger. **°~ung** *f1* siège *m.*
Be·lang *m1* intérêt *m ;* importance *f.* **~en** *vt* concerner. **~los** *a* sans importance.
be·lassen* *vt : es dabei ~,* s'en tenir là.
be·lasten *vt* charger ‖ FIG. grever ‖ [Konto] débiter.
be·lästigen *vt* importuner.
Be·lastung *f1* charge *f.*
be·laubt *a : dicht ~,* feuillu, touffu.
be·lauern *vt* épier.
be·laufen* *vt* parcourir • *a : der Spiegel ist ~,* le miroir est embué • *vpr* (*auf,* acc.) s'élever à.
be·lauschen *vt* épier.
be·leb|en *vt* animer. **°~theit** *f1* animation *f.*
Be·leg *n1* document *m.* **~en** *vt* mettre sur ; couvrir ; *belegtes Brot,* sandwich *m* ‖ FIG. [Platz] réserver ‖ [beweisen] prouver • *n0 :* **°~,** revêtement *m* ‖ FIG. preuve *f.* **°~schaft** *f1* personnel *m.*
be·lehren *vt* enseigner, instruire.
be·leibt *a* corpulent. **°~heit** *f0* corpulence *f.*
be·leidig|en *vt* offenser. **°~ung** *f1* offense.
be·leucht|en *vt* illuminer. **°~ung** *f1* éclairage *m.*

be·leum(un)det *a : übel ~,* mal famé.
Belg|ien *n0* Belgique *f.* °**~ier** *m3,* °**~ierin** *f1* Belge *s.*
Be·lichtung *f1* PHOT. pose *f.*
be·lieb|en *vi* plaire à • *n0* °**~** : *nach ~,* à volonté. **~ig** *a* quelconque. **~t** *a* aimé ; populaire. °**~theit** *f0* popularité *f.*
bellen *vi* aboyer.
be·lohn|en *vt* rétribuer. °**~ung** *f1* rémunération *f.*
be·lügen* *vt* tromper.
be·lustig|en *vt* amuser. °**~ung** *f1* amusement *m.*
be·mächtigen *vpr* (gén.) s'emparer de.
be·mängeln *vt* critiquer.
be·mänteln *vt* voiler.
be·meistern *vt* maîtriser.
be·merk|bar *a* perceptible. **~en** *vt* remarquer. **~ens·wert** *a* remarquable. °**~ung** *f1* remarque *f.*
be·messen* *vt* mesurer.
be·mittelt *a* aisé.
be·mogeln *vt* FAM. rouler.
be·müh|en *vpr* s'efforcer. °**~ung** *f1* effort *m.*
be·nachrichtigen *vt* informer.
be·nachteiligen *vt* désavantager.
be·nehmen* *vpr* se conduire • *n0 : °~,* conduite *f.*
be·neiden *vt* envier. **~s·wert** *a* enviable.
be·nennen* *vt* (dé)nommer.
be·netzen *vt* mouiller.
be·nommen *a : ganz ~,* abasourdi.
be·nötigen *vt* nécessiter.
be·nummern *vt* numéroter.
be·nutz|bar *a* utilisable. **~en, benützen** *vt* utiliser. °**~er** *m3* usager *m.* °**~ung** *f1* utilisation *f.*
Benzin *n0* essence *f.*
be·obacht|en *vt* observer. °**~er** *m3* observateur *m.* °**~ung** *f1* observation *f.*
be·ordern *vt* ordonner.
be·pflastern *vt* paver.
be·quem *a* commode ; confortable. **~en** *vpr* se prêter à. °**~lichkeit** *f1* commodité *f* ; confort *m.*
be·raten* *vt* conseiller • *vi* (*über,* acc.) délibérer sur • *vpr* se concerter.
be·raub|en *vt* piller. °**~ung** *f1* pillage *m.*
be·rauschen *vt* enivrer.
be·rech|enbar *a* calculable. **~nen** *vt* calculer.
be·rechtig|en *vt* autoriser. °**~ung** *f1* autorisation *f.*
be·red|en *vt* convaincre • *vpr : sich mit jm ~,* convenir d'un rendez-vous avec qn. **~sam, ~t** *a* éloquent. °**~samkeit** *f0* éloquence *f.*
Be·reich *m1* domaine *m.*
be·reichern *vt* enrichir.
be·reifen *vt* cercler ‖ AUT. munir de pneus.
be·reinigen *vt* assainir.
be·reisen *vt* parcourir.
be·reit *a* prêt.
1. be·reiten *vt* préparer ‖ FIG. causer ; faire.
2. be·reiten* *vt* chevaucher.

be·reit|legen, ~machen, ~stellen *vt* tenir prêt. **~s** *av* déjà. °**~schaft** *f1* disponibilité *f*. **~willig** *a* prêt; empressé.

be·reuen *vt* regretter.

Berg *m1* mont *m*; montagne *f*. **~ab** *av* en descendant. **~an, ~auf** *av* en montant. °**~arbeiter** *m3* mineur *m*. °**~bewohner** *m3* montagnard *m*.

bergen* *vt* cacher ‖ MAR. sauver.

Berg|fahrt *f1* [Eisenbahn] montée *f*. **~ig** *a* montagneux. °**~mann** *m* (es, -leute) mineur *m*. °**~steiger** *m3* alpiniste *m*. °**~strom** *m2* torrent.

Bergung *f1* sauvetage *m*.

Berg|wand *f2* paroi *f*. °**~werk** *n1* mine *f*.

Bericht *m1* rapport, compte-rendu *m*. **~en** *vt* relater. °**~erstatter** *m3* correspondant *m*.

be·richtigen *vt* rectifier.

be·riesel|n *vt* irriguer. °**~ung** *f0* irrigation *f*; arrosage *m*.

Berliner *m3*, °**~in** *f1* Berlinois *s*.

bersten* *vi* crever, éclater.

be·rüchtigt *a* mal famé.

be·rücksichtigen *vt* tenir compte de.

Beruf *m1* profession *f* ‖ vocation *f*. **~en** *vt* convoquer • *vpr : sich auf etw ~*, invoquer qch. **~en** *a* compétent; qualifié. **~lich** *a* professionnel.

berufs|mäßig *a* professionnel. °**~schule** *f1* école professionnelle. **~tätig** *a* qui exerce un métier.

Berufung *f1* convocation *f*; nomination *f*; *unter ~ auf*, en se référant à. °**~s·gericht** *n1* cour *f* d'appel.

be·ruhen *vi* (*auf*, dat.) reposer sur.

be·ruhig|en *vt* apaiser, tranquilliser. °**~ung** *f0* apaisement *m*. °**~ungs·mittel** *n3* tranquillisant *m*.

be·rühmt *a* célèbre. °**~heit** *f1* célébrité *f*.

be·rühr|en *vt* toucher. °**~ung** *f1* contact *m*.

be·säen *vt* ensemencer.

be·sagt *a* mentionné, susdit.

be·samen *vt* ensemencer.

be·sänftigen *vt* calmer.

Be·satzung *f1* garnison *f*; équipage *m*.

be·saufen* *vpr* POP. se soûler.

be·schädig|en *vt* endommager. °**~ung** *f1* dégât *m*.

be·schaff|en *vt* procurer • *a* : *so ~*, ainsi fait. °**~enheit** *f0* nature *f*. °**~ung** *f0* action *f* de se procurer.

be·schäftig|en *vt* occuper. °**~ung** *f1* occupation *f*.

be·schämen *vt* faire honte à.

be·schatten *vt* ombrager.

Be·schau *f0* inspection *f*. **~en** *vt* examiner, inspecter.

Be·scheid *m1* décision *f*; *etw ~ wissen*, savoir pertinemment qch; *~ geben*, informer. **~en***

vt donner en partage • *vpr : sich mit wenig* ~, se contenter de peu • *a* modeste. °**~enheit** *f0* modestie *f*.

be·scheinig|en *vt* certifier. °**~ung** *f1* attestation *f*.

be·scher|en *vt* (*mit*, dat.) offrir. °**~ung** *f1* cadeau *m*.

be·schicken *vt* approvisionner.

be·schießen* *vt* bombarder.

be·schimpfen *vt* insulter, injurier.

be·schirmen *vt* abriter.

Be·schlag *m2* garniture *f* || JUR. saisie, confiscation *f* || buée *f*. **~en*** *vi/vpr* se couvrir de buée • *a : in etw wohl* ~ *sein*, être ferré en qch. °**~nahme** *f1* réquisition *f*. **~nahmen** *vt* réquisitionner.

be·schleunigen *vt* accélérer.

be|schließen* *vt* fermer || conclure ; décider. °**~schluß** *m* (usses, üsse) clôture *f* || conclusion *f*; décision *f*.

be·schmieren *vt* enduire.

be·schmutzen *vt* salir.

be·schneiden* *vt* tailler.

be·schönigen *vt* enjoliver.

be·schottern *vt* empierrer.

be·schränk|en *vt* limiter. °**~ung** *f1* limitation *f*.

be·schreib|en* *vt* décrire. °**~ung** *f1* description *f*.

be·schuldigen *vt* incriminer ; inculper.

Be·schuß *m* (usses, üsse) bombardement *m*.

be·schützen *vt* protéger.

Be·schwer|de *f1* malaise *m* || réclamation *f*. **~en** *vt* alourdir ; charger • *vpr* se plaindre. **~lich** *a* pénible.

be·schwichtigen *vt* calmer, apaiser.

be·schwören* *vt* jurer ; affirmer par serment.

be·seelen *vt* animer.

be·sehen* *vt* considérer, examiner.

be·seitigen *vt* supprimer ; écarter.

Besen *m3* balai *m*.

be·sessen *a* FIG. possédé. °**~heit** *f0* obsession *f*.

be·setz|en *vt* occuper. **~t** *a* occupé ; complet.

be·sichtig|en *vt* examiner ; visiter. °**~ung** *f1* visite *f*.

be·siegeln *vt* sceller.

be·siegen *vt* vaincre.

be·singen* *vt* chanter.

be·sinn|en* *vpr* réfléchir. °**~ung** *f0* réflexion *f* || conscience *f*. **~ungslos** *a* évanoui.

Be·sitz *m1* propriété *f*. **~en*** *vt* posséder. °**~er** *m3*, °**~erin** *f1* propriétaire *s*. °**~tum** *n2* propriété *f*.

be·soffen *a* POP. ivre, soûl.

be·sohlen *vt : neu* ~, ressemeler.

be·sold|en *vt* appointer. °**~ung** *f1* rémunération *f*.

be·sonder *a* spécial, particulier. °**~heit** *f1* particularité *f*. **~s** *av* particulièrement.

be·sonnen *a* réfléchi. °**~heit** *f0* circonspection *f*.

be·sonnt *a* ensoleillé.
be·sorg|en *vt* procurer ‖ s'occuper de. °**~nis** *f* (se) souci *m.* **~t** *a* (*um,* acc.) soucieux de. °**~ung** *f1* gestion *f* ‖ commission *f.*
be·spiegeln *vt* refléter.
be·sprech|en* *vt* discuter de • *vpr* se concerter avec qn. °**~ung** *f1* discussion *f.*
be·sprengen *vt* arroser, asperger.
be·spritzen *vt* éclabousser.
be·spülen *vt* baigner ; arroser.
besser *a* [*compar* de ***gut***] meilleur ; **~** *machen,* améliorer • *av* mieux ; *um so* **~**, tant mieux • *as :* ***das*** °**~e,** le meilleur ; le mieux. **~n** *vt/vpr* (s')améliorer. °**~ung** *f1* amélioration *f.*
best *a* [*superl* de ***gut***] le meilleur • *av* le mieux ; *aufs* **~***e/am* **~***en,* au mieux/le mieux.
Be·stand *m2* existence *f* ‖ effectif *m ;* stock *m.*
be·ständig *a* constant ; durable. °**~keit** *f0* stabilité *f.*
Bestand|s·aufnahme *f1* inventaire *m.* °**~teil** *m1* élément *m.*
be·stärk|en *vt* confirmer. °**~ung** *f1* confirmation *f.*
be·stätig|en *vt* confirmer. °**~ung** *f1* confirmation *f.*
be·statt|en *vt* enterrer. °**~ung** *f1* enterrement *m.*
be|stäuben *vt* saupoudrer. **~staubt** *a* poussiéreux.
be·stech|en* *vt* corrompre. **~lich** *a* corruptible. °**~ung** *f0* corruption *f.*
Be·steck *n1* étui *m* ‖ [Tisch] couvert *m.*
be·stehen* *vt* [Prüfung] passer (avec succès) • *vi* exister ; **~** *bleiben,* durer ‖ **~** ***auf*** (dat.), ne pas démordre de ‖ **~** ***aus*** (dat.), se composer de ‖ **~** ***in*** (dat.), consister à/dans • *v imp : es besteht,* il y a.
be·steig|en* *vt* gravir. °**~ung** *f1* ascension *f.*
be·stell|en *vt* cultiver ‖ COMM. commander. °**~ung** *f1* commande *f.*
besten|falls *av* dans le meilleur des cas. **~s** *av* le mieux possible.
be·steuer|n *vt* imposer. °**~ung** *f1* imposition *f.*
Bestie *f1* bête *f* féroce.
be·stimm|en *vt/vi* fixer ; décider ; *näher* **~**, préciser. **~end** *a* décisif. **~t** *a* déterminé ‖ [gewiß] certain • *av* sûrement. °**~theit** *f0* certitude *f.* °**~ung** *f1* définition *f* ‖ FIG. destination *f.*
best·möglich *a* le meilleur possible.
be·straf|en *vt* punir. °**~ung** *f1* punition *f.*
be·strahlen *vt* irradier.
be·streb|en *vpr* (*nach,* dat.) s'efforcer de. **~t** *a :* **~** *sein,* s'efforcer de. °**~ung** *f1* effort *m.*
be·streichen* *vt* enduire.
be·streit|bar *a* contestable. **~en*** *vt* contester ‖ [Kosten]

supporter. °~**ung** *f1* contestation *f*.
be·streuen *vt* saupoudrer.
be·stürmen *vt* assaillir.
be·stürz|en *vt* déconcerter. °~**ung** *f0* consternation *f*.
Be·such *m1* visite *f*. ~**en** *vt* visiter ; rendre visite à ; fréquenter. °~**er** *m3* visiteur *m*.
be·sudel|n *vt* souiller. °~**ung** *f1* pollution *f ;* souillure *f*.
be·tagt *a* âgé.
be·tasten *vt* tâter.
be·tätigen *vt* actionner.
be·täub|en *vt* assourdir ; abasourdir ‖ MÉD. anesthésier. °~**ung** *f1* étourdissement *m ;* anesthésie *f*.
be·teilig|en *vpr : ~ an* (dat.), participer/prendre part à. °~**ung** *f1* participation *f*.
beten *vi* prier.
be·teuern *vt* affirmer.
be·titeln *vt* intituler.
Beton *m0* béton *m*.
be·tonen *vt* accentuer.
be·tören *vt* séduire.
betr. *abr* de BETREFFEND.
Be·tracht *m0* considération *f*. ~**en** *vt* regarder. °~**ung** *f1* considération *f*.
be·trächtlich *a* considérable.
Be·trag *m2* montant *m ;* somme *f*. ~**en*** *vi* s'élever à • *vpr* se conduire • *n0 :* °~, conduite *f*.
be·trauern *vt* déplorer.
Be·treff *m : in diesem ~,* à ce sujet. ~**en*** *vt* concerner. ~**end** *a* en question ; concernant. ~**s** *p* (gén.) quant à.
be·treiben* *vt* exercer, pratiquer.
be·treten* *vt* marcher sur ; fouler • *n0 :* °~, accès *m*.
be·treuen *vt* avoir la charge/s'occuper de.
Be·trieb *m1* entreprise *f* ‖ activité *f*.
be·trinken* *vpr* s'enivrer.
be·troffen *a* concerné ‖ FIG. consterné. °~**heit** *f0* consternation *f*.
be·trüb|en *vt* attrister. °~**nis** *f* (se) tristesse *f*.
Be·trug *m0* tromperie, fraude *f*.
be·trüg|en* *vt* tromper. °~**er** *m3* fraudeur *m*.
be·trunken *a* ivre. °~**heit** *f0* ivresse *f*.
Bett *n* (s, en) lit *m ; zu ~ gehen,* aller se coucher.
bettel|arm *a* misérable. ~**n** *vi* mendier.
bett|lägerig *a* alité. °~**laken,** °~**linnen** *n3* drap *m*.
Bettler *m3,* °~**in** *f1* mendiant *s*.
Bett|rolle *f1* traversin *m*. °~**überzug** *m2* couvre-lit *m*. °~**wäsche** *f0,* °~**zeug** *n0* draps *mpl* de lit.
beug|bar *a* flexible. ~**en** *vt* fléchir ; plier ; courber. ~**sam** *a* flexible ; souple. °~**ung** *f1* fléchissement *m*.
Beule *f1* bosse *f*.
be·unruhig|en *vt* inquiéter. °~**ung** *f1* inquiétude *f*.
be·urkunden *vt* certifier, attester.

be·urlauben *vt* congédier.
be·urteil|en *vt* juger. °**~ung** *f1* jugement *m.*
Beute *f1* butin *m* ‖ FIG. proie *f.*
Beutel *m3* sac *m.*
be·völker|n *vt* peupler. °**~ung** *f1* population *f.*
be·voll·mächtig|en *vt* donner procuration. °**~ung** *f1* procuration *f.*
bevor *c* avant que/de.
bevor|stehen* *vi* être imminent. **~teilen** *vt* avantager. **~zugen** *vt* préférer.
be·wach|en *vt* surveiller. °**~ung** *f1* surveillance *f.*
be·waffn|en *vt* armer. °**~ung** *f1* armement *m.*
be·wahren *vt* garder, conserver.
be·währ|en *vpr* faire ses preuves. **~t** *a* éprouvé.
Be·wahrung *f0* garde *f.*
Be·währung *f0* confirmation *f*; épreuve *f.*
be·wältigen *vt* surmonter.
be·wandert *a* (*in,* dat.) FIG. versé (dans), expert (en).
be·wässer|n *vt* arroser. °**~ung** *f1* irrigation *f.*
be·weg|en *vt* **1.** déplacer. **2.** **~*** amener. °**~grund** *m2* motif *m.* **~lich** *a* mobile. **~t** *a* en mouvement ‖ FIG. mouvementé. °**~ung** *f1* mouvement *m* ‖ FIG. émotion *f.* **~ungslos** *a* immobile.
Be·weis *m1* preuve *f.* **~bar** *a* démontrable. **~en*** *vt* prouver, démontrer.
be·wenden *vi* : *es dabei ~ lassen,* en rester là.
be·werb|en* *vpr* (*um,* acc.) postuler à. °**~er** *m3* postulant *m.* °**~ung** *f1* candidature *f.*
be·werk·stelligen *vt* effectuer, exécuter.
be·wert|en *vt* évaluer. °**~ung** *f1* évaluation *f.*
be·willig|en *vt* accorder. °**~ung** *f1* consentement *m.*
be·wirken *vt* produire; causer.
be·wirten *vt* héberger.
be·wirtschaft|en *vt* exploiter ‖ rationner. °**~ung** *f0* exploitation *f*; rationnement *m.*
Be·wirtung *f0* hospitalité *f.*
be·wohn|en *vt* habiter. °**~er** *m3* habitant *m.*
be·wölken *vpr* se couvrir de nuages.
Be·wund|(e)rer *m3* admirateur *m.* **~ern** *vt* admirer. **~erns·wert** *a* admirable. °**~erung** *f1* admiration *f.*
be·wußt *a* conscient; *sich eines Problems ~ sein,* être conscient d'un problème ‖ en question. °**~heit** *f0* conscience *f.* **~los** *a* évanoui; inconscient. °**~losigkeit** *f0* inconscience *f.* °**~sein** *n0* conscience *f.*
be·zahl|en *vt* payer. °**~ung** *f1* paiement *m.*
be·zaubern *vt* charmer, enchanter. **~d** *a* charmant.
be·zeichn|en *vt* caractériser. °**~ung** *f1* désignation *f.*

be·zeigen *vt* montrer.
be·zeug|en *vt* attester. °**~ung** *f1* témoignage *m.*
be·zichtigen *vt : jn etw* (gén.) *~,* accuser qn de qch.
be·zieh|en* *vt* couvrir ; revêtir ; *eine Wohnung ~,* emménager ‖ COMM. toucher ‖ FIG. (*auf,* acc.) se rapporter à. °**~ung** *f1* relation *f;* rapport *m.* **~ungs·weise** *av* [*abr :* ***bzw.***] ou ; selon le cas.
be·ziffern *vt* numéroter.
Be·zirk *m1* district *m.*
Be·zogene(r) *asm* COMM. tiré *m.*
Be·zug *m2* housse *f* ‖ FIG. rapport *m; in ~ auf,* au regard de ‖ *Pl* émoluments *mpl.*
be·züglich *a* relatif à • *p* (gén.) au sujet de.
be·zweifeln *vt* mettre en doute.
Bibel *f1* Bible *f.*
Bibliothek *f1* bibliothèque *f.* °**~ar** *m1* bibliothécaire *m.*
bieder *a* brave ; honnête. °**~keit** *f0* honnêteté *f.*
Bieg|e *f1* pli *m.* **~en*** *vt* plier ; courber • *vi : um die Ecke ~,* tourner le coin (de la rue). **~sam** *a* flexible, souple. °**~samkeit** *f0* flexibilité *f.* °**~ung** *f1* courbure *f.*
Biene *f1* abeille *f.* °**~n·korb,** °**~n·stock** *m2* ruche *f.* °**~n·züchter** *m3* apiculteur *m.*
Bier *n1* bière *f.* °**~keller** *m3* brasserie *f.*
bieten* *vt* offrir, proposer ; *das laß ich mir nicht ~,* cela, je ne l'admets pas • *vpr* se présenter.
Bilanz *f1* bilan *m.*
Bild *n2* image *f;* tableau *m; im ~ sein,* être au courant. **~en** *vt* former ‖ FIG. cultiver. **~end** *a : ~e Kunste,* arts *mpl* plastiques.
Bild|fläche *f1* CIN. écran *m.* **~haft** *a* imagé. °**~hauer,** °**~ner** *m3* sculpteur *m.* °**~nis** *n* (ses, se) image *f;* portrait *m.* °**~säule** *f1* statue *f.* °**~schirm** *m1* écran *m.* °**~streifen** *m3* film *m.* °**~ung** *f1* formation *f* ‖ FIG. culture *f.* °**~wand** *f2* CIN. écran *m.* °**~werfer** *m3* projecteur *m.*
Billard *n* (s, s) billard *m.*
billig *a* juste ‖ COMM. bon marché. **~en** *vt* approuver. **~ermaßen, ~erweise** *av* à bon droit. °**~keit** *f0* modicité *f* des prix. °**~ung** *f1* approbation *f.*
Bimmel *f1* FAM. clochette *f.* **~n** *vi* FAM. tinter.
Bims·stein *m1* pierre *f* ponce.
Binde *f1* bande *f;* bandeau *m;* bandage *m; in einer ~,* en écharpe ‖ cravate *f.* °**~glied** *n2* lien *m.* °**~haut·entzündung** *f0* conjonctivite *f.*
bind|en* *vt* attacher, lier, nouer. °**~er** *m3* relieur *m.* °**~faden** *m* (s, ¨) ficelle *f.* °**~ung** *f1* lien *m.*
binnen *p* (dat.) dans l'espace

de; ~ *kurzem*, sous peu. °~**hafen** *m* (s, ¨) port fluvial. °~**handel** *m0* commerce intérieur.
Binse *f1* jonc *m*.
Biolog|e *m4* biologiste *m*. °~**ie** *f0* biologie *f*.
Birke *f1* bouleau *m*.
Birn|baum *m2* poirier *m*. °~**e** *f1* poire *f* ‖ ÉL. ampoule *f* ‖ CHIM. cornue *f*.
bis *p* jusqu'à; ~ *auf weiteres*, jusqu'à nouvel ordre ‖ LOC : ~ *auf einen*, tous sauf un • *c* jusqu'à ce que.
Bischof *m2* évêque *m*.
bis|her, ~lang *av* jusqu'ici.
Bismarck·hering *m1* hareng mariné.
Biß *m* (sses, sse) morsure *f*. ~**chen** *av* : *ein* ~, un peu.
Biss|en *m3* bouchée *f*. ~**ig** *a* qui mord.
Biß·wunde *f1* morsure *f*.
Bistum *n2* évêché *m*.
bis·weilen *av* parfois.
Bitt|brief *m1* pétition *f*. °~**e** *f1* prière *f*; demande *f*. ~**e** *interj* s'il vous plaît!; ~ *schön!/sehr!*, je vous (en) prie. ~**en*** *vt* (*um*, acc.) prier qn de; demander qch à qn.
bitter *a* amer ‖ [Kälte] rigoureux. °~**keit** *f1* amertume *f*. °~**nis** *f0* amertume *f*. ~**süß** *a* aigre-doux.
Bitt|gang *m2* procession *f*. °~**schrift** *f1* requête *f*.
Bizeps *m1* biceps *m*.
bläh|en *vt* gonfler; enfler. °~**ung** *f1* gaz *mpl*.
Blam|age *f1* gaffe *f*. ~**ieren** *vt* ridiculiser.
blank *a* brillant; reluisant.
Blanko·scheck *m1* chèque *m* en blanc.
Blas|e *f1* bulle *f*; cloque *f*. ~**en*** *vt/vi* souffler.
blasiert *a* blasé.
blaß *a* pâle, blême; terne.
Blässe, Blaßheit *f0* pâleur *f*.
Blatt *n2* feuille *f*.
blätter|ig *a* feuilleté. ~**n** *vi* feuilleter.
Blattern *fpl* variole *f*.
Blatt|grün *n0* chlorophylle *f*. °~**laus** *f2* puceron *m*.
blau *a* bleu ‖ LOC FAM : *er ist* ~, il est gris • *av* : CUIS. *Forelle* ~, truite *f* au bleu • *n0* : °~, bleu *m*. °~**beere** *f1* myrtille *f*.
Bläue *f1* bleu, azur *m*.
blau|grün *a* glauque. °~**kraut** *n2* chou *m* rouge. °~**pause** *f1* calque *m*.
Blech *n0* tôle *f*; fer-blanc *m*. °~**büchse**, °~**dose** *f1* boîte *f* en fer-blanc. °~**waren** *fpl* ferblanterie *f*.
Blei *n0* plomb *m*.
Bleib|e *f1* gîte *m*; logis *m*. ~**en** *vi* rester, demeurer; *zu Hause* ~, rester chez soi; *es dabei* ~ *lassen*, en rester là. ~**end** *a* durable.
bleich *a* pâle, blême. °~**e** *f0* pâleur *f*. ~**en** *vt* blanchir. °~**sucht** *f0* anémie *f*. °~**wasser** *n0* eau *f* de Javel.
blei|ern *a* de/en plomb. °~**lot** *n1* fil *m* à plomb. °~**siche-**

rung *f1* ÉL. plomb, fusible *m.* °~**stift** *m1* crayon *m.* °~**stift·spitzer** *m2* taille-crayon *m.*

Blend|e *f1* blindage *m* ‖ PHOT. écran *m;* diaphragme *m.* ~**en** *vt* aveugler ; éblouir. °~**schutz** *m0* pare-soleil *m.* °~**ung** *f1* aveuglement *m;* éblouissement *m.*

bleuen *vt* rosser.

Blick *m1* regard *m;* coup *m* d'œil ; *auf den ersten ~,* du premier coup d'œil ‖ lueur *f.* ~**en** *vi* regarder ‖ [aussehen] avoir l'air. °~**punkt** *m1* point *m* de vue.

blind *a* aveugle ‖ FIG. ~*es Fenster,* fausse fenêtre ‖ clandestin. °~**darm·entzündung** *f0* appendicite *f.* °~**e(r)** *as* aveugle *s.* °~**heit** *f0* cécité *f.* ~**lings** *av* aveuglément.

blink|en *vi* luire ; clignoter. °~**er** *m3* clignotant *m.*

blinzeln *vi* cligner.

Blitz *m1* éclair *m.* °~**ableiter** *m3* paratonnerre *m.* ~**en** *v imp : es blitzt,* il y a des éclairs. °~**(licht·)aufnahme** *f1* photo *f* au flash.

Block *m2* bloc *m.* °~**ade** *f1* blocus *m.* ~**en** *vt* bloquer. °~**haus** *n2* blockhaus *m.* ~**ieren** *vt* bloquer. °~**schrift** *f0* gros caractères *mpl.*

blöd|e *a* débile ‖ sot, niais. ~**sinnig** *a* stupide.

blöken *vi* bêler.

blond *a* blond.

bloß *a* nu ; découvert • *av* simplement ; seulement.

Blöße *f1* nudité *f* ‖ FIG. point *m* faible.

bloß|legen *vt* mettre à nu. ~**liegen*** *vi* être (mis) à nu. ~**stellen** *vt* découvrir ‖ FIG. compromettre.

blühen *vi* fleurir • *n0 :* °~, floraison *f* ‖ FIG. prospérité *f.* ~**d** *a* en fleur(s) ‖ FIG. prospère.

Blume *f1* fleur *f.*

Blumen|beet *n1* parterre *m.* °~**blatt** *n2* pétale *m.* °~**händler** *m3,* ~**händlerin** *f1* fleuriste *s.* °~**kohl** *m1* chou-fleur *m.* °~**strauß** *m2* bouquet *m.* °~**topf** *m2* pot *m* de fleurs.

Bluse *f1* corsage *m.*

Blut *n0* sang *m* ‖ FIG. *kaltes ~,* sang-froid. °~**ader** *f1* veine *f.* ~**arm** *a* anémique. °~**armut** *f0* anémie *f.* °~**druck** *m0* tension artérielle.

Blüte *f1* fleur *f; in ~ stehen,* être en fleurs.

Blut|egel *m3* sangsue *f.* ~**en** *vi* saigner.

Blüten|blatt *n2* pétale *m.* °~**staub** *m0* pollen *m.*

Blut·entnahme *f1* prise *f* de sang.

Blüte·zeit *f1* floraison *f* ‖ FIG. prospérité *f.*

Blut|flüssigkeit *f1* plasma *m.* °~**gerüst** *n1* échafaud *m.* °~**gruppe** *f1* groupe sanguin.

~ig *a* sanglant. **~jung** *a* très jeune. °**~körperchen** *n3* globule *m* de sang. °**~kreislauf** *m0* circulation *f* du sang. °**~probe** *f1* prise *f* de sang. °**~schande** *f1* inceste *m*. °**~übertragung** *f1* transfusion sanguine. °**~ung** *f1* hémorragie *f*. °**~vergiftung** *f1* septicémie *f*. °**~wurst** *f2* boudin *m*. °**~zucker** *m0* glycémie *f*.

b-Moll *n* si bémol mineur.

Bö, Böe *f* ([e]n) rafale *f*.

Bock *m2* bélier *m*; bouc *m*.

Boden *m* (s, ¨) sol *m*; terre *f*; terrain *m* ‖ fond *m* ‖ [Dachboden] grenier *m* ‖ FIG. fondement *m*. °**~anleihe** *f1* emprunt foncier. °**~freiheit,** °**~höhe** *f1* AUT. garde *f* au sol. °**~kredit** *m1* crédit foncier. **~los** *a* sans fond. °**~personal** *n0* personnel *m* au sol. °**~reform** *f1* réforme *f* agraire. °**~satz** *m2* dépôt *m*; sédiment *m*. °**~see** *m0* lac *m* de Constance.

Böe → Bö.

Bogen *n* (s, ¨) courbe *f*; arc *m* ‖ MUS. archet *m* ‖ (grande) feuille de papier. °**~gang** *m2* arcade *f*.

Bohle *f1* madrier *m*.

Bohne *f1* haricot *m*. °**~n·kaffee** *m0* café *m* en grains.

bohnern *vt* cirer.

Bohr|anlage *f1* station *f* de forage. °**~eisen** *n3* mèche *f*. **~en** *vt* forer, percer, creuser; faire un trou dans. °**~er** *m3* perceuse *f*. °**~er·spitze** *f1* mèche *f*. °**~kurbel** *f1* chignole *f*. °**~maschine** *f1* perceuse *f*. °**~turm** *m2* derrick *m*. °**~ung** *f1* forage *m*.

Boje *f1* bouée, balise *f*.

Bolle *f1* bulbe, oignon *m*.

Boll·werk *n1* rempart *m*.

Bolzen *m3* boulon *m*; cheville *f*.

bombardieren *vt* bombarder.

Bombe *f1* bombe *f*. °**~n·angriff** *m1* bombardement *m*. °**~r** *m3* bombardier *m*.

Boot *n1* bateau *m*.

Bord *m1* bord *m*.

Borg *m1* : *auf ~ geben,* donner à crédit. **~en** *vt* prêter; faire crédit • *vpr* emprunter; *sich etw von jm ~,* emprunter qch à qn. **~weise** *av* à crédit.

Borke *f1* écorce *f*.

Born *m1* puits *m*; source *f*.

Börse *f1* bourse *f*.

Börsen|kurs *m1* cours *m* de la Bourse. °**~makler** *m3* agent *m* de change. °**~papier** *n1* valeur mobilière.

Börsianer *m3* boursier *m*.

Borst *m1* crevasse *f*.

Bort *n1* planche *f*.

Borte *f1* bordure *f*; galon *m*.

bös·artig *a* méchant. °**~keit** *f1* méchanceté *f*.

Bosch·horn *n2* Klaxon *m*.

Böschung *f1* talus *m*.

böse *a* mauvais; méchant; *jm ~ sein,* en vouloir à qn; *~ werden,* se fâcher • *av* mal; méchamment • *n* : °**~,** mal *m*. °**~wicht** *m* (s, er) vaurien *m*.

bos|haft *a* méchant. °**~haftigkeit** *f0*, °**~heit** *f1* méchanceté *f*.
bossieren *vt* bosseler.
bös·willig *a* malveillant.
Botanik *f0* botanique *f*.
Bote *m4* messager *m*.
Botschaft *f1* message *m* || ambassade *f*. °**~er** *m3* ambassadeur *m*.
Böttcher *m3* tonnelier *m*.
Bottich *m1* cuve *f*; tonneau *m*.
Box *f* (en/es) box *m*.
box|en *vt/vi* boxer. °**~er** *m3* boxeur *m*.
Boykott *m1* boycottage *m*. **~ieren** *vt* boycotter.
brach *a* en friche. °**~feld,** °**~land** *n2* jachère *f*.
Brack·wasser *n3* eau *f* stagnante.
Bräme *f1* lisière f.
Brand *m2* incendie, feu *m*; *in ~ stehen*, être en flammes || MÉD. gangrène *f*. °**~blase** *f1* cloque *f*.
branden *vi* [Wellen] déferler.
Brand|glocke *f1* tocsin *m*. **~marken** *vt* stigmatiser. °**~mauer** *f1* mur *m* de refend. °**~schaden** *m1* (s, ¨) sinistre *m*. **~schatzen** *vt* rançonner. °**~stätte,** °**~stelle** *f1* lieu *m* du sinistre. °**~stifter** *m3* incendiaire *m*.
Brandung *f1* ressac *m*.
Brand·wunde *f1* brûlure *f*.
Brannt·wein *m1* eau-de-vie *f*.
Brasilien *n0* Brésil *m*.
brat|en* *vt* rôtir • *vi* rôtir; griller • *m3* : °**~,** rôti *m*. °**~en·wender** *m3* tournebroche *m*. °**~hähnchen** *n3* poulet rôti. °**~kartoffeln** *fpl* pommes de terres sautées.
Bratsche *f1* alto *m*.
Brat·wurst *f2* saucisse grillée.
Bräu *m*, *n* (s, ¨e) bière (bavaroise).
Brauch *m2* coutume *f*; usage *m*. **~bar** *a* utilisable. **~en** *vt* avoir besoin de || se servir de. °**~tum** *n0* coutumes *fpl*.
Braue *f1* sourcil *m*.
brau|en *vt* brasser de la bière. °**~er** *m3*, °**~herr** *m* (n, en) brasseur *m*. °**~hof** *m2* brasserie *f*.
braun *a* brun. °**~bier** *n1* bière brune. °**~kohl** *m1* chou *m* rouge. °**~kohle** *f1* lignite *m*.
Brause *f1* bouillonnement *m* || pomme *f* de douche. °**~bad** *n2* douche *f*. **~n** *vi* mugir • *vpr* prendre une douche.
Braut *f2* fiancée *f*.
Bräutigam *m1* fiancé *m*.
Braut·leute *pl* jeunes mariés.
bräutlich *a* nuptial.
brav *a* brave, bon, gentil.
brechbar *a* cassant, fragile.
brech|en* *vt* casser, briser, rompre || [Blumen] cueillir || vomir || [Eid] violer || [Rekord] battre ; *sich Bahn ~*, se frayer un chemin • *vi* (se) rompre, (se) briser, (se) casser || surgir • *vpr* se briser • *n0* : °**~,** rupture *f* || JUR. violation *f*. °**~reiz** *m1* envie *f* de vomir.

Brei *m1* bouillie *f; purée f.*

breit *a* large ; vaste ; *weit und ~,* loin alentour. °**~e** *f1* largeur *f* ‖ TEXT. lé *m* ‖ GÉOGR. latitude *f.*

breiten *vt* tendre ; étendre. °**~grad** *m1* degré *m* de latitude. °**~kreis** *m1* parallèle *m.*

breit|schult(e)rig *a* de forte carrure. °**~seite** *f1* flanc *m.* °**~wand** *f2* écran *m* panoramique.

Brems|belag *m1* garniture *f* de frein. °**~e** *f1* **1.** frein *m.* **2.** taon *m.* **~en** *vi* freiner. °**~licht** *n2* feu *m* de stop.

brenn|bar *a* combustible. **~en*** *vi* brûler, flamber • *vt/vpr* griller ; (se) brûler • *n0 :* °**~,** brûlure *f.* **~end** *a* ardent ; brûlant. °**~er** *m3* brûleur *m.* °**~erei** *f1* distillerie *f.* °**~essel** *f1* ortie *f.*

Brenn|glas *n2* loupe *f.* °**~holz** *n0* bois *m* de chauffage. °**~kolben** *m3* alambic *m.* °**~spiritus** *m* alcool *m* à brûler. °**~stoff** *m1* combustible *m.*

brenzeln *vi* sentir le roussi.

Bresche *f1* brèche *f.*

bresthaft *a* infirme.

Brett *n2* planche *f.*

Brief *m1* lettre *f.* °**~bogen** *m3* feuille *f* de papier à lettres. °**~kasten** *m* (s, ¨) boîte *f* aux lettres. **~lich** *av* par lettre. °**~marke** *f1* timbre-poste *m.* °**~papier** *n1* papier *m* à lettres. °**~tasche** *f1* portefeuille *m.* °**~träger** *m3* facteur *m.* °**~wechsel** *m3* correspondance *f.*

brillant *a* brillant.

Brille *f1* lunettes *fpl.*

bringen* *vt* **1.** apporter ; donner ; *Hilfe ~,* porter secours. **2.** rapporter ; procurer. **3.** conduire ; amener ; *jn nach Hause ~,* reconduire qn chez soi. **4.** LOC : *auf die Welt ~,* mettre au monde ; *aus der Mode ~,* démoder ; *in Gang ~,* mettre en marche ; *in Erinnerung ~,* rappeler ; *etw mit sich ~,* avoir qch pour conséquence ; *jn ums Leben ~,* tuer qn ; *zum Ausdruck ~,* exprimer ; *zum Lachen ~,* faire rire.

Brise *f1* brise *f.*

Brit|annien *n0* îles *fpl* Britanniques. °**~e** *m4* Britannique *m.* **~isch** *a* britannique ; anglais.

Bröck|chen *n3* miette *f.* **~eln** *vi* s'effriter • *vt* émietter.

Brocken *m3* fragment *m* ‖ FIG. bribe *f.*

Brodel *m0* vapeur *f; fumée f.* **~n** *vi* bouillonner.

Brombeer|e *f1* mûre *f.* °**~strauch** *m2* ronce *f.*

Bronchi|en *fpl* bronches *fpl.* °**~tis** *f* (tiden) bronchite *f.*

Bronz|e *f1* bronze *m.* **~ieren** *vt* bronzer, brunir.

Brosame *f1* miette *f* de pain.

Brot *n1* pain *m ; belegtes ~,* sandwich *m.*

Brötchen *n3* petit pain.
Brot|erwerb *m0* gagne-pain *m.* °**~krume** *f1* miette *f* de pain. °**~laib** *m1* miche *f* de pain. °**~röster** *m3* grille-pain *m.* °**~schnitte** *f1* tranche *f* de pain.
BRT *abr* de BRUTTO·REGISTER·TONNE.
1. Bruch *m2* bris *m*; rupture, cassure *f* ‖ MÉD. fracture *f*; hernie *f* ‖ FIG. *in die Brüche gehen,* échouer ‖ MATH. fraction *f.*
2. Bruch *m2* marécage *m.*
brüchig *a* cassant; friable ‖ [Stimme] cassée.
bruch|sicher *a* incassable. °**~stein** *m1* moellon *m.* °**~stück** *n1* fragment *m.*
Brücke *f1* pont *m*; *über eine ~ gehen,* passer (sur) un pont ‖ [Zähne] bridge *m.* °**~n·belag** *m2* tablier *m* de pont. °**~n·bogen** *m* (s, ¨), arche *f.* °**~n·joch** *n1* travée *f* de pont.
Bruder *m* (s, ¨) frère *m.*
brüder|lich *a* fraternel. °**~schaft** *f0* fraternité *f.*
Brühe *f1* bouillon *m.*
brüllen *vi/vt* mugir; hurler.
brummen *vi* grogner.
Brunnen *m3* source *f*; fontaine *f*; puits *m.*
brüsk *a* brusque; rude. **~ieren** *vt* brusquer.
Brüssel *m* Bruxelles *f.*
Brust *f2* poitrine *f* ‖ sein *m.* °**~bein** *n1* sternum *m.* °**~bräune** *f1* angine *f* de poitrine.
brüsten *vpr* bomber la poitrine.
Brust|fell·entzündung *f0* pleurésie *f.* °**~kasten** *m3,* °**~korb** *m2* thorax *m.* °**~lehne** *f1* barre *f* d'appui. °**~schwimmen** *n0* (nage *f* à la) brasse *f.*
Brüstung *f1* parapet *m*; balustrade *f.*
Brut *f1* incubation *f* ‖ couvée *f.*
brüten *vi* couver.
brutto *av* brut. °**~gewicht** *n1* poids brut. °**~register·tonne** *f* [*abr* : *BRT*] MAR. tonne *f* de jauge brute.
brutzeln *vi* grésiller; frire.
Bube *m4* petit garçon ‖ [Karten] valet *m.*
Buch *n2* livre *m* ‖ COMM. *~ führen,* tenir la comptabilité ‖ *Pl* comptes *mpl.* °**~auszug** *m2* extrait *m* de compte. °**~binder** *m3* relieur *m.* °**~drucker** *m3* imprimeur *m.* °**~druckerei** *f1* imprimerie *f.*
Buche *f1* hêtre *m.*
1. buchen *vt* comptabiliser ‖ SP. *Punkte ~,* marquer ‖ MAR., AÉR. *Plätze ~,* retenir des places.
2. buchen *a* de/en hêtre.
Bücher|brett *n2* rayonnage *m* de bibliothèque. °**~ei** *f1* bibliothèque *f.* °**~gestell** *n1* rayonnages *mpl.* °**~schrank** *m2* bibliothèque *f.*
Buch|führung *f1* comptabilité *f.* °**~halter** *m3* comptable *m.* °**~haltung** *f1* comptabilité

f. °~**händler** *m3* libraire *m.* °~**handlung** *f1* librairie *f.* °~**prüfer** *m3* expert-comptable *m.*
Buchs·baum *m2* buis *m.*
Büchse *f1* boîte *f* (de conserve) || carabine *f* || ÉL. prise *f* de courant. || °~**n·milch** *f0* lait condensé. °~**n·öffner** *m3* ouvre-boîtes *m.*
Buch|stabe *m* (ns, n) lettre *f*; caractère *m.* ~**stabieren** *vt* épeler. ~**stäblich** *a* littéral.
Bucht *f1* baie *f*; golfe *m.*
Buck|el *m3* bosse *f.* ~**(e)lig** *a* bossu; bosselé.
bücken *vt* baisser; incliner.
Bücking *m1* hareng saur.
Bückling *m1* révérence *f.*
Bude *f1* baraque *f*; échoppe *f* || FAM. turne *f.*
Budget *n0* budget *m.*
Büfett *n* (s, s) buffet *m.*
Büffel *m3* buffle *m.* ~**n** *vt/vi* FAM. bûcher.
Bug *m2* ZOOL. épaule *f* || MAR. proue *f.*
Bügel *m3* cintre *m*; étrier *m.* °~**eisen** *n3* fer *m* à repasser. ~**n** *vt* repasser.
bugsieren *vt* remorquer.
Bug·spriet *n1* beaupré *m.*
Bühne *f1* scène *f.* °~**n·bild** *n2* décors *mpl.*
Bull·auge *n* (s, n) hublot *m.*
Bulle *m4* taureau *m.* °~**n·beißer** *m3* bouledogue *m.*
Bumm|el *m3* balade *f.* ~**ein** *vi* flâner. °~**ler** *m3* flâneur *m.*
Bums·lokal *n1* bal *m* musette.
1. Bund *m2* lien *m* || FIG. alliance, union *f* || POL. confédération *f*; État fédéral.
2. Bund *m1* fagot *m*; faisceau *m*; trousseau *m.*
Bündel *n3* botte *f*; liasse *f* || trousseau *m.*
Bundes|bahn *f1* chemin *m* de fer fédéral. °~**kanzler** *m3* chancelier fédéral. °~**rat** *m2* Conseil fédéral. °~**republik** *f0* : ~ *Deutschland*, République fédérale d'Allemagne.
bünd|ig *av* : *kurz und* ~, sans détours. °~**nis** *n* (ses, se) alliance *f.*
Bunker *m3* MAR. soute *f* || MIL. abri bétonné; bunker *m.*
bunt *a* multicolore • *av* : ~ *durcheinander*, pêle-mêle || FAM. *er treibt es zu* ~, il va trop loin.
Bürde *f1* fardeau *m*; charge f.
Burg *f1* château fort.
Bürge *m4* caution *f.* ~**n** *vi* se porter garant.
Bürger *m3*, °~**in** *f1* bourgeois *s* || citoyen *s.* °~**krieg** *m1* guerre civile. ~**lich** *a* bourgeois || civil; civique; ~*es Gesetzbuch (BGB)*, Code civil. °~**meister** *m3* maire *m.* °~**steig** *m1* trottoir *m.* °~**tum** *n0* bourgeoisie *f.*
Burg·fried *m1* donjon *m.*
Bürgschaft *f1* caution *f.*
Burg·wall *m2* rempart *m.*
Büro *n* (s, s) bureau *m.*
Bursche *m4* garçon, gars *m.*
Bürste *f1* brosse *f.* ~**n** *vt* brosser.

Busch *m2* arbuste, arbrisseau *m*; buisson *m*.
Büschel *n3* poignée *f*; bouquet *m*; botte *f*; touffe *f*.
Busch|holz *n0* buissons *mpl*; broussailles *fpl*. **~ig** *a* broussailleux. °**~wald** *m2* bosquet *m*.
Busen *m3* sein *m*; poitrine *f*.
Buße *f1* peine *f* || [Geldbuße] amende *f*.
büßen *vt* expier; *das mußt du (mir) ~*, tu me le paieras.
Bussole *f1* boussole *f*.
Büste *f1* buste *m*. °**~n·halter** *m3* soutien-gorge *m*.
Butt *m1* turbot *m*.
Bütte *f1* cuve *f*; baquet *m*.
Butter *f0* beurre *m*. °**~blume** *f1* bouton-d'or *m*. °**~brot** *n1* tartine *f* de beurre. °**~dose** *f1* beurrier *m*. °**~milch** *f0* petit-lait *m*.
Büttner *m3* tonnelier *m*.

C

C MUS do, ut *m*.
cbm *m3, n3* [*abr* de ***Kubikmeter***] mètre *m* cube.
ccm *m3, n3* [*abr* de ***Kubikzentimeter***] centimètre *m* cube.
cdm *m3, n3* [*abr* de ***Kubikdezimeter***] décimètre *m* cube.
C-Dur *n* ut majeur.
Cell|ist *m4* violoncelliste *m*. °**~o** *n* (s, s) violoncelle *m*.
Cembalo *n* (s, s) clavecin *m*.
Ces *n* MUS. do *m* bémol.
Champagner *m0* champagne *m*.
Chance *f1* chance *f*.
Charakter *m1* caractère *m*. **~isieren** *vt* caractériser. **~voll** *a* qui a du caractère. °**~zug** *m2* trait *m* de caractère.
chartern *vt* affréter.
Chef *m* (s, s) chef *m*; patron *m*.
Chem|ie *f0* chimie *f*. °**~ikalie** *f1* produit *m* chimique. °**~iker** *m3* chimiste *m*. **~isch** *a* chimique.
Chiffre *f1* chiffre *m*. °**~schlüssel** *m3* code *m*.
China *n0* Chine *f*. °**~rinde** *f1* quinquina *m*.
Chines|e *m4* Chinois *m*. **~isch** *a* chinois.
Chirurg *m4* chirurgien *m*. °**~ie** *f0* chirurgie *f*.
Chlor *n0* chlore *m*. °**~natrium** *n0* chlorure *m* de sodium. °**~ophyll** *n0* chlorophylle *f*.
Cholera *f0* choléra *m*.
Chor *m2* ARCH., MUS. chœur *m*. °**~gesang** *m2* MUS. chœur *m*. **~ist** *m4* choriste *m*.
Christ *m4*, °**~in** *f1* chrétien *s*. °**~enheit** *f0* chrétienté *f*. °**~entum** *n0* christianisme *m*. **~lich** *a* chrétien. °**~nacht** *f2* nuit *f* de Noël. °**~us** *m* (ti) Jésus-Christ *m*.

Chrom *n0* chrome *m.*
Chronometer *n3* chronomètre *m.*
Chrysantheme *f1* chrysanthème *m.*
circa *av* environ.
Cis *n* MUS. do *m* dièse.
cl *m3, n3* [*abr* de ***Zentiliter***] centilitre *m.*
cm *m3, n3* [*abr* de ***Zentimeter***] centimètre *m.*
cmm *m3, n3* [*abr* de ***Kubikmillimeter***] millimètre *m* cube.
Comics *mpl* bandes dessinées.
Corps *n* : *Diplomatisches ~*, corps *m* diplomatique.
Couch *f* (es) divan *m.*
Cour *f0* : *die ~ machen,* faire la cour.
Courage *f1* courage, cran *m.*
Courtage *f1* courtage *m.*

d

D *n* MUS. ré *m.*
da *av* **1.** LIEU : *er ist ~,* il est là ; *hie(r) und ~,* par ci par là. **2.** TEMPS alors ; *hie(r) und ~,* de temps à autre • *c* lorsque ; comme ; puisque.
da·bei *av* **1.** LIEU près. **2.** TEMPS : *er war gerade ~, zu telefonieren,* il allait téléphoner. **3.** LOC. avec cela ; malgré cela ; *es mag ~ bleiben,* soit. **~sein** *vi* être présent.
da·bleiben* *vi* rester là.
Dach *n2* toit *m;* toiture *f.* **°~balken** *m3* solive *f.* **°~boden** *m3* grenier *m.* **°~fenster** *n3,* **°~luke** *f1* lucarne *f.* **°~kammer, °~wohnung** *f1* mansarde *f.* **°~rinne** *f1* gouttière *f.*
Dachs *m1* blaireau • *m.* **°~hund** *m2* basset *m.*
Dackel *m3* basset *m.*
da·durch *av* par là ; *~, daß,* du fait que.
da·für *av* pour cela ; en échange ; en revanche.
da·gegen *av* là contre ; contre cela ; *~ hilft nichts,* il n'y a rien à y faire ‖ [hingegen] par contre.
da·heim *av* à la maison ; chez soi.
da·her *av* de là ; de ce côté. **~kommen*** *vi* provenir de.
da·hin *av* [Ort] là-bas (éloignement) ; là ; y ; *du gehst ~,* tu y vas ‖ [Zeit] *bis ~,* jusque-là ‖ FIG. parti ; passé. **~fahren*** *vi* s'éloigner. **~gegen** *av* par contre. **~gestellt** *a* : *~ sein lassen,* ne pas décider. **~stehen*** *vi* : *es steht noch dahin, ob,* on ne sait pas encore si.
da·hint|en, ~er *av* derrière.
Dahlie *f1* dahlia *m.*
da·mal|ig *a* d'alors. **~s** *av* en ce temps-là.
Dame *f1* dame *f.* **°~n·brett**

n2 damier *m.* °**~n·kleid** *n2* robe *f.* °**~n·spiel** *n1* jeu *m* de dames.

Dam·hirsch *m1* daim *m.*

da·mit *av* avec cela ; par ce moyen ; *es ist aus ~,* c'en est fait • *c* afin/pour que (subj.) ; afin de (inf.).

Damm *m2* digue *f;* chaussée *f;* quai *m* || FIG. *recht auf dem ~ sein,* être en forme.

dämmer|haft *a* crépusculaire. °**~licht** *n0* pénombre *f.* **~n** *v imp : es dämmert,* le jour point/le soir tombe. °**~ung** *f1* crépuscule *m.*

Dampf *m2* vapeur *f.* **~en** *vi* fumer.

dämpfen *vt* CUIS. cuire à l'étuvée || FIG. atténuer, amortir.

Dampfer *m3* vapeur *m.*

Dämpfer *m3* amortisseur *m* || MUS. sourdine *f.*

Dämpfung *f0* amortissement *m.*

da·nach *av* vers cela ; *er sieht ganz ~ aus,* il en a tout l'air || [Zeit] *bald ~,* peu après.

Dän|e *m4* Danois *m.* **~isch** *a* danois.

da·neben *av* à côté ; près || en plus/outre.

Dänemark *n* (s) Danemark *m.*

da·nieder *av* en bas ; à/par terre.

Dank *m0* remerciement *m;* reconnaissance *f; vielen ~!,* merci beaucoup ! • *p : ~* (dat.), grâce à. **~bar** *a* reconnaissant. °**~barkeit** *f0* reconnaissance *f.* **~e!** *interj* merci ! **~en, ~sagen** *vi* (dat.) remercier.

dann *av* alors ; ensuite ; *~ und wann,* de temps en temps.

dannen *av : von ~ gehen,* s'en aller.

dar·an *av* [*abr fam :* ***dran***] **1.** LIEU à côté ; attenant. **2.** TEMPS : *nahe ~ sein,* être sur le point de. **3.** LOC : *ich denke nicht ~,* je n'y pense pas. **~gehen*** *vi* se mettre (à). **~kommen*** *vi* avoir son tour. **~machen** *vpr* se mettre à la besogne. **~setzen** *vt* risquer ; mettre en œuvre.

dar·auf *av* [*abr fam* ***drauf***] **1.** LIEU là-dessus ; sur cela ; dessus. **2.** TEMPS après ; ensuite ; *kurz ~,* peu après. **~folgend** *a* suivant. **~hin** *av* [Zeit] là-dessus.

dar·aus *av* [*abr fam :* ***draus***] de là ; de cela ; en. **~folgen** *vi* résulter ; s'ensuivre.

darben *vi* être dans le besoin.

dar|bieten* *vt* présenter ; offrir. **~bringen*** *vt* apporter ; offrir.

dar·ein *av* [*abr fam :* ***drein***] là-dedans ; y. **~finden*** *vpr* se résigner à. **~mischen** *vpr* s'immiscer.

dar·in *av* [*abr fam :* ***drin***] là-dedans ; en cela ; y.

dar·leg|en *vt* exposer ; expliquer. °**~ung** *f1* exposé *m.*

Dar·lehen *n3* prêt *m.*

Darm *m2* intestin *m.*

dar·stell|en *vt* exposer ;

représenter. °~**ung** *f1* description *f; représentation f.*
dar·tun* *vt* (dé)montrer ; faire voir ; expliquer.
dar·über *av* [*abr fam :* ***drüber***] au-dessus de cela ; sur cela ; par-dessus ; par-delà ; au-delà ‖ [mehr] en plus ; davantage ‖ sur ces entrefaites ; là-dessus ‖ à ce sujet • *loc av :* ~ ***hinaus,*** en outre ; de plus.
dar·um *av* [*abr fam :* ***drum***] autour ; *ich bitte Sie* ~*,* je vous en prie • *c de coord* c'est pourquoi.
dar·unter *av* [*abr fam :* ***drunter***] là-dessous ; y ; *drunter und drüber,* sens dessus dessous ‖ FIG. *was verstehen Sie* ~*?,* qu'entendez-vous par là ? ‖ entre ; parmi.
das *art déf n* le ; la • *pr dém n* cela ; ceci ; ce ; *was ist* ~*?,* qu'est-ce (que c'est) ? ; ~ *heißt (d.h.)/* ~ *ist (d.i.),* c'est-à-dire ; ~*, was,* ce que • *pr rel n* nom. / acc. qui ; que.
Da·sein *n0* existence *f.*
da·selbst *av* au même endroit.
das·jenige → DER·JENIGE.
daß *c* **1.** que ; *ich weiß,* ~ *es wahr ist,* je sais que c'est vrai. **2.** afin que ; pour que. **3.** LOC C : ***so...*** ~*,* de sorte que ‖ ***zu... als*** ~*,* trop... pour que ‖ ***es sei denn,*** ~*,* à moins que ‖ ***außer*** ~*,* si ce n'est que.
das·selbe → DER·SELBE.
Daten *npl* données *fpl; faits mpl.* °~**verarbeitung** *f0* informatique *f.*
datieren *vt/vi* dater.
Dattel *f1* datte *f.*
Datum *n* (s, ten) date *f.*
Dauer *f0* durée *f; auf die* ~*,* à la longue • *préf* durable. ~**haft** *a* durable. °~**karte** *f1* abonnement *m.*
dau|ern *vi* durer • *vt : der Aufwand dauert mich,* je regrette la dépense. ~**ernd** *a* durable. °~**er·welle** *f1* indéfrisable *f.*
Daumen *m3* pouce *m.*
Daune *f1* duvet *m.* °~**n·bett** *n* (s, en) édredon *m.*
Daus *n1* [Karten] as *m.*
da·von *av* de cela ; de là ; en ; *nichts mehr* ~*!,* n'en parlons plus. ~**bleiben*** *vi* s'(en) abstenir. ~**eilen** ~**fliehen*** *vi* s'enfuir. ~**führen** *vt* emmener. ~**gehen*** *vi* s'en aller. ~**kommen*** *vi* s'en tirer. ~**tragen*** *vt : den Sieg* ~*,* l'emporter.
da·vor *av* devant.
da·zu *av* vers ; pour cela ; *was meinst du* ~*?,* qu'en penses-tu ? ‖ en outre, de/en plus. ~**kommen*** *vi* s'ajouter à. ~**mal** *av : anno* ~*,* au bon vieux temps. ~**tun*** *vt* ajouter.
da·zwischen *av* entre ; entre-temps.
Debatte *f1* débat *m.*
Deck *n1* MAR. pont *m.* °~**bett** *n* (s, en) édredon *m.* °~**e** *f1* couverture *f* ‖ plafond *m.* °~**el** *m3* couvercle *m.* ~**en** *vt* (re)couvrir ; *den Tisch* ~*,* mettre le couvert.

°~**name** *m* (ns, n) pseudonyme *m.* °~**ung** *f1* couverture *f;* couvert, abri *m.*
defekt *a* défectueux ; en panne • *m1 :* °~, panne *f.*
defin|ieren *vt* définir. °~**ition** *f1* définition *f.*
Defizit *n1* déficit *m.*
Defraudant *m4,* °~**in** *f1* fraudeur *s.*
Degen *m3* épée *f;* sabre *m.*
degressiv *a* dégressif.
dehn|bar *a* extensible, élastique, ductile. ~**en** *vt* tendre ; étendre. °~**ung** *f1* extension *f;* dilatation *f.*
Deich *m1* digue *f.*
Deichsel *f1* timon *m.* °~**gabel** *f1* brancards *mpl.*
dein *a poss* ton • *pr poss* le tien ; *die* °~*en,* les tiens. ~**et·halben,** ~**et·wegen,** ~**et·willen** *av* à cause/pour l'amour de toi. ~**ige** *pr poss : der, die, das* ~, le tien/la tienne.
Dekorateur *m* (s, s) décorateur *m.*
Delikat·essen *fpl* comestibles *mpl* de choix.
Delikt *n1* délit *m.*
Delinquent *m4* délinquant *m.*
Delphin *m1* dauphin *m.*
dem *art déf* → GRAMM. • *pr rel* → GRAMM.
demaskieren *vt* démasquer.
dem|entgegen *av* là contre. ~**entsprechend** *av* en conséquence. ~**gegenüber** *av* par contre. ~**gemäß** *av* par conséquent. ~**nach** *av* d'après cela ; en conséquence. ~**nächst** *av* prochainement.
Demokrat *m4* démocrate *m.* °~**ie** *f1* démocratie *f.* ~**isch** *a* démocratique.
Demonstr|ant *m4* manifestant *m.* °~**ation** *f1* manifestation *f.* ~**ieren** *vt* démontrer • *vi* manifester.
Demont|age *f1* démontage *m.* ~**ieren** *vt* démonter.
dem·un|erachtet, ~**geachtet** *av* malgré cela ; néanmoins.
Demut *f0* humilité *f.*
demütig *a* humble. ~**en** *vt* humilier. °~**ung** *f1* humiliation.
dem·zufolge *av* en conséquence.
den *art déf* → GRAMM. • *pr rel* → GRAMM.
Denk|art *f1* façon *f* de penser. ~**bar** *a* concevable. ~**en*** *vi/vt* penser • *vpr* croire ; *sich etw* ~, s'attendre à qch. °~**er** *m3* penseur *m.* °~**mal** *n* ([e]s, e/¨er) monument *m.* ~**würdig** *a* mémorable.
denn *c* car ; en effet ‖ donc ‖ *es sei* ~ *daß,* à moins que.
dennoch *av* cependant.
Denunz|iant *m4* dénonciateur *m.* ~**ieren** *vt* dénoncer.
Depil|ation *f1* épilation *f.* ~**ieren** *vt* épiler.
Deponent *m4* déposant *m.*
depr|essiv *a* déprimé. ~**imieren** *vt* déprimer.
der *art déf* → GRAMM. • *pr dém* celui, celle • *pr rel* → GRAMM.

der·art *av* de telle façon ; tellement. **~ig** *a* semblable.
derb *a* compact, dense, épais • *av* crûment, vertement.
der·einst *av* jadis ‖ un jour.
deren *pr rel* gén. f./pl. → GRAMM.
derer *pr dém* gén. pl. m./f./n. → GRAMM.
der|gestalt *av* de telle façon/sorte. **~gleichen** *a inv* tel, pareil, semblable.
der·jenige *pr dém* celui, celle ; ce ; ceux, celles.
Dermatolog *m4* dermatologue *m*.
der|selbe *pr dém* le, la même ; les mêmes.
der|weil *av* entre-temps. **~zeit** *av* actuellement.
Des *n* ré *m* bémol.
des *art déf* gén. sing. de ***der, das.***
des|gleichen *a inv* [*abr* : ***dsgl.***] chose pareille • *av* de même. **~halb** *av* c'est pourquoi.
Desinf|ektions·mittel *n3* désinfectant *m*. **~izieren** *vt* désinfecter.
dessen *pr rel* gén. de ***der, das*** ; *der Mann, ~ Name,* l'homme dont le nom.
des(sen)·ungeachtet *av* malgré cela.
desto *av* : *~ besser,* tant mieux.
des·wegen *av* c'est pourquoi.
deut|eln *vt/vi* ergoter. **~en** *vi* : *auf jn ~,* désigner qn • *vt* expliquer ; interpréter.
deutlich *a* distinct ; clair ; net. **°~keit** *f0* netteté *f* ; clarté *f*.
deutsch *a* allemand ; *auf ~,* en allemand • *av* : *~ sprechen,* parler allemand. **°~(e)** *n* (n) l'allemand *m* ; la langue allemande. **°~e(r)** *as* Allemand *s*. **°~land** *n0* Allemagne *f*. **°~lehrer** *m3* professeur *m* d'allemand.
Deutung *f1* interprétation *f*.
Devise *f1* devise *f*. **°~n·kurs** *m1* cours *m* du change.
Dezember *m0* décembre *m*.
Dia *f* (s) diapo *f*.
Diabet|es *m* diabète *m*. **°~iker** *m3* diabétique *m*.
Diagnose *f1* diagnostic *m*.
Dialekt *m1* dialecte *m*.
Dialog *m1* dialogue *m*.
Diamant *m* (s, en) diamant *m*.
Dia·positiv *n1* diapositive *f*.
Diarrhöe *f1* diarrhée *f*.
Dia·skop *n1* projecteur *m* (pour diapositives).
Diät *f0* régime *m* alimentaire.
Diäten *fpl* indemnités journalières ; jetons *mpl* de présence.
dich *pr pers 2ᵉ pers* acc. sing. de ***du*** → GRAMM.
dicht *a* dense, compact ; épais ; serré ; étanche, imperméable. **°~e** *f* densité *f* ‖ étanchéité *f*.
1. dichten *vt* rendre étanche ; calfater.
2. dicht|en *vt* écrire. **°~er** *m3*, **°~erin** *f1* poète *s* ‖ écrivain *m*.
dicht·gedrängt *a* compact.
1. Dichtung *f1* joint *m*.

2. Dichtung *f1* littérature *f*.
dick *a* gros; gras; épais. **~(e·)tun*** *vpr* faire l'important. °**~(e·)tuer** *m3* vantard *m*. **~flüssig** *a* épais; visqueux. °**~icht** *n1* fourré *m;* taillis *m*. **~köpfig** *a* têtu. **~leibig** *a* gros, corpulent.
die *art déf* → GRAMM. • *pr dém* celui; celle • *pr rel* → GRAMM.
Dieb *m1*, °**~in** *f1* voleur *s*. °**~erei** *f1*, °**~stahl** *m2* vol *m*.
die·jenige(n) → DER·JENIGE.
Diel(e) *f1* planche *f* ‖ parquet, plancher *m*.
dien|en *vi* (dat.) servir ‖ être utile. °**~er** *m3* serviteur, domestique *m*. °**~erin** *f1* servante, domestique *f*. **~erisch** *a* servile. °**~erschaft** *f0* domestiques *mpl*. **~lich** *a* utile; propre à.
Dienst *m1* service *m; außer ~,* en retraite.
Dienstag *m1* mardi *m*.
Dienst|alter *n0* ancienneté *f*. **~bar** *a : ~ machen,* assujettir. **~bereit** *a* serviable. °**~bote** *m4* serviteur *m*. **~fertig** *a* serviable, obligeant. °**~leistung** *f1* service *m*. °**~leute** *mpl* domestiques *mpl*. °**~mädchen** *n3* bonne *f*. °**~pflicht** *f0 : allgemeine ~,* service *m* militaire obligatoire. °**~stunden** *fpl* heures *fpl* de service. °**~weg** *m1 : auf dem ~e,* par la voie hiérarchique.
dies(e) *pr dém* → DIESER. **~bezüglich** *a* relatif à cela; à ce sujet.
die·selbe(n) → DER·SELBE.
Diesel·motor *m* (s, en) moteur *m* diesel.
dieser *a dém* ce; cette; ce... ci; cette... ci • *pr dém* celui-ci; celle(s)-ci; ceux-ci.
dies|falls *av* dans ce cas. **~mal** *av* cette fois. **~seits** *p* (gén.) de ce côté-ci de • *av* ici-bas.
Dietrich *m1* fausse clé.
die·weil *av* pendant ce temps-là.
Diffam|ierung *f1* diffamation *f*. **~ieren** *vt* diffamer.
Diktat *n1* dictée *f* ‖ POL. traité imposé. °**~or** *m* (s, en) dictateur *m*. °**~ur** *f1* dictature *f*.
diktieren *vt* dicter.
Dill *m1* fenouil *m*.
DIN *f0* [*abr* de ***Deutsche Industrienorm***] norme industrielle allemande.
Ding *n* (s, e/*fam :* er) chose *f; guter ~e sein,* être de bonne humeur ‖ [Wesen] personne *f*. **~en** *vt* engager, embaucher. °**~s** *n inv* FAM. chose *f;* machin *m*.
Diplom *n1* diplôme *m*.
Diplomat *m4* diplomate *m*. °**~ie** *f1* diplomatie *f*.
Diplom·ingenieur *m1* ingénieur diplômé.
dir *pr pers 2e pers* dat. sing. de ***du***; *ich sage es dir,* je te le dis.
direkt *a* direct. °**~or** *m* (s, en) directeur *m*.

Dirig|ent *m4* chef *m* d'orchestre. **~ieren** *vt* MUS. diriger.
Dirne *f1* PÉJ. fille *f.*
Dis *n* ré *m* dièse.
Diskont *m1* escompte *m.* °**~ierung** *f1* escompte *m.* °**~satz** *m2* taux *m* de l'escompte.
diskreditieren *vt* discréditer.
Diskrepanz *f1* contradiction *f.*
disku|ssion *f1* discussion *f.* **~tieren** *vt/vi* (*über,* acc.) discuter.
Dispens *m1* dispense *f.*
dispon|ibel *a* disponible. **~ieren** *vi* (*über,* acc.) disposer de.
Disposition *f1* disposition *f.*
Dissident *m4* dissident *m.*
Distanz *f1* distance *f.*
Distel *f1* chardon *m.* °**~fink** *m1* chardonneret *m.*
Disziplin *f1* discipline *f.* **~los** *a* indiscipliné.
Divergenz *f1* divergence *f.*
Dividend *m4* dividende *m.* °**~e** *f1* FIN. dividende *m;* coupon *m.*
divi|dieren *vt* (*durch,* acc.) diviser par. °**~sion** *f1* division *f.*
Diwan *m1* divan *m.*
doch *c* cependant, pourtant • ***loc c : da..., ~,*** puisque, étant donné que.
Docht *m1* mèche *f.*
Dock *m* (s, s/e) dock *m;* cale *f.* °**~arbeiter** *m3* docker *m.*
Doktor *m* (s, en) docteur *m.*
Dokument *n1* document *m.* °**~ar·film** *m1* film *m* documentaire. **~ieren** *vt* documenter ; attester.
Dolch *m1* poignard *m.*
dolmetsch|en *vi* servir d'interprète • *vt* traduire (oralement). °**~er** *m3* interprète *m.*
Dom *m1* cathédrale *f.*
domizilieren *vt* COMM. domicilier.
Donau *f0* Danube *m.*
Donner *m3* tonnerre *m.* **~n** *vi* tonner. °**~s·tag** *m1* jeudi *m.* °**~wetter** *n3* orage *m* • *interj :* FAM. *~!,* sapristi !
dop|en *vt* doper. °**~ing** *n* (s, s) doping *m.*
Doppel *n1* double *m* • *préf* double ; bi... **~deutig** *a* ambigu. °**~ehe** *f0* bigamie *f.* °**~gänger** *m3* double, sosie *m.* °**~gesang** *m2* duo *m.*
doppel|n *vt* doubler. **~seitig** *a* bilatéral ‖ TEXT. réversible. **~sinnig** *a* ambigu. **~t** *a* double • *av* en double ; *~ so viel,* deux fois plus. °**~te(s)** *asn* le double. °**~zimmer** *m3* chambre *f* à deux personnes.
Dorf *n2* village *m.* °**~bewohner** *m3,* °**~bewohnerin** *f1* villageois *s.*
Dörfler *m3* villageois *m.*
Dorf·leute *mpl* villageois *mpl.*
dörflich *a* villageois.
Dorn *m* (s, e/en) épine *f.* **~en·voll** *a* épineux ; pénible. **~icht, ~ig** *a* épineux.
dörr|en *vi/vt* sécher. °**~gemüse** *n0* légumes secs.
dort *av* là-bas ; par là ; y.

~her *av* de là-bas ; de ce côté. **~hin** *av* [mouvement] y ; par là. **~ig** *a* de là-bas.

Dose *f1* boîte *f* (de conserve) ‖ dose *f*.

dösen *vi* FAM. somnoler.

Dos|en·öffner *m3* ouvre-boîtes *m inv.* **~ieren** *vt* doser. °**~is** *f* (sen) dose *f*.

dozieren *vt* professer.

Drache *m4* dragon *m*.

Drachen *m3* cerf-volant *m*.

Draht *m2* fil *m* (de fer) ; câble *m* ‖ FAM. *auf ~ sein,* être à la coule. **~en** *vt* télégraphier. °**~puppe** *f1* marionnette *f*. °**~seilbahn** *f1* téléphérique *m*.

drall *a* dru ; solide.

Drama *n* (s, men) drame *m*. **~tisch** *a* dramatique.

dran *av* [*abr fam* de ***daran***] : *wer kommt ~?,* à qui le tour ?

Drän *m* (s, s) drain *m*.

Drang *m0* poussée *f* ‖ [Neigung] tendance *f*.

drängen *vt/vi* presser ; pousser ; *sich durch die Menge ~,* se frayer un passage à travers la foule.

Drangsal *f* (e), *n1* tourment *m*. **~ieren** *vt* tourmenter.

dran·setzen *vt* : FIG. *alles ~,* faire tous ses efforts.

drastisch *a* énergique.

drauf *av abr fam* = DARAUF. °**~gabe** *f1* °**~geld** *n2* arrhes *fpl*. °**~gänger** *m3* risque-tout *m*.

draus *av abr fam* = DARAUS.

draußen *av* (au-)dehors.

Drechsler *m3* tourneur *m*.

Dreck *m0* VULG. merde *f*. **~ig** *a* FAM. sale.

Dregg·netz *n1* chalut *m*.

Dreh *m1* POP. truc *m*. °**~bank** *f2* tour *m*. **~bar** *a* tournant. °**~buch** *n2* scénario *m*.

dreh|en *vt* tourner ; tordre ; rouler. °**~er** *m3* tourneur *m*. °**~gestell** *n1* bog(g)ie *m*. °**~punkt** *m1* pivot *m*. °**~scheibe** *f1* plaque tournante. °**~ständer** *m3* tourniquet *m*. °**~ung** *f1* tour *m* ; rotation *f*. °**~zahl·messer** *m1* compte-tours *m inv.*

drei *num* trois. °**~eck** *n1* triangle *m*. **~fach** *a* triple. **~farbig** *a* tricolore. °**~fuß** *m2* trépied *m*. **~mal** *av* trois fois. **~malig** *a* triple. °**~master** *m3* trois-mâts *m*. **~monatlich** *a* trimestriel.

drein *av abr fam* = DAREIN.

dreißig *num* trente ; *die ~er Jahre,* les années trente. **~jährig** *a* de trente ans.

dreist *a* effronté. °**~igkeit** *f0* effronterie *f*.

Drei|viertel *n3* trois quarts *mpl*. °**~viertel·stunde** *f1* trois quarts d'heure. **~zehn** *num* treize.

dresch|en* *vt* battre (du grain) ‖ FIG. rosser. °**~maschine** *f1* batteuse *f*.

Dreß *m, f* vêtement *m* de sport.

dress|ieren *vt* dresser. °**~ur** *f1* dressage *m*.

Drift *f1* MAR. dérive *f*.

Drill *m0* entraînement *m*. **~en** *vt* MIL. entraîner.

drin *av abr fam* = DARIN.

dring|en* *vi* pénétrer; *aus etw ~*, sortir de qch ‖ presser; être urgent; *in jn ~*, insister auprès de qn. **~end, ~lich** *a* urgent. °**~lichkeit** *f0* urgence *f*.

drinnen *av* → DARIN.

dritt *num* troisième; *zu ~*, à trois; *zum ~en*, troisièmement.

Dritteil *m1*, **Drittel** *n3* tiers *m*.

drittens *av* troisièmement.

droben *av* là-haut; en haut.

droh... *préf* menaçant. **~en** *vi* (dat.) menacer.

Drohne *f1* frelon *m*.

dröhnen *vi* bourdonner; vibrer.

Drohung *f1* menace *f*.

drollig *a* drôle.

Droschke *f1* fiacre *m*; taxi *m*.

Drossel *f1* grive *f*.

drosseln *vt* réduire, restreindre.

drüben *av* FAM. de l'autre côté; au-delà.

drüber *av abr fam* = DARÜBER.

Druck *m1* pression *f* ‖ TYP. impression *f*; tirage *m*. **~en** *vt* imprimer ‖ → DRÜCKEN.

drücken *vt* presser; *die Hand ~*, serrer la main ‖ FIG. oppresser, opprimer ‖ [Rekord] abaisser • *vi* : *auf einen Knopf ~*, appuyer sur un bouton • *vpr* se blottir ‖ FIG., FAM. s'esquiver. **~d** *a* pesant, lourd.

Drucker *m3* imprimeur *m*.

Drücker *m3* loquet *m*; gâchette *f*.

Druck|erei *f1* imprimerie *f*. °**~knopf** *m2* bouton-pression *m*. °**~maschine** *f1* TYP. presse *f*. **~reif** *a* TYP. bon à tirer. °**~sache,** °**~schrift** *f1* imprimé *m*.

drum *av* [*abr fam de* ***darum***] : *das °~ und Dran*, les tenants et les aboutissants.

drunten *av* en bas.

drunter *av* [*abr fam de* ***darunter***] : *es geht alles ~ und drüber*, tout va sens dessus dessous.

Drüse *f1* glande *f*.

du *pr pers 2e pers* nom. sing. tu; toi; → GRAMM.

Dübel *m3* cheville *f*.

duck|en *vt* baisser; rabaisser • *vpr* baisser la tête. °**~mäuser** *m3* sournois *m*.

Dudel|ei *f1* ritournelle *f*. °**~sack** *m2* cornemuse *f*.

Duft *m2* parfum *m* ‖ [Dunst] vapeur *f*. **~en** *vt/vi* (*nach*, dat.) répandre un parfum de. **~end** *a* parfumé. **~ig** *a* parfumé ‖ FIG. vaporeux. °**~stoff** *m1* parfum *m*.

duld|bar *a* tolérable. **~en** *vt* subir, endurer. **~sam** *a* tolérant. °**~samkeit,** °**~ung** *f0* tolérance *f*.

dumm *a* bête, stupide. °**~heit** *f1* bêtise *f*.

dumpf *a* lourd ; étouffant ‖ [hohlklingend] sourd.
Düne *f1* dune *f.*
Dünge|mittel *n3,* °**~stoffe** *mpl* engrais *mpl.* **~n** *vt* engraisser. °**~r** *m3* engrais *m.*
Dung·erde *f1* terreau *m.*
dunkel *a* obscur, sombre ; foncé • **Dunk(e)le** *n* obscurité *f;* ténèbres *fpl.*
Dünkel *m0* prétention *f.* **~haft** *a* suffisant.
Dunkel|heit *f1* obscurité *f.* **~n** *vi* foncer • *v imp : es dunkelt,* la nuit tombe • *vt* obscurcir.
dünn *a* mince ; maigre ; *~er Kaffee,* café léger. °**~belag** *m1* placage *m.* °**~e,** °**~heit** *f0* minceur *f.*
Dunst *m2* émanation *f* ‖ FIG. fumée *f.*
dünsten *vt* cuire à l'étuvée.
Dunst|haube *f1* hotte *f* d'aération. **~ig** *a* moite.
Duplikat *n1* duplicata *m.*
Dur *n* mode majeur.
durch *p* (acc.) **1.** LIEU par ; à travers ; au travers de ; *~ den Saal gehen,* traverser la salle. **2.** TEMPS pendant ; durant. **3.** MOYEN par ; au moyen de ; *~ die Post,* par la poste • *av* à travers ; *~ und ~,* de part en part ‖ FAM. *meine Sohlen sind ~,* mes semelles sont percées • *part mixte.*
durch·aus *av* tout à fait ; *~ nicht,* pas du tout.
Durch·binder *m3* parpaing *m.*
durch·blättern *vi* (sép.) feuilleter.
durch·blicken *vi* (sép.) voir à travers ; entrevoir.
durch·bohren *vt* (insép.) perforer ; percer ; trépaner.
durch·braten* *vt* (sép.) faire bien rôtir.
durch·brechen* *vi/vt* (sép./insép.) percer • *vpr* (sép.) se faire jour.
durch·bringen* *vt* (sép.) faire passer ‖ tirer d'affaire.
durch|brochen *a* ajouré ; à jour. °**~bruch** *m2* percée, brèche *f* ‖ MÉD. éruption *f.*
durch·dring|en* *vi* (sép.) pénétrer • *vt* (insép.) transpercer. **~end** *a* pénétrant. °**~ung** *f1* pénétration *f.*
durch·einander *av* pêle-mêle • *n0 :* °**~,** confusion *f* • *part sép.* **~bringen*** *vt* embrouiller.
durch·fahr|en* *vi* (sép.) traverser sans s'arrêter ; *bei Rot ~,* griller un feu rouge • *vt* (insép.) traverser. °**~t** *f1* passage *m* ‖ [Tor] porte cochère.
Durch·fall *m2* chute *f* ‖ MÉD. diarrhée *f* ‖ FIG. échec *m.* **~en*** *vi* (sép.) FIG. échouer.
durch·finden* *vpr* (sép.) s'y retrouver.
durch·fließen* *vt* (insép.) couler à travers ; arroser.
durch·fressen* *vt* (sép.) ronger.
durch·frieren* *vi* (sép.) geler entièrement • *pp/a* (insép.) : ***durchfroren,*** transi.

Durch·fuhr *f1* passage *m;* transit *m.*
durch·führ|en *vt* (sép.) exécuter. °**~ung** *f1* exécution *f.*
Durch|gang *m2* passage *m.* **~gängig** *a* courant.
Durch·gangs|wagen *m3* [Eisenbahn] voiture *f* à couloir. °**~zug** *m2* [abr : ***D-Zug***] (train) express *m.*
durch·geben* *vt* (sép./insép.) transmettre ; faire passer.
durch·gehen* *vi* (sép.) pénétrer ; passer • *vt* (insép.) traverser ; percer ‖ FIG. examiner ; contrôler. **~d** *a* continu ‖ COMM. en transit • *av* sans interruption.
durch·graben* *vt* (sép./insép.) fouiller.
durch·halten* *vi* (sép.) tenir bon.
durch·helfen* *vi* (sép.) [dat.] aider • *vpr* (sép.) s'en tirer.
durch·kommen* *vi* (sép.) traverser ‖ FIG. réussir • *n0 :* °**~,** passage *m* ‖ FIG. réussite *f.*
durch·kreuz|en *vt* (insép.) croiser ‖ FIG. contrarier • *vt* (sép.) barrer, rayer. °**~ung** *f1* croisement *m.*
durch|lassen* *vt* (sép.) laisser passer. **~lässig** *a* perméable.
Durch·lauf *m2* passage *m.* **~en*** *vt* (sép./insép.) parcourir (en courant) • *pp/a :* ***durchgelaufen,*** [Schuh] percé.
durch·leben *vt* (insép.) passer ; vivre ; subir.
durch·lesen* *vt* (sép.) lire d'un bout à l'autre • *vt* (insép.) lire rapidement ; parcourir.
durch·leucht|en *vt* (insép.) MÉD. radiographier.
durch|lochen, ~löchern *vt* (insép.) perforer ; trouer ‖ [Fahrkarten] poinçonner.
durch·lüft|en *vt* (sép./insép.) aérer. °**~ung** *f1* aération *f.*
durch·machen *vt* (sép.) : *er hat viel durchgemacht,* il est passé par bien des épreuves.
durch·mess|en* *vt* (insép.) parcourir. °**~er** *m3* diamètre *m.*
durch·mustern *vt* (sép./insép.) passer en revue ; examiner.
durch·nässen *vt* (insép.) tremper.
durch·nehmen* *vt* (sép.) examiner.
Durch·pause *f1* calque *m.* **~n** *vt* (sép.) calquer.
durch·peitschen *vt* (sép.) fouetter ‖ FAM. bâcler.
durch·queren *vt* (insép.) traverser ‖ FIG. contrecarrer.
Durch·reise *f1* passage *m.* **~n** *vi* (sép.) passer par • *vt* (insép.) parcourir. °**~vermerk** *n1* visa *m* de transit.
durch·rieseln *vi* (sép.) suinter • *vt* (insép.) traverser.
durch·röntgen *vt* (insép.) radiographier.
durchs = DURCH DAS.
durch·schauen *vt* (insép.) percer à jour.
durch·scheinen* *vi* (sép.) transparaître.

Durch·schlag *m2* double *m*; copie *f* ‖ [Sieb] passoire *f* ‖ [Reifen] crevaison *f*. **~en*** *vt* (insép.) percer ; traverser ‖ FAM. s'en tirer • *vi* (sép.) réussir ‖ TECHN. [Sicherung] sauter. **~end** *a* décisif. °**~papier** *n1* papier *m* pelure.

durch·schmuggeln *vt* (sép.) faire passer en contrebande.

durch·schneiden* *vt* (sép.) trancher • *vpr* (insép.) se croiser.

Durch·schnitt *m1* coupe *f*; section *f* ‖ FIG. moyenne *f* • *préf* moyen. **~lich** *a* moyen • *av* en moyenne. °**~s·geschwindigkeit** *f1* vitesse moyenne. °**~s·mensch** *m4* homme *m* de la rue.

durch·schreiten* *vi* (sép.) traverser.

Durch·schrift *f1* double *m*.

Durch·schuß *m* (usses, üsse) perforation *f* ‖ TEXT. trame *f*. °**~blatt** *n2*, °**~seite** *f1* feuillet *m* intercalaire.

durch·sehen* *vt* (sép.) examiner ; revoir.

durch·setzen *vi* (sép.) traverser, franchir • *vt* (sép.) mener à bonne fin ; imposer • *vpr* (sép.) s'imposer.

Durch·sicht *f0* révision *f*. **~ig** *a* transparent.

durch·sickern *vi* (sép.) suinter.

durch·stech|en* *vt* (insép.) transpercer ; perforer, trouer, crever. °**~erei** *f1* agissements *mpl* frauduleux.

durch·stöbern *vt* (sép./insép.) fureter, fouiller.

durch·strahlen *vt* (insép.) radiographier.

durch·streichen* *vt* (sép.) rayer, biffer.

durch·such|en *vt* (sép./insép.) fouiller. °**~ung** *f1* perquisition *f*.

durch·tränken *vt* (insép.) tremper ; imprégner.

durch·wandern *vt* (insép.) traverser ; parcourir.

durch·wärmen *vt* (sép./insép.) chauffer ; réchauffer.

Durch·weg *m1* passage *m*. **~s** *av* d'une manière générale.

durch·winden* *vpr* (sép.) se faufiler.

durch·wühlen *vt* (sép./insép.) fouiller.

Durch·zeich|en·papier *n1* papier *m* calque. °**~nen** *vt* (sép.) calquer. °**~nung** *f1* calque *m*.

durch|ziehen* *vt* (sép.) faire passer • *vi* (sép.) passer par • *vt* (insép.) traverser ; parcourir. °**~zug** *m2* passage *m* ‖ [Luftzug] courant *m* d'air.

durch|zwängen, ~zwingen* *vt* (sép.) faire passer de force • *vpr* (sép.) forcer le passage.

dürfen* *aux* avoir la permission, le droit de ; pouvoir ; *er dürfte da sein,* il se pourrait qu'il soit là ; *Sie dürfen es nur sagen,* vous n'avez qu'à le dire ; *Sie dürfen gern kommen,* venez donc ! ‖ être possible, probable.

dürftig *a* pauvre, indigent. °**~keit** *f0* pauvreté *f*.
dürr *a* sec ‖ [Holz] mort. °**~obst** *n0* fruits séchés.
Durst *m0* soif *f*.
dürsten *vi* avoir soif.
durstig *a* altéré, assoiffé. **~löschend, ~stillend** *a* désaltérant.
Dur·ton *m2* mode majeur.
Dusche *f1* douche *f*. **~n** *vi* prendre une douche.
Düse *f1* tuyère *f* ‖ AUT. gicleur *m*. °**~n·flugzeug** *n1* avion *m* à réaction.
düster *a* sombre, obscur. °**~keit** *f0* obscurité *f*.
Dutzend *n1* douzaine *f*.
duzen *vt* tutoyer.
dynam|isch *a* dynamique. °**~o** *m* (s, s) dynamo *f*.
Dysenterie *f0* dysenterie *f*.
D-Zug *m2* = DURCHGANGSZUG.

e

E *n* MUS. mi *m*.
Ebbe *f1* reflux *m*; marée basse.
Eben·holz *n0* ébène *m*.
eben *a* plan; uni; plat • *av* juste; précisément. **~da** *av* au même endroit; ibid(em). **~das(selbe), ~der(selbe), ~die(selbe)** *pr dém* le même; la même.
Eb|ene *f1* plaine *f*; plan *m*. **~(e)nen** *vt* aplanir.
eben|falls *av* de même. **~so** *av* de même; aussi.
Eb(e)nung *f1* nivellement *m*.
Eber *m3* sanglier *m*.
Echo *n1* écho *m*.
echt *a* vrai, authentique.
Eck... *préf* d'angle; angulaire. °**~ball** *m2* SP. corner *m*. °**~e** *f1* coin *m*; angle *m*.
Ecker *f1* gland *m* ‖ [Karten] trèfle *m*.
eck|ig *a* anguleux. °**~zahn** *m2* canine *f*.
edel *a* noble. °**~kastanie** *f1* châtaigne *f*. °**~mann** *m* (s, leute) gentilhomme *m*. °**~mut** *m0* générosité *f*. **~mütig** *a* généreux. °**~pflaume** *f1* reine-claude *f*. °**~pilz** *m1* cèpe *m*. °**~stein** *m1* pierre précieuse.
edieren *vt* publier.
Edle(r) *asm* noble *m*.
Efeu *m0* lierre *m*.
Effekt *m1* effet *m*.
Effekten *mpl* effets *mpl* ‖ FIN. valeurs *fpl*. °**~händler** *m3* agent *m* de change.
effekt|iv *a* effectif. **~voll** *a* efficace.
egal *a* FAM. égal; indifférent.
Egel *m3* sangsue *f*.
Egge *f1* herse *f*.
Egois|mus *m* égoïsme *m*. °**~t**

m4 égoïste *m.* **~tisch** *a* égoïste.
ehe *av* [*compar* : **eher**; *superl* : **ehest**] auparavant; plutôt • *c* avant de (inf.); avant que (subj.).
Ehe *f1* mariage *m.* **~bruch** *m2* adultère *m.*
ehe·dem *av* autrefois.
Ehe|frau *f1* épouse *f.* °**~leute** *mpl* époux *mpl.* **~lich** *a* conjugal. **~los** *a* célibataire.
ehe·mal|ig *a* d'autrefois; ancien. **~s** *av* autrefois.
Ehe|mann *m* (s, ¨er) époux, mari *m.* °**~paar** *n1* couple *m.*
eher *av* [früher] plus tôt ‖ [lieber] plutôt.
Ehe|ring *m1* alliance *f.* °**~scheidung** *f1* divorce *m.*
ehr·bar *a* honorable; honnête.
Ehre *f1* honneur *m.*
ehren... *préf.* d'honneur; honorifique. °**~bogen** *m* (s, ¨) arc *m* de triomphe. **~haft** *a* honorable. °**~mal** *n2* monument *m* aux morts. °**~schändung** *f1* calomnie *f.* **~voll** *a* qui fait honneur. **~wert** *a* honorable. °**~wort** *n1* parole *f* d'honneur.
Ehr|furcht *f2* respect *m*; vénération *f.* **~fürchtig** *a* respectueux. °**~geiz** *m0* ambition *f.* **~geizig** *a* ambitieux. **~lich** *a* honnête. °**~lichkeit** *f0* honnêteté *f.* °**~liebe** *f0* dignité *f.* **~sam** *a* honnête. °**~ung** *f1* honneur *m*; hommage *m.* **~würdig** *a* vénérable; respectable.
Ei *n2* œuf *m.*
eiapopeia *n* dodo *m.*
Eibe *f1* if *m.*
Eich|baum *m1*, °**~e** *f2* chêne *m.* °**~el** *f1* gland *m.*
eichen *vt* jauger, étalonner; graduer.
Eich|horn *n2*, °**~hörnchen** *n3* écureuil *m.* °**~moos** *n* lichen *m.*
Eid *m1* serment *m.* °**~brecher** *m3* parjure *m.* °**~bruch** *m2* parjure *m.* **~lich** *a* solennel • *av* sous serment.
Ei·dotter *n3*, *m3* jaune *m* d'œuf.
Eier|apfel *m* (s, ¨) aubergine *f.* °**~becher** *m3* coquetier *m.* °**~kuchen** *m3* omelette *f.* °**~legen** *n0* ponte *f.* °**~stock** *m2* ovaire *m.*
Eifer *m0* zèle *m.* **~n** *vi* montrer du zèle. °**~sucht** *f0* jalousie *f.* **~süchtig** *a* (*auf*, acc.) jaloux (de).
ei·förmig *a* ovale.
eifrig *a* zélé; empressé.
Ei·gelb *n0* jaune *m* d'œuf.
eigen *a* propre, à soi, personnel ‖ [eigentümlich] particulier, privé. °**~dünkel** *m0* suffisance *f.* **~händig** *av* en main propre. °**~heit** *f1* propriété *f*; singularité *f.* **~s** *av* exprès; spécialement. °**~schaft** *f1* qualité *f*; propriété *f.* °**~sinn** *m0* opiniâtreté *f.* **~sinnig** *a* têtu. **~ständig** *a* indépendant. °**~sucht** *f0* égoïsme *m.* **~süchtig** *a* égoïste.

eigentlich *a* propre ; particulier • *av* proprement dit ; à vrai dire ; au juste.

Eigen|tum *n2* propriété *f*. °**~tümer** *m3*, °**~tümerin** *f1* propriétaire *s*. **~tümlich** *a* propre à. °**~tümlichkeit** *f1* particularité *f*. °**~wille** *m* (ns) entêtement *m*.

eign|en *vpr* (*für*, acc.) être propre (à). °**~er** *m3*, °**~erin** *f1* propriétaire *s*. °**~ung** *f1* qualification *f*.

Ei|land *n1* îlot *m*. °**~länder** *m3* insulaire *m*.

eil|bedürftig *a* urgent. °**~bote** *m4* : *durch ~n*, par exprès. °**~brief** *m1* lettre *f* par exprès. °**~e** *f0* hâte *f*. **~en** *vi* presser • *vpr* se hâter, se dépêcher. **~ends** *av* en/à la hâte. **~fertig** *a* diligent. °**~gut** *n2* colis *m* exprès. **~ig** *a* pressé ; urgent ; *es ~ haben*, être pressé • *av* vite. °**~post** *f1* : *mit ~*, par exprès. °**~zug** *m2* (train *m*) express *m*.

Eimer *m3* seau *m*.

1. ein, eine *num* un, une ‖ [accentué] un seul • *art indéf* un ; une • *pr indéf* (accentué) ***der, die, das eine/einer, ein(e)s, eine***, l'un, l'une ‖ ***einer (jemand)***, quelqu'un, vous, on ; *das tut ~em weh*, cela vous fait mal.

2. ein... *préf* mono... ; uni...

3. ein *part sép*.

ein·ander *av* l'un l'autre ; les uns les autres • *part sép*.

ein·armig *a* manchot.

ein·atmen *vt* aspirer ; inspirer.

ein|äugig *a* borgne. °**~bahn·straße** *f1* rue *f* à sens unique.

Ein·band *m2* reliure *f*.

ein·bau|en *vt* aménager ; incorporer. °**~möbel** *npl* meubles *mpl* par éléments.

ein·be|greifen* *vt* comprendre dans, englober, inclure. **~griffen** *a* (y) compris.

ein·berufen* *vt* convoquer ; appeler sous les drapeaux.

ein·beziehen* *vt* faire entrer dans, inclure.

ein·biegen* *vt* plier • *vi* : *rechts ~*, tourner à droite.

ein·bild|en *vpr* s'imaginer. °**~ungs·kraft** *f0* imagination *f*.

Ein·blick *m1* coup *m* d'œil.

ein·brech|en* *vt* enfoncer • *vi* cambrioler ; envahir ‖ [Nacht] tomber. °**~er** *m3* cambrioleur *m*.

ein·bring|en* *vt* apporter ; amener ; ramener ‖ [Ernte] rentrer ‖ COMM. rapporter. **~lich** *a* lucratif.

Ein·bruch *m2* effraction *f* ‖[Nacht] tombée f.

Ein|buße *f1* dommage *m* ; perte *f*. **~büßen** *vt* perdre.

ein·dämmen *vi* endiguer.

ein·deutig *a* clair ; net.

ein·dring|en* *vi* pénétrer ; envahir. **~lich** *a* pénétrant ; insistant. °**~ling** *m1* intrus *m*.

Ein|druck *m2* empreinte *f* ‖ FIG. impression *f*.

~drücken *vt* presser ; enfoncer. **~drucks·voll** *a* impressionnant.
ein·einhalb *num* un et demi.
einen *vt* unir ; unifier • *vpr* FIG. se mettre d'accord.
ein·engen *vt* rétrécir ; resserrer.
einer|lei *a inv : das ist mir ~,* cela m'est égal. **~seits** *av* d'un côté ; d'une part.
ein·fach *a* simple ; *~e Fahrt,* aller *m.* °**~heit** *f0* simplicité *f.*
ein·fahr|en* *vi* entrer, rentrer • *vt* AUT. roder ; *wird eingefahren !,* en rodage. °**~t** *f1* entrée *f.*
Ein·fall *m2* chute *f* ‖ MIL. invasion *f* ‖ FIG. idée *f.* **~en*** *vi* tomber ‖ (*in,* acc.) envahir ‖ FIG. venir à l'esprit.
Ein|falt *f0* naïveté *f.* **~fältig** *a* simple (d'esprit).
ein·fangen* *vt* saisir ; capter.
ein·fass|en *vt* border ‖ TECHN. sertir. °**~ung** *f1* cadre *m ;* châssis *m.*
ein·finden* *vpr* (*in,* acc.) FIG. se faire à.
ein·flößen *vt* FIG. inspirer.
Ein·fluß *m2* FIG. influence *f.* **~reich** *a* influent.
ein·fordern *vt* réclamer ‖ FIN. recouvrer.
ein·förmig *a* uniforme. °**~keit** *f0* uniformité, monotonie *f.*
ein·fügen *vt* emboîter.
Ein·fuhr *f1* importation *f.*
ein·führ|en *vt* introduire ‖ importer. °**~er** *m3* importateur *m.* °**~ung** *f1* introduction *f.*
Ein·gang *m2* entrée *f ;* accès *m.* **~s** *av* au début.
ein·gebaut *a* encastré ; incorporé.
ein·geben* *vt* FIG. inspirer.
ein·gebildet *a* imaginaire ‖ [Personen] prétentieux.
ein·geboren *a* natif ; indigène ‖ inné.
Ein·gebung *f1* inspiration *f.*
ein·gefallen *a* enfoncé ; creux.
ein·geh·en* *vi* entrer ‖ [Brief] arriver ‖ mourir ; dépérir ‖ [einlaufen] rétrécir • *vt* [Verpflichtungen] contracter. **~d** *a* détaillé.
Ein·gemachte(s) *asn* conserves *fpl ;* confitures *fpl.*
ein·genommen *a* prévenu ; *von sich ~,* imbu de soi-même. °**~heit** *f0* prévention *f.*
Ein·gesalzene(s) *asn* salaison *f.*
ein·geschlossen *a* enfermé ; inclus.
ein·geschrieben *a* inscrit ‖ [Brief] recommandé.
Ein·ge|ständnis *n* (ses, se) aveu *m.* **~stehen*** *vt* avouer.
ein·getragen *a* inscrit.
Ein·geweide *n3* entrailles *fpl.*
ein·gezogen *a* retiré ; isolé.
ein·gliedern *vt* incorporer.
ein·graben* *vt* enterrer.
ein·greifen* *vi* FIG. intervenir. **~d** *a* efficace.
Ein·griff *m1* intervention *f.*

Ein·halt *m0* arrêt *m.* **~en*** *vt* respecter • *vi* cesser.
ein·händigen *vt* remettre en main propre.
ein·hängen *vt* (sus)pendre.
ein·heimisch *a* du pays; indigène.
Ein·heit *f1* unité, union *f.* **~lich** *a* homogène.
ein·hellig *a* unanime. °**~keit** *f0* unanimité *f.*
ein·holen *vt* aller chercher ‖ [Nachrichten] demander ‖ [erreichen] rattraper.
ein·hüllen *vt* envelopper.
einig *a* d'accord; *über etw ~ werden,* se mettre d'accord sur qch. **~e** *pr indéf* quelques: certains. **~en** *vt* unifier • *vpr* tomber d'accord. °**~keit** *f1* union *f.* °**~ung** *f1* accord *m* ‖ POL. unification *f.*
ein·jährig *a* d'un an; annuel.
ein·kassieren *vt* encaisser.
Ein|kauf *m2* achat *m.* **~kaufen** *vt* faire des achats. °**~käufer** *m3* acheteur *m.* °**~kaufs·zentrum** *n* (s, en) centre commercial.
Ein·kehr *f0* arrivée *f* ‖ auberge *f* ‖ FIG. recueillement *m.* **~en** *vi* entrer ‖ FIG. *in sich ~,* se recueillir.
ein·kerkern *vt* incarcérer.
ein·klammern *vt* mettre entre parenthèses.
Ein·klang *m2* unisson *m;* accord *m;* harmonie *f.*
ein·kleiden *vt* vêtir, habiller.
ein·klemmen *vt* pincer; coincer.
ein·klinken *vt* enclencher.
ein·kochen *vt* mettre en conserve.
ein·kommen* *vi* [Geld] rentrer • *n0* : °**~,** revenu *m.*
ein·kreisen *vt* encercler.
Ein·künfte *fpl* revenus *mpl.*
ein·kuppeln *vt* embrayer.
ein·lad|en* *vt* FIG. inviter. **~end** *a* engageant. °**~ung** *f1* FIG. invitation *f.*
ein·lagern *vt* stocker.
Ein|laß *m* (asses, ässe) admission *f;* entrée *f.* **~lassen*** *vt* faire entrer; admettre.
Ein·lauf *m2* entrée *f.* **~en*** *vi* arriver ‖ TEXT. rétrécir.
ein·leben *vpr* s'habituer.
Ein·leg|e·arbeit *f0* marqueterie *f.* **~en** *vt* intercaler ‖ FIN. déposer ‖ incruster; marqueter.
ein·leit|en *vt* introduire. °**~ung** *f1* introduction *f.*
ein·liefer|n *vt* livrer. °**~ung** *f1* livraison *f.*
ein·liegen* *vi* [Briefe] être joint. **~d** *a* ci-joint.
ein·lös|bar *a* remboursable. **~en** *vt* FIN. racheter.
ein·mach|en *vt* mettre en conserve. °**~glas** *n2* bocal *m.*
ein·mal *av* une fois; un jour ‖ [sogar] même; *nicht ~,* même pas; *auf ~,* tout à coup. **~ig** *a* unique.
ein·mauern *vt* (em)murer.
ein·mengen *vt* mêler à.
ein·mischen *vt* mêler à • *vpr* s'immiscer dans.
ein·mütig *a* unanime. °**~keit** *f0* unanimité *f.*

Ein·nahme *f1* prise *f* ‖ FIN. recette *f*.
ein·nehm|en* *vt* prendre ‖ FIN. percevoir. **°~er** *m3* percepteur *m*.
Ein·öde *f1* désert *m*.
ein·ordnen *vt* ranger ; classer.
ein·packen *vi* empaqueter.
ein·pflanzen *vt* implanter.
ein·prägen *vt* empreindre ; imprimer.
ein·quartier|en *vt* loger. **°~ung** *f1* cantonnement *m*.
ein·rahmen *vt* encadrer.
ein·räum|en *vt* ranger ‖ FIG. concéder. **°~ung** *f0* FIG. concession *f*.
Ein·rede *f1* objection *f*. **~n** *vt : jm etw ~,* persuader qn de qch • *vi* faire une objection.
ein·reichen *vt* présenter ; remettre.
ein·reih|en *vt* classer. **°~er** *m3* veston droit.
Ein·reise *f1* entrée *f*. **~n** *vi* entrer (dans un pays).
ein·reißen* *vt* déchirer. ‖ [Haus] raser.
ein·renken *vt* MÉD. remboîter.
ein·richt|en *vt* installer. **°~ung** *f1* installation *f*.
ein·rollen *vt* enrouler.
ein·rücken *vi* entrer.
eins *num* un • *f1 :* **°~,** [Zahl] un *m*.
ein·sam *a* solitaire ; seul. **°~keit** *f0* solitude *f*.
ein·sammeln *vt* recueillir.
Ein·satz *m2* mise *f* en œuvre ‖ [Spiel] enjeu *m*.
ein·saugen* *vt* sucer ; aspirer.
ein·schachteln *vt* emboîter.
ein·schalt|en *vt* intercaler ‖ AUT. *einen Gang ~,* passer une vitesse ‖ EL. allumer. **°~ung** *f1* insertion *f* ‖ TECHN. embrayage *m ;* mise *f* en marche.
ein·schiff|en *vt* embarquer. **°~ung** *f1* embarquement *m*.
ein·schl|afen* *vi* s'endormir. **~äfern** *vt* endormir.
Ein·schlag *m2* point *m* d'impact. **~en*** *vt* enfoncer ‖ [einwickeln] envelopper ‖ FIG. *einen falschen Weg ~,* faire fausse route • *vi* se précipiter sur ‖ FIG. *es schlägt nicht in mein Fach ein,* ce n'est pas de mon domaine.
ein·schlägig *a* relatif à ; compétent.
ein·schließ|en* *vt* inclure ; enfermer. **~lich** *av/p* (gén.) [*abr :* **einschl.**] y compris.
ein·schlummern *vi* s'assoupir.
ein·schmuggeln *vt* introduire en contrebande.
ein·schnappen *vi* enclencher.
ein·schneidend *a* tranchant.
ein·schneien *vt* enneiger.
Ein·schnitt *m1* entaille *f*.
ein·schränk|en *vt* limiter. **°~ung** *f1* limitation *f*.
Ein·schreib|e·brief *m1* lettre recommandée. **~en*** *vt* inscrire ; enregistrer. **°~ung** *f1* inscription *f*.
ein·schüchtern *vt* intimider.

ein·schul|en *vt* former; initier. °**~ung** *f0* initiation *f*.
ein·schütten *vt* verser.
ein·schwenken *vi* pivoter.
ein·sehen *vi* prendre connaissance de • *vt* comprendre.
ein·seitig *a* unilatéral.
ein·send|en* *vt* envoyer, expédier. °**~er** *m3* expéditeur *m*. °**~ung** *f1* envoi *m*.
ein·setzen *vt* mettre; placer • *vpr* intervenir.
Ein·sicht *f1* connaissance *f*; discernement *m*.
ein·silbig *a* FIG. laconique.
ein·sinken* *vi* (s')enfoncer ‖ [Haus] s'écrouler.
ein·sparen *vt* économiser.
ein·speichern *vt* emmagasiner.
ein·sperren *vt* enfermer.
ein·springen* *vi* accourir.
Ein·spritz|düse *f1* gicleur *m*. **~en** *vt* injecter.
Ein·spruch *m2* protestation *f*.
einst *av* [früher oder später] un jour (à venir).
Ein·stands·preis *m1* prix *m* d'achat.
ein·stecken *vt* empocher.
ein·stehen* *vi* : *für jn* **~**, répondre de qn.
ein·steigen* *vt* monter en voiture; **~***!*, en voiture!
ein·stell|en *vt* remiser; *die Arbeit* **~**, cesser le travail ‖ TECHN. régler. °**~ung** *f1* [Aufhören] arrêt *m* ‖ [Regelung] réglage *m*.
Ein·stieg *m1* montée *f*.
einstig *a* d'autrefois.
ein·stimm|en *vi* entonner ‖ FIG. approuver. **~ig** *a* FIG. unanime. °**~igkeit** *f0* unanimité *f*.
ein·stoßen* *vt* enfoncer.
ein·streichen* *vt* enduire ‖ FIG., FAM. empocher.
ein·stufen *vt* classer.
Ein|sturz *m2* effondrement *m*. **~stürzen** *vi* s'écrouler.
einst·weil|en *av* provisoirement. **~ig** *a* provisoire.
ein·tägig *a* qui dure un jour.
Ein·tausch *m2* troc, échange *m*. **~en** *vt* troquer, échanger.
ein·teil|en *vt* diviser; partager. °**~ung** *f1* partage *m*.
ein·tönig *a* monotone.
Ein|tracht *f0* union *f*; accord *m*. **~trächtig** *a* unanime.
Ein·trag *m* : **~** *tun*, porter préjudice. **~en*** *vt* inscrire ‖ [Gewinn] rapporter.
ein·träglich *a* lucratif.
Ein·tragung *f1* inscription *f*.
ein·treffen* *vi* arriver à destination.
ein·treiben* *vt* faire rentrer ‖ FIG. recouvrer.
ein·treten* *vi* entrer; arriver. **~d** *a* : *~en Falls*, le cas échéant.
Ein·tritt *m1* entrée *f*. °**~s·karte** *f1* billet, ticket *m*.
ein·trocknen *vi* se dessécher; sécher.
ein·üben *vt* étudier • *vpr* s'exercer.
ein·verleiben *vt* incorporer.
Ein·vernehmen *n0* accord *m*.
ein·verst|anden *a/av* d'ac-

cord. °~**ändnis** *n* (ses, se) accord *m*.
Ein·wand *m2* objection *f*.
Ein·wander|er *m3* immigrant *m*. ~**n** *vi* immigrer. °~**ung** *f1* immigration *f*.
einwand·frei *a* irréprochable.
ein·weih|en *vt* inaugurer ‖ REL. bénir ‖ FIG. initier. °~**ung** *f1* inauguration.
ein·wenden* *vt* objecter.
ein·werfen* *vt* jeter ‖ briser ‖ FIG. objecter.
ein·wickeln *vt* envelopper; emmailloter.
ein·willigen *vi* (*in*, acc.) consentir (à).
ein·winden* *vt* enrouler.
ein·wirken *vi* (*auf*, acc.) agir/influer (sur); influencer.
Ein·wohner *m3* habitant *m*.
Ein·wurf *m2* fente *f* ‖ FIG. objection *f*.
ein·wurzeln *vi* s'enraciner.
ein·zahl|en *vt* verser; payer. °~**ung** *f1* paiement *m*.
Einzel|handel *m0* commerce *m* de détail. °~**händler** *m3* détaillant *m*. °~**heit** *f1* détail *m*.
einzel|n *a* seul; séparé • *av* séparément; un à un. ~**stehend** *a* isolé. °~**teil** *m1* pièce détachée. °~**zimmer** *n3* chambre *f* à un lit.
ein·zieh|en* *vt* faire entrer ‖ FIN. recouvrer ‖ MAR. [Segel] amener • *vi* pénétrer, entrer ‖ emménager.
einzig *a* seul; unique. • *av* uniquement.
Ein·zug *m2* entrée *f*; emménagement *m*.
ein|zwängen, ~**zwingen*** *vt* faire entrer de force.
Ei|pulver *n0* œufs *mpl* en poudre. ~**rund** *a* ovale.
1. Eis *n* mi *m* dièse.
2. Eis *n0* glace *f*. °~**bahn** *f1* patinoire *f*. °~**bank** *f2* banquise *f*. °~**bein** *n1* pied *m* de porc.
Eisen *n3* fer *m*.
Eisen·bahn *f1* chemin *m* de fer • *préf* ferroviaire. °~**er** *m3* cheminot *m*. °~**fähre** *f1* ferry-boat *m*. °~**wagen** *m3* wagon *m*.
Eisen|beton *m0* béton armé. °~**guß** *m* (usses, üsse) fonte *f*. °~**hütte** *f1* usine *f* sidérurgique. °~**industrie** *f0* sidérurgie *f*. °~**kraut** *n2* verveine *f*. °~**späne** *mpl* limaille *f*.
eisern *a* en fer.
Eis|feld *n2* banquise *f*. °~**gang** *m2* débâcle *f*. ~**gekühlt** *a* glacé, frappé. ~**ig,** ~**kalt** *a* glacé. °~**klumpen** *m3*, °~**scholle** *f1* glaçon *m*. °~**kunst·lauf** *m0* patinage *m* artistique. °~**schrank** *m2* glacière *f*. °~**schuh** *m1* patin *m* à glace. °~**stadion** *n* (s, dien) patinoire *f*.
eitel *a* pur ‖ FIG. vain ‖ vaniteux. °~**keit** *f1* vanité *f*.
Eiter *m0* pus *m*. °~**beule** *f1* abcès *m*. ~**n** *vi* suppurer.
Ei·weiß *n0* blanc *m* d'œuf; albumine *f*.

Ek|el *m0* dégoût *m.* **~elhaft, ~(e)lig** *a* dégoûtant. **~eln** *v imp : mir/mich ekelt es davor,* cela me dégoûte.
Ekzem *n1* eczéma *m.*
elastisch *a* élastique.
Elefant *m4* éléphant *m.* **°~en·zahn** *m2* défense *f* d'éléphant.
elegan|t *a* élégant. **°~z** *f1* élégance *f.*
Elektr|iker *m3* électricien *m.* **~isch** *a* électrique. **°~izität** *f0* électricité *f.*
Elektro... *préf* électrique ; électro...
Elektronen·rechner *m3* calculateur *m* électronique.
Element *n1* élément *m.*
Elend *n0* misère *f* • *a* : **~,** misérable.
elf *num* onze • *f1* : **°~,** équipe *f* de football.
Elfen·bein *n1* ivoire *m.*
Elite *f1* élite *f.*
Ell·bogen *m3* coude *m.*
Elsaß *n0* Alsace *f.*
Elsäss|er *m3* Alsacien *m.* **~er, ~isch** *a* alsacien.
Elster *f1* pie *f.*
Eltern *mpl* parents *mpl.* **~los** *a* orphelin.
Email *n* (s, s), **°~le** *f1* émail *m.*
Embolie *f1* embolie *f.*
emeritiert *a* honoraire.
Emigr|ant *m4,* **°~antin** *f1* émigrant *s* ; émigré *s.* **°~ation** *f1* émigration *f.* **~ieren** *vi* émigrer.
eminent *a* éminent.
Emp·fang *m2* réception *f.* **~en*** *vt* recevoir.
Emp·fäng|er *m3* destinataire *m* ‖ RAD. récepteur *m.* **~lich** *a* sensible. **°~nis** *f0* conception *f.*
Empfangs·zimmer *n3* salon *m.*
emp·fehl|en* *vt* recommander • *vpr* prendre congé. **°~ung** *f1* recommandation *f* ; hommages *mpl.*
emp·find|en* *vt* éprouver, sentir. **~lich** *a* sensible. **°~lichkeit** *f1* sensibilité *f.* **~sam** *a* sensible ; émotif. **°~samkeit** *f0* sentimentalité *f.* **°~ung** *f1* sentiment *m.*
Emp·findungs|kraft *f0* sensibilité *f.* **~los** *a* insensible. **°~losigkeit** *f0* insensibilité *f.* **~voll** *a* sensible.
empor *part sép.*
empören *vt* indigner ; révolter. **~d** *a* révoltant.
empor|kommen* *vi* s'élever. **°~kömmling** *m1* parvenu *m.* **~ragen** *vi* dominer. **~steigen*** *vi* s'élever.
Empörung *f1* soulèvement *m* ‖ FIG. indignation *f.*
emsig *a* laborieux. **°~keit** *f0* activité *f* ; zèle *m.*
End... *préf* final ; terminal. **°~bahnhof** *m2* (gare *f*) terminus *m.*
End|e *n* (s, n) fin *f* ; bout, terme *m.* **~en, ~igen** *vi* finir • *vt* finir, terminer, achever. **~gültig** *a* définitif.
Endivie *f1* endive *f.*

End|kampf, °~lauf *m2,* **°~spiel** *n1* finale *f.* **~lich** *a* final • *av* finalèment; enfin. **~los** *a* interminable. **°~station** *f1* terminus *m.* **°~summe** *f1* total *m.* **°~ung** *f1* terminaison *f.* **°~ziel** *n1* objectif *m.* **°~zweck** *m1* but *m; fin f.*

Energ|ie *f1* énergie *f.* **~isch** *a* énergique.

eng *a* étroit; serré • *av* étroitement; à l'étroit.

eng|brüstig *a* asthmatique. **°~e** *f1* étroitesse *f* || [Berg] défilé *m* || [Meer] détroit *m* || FIG. *in die ~ treiben,* acculer.

Engel *m3* ange *m.*

Eng|land *n* Angleterre *f.* **°~länder** *m3,* **°~länderin** *f1* Anglais *s* • *m3* : **°~,** clef anglaise. **~lisch** *a* anglais.

Eng·paß *m* (sses, ¨sse) défilé *m; gorge f; col m.*

en gros *loc av* COMM. en gros.

1. Enkel *m3* cheville *f.*

2. Enkel *m3* petit-fils *m.* **°~in** *f1* petite-fille *f.* **°~kinder** *npl* petits-enfants *mpl.*

enorm *a* énorme.

Ensemble *n* (s, s) SPECT. ensemble *m; compagnie f.*

ent... *part insép.*

ent·arten *vt* dégénérer.

ent·äußern *vpr* (gén.) se défaire de.

ent·behr|en *vt* manquer/se passer de. **~lich** *a* dont on peut se passer. **°~ung** *f1* privation *f.*

ent·bind|en* *vt* détacher; délier • *pp : von einem Kind ~ werden,* accoucher d'un enfant. **°~ung** *f1* délivrance *f* || MÉD. accouchement *m.*

ent·blättern *vt* effeuiller.

ent·blößen *vt* mettre à nu.

ent·brennen* *vi* s'enflammer.

ent·deck|en *vt* découvrir. **°~er** *m3* explorateur *m.* **°~ung** *f1* découverte *f.*

Ente *f1* canard *m; cane f.*

ent·ehren *vt* déshonorer.

ent·eign|en *vt* exproprier. **°~ung** *f1* expropriation *f.*

entern *vi* MAR. aborder.

ent·fachen *vt* allumer; enflammer.

ent·fallen* *vi* échapper || [Kosten] *auf jn ~,* revenir à qn.

ent·falt|en *vt* déplier; déployer; développer. **°~ung** *f1* déploiement *m.*

ent·färben *vt* décolorer.

ent·fern|en *vt* éloigner; enlever. **~t** *a* éloigné. **°~ung** *f1* éloignement *m.* **°~ungs·messer** *m3* télémètre *m.*

ent·fessel|n *vt* déchaîner. **°~ung** *f1* déchaînement *m.*

ent·fetten *vt* dégraisser.

ent·flamm|bar *a* inflammable. **~en** *vt* allumer; enflammer • *vi/vpr* prendre feu.

ent·fliegen* *vi* s'échapper.

ent·fliehen* *vi* s'enfuir.

ent·fremden *vt* éloigner; détourner || FIG. aliéner.

ent·frost|en *vt* dégivrer. **°~er** *m3* dégivreur *m.*

ent·führ|en *vt* enlever ; détourner. °**~er** *m3* ravisseur *m.* °**~ung** *f1* enlèvement *m.*
ent·gegen *p* (dat.) [avant ou après compl.] contrairement à • *part sép.* **~gehen*** *vi* aller au-devant de. **~gesetzt** *a* opposé. **~halten*** *vt* objecter. **~kommen*** *vi* aller au-devant de. **~kommend** *a* avenant. **~nehmen*** *vt* recevoir. **~sehen*** *vi* attendre. **~setzen** *vt* opposer à. **~stellen** *vt* opposer. **~wirken** *vi* agir contre.
ent·gegnen *vi* répliquer.
ent·gehen* *vi* échapper à.
Ent·gelt *n0* dédommagement *m.* **~en** *vt* rémunérer.
ent·giften *vt* désintoxiquer.
ent·gleisen *vi* dérailler.
ent·glühen *vi* s'enflammer.
ent·haaren *vt* épiler.
ent·halt|en* *vt* contenir • *vpr* se retenir ; *sich der Stimme ~,* s'abstenir. °**~ung** *f1* abstention *f.*
ent·härten *vt* adoucir.
ent·heb|en* *vt* décharger ; *seines Amtes ~,* relever de ses fonctions.
ent·hüllen *vt* dévoiler.
ent·hülsen *vt* écosser.
Enthusias|mus *m* enthousiasme *m.* **~tisch** *a* enthousiaste.
Ent·kalkung *f0* décalcification *f.*
ent·keimen *vt* stériliser.
ent·kleiden *vt* déshabiller.
ent·kommen* *vi* s'échapper.
ent·lad|en* *vt* décharger. °**~ung** *f1* déchargement *m.*
ent·lang *p* (acc.) le long de ; *den/am Weg ~,* le long du chemin. **~gehen*** *vi* longer.
ent·larven *vt* démasquer.
ent·lass|en* *vt* renvoyer. °**~ung** *f1* renvoi *m.*
ent·last|en *vt* délester ‖ JUR. disculper. °**~ung** *f1* décharge *f.*
ent·laufen* *vi* se sauver ‖ MIL. déserter.
ent·ledigen *vpr* (gén.) se débarrasser de.
ent·legen *a* éloigné ; isolé.
ent·lehnen *vt* emprunter.
ent·leih|en* *vt* emprunter. °**~er** *m3* emprunteur *m.*
ent·locken *vt* arracher.
ent·lohnen *vt* payer.
ent·lüften *vt* aérer.
ent·mutig|en *vt* décourager. °**~ung** *f1* découragement *m.*
Ent|nahme *f1* prélèvement *m.* **~nehmen*** *vt* prélever.
ent·nerven *vt* énerver.
ent·quellen* *vi* sourdre, jaillir.
ent·rahmen *vt* écrémer.
ent·rätseln *vt* déchiffrer.
ent·reißen* *vt* arracher.
ent·richt|en *vt* payer, acquitter. °**~ung** *f1* paiement *m.*
ent·riegeln *vt* déverrouiller.
ent·rinnen* *vi* s'écouler.
ent·rollen *vt* dérouler.
ent·rücken *vt* enlever ; éloigner.
ent·rüst|en *vt* indigner. °**~ung** *f1* indignation *f.*

ent·sag|en *vi* renoncer à. °**~ung** *f1* renoncement *m.*
ent·salzen *vt* dessaler.
ent·schädig|en *vt* dédommager. °**~ung** *f1* dédommagement *m.*
ent·schärfen *vt* désamorcer.
ent·scheid|en* *vt* décider. **~end** *a* décisif. °**~ung** *f1* décision *f* || JUR. jugement, verdict *m.*
ent·schieden *a* décidé. °**~heit** *f0* décision *f.*
ent·schlafen *vi* s'endormir.
ent·schleiern *vt* dévoiler.
ent·schl|ießen* *vpr* se décider. **~ossen** *a* décidé. °**~ossenheit** *f0* détermination *f.*
ent·schlummern *vi* s'endormir.
ent·schlüpfen *vi* échapper.
Ent·schluß *m* (usses, üsse) décision *f.*
ent·schuld|bar *a* excusable. **~igen** *vt/vpr* (s')excuser. °**~igung** *f1* excuse *f.*
ent·senden* *vt* envoyer.
ent·setz|en *vt* dégager; *seines Amtes entsetzt,* suspendu de ses fonctions || [erschrecken] effrayer • *n0* : °**~,** effroi *m.* **~lich** *a* épouvantable.
ent·sinnen* *vpr* (gén.) se souvenir de.
ent·spann|en *vt* détendre. °**~ung** *f1* détente *f.*
ent·sprechen* *vi* (dat.) être conforme à; correspondre à.
ent·springen* *vi* s'échapper de || FIG. provenir de.
ent·stammen *vi* (dat.) descendre de.
ent·steh|en *vi* naître || se produire. °**~ung** *f1* origine *f;* naissance *f.*
ent·stell|en *vt* défigurer. °**~ung** *f1* déformation *f.*
ent·sühnen *vt* expier.
ent·täusch|en *vt* décevoir. °**~ung** *f1* déception *f.*
ent·völkern *vt* dépeupler.
ent·waffnen *vt* désarmer.
ent·walden *vt* déboiser.
ent·wässern *vt* assécher.
ent·weder *c* : **~** *... oder,* ou bien... ou bien.
ent·weichen* *vi* s'échapper.
ent·wenden* *vt* détourner.
ent·werfen* *vt* tracer || FIG. projeter.
ent·wert|en *vt* déprécier • || composter. °**~er** *m3* composteur *m.* °**~ung** *f1* dépréciation *f* || compostage *m.*
ent·wick|eln *vt* développer. °**~lung** *f1* développement *m* || évolution *f.*
ent·wirren *vt* démêler.
ent·wöhnen *vt* déshabituer.
Ent·wurf *m2* projet, plan *m.*
ent·wurzel|n *vt* déraciner. °**~ung** *f0* déracinement *m.*
ent·zieh|en* *vt* enlever, ôter, retirer • *vpr* échapper à.
ent·ziffer|n *vt* déchiffrer. °**~ung** *f1* déchiffrement *m.*
ent·zück|en *vt* ravir, enchanter. **~end** *a* ravissant. °**~ung** *f1* ravissement *m.*
Ent·zug *m0* retrait *m.*
ent·zünd|bar *a* inflammable.

~en *vt* mettre le feu à • *vpr* prendre feu. °**~ung** *f1* allumage *m* ‖ MÉD. inflammation *f.*

ent·zwei *a inv* en deux. **~en** *vt* diviser ‖ FIG. brouiller.

Enzian *m1* gentiane *f.*

Epidemie *f1* épidémie *f.*

epoch|al *a* qui fait date. °**~e** *f1* époque *f.*

er *pr pers 3e pers* nom. sing. masc. il ; (accentué) lui ; → GRAMM.

er·achten *vt* estimer ; juger • *n0 :* °**~,** avis *m.*

Erb... *préf* héréditaire ; hérité.

er·barmen *vt* faire pitié • *vpr* (gén. ; *über,* acc.) avoir pitié de • *n0 :* °**~,** pitié f.

er·bärmlich *a* lamentable ; pitoyable.

erbarmungslos *a* impitoyable.

er·bau|en *vt* construire. **~lich** *a* FIG. édifiant. °**~ung** *f1* construction *f.*

Erb|e *m4* héritier *m.* °**~e** *n0* héritage *m ;* succession *f.* **~en** *vt* hériter. °**~gut** *n2* patrimoine *m.*

er·bieten* *vt* offrir.

er·bitten* *vt* obtenir par des prières.

er·bitter|n *vt* FIG. aigrir. **~t** *a* acharné.

er·blassen, ~bleichen* *vi* pâlir.

erblich *a* héréditaire. °**~keit** *f0* hérédité *f.*

er·blicken *vt* apercevoir.

er·blinden *vt* devenir aveugle.

er·blühen *vi* fleurir.

er·borgen *vt* emprunter.

er·bos|en *vt/vpr* (se) fâcher. °**~theit** *f0* dépit *m.*

er·brechen* *vt* rompre ; fracturer • *vpr* vomir.

er·bringen* *vt* apporter, fournir ‖ FIN. rapporter.

Erbschaft *f1* héritage *m.*

Erbse *f1* petit pois.

Erd|anschluß *m2* prise *f* de terre. °**~apfel** *m* (s, ¨) pomme *f* de terre. °**~arbeiter** *m3* terrassier *m.* °**~beben** *n3* tremblement *m* de terre. °**~beere** *f1* fraise *f.*

Erde *f0* terre *f ; auf* **~n,** sur terre.

er·denken* *vt* imaginer.

Erd|gas *n1* gaz naturel. °**~geschoß** *n* (sses, sse) rez-de-chaussée *m.* **~ig** *a* terreux. °**~kugel** *f1* globe *m* (terrestre). °**~kunde** *f0* géographie *f.* °**~nuß** *f2* cacah(o)uète *f.* °**~öl** *n1* pétrole *m.*

er·dolchen *vt* poignarder.

Erd|öl·leitung *f1* pipe-line *m.* °**~pech** *n1* bitume *m.*

er·drosseln *vt* étrangler.

er·drücken *vt* écraser ; accabler. **~d** *a* écrasant.

Erd|rutsch *m1* glissement *m* de terrain. °**~sturz** *m2* éboulement *m.* °**~teil** *m1* continent *m.*

er·dulden *vt* endurer, supporter.

Erd|ung *f1* prise *f* de terre. °**~wurm** *m* (s, ¨er) ver *m* de terre.

er·eign|en *vpr* se passer, se produire, avoir lieu. °**~is** *n* (ses, se) événement *m.*

er·fahr|en* *vt* faire l'expérience de • *a* expérimenté. °**~ung** *f1* expérience *f.*

er·fassen *vt* saisir.

er·find|en* *vt* inventer. °**~er** *m3* inventeur *m.* °**~ung** *f1* invention *f.*

er·flehen *vt* implorer.

Er·folg *m1* succès *m.* **~en** *vi* se produire. **~los** *av* sans succès. **~reich** *a* couronné de succès • *av* avec succès.

er·forder|lich *a* nécessaire. **~n** *vt* réclamer. °**~nis** *n* (ses, se) exigence *f.*

er·forschen *vt* explorer.

er·fragen *vt* questionner.

er·frechen *vpr* avoir le front de.

er·freu|en *vt* réjouir • *vpr* (gén.) se réjouir de. **~lich** *a* réjouissant. **~t** *a* réjoui.

er·frieren* *vi* geler.

er·frisch|en *vt* rafraîchir. °**~ung** *f1* rafraîchissement *m.*

er·froren *pp/a* gelé; mort de froid.

er·füll|en *vt* remplir ‖ FIG. tenir; réaliser. °**~ung** *f1* accomplissement *m; in ~ gehen,* se réaliser.

er·gänz|en *vt* compléter. °**~ung** *f1* complément *m.*

er·geb|en* *vt* donner; fournir • *vpr* : FIG. *daraus ergibt sich, daß,* il s'ensuit que • *a* dévoué. °**~nis** *n* (ses, se) résultat *m.* °**~ung** *f0* résignation *f.*

er·gehen* *vi* être adressé; *alles über sich ~ lassen,* supporter tout patiemment • *v imp* devenir; se trouver • *vpr* : *sich in Schmähungen ~,* se répandre en injures.

er·giebig *a* productif, rentable.

er·gießen* *vt* épancher.

er·götz|en *vt* amuser, divertir. **~lich** *a* amusant. °**~ung** *f1* divertissement *m.*

er·greif|en* *vt* saisir ‖ FIG. toucher, émouvoir.

er·griffen *a* ému. °**~heit** *f0* émotion *f.*

er·haben *a* élevé; en relief ‖ FIG. sublime.

er·halt|en* *vt* recevoir; obtenir ‖ [unterhalten] entretenir; maintenir • *a* conservé. °**~ung** *f1* réception *f* ‖ [Unterhalt] entretien *m; maintien m.*

er·häng|en *vt* pendre. °**~te(r)** *asm* pendu *m.*

er·härten *vt* durcir.

er·haschen *vt* happer.

er·heb|en* *vt* lever; élever; relever ‖ FIG. [Steuern] lever • *vpr* se lever; se soulever; s'élever ‖ AÉR. décoller. **~lich** *a* important. °**~lichkeit** *f0* importance *f.* °**~ung** *f1* élévation *f* ‖ [Steuern] levée *f* ‖ POL. soulèvement *m.*

er·heiter|n *vt* égayer; éclaircir. °**~ung** *f1* divertissement *m* ‖ [Wetter] éclaircie *f.*

er·hellen *vt* éclairer; éclaircir ‖ FIG. *daraus erhellt, daß,* d'où il appert que.

er·hitzen *vt* chauffer; échauffer.
er·hoffen *vt* espérer.
er·höh|en *vt* hausser; élever; relever; augmenter. **~t** *a* élevé; relevé; accru; augmenté. °**~ung** *f1* élévation *f*; augmentation *f* ‖ [Anhöhe] monticule *m*.
er·hol|en *vpr* se rétablir. °**~ung** *f1* repos *m*.
Erika *f* (ken) bruyère *f*.
er·inner|n *vt* : *jn an etw* (acc.) **~**, rappeler qch à qn • *v pr* se souvenir de; se rappeler. °**~ung** *f1* souvenir *m*.
er·kalten *vi* (se) refroidir.
er·kält|en *vpr* prendre froid. °**~ung** *f1* refroidissement, rhume *m*.
er·kenn|bar *a* perceptible; (re)connaissable. **~en*** *vt* connaître; reconnaître; avouer; **~** *lassen*, révéler.
er·kennt|lich *a* reconnaissable ‖ reconnaissant. °**~nis** *f* (se) connaissance *f*. °**~nis** *n* (ses, se) JUR. décision *f*.
Er·kennung *f1* reconnaissance *f* ‖ MÉD. dépistage *m*.
Erker *m3* encorbellement *m*; bow-window *m*.
er·klär|bar *a* explicable. **~en** *vt* expliquer ‖ déclarer. **~lich** *a* explicable. °**~ung** *f1* explication *f*; déclaration *f*.
er·klecklich *a* important.
er|klettern, ~klimmen* *vt* gravir.
er·klingen* *vi* retentir.
er·kranken *vi* tomber malade.
er·kühnen *vpr* oser.
er·kundig|en *vpr* se renseigner. °**~ung** *f1* renseignement *m*.
er·künsteln *vt* feindre.
er·langen *vt* atteindre ‖ obtenir.
Er·laß *m* (sses, ässe) décret *m* ‖ [Nachlaß] dispense *f* ‖ COMM. remise *f*.
er·lassen* *vt* publier ‖ [Urteil] prononcer ‖ [nachlassen] dispenser.
er·läßlich *a* pardonnable.
er·laub|en *vt* permettre. °**~nis** *f* (se) permission *f*.
er·läutern *vt* expliquer.
er·leb|en *vt* faire l'expérience de ‖ FIG. connaître. °**~nis** *n* (ses, se) expérience vécue; événement *m*.
er·ledig|en *vt* régler, liquider. °**~ung** *f1* expédition *f*.
er·leichter|n *vt* alléger; faciliter. °**~ung** *f1* allégement *m* ‖ *Pl* COMM. facilités *fpl* de paiement.
er·leiden* *vt* éprouver; subir.
er·lernen *vt* apprendre.
er·lesen* *vt* élire • *a* choisi, d'élite.
er·leucht|en *vt* illuminer. °**~ung** *f1* illumination *f*.
er·liegen* *vi* (dat.) succomber (à).
er·logen *a* mensonger.
Er·lös *m1* produit *m*.
er·loschen *a* éteint ‖ FIG. [Frist] expiré.
er·löschen* *vi* s'éteindre ‖ FIG. s'effacer.

er·lösen *vt* délivrer, libérer ‖ REL. racheter.
er·lügen* *vt* inventer.
er·mächtig|en *vt* mandater. **°~ung** *f1* procuration *f*.
er·mahnen *vt* exhorter.
er·mangel|n *vi* (gén.) manquer de. **°~ung** *f0 : in ~ eines Besseren,* faute de mieux.
er·mäßig|en *vt* diminuer, réduire. **°~ung** *f1* réduction *f*.
er·matten *vt* lasser, fatiguer.
er·messen* *vt* mesurer, évaluer.
er·mitt|eln *vt* rechercher. **°~(e)lung** *f1* enquête *f*.
er·möglichen *vt* rendre possible.
er·morden *vt* assassiner.
er·müd|en *vt* fatiguer. **°~ung** *f1* fatigue *f*.
er·munter|n *vt* encourager. **°~ung** *f1* encouragement *m*.
er·mutig|en *vt* encourager. **°~ung** *f1* encouragement *m*.
er·nähr|en *vt* nourrir. **°~ung** *f1* nourriture *f*.
er·nenn|en *vt* nommer. **°~ung** *f1* nomination *f*.
er·neu|e(r)n *vt* renouveler; rénover. **°~(er)ung** *f1* renouvellement *m*. **~t** *a* répété • *av* à nouveau.
er·niedrig|en *vt* abaisser; humilier. **°~ung** *f1* diminution *f*; humiliation *f*.
Ernst *m0* sérieux *m*; gravité *f*. **~, ~haft, ~lich** *a* sérieux; grave.
Ernte *f1* récolte, moisson *f*. **~n** *vt* récolter.
er·nüchtern *vt* ramener à la raison.
Er·ober|er *m3* conquérant *m*. **~n** *vt* conquérir. **°~ung** *f1* conquête *f*.
er·öffn|en *vt* ouvrir; inaugurer. **°~ung** *f0* ouverture *f*.
er·örter|n *vt* discuter. **°~ung** *f1* discussion *f*.
er·picht *a* (*auf*, acc.) FAM. passionné pour.
er·press|en *vt* extorquer. **°~er** *m3* escroc *m*. **°~ung** *f1* extorsion *f*; chantage *m*.
er·prob|en *vt* éprouver, essayer. **~t** *a* éprouvé.
er·quick|en *vt* réconforter. **~lich** *a* réconfortant. **°~ung** *f1* rafraîchissement *m*.
er·raten* *vt* deviner.
er·rechnen *vt* calculer.
er·reg|bar *a* émotif; irritable. **°~barkeit** *f0* émotivité *f*. **~en** *vt* exciter, énerver. **°~ung** *f0* excitation *f*.
er·reich|bar *a* accessible. **~en** *vt* atteindre.
er·richt|en *vt* dresser ‖ FIG. instituer. **°~ung** *f1* fondation *f*.
er·röten *vi* rougir.
Errungenschaft *f1* acquisition *f*; conquête *f*.
Er·satz *m0* produit *m* de remplacement. **°~mann** *m* (s, leute) remplaçant *m*. **°~teil** *n1* pièce *f* de rechange.
er·saufen* *vi* FAM. se noyer.
er·säufen *vt* noyer.
er·schein|en *vi* apparaître. **°~ung** *f1* apparition *f*; phé-

nomène *m* ‖ MÉD. symptôme *m*.
er·schienen *a* paru.
er·schieß|en* *vt* fusiller. **°~ung** *f1* exécution *f*.
er·schlaff|en *vt* amollir. **°~ung** *f1* relâchement *m*.
er·schlagen* *vt* assommer.
er·schließen* *vt* ouvrir.
er·schöpf|en *vt* épuiser. **°~ung** *f1* épuisement *m*.
er·schreck|en* *vt/vi* (s')effrayer • *n0* : **°~,** frayeur *f*; effroi *m*. **~lich** *a* terrible.
er·schütter|n *vt* secouer. **°~ung** *f1* secousse *f* ‖ FIG. émotion *f*.
er·schweren *vt* aggraver, compliquer.
er·schwinglich *a* accessible.
er·sehen* *vt* voir, remarquer.
er·setzen *vt* remplacer ‖ [Kosten] rembourser.
er·sichtlich *a* évident.
er·sinnen* *vt* imaginer, inventer.
er·spar|en *vt* épargner, économiser. **°~nis** *f* (se) économie *f*. **°~ung** *f1* épargne *f*.
erst *av* [zuerst] d'abord ‖ [nicht eher als] seulement; ne... que ‖ ~ *recht*, à plus forte raison • *num* premier • *loc av* : *fürs/vors ~e*, pour le moment; provisoirement; *zum ~en*, premièrement.
er·starr|en *vi* s'engourdir. **°~ung** *f1* engourdissement *m*.
er·statt|en *vt* remplacer. **°~ung** *f1* restitution *f*.
er·staun|en *vt* étonner, surprendre • *vi* s'étonner • *n0* : **°~,** étonnement *m*; surprise *f*. **~lich** *a* étonnant.
er·stehen* *vt* acquérir.
er·steig|en* *vt* gravir. **°~ung** *f1* ascension *f*.
er·stellen *vt* aménager.
erstens *av* premièrement.
erstere *a* [*compar* de **erst**] : *der ~*, le premier (de deux).
er·stick|en *vt/vi* étouffer. **°~ung** *f1* étouffement *m*.
Erst|ling *m1* débutant *m*. **~malig** *a* sans précédent.
er·storben *a* mort.
er·streben *vt* tâcher de; tendre à.
er·strecken *vpr* s'étendre.
er·stürmen *vt* prendre d'assaut.
er·suchen *vt* prier; inviter.
er·tappen *vt* attraper.
er·teil|en *vt* attribuer. **°~ung** *f1* attribution *f*.
er·tönen *vi* retentir.
Er·trag *m1* rapport, revenu, produit *m*. **~en*** *vt* supporter, endurer, subir.
er·träglich *a* supportable.
ertrag·reich *a* rentable.
er·tränken *vt* noyer.
er·trinken* *vi* se noyer.
eruiren *vt* tirer au clair.
er·wachen *vi* s'éveiller • *n0* : **°~,** réveil *m*.
er·wachsen* *vt* croître, grandir; *daraus ~*, résulter dc • *a* adulte. **°~e(r)** *as* adulte *s*.
er·wäg|en* *vt* peser. **°~ung** *f1* réflexion *f*.
er·wählen *vt* choisir.

er·wähn|en *vt* mentionner. °**~ung** *f1* mention *f*.
er·wärm|en *vt* réchauffer. °**~ung** *f1* réchauffement *m*.
er·wart|en *vt* attendre. °**~ung** *f1* attente *f*.
er·weck|en *vt* (r)éveiller. °**~ung** *f1* (r)éveil *m*.
er·wehren *vpr* s'empêcher de.
Er·weis *m1* preuve *f*. **~en*** *vt* manifester.
er·weiter|n *vt* élargir. °**~ung** *f1* extension *f*.
Er·werb *m1* acquisition *f*; gain *m*; travail *m*. **~en*** *vt* acquérir. °**~er** *m3* acquéreur *m*. °**~s·genossenschaft** *f1* société coopérative. °**~ung** *f1* acquisition *f*.
er·wider|n *vt* répliquer. °**~ung** *f1* réponse *f*.
er·wirken *vt* obtenir.
er·würgen *vt* étrangler.
erz... *préf.* archi...
Erz *n1* minerai *m*.
er·zähl|en *vt* raconter. °**~er** *m3* conteur *m*. °**~ung** *f1* récit *m*.
Erz·bischof *m2* archevêque *m*.
er·zeug|en *vt* engendrer; produire. °**~er** *m3* producteur *m*. °**~nis** *n* (ses, se) produit *m*. °**~ung** *f0* production *f*.
er·zieh|en* *vt* élever, éduquer. °**~er** *m3* éducateur *m*. °**~ung** *f1* éducation *f*.
er·ziel|en *vt* atteindre. °**~ung** *f0* obtention *f*.
er·zürnen *vt* mettre en colère.
er·zwingen* *vt* obtenir de force.
es *pr pers* n. sing. *3e pers* nom. **1.** (employé comme sujet ou compl. d'objet remplaçant un *n*) il ; elle ‖ LOC : *ich weiß ~,* je le sais ; *ich bin's,* c'est moi. **2.** (antécédent de subordonnées) : *ich halte ~ für unnötig, daß,* je tiens pour superflu que. **3.** (sujet d'un *v imp*) : *~ regnet,* il pleut ; *~ war einmal,* il était une fois.
Es *n* mi *m* bémol.
Esche *f1* frêne *m*.
Esel *m3* âne *m*. °**~ei** *f1* ânerie *f*.
Esparto *m0* alfa *m*.
eß|bar *a* mangeable. °**~besteck** *n1* couvert *m*.
Esse *f1* cheminée *f* (d'usine).
essen* *vi/vt* manger • *n0* : °**~**, repas *m*.
Essig *m1* vinaigre *m*. **~sauer** *a* acide.
Eß|lust *f0* appétit *m*. °**~saal** *m* (s, säle) réfectoire *m*. °**~zimmer** *n3* salle *f* à manger.
Etage *f1* étage *m*.
Etat *m* (s, s) budget *m*.
Etikett *n1* (s, e) étiquette *f*.
etliche *pr indéf* quelques.
Etui *n* (s, s) étui *m*.
etwa *av* à peu près ; environ ‖ PAR EXT. peut-être ; par hasard. **~ig** *a* éventuel.
etwas [*a br fam :* **was**] *pr indéf inv n* quelque chose ; *~ Brot,* un peu de pain • *av* un peu, quelque peu.
euch *pr pers 2e pers* acc./dat. pl. de ***ihr*** → GRAMM.

euer *a poss* votre ; vos • *pr* le, la vôtre ; les vôtres.
Eule *f1* chouette *f.*
Europ|a *n0* Europe *f.* °**~äer** *m3* Européen *m.*
Euter *n3* pis *m.*
evangelisch *a* évangélique ‖ protestant.
eventuell *a* éventuel.
ewig *a* éternel ; perpétuel ; *auf* ~, à tout jamais. °**~keit** *f1* éternité *f; in ~ nicht,* au grand jamais.
Examen *n* (s, mina) examen *m.*
exekut|ieren *vt* exécuter. °**~ion** *f1* exécution *f.*
Exemp|el *n3* exemple *m.* °**~lar** *n1* exemplaire *m.* **~larisch** *a* exemplaire.
exerzieren *vi* faire l'exercice.
Exil *n1* exil *m.*
Exist|enz *f1* existence *f.* **~ieren** *vi* exister.
exklusiv *a* exclusif. **~e** *av* non compris.
Exkurs *m1* digression *f.*
Expansion *f1* expansion *f.*
Exped|ient *m4* expéditionnaire *m.* **~ieren** *vt* expédier. °**~ition** *f1* expédition *f.*
Experiment *n1* expérience *f.* **~ieren** *vi* expérimenter. °**~ierung** *f1* expérimentation *f.*
explo|dieren *vi* exploser. °**~sion** *f1* explosion *f.*
Export *m1* exportation *f.* **~ieren** *vt* exporter.
expreß *a* exprès. °**~gut** *n2* envoi *m* exprès.
exquisit *a* choisi.
extra *av* en plus ‖ FIG. extra.
extrahieren *vt* extraire.
Extrakt *m1* extrait *m.*
Extra·zug *m2* train spécial.
exzentrisch *a* excentrique.
Exzeß *m* (sses, sse) excès *m.*

f

F *n* MUS. fa *m.*
Fabel *f1* fable *f.* **~haft** *a* fabuleux.
Fabrik *f1* usine *f.* °**~ant** *m4* industriel *m.* °**~arbeiter** *m3* ouvrier *m.*
fabrizieren *vt* fabriquer.
Fach *n2* case *f; casier m;* compartiment *m;* rayon *m* ‖ FIG. spécialité *f.* °**~arbeiter** *m3* ouvrier qualifié. °**~arzt** *m2* MÉD. spécialiste *m.*
fachen *vt* attiser.
Fächer *m3* éventail *m.*
Fach|gebiet *n1* spécialité *f.* **~lich** *a* spécialisé. °**~mann** *m* (s, leute/männer) spécialiste *m.* °**~schule** *f1* école *f* technique. **~simpeln** *vi* FAM. parler métier. °**~werk** *n0* ouvrage *m* technique ‖ ARCH. colombage *m.*
Fackel *f1* flambeau *m.* **~n** *vt* balancer, hésiter.

Faden *m* (s, ¨) fil *m* ‖ filament *m*; fibre *f*. °**~nudel** *f1* vermicelle *m*. **~scheinig** *a* élimé, râpé.

Fagott *n1* basson *m*.

Fähe *f1* renarde *f*; louve *f*.

fähig *a* (*zu*, dat.) capable (de). °**~keit** *f1* aptitude *f*.

fahl *a* terne; blême, blafard. **~rot** *a* fauve.

fahnd|en *vi* rechercher. °**~ungs·dienst** *m1* : *internationaler ~*, Interpol *m*.

Fahne *f1* drapeau *m* ‖ [Wetter] girouette *f*. °**~n·flucht** *f1* désertion *f*. **~n·flüchtig** *a* déserteur.

Fahr|bahn *f1* chaussée, voie *f*. **~bar** *a* carrossable. °**~damm** *m2* chaussée *f*. °**~draht** *m2* caténaire *f*.

Fähre *f1* bac *m*.

fahren* *vi* se déplacer (en véhicule); rouler ‖ *mit der Bahn ~*, prendre le train ‖ [wegfahren] partir; s'en aller ‖ LOC DIV : sens de «passer» ‖ LOC FIG : *~ lassen*, lâcher • *vt* transporter; conduire; *einen Lastwagen ~*, conduire un camion • *n0* : °**~**, marche *f*; circulation *f* ‖ transport *m* ‖ [Führung] conduite *f*.

fahr|end *a* ambulant; errant. °**~er** *m3* conducteur *m*. °**~erlaubnis** *f* (se) permis *m* de conduire. °**~gast** *m2* passager *m*. °**~karte** *f1* billet *m*.

fahr·lässig *a* nonchalant. °**~keit** *f1* négligence *f*.

Fähr·lohn *m2* péage *m*.

Fahr|plan *m2* indicateur *m*. °**~preis** *m1* prix *m* du transport. °**~rad** *n2* bicyclette *f*. °**~schein** *m1* billet, ticket *m*. °**~schule** *f1* auto-école *f*. °**~strecke** *f1* trajet, parcours *m*. °**~stuhl** *m2* ascenseur *m*.

Fahrt *f1* parcours, trajet *m*.

Fährte *f1* trace *f*; piste *f*.

Fahrt·richtung *f1* direction *f*; *verbotene ~*, sens interdit.

Fahr|wasser *n0* chenal *m*. °**~zeug** *n1* véhicule *m*.

fair *a* franc; loyal.

faktisch *a* effectif, réel.

falb *a* fauve; jaune pâle.

Falke *m4* faucon *m*.

Fall *m2* **1.** [Fallen] chute *f* ‖ GÉOL. pente *f*. **2.** JUR. cas *m*; affaire *f* ‖ *auf jeden ~*, en tout cas.

Fall·baum *m2* barrière *f* mobile.

Falle *f1* piège *m*.

fallen* *vi* tomber; *in Ohnmacht ~*, s'évanouir ‖ *jm ins Wort ~*, couper la parole à qn ‖ *~ lassen*, laisser tomber ‖ *es fällt mir schwer*, cela m'est difficile ‖ [sinken] baisser • *n0* : °**~**, chute *f*; baisse *f*.

fällen *vt* faire tomber; abattre ‖ [Urteil] rendre.

fallieren *vi* faire faillite.

fällig *a* COMM. échu; exigible.

Falliment *n1* faillite *f*.

Fall|klappe *f1* trappe *f*. °**~klinke** *f1* loquet *m*.

falls *c* au cas où; si.

Fall|schirm *m1* parachute *m*. °**~schirm·springer** *m3*

parachutiste *m.* °~**sucht** *f0* épilepsie *f.* ~**süchtig** *a* épileptique. °~**tür** *f1* trappe *f.*
falsch *a* faux ; *~er Spieler*, tricheur *m* ‖ TÉL. *~ verbunden*, il y a erreur • *n0 :* °~, fausseté *f ; ohne ~*, franc.
fälsch|en *vt* fausser ; falsifier. °~**er** *m3* faussaire *m.*
Falschheit *f1* fausseté *f.*
fälschlich *a* faux • *av* par erreur.
falsch·spielen *vi* tricher.
Fälschung *f1* falsification *f.*
falt|bar *a* pliable. °~**blatt** *n2* dépliant *m.* °~**e** *f1* pli *m* ‖ ride *f.*
fälteln *vt* plisser ; froncer.
falten *vt* plier ; froncer ; *die Hände ~*, joindre les mains.
Falter *m3* papillon *m.*
falt|ig *a* plissé ; ridé. °~**ung** *f1* pliage *m.*
Falz *m1* rainure *f ;* feuillure *f.*
famil|iär *a* familier ; de famille. °~**ie** *f1* famille *f.*
Familien... *préf* de famille ; familial. °~**buch** *n2* livret *m* de famille. °~**stand** *m2* situation *f* de famille. °~**gelder** *npl*, °~**zulage** *f1* allocations familiales.
Fang *m2* prise, capture *f* ‖ [Eber] défense *f* ‖ [Raubvogel] serre *f.* °~**arm** *m1* tentacule *m.* ~**en*** *vt* prendre, saisir.
Farb|e *f1* couleur *f.* ~**echt** *a* grand teint.
Färb|e·mittel *n3* teinture *f ;* colorant *m.* ~**en** *vt* teindre.
farben·blind *a* daltonien.
Färber *m3* teinturier *m.* °~**ei** *f1* teinturerie *f.*
Farb|film *m1* film *m* en couleurs. ~**ig** *a* en couleur ; coloré. ~**los** *a* incolore. °~**stift** *m1* crayon *m* de couleur.
Färbung *f1* coloration *f ;* nuance *f.*
Farm *f1* exploitation *f* agricole. °~**er** *m3* cultivateur *m.*
Farn *m1*, °~**kraut** *n2* fougère *f.*
Färse *f1* génisse *f.*
Fasan *m* (s, e[n]), °~**en·hahn** *m2* faisan *m.*
Fasching *m1* carnaval *m.*
Fasel|ei *f1* radotage *m.* °~**liese** *f1* commère *f.* ~**n** *vt* bavarder.
Faser *f1* fibre *f.* ~**n** *vi* s'effilocher.
Faß *n* (asses, ässer) tonneau *m.*
Fassade *f1* façade *f.*
faßbar *a* saisissable.
Faß·binder *m3* tonnelier *m.*
fassen *vt* saisir ; *festen Fuß ~*, prendre pied ‖ FIG. concevoir ; *Mut ~*, prendre courage ‖ [enthalten] contenir ‖ [begreifen] comprendre, saisir • *vi : der Nagel faßt*, le clou tient • *vpr : sich kurz ~*, être bref.
faßlich *a* concevable.
Fassung *f1* cadre *m ;* monture *f* ‖ *in deutscher ~*, en version allemande ‖ FIG. contenance *f.* ~**slos** *a* déconcerté.
fast *av* presque.
fast|en *vi* jeûner • *n0 :* °~, jeûne *m.* °~**en·zeit** *f1* carême

m. °~**nachts·dienstag** *m1* mardi gras.
faszinieren *vt* fasciner.
faul *a* gâté, pourri, corrompu ‖ FIG. douteux, suspect ‖ [träge] paresseux. °~**bett** *n* (s, en) chaise longue.
Fäule *f* pourriture *f* ‖ carie *f.*
faulen *vi* se gâter; pourrir.
faulenz|en *vi* paresser. °~**er** *m3* fainéant *m.*
Faul|heit *f0* paresse *f.* ~**icht,** ~**ig** *a* pourri; putride.
Fäulnis *f0* pourriture *f.*
Faul·pelz *m1* FAM. fainéant *m.*
Fauna *f* (nen) faune *f.*
Faust *f2* poing *m.*
Fäustel *m3* marteau *m;* massette *f.*
Faust|kampf *m0* boxe *f.* °~**recht** *n0* droit *m* du plus fort. °~**schlag** *m2* coup *m* de poing. °~**voll** *f0* poignée *f.*
Faxe *f1* blague, farce *f.*
Fayence *f1* faïence *f.*
Fazit *n1* montant *m;* bilan *m.*
Februar *m1* février *m.*
Fecht|degen *m3* fleuret *m.* ~**en*** *vi* faire de l'escrime. °~**er** *m3* escrimeur *m.* °~**kunst** *f0* escrime *f.*
Feder *f1* plume *f* ‖ TECHN. ressort *m.* °~**ball** *m2* [Spielzeug] volant *m.* °~**besen** *m3* plumeau *m.* °~**blatt** *n2* lame *f* de ressort. °~**chen** *n3* duvet *m.* °~**decke** *f1* édredon *m.* °~**halter** *m3* porte-plume *m.* °~**messer** *n3* canif *m.*
feder|n *vt* plumer • *vi* faire ressort. °~**ung** *f1* suspension *f.* °~**vieh** *n0* volaille *f.* °~**zange** *f1* brucelles *fpl.*
Fee *f1* fée *f.* ~**nhaft** *a* féerique.
feg|en *vt* balayer. °~**er** *m3* balayeur *m.*
Fehde *f1* querelle *f.*
fehl *av* mal; à faux; de travers; ~ *am Platze sein,* ne pas être de mise. ~**bar** *a* faillible. °~**betrag** *m2* déficit *m.*
fehlen *vi* commettre une faute; échouer ‖ [mangeln] manquer; *an Geld* ~, manquer d'argent; *es fehlt nicht viel daran,* peu s'en faut; *es an nichts* ~ *lassen,* faire tout son possible; *was fehlt Ihnen ?,* qu'est-ce qui ne va pas ? ‖ [abwesend sein] manquer; être absent.
Fehler *m3* faute *f.* ~**haft** *a* incorrect. ~**los** *a* irréprochable.
Fehl|geburt *f1* avortement *m.* ~**gehen*** *vi* faire fausse route. ~**greifen*** *vi* s'y prendre mal. °~**griff** *m1* méprise, bévue *f.* °~**schlag** *m2* erreur *f;* échec *m.* ~**schlagen*** *vi* échouer. ~**treten*** *vi* faire un faux pas. °~**tritt** *m1* faux pas. °~**zündung** *f1* raté *m* d'allumage.
Feier *f1* fête, cérémonie *f.* °~**abend** *m1* veille *f* de fête; ~ *machen/haben,* cesser le travail. ~**lich** *a* solennel. °~**lichkeit** *f1* cérémonie *f.* ~**n** *vt* fêter; célébrer • *vi* ne

pas travailler || FAM. *krank* ~, se faire porter malade. °~**tag** *m1* jour férié. ~**tags** *av* les jours fériés.
feig(e) *a* lâche.
Feige *f1* figue *f.*
Feig|heit *f1* lâcheté *f.* °~**ling** *m1* lâche *m.*
feil *a* vénal, à vendre.
feil|bieten*, ~**halten*** *vt* mettre en vente.
Feil|e *f1* lime *f.* ~**en** *vt* limer.
feilschen *vi* marchander.
fein *a* fin ; subtil. °~**bäcker** *m3* pâtissier-confiseur *m.*
Feind *m1* ennemi *m* • *a* : ~, hostile. ~**lich** *a* ennemi, hostile. °~**lichkeit** *f0* hostilité *f.* °~**schaft** *f0* inimitié, hostilité *f.* ~**schaftlich,** ~**selig** *a* hostile. °~**seligkeit** *f1* hostilité *f.*
fein|fühlend, ~**fühlig** *a* délicat ; sensible. °~**gebäck** *n0* pâtisserie *f.* °~**gefühl** *n0* tact *m.* °~**heit** *f1* finesse, délicatesse *f.* °~**schmecker** *m3* gourmet *m.*
feist *a* gras.
Feld *n2* champ, terrain *m* || FIG. domaine *m* || MIL. campagne *f.* °~**arbeiter** *m3* ouvrier *m* agricole. °~**bau** *m0* agriculture *f.* °~**gendarmerie** *f1* police *f* militaire. °~**herr** *m4* général *m* en chef. °~**huhn** *n2* perdrix grise. °~**hüter** *m3* garde *m* champêtre. °~**jäger** *m3* gendarme *m.* °~**lager** *n3* camp *m.* °~**marschall** *m2* maréchal *m.* °~**messer** *m3* arpenteur *m.* °~**prediger** *m3* MIL. aumônier *m.* °~**webel** *m3* adjudant *m.* °~**weg** *m1* chemin vicinal. °~**zug** *m2* MIL. campagne *f.*
Felge *f1* jante *f.*
Fell *n1* peau *f*; fourrure *f.* °~**eisen** *n3* valise *f*; malle *f.*
Fels *m4,* °~**en** *m3* roc, rocher *m*; roche *f.* °~**en·riff** *n1* écueil, récif *m.*
Fenchel *m0* fenouil *m.*
Fenster *n3* fenêtre *f*; *aus dem* ~/*zum* ~ *hinaussehen,* regarder par la fenêtre. °~**laden** *m* (s, ¨) volet *m.* °~**scheibe** *f1* vitre *f*; carreau *m.* °~**sturz** *m2* linteau *m.* °~**tür** *f1* porte-fenêtre *f.*
Ferien *pl* vacances *fpl.*
fern *a* éloigné, lointain • *av* loin. ~**ab** *av* très loin. ~**bleiben*** *vi* s'abstenir. °~**e** *f1* distance *f.* ~**er** *av* en outre ; encore. ~**er·hin** *av* désormais. °~**fahrer** *m3* routier *m.* °~**gespräch** *n1* communication interurbaine. °~**glas** *n2* jumelle(s) *f(pl).* ~**halten*** *vt* tenir à l'écart. ~**her** *av* : *von* ~, de loin. ~**hin** *av* au loin. ~**liegen*** *vi* être loin. °~**melde·wesen** *n0* télécommunications *fpl.* °~**ost** *m0* Extrême-Orient *m.* °~**rohr** *n1* télescope *m.* °~**schreiber** *m3* téléscripteur *m.*
Fern·seh|apparat *m1,* °~**empfänger** *m3,* °~**gerät** *n1* téléviseur *m.* °~**en** *n3* télé-

vision *f*. **~en*** *vi* regarder la télévision. °**~er** *m3* téléviseur *m*.

fern·sichtig *a* presbyte.

Fern·sprech... *préf* téléphonique. °**~automat** *m4* taxiphone *m*. °**~er** *m3* téléphone *m*. °**~zelle** *f1* cabine *f* téléphonique.

fern|stehen* *vi* : *einer Sache* ~, rester étranger à qch. **~steuern** *vt* téléguider.

Ferse *f1* talon *m*.

fertig *a* fini ; achevé ; prêt ‖ ~ ***in***, habile/adroit à, en ‖ *mit etw ~ sein*, avoir terminé qch ‖ ~ ***zu***, prêt à. **~bringen***, **~en** *vt* finir. °**~haus** *n2* maison préfabriquée. °**~keit** *f1* dextérité *f*. **~machen** *vt* préparer ; achever. **~stellen** *vt* achever. °**~ung** *f1* achèvement *m*. °**~ware** *f1* produit manufacturé.

Fes *n* MUS. fa *m* bémol.

fesch *a* chic ; fringant.

Fessel *f1* lien *m* ; chaîne *f*. °**~ballon** *m* (s, s) ballon captif. **~n** *vt* enchaîner ; ligoter ‖ MAR. amarrer.

fest *a* solide ; ferme ; fixe.

Fest *n1* fête *f*.

fest·binden* *vt* lier ; fixer.

Fest·essen *n3* banquet *m*.

fest|fahren* *vt* ne plus pouvoir avancer • *vpr* s'embourber ‖ MAR. s'échouer. **~halten*** *vt* fixer • *vi* tenir bon. **~igen** *vt* consolider. °**~igkeit** *f0* solidité *f*. °**~igung** *f1* consolidation *f*. **~keilen** *vt* caler ; bloquer. °**~land** *n2* continent *m*. **~legen** *vt* établir ‖ FIN placer.

festlich *a* solennel. °**~keit** *f1* cérémonie *f*.

fest|liegen* *vi* être immobilisé. **~machen** *vt* fixer. °**~meter** *n3* stère *m*. **~nehmen*** *vt* arrêter. °**~preis** *m1* prix *m* fixe. **~setzen** *vt* arrêter ; fixer.

Fest·spiel *n1* festival *m* ; gala *m*.

fest|stehen* *vi* ne pas bouger ‖ FIG. être établi. **~stellen** *vt* fixer. °**~stellung** *f1* constatation *f*.

Fest·tag *m1* jour *m* de fête ; jour férié.

Festung *f1* forteresse *f*. °**~s·wall** *m1* rempart *m*.

fett *a* gras ; gros • *n1* : °~, graisse *f* ; gras *m*. °**~druck** *m0* (caractères *mpl*) gras *m*. **~en** *vt* graisser. **~ig** *a* gras. °**~leibigkeit** *f0* embonpoint *m*. °**~pflanze** *f1* plante grasse. °**~sucht** *f0* obésité *f*.

Fetzen *m3* lambeau *m* ; chiffon *m* ; guenille *f*.

feucht *a* humide, mouillé. °**~igkeit** *f0* humidité *f*.

Feuer *n3* feu *m* ; flamme *f* ; incendie *m* ; ~ *(an)machen*, faire du feu ; ~ *an ein Haus (an)legen*, mettre le feu à une maison ; ~ *fangen*, prendre feu ‖ MIL. ~ *geben*, faire feu. °**~alarm** *m0* alerte *f* au feu. **~fest** *a* réfractaire ; incombustible. °**~glocke** *f1* tocsin *m*. °**~glut** *f1* brasier *m*. °**~herd** *m1* âtre, foyer *m*. °**~löscher** *m3* extincteur *m*. °**~melder** *m3* avertisseur *m* d'incendie. **~n** *vi* faire du feu || MIL. faire feu. °**~s·brunst** *f2* incendie *m*. **~sicher** *a* incombustible. °**~s·not** *f2* sinistre, incendie *m*. °**~spritze** *f1* pompe *f* à incendie. °**~wache** *f1* poste *m* des pompiers. °**~waffe** *f1* arme *f* à feu. °**~wehr** *f0* sapeurs-pompiers *mpl*. °**~wehr·mann** *m* (s, leute) sapeur-pompier *m*. °**~werk** *n1* feu *m* d'artifice. °**~zeug** *n1* briquet *m*.

feurig *a* de/en feu ; enflammé.

Fex *m1* FAM. fou, toqué *m*.

Fez *m0* facétie *f*.

ff *n* : FAM. *etw aus dem ~ verstehen,* savoir qch sur le bout des doigts.

Fibel *f1* abécédaire *m*.

Fiber *f1* fibre *f*.

Fichte *f1* sapin *m*.

fidel *a* gai, joyeux.

Fieber *n3* fièvre *f*. **~haft, fieb(e)rig** *a* fiévreux, fébrile. **~n** *vi* avoir de la fièvre. °**~wahn** *m0* délire *m*.

Fiedel *f1* FAM. violon *m*.

Figur *f1* figure *f*; personne *f* || silhouette *f*. °**~ant** *m4* figurant *m*. **~ieren** *vt/vi* figurer || SPECT. jouer un rôle.

Filiale *f1* succursale, filiale *f*.

Film *m1* film *m*; pellicule *f*. °**~apparat** *m1* caméra *f*. °**~atelier** *n* (s, s) studio *m*. **~en** *vt* tourner un film ; filmer. °**~regisseur** *m1* metteur *m* en scène.

Filter *m3, n3* filtre *m*. **~n** *vt* filtrer.

Filz *m1* feutre *m* || FIG. grigou *m*. **~ig** *a* feutré.

Finanz|en *fpl* finances *fpl*. **~iell** *a* financier. **~ieren** *vt* financer. °**~ierung** *f1* financement *m*.

find|bar *a* trouvable. **~en*** *vt* trouver • *vpr* trouver son chemin || [sich eingewöhnen] s'habituer à || [vorkommen] arriver • *v imp : es wird sich ~,* on verra bien. **~ig** *a* ingénieux. °**~ling** *m1* enfant trouvé.

Finger *m3* doigt *m*; *jm auf die ~ sehen,* avoir qn à l'œil ; *nicht aus den ~n lassen,* ne pas lâcher. °**~abdruck** *m2* empreinte digitale. **~fertig** *a* habile de ses doigts. °**~geschwür** *n1* panaris *m*. °**~glied** *n2* phalange *f*. °**~hut** *m2* dé *m* à coudre.

fingieren *vt* feindre, simuler.

Fink(e) *m4* pinson *m*.

1. Finne *m4* Finlandais *m*.

2. Finne *f1* acné *m*.

Finn|land *n0* Finlande *f*. °**~länder** *m3* finlandais *m*.

finster *a* sombre ; noir. °**~nis** *f* (se) ténèbres *fpl* || ASTR. éclipse *f*.

firm *a* : *~ in etw,* versé dans.

Firma *f* (men) firme *f*.

firmieren *vi* : *~ als,* intituler.

Firmung *f1* REL. confirmation *f*.

Firnis *m* (ses, se) vernis *m*. **~sen** *vt* vernir.
Firn·schnee *m0* névé *m*.
First *m1* crête *f*; faîte *m*.
Fis *n* fa *m* dièse.
Fisch *m1* poisson *m*. **°~angel** *f1* hameçon *m*. **°~brühe** *f1* court-bouillon *m*. **°~brut** *f0* alevin, frai *m*. **~en** *vt/vi* pêcher • *n0* : **°~**, pêche *f*.
Fischer *m3* pêcheur *m*. **°~ei** *f1* pêche *f*.
Fisch|fang *m0* pêche *f*. **°~händler** *m3* poissonnier *m*. **°~milch** *f0* laitance *f*. **°~otter** *m3* loutre *f*. **°~rogen** *m3* œufs *mpl* de poisson.
Fiskus *m* fisc *m*.
fit *a* SP. en forme.
fix *a* fixe || [flink] leste ; *~ und fertig*, fin prêt || FIG. *ein ~er Kerl*, un type bien. **~ieren** *vt* fixer.
Fjord *m1* fjord *m*.
flach *a* plan ; plat ; *~e Hand*, paume *f*.
Fläch|e *f1* surface *f* || plan *m*. **~en** *vt* aplanir ; aplatir. **°~en·raum** *m2* superficie *f*.
Flach·land *n2* plaine *f*.
Flachs *m0* lin *m*.
flackern *vi* vaciller.
Fladen *m3* galette *f*.
Flagge *f1* pavillon *m*. **~n** *vi* pavoiser.
flämisch *a* flamand.
Flamme *f1* flamme *f*. **~n** *vi* flamber. **~n·sicher** *a* ignifugé.
Flammeri *m* (s, s) pudding *m*.
Flandern *n* Flandres *fpl*.
Flanell *m1* flanelle *f*.
Flansche *f1* collet *m* ; bride *f*.
Fläschchen *n3* flacon *m*.
Flasche *f1* bouteille *f*.
Flaschen|hals *m2* goulot *m*. **°~öffner** *m3* ouvre-bouteilles *m*. **°~zug** *m2* palan *m*.
flatter|haft *a* FIG. écervelé. **~n** *vi* voleter ; voltiger.
flau *a* faible ; mou ; fade || PHOT. flou • *av* : COMM. *die Geschäfte gehen ~*, c'est le marasme. **°~heit** *f0* mollesse *f* || COMM. marasme *m*.
Flaum *m0* duvet *m*. **~ig** *a* duveteux.
Flause *f1* boniment *m*.
Flaute *f1* MAR. calme *m* || COMM. marasme *m*.
Flechse *f1* tendon *m*.
Flecht|e *f1* natte, tresse *f* || BOT. lichen *m* || MÉD. dartre *f*. **~en*** *vt* tresser. **°~er** *m3* vannier *m*.
Fleck *m* (s, e/en), **°~en** *m3* pièce *f* ; morceau *m* ; place *f* ; *nicht vom ~ kommen*, ne pas avancer || tache *f* || [Dorf] bourg *m*. **~en** *vt* tacher. **~enlos** *a* immaculé. **°~fieber** *n0* urticaire *f*. **~ig** *a* tacheté ; taché.
Fleder·maus *f2* chauve-souris *f*.
flehen *vi* implorer, supplier.
Fleisch *n0* viande, chair *f* ; *in ~ und Bein*, en chair et en os. **°~brühe** *f1* consommé *m*.
Fleischer *m3* boucher *m*. **°~ei** *f1*, **°~laden** *m* (s,¨) boucherie *f*.

fleisch|los *a* décharné. °**~waren** *fpl* boucherie *f*. °**~wolf** *m* hachoir *m* à viande.
Fleiß *m0* application *f*; zèle *m*. **~ig** *a* appliqué.
flennen *vi* FAM. pleurnicher.
fletschen *vt* : *die Zähne* **~**, grimacer en montrant les dents.
flexibel *a* flexible.
flick|en *vt* rapiécer, repriser. °**~schuster** *m3* savetier *m*. °**~werk** *n3* rapiéçage *m*.
Flieder *m0* lilas *m*.
Fliege *f1* mouche *f*.
flieg|en* *vi* voler ‖ AÉR. aller en avion. **~end** *a* : **~***es Personal*, personnel navigant. °**~er** *m3* aviateur *m*.
fliehen* *vt* fuir • *vi* fuir; s'enfuir.
Fliese *f1* dalle *f*. °**~n·setzer** *m3* carreleur *m*.
Fließ *n1* petit ruisseau, ru *m*. °**~band·arbeit** *f1* travail *m* à la chaîne. **~en*** *vi* couler. **~end** *a* coulant ‖ FIG. **~** *sprechen*, parler couramment.
flimm|en *vi* scintiller. °**~er** *m0* MIN. mica *m*.
flink *a* agile, alerte, vif. °**~heit** *f0* agilité *f*.
Flint *m1* silex *m*. °**~e** *f1* fusil *m*.
Flirt *m1* flirt *m*. **~en** *vi* flirter.
Flitter *m3* paillette *f* ‖ FIG. clinquant *m*. **~n** *vi* scintiller. °**~wochen** *fpl* lune *f* de miel.
flitzen *vi* FAM. filer comme une flèche.
Flocke *f1* flocon *m*.
Floh *m2* puce *f*.
1. Flor *m1* floraison *f* ‖ FIG. prospérité *f*.
2. Flor *m1* crêpe *m*.
Flora *f* (ren) flore *f*.
Floß *n* (osses, össe) radeau *m*. °**~boot** *n1* radeau *m* en caoutchouc.
Flosse *f1* nageoire *f*; flotteur *m*.
Flöße *f1* flotteur *m*.
Flöt|e *f1* flûte *f*. **~en·gehen*** *vi* se perdre. °**~en·glas** *n2* flûte *f* à champagne.
flott *a* MAR. à flot; *wieder* **~** *machen*, renflouer ‖ FIG. léger ‖ FAM. *hier geht's* **~** *her*, ici on s'amuse bien. °**~e** *f1* flotte *f*. **~weg** *av* sans façons.
Flöz *n1* couche *f* sédimentaire; veine *f*.
Fluch *m2* malédiction *f*; juron *m*. **~en** *vi* jurer.
Flucht *f2* fuite *f*; *auf der* **~**, en fuite ‖ [Linie] enfilade *f*. **~artig** *av* précipitamment.
flücht|en *vi/vpr* fuir, s'enfuir. **~ig** *a* fugitif; en fuite ‖ FIG. rapide; fugace. °**~ling** *m1* réfugié *m*.
Flucht·linie *f1* alignement *m*.
Flug *m2* vol *m*; *im* **~**, à la hâte. °**~abwehr** *f1* défense *f* contre avions (D.C.A.). °**~bahn** *f1* trajectoire *f*. °**~blatt** *n2* tract *m*.
Flügel *m3* aile *f* ‖ [Fenster] battant *m* ‖ MUS. piano *m* à queue. °**~kappe** *f1* aileron *m*. °**~tür** *f1* porte *f* à deux bat-

tants. °~**weite** *f1* envergure *f*.

Flug|gast *m2* passager *m* (d'un avion). °~**hafen** *m* (s, ¨) aéroport *m*. °~**kapitän** *m1* commandant *m* de bord. °~**lotse** *m4* contrôleur *m* de la navigation aérienne. °~**platz** *m2* aérodrome *m*. ~**s** *av* rapidement. °~**wesen** *n0* aéronautique *f*. °~**zeug** *n1* avion *m*.

Flug·zeugs|führer *m3* pilote *m*. °~**mutter·schiff** *n1*, °~**träger** *m3* porte-avions *m*.

flunkern *vi* en mettre plein la vue.

1. Flur *m1* vestibule, couloir *m*.

2. Flur *f1* [Feld] campagne *f*. °~**buch** *n2* cadastre *m*.

Fluß *m* (usses, üsse) fleuve *m*; rivière *f* || ÉL. flux *m* || FIG. flot *m*; *in ~ bringen*, mettre en route || MÉD. écoulement *m*. ~**ab(wärts)** *av* en aval. ~**auf(wärts)** *av* en amont. °~**bett** *n2* lit *m* d'un fleuve. °~**eisen** *n3* acier doux.

flüssig *a* liquide; fluide; *~ werden*, fondre || FIG. coulant; aisé • *av* couramment. °~**keit** *f1* fluide *m*; liquide *m* || fluidité *f* || FIG. facilité *f*. ~**machen** *vt* liquéfier || FIN. liquider.

flüstern *vt* chuchoter.

Flut *f1* flot *m*; flux *m*; marée haute. ~**en** *vi* couler à flots; *es flutet*, la marée monte. °~**welle** *f1* raz *m* de marée.

Fock *f0* misaine *f*.

Fohlen *n3* poulain *m*.

Föhre *f1* pin *m*.

Folge *f1* suite(s) *f(pl)*; résultat *m* || [Abfolge] suite, succession *f*; *in einer ~*, sans interruption || FIG. *einem Befehl ~ leisten*, obéir à un ordre. ~**n** *vt* (dat.) suivre || [gehorchen] obéir à || (*auf*, acc.) succéder à || [sich ergeben] *daraus folgt, daß*, il en résulte que.

folgend *a* suivant; successif; *am ~en Tag*, le lendemain; °~*es*, ce qui suit. ~**er·maßen**, ~**er·weise** *av* de la manière suivante.

folge|recht, ~**richtig** *a* conséquent, logique.

folger|n *vt* déduire; conclure. °~**ung** *f1* déduction *f*.

folg|lich *av* par conséquent. ~**sam** *a* obéissant.

Folie *f1* lamelle *f* || [Spiegel] tain *m*.

Folter|er *m3* tortionnaire *m*. ~**n** *vt* torturer. °~**qual**, °~**ung** *f1* torture *f*.

fopp|en *vt* berner, duper. °~**erei** *f1* tromperie *f*.

Förder|brücke *f1* pont transbordeur. °~**er** *m3* promoteur *m*.

Forderer *m3* provocateur *m* || COMM. créancier *m*.

Förder|grube *f1* puits *m*; mine *f*. °~**korb** *m2* benne *f*. ~**lich** *a* utile.

fordern *vt* réclamer, exiger || FIG. *viele Opfer ~*, faire beaucoup de victimes.

förder|n *vt* faire progresser; favoriser ‖ MIN. extraire. °**~turm** *m2* chevalement *m.*
Forderung *f1* revendication *f* ‖ COMM. créance *f.*
Förderung *f1* avancement *m* ‖ MIN. extraction *f.*
Forelle *f1* truite *f.*
forensisch *a* judiciaire.
Forke *f1* fourche *f.*
Form *f1* forme *f* ‖ FIG. *in aller ~,* en bonne et due forme ‖ TECHN. moule *m.* **~al** *a* formel. °**~alität** *f1* formalité *f.* °**~at** *n1* format *m.* **~beständig** *a* indéformable. °**~blatt** *n2* formulaire *m.*
Formel *f1* formule *f.* **~haft** *a* stéréotypé.
formell *a/av* formel(lement).
formen *vt* former, façonner; mouler.
Form|erde *f0* terre *f* à modeler. **~gerecht** *a* en bonne (et due) forme. °**~gießer** *m3* mouleur *m.* **~ieren** *vt* former.
förmlich *a* en bonne et due forme ‖ formel. °**~keit** *f1* formalité *f.*
form|los *a* difforme; informe. °**~sache** *f1* formalité *f.* °**~ular** *n1* formulaire *m.* **~ulieren** *vt* formuler. °**~ung** *f1* formation *f* ‖ TECHN. moulage *m.*
forsch *a* plein d'entrain.
forsch|en *vi* rechercher. °**~er** *m3* chercheur *m.* °**~ung** *f1* recherche *f.*
Forst *m1* forêt *f.* °**~aufseher** *m3* = FÖRSTER.
Förster *m3* garde forestier.
Forst·haus *n2* maison forestière.
fort *av* [weg] au loin; parti; absent; *~ mit dir!,* va-t-en! ‖ indique la progression; *und so ~,* et ainsi de suite • *part sép.* **~ab, ~an** *av* dès lors; désormais.
Fort|bestand *m2* maintien *m.* **~bestehen*** *vi* subsister.
fort·bild|en *vt* perfectionner. °**~ung** *f1* développement *m.*
fort·bleiben* *vi* rester absent.
fort·bringen* *vt* emmener.
Fort·dauer *f0* durée, persistance *f.*
fort·fahren* *vi* partir (en voiture) ‖ FIG. continuer.
fort·fallen* *vi* être supprimé.
fort·fliegen* *vi* s'envoler.
fort·führ|en *vt* enlever; emmener ‖ continuer. °**~ung** *f0* continuation *f.*
Fort|gang *m0* départ *m.* **~gehen*** *vi* s'en aller.
fort·geschritten *a* avancé.
fort·gesetzt *a* ininterrompu.
fort·hin *av* dorénavant.
fort·kommen* *vi* s'en aller.
fort·lassen* *vt* laisser partir ‖ FIG. omettre.
fort·laufen* *vi* se sauver. **~d** *a* suivi; continu.
Fort·leben *n0* survie *f.*
fort·machen *vi* continuer.
fort·nehmen* *vt* emporter; enlever.
fort·pflanz|en *vt* propager. °**~ung** *f1* propagation *f;* reproduction *f.*

fort·räumen *vt* débarrasser.
fort·reißen* *vt* emporter ; entraîner.
fort·schaffen *vt* ôter, enlever.
fort·schicken *vt* congédier.
fort|schreiten *vi* progresser. °**~schritt** *m1* progrès *m.*
fort·setz|en *vt* continuer. °**~ung** *f1* suite *f.*
fort·treiben* *vt* chasser, expulser.
fort·währen *vi* durer, continuer. **~d** *a* continuel.
fort·ziehen* *vt* tirer ; entraîner • *vi* s'en aller.
Fossil *n* (s, ien) fossile *m.*
Foto *n* (s, s) photo *f* . °**~apparat** *m1* appareil *m* photographique. °**~graf** *m4* photographe *m.* °**~grafie** *f1* photographie *f.* °**~zelle** *f1* cellule *f* photo-électrique.
Fracht *f1* fret *m ;* cargaison *f* ‖ COMM. port *m.* °**~er** *m3* cargo *m.* **~frei** *a* franco. °**~gut** *n2* marchandise *f* en petite vitesse.
Frag|e *f1* question, demande *f.* °**~bogen** *m* (s, ¨) questionnaire *m.* **~en** *vt* interroger, questionner, demander ; *jn nach dem Wege ~,* demander son chemin à qn • *v imp : es fragt sich, ob,* reste à savoir si. °**~er** *m3* questionneur *m.* °**~erei** *f0* PÉJ. interrogatoire *m.* **~lich** *a* douteux ‖ [betreffend] en question. **~los** *a* incontestable.
Fragment *n1* fragment *m.* **~arisch** *a* fragmentaire.
frag·würdig *a* douteux.
Fraktur *f1* MÉD. fracture *f.*
frank *a/av* franc(hement).
1. Franken *n0* Franconie *f.*
2. Franken *m0* franc *m* suisse.
frankier|en *vt* [Brief] affranchir. °**~ung** *f1* affranchissement *m.*
franko *av* sans frais ; franco.
Frank·reich *n0* France *f.*
Franse *f1* frange *f.*
Franz|ose *m4* Français *m.* °**~ösin** *f1* Française *f.* **~ösisch** *a* français ; *auf ~,* en français.
Fräse *f1* fraise *f.* **~n** *vt* fraiser.
Fratze *f1* grimace *f.*
Frau *f1* femme *f; gnädige ~,* Madame ‖ épouse *f.*
Frauen|arzt *m2* gynécologue *m.* °**~zimmer** *n3* femme *f;* PÉJ. fille *f.*
Fräulein *n3* demoiselle *f;* mademoiselle *f.*
frech *a* insolent, effronté. °**~heit** *f1* insolence *f.*
frei *a* libre ; indépendant ; *~er Beruf,* profession libérale ‖ LOC. *ich bin so ~,* (si) vous permettez ; *unter ~em Himmel,* à la belle étoile ; *~er Tag,* jour de congé ‖ COMM. *~ Haus geliefert,* livré franco à domicile.
Frei|bad *n2* piscine *f* en plein air. °**~e(s),** *as : im ~n,* en plein air ; dehors. °**~er** *m3* prétendant *m.* °**~exemplar** *n1* spécimen *m.* °**~frau** *f1* baronne *f.* **~geben*** *vt*

relâcher ‖ COMM. débloquer. **~gebig** *a* généreux. °**~gebigkeit** *f0* générosité *f.* °**~gepäck** *n0* bagage *m* en franchise. °**~gut** *n2* marchandise exempte de droits. **~halten*** *vt* dégager. °**~handel** *m0* libre-échange *m.*

Freiheit *f1* liberté *f.* **~lich** *a* libéral.

frei|heraus *av* franchement. °**~herr** *m* (n, en) baron *m.* °**~karte** *f1* billet gratuit. °**~kauf** *m2* rachat *m;* rançon *f.* **~lassen*** *vt* relâcher; affranchir. °**~lauf** *m0* roue *f* libre. **~legen** *vt* dégager. **~lich** *av* certainement. °**~licht·bühne** *f1* théâtre *m* en plein air. **~machen** *vt* libérer. °**~mut** *m0* franchise *f.* **~mütig** *a* franc. °**~schärler** *m3* franc-tireur *m.* **~sinnig** *a* libéral. **~sprechen*** *vt* acquitter. °**~spruch** *m2* acquittement *m.* **~stehen*** *v imp : es steht dir frei, zu,* tu es libre de. **~stellen** *vt* exempter. °**~stoß** *m* (osses, össe) SP. coup franc. °**~tag** *m1* vendredi *m.* °**~treppe** *f1* perron *m.* **~willig** *a* volontaire. °**~zeit** *f0* loisirs *mpl.*

fremd *a* étranger, inconnu; *ich bin hier ~,* je ne suis pas d'ici ‖ [fremdartig] étrange. **~artig** *a* insolite. °**~e** *f0* (pays) étranger *m.* °**~e(r)** *asm* étranger *m.*

Fremden|führer *m3* guide *m.* °**~verkehr** *m0* tourisme *m.* °**~zimmer** *n3* chambre *f* à louer chez l'habitant.

Fremd|heit *f0* étrangeté, singularité *f.* °**~ling** *m1* étranger *m.* °**~sprache** *f1* langue étrangère.

Frequenz *f1* fréquence *f.*

Fress|alien *fpl* victuailles *fpl.* **~en*** *vt/vi* manger; dévorer ‖ FAM. bouffer; *einen Narren an jm ~,* s'enticher de qn; *um sich ~,* gagner du terrain. °**~er** *m3* goinfre *m.* °**~erei** *f1* goinfrerie *f.*

freß·gierig *a* glouton.

Frett *n1* furet *m.*

Freude *f1* joie *f;* plaisir *m; mit ~n,* avec plaisir. **~voll** *a* joyeux.

freudig *a* joyeux, gai. °**~keit** *f0* bonne humeur.

freuen *vt* réjouir; faire plaisir à; *ich freue mich darauf,* je me réjouis à cette idée.

Freund *m1* ami *m.* °**~in** *f1* amie *f.* **~lich** *a* amical; aimable ‖ FIG. agréable. °**~lichkeit** *f1* amabilité *f.*

Freundschaft *f1* amitié *f.* **~lich** *a* amical; cordial.

Frevel *m3* sacrilège *m;* forfait *m;* crime *m.* **~haft** *a* sacrilège; criminel. **~n** *vi* se rendre coupable d'un crime. °**~tat** *f1* forfait *m;* crime *m.*

freventlich *a* criminel.

Frevler *m3* criminel *m.*

Friede(n) *m* ([n]s) paix *f.*

Friedens|störer *m3* perturbateur *m.* °**~zeit** *f1 : in ~en,* en temps de paix.

fried|fertig *a* pacifique. °**~hof** *m2* cimetière *m.* **~lich** *a* pacifique, paisible. **~liebend** *a* pacifique.

frieren* *vi/v imp* geler; *es friert,* il gèle; *es friert mich/mich friert/* FAM. *ich friere,* j'ai froid.

frisch *a* frais; récent; *~e Erbsen,* petits pois • *av : ~ gestrichen!,* attention à la peinture! **~auf** *interj : ~ zur Arbeit!,* au travail! °**~e** *f1* fraîcheur *f.* °**~gemüse** *n0* légumes verts. **~weg** *av* sans hésiter.

Fris|eur, °**~ör** *m1* coiffeur *m.* °**~euse,** °**~örin** *f1* coiffeuse *f.*

frisier|en *vt* friser; coiffer ‖ FIG. maquiller. °**~salon** *m3* salon *m* de coiffure. °**~tisch** *m1* coiffeuse *f.*

Frist *f1* délai *m.* **~en** *vt* ajourner; différer; *sein Leben ~,* vivoter. **~los** *a* sans préavis.

Frisur *f1* coiffure *f.*

froh *a* joyeux; heureux; gai. **~gemut** *a* réjoui.

fröhlich *a* joyeux. °**~keit** *f1* joie, gaieté *f.*

froh|locken *vi* exulter. °**~sinn** *m0* gaieté *f.* **~sinnig** *a* enjoué.

fromm *a* pieux ‖ docile. **~en** *vi* servir; être utile à. °**~heit** *f0* piété *f.*

Frömm|igkeit *f0* → FROMMHEIT. °**~ler** *m3* tartuffe *m.*

Fron|(arbeit) *f1,* °**~dienst** *m1* corvée *f.* °**~leichnam** *m0,* °**~s·fest** *n0* Fête-Dieu *f.*

Front *f1* façade *f* ‖ MIL. front *m.* **~al** *a* de front. °**~seite** *f1* façade *f.*

Frosch *m2* grenouille *f.*

Frost *m2* gelée *f.* °**~beule** *f1* engelure *f.*

frösteln *vi/v imp : mich fröstelt/ich fröstle,* je frissonne; *es fröstelt,* il fait frisquet.

Frost|er *m3* freezer *m.* **~ig** *a* glacial; glacé. °**~schauer** *m3* frisson *m.* °**~schutz·mittel** *n3* antigel *m.*

Frott|ee *n* (s, s) tissu *m* éponge. °**~ier·tuch** *n2* serviette-éponge *f.*

Frucht *f2* fruit *m.* **~bar** *a* fertile, fécond. °**~barkeit** *f0* fertilité, fécondité *f.* **~bringend** *a* fructueux. **~los** *a* stérile. °**~paste** *f1* pâte *f* de fruits. °**~presse** *f1* presse-fruits *m.* **~reich** *a* fécond, fructueux. °**~saft** *m2* jus *m* de fruits.

früh *a* matinal; précoce; *am ~en Morgen,* de bon matin • *av* de bonne heure, tôt. °**~e** *f* matin *m.* **~er** *a* [*compar* de **früh**] antérieur; ancien • *av* plus tôt; jadis; autrefois. **~est** *a* [*superl* de **früh**] le plus ancien. **~estens** *av* plus tôt. °**~gemüse** *n0* primeurs *fpl.* °**~jahr** *n1* printemps *m.*

Frühling *m1* printemps *m.* **~s...** *préf* printanier.

früh|morgens *av* de grand matin. °**~obst** *n0* primeurs *fpl.* **~reif** *a* précoce. °**~stück** *n1* petit déjeuner. **~stücken**

vi prendre le petit déjeuner. **~zeitig** *a* précoce ; prématuré • *av* de bonne heure ; prématurément.

Fuchs *m2* renard *m.* **~rot** *a* roux ; roussâtre. °**~schwanz** *m2* TECHN. scie *f* égoïne. °**~schwänze(l)n** *vi* flagorner.

Fuchtel *f1* rapière *f* ; férule *f.* **~n** *vi* gesticuler.

Fug *m0* : *mit ~ und Recht,* à bon droit.

Fuge *f1* joint *m* ‖ FIG. *aus den ~n,* hors de ses gonds ‖ MUS. fugue *f.* **~n** *vt* joindre ; emboîter.

füg|en *vt* ajuster ‖ faire que ; *es fügte sich, daß,* il se fit que ‖ se résigner à. **~sam** *a* docile. °**~samkeit** *f0* docilité *f.* °**~ung** *f1* arrêt *m* ; décision *f.*

fühl|bar *a* sensible ; perceptible. **~en** *vt* sentir ; toucher ‖ éprouver ; ressentir. °**~er** *m3* antenne *f* ‖ FIG. ballon *m* d'essai. °**~ung** *f0* contact *m.*

Fuhre *f1* charroi *m* ‖ charretée *f.*

führ|en *vt* guider ; conduire ; mener ‖ diriger ; piloter ‖ *einen Namen ~,* porter un nom ‖ COMM. avoir ; vendre • *vi* mener ; passer par. **~end** *a* de premier plan. °**~er** *m3* guide *m* ; chef *m* ; pilote *m.* °**~er·schein** *m1* permis *m* de conduire.

Führung *f1* conduite *f* ; direction *f* ; *~ durch die Stadt,* visite *f* de la ville. °**~s·kräfte** *fpl* cadres *mpl.*

Fuhr·werk *n1* voiture *f* ; chariot *m* ; charrette *f.*

Füll|bleistift *m1* porte-mine *m.* °**~e** *f0* plénitude *f* ; *in Hülle und ~,* en abondance. **~en** *vt* (r)emplir ‖ [Zahn] plomber ‖ CUIS. farcir.

Füllen *m3* poulain *m.*

Füll|er *m3,* °**~feder** *f1,* °**~feder·halter** *m3* stylo(graphe) *m.* °**~ung** *f1* remplissage *m* ‖ [Zahn] plombage *m* ‖ CUIS. farce *f.*

Fund *m1* objet trouvé.

fundier|en *vt* fonder, créer. °**~ung** *f1* fondation *f.*

Funeralien *pl* funérailles *fpl.*

fünf *num* cinq. **~hundert** *num* cinq cent(s). **~te** *num* cinquième. °**~tel** *n3* cinquième *m.* **~zehn** *num* quinze. **~zig** *num* cinquante. °**~ziger** *m3* quinquagénaire *m.*

fungieren *vi* être en fonction ; *~ als,* faire fonction de.

Funk *m1* radio *f.*

Funk|e *m4,* °**~en** *m3* étincelle *f.* **~eln** *vi* étinceler. **~el·nagelneu** *a* flambant neuf.

funk|en *vt* transmettre par radio. °**~er** *m3* radio(télégraphiste) *m.* °**~flug** *m2* flammèche *f.*

Funktion *f1* fonction *f.*

für *p* (acc.) **1.** pour ; en faveur de ; *sorgen ~,* se soucier de. **2.** quant à ; *ich ~ mein Teil,* pour ma part. **3.** pour ; en échange de. **4.** *man hält ihn ~ reich,* on le tient pour riche. **5.** Loc : *Schritt ~ Schritt,* pas à pas; *~ sich,* à l'écart; *was ~ ein Mann!,* quel homme!

Für·bitte *f1* intercession *f.*

Furche *f1* sillon *m* ‖ Fig. ride *f.*

Furcht *f0* (*vor,* dat.) crainte, peur *f.* **~bar** *a* terrible; effrayant.

fürcht|en *vt* craindre; redouter • *vpr : sich ~ vor,* avoir peur de. **~erlich** *a* effroyable.

furcht|los *a* intrépide. **~sam** *a* peureux.

fürderhin *av* dorénavant.

Furke *f1* fourche *f.*

für·lieb·nehmen* *vi* (*mit,* dat.) se contenter de.

Furnier|holz *n2* contre-plaqué *m.* °**~ung** *f1* placage *m.*

fürs [= **für das**] : *~ erste,* premièrement.

Für·sorge *f0* sollicitude *f*; *öffentliche ~,* assistance publique. °**~rin** *f1* assistante sociale.

Für|sprache *f1* intervention *f.* °**~sprecher** *m3* porte-parole *m.*

Fürst *m4* prince *m.* °**~entum** *n2* principauté *f.* **~lich** *a* princier.

Furt *f1* gué *m.*

Furunkel *n3* furoncle *m.*

fürwahr *av* en vérité; certes.

Fusion *f1* fusion *f.* **~ieren** *vt* fusionner.

Fuß *m2* pied *m*; patte *f*; *zu ~,* à pied ‖ *inv* [Maß] pied *m* (mesure).

Fuß|ball *n* (s, ¨e) football *m.* °**~boden** *m* (s, ¨) plancher, parquet *m.* °**~decke** *f1* couvre-pieds *m.* **~en** *vi* se fonder. °**~fall** *m2* génuflexion *f.* **~gänger** *m3* piéton *m.* °**~gestell** *n1* piédestal, socle *m.* °**~hebel** *m3* pédale *f.* °**~leiste** *f1* plinthe *f.* °**~matte** *f1* paillasson *m.* °**~pfleger** *m3* pédicure *m.* °**~schemel** *m3* tabouret *m.* °**~sohle** *f1* plante *f* du pied. °**~spitze** *f1* pointe *f* du pied. °**~weg** *m1* sentier *m.*

1. Futter *n0* fourrage *m.*

2. Futter *n0* étui *m*; gaine *f*; doublure *f.* °**~al** *n1* étui *m.*

Futter·krippe *f1* mangeoire *f.*

füttern *vt.* **1.** donner à manger. **2.** doubler.

Fütterung *f1* **1.** alimentation *f*; fourrage *m.* **2.** doublure *f.*

g

G *n* Mus. sol *m.*

Gabe *f1* cadeau *m*; don *m.*

Gabel *f1* fourche *f*; fourchette *f.* **~n** *vpr* bifurquer. °**~ung** *f1* bifurcation *f.*

gackern *vi* caqueter.

gaff|en *vi* regarder bouche bée. °**~er** *m3* badaud *m*.
Gage *f1* gage *m* ‖ [Künstler] cachet *m*.
gähnen *vi* bâiller.
Galgen *m3* gibet *m*; potence *f*. °**~humor** *m0* humour noir.
Galle *f1* bile *f*; fiel *m*. °**~n·blase** *f1* vésicule *f* biliaire. °**~n·stein** *m1* calcul *m* biliaire.
Gallert *n1*, °**~e** *f1* gélatine *f*.
gallig *a* biliaire ‖ FIG. bilieux.
Galopp *m1* galop *m*. **~ieren** *vi* galoper.
Gamasche *f1* guêtre *f*.
Gang *m2* marche *f*; démarche *f* ‖ AUT. vitesse *f*; *toter ~*, point mort ‖ couloir *m*.
gang *a* : *~ und gäbe*, courant.
Gang|art *f1* allure *f*. **~bar** *a* praticable.
Gängel·band *n2* laisse *f*.
Gang·hebel *m3* (levier *m* de) changement *m* de vitesse.
Gans *f2* oie *f*.
Gänse|blümchen *n3* pâquerette *f*. °**~füßchen** *npl* guillemets *mpl*. °**~leber** *f1* foie gras.
ganz *a* entier; total; *~ Deutschland*, toute l'Allemagne; *im großen und ~en*, dans l'ensemble • *av* tout à fait, entièrement; *~ und gar*, complètement. °**~e(s)** *asn* tout *m*.
Gänze *f0* total *m*.
Ganzheit *f0* totalité *f*.
gar *a* CUIS. à point • *av* même; *~ nicht*, pas du tout.
Garage *f1* garage *m*.
garant|ieren *vt* garantir. °**~ie·schein** *m1* certificat *m* de garantie.
Gar·aus *m0* coup *m* de grâce.
Garde·robe *f1* vestiaire *m*.
Gardine *f1* rideau *m*.
gären* *vi* fermenter.
Garn *n1* fil *m*.
Garnele *f1* crevette *f*.
Garnitur *f1* garniture *f* ‖ MIL. tenue *f*.
garstig *a* vilain.
Gär·stoff *m1* ferment *m*.
Garten *m* (s, ¨) jardin *m*. °**~anlage** *f1* jardin public. °**~bau** *m0* jardinage *m*. °**~laube** *f1* tonnelle *f*.
Gärtn|er *m3* jardinier *m*. °**~erei** *f0* jardinage *m*.
Gärung *f1* fermentation *f*. °**~s·stoff** *m1* ferment *m*.
Gas *n1* gaz *m* ‖ AUT. *~ geben*, accélérer. °**~hahn** *m2* robinet *m* à gaz. °**~hebel** *m3* accélérateur *m*. °**~herd** *m1* cuisinière *f* à gaz. °**~laterne** *f1* bec *m* de gaz. °**~pedal** *n1* accélérateur *m*.
Gasse *f1* rue *f*.
Gast *m2* hôte *m*; client *m*. °**~arbeiter** *m3* travailleur étranger. **~freundlich** *a* hospitalier. °**~geber** *m3* hôte *m*. °**~haus** *n2*, °**~hof** *m2* hôtel *m*. °**~stätte** *f1* restaurant *m*; café *m*. °**~wirt** *m1* hôtelier *m*.
Gas·uhr *f1* compteur *m* à gaz.
Gatte *m4* époux *m*.
Gatter *n3* grille *f*.
Gattin *f1* épouse *f*.

Gattung *f1* espèce *f.*
Gau *m1* district *m;* région *f.*
gauk|eln *vi* jongler. °**~ler** *m3* jongleur *m.*
Gaul *m1* (vieux) cheval.
Gaumen *m3* AN. palais *m.*
Gauner *m3* escroc *m.* °**~sprache** *f1* argot *m.*
Gaze *f1* gaze *f.*
Ge·bäck *n1* gâteau *m.*
Ge·bärde *f1* geste *m.* **~n** *vpr* se démener.
ge·bären* *vt* mettre au monde.
Ge·bäude *n3* bâtiment, édifice *m.*
Ge·bein *n1* ossements *mpl.*
geben* *vt : jm etw* (acc.) **~**, donner qch à qn; *Kredit* **~**, faire crédit ‖ *viel auf jn* **~**, faire grand cas de qn ‖ produire; rapporter • *vpr* se comporter; agir en, se faire passer pour ‖ FAM. *das wird sich* **~**, cela s'arrangera ‖ *sich drein* **~**, se résigner • *v imp :* ***es gibt*** (acc.), il y a.
Ge·bet *n1* prière *f.*
Ge·biet *n1* domaine *m;* territoire *m.*
ge·biet|en* *vt* ordonner; mander. **~erisch** *a* impérieux.
Ge·bild|e *n3* image *f;* figure *f* ‖ structure *f.* **~et** *a* cultivé.
Ge·birg|e *n3* monts *mpl;* montagne *f.* °**~s·bach** *m2* torrent *m.*
Ge·biß *n* (sses, sse) denture *f;* dents *fpl* ‖ dentier *m.*
Ge·blüt *n0* sang *m;* race *f.*
ge·bogen *a* (re)courbé.
ge·boren *a* né.
ge·borgen *a* en sûreté; à l'abri.
Ge·bot *n1* commandement, ordre *m.*
Ge·brauch *m2* usage *m;* emploi *m;* coutume *f;* *außer* **~**, hors d'usage. **~en** *vt* utiliser, employer.
ge·bräuchlich *a* usuel.
Ge·brauchs·anweisung *f1* mode *m* d'emploi.
ge·braucht *a* usé. °**~wagen** *m3* voiture *f* d'occasion.
ge·brech|en* *v imp : mir gebricht es an Geld,* je manque d'argent. **~lich** *a* fragile; infirme.
Ge|brechen, °**~bresten** *n0* infirmité *f.*
Ge·brüder *mpl* frères *mpl.*
Ge·bühr *f1* taxe *f;* droit *m;* péage *m.* **~en** *vi* revenir de droit.
gebühren|frei *a* exonéré. **~pflichtig** *a* soumis au péage; payant.
Ge·burt *f1* naissance *f.* °**~en·regelung** *f1* contrôle *m* des naissances.
ge·bürtig *a : aus Berlin* **~**, natif de/né à Berlin.
Ge·burts|helferin *f1* sage-femme *f.* °**~ort** *m1* lieu *m* de naissance. °**~schein** *m1* extrait *m* de naissance. °**~tag** *m1* anniversaire *m.*
Ge·büsch *n0* broussailles *fpl;* buissons *mpl.*
ge·dacht → DENKEN.
Ge·dächtnis *n* (ses, se) mémoire *f.* **~los** *a* amné-

sique. °~**schwäche** *f0*, °~**schwund** *m0* amnésie *f*.
Ge·danke *m* (ns, n) pensée *f*; idée *f*.
Ge·danken|freiheit *f0* liberté *f* de pensée. °~**gang** *m2* raisonnement *m*. ~**los** *a* irréfléchi ; étourdi • *av* machinalement. °~**strich** *m1* tiret *m*.
Ge·darm *n1* intestins *mpl*; boyaux *mpl*.
Ge·deck *n1* couvert *m* ‖ menu *m*.
ge·deihen* *vi* prospérer • *n0* : °~, prospérité *f*.
ge·denk|en* *vi* garder le souvenir de ‖ avoir l'intention de • *n0* : °~, mémoire *f*; souvenir *m*. °~**feier** *f1* fête commémorative.
Ge·dicht *n1* poème *m*.
ge·diegen *a* pur ‖ FIG. solide.
Ge·dränge *n0* foule *f*; cohue *f* ‖ SP. mêlée *f*.
ge·drückt *a* déprimé ; abattu.
ge·drungen *a* serré ; trapu ‖ FIG. concis. °~**heit** *f0* stature trapue ‖ FIG. concision *f*.
Ge·duld *f0* patience *f*. ~**en** *vpr* patienter. ~**ig** *a* patient.
ge·eignet *a* propre (à).
Ge·fahr *f1* danger *m*; *auf die ~ hin, daß*, au risque de.
ge·fähr|den *vt* menacer. °~**dung** *f1* menace *f* pour. ~**lich** *a* dangereux.
gefahrlos *a* sans danger.
Ge·fährt|e *m4* compagnon *m*. °~**in** *f1* compagne *f*.
Ge·fälle *n3* pente *f*; différence *f* de niveau.
ge·fallen* *vi* plaire. °~ *n0* plaisir *m*. °~ *m0* : *jm einen ~ tun*, rendre (un) service à qn.
ge·fällig *a* agréable. °~**keit** *f1* complaisance *f*.
Ge·fall·sucht *f0* coquetterie *f*.
ge·fangen *a* prisonnier. °~**nahme** *f1* capture *f*. ~**nehmen*** *vt* faire prisonnier. °~**schaft** *f0* captivité *f*.
Ge·fängnis *n* (ses, se) prison *f*.
Ge·fäß *n1* récipient *m* ‖ AN. vaisseau *m*.
ge·faßt *a* : *in Gold ~*, monté sur or ‖ FIG. maître de soi ; *~ sein auf* (acc.), s'attendre à.
Ge·fecht *n1* combat *m*.
Ge·fieder *n0* plumage *m*.
Ge·flügel *n0* volaille(s) *f(pl)*. ~**t** *a* ailé.
Ge·flüster *n0* chuchotements *mpl*.
Ge·folge *n0* suite, escorte *f*.
ge·fragt *a* en faveur ; demandé ; recherché.
ge·fräßig *a* vorace.
Ge·freite(r) *asm* caporal *m*.
ge·frieren* *vi* (se) congeler.
Ge·füg|e *n0* assemblage *m*. ~**ig** *a* souple.
Ge·fühl *n1* toucher *m*; sensibilité *f*; sentiment *m*; sensation *f*. ~**los** *a* insensible.
gegebenen·falls *av* le cas échéant.
gegen *p* (acc.) vers ; en direction de ‖ [gegenüber] envers ; à l'égard de ‖ contre.
Gegend *f1* région *f*.
gegen·einander *av* l'un contre l'autre ; réciproquement.

Gegen|gewicht *n1* contrepoids *m.* **°~richtung** *f1* direction opposée. **°~satz** *m2* opposition *f;* contraste *m* ‖ contraire *m.* **°~seite** *f1* côté opposé. **~seitig** *a* mutuel; réciproque. **°~stand** *m2* objet *m.* **°~stück** *n1* réplique *f;* pendant *m.* **°~teil** *n1* contraire *m; im ~,* au contraire.

gegen·über *p* (dat.) en face, vis-à-vis de • *av* en face • *n0 :* **°~,** vis-à-vis *m.* **~stehen*** *vi* être en face. **~stellen** *vt* confronter; comparer.

Gegen|verkehr *m0* circulation *f* en sens opposé. **°~wart** *f0* présent *m;* présence *f.* **~wärtig** *a* présent. **°~wehr** *f0* défense *f;* résistance *f.* **°~wert** *m1* contrepartie *f.* **°~wirkung** *f1* réaction *f.*

Gegner *m3* adversaire *m.* **~isch** *a* opposé.

1. Ge·halt *n2* traitement *m.*

2. Ge·halt *m1* contenu *m.*

ge·hässig *a* haineux; hargneux. **°~keit** *f0* hargne *f.*

Ge·häuse *n3* boîtier *m;* carter *m* ‖ coquille *f.*

Ge·hege *n3* enclos *m.*

ge·heim *a* secret; caché; *im ~en,* en secret. **~halten*** *vt* tenir secret; cacher.

Ge·heimnis *n* (ses, se) secret *m;* mystère *m.* **~voll** *a* mystérieux.

gehen* *vi* marcher; aller; *ins Bett ~,* aller au lit ‖ partir ‖ marcher, fonctionner • *v imp : es geht mir gut,* je vais bien.

Ge·heul *n0* hurlements *mpl.*

Ge·hilfe *m4* aide *m;* commis *m.*

Ge·hirn *n1* cerveau *m;* cervelle *f;* encéphale *m.* **°~blutung** *f1* hémorragie cérébrale. **°~haut** *f2* méninge *f.* **°~haut·entzündung** *f1* méningite *f.*

ge·hoben *a : ~e Sprache,* style soutenu.

Ge·hölz *n1* bosquet *m;* bois *m.*

Ge·hör *n0* ouïe *f; kein ~ schenken,* faire la sourde oreille ‖ audience *f.*

ge·horchen *vi* obéir.

ge·hör|en *vi* (dat.) appartenir à ‖ (*zu,* dat.) faire partie de ‖ être nécessaire à • *vpr : wie es sich gehört,* comme il se doit. **~ig** *a* appartenant à ‖ nécessaire; convenable.

Ge·horsam *m0* obéissance *f* • *a :* **~,** obéissant.

Geh·steig *m1* trottoir *m.*

Geier *m3* vautour *m.*

Geige *f1* violon *m.*

Geisel *f1* otage *m.* **°~nahme** *f1* prise *f* d'otage.

Geiser *m3* geyser *m.*

Geiß *f1* chèvre *f.* **°~blatt** *n0* chèvrefeuille *m.* **°~bock** *m2* bouc *m.*

Geißel *f1* fouet *m* ‖ FIG. fléau *m.* **~n** *vt* fouetter.

Geist *m* (s, er) esprit *m; der Heilige ~,* le Saint-Esprit.

Geister|beschwörer *m3* exorciste *m.* **~haft** *a* fantomatique. **~n** *vi* rôder.

geistes|abwesend *a* absent

(en esprit). °~**gegenwart** *f0* présence *f* d'esprit. ~**krank** *a* aliéné. °~**krankheit** *f1* maladie mentale. °~**störung** *f1* trouble mental. °~**wissenschaften** *fpl* lettres *fpl.*

geistig *a* spirituel ‖ intellectuel ‖ ~*e Getränke,* spiritueux *mpl.*

geistlich *a* REL. spirituel; religieux. °~**e(r)** *asm* ecclésiastique *m.* °~**keit** *f0* clergé *m.*

geist|los *a* insipide. ~**reich** *a* spirituel; intelligent.

Geiz *m1* avarice *f.* ~**en** *vi* (*mit,* dat.) être avare (de). °~**hals** *m2* avare *m.* ~**ig** *a* avare.

ge·kocht *a* bouilli.

ge·künstelt *a* factice, artificiel.

Ge·lächter *n0* rire(s) *m(pl).*

Ge·lände *n3* terrain *m.*

Ge·länder *n3* balustrade *f;* parapet *m.*

ge·langen *vi* arriver; parvenir.

ge·lassen *a* calme, serein. °~**heit** *f0* sérénité *f.*

ge·läufig *a* courant. °~**keit** *f0* aisance, facilité *f.*

ge·launt *a* : *übel/gut* ~, de mauvaise/de bonne humeur.

Ge·läute *n0* sonnerie *f;* carillon *m.*

gelb *a* jaune • *n0* : °~, jaune *m.* °~**lich** *a* jaunâtre. °~**sucht** *f0* jaunisse *f.*

Geld *n0* argent *m.* °~**anweisung** *f1* mandat-poste *m.* °~**beutel** *m3* bourse *f.* °~**er** *npl* : *öffentliche* ~, fonds publics. °~**geber** *m3* bailleur *m* de fonds. °~**schrank** *m2* coffre-fort *m.* °~**strafe** *f1* amende *f.* °~**überweisung** *f1* virement *m.* °~**umlauf** *m0* circulation *f* monétaire.

ge·legen *a* situé, sis ‖ FIG. opportun, à propos. °~**heit** *f1* occasion *f.* ~**tlich** *a* occasionnel.

Ge·lehr|samkeit *f0* érudition *f.* ~**t** *a* érudit, savant.

Ge·leise *n3* ornière *f;* voie *f.*

Ge·leit *n1* accompagnement *m;* conduite *f;* escorte *f.* ~**en** *vt* accompagner; escorter.

Ge·lenk *n1* articulation *f* ‖ joint *m.* °~**entzündung** *f1* arthrite *f.* ~**ig** *a* articulé ‖ agile.

ge·linde *a* doux; tempéré • *av* : FAM. ~ *gesagt,* au bas mot.

ge·lingen* *vi* [Dinge] réussir (*jm,* à qn) • *n0* : °~, réussite *f.*

gellen *vi* résonner, retentir. ~**d** *a* perçant.

ge·loben *vt* promettre solennellement.

Ge·löbnis *n* (ses, se) vœu *m.*

gelt *av* FAM. n'est-ce pas?; pas vrai?

gelt|en* *vi* avoir cours ‖ (*für,* acc.) concerner; s'appliquer à ‖ FIG. ~ *lassen,* admettre ‖ ~ *als,* passer pour. ~**end** *a* en cours. °~**ung** *f1* valeur *f;* crédit *m.*

Ge·lübde *n3* vœu *m.*

Ge·lüst(e) *n0* envie *f*.
ge·mächlich *a* commode.
Ge·mahl *m1* époux *m*. °**~in** *f1* épouse *f*.
Ge·mälde *n3* tableau *m*.
ge·mäß *p* (dat.) selon ; conformément à. °**~heit** *f0* conformité *f*.
ge·mein *a* commun ; public ‖ courant ‖ vulgaire ‖ [Soldat] simple.
Ge·meinde *f1* commune *f* ‖ REL. paroisse *f*. °**~rat** *m2* conseil municipal.
Gemein|gut *n2* bien commun. °**~heit** *f1* vulgarité *f*. **~hin** *av* ordinairement. **~nützig** *a* d'intérêt général. °**~platz** *m2* lieu commun. **~sam** *a/av* (en) commun. °**~samkeit** *f0* communauté *f*. °**~schaft** *f1* communauté *f*; collectivité *f*. °**~wesen** *n0* chose publique. °**~wohl** *n0* bien public.
Ge·misch *n1* mélange *m*.
Gems|bock *m2* chamois *m* mâle. °**~e** *f1* chamois *m*.
Ge·murmel *n0* murmure *m*.
Ge·müse *n3* légume(s) *m(pl)*. °**~garten** *m* (s, ¨) [jardin] potager *m*.
Ge·müt *n2* âme *f*; cœur *m*; esprit *m*. **~lich** *a* cordial ; intime ; confortable. °**~lichkeit** *f0* cordialité *f*; confort *m*. **~los** *a* sans cœur.
Gemüts|verfassung *f0*, °**~zustand** *m0* humeur *f*.
genau *a* juste, exact, précis ‖ FIG. strict • *av* juste. °**~igkeit** *f0* exactitude *f*.
ge·nehmig|en *vt* agréer. °**~ung** *f1* autorisation *f*.
ge·neigt *a* incliné, penché ‖ FIG. enclin/porté à ; favorable. °**~heit** *f0* inclinaison *f* ‖ FIG. inclination *f*.
General *m2* général *m*. °**~probe** *f1* (répétition) générale *f*. °**~stab** *m2* grand quartier général. °**~streik** *m1* grève générale.
generell *a* général ; générique.
ge·nes|en* *vi* guérir. °**~ung** *f1* guérison *f*; convalescence *f*.
Genf *n0* Genève *f*.
Ge·nick *n1* nuque *f*.
genieren *vt* gêner.
ge·nieß|bar *a* consommable, mangeable. **~en*** *vt* jouir, profiter de ; consommer. °**~er** *m3* jouisseur *m*.
Ge·noss|e *m4* camarade, compagnon *m*. °**~en·schaft** *f1* coopérative *f*.
genug *av* assez, suffisamment.
Genüg|e *f0* suffisance *f*; *jm ~ leisten/tun,* satisfaire/contenter qn. **~en** *vi* suffire ; être suffisant. **~sam** *a* sobre ; tempérant. °**~samkeit** *f0* sobriété *f*.
Ge·nuß *m* (usses, üsse) jouissance *f*. °**~mittel** *n3* produit *m* de luxe.
Ge·päck *n3* bagage(s) *m(pl)*. °**~aufbewahrung** *f1* consigne *f*. °**~träger** *m3* porteur *m*.
ge·pflegt *a* soigné.
Ge·pflogenheit *f1* coutume *f*.
Ge·präge *n0* empreinte *f* ‖ [Münze] frappe *f*.

ge·rade *a* droit ; direct || MATH. *~ Linie,* droite *f* || juste, exact || MATH. *~ Zahl,* nombre pair • *av* droit ; d'aplomb || FIG. juste • *f1* : °**~,** ligne droite. **~aus** *av* tout droit. **~heraus** *av* franchement. **~zu** *av* directement || FIG. vraiment.

Ge·rät *n1* ustensile *m* ; outil *m* ; instrument *m*.

ge·raten* *vi* : *an jn ~,* tomber sur qn ; *in Zorn ~,* se mettre en colère ; *außer sich ~,* sortir de ses gonds.

Gerate·wohl *n0* : *aufs ~,* au petit bonheur.

ge·räumig *a* spacieux.

Ge·räusch *n1* bruit *m* ; rumeur *f*. °**~kulisse** *f1* fond *m* sonore. **~los** *a* silencieux. **~voll** *a* bruyant.

gerb|en *vt* corroyer ; tanner. °**~er** *m3* tanneur *m*.

ge·recht *a* juste, équitable ; *einer Forderung ~ werden,* satisfaire à une exigence. °**~igkeit** *f0* justice, équité *f*.

Ge·rede *n0* bavardage *m* || PÉJ. racontars *mpl*.

Ge·reiztheit *f0* irritation *f* ; irritabilité *f*.

1. Ge·richt *n1* mets *m* ; plat *m* ; service *m*.

2. Ge·richt *n1* tribunal *m* ; *vor ~ laden, fordern,* assigner, citer en justice || REL. *das Jüngste ~,* le Jugement dernier. **~lich** *a* juridique ; judiciaire.

Gerichts|barkeit *f1* juridiction *f* ; ressort *m*. °**~gebäude** *n3* palais *m* de justice. °**~hof** *m2* tribunal *m* ; cour *f*. °**~kanzlei** *f1* greffe *m*. °**~saal** *m* (s, säle) salle *f* d'audience ; prétoire *m*. °**~schreiber** *m3* greffier *m*. °**~termin** *m1* assignation *f* ; audience *f*. °**~verfahren** *n3* procédure *f* ; procès *m*.

gering *a* petit ; minime. **~achten** *vt* mépriser. **~fügig** *a* insignifiant. **~schätzen** *vt* dédaigner. °**~schätzung** *f0* dédain *m*. **~st** *a* : *nicht im ~en,* pas le moins du monde.

Ge·rinn|e *n0* conduit *m* ; rigole *f*. **~en*** *vi* se coaguler ; cailler ; (se) figer. °**~sel** *n0* caillot *m*.

Ge·ripp|e *n3* squelette *m* || charpente *f*. **~t** *a* côtelé ; nervuré ; cannelé.

ge·rissen *a* déchiré ; fendu || FIG. madré.

gern(e) *av* [*compar* : **lieber;** *superl* : **am liebsten**] volontiers ; de bon cœur ; *ich mag ihn ~,* je l'aime bien.

Ge·röll(e) *n0* éboulis *m*.

Gerste *f0* orge *f*.

Gerte *f1* verge *f*.

Ge·ruch *m2* odorat *m* || odeur *f*. **~los** *a* inodore.

Ge·rücht *n1* bruit *m* ; rumeur *f*.

Ge·rümpel *n0* bric-à-brac *m*.

Ge·rüst *n1* chevalet *m* ; échafaudage *m*.

Ges *n3* MUS. sol *m* bémol.

ge·samt *a* total ; entier. °**~betrag** *m2* (montant) total. °**~heit** *f0* totalité *f*. °**~werk** *n0* œuvres complètes.
Ge·sandte(r) *asm* envoyé *m ;* ambassadeur *m*.
Ge·sang *m2* chant *m*. °**~verein** *m1* chorale *f*.
Ge·säß *n1* séant *m*.
Ge·schäft *n1* affaire *f ;* occupation *f* ‖ magasin *m ;* commerce *m*. **~ig** *a* affairé, occupé. °**~igkeit** *f0* activité *f*. **~lich** *a* commercial.
Geschäfts|bereich *m1* département *m ;* ressort *m*. °**~fach** *n2* branche *f*. °**~führer** *m3* gérant *m ;* secrétaire (général). °**~jahr** *n1* exercice *m*. °**~leiter** *m3* gérant *m*. °**~mann** *m* (s, leute) homme *m* d'affaires. °**~schluß** *m* (usses, üsse) fermeture *f*. °**~träger** *m3* chargé *m* d'affaires. °**~zeit** *f1* heures *fpl* d'ouverture.
ge·scheh|en* *vi* arriver ; se passer ; *es war um ihn ~*, c'en était fait de lui. °**~nis** *n* (ses, se) événement *m*.
ge·scheit *a* intelligent ; avisé.
Ge·schenk *n1* cadeau *m*.
Ge·schicht|e *f1* histoire *f*. **~lich** *a* historique.
Ge·schick *n1* sort, destin *m* ‖ adresse, habileté *f*. °**~lichkeit** *f1* adresse *f*. **~t** *a* adroit.
ge·schieden *a* divorcé.
Ge·schirr *n1* ustensiles *mpl ;* vaisselle *f* ‖ harnais *m*.
Ge·schlecht *n2* sexe *m ;* espèce *f* ‖ race *f ;* lignée *f* ‖ génération *f*. **~lich** *a* sexuel.
geschlechts|los *a* asexué. °**~verkehr** *m0* relations sexuelles.
ge·schliffen *a* poli ; *~es Glas*, verre taillé.
ge·schlossen *a* fermé ‖ étroitement uni(s).
Ge·schmack *m2* goût *m ;* saveur *f*. **~los** *a* fade ; insipide ‖ FIG. de mauvais goût. °**~losigkeit** *f0* mauvais goût ‖ fadeur *f*. °**~sache** *f1* affaire *f* de goût. **~voll** *a* de bon goût ; exquis.
ge·schmeidig *a* souple ; flexible. °**~keit** *f0* souplesse *f*.
Ge·schöpf *n1* créature *f*.
Ge·schoß *n* (sses, sse) projectile *m ;* obus *m* ‖ ARCH. étage *m*.
ge·schraubt *a* FIG. guindé.
Ge·schrei *n0* cri(s) *m(pl) ;* clameur(s) *f(pl)*.
Ge·schütz *n1* canon *m*.
Ge·schwader *n3* escadron *m ;* escadrille *f*.
Ge·schwätz *n0* bavardage *m*. **~ig** *a* bavard.
ge·schweige *av* : *~ denn*, encore moins.
ge·schwind *a* rapide • *av* vite. °**~igkeit** *f1* vitesse *f*.
Ge·schwister *npl* frères et sœurs.
ge·schwollen *a* enflé, gonflé ‖ FIG. prétentieux.
Ge·schworene(r) *asm* juré *m*.

Ge·schwulst *f2* enflure *f*; tumeur *f*.

Ge·schwür *n1* abcès *m*; ulcère *m*.

Ge·sell|e *m4* compagnon *m*. **~en** *vpr* (*zu*, dat.) se joindre (à). **~ig** *a* sociable. °**~igkeit** *f0* sociabilité *f*.

Gesellschaft *f1* société *f*; compagnie *f*; *jm ~ leisten*, tenir compagnie à qn; *geschlossene ~*, réunion privée. °**~er** *m3* COMM. associé *m*. **~lich** *a* mondain.

Ge·setz *n1* loi *f*. °**~buch** *n2* code *m*. °**~entwurf** *m2* projet *m* de loi. **~gebend** *a* législatif. °**~gebung** *f1* législation *f*. **~lich, ~mäßig** *a* légal.

ge·setzt *a* posé, pondéré.

Gesetz|vorlage *f1* projet *m* de loi. **~widrig** *a* illégal.

1. Gesicht *n0* vue *f*.

2. Gesicht *n1* vision *f*.

3. Gesicht *n2* visage *m*; *~er schneiden*, faire des grimaces.

Gesichts|farbe *f1* teint *m*. °**~punkt** *m1* point *m* de vue.

Ge·sims *n1* cimaise *f*; corniche *f*; chambranle *m*.

Ge·sinnung *f1* disposition *f* d'esprit; opinion *f*.

ge·sittet *a* civilisé.

Ge·spann *n1* attelage *m*.

ge·spannt *a* tendu ‖ FIG. (*auf*, acc.) curieux de.

Ge·spenst *n2* fantôme *m*; spectre *m*.

ge·sperrt *a* barré; bloqué.

ge·spickt *a* lardé; piqué ‖ FIG. farci; truffé.

Ge·spött *n0* raillerie *f*; *jm zum ~ werden*, être la risée de qn.

Ge·spräch *n1* conversation *f*. **~ig** *a* loquace.

ge·spreizt *a* affecté; emphatique.

Ge·stalt *f1* forme *f* ‖ figure *f*; personnage *m* ‖ stature *f*. **~en** *vt* former, façonner, modeler. °**~er** *m3* créateur *m*. **~los** *a* informe; amorphe. °**~ung** *f1* création *f*; formation *f*.

Geständnis *n* (ses, se) aveu *m*.

Ge·stank *m0* puanteur *f*.

ge·statten *vt* permettre.

Geste *f1* geste *m*.

ge·stehen* *vt* avouer.

Ge·stein *n1* pierres, roches *fpl*.

Ge·stell *n1* socle *m*; chevalet *m*; tréteau *m* ‖ AUT. châssis *m*.

gestern *av* hier.

Ge·stirn *n1* constellation *f*; astre(s) *m(pl)*.

Ge·stotter *n0* bégaiements *mpl*.

Ge·straüch *n1* buissons *mpl*.

ge·streift *a* rayé; strié.

Ge·strüpp *n1* fourré *m*.

Ge·stüt *n1* haras *m*.

Ge·such *n1* requête *f*. **~t** *a* recherché ‖ affecté.

ge·sund *a* sain; bien portant; salubre ‖ FIG. *~er Menschenverstand*, bon sens.

Gesundheit *f1* santé *f*; *(zur) ~!*, à votre santé!; à vos souhaits! **~lich** *a* sanitaire. °**~s·zustand** *m2* état *m* de santé.

Ge·tränk *n1* boisson *m*.

ge·trauen *vpr* (*zu,* inf.) oser.
Ge·treide *n3* céréales *fpl.*
ge·treu *a* fidèle, loyal.
Ge·triebe *n3* mécanisme *m* ‖ [Uhr] mouvement *m* ‖ AUT. boîte *f* de vitesses.
ge·trost *a* plein de confiance.
Ge·tue *n0* FAM. chichis *mpl.*
ge·viert *a* carré ; quadrangulaire • *n1 :* °~, carré *m.*
Ge·wächs *n1* végétation *f;* plante *f.*
ge·wachsen *a : hoch* ~, de haute stature ‖ FIG. à la hauteur de.
Gewächs·haus *n2* serre *f.*
ge·wagt *a* osé ; risqué.
ge·wahr *a :* ~ *werden,* s'apercevoir (de).
Ge·währ *f0* garantie, caution *f.* **~en** *vt* accorder • *vi : jn* ~ *lassen,* laisser faire qn. **~leisten** *vt* garantir. °**~s·mann** *m* (s, männer/leute) garant *m.*
Ge·walt *f1* force *f;* pouvoir *m.* **~ig** *a* puissant ; violent ; fort ‖ FIG. énorme. °**~losigkeit** *f0* non-violence *f.* **~sam** *a* violent. °**~samkeit** *f1* violence *f.* **~tätig** *a* violent, brutal.
Ge·wand *n2* vêtement *m.*
ge·wandt *a* habile, adroit. °**~heit** *f0* adresse *f.*
Ge·wässer *n3* eaux *fpl.*
Ge·webe *n3* texture *f;* tissu *m.*
ge·weckt *a* éveillé ; vif.
Ge·wehr *n1* fusil *m.* °**~lauf** *m2* canon *m.*
Ge·weih *n1* bois *m;* ramure *f.*
Ge·werb|e *n3* activité *f;* industrie *f;* métier *m.* **~lich** *a* professionnel ; industriel. **~tätig** *a* industriel ; industrieux.
Ge·werkschaft *f1* syndicat *m.*
Ge·wicht *n1* poids *m* ‖ FIG. importance *f.* **~ig** *a* de poids.
Ge·winde *n3* guirlande *f* ‖ TECHN. pas *m* de vis.
Ge·winn *m1* gain *m;* bénéfice *m.* **~en*** *vt* gagner ; acquérir ; *über sich* ~, *zu,* prendre sur soi de ‖ [erzeugen] extraire ; produire • *vi* l'emporter ; gagner. °**~sucht** *f0* esprit *m* de lucre. °**~ung** *f1* acquisition *f;* obtention *f* ‖ MIN. extraction *f.*
Ge·wirr *n0* enchevêtrement *m.*
ge·wiß *a/av* certain(ement), sûr(ement).
Ge·wissen *n3* conscience (morale) ; *mit gutem* ~, en conscience. **~haft** *a* consciencieux. °**~haftigkeit** *f0* conscience *f.* **~los** *a* sans conscience. °**~s·bisse** *mpl* remords *mpl.*
Gewißheit *f1* certitude *f.*
Ge·witt|er *n3* orage *m.* **~(e)rig** *a* orageux.
ge·wöhnen *vt* accoutumer, habituer • *vpr* s'habituer à.
Ge·wohnheit *f1* habitude *f.*
ge·wöhnlich *a* ordinaire ; habituel • *av* habituellement.
ge·wohnt *a : ich bin's* ~, j'en ai l'habitude.
Ge·wölb|e *n3* voûte *f;* cave voûtée. **~t** *a* voûté ; bombé.

Ge·wühl *n0* cohue *f*.
ge·wunden *a* tordu ; tortueux.
Ge·würz *n1* épice *f*; condiment *m*. **~t** *a* épicé ; relevé. °**~waren** *fpl* aromates *mpl*.
ge|zahnt, ~zähnt *a* denté ; dentelé.
Ge·zeiten *fpl* marées *fpl*.
ge·ziemen *vpr* : *wie es sich geziemt,* comme il convient.
ge·ziert *a* affecté, maniéré. °**~heit** *f0* affectation *f*.
ge·zwungen *a* contraint.
Gicht *f0* MÉD. goutte *f*.
Giebel *m3* pignon *m*; faîte *m*. °**~feld** *n2* tympan *m*.
Gier *f0* avidité *f*. **~ig** *a* (*auf*, acc.) avide (de).
gieß|en* *vt* verser ; répandre ‖ TECHN. fondre. °**~er** *m3* fondeur *m*; mouleur *m*. °**~kanne** *f1* arrosoir *m*.
Gift *n1* poison *m*; venin *m*. **~ig** *a* vénéneux, toxique ; venimeux.
Ginster *m3* genêt *m*.
Gipfel *m3* sommet *m*. **~n** *vi* culminer. °**~punkt** *m1* point culminant.
Gips *m1* plâtre *m*; gypse *m*. °**~bruch** *m2* carrière *f* de plâtre. °**~verband** *m2* MÉD. plâtre *m*.
Giraffe *f1* girafe *f*.
Giro·konto *n* (s, ten) compte courant.
Gis *n3* MUS. sol *m* dièse.
Gischt *m1* écume *f* ‖ embrun *m*.
Gitarre *f1* guitare *f*.
Gitter *n3* grille *f*.
Gladiole *f1* glaïeul *m*.
Glanz *m0* éclat *m* ‖ FIG. splendeur *f*.
glänzen *vi* briller, resplendir • *vt* TECHN. polir.
Glanz|lack *m1* vernis *m*. **~voll** *a* éclatant.
Glas *n2* verre *m*; *ein ~ Wein,* un verre de vin. °**~er** *m3* vitrier *m*.
gläsern *a* en verre ‖ FIG. vitreux.
Glas|fabrik, ~hütte *f1* verrerie *f*; cristallerie *f*. **~ieren** *vt* glacer. °**~schrank** *m2* vitrine *f*. °**~ur** *f1* vernis *m*; émail *m*. °**~waren** *fpl* verrerie *f*.
glatt *a* poli ; lisse ; uni ‖ aisé.
Glätte *f1* poli *m*.
Glatt·eis *n0* verglas *m*.
glätten *vt* polir ; lisser.
Glatz|e *f1* calvitie *f*. **~köpfig** *a* chauve.
Glaub|e(n) *m* ([n]s) foi, croyance *f* ‖ créance *f*; crédit *m*. **~en** *vt* croire (qch) • *vi* croire ; *an Gott ~,* croire en Dieu ; *glaube mir!,* crois-moi !
Glaubens|bekenntnis *n* (ses, se) profession *f* de foi. °**~satz** *m2* article *m* de foi ; dogme *m*.
glaubhaft *a* digne de foi ; croyable.
gläubig *a* crédule ‖ REL. croyant. °**~e(r)** *asm* croyant *m*; fidèle *m*. °**~er** *m3* créancier *m*.
glaub|lich *a* : *kaum ~,* incroyable. **~würdig** *a* digne

de foi. °**~würdigkeit** *f0* crédibilité *f*.

gleich *a* égal, pareil, même; *zu ~er Zeit*, en même temps; *das ist mir ~*, ça m'est égal • *av* également; de même; *~ alt*, du même âge || tout de suite; aussitôt. **~artig** *a* analogue.

Gleich|e *f1* égalité *f*. **~en*** *vi* ressembler. **~er·maßen, ~er·weise** *av* de la même façon. **~falls** *av* de même. °**~gewicht** *n0* équilibre *m*. **~gültig** *a* indifférent. °**~gültigkeit** *f0* indifférence *f*. °**~heit** *f1* égalité *f*. °**~klang** *m2* unisson *m*. **~laufend** *a* parallèle. °**~laut** *m1* consonance *f*. **~mäßig** *a* égal; régulier. °**~nis** *n* (ses, se) parabole *f*. **~sam** *av* en quelque sorte. **~schalten** *vt* synchroniser. °**~schritt** *m0* pas cadencé. **~sehen*** *vi* ressembler à. **~setzen, ~stellen** *vt (mit)* égaler (à). °**~strom** *m2* courant continu. °**~ung** *f1* équation *f*. **~viel** *av* tout autant; n'importe. **~wertig** *a* équivalent. **~zeitig** *a* simultané • *av* en même temps.

Gleis *n1* voie *f* (ferrée).

gleit|en* *vi* glisser. °**~schiene** *f1* glissière *f*. °**~schutz** *m0* antidérapant *m*.

Gletscher *m3* glacier *m*.

Glied *n2* membre *m* || chaînon, maillon *m* || MIL. rang *m*.

glieder|n *vt* diviser; articuler • *vpr : sich ~ in*, se diviser en. °**~ung** *f1* articulation *f*.

Glied·maßen *fpl* membres *mpl*.

glimm|en* *vi* luire (faiblement); couver. °**~er** *m0* mica *m*.

glitzern *vi* étinceler.

Glocke *f1* cloche *f*.

Glocken|blume *f1* campanule *f*. °**~spiel** *n1* carillon *m*. °**~turm** *m2* clocher *m*.

Glorie *f1* gloire *f*. °**~n·schein** *n1* auréole *f*.

glor·reich *a* glorieux.

glotzen *vi* FAM. faire des yeux ronds.

Glück *n0* fortune *f*; chance *f*; bonheur *m*; *zum ~*, par bonheur. **~en** *vi* [Dinge] réussir. **~lich** *a* heureux. **~licher·weise** *av* par bonheur. **~selig** *a* bienheureux.

glucksen *vi* glousser; glouglouter.

Glücks|fall *m2* coup *m* de chance; aubaine *f*. °**~spiel** *n1* jeu *m* de hasard.

Glück·wunsch *m2* bon vœu.

Glüh|birne *f1* ampoule *f* électrique. **~en** *vi* être incandescent || FIG. brûler • *vt* porter au rouge. **~end** *a* ardent. °**~würmchen** *n3* ver luisant.

Glut *f1* ardeur *f* || chaleur *f* torride || FIG. ferveur *f*.

Glyzerin *n1* glycérine *f*.

Glyzine *f1* glycine *f*.

Gnade *f1* grâce *f* || pardon *m*; miséricorde *f*. °**~n·gesuch** *n1* recours *m* en grâce.

°~**n·stoß** *m2* coup *m* de grâce.
gnädig *a* gracieux; clément; *~e Frau,* Madame.
Gold *n0* or *m.* °~**barren** *m3* lingot *m* d'or. ~**en** *a* en or. °~**fisch** *m1* poisson *m* rouge. °~**grube** *f1* mine *f* d'or. ~**ig** *a* FAM. charmant. °~**münze** *f1* pièce *f* d'or. °~**schmied** *m1* orfèvre *m.* °~**schnitt** *m1* dorure *f* sur tranche. °~**währung** *f0* étalon-or *m.*
1. Golf *m1* golfe *m.*
2. Golf *n0* golf *m.*
Gondel *f1* gondole *f* ‖ AÉR. nacelle *f.*
gönn|en *vt* accorder. °~**er** *m3* mécène *m;* protecteur *m.*
Gosse *f1* caniveau *m;* rigole *f.*
Got|ik *f0* (art) gothique *m.* ~**isch** *a* gothique.
Gott *m* (s, ¨er) Dieu *m;* dieu *m; ~ sei Dank!,* Dieu merci; *um ~es willen!,* pour l'amour de Dieu!
Götter·dämmerung *f0* crépuscule *m* des dieux.
Gottes|dienst *m1* office *m.* °~**lästerung** *f1* blasphème *m.*
Gött|in *f1* déesse *f.* ~**lich** *a* divin.
gottlos *a* impie, mécréant. °~**igkeit** *f0* impiété *f.*
Götze *m4* idole *f.*
Grab *n2* tombe *f;* tombeau *m.* ~**en*** *vt* creuser; bêcher; graver. °~**en** *m* (s, ¨) fossé *m;* tranchée *f.* °~**schrift** *f1* épitaphe *f.* °~**mal** *n2* tombeau *m.* °~**stein** *m1* pierre tombale.
Grad *m1* degré *m;* grade *m.*
Graf *m4* comte *m.*
Gräfin *f1* comtesse *f.*
gram *a : jm ~ sein,* en vouloir à qn • *m0 :* °~, chagrin *m.*
grämen *vpr* se chagriner; FAM. broyer du noir.
Gramm *n1* gramme *m.*
Grammat|ik *f1* grammaire *f.* ~**ikalisch,** ~**isch** *a* grammatical.
Granat *m1* grenat *m.* °~**apfel** *m* (s, ¨) grenade *f.*
Granate *f1* obus *m.*
Graphik *f0* dessin(s) *m(pl);* estampe(s) *f(pl).* °~**er** *m3* dessinateur *m.*
Gras *n2* herbe *f.* ~**en** *vi* brouter. °~**halm** *m1* brin *m* d'herbe. °~**mücke** *f1* fauvette *f.*
gräßlich *a* affreux, atroce.
Grat *m1* arête *f;* crête *f.*
Gräte *f1* [Fisch] arête *f.*
gratulieren *vi : jm zu etw* (dat.) *~,* féliciter qn pour qch.
grau *a* gris. °~**bünden** *n0* les Grisons *mpl.*
1. grauen *vi* grisonner ‖ [Tag] poindre.
2. grauen *v imp : mir graut (es) davor,* cette idée me fait horreur • *n0 :* °~, épouvante *f.*
Graupe *f1* orge perlé.
grausam *a* cruel; féroce. °~**keit** *f1* cruauté *f.*
grausig *a* sinistre.
1. gravieren *vt* JUR. charger; aggraver.
2. gravier|en *vt* graver. °~**kunst** *f0* gravure *f.*

gravit|ätisch *a* grave. **~ieren** *vi* graviter.

Grazie *f1* grâce *f*.

greifbar *a* saisissable ; palpable ‖ COMM. disponible.

greifen* *vi* : *an den Hut ~,* porter la main à son chapeau ‖ *~ nach* (dat.), prendre, saisir ‖ *um sich ~,* se propager • *vt* prendre, attraper.

Greis *m1* vieillard *m* • *a* : *~,* très âgé.

grell *a* éblouissant ; criard ‖ [Töne] perçant, strident.

Gremium *n* (s, ien) POL. organe *m* ; assemblée *f*.

Grenz|bewohner *m3* frontalier *m*. °**~e** *f1* frontière *f*. **~en** *vi* (*an,* acc.) confiner à. **~enlos** *a* sans borne(s). °**~fall** *m2* cas *m* limite. °**~gänger** *m3* frontalier *m*. °**~gebiet** *n1* région *f* frontière.

Greu|el *m3* horreur, atrocité *f*. °**~el·tat** *f1* atrocité *f*. **~lich** *a* horrible.

Griech|e *m4* Grec *m*. °**~en·land** *n0* Grèce *f*. **~isch** *a* grec ‖ [Sprache] *das °~e,* le grec.

Grieß *m1* gravier *m* ‖ CUIS. gruau *m* ; semoule *f*.

Griff *m1* [Tür] poignée *f* ; bouton *m* ‖ [Messer] manche *m* ‖ tour *m* de main ; *einen ~ nach etw tun,* saisir qch ; *etw im ~e haben,* bien maîtriser qch.

Griffel *m3* crayon *m* d'ardoise.

Grille *f1* grillon *m* ‖ FIG, FAM. lubie *f* ; marotte *f*.

Grimasse *f1* grimace *f*.

Grimm *m0* fureur *f*. **~ig** *a* furieux, furibond.

Grind *m1* teigne *f* ; escarre *f*.

grinsen *vi* ricaner.

grob *a* grossier. °**~heit** *f1* grossièreté *f*. °**~ian** *m1* goujat, mufle *m*.

grölen *vi* POP. brailler.

Groll *m0* rancune *f*. **~en** *vi* [Donner] gronder ‖ FIG. *jm ~,* en vouloir à qn.

Groschen *m3* sou *m*.

groß *a* grand ; vaste ; haut ; long ; gros ; *~er Buchstabe,* majuscule *f* ; *~ und klein,* grands et petits ; *im ~en und ganzen,* en gros ; en résumé. **~artig** *a* grandiose. °**~britannien** *n0* Grande-Bretagne *f*.

Größe *f1* grandeur, taille, pointure *f*.

Groß·eltern *mpl* grands-parents *mpl*.

Größen·wahn *m0* mégalomanie *f*.

Groß|handel *m0* commerce *m* de gros. °**~macht** *f2* grande puissance. **~mütig** *a* magnanime. °**~mutter** *f* (¨) grand-mère *f*. °**~stadt** *f2* grande ville.

Groß|tat *f1* exploit *m* ; haut fait. **~tun*** *vi* faire l'important. °**~vater** *m* (s, ¨) grand-père *m*. **~zügig** *a* généreux.

Grübchen *n3* fossette *f*.

Grube *f1* fosse *f* ; mine *f*.

Grübel|ei *f1* songerie *f*. **~n** *vi* ruminer.

Gruben|anlage *f1* exploitation minière. °**~gas** *n1* grisou *m.*

Grübler *m3* rêveur *m.*

Gruft *f2* caveau *m; tombe f.*

grün *a* vert; *~es Licht,* feu vert • *n0 :* °**~,** vert *m;* verdure *f.*

Grund *m2* fond *m;* fondement *m; ~ bekommen,* prendre pied ‖ sol *m; ~ und Boden,* bien-fonds *m* ‖ vallon *m* ‖ FIG. cause, raison *f;* motif *m; im ~e (genommen),* au fond. °**~anstrich** *m1* [Farbe] première couche. °**~besitz** *m1* propriété foncière. °**~buch** *n2* cadastre *m.*

gründ|en *vt* fonder. °**~er** *m3* fondateur *m.*

Grund|farbe *f1* couleur fondamentale. °**~gesetz** *n1* loi fondamentale; constitution *f.* **~ieren** *vt* [Farben] apprêter. °**~lage** *f1* fondement *m;* base *f.* **~legend** *a* fondamental, capital.

gründ|lich *a* approfondi • *av* à fond; énergiquement. °**~lichkeit** *f0* profondeur *f;* solidité *f.* °**~ling** *m1* goujon *m.*

Grund|lohn *m2* salaire *m* de base. **~los** *a* insondable ‖ [Weg] défoncé ‖ FIG. mal fondé.

Grün·donnerstag *m1* jeudi saint.

Grund|pfeiler *m3* PR./FIG. pilier *m.* °**~recht** *n1* droit fondamental. °**~rente** *f1* rente foncière. °**~riß** *m* (sses, sse) esquisse *f* ‖ FIG. abrégé *m;* précis *m.* °**~satz** *m2* principe *m.* **~sätzlich** *a* fondamental • *av* par principe. °**~schule** *f1* école *f* primaire. °**~steuer** *f1* impôt foncier. °**~stoff** *m1* corps *m* simple; élément *m.* °**~stück** *n1* terrain *m* (à bâtir). °**~ton** *m2* tonique *f.*

Gründung *f1* fondation *f.*

grund|verschieden *a* radicalement différent. °**~zahl** *f1* nombre cardinal. °**~zug** *m2* trait principal.

grün|en *vi* verdir, verdoyer. °**~fläche** *f1* espace vert. **~lich** *a* verdâtre. °**~schnabel** *m* (s, ¨) blanc-bec *m.* °**~span** *m0* vert-de-gris *m.* °**~specht** *m1* pivert *m.*

grunzen *vi* grogner.

Grupp|e *f1* groupe *m.* °**~en·bild** *n2* photo *f* de groupe. **~ieren** *vt* grouper; masser.

Gruß *m2* salut *m.*

grüßen *vt* saluer.

Grütze *f1* gruau *m.*

Guasch·malerei *f0* gouache *f.*

guck|en *vi* FAM. jeter un coup d'œil; regarder. °**~loch** *n2* judas *m.*

Gulasch *n0* goulache *m/f.*

gültig *a* valable; valide. °**~keit** *f0* validité *f.*

Gummi *n, m* (s, s) gomme *f* à effacer; caoutchouc *m.*

Gunst *f2* faveur *f; zu js ~en,* en faveur de qn.

günstig *a* propice, favorable.

Gurgel *f1* gosier *m* ‖ gorge *f*. **~n** *vi* gargouiller.
Gurke *f1* concombre *m*; cornichon *m*.
Gurt *m1* sangle *f*.
Gürt|el *m3* ceinture *f*; ceinturon *m* ‖ GÉOGR. zone *f*. °**~el·rose** *f0* zona *m*. **~en** *vt* ceindre.
Guß *m* (usses, üsse) jet *m*; fonte *f*; coulée *f*; *aus einem ~*, d'un seul jet ‖ *es regnet in Güssen*, il pleut à verse. °**~eisen** *n0* fonte *f*. °**~form** *f1* moule *m*.
gut *a* [*compar* : **besser**; *superl* : **beste**] bon; *auf ~ Glück*, au petit bonheur; *laß es ~ sein!*, n'en parlons plus • *av* bien; *schon ~!*, c'est bon!
Gut *n2* bien *m*; domaine *m*. °**~achten** *n3* expertise *f*. °**~dünken** *n0* bon plaisir.
Güte *f0* bonté *f*; (bonne) qualité.
Güter|bahnhof *m2* gare *f* de marchandises. °**~wagen** *m3* wagon *m* de marchandises.
Gute(s) *asn* bien *m*; *im ~en*, à l'amiable.
gut|gelaunt *a* de bonne humeur. **~gläubig** *a* de bonne foi. **~haben** *vt* avoir à son crédit • *n0* : °**~**, avoir *m*; crédit *m*. **~heißen*** *vt* approuver. **~herzig** *a* bon.
güt|ig *a* bienveillant; bénin. **~lich** *a* amiable • *av* à l'amiable; *sich an etw ~ tun*, se régaler de qch.
gut|machen *vt* arranger, réparer. **~mütig** *a* débonnaire, bonhomme. °**~schein** *m1* bon *m*. **~schreiben*** *vt* : *jm einen Betrag ~*, créditer qn d'une somme • *n0* : °**~**, créance *f*. **~willig** *av* de bon gré.
Gymnas|ial·lehrer *m3* professeur *m* de lycée. °**~iast** *m4* lycéen *m*. °**~ium** *n* (s, sien) lycée *m*.
Gymnastik *f0* gymnastique *f*.

h

H *n* MUS. si *m*.
Haag *m0* : *den ~*, La Haye.
Haar *n1* cheveu *m*; poil *m* ‖ cheveux *mpl*.
Haar|besen *m3* balai *m* de crin. °**~bürste** *f1* brosse *f* à cheveux. **~en** *vi/vpr* perdre ses poils. **~genau** *av* par le menu. **~ig** *a* velu. °**~knoten** *m3* chignon *m*. °**~nadel** *f1* épingle *f* à cheveux. **~scharf** *a* tranchant ‖ FIG. exact. °**~schnitt** *m0* coupe *f* de cheveux. °**~schopf** *m2* toupet *m*. °**~spalterei** *f1* byzantinisme *m*. °**~spray** *m0* laque *f* pour les cheveux. °**~wasser** *n0* lotion *f*.
Habe *f0* avoir, bien *m*; *bewegliche ~*, biens mobiliers.

haben* *vt* avoir ; posséder || *ich hab's!*, j'y suis || *es eilig* **~**, être pressé || *jn/etw gern* **~**, (bien) aimer qn/qch ; *lieber* **~**, préférer || *viel zu tun* **~**, avoir beaucoup à faire • *n0* °**~** : *Soll und* **~**, doit et avoir.
Habe·nichts *m* (-, e) gueux *m*.
Habicht *m1* autour *m*.
Hab·sucht *f0* cupidité *f*.
Hachse *f1* jarret *m*.
Hack|beil *n1* couperet *m*. °**~e** *f1* pioche *f*; pic *m*. **~en** *vt* fendre ; hacher (fin) ; piocher. °**~fleisch** *n0* viande hachée ; hachis *m*.
Hader *m0* discorde, brouille *f*. **~n** *vi* se quereller.
Hafen *m* (s, ¨) port *m*. °**~arbeiter** *m3* docker *m*.
Hafer *m0* avoine *f*. °**~wurz** *f1* salsifis *m*.
Haft *f0* emprisonnement *m*; détention *f*. **~bar** *a* JUR. responsable. °**~befehl** *m1* mandat *m* d'arrêt. **~en** *vi* tenir ; adhérer ; coller || JUR. *für jn* **~**, se porter garant de qn. **~bleiben*** *vi* FIG. se graver.
Häftling *m1* détenu *m*.
Haft|pflicht, °**~ung** *f0* responsabilité *f*.
Hage|buche *f1* charme *m*. °**~dorn** *m* (s, en) aubépine *f*.
Hagel *m0* grêle *f*. °**~korn** *n2* grêlon *m*. **~n** *v imp* : *es hagelt*, il grêle.
hager *a* maigre ; sec.
Hahn *m2* coq *m* || [Gewehrteil] chien *m* || robinet *m*.
Hähnchen *n3* CUIS. poulet *m*.
Hahnen|fuß *m2* renoncule *f*. °**~schrei** *m1* chant *m* du coq.
Hai(·fisch) *m1* requin *m*.
Hain *m1* bosquet *m*.
Häkel|arbeit *f1* ouvrage *m* au crochet. **~n** *vi/vt* faire du crochet.
Haken *m3* crochet *m*; patère *f* || FIG. *das hat einen* **~**, il y a qch qui cloche. °**~kreuz** *n1* croix gammée.
hakig *a* crochu.
halb *a* (de)mi ; **~** *zehn*, neuf heures et demie • *av* à demi/moitié. °**~dunkel** *n0* pénombre *f*.
halber *p* (gén.) à cause de ; *vorsichts***~**, par précaution.
halb|fertig *a* demi-fini. **~ieren** *vt* partager en deux. °**~insel** *f1* presqu'île *f*. **~jährlich** *a* semestriel. °**~kreis** *m1* demi-cercle *m*. °**~kugel** *f1* hémisphère *m*. **~laut** *av* à mi-voix. °**~messer** *m3* rayon *m*. °**~mond** *m1* demi-lune *f*. °**~schuhe** *mpl* chaussures basses. °**~tags·arbeit** *f0* travail *m* à mi-temps. **~wegs** *av* à mi-chemin || FIG. passablement. °**~zeit** *f1* mi-temps *f*.
Halde *f1* pente *f*; terril *m*.
Hälfte *f1* moitié *f*.
Halfter *f1* licou *m*.
Halle *f1* grande salle ; hall *m*.
hallen *vi* résonner ; retentir.
Hallen·bad *n2* piscine couverte.

Halm *m1* brin *m*.
Hals *m2* cou *m; col m;* gorge *f; aus vollem* ~, à tue-tête. °~**ader** *f1* veine *f* jugulaire. °~**band** *n2* collier *m*. ~**brecherisch** *a* téméraire. °~**kette** *f1* collier *m;* chaîne *f*. °~**schmerzen** *mpl* mal *m* de gorge. °~**tuch** *n2* écharpe *f*. °~**weite** *f1* encolure *f*.
Halt *m1* arrêt *m; etw* (dat.) ~ *gebieten,* stopper qch ‖ appui *m* • *interj :* ~*!,* halte!
haltbar *a* résistant; non-périssable ‖ FIG. défendable.
halten* *vt* tenir; contenir ‖ FIG. *eine Rede* ~, prononcer un discours; *Wache* ~, monter la garde ‖ *jn für einen Freund* ~, considérer qn comme un ami; *was* ~ *Sie davon?,* qu'en pensez-vous? • *vi* s'arrêter ‖ *an sich* ~, prendre sur soi; *auf etw* (acc.) ~, tenir à qch • *vpr* durer; *sich still* ~, se tenir tranquille.
Halte·stelle *f1* arrêt *m*.
halt|los *a* inconsistant. ~**machen** *vi* faire halte.
Haltung *f1* attitude *f* ‖ contenance *f;* maintien *m*.
Halunke *m4* coquin *m*.
hämisch *a* sournois.
Hammel *m* (s, ¨) mouton *m*. °~**keule** *f1* gigot *m*.
Hammer *m* (s, ¨) marteau *m*.
hämmern *vi* battre à grands coups • *vt* marteler.
hamstern *vt* accaparer.
Hand *f2* main *f* ‖ écriture *f; weder* ~ *noch Fuß haben,* n'avoir ni queue ni tête; *jm die* ~ *reichen,* tendre la main à qn; *Hände hoch!* haut les mains!; *es liegt auf der* ~, c'est évident ‖ *an/bei der* ~ *führen,* mener par la main ‖ *zur* ~ *haben,* avoir sous la main.
Hand|arbeit *f1* travail manuel/fait (à la) main. °~**bremse** *f1* frein *m* à main. °~**buch** *n2* manuel *m*.
Hände·druck *m1* poignée *f* de main.
Handel *m0* commerce *m;* ~ *treiben,* faire du commerce.
Händel *mpl* querelle, dispute *f*.
handeln *vi* agir ‖ FIG. *von etw* ~, traiter de ‖ ~ *mit* (dat.), faire le commerce de • *v imp : es handelt sich um,* il s'agit de.
Handels|abkommen *n3* accord commercial. °~**gericht** *n1* tribunal *m* de commerce. °~**hafen** *m* (s, ¨) port marchand. °~**kammer** *f1* chambre *f* de commerce. °~**reisende(r)** *asm* représentant *m* (de commerce). °~**schiff** *n1* navire marchand. °~**sperre** *f1* blocus commercial. °~**vertrag** *m2* traité *m* de commerce.
Hand|fertigkeit *f0* dextérité *f*. ~**fest** *a* solide. °~**fläche** *f1* paume *f* de la main. °~**gelenk** *n1* poignet *m*. ~**gemacht** *a* fait à la main. °~**gemenge** *m0* mêlée *f*. ~**genäht** *a* cousu (à la) main.

°~**gepäck** *n1* bagages *mpl* à main. ~**greiflich** *a* palpable, tangible ‖ FIG. évident ‖ ~ *werden,* en venir aux mains. °~**griff** *m1* tour *m* de main ‖ manche *m;* poignée *f.* °~**habe** *f0* prise *f.* ~**haben** *vt* (insép.) manœuvrer; manier; employer. °~**karre** *f1* charrette *f* à bras. °~**koffer** *m3* valise *f.*

Händler *m3* marchand *m.*

hand|lich *a* maniable. °~**lung** *f1* acte *m;* action *f* ‖ commerce *m.*

Hand|schellen *fpl* menottes *fpl.* °~**schrift** *f1* écriture *f* ‖ manuscrit *m.* ~**schriftlich** *a* manuscrit. °~**schuh** *m1* gant *m.* °~**streich** *m1* coup *m* de main. °~**tasche** *f1* sac *m* à main. °~**tuch** *n2* serviette *f* de toilette. °~**voll** *f0* poignée *f.* °~**werk** *n1* métier *m* ‖ artisanat *m.* °~**werker** *m3* artisan *m.*

Hanf *m0* chanvre *m.*

Hang *m2* pente *f;* versant *m* ‖ FIG. penchant *m.*

Hänge|brücke *f1* pont suspendu. °~**matte** *f1* hamac *m.*

hängen* *vi* être suspendu; pendre ‖ FIG. tenir/être attaché à • *vt :* ~, suspendre. ~**bleiben*** *vi* rester accroché/suspendu.

hänseln *vt* taquiner.

Hans·wurst *m1* polichinelle *m.*

Hantel *f1* haltère *m.* ~**n** *vi* faire des haltères.

hantieren *vi* (*mit,* dat.) s'occuper (de).

Happen *m3* bouchée *f.*

Harfe *f1* harpe *f.*

Harke *f1* râteau *m.* ~**n** *vt* ratisser.

harmlos *a* inoffensif.

harmon|ieren *vi* s'harmoniser. ~**isch** *a* harmonieux.

Harn *m0* urine *f.* °~**blase** *f1* vessie *f.*

Harnisch *m1* cuirasse *f.*

Harn|röhre *f1* urètre *m.* °~**stoff** *m0* urée *f.*

Harpun|e *f1* harpon *m.* ~**ieren** *vt* harponner.

hart *a* dur ‖ ~*es Wasser,* eau calcaire ‖ FIG. ~*e Strafe,* lourde peine ‖ FAM. ~ *an,* tout près de.

Härte *f1* dureté *f* ‖ FIG. sévérité *f.* ~**n** *vt* durcir.

hart|gekocht *a* [Ei] dur. °~**geld** *n0* espèces sonnantes. °~**gummi** *m, n* (s, s) ébonite *f.* ~**hörig** *a* dur d'oreille. ~**leibig** *a* constipé. ~**näckig** *a* opiniâtre, têtu.

Harz *n1* résine *f.*

Haschee *n0* hachis *m.*

haschen *vt* happer ‖ FIG. *nach Effekt* ~, viser à l'effet.

Hase *m4* lièvre *m.*

Hasel *f1,* °~**busch** *m2* coudrier, noisetier *m.* °~**nuß** *f* (üsse) noisette *f.*

Hasen|pfeffer *m3* civet *m* de lièvre. °~**scharte** *f1* bec-de-lièvre *m.*

Hasp|el *f1* dévidoir *m.* ~**eln** *vt* dévider.

Haß *m* (sses) haine *f*.
hassen *vt* haïr, détester. **~s·wert** *a* odieux.
häßlich *a* laid. °**~keit** *f0* laideur *f*.
Hast *f0* hâte *f*. **~en** *vi* se hâter. **~ig** *a* précipité.
hätscheln *vt* cajoler.
Haube *f1* bonnet *m*; coiffe *f* ‖ AUT. capot *m* ‖ ARCH. dôme *m*.
Haubitze *f1* obusier *m*.
Hauch *m1* souffle *m* ‖ FIG. trace légère. **~dünn** *a* ténu; vaporeux. **~en** *vi* souffler ‖ FIG. murmurer.
Hau|degen *m3* FIG. baroudeur *m*. **~en*** *vt* FAM. taper/cogner (sur); *übers Ohr ~*, voler; estamper ‖ [Holz] abattre ‖ [Stein] tailler.
Hauer *m3* [Eber] défense *f* ‖ mineur *m*.
Häuf|chen *n3* petit tas; poignée *f*. **~en** *vt* entasser, amasser.
Haufen *m3* tas, monceau *m*; troupe *f*.
häufig *a* fréquent • *av* souvent. °**~keit** *f0* fréquence *f*.
Häufung *f1* accumulation *f* ‖ FIG. cumul *m*.
1. Haupt *n2* tête *f*; chef *m*.
2. Haupt... *préf* principal. °**~bahnhof** *m2* gare centrale. °**~gebäude** *n3* bâtiment central.
Häuptling *m1* chef *m* de tribu/de bande.
Haupt|mann *m* (s, leute) capitaine *m*. °**~postamt** *n2* poste centrale. °**~quartier** *n1* quartier général. °**~sache** *f1* principal, essentiel *m*. **~sächlich** *a/av* principal(ement). °**~satz** *m2* proposition principale ‖ MATH. axiome *m*. °**~schlüssel** *m3* passe-partout *m*. °**~stadt** *f2* capitale *f*. °**~straße** *f1* grand-rue *f*. °**~wort** *n2* substantif *m*.
Haus *n2* maison, demeure *f*; *zu ~(e)*, chez soi; *nach ~e gehen*, rentrer chez soi ‖ *von ~e aus*, de naissance ‖ COMM. maison, firme *f* ‖ SPECT. salle *f* ‖ ZOOL. coquille *f*.
Haus|arbeit *f1* [Schule] devoir *m*. **~backen** *a* prosaïque.
Häuschen *n3* maisonnette *f* ‖ FIG., FAM. *aus dem ~ geraten*, perdre la tête.
hausen *vi* loger ‖ FIG. *übel ~*, faire du dégât.
Haus|frau *f1* ménagère *f*. °**~friedens·bruch** *m2* violation *f* de domicile. °**~gerät** *n1* ustensiles *mpl* de ménage; meubles *mpl*. °**~halt** *m1* ménage *m* ‖ FIN. budget *m*. °**~herr** *m* (n, en) maître *m* de maison.
hausier|en *vi* (*mit*, dat.) colporter. °**~er** *m3* colporteur *m*.
Haus|kleid *n2* déshabillé *m*. °**~lehrer** *m3* précepteur *m*.
Häus|lein *n3* maisonnette *f*. **~lich** *a* domestique.
Haus|meister *m3* concierge *m*. °**~mutter** *f* (¨) mère *f* de famille. °**~rat** *m0* mobilier

m. °~**schuhe** *mpl* pantoufles *fpl.* °~**suchung** *f1* perquisition *f.* °~**tier** *n1* animal *m* domestique. °~**vater** *m* (s, ¨) père/chef *m* de famille.

Haut *f2* peau *f* ‖ *aus der ~ fahren,* sortir de ses gonds. °~**arzt** *m2* dermatologue *m.*

Häut|chen *n0* pellicule *f;* membrane *f.* ~**en** *vt* écorcher ; dépouiller • *vpr* peler ‖ ZOOL. muer.

Haut|farbe *f0* teint *m.* °~**krankheit** *f1* maladie *f* de peau.

Häutung *f1* mue *f.*

Havarie *f1* avarie *f.*

Haxe *f1* = HACHSE.

Heb·amme *f1* sage-femme *f.*

Hebe|baum *m2* bras *m* de levier. °~**l** *m3* levier *m.* ~**n*** *vt* (sou)lever ‖ *einen Schatz ~,* déterrer un trésor • *vpr* se soulever ; se relever.

Hecht *m1* brochet *m.*

Heck *n1* poupe *f;* arrière *m.*

1. Hecke *f1* haie *f.*

2. Hecke *f1* couvée *f.* ~**n** *vi* nicher ; couver.

Hecken·rose *f1* églantine *f.*

Heer *n1* armée *f.*

Hefe *f1* levain *m;* levure *f* ‖ FIG. lie *f.* °~**teig** *m1* levain *m.*

Heft *n1* cahier *m;* brochure *f* ‖ manche *m;* poignée *f.* ~**en** *vt* fixer ‖ [Nähte] faufiler ‖ [Buch] brocher.

heftig *a* violent ; véhément. °~**keit** *f1* violence *f.*

Heft|klammer *f1* agrafe *f;* trombone *m.* °~**pflaster** *n3* pansement adhésif. °~**zwecke** *f1* punaise *f.*

hegen *vt* protéger ; veiller sur ‖ *eine Hoffnung ~,* nourrir un espoir.

Hehl *n0* dissimulation *f; er macht kein ~ daraus,* il n'en fait pas mystère. ~**en** *vt* dissimuler ‖ JUR. receler.

1. Heide *m4* païen *m.*

2. Heide *f1* lande *f.* °~**kraut** *n2* bruyère *f.* °~**l·beere** *f1* myrtille *f.*

heikel *a* scabreux.

heil *a* sain (et sauf) ; intact • *n0 :* °~, salut *m.* °~**and** *m0* Sauveur *m.* °~**anstalt** *f1* maison *f* de santé. ~**bar** *a* curable. ~**en** *vt/vi* guérir.

heilig *a* sacré ; saint ; *der °~e Geist,* le Saint-Esprit. °~**e(r)** *asm* saint *m.* ~**en** *vt* sanctifier. °~**en·schein** *m1* auréole *f.* ~**sprechen*** *vt* canoniser. °~**tum** *n2* sanctuaire *m.*

Heil|kraft *f2* vertu curative. °~**kunde** *f1* médecine *f.* °~**mittel** *n3* remède *m.* °~**quelle** *f1* source médicinale. ~**sam** *a* salubre ; salutaire. °~**s·armee** *f0* Armée *f* du salut. °~**ung** *f1* guérison *f.*

Heim *n1* foyer, intérieur *m.* °~**arbeit** *f1* travail *m* à domicile.

Heimat *f0* patrie *f;* pays (natal). ~**los** *a* apatride.

heim|begleiten *vt* reconduire. °~**chen** *n3* grillon *m.* ~**fahren***, ~**gehen*** *vi*

rentrer chez soi. **~isch** *a* du pays ; natal. **°~kehr** *f0,* **°~kunft** *f2* retour *m.*
heimlich *a* intime ; secret ; caché • *av* à la dérobée ; en cachette. **°~keit** *f1* intimité *f;* mystère *m.*
Heim|reise *f1* voyage *m* de retour. **~suchen** *vt* frapper ; atteindre. **°~suchung** *f1* épreuve *f* ‖ REL. Visitation *f.* **°~tücke** *f1* perfidie *f.* **°~weh** *n0* nostalgie *f.*
Heirat *f1* mariage *m.* **~en** *vt* épouser • *vi* se marier.
Heirats|antrag *m2* demande *f* en mariage. **°~anzeige** *f1* faire-part *m* de mariage.
heiser *a* enroué, rauque.
heiß *a* très chaud ; brûlant ; *mir ist ~,* j'ai chaud ‖ FIG. ardent ; fervent.
heißen* *vt* ordonner ; dire de ‖ appeler ; nommer • *vi* s'appeler, se nommer ‖ signifier ; *das heißt (d.h.),* c'est-à-dire • *v imp : es heißt,* on dit.
heiter *a* clair ; gai. **°~keit** *f0* clarté *f;* gaieté *f.*
Heiz|apparat *m1* appareil *m* de chauffage. **~en** *vi/vt* chauffer. **°~körper** *m3* radiateur *m.* **°~öl** *n0* mazout *m.* **°~ung** *f1* chauffage *m.*
Hekt|ar *n1* hectare *m.* **°~o·gramm** *n1* [*abr :* ***hg***] hectogramme *m.* **°~o·liter** *m3, n3* [*abr :* ***hl***] hectolitre *m.*
Held *m4* héros *m.*
Helden|mut *m0* héroïsme *m.* **°~tat** *f1* exploit *m.*
helf|en* *vi* (dat.) aider. **°~er** *m3* aide, auxiliaire *m.* **°~ers·helfer** *m3* acolyte *m.*
hell *a* clair ; *am ~en Tag,* en plein jour. **°~dunkel** *n0* pénombre *f;* clair-obscur *m.*
hell|hörig *a* à l'ouïe fine ‖ sonore. **~rot** *a* rouge clair. **°~seher** *m3* voyant *m.*
Helm *m1* casque *m.*
Hemd *n* (s, en) chemise *f.* **°~bluse** *f1* chemisier *m.* **°~brust** *f2* plastron *m.* **~s·ärmelig** *av* en manches de chemise.
Hemi·sphäre *f1* hémisphère *m.*
hemm|en *vt* freiner ; entraver ; inhiber. **°~nis** *n* (ses, se) entrave *f.* **°~ung** *f1* obstacle *m ;* gêne *f* ‖ inhibition *f;* complexe *m.* **~ungslos** *a* sans frein.
Hengst *m1* étalon *m.*
Henk|el *m3* anse *f.* **~en** *vt* pendre. **°~er** *m3* bourreau *m.*
Henne *f1* poule *f.*
her *av/part sép :* [idée de rapprochement] *~ zu mir!,* approchez ! ; *~ damit!,* donne-moi ça !
her·ab *av* vers le bas ; en bas ; *von oben ~,* de haut en bas ; *den Fluß ~,* en descendant la rivière ‖ FIG. de haut. **~blicken** *vi* abaisser son regard ‖ FIG. regarder de haut. **~hängen*** *vi* pendre. **~lassen*** *vt* abaisser • *vpr* condescendre. **~sehen*** *vi* → HERABBLICKEN. **~setzen** *vt*

abaisser ‖ FIG. déprécier. **~stürzen** *vi* se précipiter. **~tröpfeln** *vi* dégoutter ; dégouliner. **~würdigen** *vt/vpr* (s')abaisser ; (s')avilir.

her·an *av* [*abr fam* : **ran**] tout près ; *~!*, approche(z) ! **~gehen*** *vi* (s')approcher ; *an die Arbeit ~*, se mettre au travail. **~kommen*, ~nahen, ~rücken** *vi* avancer ; approcher. **~wachsen*** *vi* grandir, croître. **~ziehen*** *vt* amener ; prendre en considération.

her·auf *av* [*abr fam* : **rauf**] vers le haut ; en montant. **~beschwören** *vt* évoquer ‖ provoquer. **~setzen** *vt* COMM. augmenter.

her·aus *av* [*abr fam* : **raus**] hors ; (en) dehors ; *zum Fenster ~*, par la fenêtre ; *~!*, sortez ! ; *~ mit der Sprache !*, parlez ! **~arbeiten** *vt* faire ressortir ; dégager. **~bekommen*** *vt* découvrir. **~blicken** *vi* regarder (au-) dehors ‖ se montrer. **~fordern** *vt* provoquer. °**~forderung** *f1* défi *m*. **~geben*** *vt* [Bücher] publier, éditer. °**~geber** *m3* éditeur *m*. **~gehen*** *vi* sortir. **~holen** *vt* retirer ‖ FIG. tirer. **~kommen*** *vi* ressortir. **~lassen*** *vt* faire sortir ; relâcher. **~locken** *vt* attirer dehors. **~nehmen*** *vt* retirer ; extraire. **~platzen** *vi* FIG. éclater. **~pressen** *vt* exprimer ; extorquer. **~ragen** *vi* dominer ; surplomber. **~reden** *vpr* se disculper. **~rücken** *vi* sortir ‖ *mit der Sprache ~*, se décider à parler. **~schauen** *vi* regarder/se pencher au-dehors. **~stehen*** *vi* sortir ; faire saillie. **~stellen** *vt* mettre dehors ‖ FIG. mettre en évidence • *vpr* apparaître. **~stürzen** *vi* se précipiter dehors. **~treten*** *vi* (res)sortir. **~wagen** *vpr* oser sortir ; se risquer. **~werfen*** *vt* jeter dehors. **~ziehen*** *vt* retirer ; extraire • *vi* sortir ; partir.

herb *a* âcre ; âpre ; rêche.

her·bei *av* par ici ; de ce côté-ci. **~führen** *vt* amener ‖ provoquer. **~laufen*** *vi* accourir. **~rufen*** *vt* appeler. **~schaffen** *vt* procurer. **~strömen** *vi* affluer.

Herberge *f1* abri *m ;* gîte *m ;* auberge *f*.

her·bitten* *vt* prier de venir.

Herbst *m1* automne *m*. **~lich** *a* automnal.

Herd *m1* âtre *m ;* foyer *m ;* cuisinière *f*.

Herde *f1* troupeau *m*. °**~n·trieb** *m0* instinct *m* grégaire.

her·ein *av* [*abr fam* : **rein**] à l'intérieur ; (en) dedans ; *~!*, entrez ! **~brechen*** *vi* pénétrer par effraction ‖ FIG. [Nacht] tomber. **~fallen*** *vi* FIG. tomber dans le panneau. **~lassen*** *vt* laisser/faire entrer. **~legen** *vt* FIG., FAM. rouler. **~stürzen** *vi* se précipiter ; tomber dans.

her|fahren* *vi* arriver en voiture • *vt* amener en voiture. **~fallen*** *vi* fondre/se ruer sur. **~für** *av* = HERVOR. °**~gang** *m0* événements *mpl.* **~gebracht** *a* traditionnel. **~gelaufen** *a* venu d'on ne sait où. **~holen** *vt* aller chercher.

Hering *m1* hareng *m.*

Herings|lauge *f1* saumure *f* de hareng. °**~zug** *m2* banc *m* de harengs.

her|kommen* *vi* venir ; approcher ‖ FIG. résulter de ; provenir • *n0 :* °**~**, tradition *f.* **~kömmlich** *a* traditionnel. °**~kunft** *f2* origine *f.* **~leiten** *vt* (faire) dériver. **~machen** *vpr* se jeter sur.

Hermelin *n1* hermine *f.*

her·nach *av* après, ensuite.

Herold *m1* héraut *m.*

Herr *m* (n, en) monsieur *m ;* **~** *Schneider,* monsieur Schneider ; **~** *Doktor,* docteur ; **~** *Hauptmann,* mon capitaine ‖ seigneur *m ;* maître *m ; über sich* **~** *sein,* être maître de soi ‖ REL. Seigneur *m.*

Her·reise *f0 : auf der* **~**, en venant ici.

Herren|anzug *m2* costume *m* d'homme. **~los** *a* sans maître. °**~schneider** *m3* tailleur *m* pour hommes.

Herr|in *f1* souveraine *f ;* dame *f.* **~isch** *a* FIG. impérieux.

herrlich *a* somptueux, magnifique. °**~keit** *f1* splendeur *f.*

Herrsch|aft *f1* règne *m ;* gouvernement *m ; die* **~en**, Monsieur et Madame ; FAM. messieurs dames ‖ seigneurie *f.* **~en** *vi* (*über,* acc.) régner sur ; être maître de.

Herrscher *m3* souverain *m.*

Herrsch·sucht *f0* despotisme *m ;* tyrannie *f.*

her|sagen *vt* réciter. **~stammen** *vi* provenir de. **~stellen** *vt* fabriquer ; élaborer. °**~stellung** *f1* fabrication *f.*

her·über *av* [*abr fam :* ***rüber***] de ce côté-ci ; par ici.

herum *av* [*abr fam :* ***rum***] (tout) autour ; à l'entour ‖ FAM. *um Ostern* **~**, vers Pâques. **~blicken** *vi* promener ses regards de tous côtés. **~drehen** *vt* tourner ; retourner ‖ [Hahn] fermer • *vpr* faire demi-tour, volte-face. **~fragen** *vi* interroger à la ronde. **~führen** *vt :* FIG., FAM. *jn an der Nase* **~**, mener qn par le bout du nez. **~gehen*** *vi* circuler. **~liegen*** *vi :* **~** *lassen,* laisser traîner. **~schauen** *vi* regarder de tous côtés. **~schnüffeln** *vi* mettre son nez partout. **~schweifen** *vi* vagabonder ; errer. **~stehen*** *vi : müßig* **~**, bayer aux corneilles.

her·unter *av* [*abr fam :* ***runter***] vers le bas ; *vom Turm* **~**, du haut de la tour ; **~** *mit* *ihm!*, à bas (Un tel)! **~fallen*** *vi* tomber. **~gekommen** *a* FIG. tombé bien bas. **~kommen*** *vi* descendre ‖ FIG. déchoir. **~lassen*** *vt* (laisser) descendre; baisser. **~leiern** *vt* FAM. ânonner. **~werfen*** *vt* jeter (en) bas. **~wirtschaften** *vt* ruiner.

her·vor *av* au-dehors; en avant. **~blicken** *vi* (ap)paraître; se montrer. **~brechen*** *vi* s'élancer; jaillir. **~bringen*** *vt* faire sortir; produire. **~gehen*** *vi* surgir; ressortir. **~heben*** *vt* faire ressortir; souligner. **~kehren** *vt* montrer; faire paraître. **~ragen** *vi* dépasser; dominer ‖ FIG. exceller. **~ragend** *a* éminent; excellent. **~rufen*** *vt* faire naître; susciter. **~springen*** *vi* jaillir; faire saillie. **~treten*** *vi* (s')avancer ‖ FIG. ressortir. **~tun*** *vpr* se distinguer. **~ziehen*** *vt* tirer dehors.

Herz *n* (ens, en) cœur *m*; *aus tiefstem ~en*, de tout cœur.

Herz|ader... *préf* cardio-vasculaire. °**~beschwerden** *fpl* troubles *mpl* cardiaques. °**~beutel** *m0* péricarde *m*. **~bewegend** *a* émouvant. °**~bräune** *f1* angine *f* de poitrine. °**~bube** *m4* valet *m* de cœur. °**~e·leid** *n0* crève-cœur *m*. **~en** *vt* cajoler; presser sur son cœur.

Herzens|ergießungen *fpl* effusions *fpl*. **~gut** *a* qui a un cœur d'or. °**~lust** *f2* : *nach ~*, (tout) son content; à cœur joie.

herz|ergreifend *a* saisissant: émouvant. °**~geräusch** *n1* souffle *m* au cœur. °**~grube** *f1* creux *m* de l'estomac. **~haft** *a* brave; *ein ~er Schluck*, une bonne gorgée. °**~infarkt** *m1* infarctus *m* du myocarde. °**~kammer** *f1* ventricule *m*. °**~kirsche** *f1* bigarreau *m*. °**~klopfen** *n0* battements *mpl* de cœur. **~krank** *a* cardiaque. **~lich** *a* cordial • *av* de tout cœur. °**~lichkeit** *f0* cordialité *f*. **~los** *a* sans cœur; insensible °**~muskel** *m* (s, n) myocarde *m*.

Herzog *m2* duc *m*. °**~in** *f1* duchesse *f*. °**~tum** *n2* duché *m*.

Herz|schlag *m2* arrêt *m* du cœur. **~stärkend** *a* cordial ‖ FIG. réconfortant.

her·zu *av* par ici.

herz·zerreißend *a* poignant.

Hetz|blatt *n2* journal *m* à scandale. °**~e** *f1* poursuite acharnée; menées *fpl* (contre qn) ‖ précipitation *f*. **~en** *vt* FIG. traquer; exciter. °**~erei** *f1* hystérie *f*. °**~jagd** *f1* chasse *f* à courre.

Heu *n0* foin *m*. °**~boden** *m* (s, ¨) grenier *m* à foin.

Heuch|elei *f1* hypocrisie *f*. **~eln** *vt* feindre; (dis)simuler. °**~ler** *m3* hyprocrite *m*. **~lerisch** *a* hypocrite.

heuer *av* cette année.

Heuer *f1* MAR. solde *f.* **~n** *vt* engager (des matelots).
Heu·ernte *f1* fenaison *f.*
heulen *vi* hurler, crier ‖ FAM. pleurer.
heurig *a* de l'année. °**~er** *m3* vin nouveau.
Heu|schober *m3* meule *f* de foin. °**~schrecke** *f1* sauterelle *f.* °**~schuppen,** °**~speicher** *m3* grenier *m* à foin.
heut|e *av* aujourd'hui ; *~ früh/morgen,* ce matin. **~ig** *a* d'aujourd'hui. **~zutage** *av* de nos jours.
Hexe *f1* sorcière *f.* °**~n·schuß** *m* (usses, üsse) lumbago *m.* °**~rei** *f1* sorcellerie, magie *f.*
Hieb *m1* coup *m.* **~fest, ~- und stichfest** *a* invulnérable. °**~wunde** *f1* balafre *f.*
hie·nieden *av* ici-bas.
hier *av* ici ; en ce lieu ; *~ ruht,* ci-gît ; *~ unten,* ci-dessous ‖ *~ und da,* par-ci, par-là. **~her** *av* par ici ; *bis ~,* jusqu'ici. **~in** *av* en cela. **~zu** *av* outre cela ; à cet effet. **~zulande** *av* ici.
hiesig *a* d'ici.
Hilfe *f1* aide *f; secours m; ~!,* au secours ! ; *um ~ rufen,* appeler au secours ; *mit ~ von,* à l'aide de ‖ MÉD. *erste ~,* premiers soins. °**~ruf** *m1* appel *m* au secours.
hilf|los *a* en détresse ; impotent. °**~losigkeit** *f0* détresse *f.* **~reich** *a* secourable.
Hilfs|arbeiter *m3* manœuvre *m.* **~bedürftig** *a* nécessiteux. **~bereit** *a* secourable. °**~kasse** *f1* caisse *f* de secours. °**~kraft** *f2* personnel *m* auxiliaire. °**~mittel** *n3* expédient *m.* °**~verb** *n* (s, en) verbe *m* auxiliaire. °**~werk** *n1* oeuvre *f* de bienfaisance.
Himbeere *f1* framboise *f.*
Himmel *m3* ciel *m; unter freiem ~,* à la belle étoile ; *~ und Hölle spielen,* jouer à la marelle.
himmel|an *av* vers le ciel. **~blau** *a* bleu ciel ; azuré. °**~fahrt** *f0 : Christi ~,* Ascension *f; Mariä ~,* Assomption *f.* **~hoch** *a* très haut. °**~reich** *n0* royaume *m* des cieux. **~schreiend** *a* révoltant.
Himmels|gewölbe *n0* voûte *f* céleste. °**~richtung** *f1* point cardinal. °**~strich** *m1* région *f.*
himmel·weit *a* très loin ‖ FIG. énorme.
himmlisch *a* céleste.
hin *av/part sép :* [weg] (éloignement) *~ und zurück,* aller et retour ; *ich gehe ~,* j'y vais ; *~ und wieder,* de temps à autre ; *vor sich ~,* à part soi • *n : das °~ und Her,* le va-et-vient.
hin·ab *av* vers le bas ; *weiter ~,* plus bas. **~blicken** *vi* regarder en bas. **~fahren*** *vi* descendre. **~laufen*** *vi* dévaler. **~steigen*** *vi* descendre.

hin·auf *av/part sép* vers le haut ; en montant. **~fahren*** *vt/vi* monter ; *den Strom ~,* (re)monter le fleuve. **~gehen*** *vi* monter.

hin·aus *av/part sép* en sortant ; *~ mit dir!,* sors d'ici ! ‖ [hinweg] *über den Garten ~,* au-delà du jardin ; *darüber ~,* en outre. **~begleiten** *vt* reconduire. **~gehen*** *vi* sortir ‖ FIG. *das Fenster geht auf die Straße hinaus,* la fenêtre donne sur la rue ; *es geht darauf hinaus,* cela tend/vise à. **~laufen*** *vi* sortir en courant • *v imp : es läuft auf dasselbe hinaus,* cela revient au même. **~lehnen** *vpr* se pencher au-dehors. **~ragen** *vi* dépasser. **~schieben*** *vt* pousser dehors ‖ FIG. ajourner. **~stürzen** *vi* se précipiter dehors. **~wollen** *vi :* FIG. *wo will er hinaus?,* où veut-il en venir ?

Hin|blick *m1 : im ~ auf,* eu égard à. **~bringen*** *vt : die Zeit ~,* passer le temps.

hinder|lich *a* gênant. **~n** *vt* gêner ; empêcher. **°~nis** *n* (ses, se) obstacle *m.* **°~nis·rennen** *n0* steeple-chase *m.* **°~ung** *f1* empêchement *m.*

hin·deuten *vi : auf etw ~,* montrer qch du doigt ; FIG. faire allusion à qch.

hin·durch *av : das ganze Jahr ~,* pendant toute l'année.

hin·ein *av/part sép* vers l'intérieur ; *bis tief in die Nacht ~,* jusqu'à une heure avancée de la nuit. **~finden*** *vpr* se faire à ; s'habituer à. **~gehen*** *vi* entrer, pénétrer dans. **~legen** *vt* FAM. rouler. **~schlüpfen** *vi* (*in,* acc.) se glisser dans ; [Kleid] enfiler. **~stecken** *vt* enfoncer ‖ FIN. *Geld ~,* engager des fonds. **~werfen*** *vt* (*in,* acc.) jeter dans.

hin|fahren* *vi* aller (en voiture). **°~fahrt** *f0* aller *m* ‖ *Hin-und Rückfahrt,* aller et retour *m.* **~fallen*** *vi* tomber. **~fällig** *a* délabré ; caduc. **~fort** *av* à l'avenir. **°~gabe** *f1* abnégation *f.* **~geben*** *vpr* se consacrer ; s'abandonner (à). **~gegen** *av* en revanche. **~gehen*** *vi* aller. **~gehören** *vi* être à sa place. **~halten*** *vt* tendre ‖ retenir.

hinken *vi* boiter.

hin|langen *vi* suffire. **~länglich** *a* suffisant • *av* suffisamment. **~legen** *vt* poser • *vpr* se coucher. **~nehmen*** *vt* accepter. **~reichen** *vi* suffire • *vt* tendre ; offrir. **~reichend** *a* suffisant. **°~reise** *f1 : auf der ~,* à l'aller. **~reißen*** *vt* emporter ; entraîner ‖ FIG. transporter. **~reißend** *a* enthousiasmant. **~richten** *vt* exécuter. **°~richtung** *f1* exécution capitale. **~schauen, ~sehen*** *vi* regarder ; *ohne hinzusehen,* les yeux fermés. **~setzen** *vt* poser • *vpr* s'asseoir. °**~sicht** *f1 : in dieser ~,* à cet égard. **~sichtlich** *p* (gén.) en ce qui concerne. **~siechen** *vi* languir. **~stellen** *vt* mettre, placer ‖ FIG. présenter comme. **~strecken** *vt* tendre ‖ FIG. abattre • *vpr* s'étendre.

hintan *av* en arrière ; derrière ‖ FIG. de côté ; à l'écart. **~setzen** *vt* négliger.

hinten *av* à l'arrière ; au fond. **~nach** *av* après coup.

hinter *p* (dat. ; acc.) derrière ; après • *a* de derrière ; arrière ; postérieur • *part mixte.* °**~backe** *f1* fesse *f.* **~bringen*** *vt* (insép.) FIG. rapporter. **~drein** *av* ensuite ; après coup. **~einander** *av* l'un derrière l'autre. °**~gedanke** *m* (ns, n) arrière-pensée *f.* **~gehen*** *vt* (insép.) tromper, duper. °**~grund** *m2* arrière-plan, fond *m.* °**~halt** *m1* embuscade *f.* **~hältig** *a* sournois.

hinter·her *av* après ‖ plus tard. **~laufen*** *vi* (dat.) courir après.

Hinter|hof *m2* arrière-cour *f.* °**~lage** *f1* FIN. dépôt *m.* °**~land** *n2* arrière-pays *m.* **~lassen*** *vt* (insép.) laisser (derrière soi) ‖ léguer. °**~lassenschaft** *f1* héritage *m.* **~legen** *vt* (insép.) déposer. °**~mann** *m* (s, ¨er) soutien, instigateur *m.* °**~n** *m3* FAM. derrière *m.* °**~sitz** *m1* siège *m* arrière. °**~teil** *m1* arrière-train *m.* °**~treffen** *n0 :* FIG. *ins ~ geraten,* être distancé. **~treiben*** *vt* (insép.) contrecarrer. °**~treppe** *f1* escalier *m* de service. °**~tür** *f1* porte dérobée. **~wärts** *av* vers l'arrière. **~ziehen*** *vt* (insép.) soustraire.

hin·über *av/part sép* de l'autre côté ; par-dessus. **~fahren*** *vi* passer de l'autre côté ; traverser. **~reichen** *vi* s'étendre au-delà • *vt* passer.

hin·unter *av/part sép* vers le bas ; en descendant. **~gehen*** *vi* descendre. **~schlucken** *vt* avaler. **~stürzen** *vt* jeter en bas • *vi* dégringoler.

Hin·weg *m0* aller *m.*

hin·weg *av* au loin. **~raffen** *vt* enlever. **~setzen** *vpr* passer outre.

Hin·weis *m1* remarque *f; ~ auf* (acc.), renvoi *m* à. **~en*** *vi : auf etw ~,* attirer l'attention sur qch.

hin|werfen* *vt* jeter. **~wieder(um)** *av* derechef. **~ziehen*** *vt/vpr* (faire) traîner en longueur. **~zielen** *vi* (*auf,* acc.) tendre à.

hin·zu *av/part sép* de plus. **~fügen** *vt* ajouter. **~kommen*** *vi* s'ajouter à. **~rechnen** *vt* ajouter (au compte). **~ziehen*** *vt* faire appel à.

Hirn *n1* cerveau *m; cervelle f.* °**~gespinst** *n1* chimère *f.* °**~haut** *f2* méninge *f.* °**~haut·entzündung** *f1* méningite *f.*

Hirsch *m1* cerf *m*. °**~fänger** *m3* couteau *m* de chasse. °**~geweih** *n1*, °**~horn** *n2* bois *m*. °**~käfer** *m3* cerf-volant *m*. °**~kalb** *n2* faon *m*. °**~keule** *f1* cuissot *m* de cerf. °**~kuh** *f2* biche *f*. °**~leder** *n0* (peau *f* de) daim *m*.

Hirse *f1* mil *m*; millet *m*.

Hirt *m4* berger, pâtre *m*. °**~en·brief** *m1* REL. lettre pastorale.

His *n* MUS. si *m* dièse.

hissen *vt* hisser.

Hitz|e *f0* chaleur *f* || FIG. fougue *f*; emportement *m*. **~ig** *a* ardent; emporté || ZOOL. en chaleur. °**~kopf** *m2* tête chaude.

Hobel *m3* rabot *m*. °**~bank** *f2* établi *m*. **~n** *vt* raboter.

Hobœ *f1* hautbois *m*.

hoch *a/part sép* [*décliné* : ho**h**e, ho**h**er ; *compar* : **höher**; *superl* : **höchst**] haut ; grand ; élevé ; *vierzig Meter* **~**, de quarante mètres de haut ; *auf hoher See*, en pleine mer • *av* : *Hände* **~**!, haut les mains ! || MATH. *zwei* **~** *zwei*, deux au carré.

Hoch *n0* vivat *m* || [Wetter] zone *f* de haute pression. **~achten** *vt* tenir en haute estime. °**~achtung** *f0* haute estime. °**~amt** *n2* grand-messe *f*. °**~betrieb** *m0* activité *f* intense. °**~burg** *f1* FIG. citadelle *f*. °**~ebene** *f1* plateau *m*. **~empfindlich** *a* hypersensible. **~fahren*** *vi* sursauter. **~fahrend** *a* FIG. arrogant. **~fliegend** *a* FIG. ambitieux. °**~frequenz** *f1* ÉL. haute fréquence. °**~gebirge** *n3* haute montagne. **~gehen*** *vi* [See] être agité || s'emporter. **~geschlossen** *a* [Kleid] montant. **~gewachsen** *a* de haute taille. °**~haus** *n2* building *m*; tour *f*. **~klappen** *vt* relever. °**~land** *n0* hautes terres. **~leben** *vi* : *X. lebe hoch!*, vive X. ! °**~mut** *m0* orgueil *m*. **~mütig** *a* orgueilleux. **~näsig** *a* FAM. prétentieux. °**~ofen** *m* (s, ¨) haut fourneau. **~preisen*** *vt* célébrer. **~rot** *a* rouge vif ; cramoisi. °**~rufe** *mpl* vivats *mpl*. **~schätzen** *vt* tenir en haute estime. °**~schule** *f1* établissement *m* d'enseignement supérieur. °**~see** *f0* haute mer. °**~sommer** *m3* plein été. °**~spannung** *f1* haute tension. °**~sprung** *m2* saut *m* en hauteur.

höchst *a* [*superl* de **hoch**] le plus haut ; culminant || *es ist* **~***e Zeit*, il est grand temps • *av* extrêmement.

Hoch·stap|elei *f1* escroquerie *f*. °**~ler** *m3* escroc *m*.

Höchst|betrag *m2* montant maximal. **~ens** *av* au maximum ; tout au plus. °**~geschwindigkeit** *f1* vitesse maximale.

Hoch·stimmung *f1* exaltation *f*.

Höchst|leistung *f1* record *m.* °**~preis** *m1* prix maximal.
hoch|verdient *a* de grand mérite. °**~verrat** *m0* haute trahison. °**~wasser** *n0* crue *f.* **~wertig** *a* MIN. riche.
Hoch·zeit *f1* noce(s) *f(pl).* °**~s·reise** *f1* voyage *m* de noces.
hock|en *vi* être accroupi ‖ FIG. *immer zu Hause* **~**, être casanier. °**~er** *m3* tabouret *m.*
Hode *f1* testicule *m.*
Hof *m2* cour *f; auf dem* **~**, dans la cour ‖ ferme *f* ‖ FIG. *jm den* **~** *machen,* faire la cour à qn ‖ halo *m.*
hoff|en *vi* (*auf,* acc.) espérer. **~entlich** *av* il faut espérer. °**~nung** *f1* espoir *m* ‖ LOC : *guter* **~** *sein,* être enceinte. **~nungslos** *a* désespéré.
Hof·hund *m1* chien *m* de garde.
höf|isch *a* HIST. courtois. **~lich** *a* poli ; courtois. °**~lichkeit** *f1* politesse *f.*
Hof|mann *m* (s, leute) courtisan *m.* °**~meister** *m3* majordome *m; précepteur *m.*
hoh|e(r), ~e(s) *a* → HOCH.
Höhe *f1* hauteur *f;* altitude *f* ‖ [Töne] acuité *f* ‖ FAM. *auf der* **~**, à la hauteur ‖ *in* **~** *von,* de l'ordre de.
Hoheit *f1* grandeur *f* ‖ souveraineté *f* ‖ Altesse *f.* °**~s·gewässer** *npl* eaux territoriales. °**~s·rechte** *npl* droits souverains.
Hohe·lied *n0* Cantique *m* des Cantiques.
Höhen|flug *m2* vol *m* à haute altitude. °**~messer** *m3* altimètre *m.* °**~sonne** *f0* rayons ultraviolets.
Höhe·punkt *m1* point culminant ; faîte *m;* apogée *m.*
höher *a* [*comp* de ***hoch***] plus haut ; supérieur ‖ [Schule] secondaire.
hohl *a* creux ; concave ; *die* **~***e Hand,* le creux de la main ‖ [Stimme] caverneux. °**~ader** *f1* veine *f* cave.
Höhle *f1* cavité *f;* caverne, grotte *f.* °**~n·forschung** *f0* spéléologie *f.*
Hohl|kopf *m2* FIG. tête *f* sans cervelle. °**~raum** *m2* cavité *f.* °**~spiegel** *m3* miroir *m* concave.
Höhlung *f1* cavité *f.*
Hohl·weg *m1* chemin creux.
Hohn *m0* raillerie *f;* dérision *f.*
höhnisch *a* railleur ; sarcastique.
Hohn·rede *f1* persiflage *m.*
Hokus·pokus *m inv* tour *m* de passe-passe.
hold *a* gracieux, charmant ‖ favorable.
holen *vt* venir prendre ; aller chercher ‖ MIN. extraire • *vpr* [Krankheit] attraper.
Höll|e *f1* enfer *m.* °**~en·fahrt** *f1* descente *f* aux enfers. **~isch** *a* infernal.
holp(e)r|ig *a* inégal ; raboteux. **~n** *vi* cahoter ; clocher.
Holunder *m3* sureau *m.*

Holz *n2* bois *m.* °**~art** *f1* essence *f* de bois. °**~bau** *m* (s, e/ten) boisement *m* || construction *f* en bois.
Hölz|chen *n3* bûchette *f* || bosquet *m.* **~ern** *a* de/en bois.
Holz|fäller, °**~hauer** *m3* bûcheron *m.* **~ig** *a* ligneux. °**~kitt** *m1* pâte *f* de bois. °**~kohle** *f1* charbon *m* de bois. °**~schlag** *m2* coupe *f* de bois. °**~schnitt** *m1* gravure *f* sur bois. °**~schnitzerei** *f1* sculpture *f* sur bois. °**~schuh** *m1* sabot *m.* °**~täfelung** *f1* boiserie *f.* °**~weg** *m1* chemin forestier || FIG. impasse *f.*
Honig *m0* miel *m.* °**~kuchen** *m0* pain *m* d'épice. °**~scheibe,** °**~wabe** *f1* gâteau/rayon *m* de miel.
Honor|ar *n1* honoraires *mpl.* °**~atioren** *pl* notables *mpl.*
Hopfen *m0* houblon *m.*
hopsen *vi* gambader.
hörbar *a* audible.
horchen *vi* (*auf,* acc.) écouter; prêter l'oreille.
1. Horde *f1* claie *f.*
2. Horde *f1* horde *f.*
hör|en *vi* entendre || (*auf,* acc.) écouter; obéir • *vt* entendre; écouter || entendre parler (de); *von sich ~ lassen,* donner de ses nouvelles. °**~en·sagen** *n0* : *vom ~,* par ouï-dire. °**~er** *m3* auditeur *m* || écouteur *m;* récepteur *m.* **~ig** *a* serf; corvéable. °**~igkeit** *f0* dépendance *f.*
Horizont *m1* horizon *m.*
Hormon *m1* hormone *f.*
Horn *n2* corne *f* || MUS. cor *m; das ~ blasen,* sonner du cor || MIL. clairon *m.*
Hörnchen *n3* croissant *m.*
Hör·nerv *m* (s, en) nerf auditif.
Horn·haut *f2* durillon *m* || AN. cornée *f.*
Hornisse *f1* frelon *m.*
Hornist *m4* clairon *m;* trompette *m.*
Horn·vieh *n0* bêtes *fpl* à cornes.
horrend *a* horrible || énorme.
Hör|saal *m* (s, säle) amphithéâtre *m.* °**~spiel** *n1* pièce *f* radiophonique.
Horst *m1* aire *f;* nid *m.*
Hort *m1* POÉT. trésor *m* || FIG. asile *m* || [Kinder] crèche *f.* **~en** *vt* thésauriser.
Hose *f1* pantalon *m;* culotte *f.*
Hosen|boden *m0* fond *m* de culotte. °**~schlitz** *m1* braguette *f.* °**~träger** *mpl* bretelles *fpl.*
Hotel *n* (s, s) hôtel *m.* °**~besitzer** *m3* hôtelier *m.*
hüben *av* de ce côté-ci; *~ wie drüben,* d'un côté comme de l'autre.
Hub·raum *m2* cylindrée *f.*
hübsch *a* joli.
Hub·schrauber *m3* hélicoptère *m.*
Huf *m1* sabot *m.* °**~eisen** *n3* fer *m* à cheval.
Hüft|e *f1* hanche *f.* **~weh** *n0* sciatique *f.*

Hügel *m3* colline *f.* **~ig** *a* montueux ; accidenté.
Huhn *n2* poule *f.*
Hühnchen *n3* poulet *m.*
Hühner|auge *n* (s, n) MÉD. cor *m.* °**~hof** *m2* basse-cour *f.* °**~stall** *m2* poulailler *m.* °**~stange** *f1* perchoir *m.*
Huld *f1* faveur *f.* **~igen** *vi* (dat.) rendre hommage à.
Hülle *f1* voile *m* ‖ BOT. gaine *f* ‖ FIG. *in ~ und Fülle,* en abondance. **~n** *vt/vpr* (s')envelopper ; (se) draper.
Hüls|e *f1* [Obst] peau *f;* [Gemüse] cosse *f;* gousse *f* ‖ MIL. douille *f.* °**~en·früchte** *fpl* légumineuses *fpl.*
Humbug *m0* FAM. charlatanerie *f.*
Hummel *f1* bourdon *m.*
Hummer *m3* homard *m.*
Humor *m0* humour *m.*
humpeln *vi* boiter.
Hund *m1* chien *m; vor die ~e gehen,* être un homme fini.
Hunde|geld *n0* somme *f* dérisoire. °**~kälte** *f0* froid *m* de loup.
hundert *num* cent • *n1 :* °**~,** centaine *f; ~e von Menschen,* des centaines de personnes. **~fach** *a* centuple. °**~jahr·feier** *f1* centenaire *m.* **~jährig** *a* séculaire. **~mal** *av* cent fois. **~st** *num* centième. °**~stel** *n3* centième *m.*
Hunde·zwinger *m3* chenil *m.*
Hündin *f1* chienne *f.*
Hunds·tage *mpl* canicule *f.*
Hunger *m0* faim *f; ~ haben,* avoir faim ; *vor ~ sterben,* mourir de faim. °**~kur** *f1* diète absolue. **~n** *vi* souffrir de la faim ‖ FIG. *~ nach,* avoir faim de • *v imp : es hungert mich,* j'ai faim. °**~s·not** *f2* famine *f.* °**~streik** *m* (s, e/s) grève *f* de la faim.
hungrig *a* affamé ; *~ sein,* avoir faim.
Hupe *f1* Klaxon *m.* **~n** *vi* klaxonner.
hüpfen *vi* sautiller.
Hürde *f1* claie *f* ‖ SP. haie *f.* °**~n·lauf** *m2,* °**~n·rennen** *n0* course *f* d'obstacles.
Hure *f1* prostituée *f;* VULG. putain *f.*
hurtig *a* alerte ; leste.
huschen *vi* glisser/passer en vitesse.
hüsteln *vi* toussoter.
husten *vi* tousser • *m0 :* °**~,** toux *m.* °**~anfall** *m2* quinte *f* de toux.
1. Hut *f0* garde *f;* surveillance *f; auf der ~ sein,* se tenir sur ses gardes.
2. Hut *m2* chapeau *m.*
hüten *vt* garder ; surveiller ‖ MÉD. *das Bett ~,* garder le lit.
Hut|macher *m3* chapelier *m.* °**~schachtel** *f1* carton *m* à chapeau.
Hütte *f1* hutte, cabane *f* ‖ fonderie *f.* °**~n·arbeiter** *m3* (ouvrier *m*) métallurgiste *m.*
Hyazinthe *f1* jacinthe *f.*
Hydrant *m4* bouche *f* d'incendie.

hydraulisch *a* hydraulique.
Hydrogen *n0* hydrogène *m.*
Hygien|e *f0* hygiène *f.* **~isch** *a* hygiénique.

Hymn|e *f1,* **°~us** *m* (-, nen) hymne *m/f.*
Hypothek *f1* hypothèque *f.* **°~en·bank** *f1* Crédit foncier.

I

iahen *vi* braire.
ich *pr pers 1re pers* nom. sing. → GRAMM.; je; moi; ~ *bin's,* c'est moi; ~ *unterzeichneter,* je soussigné • *n* : **°~,** moi *m.*
ideal *a* idéal • *n1* : **°~,** idéal *m.*
Idee *f1* idée *f;* notion *f* || FIG., FAM. soupçon *m.*
identi|fizieren *vt* identifier. **~sch** *a* identique. **°~tät** *f0* identité *f.*
Idiom *n1* idiome *m.*
Idiot *m4* idiot *m;* fou *m.*
Idyll *n1,* **°~e** *f1* idylle *f.*
Igel *m3* hérisson *m.*
ignorieren *vt* ignorer volontairement.
ihm *pr pers 3e pers* dat. sing. de ***er, es.***
ihn *pr pers 3e pers* acc. sing. de ***er.***
ihnen *pr pers 3e pers* dat. pl. de ***sie*** • °~ dat. de ***Sie.***
1. ihr *pr pers 3e pers* dat. sing. de ***sie.***
2. ihr *pr pers 2e pers pl* vous → GRAMM.
ihr, ihre, ihr [*pl* ***ihre***] *a poss* leur || [eine Besitzerin] son, sa, ses • **°~,** votre • **~er, ~e, ~es** *pr poss* le sien || le leur.
ihrer *pr pers 3e pers* gén. sing. et pl. de ***sie*** • °~ gén de ***Sie.***
ihr|er·seits *av* de son/leur/votre côté. **~es·gleichen** *av* son/leur/votre pareil. **~et·halben, ~et·wegen,** *av* à cause d'elle/de vous/d'eux.
Ikone *f1* icône *f.*
Illumin|ator *m* (s, en) enlumineur *m.* **~ieren** *vt* illuminer || [Malerei] enluminer.
Illus|ion *f1* illusion *f.* **~orisch** *a* illusoire.
Illustrierte *f1* (journal *m*) illustré *m.*
Iltis *m* (ses, se) putois *m.*
im [= ***in dem***] → IN.
Im·biß *m* (sses, sse) collation *f;* casse-croûte *m.*
Imker *m3* apiculteur *m.*
Im·matrikul|ation *f1* immatriculation *f;* inscription *f.* **~ieren** *vt* immatriculer || UNIV. inscrire.
immer *av* toujours; *für/auf* ~, pour toujours; à jamais; ~ *noch,* encore; ~ *kälter,* de plus en plus froid || *was ~ geschehen mag,* quoi qu'il arrive. **~fort** *av* sans cesse. **°~grün** *n0* pervenche *f.* **~hin** *av* quoi

qu'il en soit. **~zu** *av* sans s'arrêter ; **~**!, allez-y !
Immobilien *mpl* biens immobiliers.
immun *a* immunisé.
impf|en *vt* vacciner ; inoculer. °**~stoff** *m1* vaccin *m*.
imponieren *vi* (dat.) en imposer à. **~d** *a* imposant.
Import *m1* importation *f*. **~ieren** *vt* importer.
im·pot|ent *a* MÉD. impuissant. °**~enz** *f0* impuissance *f*.
improvisieren *vt* improviser.
Impuls *m1* impulsion *f*.
im·stande *a* en état (de).
in *p* (dat. ; acc.) dans, en, à ; *~ Frankfurt geboren*, né à Francfort ; *im Frühling*, au printemps.
In·begriff *m0* quintessence *f*. **~en** *av* y compris.
In·betrieb|nahme, °**~setzung** *f1* mise *f* en marche.
In|brunst *f0* ferveur *f*. **~brünstig** *a* fervent.
indem *c* tandis que.
Inder *m3,* °**~in** *f1* Hindou *s*.
indes(sen) *av* cependant.
Indian|er *m3* Indien *m*. **~isch** *a* indien.
Indien *n0* Inde(s) *f(pl)*.
indisch *a* indien ; hindou.
in·disputabel *a* indiscutable.
Indiz *n* (es, ien) indice *m*.
Industrie *f1* industrie *f*.
in·einander *av* l'un dans l'autre. **~fügen** *vt* emboîter ; assembler. **~passen** *vi* s'adapter ; s'emboîter. **~stecken** *vt* emboîter.
Infanterist *m4* fantassin *m*.
Infarkt *m1* infarctus *m*.
infizier|en *vt* infecter. °**~ung** *f1* infection *f*.
in·folge *p* (gén.) à la suite de. **~dessen** *av* en conséquence.
Inform|ation *f1* information *f*. **~ieren** *vt* informer.
Ingenieur *m1* ingénieur *m*.
Ingredi|ens *n* (-, enzien), °**~enz** *f1* ingrédient *m*.
In·grimm *m0* rage contenue.
Ingwer *m0* gingembre *m*.
In·haber *m3* propriétaire *m* ; titulaire *m*.
in·haftieren *vt* emprisonner.
In·halt *m1* contenu *m* ; teneur *f*. **~leer, ~los** *a* creux ; superficiel.
Inhalts|angabe *f1* sommaire *m*. °**~verzeichnis** *n* (ses, se) table *f* des matières.
inklusive *av* y compris.
In·kraft·setzung *f0* mise *f* en vigueur.
In·land *n0* intérieur *m* du pays.
in·mitten *p* (gén.) au milieu de.
inne|haben *vt* posséder ; occuper. **~halten*** *vt* observer ; respecter • *vi* s'arrêter.
innen *av* (au-)dedans. °**~architekt** *m4* décorateur *m*. °**~leben** *n0* vie intérieure.
inner *a* intérieur. °**~e(s)** *asn* intérieur, dedans *m*. **~halb** *p* (gén.) à l'intérieur de • *av* au-dedans. **~lich** *a* intérieur.
inne·werden* *vi* (gén.) s'apercevoir de.

innig(lich) *a* intime ; fervent.
Innung *f1* corporation *f.*
ins [= *in das*]→ IN.
In·sasse *m4* habitant *m;* occupant *m.*
ins·besondere *av* en particulier.
In·schrift *f1* inscription *f.*
Insekt *n* (s, en) insecte *m.*
Insel *f1* île *f.* °**~bewohner** *m3* insulaire *m.*
Inser|at *n1* annonce *f.* **~ieren** *vt* mettre une annonce.
ins|geheim *av* en secret. **~gesamt** *av* au total.
Insignien *pl* insignes *mpl.*
in·so·fern *av* dans cette mesure • *c* dans la mesure où.
insolvent *a* insolvable.
Inspizie|nt *m4* SPECT. chef *m* de plateau. **~ren** *vt* inspecter.
Installateur *m1* plombier *m.*
in·stand·halten* *vt* entretenir.
inständig *a* instant • *av* instamment.
Instinkt *m1* instinct *m.*
Institut *n1* institut *m.*
Instrument *n1* instrument *m.* °**~en·brett** *n2* tableau *m* de bord.
Insulin *n0* insuline *f.*
Insurgent *m4* insurgé *m.*
In·szenier|en *vt* mettre en scène. °**~ung** *f1* mise *f* en scène.
interess|ant *a* intéressant. °**~e** *n* (s, n) intérêt *m.* °**~ent** *m4* intéressé *m.*
Inter|jektion *f1* interjection *f.*
~national *a* international.
Intern|e(r) *asm* interne *m.* **~ieren** *vt* interner.
Interpret *m4* interprète *m.* **~ieren** *vt* interpréter.
interpunkt|ieren *vt* ponctuer. °**~ion** *f1* ponctuation *f.*
Interview *n* (s, s) interview *f.*
intim *a* intime.
Intrigant *m4* intrigant *m.*
Invaliden·rente *f1* pension *f* d'invalidité.
Invent|ar *n1,* °**~ur** *f1* inventaire *m.*
investier|en *vt* investir. °**~ung** *f1* investissement *m.*
involvieren *vt* impliquer.
in·wendig *a/av* (à l') intérieur.
in·wie|fern, ~weit *av* dans quelle mesure.
In·zucht *f0* union consanguine.
in·zwischen *av* dans l'intervalle.
ird|en *a* de/en terre. **~isch** *a* terrestre.
Ire *m4* Irlandais *m.*
irgend *av/préf* en quelque mesure ; quelconque ; n'importe ; *~einer,* quelqu'un ; n'importe qui ; *~etwas,* n'importe quoi ; *~wann,* n'importe quand ; *~wer,* n'importe qui ; *~wo(hin),* n'importe où.
irisch *a* irlandais.
irre *a* errant ; égaré ; *~ sein,* se tromper ‖ [unsicher] *an jm ~ sein,* ne savoir que penser de qn ‖ fou, dément • *f* °**~** : *in die ~ gehen,* se tromper. **~führen** *vt* égarer.

irrelevant *a* insignifiant.
irre|machen *vt* troubler. **~n** *vpr* se tromper. °**~n·anstalt** *f1* asile *m* d'aliénés.
Irr|fahrt *f1* odyssée *f*. **~ig** *a* erroné. °**~licht** *n2* feu follet. **~sinnig** *a* aliéné. °**~tum** *m* (s, ¨er) erreur *f*.
Ischias *f0, m* sciatique *f*.
Isolier|band *n2* chatterton *m*. **~en** *vt* isoler. °**~theit** *f0*, °**~ung** *f1* isolement *m*.
Isthmus *m* (-, men) isthme *m*.
Italien *n0* Italie *f*. °**~er** *m3* Italien *m*. **~isch** *a* italien; *auf ~*, en italien.

J

ja *av* oui || *da ist er ~*, mais le voilà || [sogar] (et) même.
Jacht *f1* yacht *m*.
Jacke *f1* veste *f*; veston *m*.
Jagd *f1* chasse *f*. °**~flugzeug** *n1* avion *m* de chasse. °**~horn** *n2* cor *m* de chasse. °**~hund** *m1* chien *m* de chasse. °**~revier** *n1* réserve *f* de chasse. °**~schein** *m1* permis *m* de chasse. °**~tasche** *f1* gibecière *f*.
jagen *vt* chasser; *in die Flucht ~*, mettre en fuite • *vi* chasser || FIG. courir, galoper.
Jäger *m3* chasseur *m*.
jäh *a* soudain || abrupt, escarpé.
Jahr *n1* an *m*; année *f*; *~ für ~*, tous les ans; *im ~e 1962*, en 1962; *in zwei ~en*, dans deux ans; *vor einem ~*, il y a un an || *er ist zehn ~e (alt)*, il a dix ans. **~aus** *av* : *~, jahrein*, bon an, mal an. °**~buch** *n2* annuaire *m*. °**~bücher** *npl* annales *fpl*. **~e·lang** *av* pendant des années.
Jahres|abschluß *m* (usses, üsse) bilan *m* de fin d'année. °**~beitrag** *m2* cotisation annuelle. °**~tag** *m1* anniversaire *m*. °**~zeit** *f1* saison *f*.
Jahr|gang *m2* [Zeitschrift] année *f* || MIL. classe *f*. °**~hundert** *n1* siècle *m*.
jähr|ig *a* d'un an • *suff* : *zehn~*, âgé de dix ans. **~lich** *a/av* annuel(lement).
Jahr|markt *m2* foire *f*. °**~zehnt** *n1* décennie *f*.
jäh·zornig *a* irascible.
Jammer *m0* détresse *f*; calamité *f* || lamentations *fpl*.
jämmerlich *a* lamentable.
jammern *vi* gémir, se lamenter • *vt* faire pitié à.
Januar *m0* janvier *m*.
Japan *n0* Japon *m*. °**~er** *m3* Japonais *m*. **~isch** *a* japonais.
jäten *vt* sarcler.
Jauche *f1* purin *m*.
jauchzen *vi* exulter, jubiler.
ja|wohl *av* oui (bien sûr)! °**~wort** *n1* consentement *m*.
je *av* jamais (positif); *wenn*

du ~ ..., si jamais tu... ; *seit eh und ~,* depuis toujours || *~ nachdem,* cela dépend || (devant un compar.) : *~ eher, desto besser,* le plus tôt sera le mieux.

jeden·falls *av* en tout cas.

jed|er, ~e, ~es *a indéf* → GRAMM. ; chaque ; tout ; *~en Tag,* chaque jour/tous les jours • *pr indéf : ein ~er,* chacun ; tous ; **~er·mann** *pr indéf* chacun ; tout le monde.

je·doch *av* pourtant.

jeglich *a/pr indéf* = JEDER.

je·mals *av* jamais (positif).

je·mand *pr indéf* quelqu'un.

jener, ~e, ~es *a dém* → GRAMM. ; ce/cet...-là ; cette...-là ; ces...-là • *pr dém* celui-là ; celle-là.

jen·seits *p* (gén.) de l'autre côté, au-delà de.

jetz|ig *a* actuel ; présent. **~t** *av* maintenant.

je·weilig *a* respectif.

Joch *n1* joug *m* || ARCH. travée *f* || GÉOGR. col *m.*

Jod *n0* iode *m.* **~haltig** *a* iodé. °**~tinktur** *f0* teinture *f* d'iode.

Johannis·beere *f1* groseille *f; schwarze ~,* cassis *m.*

johlen *vi* FAM. brailler.

Joppe *f1* veste, vareuse *f.*

Jubel *m0* allégresse, jubilation *f.* **~n** *vi* exulter.

Jubiläum *n* (s, läen) jubilé *m.*

juck|en *vt/vpr/v imp* (se) gratter • *vi* (dat.) démanger. °**~reiz** *m1* démangeaison *f.*

Jude *m4* juif *m.*

Jüd|in *f1* juive *f.* **~isch** *a* juif ; judaïque.

Jugend *f0* jeunesse *f.* °**~herberge** *f1* auberge *f* de la jeunesse. **~lich** *a* juvénile • *pl : die °~e,* les jeunes *spl.*

Jugoslaw|e *m4* Yougoslave *m.* °**~ien** *n0* Yougoslavie *f.*

Juli *m0* juillet *m.*

jung *a* jeune ; *von ~ auf,* depuis sa plus tendre enfance || frais, nouveau, récent ; *~es Gemüse,* primeurs *fpl* || *das Jüngste Gericht,* le Jugement dernier.

Junge *m4* garçon *m.*

Jünger *m3* disciple *m.*

Jung|fer *f1* pucelle *f; alte ~,* vieille fille. °**~frau** *f1* vierge *f; die Heilige ~,* la Sainte Vierge. °**~geselle** *m4* (vieux) garçon ; célibataire *m.*

Jüng|ling *m1* jeune homme *m.* **~st** *av* récemment.

Juni *m0* juin m.

Junker *m3* hobereau *m.*

Jur|a *npl : ~ studieren,* faire son droit. **~idisch** *a* juridique. °**~ist** *m4* juriste *m.*

Jury *f* (s/ries) jury *m.*

Justiz *f0* justice *f.* °**~beamte(r)** *asm* magistrat *m.*

Juwel *n* (s, en) joyau, bijou *m.* °**~ier** *m1* joaillier, bijoutier *m.*

Jux *m1* FAM. blague, farce *f.*

k

Kabale *f1* cabale *f;* intrigue *f.*
Kabel *n0* câble *m.*
Kabeljau *m* (s, s) cabillaud *m.*
kabeln *vt* câbler.
Kachel *f1* carreau *m* de faïence. **~n** *vt* carreler. °**~ofen** *m* (s, ¨) poêle *m* de faïence.
Kader *m3* MIL. cadre *m.*
Käfer *m3* scarabée *m.*
Kaffee *m0* café *m; ~ kochen,* faire le/du café. °**~bohne** *f1* grain *m* de café. °**~kanne** *f1* cafetière *f.* °**~mühle** *f1* moulin *m* à café.
kahl *a* nu; chauve. °**~kopf** *m2* chauve *m.*
Kahn *m2* barque *f;* canot *m.*
Kai *m1* quai *m.*
Kairo *n0* Le Caire.
Kaiser *m3* empereur *m.* °**~in** *f1* impératrice *f.* °**~reich** *n1* empire *m.* °**~schnitt** *m1* césarienne *f.*
Kajüte *f1* MAR. cabine *f.*
Kakao *m0* cacao *m* ‖ FIG., FAM. *jn durch den ~ ziehen,* dauber (sur) qn.
Kalauer *m3* calembour *m.*
Kalb *n2* veau *m.* **~en** *vi* vêler. °**~schnitzel** *n3* escalope *f* de veau. °**~s·braten** *m0* rôti *m* de veau.
Kaldaunen *fpl* tripes *fpl.*
Kalender *m3* calendrier *m.*
Kali *n0* potasse *f.*
Kalk *m1* chaux *f.* **~ig** *a* calcaire. **~en** *vt* AGR. chauler. °**~stein** *m1* pierre *f* à chaux.
kalt *a* froid; *mir ist ~,* j'ai froid. **~blütig** *a* plein de sang-froid • *av* avec sang-froid.
Kälte *f0* froid *m; 15 Grad ~,* moins 15.
kalt·stellen *vt* limoger.
Kamel *n1* chameau *m.* °**~haar** *n0* poil *m* de chameau.
Kamelie *f1* camélia *m.*
Kamerad *m4* camarade *m.* °**~schaft** *f1* camaraderie *f.*
Kamille *f1* camomille *f.*
Kamin *m1* cheminée *f.* °**~kehrer** *m3* ramoneur *m.*
Kamm *m2* peigne *m* ‖ crête *f.*
kämmen *vt/vpr* (se) peigner.
Kammer *f1* chambre *f.* °**~frau** *f1* femme *f* de chambre. °**~musik** *f0* musique *f* de chambre.
Kamm·wolle *f0* laine peignée.
Kampf *m2* combat *m.*
kämpfen *vi* se battre; combattre.
Kampfer *m0* camphre *m.*
Kämpfer *m3* combattant *m.*
Kanal *m2* canal *m* ‖ GÉOGR. la Manche *f.*
Kanarien·vogel *m* (s, ¨) canari *m.*
Kandid|at *m4* candidat *m.* **~ieren** *vi* poser sa candidature.

Kaninchen *n3* lapin *m.* °**~stall** *m2* clapier *m.*
Kanister *m3* bidon *m.*
Kännchen *n3* petit pot.
Kanne *f1* pot *m;* broc *m.*
Kanone *f1* canon *m* ‖ FIG. *eine* ~, un as.
kanonisch *a* canonique.
Kant|e *f1* arête *f;* bord *m.* **~ig** *a* équarri ; anguleux.
Kantor *m4* chantre *m.*
Kanu *n* (s, s) canoë *m.*
Kanz|el *f1* chaire *f.* **~lei** *f1* chancellerie *f* ‖ JUR. greffe *m.* °**~lei·stil** *m1* style administratif. °**~ler** *m3* chancelier *m.*
Kapaun *m1* chapon *m.*
Kapelle *f1* chapelle *f* ‖ MUS. orchestre *m.*
1. Kaper *f1* câpre *f.*
2. Kaper *m3* corsaire *m.* **~n** *vt* MAR. capturer.
kapieren *vt* FAM. piger.
Kapital *n* (s, ien/e) capital *m* • a : ~, capital. °**~anlage** *f1* placement *m.*
Kapitän *m1 : ~ zur See,* capitaine *m* de vaisseau.
Kapitel *n3* chapitre *m.*
Kapitell *n1* chapiteau *m.*
Kaplan *m2* chapelain *m.*
Kappe *f1* bonnet *m.*
Kapsel *f1* capsule *f.*
kaputt *a* FAM. fichu.
Kapuze *f1* capuchon *m.*
Karaffe *f1* carafe *f.*
Kar|at *n1* carat *m.* **...~ätig** *a suff : achtzehn~,* de dix-huit carats.
Karbid·lampe *f1* lampe *f* à acétylène.
Kardinal *m2* cardinal *m.*
Kar·freitag *m1* vendredi saint.
karg *a* avare ‖ maigre ; chiche. **~en** *vi* (*mit,* dat.) lésiner (sur).
kärglich *a* chiche ; maigre.
kariert *a* à carreaux.
Karies *f0* carie *f.*
Karik|atur *f1* caricature *f.* **~ieren** *vt* caricaturer.
Karl *m* Charles *m; ~ der Große,* Charlemagne.
Karneval *m1* carnaval *m.*
Kärnten *n0* Carinthie *f.*
Karo *n1* [Karten] carreau *m.*
Karpfen *m3* carpe *f.*
Karre *f1,* °**~n** *m3* charrette *f;* brouette *f.*
Kartause *f1* chartreuse *f.*
Karte *f1* carte *f; ~n spielen,* jouer aux cartes.
Kartei *f1* fichier *m.*
Karten·spiel *n1* jeu *m* de cartes.
Kartoffel *f1* pomme *f* de terre. °**~brei** *m1* purée *f* de pommes de terre.
Karussell *m* (s, s) carrousel *m;* manège *m.*
Kar·woche *f1* semaine sainte.
Käse *m3* fromage *m.* °**~blatt** *n2* [Zeitung] feuille *f* de chou.
Kaserne *f1* caserne *f.*
Kasino *n* (s, s) casino *m* ‖ MIL. mess *m.*
Kasko·versicherung *f1* assurance *f* tous risques.
Kasper *m3,* °**~le** *m* (s, s) polichinelle *m.*
Kasse *f1* caisse *f; die ~*

führen, tenir la caisse. °**~n·arzt** *m2* médecin conventionné. °**~n·stunden** *fpl* heures *fpl* d'ouverture de la caisse.

kassier|en *vt* encaisser ‖ JUR. casser; annuler. °**~er** *m3* caissier *m.*

Kastanie *f1* châtaigne *f;* marron *m.*

Kasten *m* (s, ¨) caisse *f;* coffre *m* ‖ [Schrank] armoire *f* ‖ PÉJ. bagnole *f.*

Katalog *m1* catalogue *m.*

Kataster *m3, n3* cadastre *m.*

Kater *m3* chat mâle, matou *m* ‖ FIG., FAM. gueule *f* de bois.

Katheder *m3, n3* chaire *f.*

Katholi|k *m4* catholique *m.* **~sch** *a* catholique.

Katze *f1* chat *m;* chatte *f.* °**~n·auge** *n* (s, n) cataphote *m.*

Kauder·welsch *n0* charabia *m.*

kauen *vt* mâcher, mastiquer.

Kauf *m2* achat *m.* **~en** *vt* acheter.

Käufer *m3* acheteur *m.*

Kauf|haus *n2* grand magasin. °**~kraft** *f2* pouvoir *m* d'achat. °**~laden** *m* (s, ¨) boutique *f.*

käuflich *a* à vendre ‖ PÉJ. vénal.

Kauf·mann *m* (s, leute) commerçant, marchand *m.*

Kau·gummi *n0* chewing-gum *m.*

kaum *av* à peine; ne... guère.

Kautschuk *m0* caoutchouc *m.*

Kauz *m2* hibou *m* ‖ FAM. *komischer ~,* original *m.*

keck *a* hardi, effronté.

Kegel *m3* quille *f* ‖ MATH. cône *m.* °**~bahn** *f1* jeu *m* de quilles. **~förmig** *a* conique. **~n** *vi* jouer aux quilles. °**~stumpf** *m1* cône tronqué.

Kehl|e *f1* gorge *f;* gosier *m; aus voller ~,* à gorge déployée. °**~kopf** *m2* larynx *m.*

Kehre *f1* virage *m;* tournant *m.*

1. kehren *vt/vpr* (se) tourner.

2. kehr|en *vt* balayer; ramoner. °**~icht** *m0* ordures *fpl.*

Kehr|reim *m1* refrain *m.* °**~seite** *f1* envers *m.*

keifen *vt* criailler; brailler.

Keil *m1* coin *m.* **~en** *vt* coincer; caler ‖ FAM. rosser. °**~hose** *f1* fuseau *m.*

Keim *m1* germe *m.* °**~blatt** *n2* cotylédon *m.* **~en** *vi* germer; pousser. **~frei** *a* stérilisé.

kein|(e) *a indéf* → GRAMM.; aucun • **~e(r), ~es** *pr indéf* personne; aucun. **~er·lei** *a* d'aucune sorte. **~es·falls, ~es·wegs** *av* aucunement.

Keks *m1, n1* biscuit, gâteau sec.

Kelch *m1* calice *m.*

Kelle *f1* louche *f* ‖ truelle *f.*

Keller *m3* cave *f.* °**~geschoß** *n* (sses, sse) sous-sol *m.*

Kellner *m3* garçon *m* de café. °**~in** *f1* serveuse *f.*

Kelter *f1* pressoir *m.* **~n** *vt* presser; pressurer.

kenn|en* *vt* connaître. **~en·**

lernen *vt* faire la connaissance de. °**~er** *m3* connaisseur *m*.
Kenntnis *f* (se) connaissance *f*.
Kenn|wort *n1* mot *m* de passe. °**~zeichen** *n3* marque *f*; indice *m*. **~zeichnen** *vt/vpr* (se) caractériser.
kentern *vi* chavirer.
Kerbe *f1* encoche, entaille *f*.
Kerbel *m0* cerfeuil *m*.
Kerker *m3* cachot *m*; geôle *f*.
Kerl *m1* FAM. gaillard, gars *m*.
Kern *m1* noyau *m*; pépin *m* ‖ ‖ [Salat] cœur *m* ‖ FIG. cœur *m*; fond *m*. °**~früchte** *fpl* fruits *mpl* à pépins. **~haft, ~ig** *a* FIG. robuste, solide. °**~kraftwerk** *n1* centrale *f* atomique. °**~stück** *n1* pièce essentielle.
Kerze *f1* cierge *m*; bougie, chandelle *f*. °**~n·leuchter** *m3* chandelier *m*.
Kessel *m0* marmite *f*; chaudière *f*; chaudron *m* ‖ GÉOL. cirque *m*.
Kette *f1* chaîne *f* ‖ FIG. enchaînement *m*. °**~n·reaktion** *f1* réaction *f* en chaîne.
Ketzer *m3* hérétique *m*. °**~ei** *f1* hérésie *f*.
keuch|en *vi* haleter. °**~husten** *m0* coqueluche *f*.
Keule *f1* massue *f* ‖ CUIS. gigot, cuissot *m*.
keusch *a* pudique, chaste.
kichern *vi* rire sous cape.
1. Kiefer *m3* mâchoire *f*.
2. Kiefer *f1* pin *m*.
Kiel *m1* MAR. quille *f*. °**~raum** *m2* cale *f* (d'un navire). °**~wasser** *n0* sillage *m*.
Kiemen *fpl* branchies *fpl*.
Kien *m1* bois résineux. °**~apfel** *m* (s, ¨) pomme *f* de pin.
Kiepe *f1* hotte *f*.
Kies *m1* gravier *m*.
Kiesel *m3* galet *m*; gravier *m*. °**~stein** *m1* caillou *m*.
Kind *n2* enfant *s*.
Kinder|arzt *m2* pédiatre *m*. °**~garten** *m* (s, ¨) jardin *m* d'enfants. °**~heim** *n1*, °**~krippe** *f1* crèche *f*. °**~lähmung** *f1* poliomyélite *f*. °**~wagen** *m3* voiture *f* d'enfant.
Kind|heit *f0* enfance *f*. **~isch** *a* puéril; gâteux. **~lich** *a* enfantin.
Kinn *n1* menton *m*. °**~backe** *f1* mâchoire *f*. °**~haken** *m3* uppercut *m*.
Kino *n* (s, s) cinéma *m*; *ins ~ gehen*, aller au cinéma.
kipp|bar *a* à bascule. °**~e** *f1* : FAM. *auf der ~*, en équilibre instable ‖ POP. mégot *m*. **~en** *vi* basculer ‖ MAR. chavirer • *vt* faire basculer.
Kirche *f1* église *f*; temple *m*.
Kirchen|ablaß *m* (asses, ässe) indulgence *f*. °**~bann** *m0* excommunication *f*. °**~fenster** *n3* vitrail *m*. °**~gesang** *m2*, °**~lied** *n2* cantique *m*. °**~recht** *n0* droit canon.
Kirch|hof *m2* cimetière *m*.

~lich *a* ecclésiastique; religieux. °**~turm** *m2* clocher *m*. °**~weih** *f1* fête patronale.

Kirsch|baum *m2* cerisier *m*. °**~e** *f1* cerise *f*. °**~wasser** *n0* kirsch *m*.

Kissen *n3* coussin, oreiller *m*.

Kiste *f1* caisse *f* ‖ FAM. bagnole *f*.

Kitsch *m0* toc *m*. **~ig** *a* de mauvais goût.

Kitt *m1* mastic *m*.

Kittel *m3* blouse *f*.

kitten *vt* mastiquer; lier.

Kitzel *m0* chatouillement *m*. **~n** *vt* chatouiller.

klaffen *vi* bâiller; béer.

Klafter *f1* toise *f*; corde *f*.

Klage *f1* plainte *f*. **~n** *vi* (*über*, acc.) se plaindre (de) ‖ JUR. porter plainte.

Kläg|er *m3* demandeur, plaignant *m*. **~lich** *a* plaintif ‖ pitoyable.

Klammer *f1* pince *f* ‖ parenthèse *f*. **~n** *vt/vpr* (se) fixer; (se) cramponner.

Klamotten *fpl* frusques *fpl*.

Klang *m2* son *m*. °**~farbe** *f1* timbre *m*; sonorité *f*. **~los** *a* sourd. **~voll** *a* sonore.

klapp|bar *a* pliant. °**~e** *f1* clapet *m*; abattant *m*. **~en** *vi* claquer ‖ FIG., FAM. (bien) marcher • *vt* rabattre. **~ern** *vi* cliqueter. °**~er·schlange** *f1* serpent *m* à sonnette. °**~sitz** *m1* strapontin *m*.

klar *a* clair, limpide; *sich über etw im ~en sein*, y voir clair dans une affaire ‖ MAR. paré.

Klär|anlage *f1* station *f* d'épuration. **~en** *vt* clarifier, éclaircir • *vpr* s'éclaircir.

Klar|heit *f1* clarté *f*. **~legen, ~machen** *vt* éclaircir; tirer au clair.

Klärung *f1* clarification *f*; décantation *f*.

Klasse *f1* classe *f*.

Klassen|arbeit *f1* composition *f*. °**~kampf** *m2* lutte *f* des classes. °**~zimmer** *n3* (salle *f* de) classe *f*.

Klassik *f0* classicisme *m*. °**~er** *m3* classique *m*.

Klatsch *m0* FAM. commérages *mpl*. **~en** *vi* : *in die Hände ~*, battre des mains ‖ FIG., FAM. médire.

klauben *vt* trier; éplucher ‖ FIG. ergoter.

Klaue *f1* griffe *f*; serre *f*. **~n** *vt* FAM. chiper.

Klause *f1* cellule *f* ‖ défilé *m*.

Klausel *f1* clause *f*.

Klaviatur *f1* clavier *m*.

Klavier *n1* piano *m*.

kleb|en *vt/vi* (se) coller. **~(e)rig** *a* collant, gluant. °**~stoff** *m0* colle *f*.

Klecks *m1* tache *f*; pâté *m*.

Klee *m0* trèfle *m*.

Kleid *n2* vêtement *m*; robe *f*. **~en** *vt/vpr* (s')habiller; (se) vêtir.

Kleider|bügel *m3* cintre *m*. °**~haken** *m3* portemanteau *m*. °**~schrank** *m2* penderie *f*.

Kleidung *f1* habillement *m* ‖ vêtements *mpl*.

Kleie *f0* son *m*.

klein *a* petit; *bis ins ~ste,* jusqu'au moindre détail ‖ COMM. *im ~en,* au détail • *av : ~ schreiben,* écrire en minuscules ‖ FIG. *~ anfangen,* partir de rien; *von ~ auf,* depuis la plus tendre enfance.

Klein|asien *n0* Asie Mineure. °**~geld** *n0* monnaie *f.* °**~handel** *m0* commerce *m* de détail. °**~igkeit** *f1* bagatelle *f.* **~lich** *a* mesquin. °**~od** *n* (s, odien) bijou *m.* °**~stadt** *f2* petite ville.

Kleister *m0* colle *f.*

Klemme *f1* pince *f* ‖ FIG., FAM. embarras *m;* gêne *f.* **~n** *vt/vpr* (se) serrer; (se) coincer.

Klempner *m3* plombier *m.*

Klerus *m* clergé *m.*

Klette *f1* bardane *f* ‖ FIG. crampon *m.*

Kletter|eisen *n3* crampon *m.* **~n** *vi* grimper.

Klima *n* (s, ta) climat *m.* °**~anlage** *f1* climatisation *f.*

Kling|e *f1* lame *f.* °**~el** *f1* sonnette *f.* **~eln** *vi* sonner • *n0 :* °**~,** sonnerie *f.* **~en*** *vi* (ré)sonner; retentir.

Klinik *f1* clinique *f.*

Klinke *f1* loquet *m;* poignée *f.*

Klippe *f1* écueil *m.*

klirren *vi* cliqueter; s'entrechoquer.

Klischee *n* (s, s) cliché *m.*

Kloben *m3* billot *m.*

klopfen *vi* frapper; cogner ‖ [Herz] battre.

Klöppel *m3* [Glocke] battant *m.*

Klosett *n1* cabinets *mpl.*

Kloß *m2* boule *f;* boulette *f.*

Kloster *n* (s, ¨) couvent *m.*

Klotz *m2* bloc *m;* billot *m.*

Klub *m* (s, s) club *m.*

Kluft *f2* crevasse *f* ‖ FIG. abîme *m.*

klug *a* intelligent. °**~heit** *f0* intelligence *f;* sagacité *f.*

Klump|en *m3* caillot *m;* motte *f.* °**~fuß** *m2* pied bot.

knabbern *vi* grignoter.

Knabe *m4* garçon *m.* **~nhaft** *a* enfantin; puéril.

knacken *vt/vi* craquer; casser.

Knall *m* (s, e/¨e) détonation *f;* explosion *f.* °**~effekt** *m1* coup *m* de théâtre. **~en** *vi* détoner; claquer. °**~frosch** *m2* pétard *m.* **~rot** *a* rouge vif; écarlate.

knapp *a* étroit; serré; juste. °**~heit** *f0* pénurie *f.*

Knarre *f1* crécelle *f.* **~n** *vi* grincer; craquer.

knattern *vi* crépiter; pétarader.

Knäuel *m3, n3* pelote *f.*

Knauf *m2* pommeau *m* ‖ chapiteau *m.*

Knauser *m3* ladre *m.* **~n** *vi* lésiner.

Knebel *m3* bâillon *m* ‖ garrot *m.* **~n** *vt* bâillonner.

Knecht *m1* valet *m.*

kneif|en* *vt* pincer. °**~er** *m3* lorgnon *m.* °**~zange** *f1* pince coupante.

Kneipe *f1* taverne *f.*

kneten *vt* pétrir ‖ masser.

Knick *m1* courbure *f* || pliure *f* || fêlure *f*. **~en** *vi/vt* briser, casser. °**~s** *m1* révérence *f*.
Knie *n3* genou *m*. °**~fall** *m0* génuflexion *f*. **~n** *vi* s'agenouiller. °**~scheibe** *f1* rotule *f*.
Kniff *m1* pli *m* || FIG. truc *m*.
knipsen *vt* poinçonner || photographier.
knirschen *vi* : *mit den Zähnen ~*, grincer des dents.
knistern *vi* crépiter.
knitter|frei *a* infroissable. **~n** *vi* se froisser.
Knob·lauch *m0* ail *m*.
Knöchel *m3* [Fuß] cheville *f*. °**~chen** *n3* osselet *m*.
Knochen *m3* os *m*. °**~bruch** *m2* fracture *f*. °**~gerüst** *n1* ossature *f*. °**~mark** *n0* moelle *f*.
knöchern *a* osseux ; en os.
knochig *a* ossu.
Knödel *m3* boulette *f*.
Knolle *f1* tubercule *m* ; bulbe *m*.
Knopf *m2* bouton *m*. °**~loch** *n2* boutonnière *f*.
Knorpel *m3* cartilage *m*.
Knorr|en *m3* nœud *m* (du bois). **~ig** *a* noueux.
Knospe *f1* bourgeon *m*. **~n** *vi* bourgeonner.
Knoten *m3* nœud *m* || AN. ganglion *m*. °**~punkt** *m1* nœud *m* de communication.
knüpfen *vt* nouer ; attacher.
Knüppel *m3* rondin *m* ; matraque *f*.
knurren *vi* grogner ; gronder.
knusp|ern *vt/vi* grignoter. **~rig** *a* croustillant.
knutschen *vt* caresser || FAM. peloter.
Knüttel *m3* rondin *m*.
Koben *m3* étable *f*.
Koch *m2* cuisinier *m*. **~en** *vi* cuire ; bouillir || faire la cuisine • *vt* faire cuire ; *Kaffee ~*, faire du café. °**~er** *m3* réchaud *m*.
Köcher *m3* carquois *m*.
Koch|geschirr *n1* batterie *f* de cuisine || MIL. gamelle *f*. °**~herd** *m1* cuisinière *f* ; fourneau *m*.
Köchin *f1* cuisinière *f*.
Koch|kunst *f0* cuisine *f*. °**~platte** *f1* réchaud *m*. °**~salz** *n0* gros sel. °**~topf** *m2* marmite *f* ; casserole *f*.
Kode *m* (s, s) code *m*.
Köder *m3* appât *m*. **~n** *vt* appâter ; allécher.
Koffein *n0* caféine *f*. **~frei** *a* décaféiné.
Koffer *m3* malle *f* ; valise *f*.
Kohl *m1* chou *m*.
Kohle *f1* charbon *m*.
kohlen *vi* carboniser. °**~bergwerk** *n1* mine *f* de charbon. °**~gebiet** *n1* bassin houiller. °**~säure** *f0* acide *m* carbonique. °**~stift** *m1* fusain *m*.
Kohle·papier *n1* papier *m* carbone.
Köhler *m3* charbonnier *m*.
Kohl|rabi *m* (s, s) chou-rave *m*. °**~rübe** *f1* rutabaga *m*.
Koje *f1* cabine *f* ; couchette *f*.
kokett *a* coquet.

Kokos|baum *m2* cocotier *m.* °**~nuß** *f* (üsse) noix *f* de coco.
Koks *m1* coke *m.*
Kolben *m3* massue *f* ‖ piston *m* ‖ crosse *f* ‖ cornue *f.* °**~hub** *m0* course *f* du piston.
Kolleg *n1* UNIV. cours *m.* °**~e** *m4* collègue, confrère *m.* °**~in** *f1* collègue *f.* °**~ium** *n* (s, ien) assemblée *f;* collège *m.*
Koller *m3* vertigo *m* ‖ FIG., FAM. rage *f.*
kollern *vi* gargouiller.
kollidieren *vi* (*mit,* dat.) entrer en collision/FIG. en conflit avec.
Kolloquium *n* (s, ien) colloque *m.*
Köln *n0* Cologne *f.*
Kolonial·waren *fpl* épicerie (fine).
Kolor|atur *f1* [Gesang] roulade *f.* **~ieren** *vt* color(i)er.
Kombinat *n1* combinat *m.* °**~ion** *f1* combinaison *f.*
Komet *m4* comète *f.*
Kom|ik *f0* (côté) comique *m.* **~isch** *a* comique, drôle.
Komma *n* (s, s/ta) virgule *f.*
Kommandant *m4* commandant *m.*
Kommando *n* (s, s) commandement *m; das ~ führen,* commander ‖ détachement *m.* °**~brücke** *f1* passerelle *f* de commandement.
kommen* *vi* venir; *jm zu Hilfe ~,* venir en aide à qn ‖ arriver; parvenir; *ans Ziel ~,* toucher au but; *zu etw ~,* obtenir qch; parvenir à qch; *zu kurz ~,* être défavorisé ‖ *nach Hause ~,* rentrer chez soi ‖ *aus der Schule ~,* sortir de classe ‖ FIG. *aus der Mode ~,* passer de mode ‖ arriver; survenir ‖ *ums Leben ~,* périr • *n0* °**~** : *das ~ und Gehen,* les allées et venues. **~d** *a* futur; prochain.
Komment|ar *m1* commentaire *m.* **~ieren** *vt* commenter.
kommerziell *a* commercial.
Kommilitone *m4* camarade *m* d'études.
Kommiß *m* (sses) FAM. service *m* militaire.
kommunizieren *vi* REL. communier ‖ PHYS. communiquer.
Komödi|ant *m4* comédien *m.* °**~e** *f1* comédie *f.*
Kompanie *f1* compagnie *f.*
Kompaß *m* (sses, sse) boussole *f* ‖ MAR., AÉR. compas *m.*
Kompliz|e *m4* complice *m.* **~ieren** *vt* compliquer.
Komplott *n1* complot *m.*
Kompon|ente *f1* composante *f.* **~ieren** *vt* MUS. composer. °**~ist** *m4* compositeur *m.*
Kompott *n1* compote *f.*
Komprom|iß *m* (sses, sse) compromis *m.* **~itieren** *vt* compromettre.
Konditor *m* (s, en) confiseur *m;* pâtissier *m.* °**~ei** *f1* confiserie *f;* pâtisserie *f.*
Kondol|enz *f1* condoléances *fpl.* **~ieren** *vi* présenter ses condoléances.

Konfekt *n0* sucreries *fpl.*
Konfirmand *m4* communiant.
konfiszieren *vt* JUR. confisquer.
Konflikt *m1* conflit *m.*
konfus *a* confus ; troublé.
Kongreß *m* (sses, sse) congrès *m.*
König *m1* roi *m.* °**~in** *f1* reine *f.* **~lich** *a* royal. °**~reich** *n1* royaume *m.* °**~tum** *n2* royauté *f.*
konisch *a* conique.
konjizieren *vt* conjecturer.
Konjunktiv *m1* subjonctif *m.*
konkav *a* concave.
konkret *a* concret.
Konkurr|enz *f1* concurrence *f.* **~ieren** *vi* (*mit*, dat.) concourir/être en concurrence avec.
Konkurs *m1* faillite *f.*
können* *vt/vi* pouvoir ; avoir la capacité de ; *wer will, der kann,* vouloir, c'est pouvoir ‖ savoir ; *etw auswendig ~,* savoir qch par cœur ‖ *es kann sein,* peut-être.
konsekrieren *vt* consacrer.
konsequent *a* conséquent ; logique.
konserv|ativ *a* conservateur. °**~en·büchse** *f1* boîte *f* de conserve.
Konsonant *m4* consonne *f.*
konstruieren *vt* construire.
Konsul *m* (s, n) consul *m.* °**~at** *n1* consulat *m.*
Konsum *m0* consommation *f.* °**~ent** *m4* consommateur *m.* **~ieren** *vt* consommer.
Kontakt *m1* contact *m.*
kontakt·freudig *a* liant.
Kontinent *m1* continent *m.*
kontinuierlich *a* continu(el).
Konto *n* (s, ten) compte *m.* °**~auszug** *m2* extrait *m* de compte. °**~inhaber** *m3* titulaire *m* d'un compte.
Kontrah|ent *m4* contractant *m.* **~ieren** *vt* contracter.
Kontra·punkt *m0* contrepoint *m.*
Kontrolle *f1* contrôle *m.*
Kontrollicht *n2* lampe *f* témoin ; voyant *m.*
kontrollieren *vt* contrôler.
Konvent *m1* assemblée *f* ‖ HIST. Convention *f.*
konvertierbar *a* convertible.
konvex *a* convexe.
Konzentr|ations·lager *n3* [*abr* : **KZ**] camp *m* de concentration. **~ieren** *vt/vpr* (se) concentrer.
Konzept *n1* brouillon *m* ; *jn aus dem ~ bringen,* dérouter qn.
Konzern *m1* cartel *m.*
Konzert *n1* concert *m* ‖ concerto *m.*
Konzil *n* (s, ien) concile *m.*
konzipieren *vt* esquisser ‖ concevoir.
Koordinate *f1* coordonnée *f.*
Kopf *m2* tête *f* ; *von ~ zu Fuß,* de la tête aux pieds ‖ FIG. *den ~ verlieren,* perdre la tête ; *auf seinem ~ bestehen,* s'obstiner ‖ personne *f* ; *pro ~,* par personne ‖ *~ oder Schrift,* pile ou face. °**~bedeckung** *f1* coiffure *f.*

Köpfchen *n3* : *~ haben*, être astucieux.

Kopf|ende *n0* chevet *m* (du lit). °**~kissen** *n3* oreiller *m*. **~los** *a* FIG. écervelé. °**~losigkeit** *f0* étourderie *f*. °**~putz** *m1* coiffure *f*. °**~rechnen** *n0* calcul mental. °**~salat** *m1* laitue *f*. °**~schmerzen** *mpl* migraine *f*. °**~sprung** *m2* plongeon *m*. °**~tuch** *n2* fichu *m*. **~über** *av* la tête la première. °**~weh** *n0* mal *m* de tête.

Koppel *n3* ceinturon *m*.

koppeln *vt* coupler || ÉL. connecter.

Koralle *f1* corail *m*.

Korb *m2* corbeille *f*; panier *m* || FIG. refus *m*. °**~weide** *f1* osier *m*.

Kord *m1* velours côtelé.

Kork *m1* liège *m* || bouchon *m*. °**~eiche** *f1* chêne-liège *m*. °**~en·zieher** *m3* tire-bouchon *m*.

Korn *n2* grain *m* || blé *m* || [Waffen] point *m* de mire; *aufs ~ nehmen*, viser; FIG. avoir à l'œil. °*~ m0* alcool *m* de grain. °**~blume** *f1* bleuet *m*. °**~feld** *n2* champ *m* de blé.

körnig *a* granuleux.

Korn·markt *m2* marché *m* aux grains.

Körper *m3* corps *m*. °**~chen** *n3* corpuscule *m*. °**~größe** *f1* taille *f*. **~lich** *a* corporel; physique. °**~schaft** *f1* corporation *f* || COMM. société *f*.

Korps *n3* MIL. corps *m* || *diplomatisches ~*, corps *m*. diplomatique.

Korrekt|heit *f0* correction *f*; savoir-vivre *m*. °**~ur** *f1* correction *f*.

Korrespond|ent *m4* correspondant *m*. **~ieren** *vi* : *mit jm ~*, correspondre avec qn.

kor|rumpiert, ~rupt *a* corrompu.

kose|n *vt* caresser, câliner. °**~name** *m* (ns, n) petit nom.

Kost *f0* nourriture *f*.

kost|bar *a* précieux. **~en** *vt* déguster; goûter • *vi* coûter.

Kosten *pl* frais *mpl*. °**~ersatz** *m0* indemnité *f*. **~frei, ~los** *a* gratuit. °**~voranschlag** *m2* devis *m*.

Kost|gänger *m3* pensionnaire *m*. °**~geld** *n2* (prix *m* de la) pension *f*.

köstlich *a* délicieux.

kost·spielig *a* coûteux.

Kostüm *n1* costume *m*.

Kot *m0* boue *f*; crotte *f*.

Kotelett *n* (s, en) côtelette *f*.

Kot·flügel *m3* garde-boue *m*; aile *f*.

kotzen *vi* VULG. dégueuler.

Krabbe *f1* crabe *m*; crevette *f*.

Krach *m1* bruit, vacarme *m* || FAM. dispute, brouille *f*.

krächzen *vi* criailler; croasser.

Kraft *f2* force, vigueur, énergie *f*; *aus eigener ~*, par ses propres moyens || *in ~ treten*, entrer en vigueur • *p ~* (gén.) : *~ dessen*, en vertu de quoi. °~**brühe** *f1* consommé *m.* °~**fahrer** *m3* chauffeur *m;* automobiliste *m.* °~**fahrzeug** *n1* véhicule *m* (automobile).

kräftig *a* robuste, vigoureux. ~**en** *vt/vpr* (se) restaurer.

kraft|los *a* sans force; débile ‖ nul; invalide. °~**probe** *f1* épreuve *f* de force. °~**rad** *n2* [*abr* : ***Krad***] motocyclette *f;* FAM. moto *f.* °~**stoff** *m1* carburant *m.* °~**wagen** *m3* automobile *f.* °~**werk** *n1* centrale *f* électrique.

Kragen *m3* col *m* ‖ [Hals] cou *m.* °~**weite** *f1* encolure *f.*

Krähe *f1* corneille *f.*

Kralle *f1* griffe *f;* serre *f.*

Kram *m2* FAM. fourbi *m.*

Krämer *m3* boutiquier *m;* épicier *m.*

Krampf *m2* crampe *f;* spasme *m;* convulsion *f.* ~**haft** *a* convulsif.

Kran *m2* [Maschine] grue *f.* °~**führer** *m3* grutier *m.* °~**ich** *m1* ZOOL. grue *f.*

krank *a* malade.

kränken *vt* blesser; vexer.

Kranken|haus *n2* hôpital *m.* °~**kasse** *f1* caisse *f* de maladie. °~**pfleger** *m3* infirmier *m.* °~**schein** *m1* feuille *f* de maladie. °~**schwester** *f1* infirmière *f.* °~**wagen** *m3* ambulance *f.*

krank|haft *a* maladif ‖ morbide. °~**heit** *f1* maladie *f.*

kränk|lich *a* maladif. °~**ung** *f1* vexation *f.*

Kranz *m2* couronne *f;* guirlande *f.*

Krapfen *m3* beignet *m.*

Krater *m3* cratère *m.*

Krätze *f0* gale *f.*

Kratz|eisen *n3* décrottoir *m.* ~**en** *vt/vi* gratter; griffer, égratigner. °~**er** *m3* égratignure *f.*

kraus *a* crépu ‖ FIG. confus.

Kraut *n2* herbe *f* ‖ chou *m* ‖ *Pl* simples *mpl.*

Krawall *m1* tapage *m* ‖ bagarre *f.*

Krawatte *f1* cravate *f.*

Krebs *m1* écrevisse *f* ‖ MÉD. cancer *m.*

Kredit *m1* crédit *m; auf* ~, à crédit.

Kreide *f1* craie *f; bunte* ~, craie de couleur. ~**bleich** *a* blanc comme un linge.

kreieren *vt* créer; lancer.

Kreis *m1* cercle *m; im* ~*e,* en rond ‖ ADM. arrondissement *m.* °~**bogen** *m* (s, ¨) arc *m* de cercle.

kreischen *vi* criailler; grincer.

Kreis|el *m3* toupie *f.* ~**eln** *vi* tournoyer. ~**en** *vi* tourner en rond ‖ [Blut] circuler. ~**förmig** *a* circulaire. °~**lauf** *m0* circulation *f.* °~**säge** *f1* scie *f* circulaire. °~**stadt** *f1* chef-lieu *m* d'arrondissement. °~**verkehr** *m0* sens *m* giratoire.

Kreml *m0* Kremlin *m.*

Krempe *f1* (re)bord *m* (d'un chapeau).

krepieren *vi* crever.
Kresse *f1* cresson *m.*
Kreuz *n1* croix *f; ein ~ schlagen,* faire un signe de croix || [Kartenspiel] trèfle *m* || MUS. dièse *m* || AN. reins *mpl.* °**~abnahme** *f0* descente *f* de croix. °**~bein** *n1* sacrum *m.* **~en** *vt/vi* croiser. °**~er** *m3* croiseur *m.* °**~fahrt** *f1* croisière *f.* °**~gang** *m2* cloître *m.* **~igen** *vt* crucifier. °**~ung** *f1* croisement *m.* °**~weg** *m1* carrefour *m.* °**~wort·rätsel** *n3* mots croisés. °**~zug** *m2* croisade *f.*
kriech|en* *vi* ramper. °**~erei** *f0* servilité *f.*
Krieg *m1* guerre *f.*
kriegen *vt* FAM. recevoir; avoir; *Hunger ~,* avoir faim.
Krieg|er *m3* guerrier *m.* **~erisch** *a* belliqueux. **~führend** *a* belligérant.
Kriegs|beschädigte(r) *asm* mutilé *m* de guerre. °**~dienst·verweigerer** *m3* objecteur *m* de conscience. °**~erklärung** *f1* déclaration *f* de guerre. °**~gefangene(r)** *asm* prisonnier *m* de guerre. **~lustig** *a* belliqueux. °**~schiff** *n1* navire *m* de guerre.
Kriminal|polizei *f1* police *f* judiciaire. °**~roman** *m1* [*abr* : **Krimi**] roman policier.
Krippe *f1* crèche *f.*
Kristall *m1* cristal *m.* **~en** *a* cristallin, de cristal. **~isieren** *vi* (se) cristalliser.
Krit|ik *f1* critique *f; unter aller ~,* au-dessous de tout. °**~iker** *m3* critique *m.* **~isch** *a* critique. **~isieren** *vt* critiquer.
kritzeln *vi* griffonner.
Krone *f1* couronne *f.*
krönen *vt* couronner.
Kron|leuchter *m3* lustre *m.* °**~prinz** *m4* prince héritier.
Krönung *f1* couronnement *m.*
Kron·zeuge *m4* témoin principal.
Kropf *m2* goitre *m* || jabot *m;* gésier *m.*
Kröte *f1* crapaud *m.*
Krücke *f1* béquille *f.*
Krug *m2* cruche *f;* pot *m.*
Krümchen *n3* miette *f.*
krumm *a* courbe; tordu.
krümm|en *vt/vpr* (se) courber; (se) tordre. °**~ung** *f1* courbure *f;* coude *m.*
Kruppe *f1* croupe *f.*
Krüppel *m3* estropié *m;* invalide *m.*
Krust|e *f1* croûte *f.* °**~en·tier** *n1* crustacé *m.*
Kübel *m3* baquet *m.*
Kubik|meter *n3, m3* mètre *m* cube. °**~zahl** *f1* cube *m.*
kub|isch *a* cubique. °**~us** *m* (-, ben) cube *m.*
Küche *f1* cuisine *f.*
Kuchen *m3* gâteau *m.*
Küchen|gerät *n1,* °**~geschirr** *n0* batterie *f* de cuisine.
Kuckuck *m1* coucou *m.*
Kufe *f1* cuve *f* || AÉR. patin *m* d'atterrissage.
Küfer *m3* tonnelier *m.*

Kugel *f1* boule, bille *f*; globe *m* ‖ [Geschoß] balle *f* ‖ Sp. poids *m*. **~fest** *a* à l'épreuve des balles. **~ig** *a* sphérique. °**~lager** *n3* roulement *m* à billes. °**~schreiber** *m3* stylo *m* à bille.

Kuh *f2* vache *f* ‖ *blinde ~*, colin-maillard *m*.

kühl *a* frais. °**~e** *f0* fraîcheur *f*. **~en** *vt* rafraîchir. °**~er** *m3* Aut. radiateur *m*. °**~schrank** *m2* réfrigérateur *m*.

kühn *a* hardi, audacieux. °**~heit** *f1* hardiesse *f*.

Kuh·stall *m2* étable *f*.

Küken *n3* poussin *m*.

Kulisse *f1* coulisse *f*; décor *m*.

Kult *m1* culte *m*. **~ivieren** *vt* cultiver. °**~ur** *f1* culture *f* ‖ civilisation *f*. °**~us** *m* (-, te) culte *m*.

Kümmel *m0* cumin *m* ‖ kummel *m*.

Kummer *m0* chagrin *m*.

kümmer|lich *a* chétif ; rabougri. **~n** *vt* affliger • *vpr : sich um etw ~*, se soucier de qch.

Kump|an *m1* copain *m*. °**~el** *m3* mineur *m*.

kündbar *a* résiliable.

Kund|e *m4* client *m*. °**~e** *f1* nouvelle *f*; connaissance *f*. °**~en·dienst** *m1* service *m* après vente. **~geben***, **~tun*** *vt* faire savoir. °**~gebung** *f1* manifestation *f*. **~ig** *a* (gén.) informé (de).

kündig|en *vt* Fin., Jur. dénoncer • *vi* donner congé. °**~ungs·frist** *f1* (délai *m* de) préavis *m*.

Kundschaft *f1* clientèle *f* ‖ nouvelles *fpl*.

künftig *a* futur.

Kunst *f2* art *m*; *die bildenden Künste*, les beaux-arts.

Künstelei *f1* artifice *m*.

Kunst|faser *f1* fibre *f* synthétique. **~fertig** *a* habile. °**~gewerbe** *n3* art décoratif. °**~griff** *m1* tour *m* de main. °**~leder** *n0* similicuir *m*.

Künst|ler *m3* artiste *m*. **~lerisch** *a* artistique. **~lich** *a* artificiel.

Kunst|seide *f1* soie artificielle. °**~stoff** *m1* matière *f* synthétique. °**~stück** *n1* tour *m* de force. °**~werk** *n1* œuvre *f* d'art.

Kupfer *n0* cuivre *m*. °**~stich** *m1* gravure *f* sur cuivre.

Kuppe *f1* [Berg] dôme *m*.

Kuppel *f1* coupole *f*.

kupp|eln *vt* coupler ; accoupler ‖ Aut. embrayer. °**~(e)lung** *f1* embrayage *m*.

Kur *f1* cure *f*; traitement *m*.

Kurbel *f1* manivelle *f*. °**~stange** *f1* bielle *f*. °**~welle** *f1* vilebrequin *m*.

Kürbis *m* (ses, se) citrouille *f*.

Kur·gast *m2* curiste *m*.

Kurier *m1* courrier *m*.

kurieren *vt* traiter ; soigner.

Kur·ort *m1* station thermale.

Kurs *m1* Mar. route *f* ‖ cours *m* ‖ *außer ~ setzen*, retirer de la circulation. °**~buch** *n2* [Eisenbahn] indicateur *m*.

Kürschner *m3* fourreur *m*.
kur|sieren *vi* circuler. °**~siv·schrift** *f1* italique *f*.
Kurs·wagen *m3* voiture directe.
Kurve *f1* (ligne *f*) courbe *f* ‖ [Straße] virage *m*.
kurz *a* court ‖ bref; *binnen ~em,* sous peu; *vor ~em,* il y a peu. °**~arbeit** *f0* chômage partiel.
Kürze *f1* brièveté *f*. **~n** *vt* abréger.
kurzer·hand *av* sans hésiter.
kurz·fristig *a* à court terme.
kürzlich *av* récemment.
Kurz|park·zone *f1* zone bleue. **~schluß** *m* (usses, üsse) court-circuit °**~schrift** *f1* sténographie *f*. **~sichtig** *a* myope. **~um** *av* bref; en un mot. °**~waren** *fpl* mercerie *f*. °**~welle** *f1* onde courte.
Kusine *f1* cousine *f*.
Kuß *m* (usses, üsse) baiser *m*.
küssen *vt* embrasser.
Küste *f1* côte *f*.
Kustos *m* (-, oden) conservateur *m*.
Kutte *f1* froc *m*.
Kuvert *n1* couvert *m* ‖ enveloppe *f*.

l

labil *a* instable.
Lach·anfall *m2* accès *m* de rire.
Lache *f1* flaque *f*; mare *f*.
lächeln *vi* sourire • *n0* : °**~**, sourire *m*.
lachen *vi* rire; *laut* ~, rire aux éclats • *n0* : °**~**, rire *m*; *zum ~ bringen,* faire rire.
lächerlich *a* ridicule, risible.
Lach·lust *f2* envie *f* de rire.
Lachs *m1* saumon *m*.
Lack *m1* laque *f*; vernis *m*.
Lade *f1* coffre *m*; bahut *m*.
1. laden* *vt* charger.
2. laden* *vt* inviter ‖ citer (en justice).
Laden *m* (s, ¨) volet *m* ‖ COMM. boutique *f*. °**~hüter** *m3* COMM. rossignol *m*.
Laden·tisch *m1* comptoir *m*.
lädieren *vt* léser; endommager.
Ladung *f1* charge, cargaison *f* ‖ JUR. citation *f*.
Lage *f1* situation *f*; site *m* ‖ cahier *m* (de papier) ‖ FAM. tournée *f*.
Lager *n3* couche *f*; gîte *m* ‖ camp *m* ‖ dépôt *m*; entrepôt *m* ‖ gisement *m* ‖ TECHN. coussinet *m*; palier *m*. °**~haus** *n2* entrepôt *m*. °**~ist** *m4* magasinier *m*. **~n** *vt* COMM. stocker • *vi* camper; reposer.
lahm *a* paralysé.
lähmen *vt* paralyser.
lahm·legen *vt* FIG. paralyser; arrêter.
Lähmung *f1* paralysie *f*.
Laib *m1* miche *f*; pain *m*.

Laich *m1* frai *m.* **~en** *vi* frayer.
Laie *m4* laïque *m* ‖ FIG. profane *m.*
Laken *n3* drap *m.*
Lakritze *f1* réglisse *f.*
lallen *vi/vt* bégayer.
Lamm *n2* agneau *m.*
Lampe *f1* lampe *f.*
Lampen|fieber *n0* trac *m.* °**~schirm** *m1* abat-jour *m.*
Land *n2* terre *f* ferme ‖ campagne *f* ‖ pays *m;* province *f;* Land *m.* °**~arbeiter** *m3* ouvrier *m* agricole. **~en** *vi* débarquer; atterrir. °**~enge** *f1* isthme *m.*
Länder|kampf *m2,* °**~spiel** *n1* match international.
Landes·sprache *f1* langue nationale.
Land|flucht *f1* exode rural. °**~haus** *n2* maison *f* de campagne. °**~karte** *f1* carte *f* géographique. **~läufig** *a* courant, usuel.
ländlich *a* rustique, agreste.
Land|mann *m* (s, leute) paysan *m.* °**~pfarrer** *m3* curé *m* de campagne. °**~rat** *m2* sous-préfet *m.*
Landschaft *f1* paysage *m* ‖ région *f.*
Landser *m3* FAM. troufion *m.*
Lands·mann *m* (s, leute) compatriote *m.*
Land|straße *f1* grand-route *f.* °**~streicher** *m3* vagabond *m.* °**~strich** *m1* contrée *f.* °**~tag** *m1* parlement *m* de Land.
Landung *f1* débarquement *m* ‖ AÉR. atterrissage *m.*
Land·wirt *m1* agriculteur *m.* °**~schaft** *f0* agriculture *f.*
lang *a* long; grand ‖ [zeitlich] *seit ~em,* depuis longtemps • *av* : *~(e),* (pendant) longtemps; depuis longtemps; *wie ~e ?,* (depuis) combien de temps?
Länge *f1* longueur *f;* taille *f; in die ~ ziehen,* faire traîner (une affaire) ‖ GÉOGR. longitude *f.*
langen *vi* FAM. suffire ‖ *nach etw ~,* (tendre la main pour) saisir qch.
Längen·grad *m1* degré *m* de longitude.
lang|fristig *a* à long terme. °**~haus** *n2* nef *f.*
länglich *a* oblong.
Lang·mut *f0* longanimité *f.*
längs *p* (gén.) le long de.
langsam *a/av* lent(ement). °**~keit** *f0* lenteur *f.*
längst *av* depuis longtemps.
Lang·weil|e *f0* ennui *m.* **~en** *vt* ennuyer. **~ig** *a* ennuyeux.
Lanze *f1* lance *f.*
Lappalie *f1* bagatelle *f.*
Lappen *m3* lambeau *m* ‖ chiffon, torchon *m.*
Lapp·land *n0* Laponie *f.*
Lärche *f1* mélèze *m.*
Lärm *m0* bruit, vacarme *m.* **~en** *vi* faire du bruit.
Larve *f1* masque *m* ‖ larve *f.*
lasieren *vt* ARTS glacer.
laß *a* mou; relâché.

lassen* *vt* laisser ; ~ *Sie mich (in Ruhe),* laissez-moi (tranquille) • *vi* (inf.) laisser/faire (faire) ; *jn eine Arbeit verrichten* ~, faire faire un travail à qn • *aux de l'impér : laß(t) uns gehen!,* partons !
lässig *a* nonchalant ; indolent.
Last *f1* charge *f;* fardeau *m.* °**~auto** *n* (s, s) camion *m.* **~en** *vi* (*auf,* dat.) peser sur ; grever. °**~en·aufzug** *m2* monte-charge *m.*
Laster *n3* vice *m.* **~haft** *a* vicieux.
läster|n *vt* blasphémer (contre) • *vi* (*über,* acc.) calomnier. °**~ung** *f1* blasphème *m* ‖ calomnie *f.*
lästig *a* gênant ; fâcheux.
Last|kahn *m2* chaland *m;* péniche *f.* °**~kraftwagen** *m3* [*abr* : ***LKW***] poids lourd. °**~wagen** *m3* camion *m.*
Lasur *f1* ARTS glacis *m.*
Latein *n0* latin *m.* **~isch** *a* latin.
Laterne *f1* lanterne *f.*
Latte *f1* latte *f* ‖ SP. barre *f.*
Lattich *m1* laitue *f.*
Latz *m2* bavette *f.*
lau *a* tiède.
Laub *n1* feuillage *m.* °**~e** *f1* tonnelle *f* ‖ SPECT. loge *f.* °**~werk** *n1* ARCH. rinceau *m.*
Lauch *m1* poireau *m.*
Lauer *f0* : *auf der* ~, aux aguets. **~n** *vi* (*auf,* acc.) guetter, épier.
Lauf *m2* course *f;* marche *f* ‖ cours *m* ‖ [Waffe] canon *m.* °**~bahn** *f1* carrière *f.* **~en*** *vi* courir ; marcher ‖ *der Motor läuft,* le moteur tourne ‖ MAR. *aus dem Hafen* ~, prendre la mer ‖ [fließen] couler ; circuler ‖ [Film] passer • *vt* : *(die) Gefahr* ~, *zu,* courir le risque de. °**~end** *asn : auf dem ~en sein,* être au courant.
Läufer *m3* coureur *m* ‖ [Schachspiel] fou *m.*
Lauf|junge *m4* garçon *m* de courses. °**~masche** *f1* maille filée. °**~schritt** *m1* pas *m* de gymnastique.
Lauge *f1* lessive.
Laun|e *f1* humeur *f;* caprice *m.* **~ig** *a* amusant, drôle.
Laus *f2* pou *m.* °**~bube** *m4* gamin *m.*
lauschen *vi* (dat.) écouter ; prêter l'oreille (à).
1. laut *a* sonore, bruyant ; ~ *werden,* se faire entendre ; FIG. s'ébruiter • *av* : ~ *sprechen,* parler haut/fort.
2. laut *p* (gén.) d'après ; aux termes de.
Laut *m1* son *m* ‖ son articulé.
Laute *f1* luth *m.*
lauten *vi* dire ; avoir pour contenu.
läuten *vi/v impers/vt* sonner.
lauter *a* limpide ; pur • *av* seulement ; ~ *Lügen,* rien que des mensonges. °**~keit** *f0* pureté *f.*
läutern *vt* clarifier ; purifier.
laut|los *a* silencieux. °**~sprecher** *m3* haut-parleur *m.* °**~stärke** *f0* intensité *f.*
lau·warm *a* tiède.

Lava *f* (ven) lave *f*.
Lavendel *m0* lavande *f*.
lavieren *vi* louvoyer.
Lawine *f1* avalanche *f*.
Lazarett *n1* hôpital *m* (militaire).
leben *vi* vivre ; *es lebe..!*, vive...! ; ~ *Sie wohl!*, adieu! • *n0* : °~, vie *f*.
lebendig *a* vivant ; FIG. vif ; animé. °**~keit** *f0* vivacité *f*.
Lebens|alter *n3* âge *m*. °**~dauer** *f0* : *auf* ~, à vie. °**~frage** *f1* question *f* de vie ou de mort. °**~gefahr** *f1* danger *m* de mort. **~groß** *a* (de) grandeur nature. **~länglich** *a* JUR. à perpétuité. °**~lauf** *m2* curriculum vitae *m*. °**~mittel** *npl* aliments, vivres *mpl*. °**~raum** *m2* espace vital. °**~unterhalt** *m0* subsistance *f*. °**~versicherung** *f1* assurance *f* vie.
Leber *f1* foie *m*.
Leb|e·wesen *n3* être vivant ; organisme *m*. °**~e·wohl** *n0* adieu *m*. **~haft** *a* vif ; animé. °**~haftigkeit** *f0* vivacité *f*. °**~kuchen** *m3* pain *m* d'épice. **~los** *a* inanimé. °**~zeiten** *fpl* : *zu* ~ (gén), du vivant de.
Leck *n1* voie *f* d'eau • *a* ~ : ~ *sein*, fuir.
leck|en *vt* lécher. °**~er·bissen** *m3* friandise *f*. °**~er·maul** *n2* gourmand *m*.
Leder *n3* cuir *m*. **~n** *a* de/en cuir ‖ FIG. sec ; ennuyeux. °**~waren** *fpl* maroquinerie *f*.
ledig *a* libre ‖ célibataire. **~lich** *av* uniquement.
leer *a* vide ; vacant. °**~e** *f1* vide *m* ‖ FIG. inanité *f*. **~en** *vt* vider ; évacuer. °**~lauf** *m0* AUT. point mort ; ralenti *m*. °**~ung** *f1* évacuation *f* ‖ [Post] levée *f*.
legen *vt* coucher, étendre ; poser, mettre ; *Eier* ~, pondre • *vpr* [Sturm] s'apaiser.
legier|en *vt* allier ; fondre. °**~ung** *f1* alliage *m*.
Lehen *n3* fief *m*.
Lehm *m1* limon *m* ; argile *f*.
Lehne *f1* appui *m* ; dossier *m*. **~n** *vi* (*an*, dat.) s'appuyer • *vpr* s'appuyer ; se pencher.
Lehns|herr *m* (n, en) suzerain *m*. °**~mann** *m* (s, en/-leute) vassal *m*.
Lehn·stuhl *m2* fauteuil *m*.
Lehr|amt *n2* professorat *m*. °**~buch** *n2* manuel *m*. °**~e** *f1* enseignement *m* ‖ doctrine *f* ‖ apprentissage *m* ‖ TECHN. calibre *m* ; jauge *f*. **~en** *vt* enseigner ; *jn etw* ~, apprendre qch à qn. °**~er** *m3*, °**~erin** *f1* instituteur *s* ; professeur *m*. °**~ling** *m1* apprenti *m*. **~reich** *a* instructif. °**~stuhl** *m2* chaire *f* (d'université).
Leib *m* (s, er) corps *m* ‖ ventre *m*. °**~arzt** *m2* médecin personnel. °**~eigene(r)** *asm* serf *m*. °**~gericht** *n1* plat favori. **~haft(ig)** *a* en chair et en os. **~lich** *a* physique ; matériel. °**~schmerzen** *mpl* mal *m*

au ventre. °~**wache** *f1* garde *f* du corps.

Leiche *f1* cadavre *m.*

leichen|blaß *a* pâle comme un mort. °~**schau·haus** *n2* morgue *f.* °~**träger** *m3* FAM. croque-mort *m.* °~**tuch** *n2* suaire, linceul *m.* °~**zug** *m2* cortège *m* funèbre.

Leichnam *m1* cadavre *m.*

leicht *a* léger ‖ facile ; aisé • *av : das ist ~ gesagt,* c'est facile à dire. °~**athletik** *f0* athlétisme *m.* ~**fallen*** *vi* ne pas coûter. ~**fertig** *a* léger ; irréfléchi. °~**fertigkeit** *f0* étourderie *f.* ~**gläubig** *a* crédule. ~**hin** *av* à la légère. °~**igkeit** *f0* légèreté *f* ‖ aisance *f.* °~**sinn** *m0* insouciance *f.*

Leid *n0* peine *f;* souffrance *f* • *av ~ : es tut mir ~,* je (le) regrette ; *er tut mir ~,* il me fait de la peine. ~**en*** *vt* subir, endurer ; *Hunger ~,* souffrir de la faim ‖ tolérer, supporter • *vi* (*an,* dat.) avoir mal (à) ; *unter der Kälte ~,* souffrir du froid • *n3 :* °~, souffrance *f;* mal *m.*

Leidenschaft *f1* passion *f.* ~**lich** *a* passionné.

leid|er *av* hélas ; malheureusement. ~**ig** *a* triste ; fâcheux. ~**lich** *a* tolérable ; passable. °~**tragende(r)** *asm* FIG. victime *f.* ~**voll** *a* douloureux.

Leier *f1* lyre *f.* °~**kasten** *m3* orgue *m* de Barbarie. ~**n** *vt/vi* ânonner.

Leih|amt, °~**haus** *n2* mont-de-piété *m.* ~**en*** *vt* prêter ‖ [entleihen] emprunter.

Leim *m1* colle forte ; glu *f.*

Lein *m1* lin *m.* °~**e** *f1* corde *f;* laisse *f.* °~**en** *n0* toile *f* (de lin) • *a : ~,* de lin. °~**wand** *f2* toile *f* ‖ CIN. écran *m.*

leise *a* [Stimme] bas ‖ léger • *av* à voix basse.

Leiste *f1* liteau *m;* bande *f* ‖ AN. aine *f.*

leisten *vt* faire, accomplir ‖ TECHN. rendre ; donner ‖ *Hilfe ~,* apporter son aide • *vpr :* FAM. *sich etw ~,* se payer qch.

Leisten *m3* [Schuhe] forme *f.*

Leistung *f1* rendement *m;* performance *f.*

Leit|artikel *m3* éditorial *m.* °~**bild** *n2* modèle *m.* ~**en** *vt* conduire ; diriger.

1. Leiter *m3* directeur *m* ‖ PHYS. conducteur *m.*

2. Leiter *f1* échelle *f.*

Leit|faden *m* (s, ¨) fil conducteur. °~**hammel** *m* (s, ¨) bélier *m* ‖ FIG. meneur *m.* °~**satz** *m2* principe directeur. °~**ung** *f1* conduite *f.*

Lekt|ion *f1* leçon *f.* °~**or** *m* (s, en) lecteur *m.*

Lenden *fpl* reins *mpl.* °~**braten** *m3* filet *m.*

lenk|bar *a* dirigeable ; gouvernable. ~**en** *vt* conduire ; diriger. °~**rad** *n2* volant *m.* °~**stange** *f1* guidon *m.*

Lepra *f0* lèpre *f.*

Lerche *f1* alouette *f.*

lernen *vt* apprendre.
les|bar *a* lisible. °**~e** *f1* cueillette, récolte *f*. **~e·buch** *n2* livre *m* de lecture. **~en*** *vt* ramasser ; récolter ‖ lire.
Leser *m3*, °**~in** *f1* lecteur *s*. **~lich** *a* lisible. °**~schaft** *f0* lecteurs *mpl*.
Lese·saal *m* (s, -säle) salle *f* de lecture.
Lesung *f1* POL. lecture *f*.
Lettner *m3* jubé *m*.
letzt *a* dernier ‖ *~en Sonntag,* dimanche dernier. **~hin** *av* dernièrement. **~lich** *av* dernièrement ‖ finalement.
Leucht|boje *f1* bouée lumineuse. °**~e** *f1* lumière *f*. **~en** *vi* luire ; briller ; *jm ~,* éclairer qn. °**~er** *m3* chandelier *m* ; lustre *m*. °**~käfer** *m3* ver luisant. °**~kugel** *f1* balle traçante. °**~schild** *n2* enseigne lumineuse. °**~turm** *m2* phare *m*.
leugn|en *vt* nier.
Leuk|ämie *f0* leucémie *f*. °**~ozyte** *f1* leucocyte *m*.
Leu·mund *m1* réputation *f*.
Leute *pl* gens *m/fpl* ; FAM. *meine ~,* les miens.
Leutnant *m1* sous-lieutenant *m*.
leut·selig *a* affable.
Levkoje *f1* giroflée *f*.
Libelle *f1* libellule *f* ‖ TECHN. niveau *m* d'eau.
Licht *n2* lumière *f* ; clarté *f* ; lueur *f* ‖ FIG. *ans ~ bringen,* révéler ‖ bougie *f* ; lampe *f* • *a* : *~,* lumineux ‖ clairsemé.
Licht|bild *n2* photographie *f*. °**~bündel** *n3* faisceau lumineux. °**~druck** *m0* héliogravure *f*. **~empfindlich** *a* sensible à la lumière ; impressionnable. **~en** *vt* éclaircir ; élaguer ‖ MAR. *den Anker ~,* lever l'ancre. °**~maschine** *f1* dynamo *f*. °**~seite** *f1* côté éclairé ‖ FIG. beau côté. °**~ung** *f1* clairière *f*.
Lid *n2* paupière *f*.
lieb *a* cher, bien-aimé ; *seien Sie so ~,* ayez la bonté (de) ‖ REL. *unsere °~e Frau,* Notre-Dame ; *der ~e Gott,* le bon Dieu • *av* : **~er** [*comparl*]/***am ~sten*** [*superl*] de préférence.
lieb|äugeln *vi (mit)* faire de l'œil (à) ; jouer (avec). °**~e** *f1* amour *m* ; affection *f* ; *aus ~ zu,* par amour pour ; *tue mir die ~, und,* fais-moi l'amitié de. **~en** *vt* aimer, chérir. °**~enden** *pl* amants *mpl*.
liebens|wert, ~würdig *a* aimable.
Liebes|dienst *m1* : *jm einen ~ erweisen,* rendre service à qn. °**~paar** *n1* couple *m* d'amoureux.
lieb|e·voll *a* affectueux. °**~frauen·kirche** *f1* église *f* Notre-Dame. °**~haber** *m3* amoureux *m* ; amateur *m*. °**~haberei** *f1* passion *f* ‖ FAM. dada *m*. **~kosen** *vt* caresser ; cajoler. **~lich** *a* charmant. °**~ling** *m1* préféré *m*. **~los** *a* froid ; dur.

Lied *n2* chanson *f* ‖ cantique *m.*
liederlich *a* débauché ; négligé ; bâclé.
Liefer|ant *m4* fournisseur *m.* **~bar** *a* livrable. **~n** *vt* fournir ; livrer. °**~schein** *m1* bon *m* de livraison. °**~ung** *f1* livraison *f.*
liegen* *vi* être couché/étendu ‖ être (situé) ; se trouver ‖ FIG. *jm* ~, convenir à qn ; *woran liegt es ?,* à quoi cela tient-il ? **~bleiben*** *vi* garder le lit ‖ COMM. ne pas se vendre.
Liege|platz *m2* couchette *f.* °**~stuhl** *m2* chaise longue.
Likör *m1* liqueur *f.*
Lilie *f1* lis *m.*
Linde *f1* tilleul *m.*
lindern *vt* adoucir ; calmer.
Lineal *n1* règle *f.*
Linie *f1* ligne *f.* °**~n·schiff** *n1* bâtiment *m* de ligne.
link *a* gauche. °**~e** *f1* gauche *f.* **~isch** *a* gauche ; maladroit.
links *av* à gauche. °**~händer** *m3* gaucher *m.*
Linse *f1* lentille *f* ‖ AN. cristallin *m.*
Lippe *f1* lèvre *f;* babine *f.* °**~n·bekenntnis** *n* (ses, se) oui forcé. **~n·stift** *m1* rouge *m* à lèvres.
lispeln *vi* zézayer ‖ chuchoter.
List *f1* ruse *f.*
Liste *f1* liste *f.* °**~n·preis** *m1* prix *m* de catalogue.
listig *a* rusé.
Litanei *f1* litanie *f.*
Liter *m3, n3* litre *m.*
litera|risch *a* littéraire. °**~t** *m4* homme *m* de lettres. °**~tur** *f1* littérature *f* ‖ bibliographie *f.*
Litfaß·säule *f1* colonne *f* Morris.
Liz|entiat *m4* licencié *m.* °**~enz** *f1* licence *f.*
Lob *n1* éloge *m.* **~en** *vt* louer ; faire l'éloge de. **~e(n)s·wert** *a* méritoire.
löblich *a* louable.
Lob·rede *f1* éloge *m.*
Loch *n2* trou *m* ‖ tanière *f.* **~en** *vt* perforer ; poinçonner. °**~karte** *f1* carte perforée. °**~streifen** *m3* bande perforée.
Locke *f1* boucle *f;* mèche *f.*
1. locken *vt* boucler, friser.
2. locken *vt* attirer, appâter.
locker *a* peu serré ; lâche ‖ [Boden] meuble. **~n** *vt* desserrer, relâcher ‖ AGR. ameublir.
lockig *a* bouclé ; ondulé.
Lock|pfeife *f1* appeau *m.* °**~mittel** *n3* appât *m.*
lodern *vi* flamber.
Löffel *m3* cuiller *f.*
Log·buch *n2* MAR. livre *m* de bord.
Loge *f1* loge *f;* baignoire *f.*
Logi|k *f0* logique *f.* **~sch** *a* logique.
1. lohen *v imp* flamber.
2. lohen *vt* tanner.
Lohn *m2* salaire *m.* °**~arbeiter** *m3* salarié *m.* **~en** *vt (jm etw)* récompenser (qn de qch) •

v imp : es lohnt sich, cela en vaut la peine.

Lokal *n1* local *m* || cabaret *m.* °**~termin** *m1* descente *f* de justice.

Lorbeer *m* (s, en) laurier *m.*

Los *n1* sort *m;* destinée *f* || billet *m* de loterie ; lot *m.*

los *av : jn ~ werden,* se débarrasser de qn ; *was ist ~?,* que se passe-t-il ? • *suff privatif* sans • *part sép.*

lösbar *a* soluble || amovible.

los·binden* *vt* détacher, délier.

Lösch|gerät *n1* extincteur *m.* **~en** *vt* éteindre || [Durst] étancher || [Schuld] payer || MAR. décharger. °**~papier** *n1* buvard *m.*

lose *a* détaché ; délié ; *~ Blätter,* feuilles volantes.

Löse·geld *n2* rançon *f.*

losen *vi* tirer au sort.

lösen *vt* séparer ; délivrer || [Problem] résoudre || CHIM. dissoudre || [Fahrkarte] prendre.

los|fahren* *vi* partir. **~gehen*** *vi* se défaire || se déclencher. **~lassen*** *vt* lâcher ; libérer.

löslich *a* CHIM. soluble.

los|machen *vt* défaire ; desserrer. **~sprechen*** *vt* JUR. acquitter || REL. absoudre. **~stürzen** *vi* (*auf,* acc.) se précipiter (sur).

Losung *f1* mot *m* de passe.

Lösung *f1* séparation *f* || solution *f.*

los·werden* *vt* se débarrasser/se défaire de.

Lot *n1* fil *m* à plomb || MATH. perpendiculaire *f* || MAR. sonde *f.* **~en** *vt* MAR. sonder.

löt|en *vt* souder. °**~lampe** *f1* lampe *f* à souder.

Lotse *m4* MAR. pilote *m.*

Lötung *f1* soudure *f.*

Löw|e *m4* lion *m.* °**~en·grube** *f1* fosse *f* aux lions. °**~en·zahn** *m2* pissenlit *m.* °**~in** *f1* lionne *f.*

Luchs *m1* lynx *m.*

Lücke *f1* lacune *f;* brèche *f.*

Luder *n3* [Jagd] charogne *f* || VULG. garce *f.*

Luft *f2* air *m* || FIG. *aus der ~ gegriffen,* inventé de toutes pièces. °**~angriff** *m1* attaque aérienne.

Lüftchen *n3* souffle *m* d'air || brise *f.*

luft|dicht *a* hermétique ; étanche. °**~druck** *m0* pression *f* atmosphérique.

lüften *vt* aérer ; *den Hut ~,* soulever son chapeau.

Luft|fahrt *f0* navigation aérienne. °**~hafen** *m* (s, ¨) aéroport *m.* °**~heizung** *f1* chauffage *m* à air chaud. °**~kissen·zug** *m2* Aérotrain *m.* °**~linie** *f1 : in der ~,* à vol d'oiseau. °**~post** *f0* poste aérienne.

Luft·röhre *f1* trachée(-artère) *f.* °**~n·entzündung** *f1* trachéite *f.*

Luft|schiff *n1* aéronef *m.* °**~schraube** *f1* hélice *f.*

Lüftung *f1* aération, ventilation *f*.
Luft|verkehr *m0* trafic aérien. °**~waffe** *f1* armée *f* de l'air. °**~zug** *m2* courant *m* d'air.
Lüge *f1* mensonge *m*. **~n*** *vi* mentir.
Lügner *m3* menteur *m*. **~isch** *a* mensonger.
Luke *f1* lucarne *f* ‖ MAR. hublot *m*.
Lümmel *m3* butor *m*.
Lump *m4* gueux *m*. °**~en** *m3* chiffon *m*; haillon *m*. °**~en·proletariat** *n0* sous-prolétariat *m*.
Lunge *f1* poumon *m*.
Lungen|entzündung *f1* pneumonie *f*. °**~fell** *n1* plèvre. *f*. **~krank** *a* tuberculeux.
Lunte *f1* mèche *f* ‖ FIG. *~ riechen,* éventer la mèche.
Lupe *f1* loupe *f*; *unter die ~ nehmen,* examiner de près.
Lust *f2* plaisir *m* ‖ envie *f*.
Lüster *m3* lustre *m*.
lüstern *a* concupiscent; lubrique.
lustig *a* joyeux, gai; drôle; *sich über jn ~ machen,* se divertir aux dépens de qn.
Lüstling *m1* débauché *m*.
lust|los *a* languissant. °**~spiel** *n1* comédie *f*.
Lutheraner *m3,* °**~in** *f1* luthérien *s*.
lutsch|en *vt/vi* su(çot)er. °**~er** *m3* sucette *f*.
Luxus *m* luxe *m*.
Luzerne *f1* luzerne *f*.
Lyrik *f0* poésie *f* (lyrique).

m

Maas *f0* Meuse *f*.
Mache *f0* FAM. frime *f*.
machen *vt* faire, fabriquer; *Feuer ~,* faire du feu; *aus jm einen Mann ~,* faire de qn un homme ‖ *das macht nichts,* cela ne fait rien ‖ (adj.) rendre; *jn wütend ~,* rendre qn furieux ‖ (inf.) *er macht mich lachen,* il me fait rire • *vpr : sich an die Arbeit ~,* se mettre au travail. °**~schaft** *f1* machination *f*.
Macht *f2* puissance *f*; pouvoir *m*. °**~haber** *m3* détenteur *m* du pouvoir.
mächtig *a* puissant; fort; *einer Sprache ~ sein,* posséder une langue ‖ FIG. considérable.
machtlos *a* faible; impuissant.
Mach·werk *n1* méchant ouvrage.
Mädchen *n3* jeune fille; fillette *f* ‖ bonne *f*.
Made *f1* asticot *m*.
Mädel *n3* FAM. (jeune) fille *f*.
Magd *f2* servante *f*.
Magen *m3* estomac *m*. °**~geschwür** *n1* ulcère *m* de l'estomac.

mager *a* maigre ‖ FIG. pauvre. °**~keit** *f0* maigreur *f.*
Magistrat *m1* municipalité *f.*
Magnet *m4, m1* aimant *m.* **~isch** *a* magnétique. °**~nadel** *f1* aiguille aimantée.
Magnolie *f1* magnolia *m.*
Mahagoni *n0* acajou *m.*
Mäh|drescher *m3* moissonneuse-batteuse *f.* **~en** *vt* faucher.
mahlen* *vt* moudre.
Mahl·zeit *f1* repas *m; (gesegnete) ~!* bon appétit!
Mahn·brief *m1* avertissement *m.*
Mähne *f1* crinière *f.*
mahn|en *vt* exhorter; avertir. °**~ung** *f1* avertissement *m.*
Mähre *f1* haridelle *f.*
Mai *m1* mai *m.* °**~glöckchen** *n3* muguet *m.* °**~käfer** *m3* hanneton *m.*
Mainz *n0* Mayence *f.*
Majestät *f1* majesté *f.* **~isch** *a* majestueux.
Major *m1* commandant *m.*
Majuskel *f1* majuscule *f.*
Makel *m3* tache, souillure *f.* **~los** *a* immaculé, sans tache.
Makler *m3* courtier *m.*
Makrele *f1* maquereau *m.*
1. Mal *n* (s, e/¨er) tache *f;* marque *f;* signe *m.*
2. Mal *n1* fois *f; das nächste ~,* la prochaine fois • *av* **~** : *zwei ~ fünf,* deux fois cinq.
mal|en *vt* peindre. °**~er** *m3* peintre *m.* °**~erei** *f1* peinture *f.* **~erisch** *a* pittoresque.
Malve *f1* mauve *f.*
Malz *n0* malt *m.*
man *pr indéf* on.
manch *a/pr indéf* maint; plus d'un. **~erlei** *a* différentes sortes de. **~mal** *av* parfois.
Mandel *f1* amande *f* ‖ *Pl* amygdales *fpl.* °**~entzündung** *f1* amygdalite *f.*
1. Mangel *f1* calandre *f.*
2. Mangel *m* (s, ¨) manque *m; aus ~ an* (dat.), faute de ‖ défaut *m;* imperfection *f.* **~haft** *a* défectueux.
mang|eln *vi/v imp* manquer; *es mangelt mir an* (dat.), je manque de. **~els** *p* (gén.) à défaut de; faute de.
Mangold *m1* bette *f.*
Manier *f1* manière *f.* **~iert** *a* affecté; maniéré. **~lich** *a* poli, bien élevé.
Mann *m2* homme *m* ‖ mari *m; zum ~ nehmen,* prendre pour mari ‖ LOC : *seinen ~ stehen/stellen,* être à la hauteur ‖ [*pl* : **Leute** ou **Mann**] MIL. homme *m* ‖ [*pl* : **Mannen**] HIST. vassal *m.*
Männchen *n3* ZOOL. mâle *m.*
Mannes·alter *n0* âge mûr/adulte.
mannhaft *a* viril; courageux.
mannig|fach, ~faltig *a* multiple. °**~faltigkeit** *f1* diversité *f.*
männlich *a* masculin; viril.
Mannschaft *f1* hommes *mpl* de troupe; équipage *m* ‖ SP. équipe *f.* °**~s·geist** *m0* esprit *m* d'équipe.

Manöver *n0* manœuvres *fpl.*
Manschette *f1* manchette *f.*
Mantel *m* (s, ¨) manteau *m* ‖ TECHN. chemise *f*; gaine *f.*
Mappe *f1* cartable *m*; serviette *f*; chemise *f.*
Märchen *n3* conte *m.* **~haft** *a* fabuleux ; féerique.
Marder *m3* martre *f.*
Marien|fäden *mpl* fils *mpl* de la Vierge. °**~käfer** *m3* coccinelle *f.*
1. Mark *f0* mark *m.*
2. Mark *n0* moelle *f.*
Mark|e *f1* (contre)marque *f* ‖ timbre *m.* **~ieren** *vt* marquer.
markig *a* énergique.
Markt *m2* marché *m.* °**~flecken** *m3* bourg *m.* °**~halle** *f1* halle *f*; marché couvert. °**~platz** *m2* place *f* du marché. °**~wirtschaft** *f0* économie *f* de marché.
Marmor *m1* marbre *m.* °**~bruch** *m2* marbrière *f.*
Marone *f1* marron *m.*
Marsch *m2* marche *f.*
Marschall *m2* maréchal *m.*
marschieren *vi* marcher au pas.
Marter *f1* martyre *m*; supplice *m.* **~n** *vt* martyriser.
Märtyrer *m3*, **~in** *f1* martyr *s.*
März *m1* mars *m.* °**~en·bier** *n1* bière forte.
Masche *f1* maille *f* ‖ POP. filon *m.* **~n·fest** *a* indémaillable.
Maschine *f1* machine *f* ‖ AÉR. appareil *m.*
Maschinen|bau *m0* construction *f* mécanique. °**~gewehr** *n1* [*abr* : *MG*] mitrailleuse *f.* °**~pistole** *f1* pistolet mitrailleur. °**~schrift** *f1* texte dactylographié.
maschine·schreiben* *vt* (sép.) dactylographier.
Maser *f1* madrure *f*; veine *f.* °**~n** *pl* rougeole *f.*
Maske *f1* masque *m.* °**~n·ball** *m2* bal masqué.
Maß *n1* mesure *f*; *nach* **~**, sur mesure.
Masse *f1* masse *f.*
Maß·einheit *f1* unité *f* de mesure.
Massen|grab *n2* fosse commune. **~haft** *a* en masse.
maß|gebend, ~geblich *a* déterminant. **~halten*** *vi* garder la mesure.
mass|ieren *vt* masser ; concentrer. **~ig** *a* massif.
mäßig *a* modéré ; frugal. **~en** *vt/vpr* (se) modérer ; (se) tempérer. °**~ung** *f0* modération *f.*
massiv *a* massif.
maß|los *a* excessif. °**~losigkeit** *f0* excès *m.* °**~nahme** *f1* mesure *f.* **~regeln** *vt* sanctionner (disciplinairement). °**~stab** *m2* échelle *f.* **~voll** *a* modéré.
1. Mast *f0* engraissement *m.*
2. Mast (es, en) mât *m.*
Mast·darm *m0* rectum *m.*
mästen *vt* engraisser ; gaver.
Materi|al *n* (s, ien) matériel *m*; matériau *m.* °**~e** *f1* matière *f.* **~ell** *a* matériel.

Mathemat|ik *f1* mathématiques *fpl.* °**~iker** *m3* mathématicien *m.* **~isch** *a* mathématique.

Matjes·hering *m1* hareng frais salé.

Matratze *f1* matelas *m.*

Matr|ix *f* (izen), °**~ize** *f1* matrice *f.*

Matrose *m4* matelot, marin *m.*

Matsch *m0* gâchis *m* || boue *f.*

matt *a* las, épuisé || terne || [Glas] dépoli || [Schach] mat.

1. Matte *f1* alpage *m.*

2. Matte *f1* natte *f.*

Mauer *f1* mur *m.* **~n** *vt* maçonner.

Maul *n2* gueule *f* || Pop. *das ~ halten,* la boucler. °**~beere** *f1* mûre *f.* °**~esel** *m3* mulet *m.* °**~korb** *m2* muselière *f.* °**~tier** *n1* mulet *m.* °**~-und Klauen·seuche** *f0* fièvre aphteuse. °**~wurf** *m2* taupe *f.*

Maurer *m3* maçon *m.*

Maus *f2* souris *f.* °**~e·falle** *f1* souricière *f.*

Mauser *f1* mue *f.* **~n** *vpr* muer.

Mechan|ik *f1* mécanique *f.* °**~iker** *m3* mécanicien *m.* **~isch** *a* mécanique.

meckern *vi* Pop. rouspéter.

Medizin *f1* médecine *f.*

Meer *n1* mer *f.* °**~busen** *m3* golfe *m.* °**~enge** *f1* détroit *m.* °**~es·spiegel** *m0* niveau *m* de la mer. °**~katze** *f1* guenon *f.* °**~rettich** *m1* raifort *m.* °**~schaum** *m0* écume *f* de mer. °**~schweinchen** *n3* cobaye *m.*

Mehl *n0* farine *f;* poudre *f.* **~haltig,** **~ig** *a* farineux. °**~speise** *f1* entremets *m.* °**~tau** *m1* mildiou *m.*

mehr *av* plus, davantage; *~ und ~/immer ~,* de plus en plus; *niemand ~,* plus personne; *nichts ~,* rien de plus; plus rien; *~ nicht,* pas plus • *n :* °**~,** (sur)plus *m.*

Mehr|ausgabe *f1* dépense *f* supplémentaire. **~en** *vt* augmenter. **~ere** *a/pr indéf* plusieurs. **~fach** *a* multiple; répété. °**~gewicht** *n1* excédent *m* de poids. °**~heit** *f1* majorité *f.* **~mals** *av* à plusieurs reprises. °**~porto** *n* (s, s/ti) surtaxe *f.* **~sprachig** *a* polyglotte. **~stimmig** *a* à plusieurs voix. °**~wert** *m1* plus-value *f.* °**~wert·steuer** *f0* taxe *f* à la valeur ajoutée (T. V. A.). °**~zahl** *f1* majorité *f* || Gramm. pluriel *m.*

meiden* *vt* éviter.

Meier *m3* métayer *m.* °**~ei** *f1* métairie *f.*

Meile *f1* mille *m;* lieue *f.*

mein(e) *a poss* mon, ma, mes • *pr poss* le mien, la mienne • *as* °*~ : die* °*~en,* les miens.

Mein·eid *m1* parjure *m.*

meinen *vt* avoir dans l'esprit; penser.

mein|er *pr pers* gén. de ***ich*** de moi. **~er·seits** *av* de mon côté. **~et·wegen** *av* pour moi: *~!,* soit! **~ige** *pr poss :*

der/die/das **~**, le mien/la mienne.
Meinung *f1* opinion *f; meiner ~ nach,* à mon avis.
Meise *f1* mésange *f.*
Meißel *m3* burin *m;* ciseau *m.* **~n** *vt* ciseler.
meist *a* [*superl* de **mehr**] : *die ~en Schüler,* la plupart des élèves ; *am ~en,* le plus souvent ; généralement. **~ens** *av* la plupart du temps.
Meister *m3* maître *m* ‖ Sp. champion *m.* **~haft, ~lich** *a* magistral. **~n** *vt* maîtriser. °**~schaft** *f1* maîtrise *f* ‖ Sp. championnat *m.* °**~werk** *n1* chef-d'œuvre *m.*
meld|en *vt* annoncer • *vpr* se présenter ‖ répondre ; *sich krank ~,* se faire porter malade. °**~ung** *f1* annonce *f.*
melken* *vt* traire.
Melone *f1* melon *m.*
Memme *f1* poltron *m.*
Menetekel *n3* avertissement *m.*
Menge *f1* quantité *f* ‖ foule *f* ‖ Math. ensemble *m.*
mengen *vt* mêler, mélanger.
Mengen·lehre *f0* théorie *f* des ensembles.
Mennige *f1* minium *m.*
Mensa *f* (sen) restaurant *m* universitaire.
Mensch *m4* homme *m;* être humain.
Menschen|feind *m1* misanthrope *m.* °**~fresser** *m3* anthropophage *m;* ogre *m.* °**~freund** *m1* philanthrope *m.* °**~geschlecht** *n0* genre humain. **~leer** *a* désert. °**~rechte** *npl* droits *mpl* de l'homme. **~scheu** *a* sauvage. °**~verstand** *m0* bon sens.
Mensch|heit *f0* humanité *f.* **~lich** *a* humain. °**~lichkeit** *f0* humanité *f.*
Mergel *m3* marne *f.*
merk|bar *a* sensible ; perceptible. **~en** *vt* (re)marquer. **~lich** *a* sensible ; visible. °**~mal** *n1* signe *m* caractéristique. **~würdig** *a* curieux ; remarquable.
Mesner *m3* sacristain *m.*
meßbar *a* mesurable.
1. Messe *f1* messe *f.*
2. Messe *f1* foire *f.*
messen* *vt/vi* mesurer • *vpr* se mesurer (avec).
1. Messer *m3* compteur *m.*
2. Messer *n3* couteau *m.*
Meß·gerät *n1* instrument *m* de mesure.
Meß·gewand *n2* chasuble *f.*
Messing *n0* laiton *m.*
Meß·latte *f1* jalon *m.*
Mestize *m4* métis *m.*
Met *m0* hydromel *m.*
Metall *n1* métal *m.* °**~industrie** *f1* métallurgie *f.*
Metapher *f1* métaphore *f.*
Meter *m3, n3* mètre *m.*
Methan *n0* méthane *m.*
Method|e *f1* méthode *f.* **~isch** *a* méthodique.
Mett·wurst *f2* andouillette *f.*
metzeln *vt* massacrer.
Metzger *m3* boucher *m.* °**~ei** *f1* boucherie *f.*

Meute|rei *f1* mutinerie *f.* **~rn** *vi* se mutiner.
miauen *vi* miauler.
mich *pr pers* acc. de **ich** me; moi.
Mieder *n3* corsage *m.*
Miene *f1* mine *f*; air *m.*
mies *a* Pop. moche. °**~macher** *m3* défaitiste *m.*
Mies·muschel *f1* moule *f.*
Miet|e *f1* location *f*; loyer *m.* **~en** *vt* louer; prendre en location. °**~er** *m3* locataire *m.* °**~s·haus** *n2* maison *f* de rapport. °**~vertrag** *m2* bail *m.* °**~wagen** *m3* voiture *f* de louage.
Mikro|be *f1* microbe *m.* °**~phon** *n3* microphone *m.*
Milch *f0* lait *m.* °**~frau** *f1* laitière *f.* °**~geschäft** *n1* crémerie *f.* °**~glas** *n2* verre dépoli. °**~kuh** *f2* vache laitière. °**~speise** *f1* laitage *m.* °**~straße** *f0* Voie lactée. °**~topf** *m2* pot *m* à lait. °**~zahn** *m2* dent *f* de lait.
mild *a* clément; doux; **~e** *Strafe,* peine légère. °**~e** *f0* clémence *f*; douceur *f.* **~ern** *vt* adoucir; atténuer. **~ernd** *a* : *~e Umstände,* circonstances atténuantes. **~tätig** *a* charitable.
Militär *n0* armée *f.* **~isch** *a* militaire.
Milli|arde *f1* milliard *m.* °**~on** *f1* million *m.*
Milz *f1* rate *f.*
Mime *m4* mime *m.*
Mimose *f1* mimosa *m.*
minder *a* moindre • *av* moins. °**~heit** *f1* minorité *f.* **~jährig** *a* Jur. mineur. **~n** *vt* diminuer, amoindrir.
mindest(e) *a* : *nicht im ~en,* pas le moins du monde. **~ens** *av* au moins. °**~zahl** *f1* minimum *m.*
Mine *f1* mine *f.*
Mineral *n* (s, ien) minéral *m.*
Minister *m3* ministre *m.* °**~ium** *n* (s, rien) ministère *m.* °**~rat** *m2* conseil *m* des ministres.
Minne·sänger *m3* troubadour *m.*
Minus *n* déficit *m* • *av* : **~,** Math. moins. °**~kel** *f1* minuscule *f.* °**~zeichen** *n3* signe *m* moins.
Minute *f1* minute *f.*
Minze *f1* menthe *f.*
mir *pr pers* dat. de **ich** me; à moi.
misch|en *vt* mêler; mélanger ‖ [Karten] battre. °**~ling** *m1* métis *m.* °**~ung** *f1* mélange *m.*
miß *part insép.* **~achten** *vt* mépriser. °**~achtung** *f0* mépris *m.* °**~bildung** *f1* malformation *f.* **~billigen** *vt* désapprouver. °**~brauch** *m2* abus *m.* **~brauchen** *vt* abuser de.
missen *vt* : *etw nicht ~ können,* ne pas pouvoir se passer de qch.
Miß·erfolg *m1* insuccès *m.*
Misse|tat *f1* méfait *m.* °**~täter** *m3* malfaiteur *m.*

miß|fallen* *vi* déplaire. °**~geburt** *f1* avorton *m*. °**~geschick** *n1* malchance *f*. °**~griff** *m1* faux pas. **~handeln** *vt* maltraiter. **~lich** *a* fâcheux. **~lingen*** *vi* échouer • *n0* : °**~,** échec *m*. **~mutig** *a* morose. **~raten*** *vi* mal tourner. °**~stand** *m2* défaut *m*. **~trauen** *vi* (dat.) se méfier/se défier de • *n0* : °**~,** méfiance *f*. **~trauisch** *a* méfiant. °**~verhältnis** *n* (ses, se) disproportion *f*. °**~verständnis** *n* (ses, se) malentendu *m*; méprise *f*. **~verstehen*** *vt* se méprendre sur. °**~wirtschaft** *f1* gabegie *f*.

Mist *m1* fumier *m*. °**~käfer** *m3* bousier *m*.

Mistel *f1* gui *m*.

mit *p* (dat.) avec; *~ einem Wort,* en un mot; *~ achtzehn Jahren,* à dix-huit ans • *part sép.*

Mit|arbeit *f1* collaboration *f*. °**~arbeiter** *m3* collaborateur *m*. °**~bestimmung** *f1* cogestion *f*. °**~bewerber** *m3* concurrent *m*. **~bringen*** *vt* (r)apporter; (r)amener. °**~bürger** *m3* concitoyen *m*. **~einander** *av* ensemble; l'un avec l'autre. **~erleben** *vt* : *etw ~,* assister à qch. °**~gefühl** *n0* compassion *f*. **~gehen*** *vi* accompagner. °**~gift** *f1* dot *f*. °**~glied** *n2* membre (adhérent). °**~hilfe** *f1* coopération *f*. **~hin** *av* donc; par conséquent. **~kommen*** *vi* accompagner || FIG. suivre (par la pensée).

Mit·leid *n0* pitié *f*; compassion *f*. °**~en·schaft** *f0* : *in ~ ziehen,* léser. **~ig** *a* compatissant.

mit|machen *vi/vt* participer à; *die Mode ~,* suivre la mode. **~nehmen*** *vt* emmener; emporter || fatiguer; éprouver. **~rechnen** *vt* comprendre dans le prix. °**~reisende(r)** *asm* compagnon *m* de voyage. **~reißen*** *vt* enthousiasmer. **~schuldig** *a* complice. °**~schüler** *m3* condisciple *m*. **~spielen** *vi* : *jm übel ~,* jouer un mauvais tour à qn. **~sprechen*** *vi* dire son mot.

Mittag *m1* midi *m*; *zu ~ essen,* déjeuner. °**~essen** *n3* déjeuner *m*. **~s** *av* à midi.

Mit·täter *m3* complice *m*.

Mitte *f1* milieu, centre *m*; *in der ~,* au centre; *in unserer ~,* parmi nous.

mit·teil|bar *a* communicable. **~en** *vt* communiquer. **~sam** *a* communicatif, expansif. °**~ung** *f1* information *f*.

Mittel *n3* moyen, procédé *m* || remède *m* || *Pl* ressources *fpl*. °**~alter** *n* Moyen Âge. **~bar** *a* indirect. **~mäßig** *a* médiocre. °**~mäßigkeit** *f0* médiocrité *f*. °**~meer** *n0* Méditerranée *f*. °**~punkt** *m1* centre *m*.

mittels *p* (gén.) au moyen de.

Mittel|schule *f1* collège *m* d'enseignement général. °**~stand** *m0* classe(s) moyenne(s). °**~weg** *m0* juste milieu *m.* °**~wellen** *fpl* ondes moyennes.

mitten *av* au milieu ‖ *~ ins Herz,* en plein cœur.

Mitter·nacht *f0* minuit *m.*

mittler *a* du milieu • *m3 :* °**~,** médiateur *m.*

Mitt·woch *m1* mercredi *m.*

mit|unter *av* de temps à autre. **~verantwortlich** *a* coresponsable. **~wirken** *vi* coopérer ; collaborer.

mixen *vt* mélanger.

Möbel *n3* meuble *m.* °**~wagen** *m3* camion *m* de déménagement.

mobilisieren *vt* mobiliser.

möblieren *vt* meubler.

Mode *f1* mode *f.* °**~artikel** *m3* article *m* de mode.

Modell *n1* modèle *m;* maquette *f.*

Moder *m0* moisissure *f.*

1. modern *vi* pourrir ; moisir.

2. modern *a* moderne.

Mod|e·schau *f1* présentation *f* de mode. **~isch** *a* à la mode.

Mogel|ei *f1* tricherie *f.* **~n** *vi* tricher.

mögen* *vi/aux mod* aimer (bien) ; *ich möchte gern,* je voudrais bien ‖ pouvoir ; *mag schon sein !,* possible !

möglich *a* possible. **~er·weise** *av* peut-être. °**~keit** *f1* possibilité *f.* **~st** *a/av* le plus possible.

Mohn *m1* pavot *m.*

Möhre, Mohr·rübe *f1* carotte *f.*

Mole *f1* môle *m ;* jetée *f.*

Molkerei *f1* laiterie *f.*

Moll *n inv* Mus. (mode) mineur. °**~zeichen** *n3* bémol *m.*

1. Moment *n1* facteur *m.*

2. Moment *m1* moment *m.*

Monat *m1* mois *m.* **~lich** *a* mensuel. °**~s·schrift** *f1* revue mensuelle.

Mönch *m1* moine *m.*

Mond *m1* lune *f.* °**~finsternis** *f* (se) éclipse *f* de lune. °**~schein** *m1* clair *m* de lune. °**~sichel** *f1* croissant *m* de lune. **~süchtig** *a* somnambule.

Monolog *m1* monologue *m.*

Monsun *m1* mousson *f.*

Montag *m1* lundi *m.*

Montan·industrie *f0* industrie minière et métallurgique.

montier|en *vt* monter. °**~-eisen** *n3* démonte-pneu *m.*

Moor *n1* marais *m.*

Moos *n1* mousse *f.*

Moped *n* (s, s) cyclomoteur *m.*

Mops *m2* roquet *m.*

Moral *f0* morale *f* ‖ moral *m.* **~isch** *a* moral.

Morast *m1* marais *m.*

Mord *m1* meurtre, assassinat *m.* °**~anschlag** *m2* attentat *m.*

Mörder *m3* meurtrier, assassin *m.*

Morgen *m3* matin *m; heute ~,* ce matin ; *guten ~!,*

bonjour • *av* : ~, demain; ~ *früh,* demain matin. °~**dämmerung** *f1,* °~**grauen** *n0* aube *f.* °~**land** *n0* Orient *m.* °~**röte** *f1* aurore *f.* ~**s** *av* le matin.

morsch *a* pourri; vermoulu.

Mörser *m3* mortier *m.*

Mörtel *m3* mortier *m.* °~**kelle** *f1* truelle *f.*

Mosaik *n1* mosaïque *f.*

Moschee *f1* mosquée *f.*

Moskito *m* (s, s) moustique *m.*

Most *m1* moût *m;* vin doux.

Motette *f1* motet *m.*

Motiv *n1* motif *m.* °~**ierung** *f1* motivation *f.*

Motor *m* (s, en) moteur *m.* °~**boot** *n1* canot *m* automobile. °~**rad** *n2* motocyclette *f.*

Motte *f1* mite *f.*

Motto *n* (s, s) épigraphe *f;* devise *f.*

Möwe *f1* mouette *f.*

Mücke *f1* moucheron *m;* moustique *m.*

müd|e *a* fatigué, las; ~ *werden,* se fatiguer. °~**igkeit** *f0* fatigue *f.*

1. Muff *m0* odeur *f* de moisi/de renfermé.

2. Muff *m1* manchon *m.*

muffig *a* qui sent le moisi/le renfermé.

Mühe *f1* peine *f; sich ~ geben,* se donner de la peine. ~**los** *a* facile • *av* sans peine. ~**voll** *a* pénible; laborieux.

Mühl|e *f1* moulin *m.* °~**(en·)stein** *m1* meule *f.*

Mühsal *f* (e) peines *fpl.*

müh|sam, ~**selig** *a* pénible.

Mulatte *m4* mulâtre *m.*

Mulde *f1* auge *f* || GÉOL. bassin synclinal.

Mull *m0* mousseline *f.*

Müll *m0* ordures *fpl.* °~**abfuhr** *f0* service *m* de nettoiement. °~**eimer** *m3* poubelle *f.*

Müller *m3* meunier *m.*

mulmig *a* vermoulu.

Mummen·schanz *m0* mascarade *f.*

Mumps *m0* oreillons *mpl.*

Mund *m* (es, ¨er) bouche *f; den ~ verziehen,* faire la grimace; *halt den ~!,* tais-toi! °~**art** *f1* dialecte *m.*

Mündel *n3* (s, -) pupille *s.*

münden *vi* (*in,* acc.) se jeter (dans); déboucher (sur).

Mund·harmonika *f* (s) harmonica *m.*

mündig *a* JUR. majeur. °~**keit** *f0* majorité *f.*

mündlich *a* oral, verbal.

Mund|stück *n1* MUS. embouchure *f.* °~**tuch** *n2* serviette *f* (de table).

Mündung *f1* embouchure *f.*

Mund·voll *m0* bouchée *f.*

Münster *n3* cathédrale *f.*

munter *a* éveillé || vif; allègre. °~**keit** *f0* entrain *m.*

Münz|e *f1* monnaie *f; ~ schlagen/prägen,* battre monnaie || médaille *f.* ~**en** *vt* monnayer. °~**fernsprecher** *m3* Taxiphone *m.*

mürbe *a* tendre; friable || blet || [Fleisch] bien cuit.

murmeln *vt* murmurer.

Murmel·tier *n1* marmotte *f.*
murren *vi* gronder ; grogner.
mürrisch *a* grognon.
Mus *n1* marmelade *f;* purée *f.*
Muschel *f1* coquillage *m;* moule *f* ‖ [Ohr] pavillon *m.*
Museum *n* (s, seen) musée *m.*
Musik *f1* musique *f.* **~alisch** *a* musical ; musicien. **°~er** *m3,* **°~erin** *f1* musicien *s.* **°~schrank** *m2,* **°~truhe** *f1* combiné *m* (radio).
musizieren *vi* faire de la musique.
Muskat *m1* muscade *f.* **°~eller** *m3* muscat *m.*
Muskel *m* (s, n) muscle *m.* **°~kater** *m0* courbature *f.*
muskulös *a* musclé.
Muße *f0* loisir *m.*
müssen* *aux mod : ich muß...,* il faut que je ...
müßig *a* oisif ‖ oiseux ; inutile. **°~gang** *m0* oisiveté *f.*

Muster *n3* modèle *m* ‖ TECHN. échantillon *m* ‖ TEXT. motif *m.* **~gültig, ~haft** *a* exemplaire. **~n** *vt* passer en revue ; inspecter.
Mut *m0* humeur *f* ‖ courage *m.* **~ig** *a* brave ; courageux.
1. Mutter *f* (¨) mère *f.*
2. Mutter *f1* écrou *m.*
mütterlich *a* maternel.
Mutter|schaft *f1* maternité *f.* **°~sprache** *f1* langue maternelle.
mut|voll *a* courageux. **°~wille** *m* (ns) caprice *m.* **~willig** *a* espiègle ; capricieux.
Mütze *f1* casquette *f;* bonnet *m;* béret *m.*
Mystik *f0* mystique *f.* **°~er** *m3* mystique *m.*
Myth|e *f1,* **°~os, °~us** *m* (-, then) mythe *m.* **~ologie** *f1* mythologie *f.*

n

Nabe *f1* moyeu *m.*
Nabel *m3* nombril *m.* **°~schnur** *f1* cordon ombilical.
nach *p* (dat.) vers ; en direction de ; ~ *oben,* vers le haut ; ~ *Paris fahren,* aller à Paris ‖ après ; ~ *zehn Minuten,* au bout de dix minutes ‖ selon, suivant, d'après • *av* : ~ *und* ~, peu à peu • *part sép.* **~ahmen** *vt* imiter. **°~ahmung** *f1* imitation *f.*

Nachbar *m* (s/n, n), **°~in** *f1* voisin *s.* **°~schaft** *f0* voisinage *m.*
nach|bilden *vt* copier. **~blicken** *vi* (dat.) suivre des yeux.
nach·dem *c* après que • *loc av* : **je ~,** suivant les cas.
nach|denken* *vi* : *über etw* (acc.) ~, réfléchir à qch. **~denklich** *a* pensif, songeur. **°~druck** *m1* insistance *f* ‖ TYP. réédition *f.* **~drücklich**

a ferme ; énergique • *av* expressément.

nach·einander *av* l'un après l'autre ; à la file.

Nach|fahr *m* (s/en, en) descendant *m*. °**~folge** *f1* succession *f*. °**~folger** *m3* successeur *m*. **~forschen** *vi* chercher. °**~frage** *f1* demande *f*. **~füllen** *vt* ajouter (du liquide) || AUT. faire le plein. **~geben*** *vi* céder ; fléchir. **~geboren** *a* (enfant) posthume.

nach|gehen* *vi* (dat.) suivre || FIG. *seinen Beschäftigungen ~,* vaquer à ses occupations || [Uhr] retarder. °**~geschmack** *m2* arrière-goût *m*. **~giebig** *a* souple ; conciliant. **~haltig** *a* persistant. **~hängen** *vi : einem Traum ~,* caresser un rêve.

nach·her *av* après.

Nach|hilfe·stunde *f1* leçon *f* de rattrapage. °**~hut** *f1* arrière-garde *f*. **~jagen** *vi* courir après.

Nach·komme *m4* descendant *m*. **~n** *vi* rejoindre || se conformer à. °**~nschaft** *f0* descendance *f*.

Nach|laß *m* (asses, ässe) JUR. succession *f* || œuvres *fpl* posthumes || COMM. rabais *m*. **~lassen*** *vt* léguer || [Preise] réduire • *vi* se relâcher ; diminuer. **~lässig** *a* négligent ; nonchalant. **~laufen*** *vi* (dat.) courir après. **~machen** *vt* imiter, copier.

Nach·mittag *m1* après-midi *m/f*. **~s** *av* l'après-midi.

Nach|nahme *f1 : gegen ~,* contre remboursement. **~ prüfen** *vt* vérifier. °**~prüfung** *f1* contrôle *m*.

Nach·richt *f1* nouvelle *f*. °**~en·dienst** *m1* service *m* de renseignements.

Nach·ruf *m1* article *m* nécrologique.

nach·schlage|n* *vt : im Wörterbuch ~,* chercher dans le dictionnaire. °**~werk** *n1* ouvrage *m* de référence.

Nach|schlüssel *m3* passe-partout *m*; fausse clef. °**~schub** *m2* renforts *mpl* || ravitaillement *m*.

nach·sehen* *vi* (dat.) suivre des yeux • *vt* vérifier ; regarder • *n0* °**~** : *das ~ haben,* en être pour ses frais.

nach|senden* *vt* faire suivre. °**~sicht** *f0* indulgence *f*. **~sichtig** *a* indulgent.

Nach·sommer *m3* fin *f* de l'été.

nächst *a* [*superl* de **nah**] proche ; prochain • *m4 :* **der** °**~e**, le prochain ; autrui *m*.

nach|stehen* *vi : jm in nichts ~,* ne le céder en rien à qn. **~stehend** *a/av* ci-dessous. **~stellen** *vt : die Uhr ~,* retarder sa montre • *vi* (dat.) poursuivre ; traquer.

Nächsten|liebe *f0* amour *m* du prochain. **~s** *av* prochainement.

Nacht *f2* nuit *f*.

nach·tanken *vt* AUT. faire le plein.
Nach·teil *m1* inconvénient, désavantage *m*.
Nacht|hemd *n* (s, en) chemise *f* de nuit. °**~igall** *f1* rossignol *m*.
nächtigen *vi* passer la nuit.
Nach·tisch *m1* dessert *m*.
nächtlich *a* nocturne.
Nacht|lager *n3* gîte *m*. °**~licht** *n2* veilleuse *f*. °**~lokal** *n1* boîte *f* de nuit.
Nach|trag *m2* appendice *m*. **~tragen*** *vt* ajouter || FIG. *jm etw* **~**, garder rancune à qn de qch. **~träglich** *a* ultérieur; additionnel • *av* plus tard.
nacht|s *av* de nuit. °**~tisch** *m1* table *f* de nuit. °**~vogel** *m* (s, ¨) oiseau *m* de nuit. °**~wächter** *m3* veilleur *m* de nuit. °**~wandler** *m3* somnambule *m*.
Nach·wahl *f1* élection *f* complémentaire.
Nach·weis *m1* preuve *f*. **~bar, ~lich** *a* vérifiable. **~en*** *vt* prouver; démontrer.
Nach|welt *f0* postérité *f*. °**~wirkung** *f1* répercussion *f*. °**~wuchs** *m0* relève *f*. **~zahlen** *vt* payer en plus. **~zählen** *vt* recompter. °**~zügler** *m3* traînard *m*.
Nacken *m3* nuque *f*.
nackt *a* nu; *mit* **~***em Auge*, à l'œil nu. °**~heit** *f1* nudité *f*. °**~kultur** *f0* naturisme *m*.
Nadel *f1* aiguille *f*; épingle *f*. °**~baum** *m2* conifère *m*.
Nagel *m* (s, ¨) AN. ongle *m* || TECHN. clou *m*. **~fest** *a* cloué solidement. °**~lack** *m1* vernis *m* à ongles. **~n** *vt* clou(t)er. **~neu** *a* flambant neuf.
nage|n *vt/vi* ronger; *an einem Knochen* **~**, ronger un os. °**~tier** *n1* rongeur *m*.
nah(e) *a/av* [*comp* : **näher**; *superl* : **nächst**] près, proche.
Nähe *f1* proximité *f*; voisinage *m*.
nahe|bei *av* tout près || presque. **~gehen*** *vi* toucher de près. **~legen** *vt* suggérer. **~liegend** *a* : *aus* **~***en Gründen*, pour des raisons évidentes.
nahen *vi* (dat.) approcher; s'approcher (de).
nähen *vt* coudre.
näher *a/av* [*comp* de **nah**] plus proche; plus près; *bei* **~***er Prüfung*, en y regardant de près. **~kommen*** *vi* se rapprocher. **~n** *vpr* s'approcher.
nahe|stehen* *vi* : *jm* **~**, être proche de qn. **~zu** *av* presque.
Näh·maschine *f1* machine *f* à coudre.
Nähr|boden *m0* sol nourricier. **~en** *vt/vpr* (se) nourrir.
nahrhaft *a* nourrissant.
Nahrung *f1* nourriture *f*. °**~s·mittel** *n3* denrée *f* alimentaire.
Nähr·wert *m1* valeur nutritive.
Naht *f2* couture *f* || MÉD. suture *f* || soudure *f*.
Nah·verkehr *m0* trafic local.
Näh·zeug *n1* trousse *f* de couture.

naiv *a* naïf, ingénu.
Name *m* (ns, n), °**~n** *m3* nom *m* || [Ruf] renom *m*.
namens *av* du nom de. °**~tag** *m1* fête *f* (d'une personne). °**~verzeichnis** *n* (ses, se) index *m* des noms.
namentlich *a* nominatif • *av* nommément ; notamment.
namhaft *a* : *jn ~ machen*, nommer qn || renommé.
nämlich *av* en effet || à savoir.
Napf *m2* écuelle *f*.
Narbe *f1* cicatrice *f* || [Leder] grain *m*.
Narkose *f1* narcose *f* || anesthésie générale.
Narr *m4* fou *m*; bouffon *m*. °**~en·freiheit** *f1* droit *m* de tout dire. °**~heit** *f1* folie *f*.
närrisch *a* fou ; extravagant.
Narzisse *f1* narcisse *m*.
naschen *vt/vi* grignoter.
naschhaft *a* gourmand.
Nase *f1* nez *m* ; *die ~ rümpfen*, faire la moue || FAM. *pro ~*, par tête || [Schiff] avant *m*.
Nasen|bluten *n0* saignement *m* de nez. °**~laut** *m1* nasale *f*. °**~loch** *n2* narine *f*.
nase·weis *a* infatué.
Nas·horn *n2* rhinocéros *m*.
naß *a* humide; mouillé, trempé.
Nässe *f0* humidité *f*. **~n** *vi* suinter.
naß·kalt *a* froid et humide.
National|fest *n1* fête nationale. °**~versammlung** *f1* assemblée nationale.
Natron *n0* soude *f*.
Natter *f1* couleuvre *f*.
Natur *f1* nature *f*.
Natural·bezüge *mpl* rémunérations *fpl* en nature.
Natur|anlage *f1* disposition naturelle. °**~erscheinung** *f1* phénomène naturel. °**~forscher** *m3* naturaliste *m*. **~getreu** *a* d'après nature.
natürlich *a/av* naturel(lement).
Natur|recht *n1* droit naturel. °**~schutz·gebiet** *n1* parc national. **~widrig** *a* contre nature. °**~wissenschaften** *fpl* sciences physiques et naturelles.
Nebel *m3* brume *f*; brouillard *m*. **~haft** *a* nébuleux. °**~horn** *n2* sirène *f* de brouillard. °**~scheinwerfer** *m3* phare *m* antibrouillard.
neben *p* (dat. ; acc.) à côté de ; (au)près de. **~an** *av* tout à côté. °**~anschluß** *m* (usses, üsse) dérivation *f*; branchement *m*. **~bei** *av* en passant. °**~buhler** *m3* rival *m*.
neben·einander *av* l'un à côté de l'autre • *n3* : °**~**, voisinage *m*. **~setzen** *vt* mettre côte à côte.
Neben|fach *n2* ENS. matière *f* secondaire. °**~fluß** *m* (usses, üsse) affluent *m*. °**~gebäude** *n3* annexe *f*. **~hin** *av* en passant. °**~kosten** *pl* faux frais. °**~sache** *f1* chose *f* secondaire ; détail *m*. °**~satz** *m2* proposition subordonnée. °**~straße** *f1* route/rue secondaire/latérale.

nebst *p* (dat.) avec ; outre.
neck|en *vt* taquiner. °**~erei** *f1* taquinerie *f.*
Neffe *m4* neveu *m.*
Neger *m3* Noir *m.*
negier|en *vt* nier. °**~ung** *f1* (dé)négation *f.*
nehmen* *vt* prendre || absorber || enlever ; *jm eine Sorge ~,* ôter un souci à qn • *vpr : ~ Sie sich in Acht!,* prenez garde (à vous)! • *pp* **genommen** *: alles in allem ~,* tout compte fait.
Neid *m0* envie *f.* **~en** *vt : jm etw ~,* envier qch à qn. **~isch** *a* envieux ; jaloux.
neig|en *vt* pencher ; incliner • *vi* (*zu,* dat.) incliner (à) • *vpr* s'incliner ; décliner. °**~ung** *f1* déclivité *f;* inclinaison *f* || FIG. inclination *f;* penchant *m.*
nein *av* non.
Nelke *f1* œillet *m* || clou *m* de girofle.
nenn|en* *vt* nommer • *vpr* s'appeler ; se nommer. **~ens·wert** *a* notable. °**~er** *m3* dénominateur *m.* °**~ung** *f0* mention *f.* °**~wert** *m1* valeur nominale.
Nerv *m* (s, en) nerf *m; jm auf die ~en gehen,* énerver qn.
Nerven|arzt *m2* neurologue *m.* **~aufregend** *a* énervant. °**~system** *n1* système nerveux. °**~zusammenbruch** *m2* dépression nerveuse.
nerv|ig *a* nerveux || FIG. vigoureux. **~ös** *a* nerveux.
Nerz *m1* vison *m.*
Nessel *f1* ortie *f.* °**~fieber** *n0* urticaire *f.*
Nest *n2* nid *m* || FAM. trou, bled *m.*
nett *a* joli || gentil ; sympathique.
Netto·gewicht *n1* poids net.
Netz *n1* filet *m* || TRANSP. réseau *m* || ÉL. secteur *m.*
netzen *vt* humecter ; irriguer.
Netz|haut *f2* rétine *f.* °**~strom** *m2* courant *m* de secteur.
neu *a* nouveau ; neuf ; *die ~(e)sten Nachrichten,* les dernières nouvelles ; *die ~eren Sprachen,* les langues *fpl* modernes || LOC : *aufs ~e/von ~em,* de/à nouveau. **~artig** *a* nouveau ; inédit.
neuerdings *av* récemment || de nouveau.
Neu|erscheinung *f1* [Buch] nouveauté *f.* °**~erung** *f1* innovation *f.* °**~fund·land** *n0* Terre-Neuve *f.* **~geboren** *a* nouveau-né. °**~gier(de)** *f0* curiosité *f.* **~gierig** *a* curieux. °**~heit** *f1* nouveauté *f.* °**~igkeit** *f1* nouvelle fraîche. °**~jahr** *n1* nouvel an. **~lich** *av* récemment. °**~mond** *m1* nouvelle lune.
neun *num* neuf. **~te** *num* neuvième. °**~tel** *n3* neuvième *m.* **~zehn** *num* dix-neuf. **~zig** *num* quatre-vingt-dix.
Neurose *f1* névrose *f.*
neutr|al *a* neutre. °**~um** *n* (s, ra) neutre *m.*
nicht *av* ne... pas ; *~ (wahr)?,*

n'est-ce pas? **°~angriffs·pakt** *m1* pacte *m* de non-agression. **°~bezahlung** *f1* non-paiement *m*.
Nichte *f1* nièce *f*.
nichtig *a* nul; caduc. **°~keit** *f1* nullité *f*.
nicht|kriegführend *a* non-belligérant. **°~leiter** *m3* non-conducteur *m*; isolant *m*. **°~raucher** *m3* non-fumeur *m*.
nichts *pr indéf* rien; *mir ~, dir ~,* sans crier gare; *das macht ~; es tut ~,* cela ne fait rien • *n* : **°~**, néant *m*. **~desto·weniger** *av* néanmoins. **°~nutz** *m1* vaurien *m*.
Nicht·zahlung *f1* non-paiement *m*.
nicken *vi* faire oui de la tête.
nie *av* (ne...) jamais.
nieder *av/part sép* en bas; à bas; *~ mit!,* à bas! • *a* bas; inférieur. **~blicken** *vi* baisser les yeux. **~drücken** *vt* déprimer; accabler. **°~gang** *m2* déclin *m*. **~gehen*** *vi* descendre. **~geschlagen** *a* découragé. **~klappen** *vt* rabattre. **~knien** *vi* s'agenouiller. **~kommen*** *vi (mit, dat.)* accoucher (de). **°~kunft** *f2* accouchement *m*. **°~lage** *f1* défaite *f* ‖ dépôt *m*. **°~lande** *pl* Pays-Bas *mpl*. **~ländisch** *a* néerlandais. **~lassen*** *vt* abaisser • *vpr* s'établir. **°~lassung** *f1* établissement *m* ‖ succursale *f*. **~legen** *vt* détruire; jeter bas; *die Arbeit ~,* cesser le travail. **~reißen*** *vt* démolir; raser.
Nieder·schlag *m2* précipitation *f* ‖ CHIM. précipité *m*. **°~ung** *f1* non-lieu *m*.
nieder|schreiben* *vt* mettre par écrit. **°~schrift** *f1* rédaction *f*. **~strecken** *vt* abattre. **~trächtig** *a* infâme. **~werfen*** *vt* réprimer.
niedlich *a* coquet; gentil.
niedrig *a* bas.
nie|mals *av* (ne...) jamais. **~mand** *pr indéf* (ne...) personne.
Niere *f1* rein *m* ‖ CUIS. rognon *m*.
Nieren|braten *m3* longe *f* de veau. **°~entzündung** *f1* néphrite *f*. **°~stein** *m1* calcul rénal.
nieseln *vi* bruiner.
niesen *vi* éternuer.
Niet *m1, n1* rivet *m*.
Niete *f1* [Lotterie] billet perdant ‖ FIG. zéro *m*.
nieten *vt* river.
Nil·pferd *n1* hippopotame *m*.
nimmer *av* jamais. **~mehr** *av* jamais plus.
Nipp|es, °~sachen *fpl* bibelots *mpl*.
nirgend, ~s, ~wo *av* nulle part.
Nische *f1* niche *f*.
nisten *vi* nicher.
nobel *a* généreux.
noch *av* encore; *~ nicht,* pas encore; *heute ~,* aujourd'hui même; *er kommt ~,* il finira par venir • *c* : **weder...~ ...,**

ni... ni... **~mals** *av* encore une fois.
Nocken·welle *f1* arbre *m* à cames.
Nonne *f1* religieuse *f.*
Nord, °~en *m0* nord *m.* **~isch** *a* nordique.
nördlich *a* du nord • *av : ~ von Paris,* au nord de Paris.
Nord|licht *n2* aurore boréale. **°~ost(en)** *m0* nord-est *m.* **°~see** *f0* mer *f* du Nord. **~wärts** *av* vers le nord. **°~west(en)** *m0* nord-ouest *m.*
nörgeln *vi* critiquer.
Norm *f1* norme *f;* règle *f.* **~en, ~ieren** *vt* standardiser; normaliser.
norwegisch *a* norvégien.
Not *f2* misère *f;* détresse *f;* besoin *m;* nécessité *f; ~ leiden,* être dans le besoin; *zur ~,* à la rigueur • *av ~ : es tut ~,* c'est nécessaire.
Notar *m1* notaire *m.*
Not|ausgang *m2* sortie *f* de secours. **°~bremse** *f1* signal *m* d'alarme. **°~durft** *f0* nécessité *f.* **~dürftig** *a* précaire.
Note *f1* note *f* || billet *m* de banque.
Not|fall *m2 : im (äußersten) ~,* au pis-aller.
notieren *vt* noter || [Börse] coter.
nötig *a* nécessaire; *ich habe es ~,* j'en ai besoin. **~en** *vt* obliger, forcer.
Notiz *f1* notice *f;* note *f.* **°~buch** *n2* calepin *m.*
Not|lage *f1* détresse *f.* **~landen** *vi* faire un atterrissage forcé. **~leidend** *a* indigent.
notorisch *a* notoire.
Not|ruf *m1* appel *m* au secours. **°~stand** *m2* état *m* d'urgence. **°~wehr** *f0* légitime défense *f.*
notwendig *a* nécessaire. **°~keit** *f1* nécessité *f.*
Not·zucht *f0* viol *m.*
Novelle *f1* LITT. nouvelle *f* ||JUR. amendement *m.*
November *m3* novembre *m.*
nu! *interj* eh bien! • *m °~ : im °~,* en un clin d'œil.
nüchtern *a* à jeun; lucide. **°~heit** *f0* lucidité *f.*
Nudel *f1* nouille *f.*
null *a* nul • *f1 : °~,* zéro *m.*
numerieren *vt* numéroter.
Nummer *f1* numéro *m;* pointure *f.* **°~n·schild** *n2* plaque *f* d'immatriculation.
nun *av* maintenant; *von ~ an,* dorénavant || donc, or || *~?,* eh bien? **~mehr** *av* désormais.
nur *av* ne... que; seulement; *~ noch,* plus que || *~ daß,* sauf que || [Aufforderung] *~ zu!,* allez-y!
Nuß *f* (Nüsse) noix *f;* noisette *f.* **°~baum** *m2* noyer *m.* **°~knacker** *m3* casse-noix *m.*
Nüster *f1* narine *f;* naseau *m.*
Nut(e) *f1* rainure *f.*
Nutz *m0* = NUTZEN. **°~barkeit** *f0* utilité *f.*
nutzen, nützen *vi* être utile; *das nützt nichts,* cela ne sert à rien • *vt* utiliser.

Nutz|en *m0* utilité *f; profit m.* °**~last** *f1* charge *f* utile.
nützlich *a* utile. °**~keit** *f0* utilité *f.*

nutz|los *a* inutile. °**~nießer** *m3* usufruitier *m.* °**~nießung** *f1* jouissance; usufruit *m.* °**~ung** *f1* utilisation *f.*

O

Oase *f1* oasis *f.*
ob *c* si; *fragen, ~ ...,* demander si: *~ er will oder nicht,* qu'il le veuille ou non ‖ *als ~,* comme si.
Ob·dach *n2* abri *m.* **~los** *a* sans abri.
Obduktion *f1* autopsie *f.*
oben *av* en haut; *~ auf dem Schrank,* en haut de l'armoire. **~an** *av* tout en haut. **~auf** *av* à la surface. **~drein** *av* en outre. **~hin** *av* en passant.
ober *a* supérieur • *m3* °*~* : *Herr ~!,* garçon! °**~arzt** *m2* médecin-chef *m.* °**~bau** *m1* superstructure *f.* °**~bett** *n* (s, en) édredon *m.* °**~bürgermeister** *m3* maire *m.*
Ober·fläch|e *f1* surface *f.* **~lich** *a* superficiel.
ober|halb *p* (gén.) au-dessus de. °**~hand** *f0* : *die ~ gewinnen,* prendre le dessus. °**~haupt** *n2* chef *m.* °**~kellner** *m3* maître d'hôtel *m.* °**~körper** *m3* buste *m.* °**~leitungs·(omni)bus** *m* (-, se) [*abr* : *Obus*] trolley(bus) *m.* °**~leutnant** *m1* lieutenant *m.* °**~prima** *f* (men) classe terminale. °**~schenkel** *m3* cuisse *f.* °**~schule** *f1* établissement *m* secondaire.
Oberst *m4* colonel *m.*
Ober|staatsanwalt *m2* procureur général. °**~teil** *m1* partie supérieure. °**~ton** *m2* harmonique *f.*
ob·gleich *c* quoique; bien que.
Ob·hut *f1* garde *f;* protection *f.*
Objekt *n1* objet *m.*
ob·liegen *vi* incomber à. °**~heit** *f1* obligation *f.*
Oboe *f1* hautbois *m.*
Obrigkeit *f1* autorité(s) *f(pl).*
ob·schon *c* = OBGLEICH.
obsolet *a* désuet.
Obst *n0* fruits *mpl.* °**~garten** *m* (s, ¨) verger *m.*
obszön *a* obscène.
Obus *m1* trolley *m.*
ob·wohl *c* = OBGLEICH.
Ochs(e) *m4* bœuf *m.*
ocker *a* ocre • *m3* : °*~,* ocre *f.*
öde *a* désert ‖ FIG. triste • *f1* : °*~,* désert *m.*
oder *c* ou; ou bien; *entweder... ~,* ou... ou.
Ofen *m* (s, ¨) poêle *m;* fourneau *m;* four *m.* °**~röhre** *f1,* °**~rohr** *n1* tuyau *m* de poêle. °**~schirm** *m1* garde-feu *m.*

offen *a* ouvert; découvert; **~***er Wein,* vin *m* en carafe; *auf* **~***er See,* en pleine mer ‖ franc; clair • *av* franchement.
offenbar *a* évident, manifeste. **~en** *vt* manifester; révéler. °**~ung** *f1* manifestation *f;* révélation *f.*
offen|bleiben* *vi* rester ouvert. °**~heit** *f0* franchise *f.* **~kundig** *a* patent. **~sichtlich** *a* évident.
öffentlich *a* public; officiel • *av* en public. °**~keit** *f0* public *m.*
offer|ieren *vt* offrir. °**~te** *f1* COMM. offre *f.*
Offizier *m1* officier *m.*
öffn|en *vt/vpr* (s')ouvrir. °**~ung** *f1* ouverture.
oft *av* souvent; fréquemment; *wie* **~***?,* combien de fois?
öfter(s) *av* (assez) souvent.
ohne *p* (acc.) sans • *c* : **~** ***daß,*** sans que. **~dies, ~hin** *av* de toute façon. **~gleichen** *a* sans pareil.
Ohn|macht *f1* impuissance *f* ‖ syncope *f; in* **~** *fallen,* s'évanouir. **~mächtig** *a* impuissant ‖ évanoui.
Ohr *n* (s, en) oreille *f* ‖ ouïe *f; die* **~***en spitzen,* dresser l'oreille.
Öhr *n1* chas *m;* oeillet *m.*
Ohren|arzt *m2* spécialiste *m* de l'oreille. **~betäubend** *a* assourdissant. °**~entzündung** *f1* otite *f.*
Ohr|feige *f1* gifle *f.* °**~läppchen** *n3* lobe *m* de l'oreille. °**~muschel** *f1* pavillon *m.* °**~ringe** *mpl* boucles *fpl* d'oreilles. °**~zipfel** *m3* bout *m* de l'oreille.
Oktober *m0* octobre *m.*
Öl *n1* huile *f.* °**~baum** *m2* olivier *m.* °**~bild** *n2* peinture *f* à l'huile.
Oleander *m3* laurier-rose *m.*
öl|en *vt* huiler. °**~feld** *n2* champ *m* pétrolifère.
Olive *f1* olive *f.* °**~n·öl** *n0* huile *f* d'olive.
Öl|leitung *f1* oléoduc *m.* °**~stand** *m2* niveau *m* d'huile. °**~ung** *f1* lubrification *f* ‖ *letzte* **~***,* extrême-onction *f.* °**~wechsel** *m0* vidange *f* d'huile. °**~zeug** *n1* ciré *m.* °**~zweig** *m1* rameau *m* d'olivier.
ominös *a* de mauvais augure.
Omnibus *m* (ses, se) autobus, autocar *m.*
Onkel *m3* oncle *m.*
Oper *f1* opéra *m.*
Operation *f1* opération *f.*
Opern|glas *n2,* °**~gucker** *m3* jumelles *fpl* de théâtre.
Opfer *n3* offrande *f;* sacrifice *m* ‖ victime *f; einer Sache zum* **~** *fallen,* être victime de qch. °**~bereitschaft** *f0* abnégation *f.* **~n** *vt/vi* sacrifier; immoler. °**~stock** *m2* tronc *m* des pauvres.
Oppon|ent *m4* opposant *m.* **~ieren** *vi* (*gegen,* acc.) s'opposer à.
Optik *f0* optique *f.* °**~er** *m3* opticien *m.*

orange *a* orangé • *f1* : °~, orange *f*.
Orchester *n3* orchestre *m*.
Orden *m3* ordre *m*.
ordentlich *a* régulier; ordinaire ‖ [Person] comme il faut • *av* bel et bien.
ordinär *a* vulgaire.
ordn|en *vt* ordonner; régler. °**~er** *m3* organisateur *m* ‖ [Akten] classeur *m*. °**~ung** *f1* règlement *m*; ordre *m*; *in ~ bringen*, régler; arranger.
ordnungs|gemäß *a* en bonne (et due) forme. °**~ruf** *m1* rappel *m* à l'ordre. °**~zahl** *f1* nombre ordinal.
Organ *n1* organe *m*. **~isieren** *vt* organiser.
Orgel *f1* orgue *m*. °**~bauer** *m3* facteur *m* d'orgues. **~n** *vi* jouer de l'orgue. °**~pfeife** *f1* tuyau *m* d'orgue.
orientier|en *vt/vpr* (s')orienter. °**~ung** *f1* orientation *f*.
original *a* original • *n1* : °~, original *m*. °**~sendung** *f1* émission *f* en direct.
originell *a* original; drôle.
Orkan *m1* ouragan *m*.
Ornament *n1* ornement *m*.
Ort *m1* lieu, endroit *m*; *an ~ und Stelle*, sur place ‖ localité *f* ‖ MIN. *vor ~ arbeiten*, travailler au front de taille. **~en** *vt* repérer.
örtlich *a* local.
orts|ansässig *a* résident; établi dans la localité.
Ortschaft *f1* localité *f*.
Orts|gespräch *n1* communication urbaine. °**~netz** *n1* réseau local. °**~zeit** *f1* heure locale.
Ortung *f1* AÉR. orientation *f*; repérage *m*.
Öse *f1* oeillet *m*; trou *m*.
Ost, °**~en** *m0* est *m* ‖ *der Nahe ~en*, le Proche-Orient.
Ostern *pl* Pâques *m*.
Österreich *n0* Autriche *f*.
östlich *a* à/de l'est; oriental; *~ von*, à l'est de.
Ost·see *f0* mer *f* Baltique.
1. Otter *m3* loutre *f*.
2. Otter *f1* vipère *f*.
Ozean *m1* océan *m*; *Stiller ~*, océan *m* Pacifique.

P

Paar *n1* paire *f*; couple *m* • *a indéf ~ : ein ~*, quelques. **~en** *vt/vpr* (s')accoupler.
Pacht *f1* bail *m*; fermage *m*. **~en** *vt* prendre à ferme/à bail.
Pächter *m3* fermier *m*.
Pack *m2* paquet *m*. °**~eis** *n0* banquise *f*. **~en** *vt* emballer; *seinen Koffer ~*, faire sa valise ‖ empoigner. **~end** *a* captivant. °**~papier** *n1* papier *m* d'emballage. °**~ung** *f1* emballage *m*.

Paddel *f1, n3* pagaie *f.* °**~boot** *n1* canoë *m.* **~n** *vi* pagayer.
Paket *n1* paquet, colis *m.*
Palast *m2* palais *m.*
Palm|e *f1* palmier *m* ‖ palme *f.* °**~sonntag** *m1* dimanche *m* des Rameaux.
Pampelmuse *f1* pamplemousse *m.*
Panier *n1* bannière *f.*
panier|en *vt* paner. °**~mehl** *n0* chapelure *f.*
Panik *f1* panique *f.*
Panne *f1* panne *f.*
Panther *m3* panthère *f.*
Pantoffel *m* (s, n) pantoufle *f.*
pan(t)schen *vi* patauger • *vt* [Wein] trafiquer; couper.
Panzer *m3* cuirasse *f* ‖ MIL. char, blindé *m.*
Papagei *m4* perroquet *m.*
Papier *n1* papier *m* ‖ COMM. valeur *f*; titre *m.* °**~brei** *m0* pâte *f* à papier. **~en** *a* de/en papier ‖ FIG. [Stil] sec. °**~geld** *n2* papier-monnaie *m.* °**~korb** *m2* corbeille *f* à papier. °**~messer** *n3* coupe-papier *m.*
Papp *m1* colle *f* de pâte. °**~e** *f1* carton *m.*
Pappel *f1* peuplier *m.*
Papst *m2* pape *m.*
Parabel *f1* parabole *f.*
Parade *f1* revue *f*; défilé *m.*
Paradies *n1* paradis *m.*
paradox *a* paradoxal • *n1* : °**~,** paradoxe *m.*
parallel *a* (*zu,* dat.) parallèle (à). °**~e** *f1* parallèle *f.*
Paraly|se *f1* paralysie *f.* °**~tiker** *m3* paralytique *m.*
parieren *vt* [Schläge] parer • *vi* (dat.) FAM. obéir (à).
Parität *f0* parité *f.* **~isch** *a* paritaire.
Park *m* (s, e/s) parc *m.* **~en** *vt/vi* parquer; garer.
Parkett *n1* parquet *m* ‖ SPECT. orchestre *m.*
Park|platz *m2* parking *m.* °**~uhr** *f1* parcmètre *m.*
Parlament *n1* parlement *m.*
Partei *f1* parti *m*; *js ~ ergreifen,* prendre le parti de qn ‖ JUR. partie *f.* °**~gänger** *m3* partisan *m.* **~isch, ~lich** *a* partial.
Partikel *f1* parcelle *f* ‖ GRAMM. mot *m* invariable.
Partitur *f1* partition *f.*
Partner *m3* partenaire *m.* °**~schaft** *f1* association *f.*
Paß *m* (asses, ässe) passeport *m* ‖ col *m.*
Passag|e *f1* passage *m.* °**~ier** *m1* passager *m.*
passen *vi* convenir ‖ (*zu,* dat.) aller (avec) ‖ être fait pour ‖ [Karten] passer. **~d** *a* approprié.
passier|bar *a* praticable. **~en** *vt* passer par ‖ CULIN. passer • *vi* [geschehen] *was ist passiert?,* qu'est-il arrivé?
Passions|spiel *n1* mystère *m* de la Passion. °**~zeit** *f0* Carême *m.*
passiv *a* passif.
Paste *f1* pâte *f.* °**~te** *f1* pâté *m.*

Pate *m4* parrain *m.* °**~n·kind** *n2* filleul *s.*
patent *a* FAM. chic ; épatant ‖ pratique ‖ adroit.
Patent *n1* patente *f*; brevet *m.*
Patient *m4*, °**~in** *f1* malade *s.*
Patin *f1* marraine *f.*
Patrize *f1* poinçon *m.*
Patrone *f1* cartouche *f.* °**~n·tasche** *f1* cartouchière *f.*
Patsche *f1* claque *f* ‖ bourbier *m* ‖ FIG. pétrin *m.*
Pauke *f1* timbale *f*; grosse caisse.
pausbäckig *a* joufflu.
pauschal *av* à forfait. °**~betrag** *m2* montant global. °**~e** *f1* forfait *m.*
Pause *f1* pause *f*; récréation *f*; entracte *m.* **~n·los** *a* continuel • *av* sans interruption.
Paus·papier *n1* papier-calque *m.*
Pech *n1* poix *f* ‖ FIG. malchance, guigne *f.* °**~vogel** *m* (s, ¨) malchanceux *m.*
Pedal *n1* pédale *f.*
Pedell *m1* appariteur *m.*
peilen *vt* sonder.
Pein *f0* peine *f*; tourment *m.* **~igen** *vt* tourmenter. **~lich** *a* pénible ‖ méticuleux.
Peitsche *f1* fouet *m.*
Pelz *m1* peau *f*; fourrure *f.* °**~waren** *fpl*, °**~werk** *n0* fourrures *fpl*; pelleterie *f.*
Pendel *n3* pendule *m*; balancier *m.* **~n** *vi* osciller ‖ faire la navette. °**~uhr** *f1* pendule *f.* °**~verkehr** *m0* navette *f.*
Pension *f1* retraite *f*; pension *f.* **~ieren** *vt* mettre à la retraite.
perfekt *a* parfait ; achevé • *n1* : °**~**, passé composé.
Pergament *n1* parchemin *m.*
Perl|e *f1* perle *f.* **~en** *vi* perler ‖ pétiller. °**~huhn** *n2* pintade *f.* °**~mutter** *f0* nacre *f.*
Perpendikel *m3*, *n3* pendule *m*; balancier *m.*
Pers|ianer *m3* astrakhan *m.* °**~ien** *n0* Perse *f.*
Person *f1* personne *f* ‖ SPECT. personnage *m.*
Personal *n1* personnel *m.* °**~ausweis** *m1* carte *f* d'identité. °**~ien** *fpl* état civil ; identité *f.*
Personen|kraftwagen *m3* [*abr* : ***Pkw***] voiture *f* de tourisme. °**~zug** *m2* train *m* omnibus.
persönlich *a* personnel • *av* en personne. °**~keit** *f1* personnalité *f.* °**~keits·wahl** *f1* scrutin uninominal.
Perücke *f1* perruque *f.*
Pest *f1* peste *f.*
Peter *m* Pierre *m* ‖ [Spiel] *schwarzer* **~**, nain *m* jaune.
Petersilie *f1* persil *m.*
Petroleum *n0* pétrole *m.*
Pfad *m1* sentier *m.* °**~finder** *m3* scout *m.*
Pfahl *m2* pieu *m*; poteau *m.* °**~bau** *m1* pilotis *m.*
Pfalz *f0* Palatinat *m.*
Pfand *n2* gage *m.*
pfänden *vt* JUR. saisir.

Pfann|e *f1* poêle *f* à frire. °**~kuchen** *m3* crêpe *f*.
Pfarr|amt *n2*, °**~e** *f1* cure *f*. °**~er** *m3* curé *m*; pasteur *m*. °**~haus** *n2* presbytère *m*.
Pfau *m* (es, en) paon *m*.
Pfeffer *m0* poivre *m*. °**~büchse** *f1* poivrier *m*. °**~kuchen** *m3* pain *m* d'épice. **~n** *vt* poivrer.
Pfeife *f1* sifflet *m* ‖ MUS. fifre *m* ‖ pipe *f*. **~n*** *vi* siffler ‖ FIG., FAM. *darauf* **~**, s'en moquer.
Pfeil *m1* flèche *f*.
Pfeiler *m3* pilier *m*; pile *f*.
Pfennig *m1* pfennig *m*.
Pferch *m1* parc *m*; enclos *m*.
Pferd *n1* cheval *m*; *zu* **~***(e)*, à cheval.
Pferde|händler *m3* maquignon *m*. °**~kur** *f1* remède *m* de cheval. °**~rennen** *n3* course *f* de chevaux. °**~stall** *m2* écurie *f*. °**~stärke** *f1* [*abr* : *PS*] cheval-vapeur *m*.
Pfiff *m1* coup *m* de sifflet ‖ FAM. truc *m*.
Pfifferling *m1* girolle *f*.
pfiffig *a* rusé ; malin.
Pfingst|rose *f1* pivoine *f*. °**~en** *pl* Pentecôte *f*.
Pfirsisch *m1* pêche *f*.
Pflanze *f1* plante *f*. **~n** *vt* planter. °**~n·kost** *f0* régime végétarien.
Pflaster *n3* pavé *m*; *das* **~** *treten*, battre le pavé ‖ MÉD. emplâtre *m*. **~n** *vt* paver. °**~stein** *m1* pavé *m*.
Pflaume *f1* prune *f*.
Pflege *f1* soins *mpl*; entretien *m* ‖ tutelle *f*.
pfleg|en *vt* soigner; cultiver; s'occuper de ‖ *vt** entretenir • *vi* avoir l'habitude de. °**~er** *m3* garde-malade *m*.
Pflicht *f1* devoir *m*. °**~versicherung** *f1* assurance *f* obligatoire. °**~verteidiger** *m3* avocat *m* d'office.
Pflock *m2* cheville *f*; piquet *m*; goupille *f*.
pflücken *vt* cueillir.
Pflug *m2* charrue *f*. °**~schar** *f1* soc *m*.
pflügen *vt* labourer.
Pförtner *m3* portier *m*; concierge *m*.
Pfosten *m3* poteau *m*; montant *m*.
Pfote *f1* patte *f*.
Pfropf|en *m3* bouchon *m*; tampon *m* ‖ AGR. greffe *f*. **~en** *vt* boucher ‖ AGR. greffer. °**~reis** *n2* greffe *f*.
Pfuhl *m1* mare *f*.
pfui! *interj* pouah ! ; fi !
Pfund *n1* livre *f*.
pfuschen *vi* FAM. bousiller; bâcler.
Pfütze *f1* flaque *f*; mare *f*.
Phantasie *f1* imagination *f*; fantaisie *f*. **~ren** *vi* rêv(ass)er ‖ MÉD. délirer.
Phantast *m4* rêveur *m*.
Phönix *m0* phénix *m*.
Photo *n* (s, s) photo *f*. °**~(graphier·)apparat** *m1* appareil *m* photographique.
Physik *f0* physique *f*. °**~er** *m3* physicien *m*.

physisch *a* physique.
Pick|el *m3* pioche *f*; pic *m* ‖ MÉD. pustule *f*. °**~el·haube** *f1* casque *m* à pointe. **~en** *vt* picorer.
piep(s)en *vi* piailler, pépier.
Pik *n0* [Kartenspiel] pique *m*. °**~ee** *n1* TEXT. piqué *m*. **~iert** *a* (*über*, acc.) vexé (de).
Pilger *m3* pèlerin *m*. °**~fahrt** *f1* pèlerinage *m*.
Pille *f1* pilule *f*.
Pilz *m1* champignon *m*.
Pinie *f1* pin *m* parasol.
Pinke *f1* FAM. fric *m*.
Pinscher *m0* [Hund] griffon *m*.
1. Pinsel *m3* niais *m*.
2. Pinsel *m3* pinceau *m*.
Pionier *m1* pionnier *m* ‖ MIL. sapeur *m*.
Pip(p)s *m1* pépie *f*.
Piroge *f1* pirogue *f*.
Pirsch *f1* chasse *f*.
Pistole *f1* pistolet *m*.
Plage *f1* tourment *m*; fléau *m*. **~n** *vt* tourmenter.
Plakat *n1* affiche *f*. °**~anschlag** *m2* affichage *m*.
Plan *m2* plan, projet *m*.
Plane *f1* bâche *f*.
planen *vt* projeter.
Planet *m4* planète *f*.
planier|en *vt* aplanir. °**~raupe** *f1* bulldozer *m*.
Planke *f1* planche *f*.
Plänkelei *f1* escarmouche *f*.
planlos *a* sans méthode.
planschen *vi* barboter.
Plantage *f1* plantation *f*.
Planung *f1* planification *f*.
Plan·wagen *m3* voiture bâchée.
plappern *vi* jacasser.
Plastik *f1* sculpture *f* ‖ MÉD. greffe *f*.
Platane *f1* platane *m*.
plätschern *vi* clapoter.
platt *a* plat; aplati ‖ FAM. épaté. **~deutsch** *a* [*abr* : *platt*] bas-allemand.
Platte *f1* plaque *f*; plateau *m* ‖ dalle *f* ‖ disque *m*.
plätten *vt* repasser.
Platten|belag *m2* carrelage *m*. °**~spieler** *m3* tourne-disque *m*.
Platz *m2* place *f* ‖ lieu, endroit *m*. °**~anweiserin** *f1* ouvreuse *f*.
Plätzchen *n3* gâteau sec.
platzen *vi* éclater; crever ‖ FAM. échouer.
Platz|karte *f1* ticket *m* de location. **~raubend** *a* encombrant.
Platz·regen *m3* averse *f*.
Plauder|ei *f1* bavardage *m*. **~n** *vi* causer, bavarder.
plausibel *a* compréhensible.
pleite *av* en faillite; *~ gehen*, faire faillite • *f1* : °**~**, banqueroute, faillite *f*.
Pleuel·stange *f1* bielle *f*.
Pleuritis *f* (tiden) pleurésie *f*.
Plombe *f1* plomb *m* de garantie ‖ [Zähne] plombage *m*.
plötzlich *a* brusque • *av* soudain.
plump *a* (ba)lourd.
plünder|n *vt* piller. °**~ung** *f1* pillage *m*.

Plural *m1* pluriel *m*.
Plüsch *m1* peluche.
Pöbel *m3* populace *f*.
pochen *vi* heurter, cogner ‖ [Herz] battre.
Pocken *fpl* petite vérole ; variole *f*.
Podium *n* (s, dien) estrade *f*.
Pokal *m1* coupe *f*.
Pökel *m0* saumure *f*. °**~fleisch** *n0* salaison *f*.
Pol *m1* pôle *m*.
polar *a* polaire. °**~kreis** *m1* cercle *m* polaire.
Pole *m4* Polonais *m*. °**~n** *n0* Pologne *f*.
polieren *vt* polir.
Polit|ik *f0* politique *f*. °**~iker** *m3* homme *m* politique.
Politur *f1* poli *m*; vernis *m*.
Polizei *f1* police *f*. °**~präsident** *m4* préfet *m* de police. °**~revier** *n1* commissariat *m* de police. °**~stunde** *f1* heure *f* de fermeture.
Polizist *m4* agent *m* de police ; policier *m*.
Polster *n3* coussin *m*. °**~ung** *f1* rembourrage *m*.
poltern *vi* faire du vacarme.
Pony *n* (s, s) poney *m*.
Popanz *m1* épouvantail *m*.
Por|e *f1* pore *m*. **~ig, ~ös** *a* poreux.
Porree *m0* poireau *m*.
Portal *n1* portail *m*.
Portier *m* (s, s) portier *m*; concierge *m*.
Porto *n* (s, s) port *m*. **~frei** *a* port payé.
Porzellan *n1* porcelaine *f*.
Posaune *f1* trombone *m*; trompette *f*.
Poss|e *f1* farce *f*; bouffonnerie *f*. **~ierlich** *a* burlesque.
Post *f1* poste *f* ‖ courrier *m*. °**~amt** *n2* bureau *m* de poste. °**~anweisung** *f1* mandat-poste *m*. °**~beamte(r)** *asm* employé *m* des postes. °**~bote** *m4* facteur *m*.
Posten *m3* poste *m*; sentinelle *f* ‖ poste *m*; position *f*; place *f* ‖ COMM. lot *m*.
Post|fach *n2* boîte postale. °**~karte** *f1* carte postale. **~lagernd** *a/av* poste restante. °**~leit·zahl** *f1* numéro *m* de code postal. °**~scheck** *m* (s, e/s) chèque postal. °**~überweisung** *f1* virement postal. **~wendend** *av* par retour du courrier.
potential *a* potentiel • *n1* : °**~,** potentiel *m*.
Potenz *f1* puissance *f*.
Präambel *f1* préambule *m*.
Pracht *f0* magnificence *f*.
prächtig, pracht·voll *a* superbe ; magnifique.
Prädikat *n1* verbe *m*; attribut *m* ‖ note *f*.
Präfix *n1* préfixe *m*.
prägen *vt* graver ; *Münzen* ~, battre monnaie ; *ein Wort* ~, créer un mot ‖ marquer.
prägnant *a* expressif ; vigoureux.
prahlen *vi* (*mit*, dat.) se vanter de.
Praktik|ant *m4* stagiaire *m*. °**~um** *n* (s, ka) stage *m*.

prakti|sch *a* pratique; *~er Arzt,* médecin *m* généraliste. **~zieren** *vt* pratiquer.
Prälat *m4* prélat *m.*
prall *a* dru; ferme; rebondi. **~en** *vi* rebondir.
Prämie *f1* prime *f.*
prangen *vi* resplendir.
Pranger *m3* pilori *m.*
Pranke *f1* griffe *f* || FAM. patte *f.*
Präparat *n1* préparation *f.*
Präsident *m4* président *m.*
prasseln *vi* crépiter.
Praxis *f0* pratique *f* || [Arzt] cabinet *m;* clientèle *f.*
präzis|(e) *a* précis; exact. **~ieren** *vt* préciser.
predig|en *vt/vi* prêcher. **°~er** *m3* prédicateur *m.* **°~t** *f1* sermon *m.*
Preis *m1* prix *m; um jeden ~,* à tout prix || louange *f;* gloire *f.* **°~ausschreiben** *n3* concours *m.*
Preisel·beere *f1* airelle *f.*
preisen* *vt* vanter; célébrer; *jn glücklich ~,* estimer qn heureux.
Preis|erhöhung *f1* hausse *f* des prix. **°~gabe** *f1* abandon *m.* **~geben*** *vt* abandonner. **°~lage** *f0 : in jeder ~,* à tous les prix. **°~liste** *f1* prix courant; tarif *m.* **°~verteilung** *f1* distribution *f* des prix. **~wert** *a* avantageux.
Prell|bock *m2* butoir *m.* **~en** *vt* berner; escroquer. **°~ung** *f1* contusion *f.*
Presse *f1* presse *f.* **~n** *vt* presser; comprimer. **°~referent** *m4* attaché de presse.
Preß·luft *f2* air comprimé.
Preuße *m4* Prussien *m.* **°~n** *n0* Prusse *f.*
prickeln *vi* picoter; démanger.
Priester *m3* prêtre *m.* **°~amt** *n2* sacerdoce *m.*
prim|a *a* FAM. fameux; extra • *f* (men) : **°~,** [Schule] première *f.* **~är** *a* primaire.
Prinz *m4* prince *m.* **°~essin** *f1* princesse *f.*
Prinzip *n* (s, ien) principe *m.* **~iell** *av* par principe.
Pritsche *f1* couche(tte) *f.*
privat *a* privé; particulier.
Privileg *n* (s, ien) privilège *m.*
probat *a* éprouvé; souverain.
Probe *f1* épreuve *f;* essai *m; auf die ~ stellen,* mettre à l'épreuve || preuve *f* || échantillon *m* || SPECT. répétition *f.* **°~flug** *m2* vol *m* d'essai. **~n** *vt* SPECT. répéter. **°~stück** *n1* spécimen *m.* **°~zeit** *f1* stage *m.*
probieren *vt* essayer; éprouver || déguster.
Problem *n1* problème *m.*
Produkt *n1* produit *m.*
Produz|ent *m4* producteur *m.* **~ieren** *vt* produire.
Profi *m* (s, s) SP. professionnel *m.*
Prognose *f1* pronostic *m.*
Programm *n1* programme *m.* **~ieren** *vt* programmer.
Projekt *n1* projet *m.*
projizieren *vt* projeter.

Prokurist *m4* fondé *m* de pouvoir.
Prolet *m4* POP. prolo *m*. °**~arier** *m3* prolétaire *m*.
prominen|t *a* marquant; éminent. °**~z** *f0* notabilités *fpl*.
Propa|ganda *f* (den) propagande *f*. **~gieren** *vt* propager.
Propeller *m3* hélice *f*.
Prophe|t *m4* prophète *m*. **~zeien** *vt* prophétiser.
Proporz·wahl *f1* représentation proportionnelle.
Prosa *f* (sen) prose *f*. **~isch** *a* prosaïque
prosit!, prost! *interj* à votre santé!
Prospekt *m1* prospectus *m*.
Protest *m1* protestation *f*; *~ erheben*, protester. **~ieren** *vi* protester.
Protokoll *n1* procès-verbal *m* || FIG. *etw zu ~ nehmen*, prendre acte de qch. **~ieren** *vi* verbaliser.
protzen *vi* (*mit*, dat.) faire étalage de.
Provenienz *f1* provenance *f*.
Proviant *m1* vivres *mpl*.
Provinz *f1* province *f*.
provisorisch *a* provisoire.
provozieren *vt* provoquer.
Prozent|satz *m2* pourcentage *m*. **~ual** *a* en pourcentage.
Prozeß *m* (sses, sse) procès *m*; cause *f* || processus *m*.
prüf|en *vt* examiner; vérifier; tester. °**~er** *m3* examinateur *m*. °**~stein** *m1* pierre *m* de touche. °**~ung** *f1* examen *m*. °**~ungs·ausschuß** *m* (usses, üsse) jury *m* (d'examen).
Prügel *m3* gourdin *m* || *Pl* rossée *f*. °**~knabe** *m4* bouc *m* émissaire; tête *f* de Turc. **~n** *vt* rosser.
Prunk *m0* faste *m*; éclat *m*. **~en** *vi* (*mit*, dat.) faire étalage (de). **~voll** *a* fastueux.
prusten *vi* souffler avec bruit; s'ébrouer.
Psalm *m* (s, en) psaume *m*.
Psychologe *m4* psychologue *m*.
Publi|kum *n0* public *m*. **~zieren** *vt* publier.
Pudel *m3* caniche *m*.
Puder *m0* poudre *f*. °**~dose** *f1* poudrier *m*.
Puff *m2* choc *m* || pouf *m*. **~en** *vi* [Kleider] bouffer • *vt* donner des bourrades à.
Puls *m1* pouls *m*. °**~ader** *f1* artère *f*. **~en, ~ieren** *vi* battre.
Pult *n1* pupitre *m*; lutrin *m*.
Pulver *n3* poudre *f*. °**~schnee** *m0* (neige) poudreuse *f*.
Pump *m1* : POP. *auf ~ kaufen*, acheter à crédit.
Pumpe *f1* pompe *f*. **~n** *vt* pomper || POP. emprunter.
Punkt *m1* point *m*; *wunder ~*, point faible • *av* : *punkt elf Uhr*, à onze heures précises.
pünktlich *a* ponctuel • *av* à l'heure. °**~keit** *f0* ponctualité *f*.

Punze *f1* poinçon *m*; burin *m*.
Puppe *f1* poupée *f*; marionnette *f* ‖ chrysalide *f*.
Purpur *m0* pourpre *f*. **~rot** *a* pourpre.
Purzel|baum *m2* culbute *f*; *einen ~ schlagen,* faire la culbute. **~n** *vi* faire la culbute.
Puste *f0* souffle *m*; haleine *f*.
Pustel *f1* pustule *f*.
Pute *f1* dinde *f*. **~r·rot** *a* cramoisi.
Putz *m1* toilette *f*; parure *f* ‖ ARCH. crépi *m*. **~en** *vt* nettoyer ‖ lustrer; polir ‖ ARCH. crépir; ravaler. °**~frau** *f1* femme *f* de ménage.
putzig *a* drôle, cocasse.
Putz|lappen *m3* torchon *m*. °**~macherin** *f1* modiste *f*.

q

Quack·salber *m3* charlatan *m*.
Quader·stein *m1* pierre *f* de taille.
Quadrant *m4* quart *m* de cercle; quadrant *m*.
Quadrat *n1* carré *m*; *ins ~ erheben,* élever au carré. °**~meter** *n3* mètre carré. °**~wurzel** *f1* racine carrée.
quadrieren *vt* élever au carré.
quaken *vi* coasser.
Qual *f1* supplice *m*; torture *f*.
quälen *vt* tourmenter; torturer.
Qualität *f1* qualité *f*.
Qualle *f1* méduse *f*.
Qualm *m1* épaisse fumée. **~en** *vi* fumer.
Quappe *f1* têtard *m* ‖ lotte *f*.
Quark *m1* fromage blanc.
Quartal *n1* trimestre *m*.
Quart|(e) *f1* quarte *f*. °**~ett** *n1* quatuor *m*.
Quartier *n1* logement *m*; logis *m* ‖ MIL. cantonnement *m*.
Quaste *f1* houppe *f*; gland *m*.
Quatsch *m0* FAM. bêtises *fpl*. **~en** *vi* FAM. radoter.
Quecke *f1* chiendent *m*.
Queck·silber *n0* mercure *m*.
Quell|e *f1* source *f*. **~en*** *vi* jaillir; sourdre; se gonfler. °**~wasser** *n0* eau *f* de source.
quer *av* de/en/à travers. °**~balken** *m3* poutre (transversale). °**~e** *f0* : *jm in die ~ kommen,* contrecarrer les projets de qn. °**~flöte** *f1* flûte traversière. °**~kopf** *m2* esprit tortueux. °**~schiff** *n1* transept *m*. °**~schnitt** *m1* coupe transversale.
Querulant *m4* chicaneur *m*.
quetsch|en *vt* presser; écraser ‖ contusionner. °**~ung** *f1* contusion *f*.
quick *a* alerte; vif.
quietschen *vi* [Tür] grincer.
Quint|(e) *f1* quinte *f*. °**~ett** *n1* quintette *m*.
Quirl *m1* CUIS. fouet *m*. **~en** *vt* battre.

quitt *a* quitte.
Quitte *f1* coing *m*.
quitt|ieren *vt* acquitter; donner quittance de ‖ *am Rande* ~, émarger. °**~ung** *f1* quittance *f*.
Quote *f1* quote-part *f*; contingent *m*.

r

Rabatt *m1* rabais *m*; remise *f*. °**~e** *f1* plate-bande *f*.
Rabe *m4* corbeau *m* ‖ FIG. *weißer* ~, merle blanc.
rabiat *a* furieux.
Rache *f1* vengeance *f*.
Rachen *m3* arrière-bouche *f*; pharynx *m* ‖ gueule *f*.
rächen *vt* venger • *vpr* : *sich an jm* ~, se venger de qn.
Rachen·entzündung *f1* pharyngite *f*.
Rachitis *f0* rachitisme *m*.
Rad *n2* roue *f*; *ein* ~ *schlagen*, faire la roue ‖ [Fahrrad] bicyclette *f*. °**~achse** *f1* essieu *m*.
Radau *m0* chahut, tapage *m*.
Rad·dampfer *m3* bateau *m* à aubes.
rade·brechen *vt* [Sprache] écorcher ‖ [Wort] estropier.
Rädels·führer *m3* meneur *m*.
Räder·werk *n1* rouages *mpl*.
rad|fahren* *vi* (sép.) aller à bicyclette. °**~fahrer** *m3* cycliste *m*. °**~fahr·weg** *m1* piste *f* cyclable.
radier|en *vt* effacer; gommer ‖ graver. °**~gummi** *m* (s, s) gomme *f*. °**~ung** *f1* eau-forte *f*.
Radieschen *n3* radis *m*.
radikal *a* radical; extrême ‖ POL. extrémiste • *n1* : °~ CHIM., MATH. radical *m*.
Radio·apparat *m1* poste *m* de radio.
Radius *m* (-, dien) MATH. rayon *m*.
Rad|kappe *f1* enjoliveur *m*. °**~rennbahn** *f1* vélodrome *m*.
raffen *vt* emporter; enlever ‖ retrousser.
Raffin|ade *f1* sucre raffiné. °**~esse** *f1* raffinement *m*. **~iert** *a* raffiné.
ragen *vi* s'élever; dominer.
Rahm *m0* crème *f*.
rahmen *vt* encadrer • *m3* : °~, cadre *m*.
Rain *m1* lisière *f*.
Rakete *f1* fusée *f*. °**~n·werfer** *m3* lance-fusées *m*.
Ramme *f1* mouton *m*; hie *f*. **~n** *vt* éperonner.
Rampe *f1* rampe *f*. °**~n·licht** *n2* feux *mpl* de la rampe.
ramponieren *vt* FAM. endommager; abîmer.
Ramsch *m1* camelote *f*. **~en** *vt* acheter à vil prix.
Rand *m* (s, ¨er) bord *m*; bordure *f*; lisière *f* ‖ marge *f* ‖

FIG. *mit etw zu ~e kommen,* venir à bout de qch.
randalieren *vi* FAM. faire du boucan.
Rand·bemerkung *f1* note marginale.
Rang *m2* rang *m;* grade *m.*
Rangier|bahnhof *m2* gare *f* de triage.
Ranke *f1* vrille *f.*
Ränke *mpl* intrigues *fpl.*
ranken *vi* (*an,* dat.) grimper (le long de).
Ränke·schmied *m1* intrigant *m.*
Ranunkel *f1* renoncule *f.*
Ranzen *m3* sac *m;* cartable *m.*
ranzig *a* rance.
Rappe *m4* cheval noir.
Raps *m1* colza *m.*
Rapunze(l) *f1* mâche *f.*
Rarität *f1* curiosité *f.*
rasch *a* rapide • *av* vite.
rascheln *vi* crisser.
rasen *vi* faire rage ‖ aller à une allure folle.
Rasen *m3* gazon *m.* °**~fläche** *f1* pelouse *f.*
Raserei *f0* fureur *f;* frénésie *f.*
Rasier|apparat *m1* rasoir *m.* **~en** *vt/vpr* (se) raser. °**~klinge** *f1* lame *f* de rasoir. °**~seife** *f1* savon *m* à barbe.
Raspel *f1* râpe *f.* **~n** *vt* râper.
Rasse *f1* race *f.*
rasseln *vi* cliqueter.
rass|ig *a* racé. **~isch** *a* racial.
Rast *f1* repos *m;* étape *f.* **~en** *vi* faire halte. °**~stätte** *f1* Restoroute *m.* °**~losigkeit** *f0* agitation *f.*
Rasur *f1* rature *f* ‖ rasage *m.*
1. Rat *m* (s, Ratschläge) conseil *m;* avis *m.*
2. Rat *m0* délibération *f.*
3. Rat *m2* conseil *m;* assemblée (délibérante) ‖ conseilller *m.*
Rate *f1* acompte *m;* taux *m; in ~n zahlen,* payer à tempérament.
raten* *vt* conseiller; *für geraten halten,* tenir pour opportun ‖ [erraten] deviner; *hin und her ~,* se livrer à mille conjectures.
Raten·zahlung *f1* paiement *m* à tempérament.
Rat|geber *m3* conseiller *m.* °**~haus** *n2* hôtel *m* de ville.
ratifizieren *vt* ratifier.
rat|los *a* déconcerté; perplexe. **~sam** *a* conseillé; opportun. °**~schlag** *m2* conseil *m.*
Rätsel *n3* énigme *f;* devinette *f.* **~haft** *a* énigmatique. **~n** *vi* chercher à deviner.
Rats·herr *m* (n, en) conseiller municipal.
Ratte *f1* rat *m.* **~n·gift** *n1* mort-aux-rats *f.*
Raub *m0* rapt *m;* brigandage *m.* °**~bau** *m0* gaspillage *m.* **~en** *vt* voler; enlever.
Räuber *m3* brigand, bandit *m.*
Raub|gier *f0* rapacité *f.* °**~mord** *m1* crime crapuleux. °**~tier** *n1* bête *f* de proie. °**~vogel** *m* (s, ¨) rapace *m.*
Rauch *m0* fumée *f.* **~en**

vt/vi fumer. °**~er** *m3* fumeur *m.*

Räucher|faß *n* (asses, ässe) encensoir *m.* **~n** *vt* [Fleisch] fumer.

Rauch|fahne *f1* panache *m* de fumée. °**~fang** *m2* hotte *f* de cheminée. °**~glas** *n0* verre fumé.

Räud|e *f0* gale *f;* teigne *f.* **~ig** *a* galeux.

Rauf|e *f1* mangeoire *f.* **~en** *vt* arracher • *vi* se battre. °**~erei** *f1* rixe *f.*

rau|h *a* rêche, rugueux ‖ rude, âpre ‖ [Stimme] rauque. °**~heit** *f1* rudesse *f;* âpreté *f.*

Raum *m2* espace *m* ‖ MATH. volume *m* ‖ PR./FIG. place *f* ‖ [Zimmer] pièce *f;* local *m.*

räumen *vt* évacuer.

Raum|fahrer *m3* cosmonaute *m.* °**~fahrt** *f1* voyage *m* interplanétaire. °**~inhalt** *m1* volume *m.*

räumlich *a* spatial. °**~keit** *f1* espace *m.*

Raum·schiff *n1* vaisseau spatial.

Räumung *f0* évacuation *f.*

raunen *vt/vi* murmurer, chuchoter.

Raupe *f1* chenille *f.* °**~n·kette** *f1* TECHN. chenille *f.*

Rausch *m2* griserie *f;* ivresse *f* ‖ FAM. *einen ~ haben,* être gris. **~en** *vi* frémir; bruire • *n0 :* °*~,* murmure *m.* °**~gift** *n1* stupéfiant *m.*

räuspern *vpr* s'éclaircir la voix.

Raute *f1* losange *m.*

Reagens *n* (-, enzien) CHIM. réactif *m.* °**~glas** *n2* éprouvette *f.*

real *a* réel; effectif. °**~ien** *npl* faits *mpl.* **~isieren** *vt* réaliser. °**~lexikon** *n* (s, ka) encyclopédie *f.*

Rebe *f1* vigne *f;* cep *m.*

Reb·huhn *n2* perdrix *f.*

Reb·stock *m2* pied *m* de vigne.

rechen *vt* ratisser • *m3 :* °*~,* râteau *m.*

Rechen|maschine *f1* calculatrice *f.* °**~schaft** *f1 : jn zur ~ ziehen,* demander des comptes à qn. °**~schafts·bericht** *m1* compte rendu.

rechn|en *vt* calculer; compter; *im Kopf ~,* calculer de tête • *vi : auf etw ~,* compter sur qch; *mit etw ~,* tenir compte de qch. °**~ung** *f1* calcul *m* ‖ facture *f;* note *f;* addition *f.*

Rechnungs|abschluß *m* (usses, üsse) apurement *m* des comptes. °**~jahr** *n1* exercice (financier).

Recht *n1* droit *m; mit ~,* à bon droit; *mit ~ oder Unrecht,* à tort ou à raison; *bürgerliches ~,* droit civil.

recht *a* droit ‖ situé à droite ‖ bon; *der ~e Weg,* le bon chemin ‖ *das ist mir ~,* cela me convient • *av* bien; vraiment; très • *loc v : du hast ~,* tu as raison. °**~e** *f1* droite *f.* °**~eck** *n1* rectangle *m.*

recht|fertigen *vt* justifier. °~**fertigung** *f1* justification *f*. ~**gläubig** *a* orthodoxe. ~**lich** *a* juridique, légal || probe. ~**mäßig** *a* légitime. °~**mäßigkeit** *f0* légalité *f*.
rechts *av* à droite.
Rechts|anwalt *m2* avocat *m*. °~**berater** *m3* avocat-conseil *m*.
recht|schaffen *a* probe, intègre. °~**schreibung** *f1* orthographe *f*.
Rechts|gelehrte(r) *asm* juriste *m*. ~**gültig** *a* valide. ~**händig** *a* droitier. °~**hilfe** *f1* assistance *f* judiciaire. °~**kraft** *f0* : ~ *erlangen*, prendre force de loi. °~**pflege** *f0* (administration *f* de la) justice *f*.
Recht·sprechung *f1* jurisprudence *f*.
Rechts·spruch *m2* arrêt *m*; sentence *f*.
rechts·um *interj* à droite !
Rechts|verletzung *f1* infraction *f* à la loi. °~**weg** *m1* voie *f* judiciaire. ~**widrig** *a* illégal.
recht·zeitig *a* opportun • *av* à temps.
Reck *n1* barre *f* fixe.
recken *vt* étendre ; étirer ; *den Hals* ~, dresser la tête.
Rede *f1* paroles *fpl*; *wovon ist die* ~?, de quoi s'agit-il ? || discours *m*. °~**kunst** *f0* rhétorique *f*.
reden *vi* parler. °~**s·art** *f1* locution (toute faite).
redlich *a* loyal ; honnête. °~**keit** *f0* honnêteté *f*.
Red|ner *m3* orateur *m*. ~**selig** *a* loquace, bavard.
Reede *f1* rade *f*. °~**r** *m3* armateur *m*.
reell *a* honnête || COMM. solide.
Refer|at *n1* exposé *m* || département *m*. °~**endar** *m1* fonctionnaire *m* stagiaire. °~**ent** *m4* responsable *m*.
reflektieren *vt* refléter • *vi* (*auf*. acc.) s'intéresser à.
Reflex *m1* reflet *m* || PHYSIOL. réflexe *m*.
Reform *f1* réforme *f*. °~**ation** *f0* REL. Réforme *f*. ~**ieren** *vt* réformer.
Regal *n1* étagère *f*.
rege *a* éveillé || actif ; intense.
Regel *f1* règle *f*. ~**mäßig** *a* régulier • *av* régulièrement. ~**n** *vt* régler. °~**ung** *f1* règlement *m*.
regen *vt/vpr* bouger, remuer.
Regen *m3* pluie *f*. °~**bogen** *m3* arc-en-ciel *m*. ~**dicht** *a* imperméable. °~**mantel** *m* (s, ¨) imperméable *m*. °~**schauer** *m3* averse *f*. °~**schirm** *m1* parapluie *m*. °~**wurm** *m* (s, ¨ er) ver *m* de terre.
Regie *f1* mise *f* en scène.
regie|ren *vt* gouverner. °~**rung** *f1* gouvernement *m*.
Regisseur *m1* metteur *m* en scène.
Regis|ter *n3* registre *m*; index *m*. ~**trieren** *vt* enregistrer.

Regler *m3* régulateur *m.*
reglos *a* sans mouvement.
regn|en *vi* pleuvoir. **~erisch** *a* pluvieux.
regsam *a* vif ; actif.
regulieren *vt* régler ; régulariser.
Regung *f1* mouvement *m* ‖ émotion *f ;* élan *m.*
Reh *n1,* °**~bock** *m2* chevreuil *m.*
Reib|e *f1,* °**~eisen** *n3* râpe *f.* **~en*** *vt* frotter ‖ râper. °**~ung** *f1* frottement *m ;* friction *f.* **~ungslos** *a* aisé • *av* sans heurt.
reich *a* riche.
Reich *n1* empire *m.*
reichen *vt* tendre ; présenter • *vi* atteindre ; s'étendre (jusqu'à) ‖ (*nach,* dat.) tendre la main vers ‖ être suffisant.
reich|haltig *a* riche ; d'une haute teneur. **~lich** *a* abondant • *av* abondamment. °**~tum** *m* (s, ¨ er) richesse *f.*
Reich·weite *f1* portée *f* ‖ AÉR. rayon *m* d'action.
reif *a* mûr.
Reif *m0* gelée blanche ; givre *m.*
Reife *f0* maturité *f.* **~n** *vi* mûrir.
Reifen *m3* cercle *m* ‖ cerceau *m* ‖ pneu *m.*
Reife·prüfung *f1* baccalauréat *m.*
Reigen *m3* ronde *f.*
Reihe *f1* série *f ;* file *f* ‖ tour *m ; der ~ nach,* à tour de rôle. °**~n·folge** *f1* suite *f.*
Reiher *m3* héron *m.*
Reim *m1* rime *f.* **~en** *vt/vpr* rimer.
rein *a* pur ; *~e Luft,* air pur ‖ propre ‖ FIG. *ins ~e schreiben,* mettre au propre. °**~heit** *f0* pureté *f.* **~igen** *vt* nettoyer. °**~igung** *f1* nettoyage *m.* °**~igungs·anstalt** *f1* teinturerie *f.* **~lich** *a* net ; propre. °**~lichkeit** *f0* propreté *f.*
1. Reis *m1* riz *m.*
2. Reis *n2* brindille *f.*
Reise *f1* voyage *m.* °**~bedarf** *m0* articles *mpl* de voyage. °**~büro** *n* (s, s) agence *f* de voyages. °**~gesellschaft** *f1* voyage organisé.
reisen *vi* voyager ; faire un voyage. °**~de(r)** *asm* voyageur *m.*
Reis·feld *n2* rizière *f.*
Reisig *n0* petit bois. °**~bündel** *n3* fagot *m.*
Reiß·brett *n2* planche *f* à dessin.
reiß|en* *vt* déchirer ; *ein Loch ~,* faire un trou, un accroc ‖ égratigner ‖ arracher ; tirer ; *an sich ~,* accaparer ‖ entraîner ‖ dessiner • *vi* se déchirer • *n0 :* °**~,** rhumatisme *m.* **~end** *a* violent ; impétueux ‖ [Tier] féroce. °**~feder** *f1* tire-ligne *m.* °**~nagel** *m* (s, ¨) punaise *f.* °**~verschluß** *m* (usses, üsse) fermeture *f* Éclair.
Reit|bahn *f1* manège *m.* **~en*** *vi* aller à cheval • *vt*

monter (un cheval). °**~er** *m3* cavalier *m.* °**~kunst** *f0* équitation *f.* °**~pferd** *n1* cheval *m* de selle. °**~weg** *m1* allée cavalière.

Reiz *m1* excitation *f*; irritation *f.* **~en** *vt* irriter; exciter ‖ charmer; tenter. **~end** *a* charmant.

Rekonvaleszen|t *m4* convalescent *m.* °**~z** *f1* convalescence *f.*

Rekrut *m4* recrue *f*; conscrit *m.* **~ieren** *vt* recruter.

Rektor *m* (s, en) recteur *m*; directeur *m.*

relativ *a* relatif.

relegieren *vt* [Schüler] renvoyer.

relevan|t *a* important. °**~z** *f0* importance *f.*

religiös *a* religieux.

Reling *f1* bastingage *m.*

Reliquie *f1* relique *f.*

renitent *a* insoumis.

Renn·bahn *f1* champ *m* de courses.

renn|en* *vi* courir • *n0* °**~** : *das ~ machen,* gagner la course. °**~fahrer** *m3* coureur *m* (automobile, cycliste). °**~pferd** *n1* cheval *m* de course.

Renomm|ee *n0* réputation *f.* **~ieren** *vi* se vanter. **~iert** *a* renommé.

rent|abel *a* rentable. °**~e** *f1* pension, retraite *f.* °**~en·versicherung** *f1* assurance *f* vieillesse. **~ieren** *vpr* être rentable. °**~ner** *m3* retraité *m.*

Repar|atur *f1* réparation *f.* **~ieren** *vt* réparer.

Repressalien *fpl* représailles *fpl.*

Reptil *n* (s, ien) reptile *m.*

Requisiten *npl* SPECT. accessoires *mpl.*

Resede *f1* réséda *m.*

Reserv|at *n1* réserve *f.* **~ieren** *vt* réserver.

Residenz *f1* résidence *f.*

Resign|ation *f* résignation *f.* **~ieren** *vi* renoncer.

resolut *a* résolu.

Respekt *m0* respect (pour qn); *sich ~ verschaffen,* se faire respecter. **~ieren** *vt* respecter.

Rest *m1* reste *m.* °**~bestand** *m2* solde, reliquat *m.* °**~betrag** *m2* solde *m.* **~lich** *a* restant. **~los** *av* complètement.

Result|at *n1* résultat *m.* **~ieren** *vi* résulter.

Retorte *f1* cornue *f.*

rett|en *vt* sauver. °**~er** *m3* sauv(et)eur *m.*

Rettich *m1* radis *m.*

Rettung *f1* sauvetage *m.*

Rettungs|boot *n1* canot *m* de sauvetage. **~los** *a* sans remède. °**~station** *f1* poste *m* de secours.

Reue *f1* repentir *m*; regret *m.* °**~(e)·geld** *n2* dédit *m.* **~n** *v imp* : *es reut mich,* je regrette; je me repens.

Reuse *f1* nasse *f.*

reuten *vt* défricher.

revanchieren *vpr* prendre sa revanche.

revidieren *vt* réviser.
Revier *n1* district *m.*
Revision *f1* vérification *f;* révision *f.*
Rezept *n1* recette *f* || MÉD. ordonnance *f.*
Rhabarber *m0* rhubarbe *f.*
Rhein *m0* Rhin *m.* °**~land** *n0* Rhénanie *f.*
Rheuma *n0,* °**~tismus** *m* (-, men) rhumatisme *m.*
Rhythmus *m* (-, men) rythme *m.*
richten *vt* dresser; aligner || tourner; adresser || juger; exécuter • *vi* (*über,* acc.) juger • *vpr : sich nach etw ~,* se conformer à qch.
Richter *m3* juge *m.*
richtig *a/av* juste; correct(ement) || vrai; *ein ~er Bayer,* un vrai Bavarois. °**~keit** *f0* exactitude *f.* **~stellen** *vt* rectifier. °**~stellung** *f1* mise *f* au point.
Richt|linie *f1* directive *f.* °**~ung** *f1* direction *f.*
Ricke *f1* chevrette *f.*
riech|en* *vi* sentir; avoir une odeur; *nach Lavendel ~,* sentir la lavande • *vt* sentir.
Riegel *m3* verrou *m* || [Seife] barre *f* || [Schokolade] bâton *m.* **~n** *vt* verrouiller.
Riemen *m3* courroie *f* || MAR. rame *f.*
Riese *m4* géant *m.*
rieseln *vi* s'écouler; ruisseler • *v imp* bruiner.
riesen|groß *a* gigantesque. °**~schlange** *f1* boa *m.*
riesig *a* géant, gigantesque.
Riff *n1* récif *m.*
Rille *f1* rainure *f.*
Rind *n2* bœuf *m;* bovin *m.*
Rinde *f1* écorce *f* || [Brot] croûte *f.*
Rinder·braten *m3* rosbif *m.*
Ring *m1* anneau *m;* bague *f* || cercle, rond *m* || boulevard *m* de ceinture.
ringen* *vi (um)* lutter (pour).
rings, ~(her)um, ~umher *av* (tout) autour; alentour.
Rinn|e *f1* gouttière *f;* rigole *f.* **~en*** *vi* couler. °**~stein** *m1* caniveau *m.*
Ripp|chen *n3* côtelette *f.* °**~e** *f1* côte *f.*
Rippen|stück *n1* entrecôte *f.* °**~fell** *n1* plèvre *f.* °**~fell·entzündung** *f1* pleurésie *f.* °**~stoß** *m2* bourrade *f.*
Ris|iko *n* (s, s/ken) risque *m.* **~kant** *a* risqué. **~kieren** *vt* risquer.
Riß *m* (sses, sse) déchirure *f;* accroc *m;* fêlure *f;* crevasse *f* || FIG. scission *f.*
rissig *a* fêlé; crevassé.
Ritt *m1* course *f* à cheval; chevauchée *f.*
Ritter *m3* chevalier *m.* **~lich** *a* chevaleresque.
rittlings *av* à cheval; à califourchon.
Ritze *f1* fêlure *f;* fente *f.* **~n** *vt* érafler.
Robbe *f1* phoque *m.*
Roboter *m3* robot *m.*
Rochen *m3* raie *f.*

röcheln *vi* râler.
Rock *m2* jupe *f* || redingote *f* || tunique *f*.
Rodel *f1, m3* luge *f*. **~n** *vi* faire de la luge.
roden *vt* essarter, défricher.
Rogen *m3* œufs *mpl* de poisson.
Roggen *m3* seigle *m*.
roh *a* rude || grossier || brut; cru. °**~eit** *f0* grossièreté *f*. °**~öl** *n1* pétrole brut.
Rohr *n1* roseau *m*; jonc *m* || tube *m*; tuyau *m*.
Röhre *f1* conduit, tuyau *m*.
röhren *vi* bramer.
Rohr·möbel *npl* meubles *mpl* en rotin.
Roh|seide *f1* soie *f* grège. °**~stoff** *m1* matière première.
Roll|e *f1* rouleau *m*; poulie *f* || rôle *m*. **~en** *vi* rouler • vt (en)rouler. °**~er** *m3* trottinette *f* || scooter *m*. °**~kragen** *m3* col roulé.
Rolladen *m* (s, ¨) volet roulant.
Roll|schuh *m1* patin *m* à roulettes. °**~splitt** *m0* gravillons *mpl*. °**~stuhl** *m2* fauteuil roulant.
Roman *m1* roman *m*.
Romanik *f0* style roman.
Romant|ik *f0* romantisme *m*. **~isch** *a* romantique.
römisch *a* romain.
röntgen *vt* radiographier. °**~aufnahme** *f1*, °**~bild** *n2* radiographie *f*.
ros|a, ~a·rot *a* rose. °**~e** *f1* rose *f* || rosace *f*.
Rosen|kohl *m1* chou *m* de Bruxelles. °**~kranz** *m2* rosaire, chapelet *m*. **~rot** *a* vermeil; rose. °**~stock** *m2* rosier *m*.
Ros|ette *f1* rosette *f*; rosace *f*. **~ig** *a* rosé; rose.
Rosine *f1* raisin sec.
Rosmarin *m0* romarin *m*.
Roß *n* (sses, sse) cheval *m*. °**~haar** *n1* crin *m*. °**~kastanie** *f1* marron *m* d'Inde.
1. Rost *m0* rouille *f*; ~ *ansetzen*, se rouiller.
2. Rost *m1* grill *m*.
rosten *vi* (se) rouiller.
rösten *vt* (faire) griller || torréfier.
rost|frei *a* inoxydable. **~ig** *a* rouillé.
rot *a* rouge || [Haar] roux; ~ *werden*, rougir.
Rotang *m0* rotin *m*.
Röt|e *f1* rougeur *f*. °**~el** *m3* sanguine *f*. °**~eln** *pl* rubéole *f*. **~en** *vt* rougir.
Rot|glut *f0* incandescence *f*. **~haarig** *a* roux. °**~käppchen** *n0* Petit Chaperon rouge. °**~kehlchen** *n3* rouge-gorge *m*. °**~kohl** *m1* chou *m* rouge.
rötlich *a* rougeâtre.
Rotte *f1* troupe, bande *f*. **~n** *vpr* se rassembler.
Rot|wein *m1* vin *m* rouge. °**~welsch** *n0* argot *m*.
Rotz *m0* morve *f*.
Route *f1* itinéraire *m*.
Rübe *f1* rave *f*; *weiße* ~, navet *m*; *rote* ~, betterave *f*.
Rubin *m1* rubis *m*.

ruch|bar *a* : ~ *werden,* s'ébruiter. **~los** *a* scélérat.
Ruck *m1* poussée *f; mit einem* ~, d'un coup.
Rück·blick *m1* regard *m* en arrière ; rétrospective *f*.
rücken *vi/vt* (se) déplacer ; *nach vorn* ~, avancer.
Rücken *m3* dos *m*. °**~lehne** *f1* dossier *m*. °**~mark** *n0* moelle épinière.
rück|erstatten *vt* rembourser ; restituer. °**~erstattung** *f1* remboursement *m*. °**~fahrkarte** *f1* aller et retour *m*. °**~fahrt** *f1* retour *m*. °**~fall** *m2* rechute *f*. °**~gabe** *f1* restitution *f*. °**~gang** *m2* recul *m*. **~gängig** *a* : ~ *machen,* annuler. °**~grat** *n1* colonne vertébrale. °**~griff** *m1* recours *m*. °**~halt** *m1* soutien *m;* appui *m*. °**~kehr,** °**~kunft** *f0* retour *m*. °**~licht** *n2* feu *m* arrière. °**~reise** *f1* retour *m*.
Ruck·sack *m2* sac *m* à dos.
Rück|schau *f1* rétrospective *f*. °**~schlag** *m2* revers *m*. °**~schritt** *m1* régression *f*. °**~seite** *f1* verso *m*. °**~sicht** *f1* égard *m;* ~ *auf jn nehmen,* avoir des égards pour qn. **~sichtslos** *a* brutal. °**~spiegel** *m3* rétroviseur *m*. °**~stand** *m2* restant *m;* arriéré *m* ‖ retard *m*. **~ständig** *a* en retard ; arriéré. °**~strahler** *m3* cataphote *m*. °**~tritt** *m1* démission *f*. **~versichern** *vt* réassurer. **~wärts** *av* vers l'arrière. °**~wärts·gang** *m0* marche *f* arrière. **~wirkend** *a* rétroactif. °**~wirkung** *f1* effet rétroactif ; réaction *f*. °**~zahlung** *f1* remboursement *m*. °**~zug** *m2* retraite *f*.
Rudel *n3* troupe *f*.
Ruder *n3* rame *f;* aviron *m* ‖ gouvernail *m*. °**~boot** *n1* canot *m*. **~n** *vi* ramer.
Ruf *m1* cri *m;* appel *m* ‖ réputation *f*. **~en*** *vi* crier ; *um Hilfe* ~, crier au secours • *vt* appeler. °**~name** *m* (ns, n) prénom usuel. °**~nummer** *f1* numéro *m* de téléphone.
Rüge *f1* réprimande *f*. **~n** *vt* critiquer.
Ruhe *f0* repos *m;* calme *m;* ~ *!,* silence ! **~n** *vi* reposer ; être immobile ‖ *hier ruht,* ci-gît. °**~pause** *f1* répit *m*. °**~stand** *m0* retraite *f*.
ruhig *a* tranquille, calme.
Ruhm *m0* gloire, renommée *f*.
rühm|en *vt* glorifier ; vanter • *vpr* (gén.) se vanter (de). **~lich** *a* glorieux, fameux.
Ruhr *f1* diarrhée *f;* dysenterie *f*.
Rühr·eier *npl* œufs brouillés.
rühr|en *vt* remuer ; mouvoir ‖ agiter ; délayer ‖ toucher ; émouvoir • *vi : an etw* (acc.) ~, toucher à qch • *vpr* se mouvoir ; bouger. **~end** *a* touchant. **~ig** *a* assidu ; actif. **~selig** *a* sentimental. °**~ung** *f1* émotion *f*.
Ruin *m0* chute *f;* déclin *m*.

°**~e** *f1* ruine *f*. **~ieren** *vt* ruiner ; détruire.
rülpsen *vi* roter.
Rum *m* (s, s) rhum *m*.
Rummel *m3* foire *f*. °**~platz** *m2* fête foraine.
Rumor *m1* vacarme, tapage *m*. **~en** *vi* faire du bruit.
Rumpel·kammer *f1* débarras *m*.
Rumpf *m2* tronc *m ;* torse *m* ‖ coque *f* ‖ fuselage *m*.
rund *a* rond, circulaire • *av* : ~ *um,* (tout) autour de. °**~blick** *m1* panorama *m*. °**~bogen** *m3* arc *m* en plein cintre. °**~brief** *m1* circulaire *f*. °**~e** *f1* ronde *f* ‖ tournée *f* ‖ Sp. round *m*. °**~fahrt** *f1* circuit *m*. °**~frage** *f1* enquête *f*.
Rund·funk *m0* radiodiffusion *f*. °**~übertragung** *f1* retransmission *f* radiophonique.
Rund|gang *m2* tour *m* ‖ Mil. ronde *f*. **~heraus** *av* tout net. °**~schau** *f1* panorama *m*. °**~schreiben** *n3* circulaire *f*. °**~ung** *f1* arrondi *m*. **~weg** *av* Fam. carrément.
Runzel *f1* ride *f*. **~n** *vt/vpr* (se) rider.
rupfen *vt* plumer.
Ruß *m1* suie *f*.
Russe *m4* Russe *m*.
Rüssel *m3* trompe *f* ‖ groin *m*.
russisch *a* russe ; *auf* ~, en russe.
Ruß·land *n0* Russie *f*.
rüst|en *vt/vpr* (se) préparer ; (s')équiper. **~ig** *a* vigoureux, robuste. °**~ung** *f1* préparatifs *mpl* ‖ Mil. armure *f ;* armement *m*.
Rut|e *f1* baguette, verge *f*.
Rutsch *m1* glissement *m*. °**~bahn** *f1* glissoire *f ;* toboggan *m*. **~en** *vi* glisser ; déraper.
rütteln *vt* secouer ; agiter.

S

Saal *m* (s, Säle) salle *f*.
Saat *f1* semence *f*. °**~gut** *n0* semences *fpl*.
Sabber *m0* bave *f*. **~n** *vi* baver ‖ papoter.
Säbel *m3* sabre *m*.
Sache *f1* chose *f ;* affaire *f*.
sach|gemäß *a* approprié. °**~kenntnis** *f* (se) compétence *f*. **~kundig** *a* compétent. °**~lage** *f1* situation *f*.
sachlich *a* objectif ; réaliste. °**~keit** *f1* objectivité *f*.
Sach|register *n3* index *m* des matières. °**~schaden** *m* (s, ¨) dommage matériel. °**~verhalt** *m1* faits *mpl*.
sach·verständig *a* compétent. °**~e(r)** *asm* expert *m*.
Sack *m2* sac *m*. °**~gasse** *f1* impasse *f*. °**~pfeife** *f1* cornemuse *f*.

säen *vt/vi* semer.
Saffian *m0,* °**~leder** *n0* maroquin *m.*
Saft *m2* sève *f;* suc, jus *m.* **~ig** *a* juteux; succulent.
Sage *f1* légende *f.*
Säge *f1* scie *f.* °**~mehl** *n0* sciure *f.* °**~mühle** *f1* scierie *f.*
sagen *vt/vi* dire; *ich sage ja,* je dis que oui; *unter uns gesagt,* (soit dit) entre nous.
sägen *vt* scier.
sagenhaft *a* légendaire ‖ FAM. formidable.
Sahne *f1* crème *f.*
Saite *f1* MUS. corde *f.*
Sakko *m* (s, s) veston *m.*
Sakristei *f1* sacristie *f.*
Salamander *m3* salamandre *f.*
Salat *m1* salade *f.* °**~korb** *m2* panier *m* à salade. °**~schüssel** *f1* saladier *m.*
Salbe *f1* pommade *f.*
Salbei *f1* sauge *f.*
salb|en *vt* oindre. °**~ung** *f1* onction *f.*
Salm *m1* saumon *m.*
Salmiak *m0* sel *m* ammoniac.
salopp *a* négligé.
Salpeter *m0* salpêtre *m.*
Salz *n1* sel *m.* **~en** *vt* saler. °**~fäßchen** *n3* salière *f.* °**~grube** *f1* saline *f.* **~ig** *a* salé. °**~lake** *f1* saumure *f.* °**~säure** *f1* acide *m* chlorhydrique. °**~streuer** *m3* salière *f.* °**~wasser** *n0* eau salée.
Sä·mann *m* (s, ¨er) semeur *m.*
Same *m4,* °**~n** *m3* semence, graine *f.*
Samen|faden *m* (s, ¨), °**~tierchen** *n3* spermatozoïde *m.*
sämig *a* CUIS. lié.
Sämisch·leder *n0* peau *f* de chamois.
Sammel|becken *n3* réservoir (collecteur) ‖ FIG. point *m* de réunion. °**~fahrschein** *m1* billet collectif.
sammeln *vt* (r)assembler; collecter • *vpr* s'assembler ‖ FIG. se concentrer.
Sammel|nummer *f1* TÉL. ligne groupée. °**~punkt** *m1* point *m* de ralliement. °**~surium** *n* (s, rien) ramassis *m.* °**~werk** *n1* ouvrage collectif.
Sammet *m0* = SAMT.
Samml|er *m3* collectionneur *m.* °**~ung** *f1* collection *f* ‖ collecte, quête *f* ‖ recueil *m* ‖ FIG. recueillement *m.*
Samstag *m1* samedi *m.*
Samt *m1* velours *m.*
sämtlich *a* tout; complet, entier.
Sand *m1* sable *m.* °**~grube** *f1* sablière *f.* °**~kuchen** *m3* sablé *m.* °**~papier** *n1* papier *m* de verre. °**~stein** *m1* grès *m.* °**~uhr** *f1* sablier *m.*
sanft *a* doux; tendre.
Sang *m2* chant *m.*
Sänger *m3,* °**~in** *f1* chanteur *s.*
sanier|en *vt* assainir. °**~ung** *f1* assainissement *m.*
sanit|är *a* sanitaire. °**~äter** *m3* infirmier *m.*

Sankt *a* [*abr* : ***St.***] saint; ~ *Peter*, saint Pierre.
Sard|elle *f1* anchois *m*. °**~ine** *f1* sardine *f*.
Sarg *m2* cercueil *m*.
satt *a* rassasié, repu ‖ CHIM. saturé • *av* FIG. *es ~ haben*, en avoir assez.
Sattel *m* (s, ¨) selle *f*. °**~bogen** *m* (s, ¨) arçon *m*. **~fest** *a* FIG., FAM. calé. **~n** *vt* seller.
sättigen *vt* rassasier ‖ saturer.
Sattler *m3* sellier *m*.
sattsam *av* suffisamment.
Satz *m2* phrase *f*; proposition *f* ‖ thèse *f* ‖ théorème *m* ‖ MUS. mouvement *m* ‖ TYP. composition *f* ‖ saut, bond *m* ‖ série *f*; jeu *m*; *ein ~ Reifen*, un train de pneus ‖ [Tennis] set *m* ‖ COMM. taux *m*. °**~ung** *f1* statut *m*.
Sau *f2* truie *f* ‖ FIG. cochon *m* ‖ laie *f*.
sauber *a* propre; soigné. °**~keit** *f0* propreté *f*. **~machen** *vt* nettoyer.
säuber|n *vt* nettoyer. °**~ung** *f1* FIG. épuration *f*.
sauer *a* aigre, acide ‖ renfrogné. °**~ampfer** *m0* oseille *f*. °**~kirsche** *f1* griotte *f*. °**~kohl** *m0*, °**~kraut** *n0* choucroute *f*. °**~milch** *f0* lait caillé.
säuern *vt/vi* aigrir.
Sauer|stoff *m0* oxygène *m*. °**~teig** *m1* levain *m*.
saufen* *vi* [Tiere] boire ‖ POP. picoler.
Säufer *m3* poivrot *m*.
saugen *vt* sucer; téter; aspirer.
säugen *vt* allaiter, nourrir.
Säug|er *m3*, °**~e·tier** *n1* mammifère *m*. °**~ling** *m1* nourrisson *m*.
Säule *f1* colonne *f*. °**~n·gang** *m2* colonnade *f*; portique *m*.
Saum *m2* ourlet *m* ‖ [Wald] lisière *f*.
1. säumen *vt* ourler.
2. säumen *vi* tarder; tergiverser.
säum|ig *a* négligent; retardataire. °**~nis** *f* (se), *n* (ses, se) retard *m*.
Saum·tier *n1* bête *f* de somme.
Säure *f1* aigreur, acidité *f* ‖ acide *m*.
säuseln *vi* siffler; murmurer.
sausen *vi* siffler; hurler ‖ FIG. filer.
S-Bahn *f1* [*abr* de ***Schnell·bahn***] métro *m* express.
Schabe *f1* blatte *f*. **~n** *vt* racler; râper.
schäbig *a* miteux, râpé ‖ FIG. mesquin.
Schablone *f1* patron *m*; pochoir *m* ‖ FIG. poncif *m*.
Schach *n0* échecs *mpl*; *~ spielen*, jouer aux échecs; *jm ~ bieten*, faire échec à qn. °**~brett** *n2* échiquier *m*. **~matt** *a* échec et mat. °**~spiel** *n1* jeu *m* d'échecs.
Schacht *m2* fosse *f*; puits *m*.
Schachtel *f1* boîte *f*; carton *m*.

schade *a : (das ist) ~!,* (c'est) dommage!
Schädel *m3* crâne *m.* °**~bruch** *m2* fracture *f* du crâne.
schaden *vi* nuire; faire tort à • *m* (s, ¨) : °**~,** mal, dommage, dégât, tort *m.* °**~ersatz** *m2* dédommagement *m.* °**~freude** *f0* joie *f* sadique.
schadhaft *a* détérioré, endommagé; défectueux.
schäd|igen *vt* léser; endommager. **~lich** *a* nuisible. °**~ling** *m1* BOT. parasite *m.*
Schaf *n1* mouton *m;* brebis *f.* °**~bock** *m2* bélier *m.*
Schäfer *m3,* °**~in** *f1* berger *s.* °**~hund** *m1* chien *m* de berger.
1. schaffen* *vt* créer; produire || FIG. instaurer.
2. schaffen *vi* travailler; *jm viel zu ~ geben,* donner du fil à retordre à qn • *vt* FAM. faire || (em)porter.
Schaffner *m3* contrôleur *m;* receveur *m.*
Schaf·herde *f1* troupeau *m* de moutons.
Schafott *n1* échafaud *m.*
Schaf|pelz *m1* peau *f* de mouton. °**~stall** *m2* bergerie *f.*
Schaft *m2* fût *m;* bois *m* || hampe *f.*
Schal *m* (s, e/s) châle *m.*
schal *a* fade; éventé.
Schale *f1* pelure *f;* coquille *f;* écaille *f* || carapace *f* || coupe *f;* écuelle *f;* bol *m* || vasque *f.*
schälen *vt* peler, éplucher.
Schalen·tier *n1* crustacé *m.*
Schalk *m1* espiègle *m.* **~haft** *a* espiègle.
Schall *m1, m2* son *m;* bruit *m.* °**~dämpfer** *m3* sourdine *f;* silencieux *m.* **~dicht** *a* insonore. **~en** *vt* (ré)sonner. °**~geschwindigkeit** *f0* vitesse *f* du son. °**~mauer** *f0* mur *m* du son. °**~platte** *f1* disque *m.*
Schalmei *f1* MUS. chalumeau *m;* pipeau *m.*
Schalt|brett *n2,* °**~tafel** *f1* ÉL. tableau *m* de distribution. **~en** *vi : frei mit etw ~,* disposer librement de qch • *vt* [Maschine] mettre en route || ÉL. brancher || AUT. embrayer. °**~er** *m3* guichet *m* || ÉL. interrupteur *m.* °**~hebel** *m3* levier *m* de changement de vitesse. °**~jahr** *n1* année *f* bissextile. °**~schlüssel** *m1* clef *f* de contact. °**~uhr** *f1* minuterie *f.* °**~ung** *f1* embrayage *m.*
Scham *f0* honte *f* || pudeur *f.*
schämen *vpr* avoir honte.
Scham|gefühl *n1* vergogne *f.* **~haft** *a* pudique. **~los** *a* sans pudeur; éhonté. **~rot** *a* rouge de honte.
Schande *f1* honte *f.*
schänd|en *vt* déshonorer || violer. **~lich** *a* honteux. °**~ung** *f1* profanation *f* || viol *m.*
Schank·tisch *m1* comptoir *m;* FAM. zinc *m.*
1. Schanze *f1* retranchement *m;* redoute *f.*

2. Schanze *f0 : sein Leben in die ~ schlagen,* risquer sa vie.
Schar *f1* troupe, légion *f* ‖ AGR. soc *m.*
Scharbe *f1* cormoran *m.*
scharen *vt* réunir, assembler.
scharf *a* tranchant, acéré ‖ piquant, épicé ‖ aigu ; *~er Blick,* regard perçant ; *~es Gehör,* ouïe fine ; *~e Umrisse,* contours nets ; *~e Kurve,* virage serré ‖ FAM. *auf etw ~ sein,* être fou/raffoler de qch • *av : ~ bremsen,* donner un violent coup de frein. °**~blick** *m0* perspicacité *f.*
Schärfe *f1* tranchant *m;* acuité *f* ‖ âpreté *f.*
Scharf·einstellung *f1* PHOT. mise *f* au point.
schärfen *vt* aiguiser ‖ aviver.
Scharf|macher *m3* agitateur *m.* °**~schütze** *m4* tireur *m* d'élite. °**~sinn** *m0* finesse *f;* sagacité *f.*
Scharlach *m1* scarlatine *f.* **~rot** *a* écarlate.
Scharnier *n1* charnière *f.*
Schärpe *f1* écharpe *f.*
scharren *vt* gratter ; racler • *vi* gratter ‖ trépigner.
Schart|e *f1* brèche *f* ‖ MIL. créneau *m.* **~ig** *a* ébréché.
Schatten *m3* ombre *f.* °**~riß** *m* (sses, sse) silhouette *f;* ombre (chinoise). °**~seite** *f1* revers *m* de la médaille.
schattier|en *vt* ombrer ; nuancer. °**~ung** *f1* dégradé *m.*
Schatz *m2* trésor *m.*
schätzen *vt* apprécier ; estimer ; *sich glücklich ~,* s'estimer heureux. **~s·wert** *a* estimable.
Schatz·meister *m3* trésorier *m.*
Schätzung *f1* estimation, appréciation *f* ‖ estime *f.* °**~s·weise** *av* approximativement.
°**Schau** *f1* exposition *f;* montre *f* ‖ FIG. *sich zur ~ stellen,* se donner en spectacle.
Schauder *m3* frisson *m.* **~erregend** *a* horrifiant ; horrible. **~haft** *a* épouvantable. **~n** *vi* frémir.
schauen *vi* regarder.
Schauer *m3* frisson *m* ‖ ondée *f.* **~lich, ~voll** *a* effrayant.
Schauer·mann *m* (s, leute) docker *m.*
schauern *vi* frissonner.
Schaufel *f1* pelle *f* ‖ [Rad] palette *f;* aube *f.* **~n** *vt* prendre/creuser à la pelle.
Schau·fenster *n3* vitrine, devanture *f.*
Schaukel *f1* balançoire *f.* **~n** *vi/vt* (se) balancer. °**~pferd** *n1* cheval *m* à bascule.
Schaum *m2* écume, mousse *f.*
schäumen *vi* écumer, mousser.
Schaum|kelle *f1,* °**~löffel** *m3* écumoire *f.* °**~gummi** *n* (s, s) caoutchouc *m* mousse. °**~schläger** *m3* CUIS. fouet *m.*
Schau·platz *m2* théâtre *m.*
Schaum·wein *m1* vin mousseux.
Schau·spiel *n1* spectacle *m.*

°~**er** *m3,* °~**erin** *f1* acteur *s.* °~**haus** *n2* théâtre *m.*
Scheck *m* (s, s/e) chèque *m; einen ~ ausstellen* tirer un chèque. °~**buch** *n2* carnet de chèques, chéquier *m.* °~**konto** *n* (s, s) compte *m* de chèques.
scheel *a* [Blick] oblique; louche ‖ envieux.
Scheibe *f1* disque *m* ‖ rondelle *f;* tranche *f* ‖ [Fenster] vitre *f* ‖ cible *f.* °~**n·bremse** *f1* frein *m* à disque. °~**n·wischer** *m3* essuie-glace *m.*
Scheide *f1* fourreau *m; gaine f* ‖ séparation *f* ‖ AN. vagin *m.* ~**n*** *vt* séparer; distinguer ‖ *sich ~ lassen,* divorcer • *vi* partir • *pp/a* : ***geschieden,*** divorcé • *vpr* se séparer; bifurquer. °~**wand** *f2* cloison *f.* °~**weg** *m1* carrefour *m.*
Scheidung *f1* séparation *f* ‖ JUR. divorce *m.*
Schein *m1* lumière, clarté *f* ‖ apparence *f;* air *m; zum ~,* en apparence ‖ certificat *m.* ~**bar** *a* apparent. ~**en*** *vi* luire, briller ‖ sembler, (ap)paraître. ~**heilig** *a* hypocrite. °~**werfer** *m3* phare *m.*
Scheit *n* (s, e/er) bûche *f.*
Scheitel *m3* sommet *m* de la tête; raie *f.*
Scheiter·haufen *m3* bûcher *m.*
scheitern *vi* [Schiff] (s')échouer ‖ FIG. échouer.
Schelle *f1* grelot *m.*
Schell·fisch *m1* aiglefin *m.*
Schelm *m1* (s, e) fripon *m; armer ~,* pauvre diable. °~**en·streich** *m1* tour *m* pendable. ~**isch** *a* espiègle.
Schelt|e *f1* gronderie *f.* ~**en*** *vt/vi* gronder; FAM. attraper; *jn einen Dieb ~,* traiter qn de voleur.
Schemel *m3* escabeau *m;* tabouret *m.*
Schenk *m4* échanson *m;* cabaretier *m.* °~**e** *f1* bistrot *m;* buvette *f.*
Schenkel *m3* cuisse *f.* °~**knochen** *m3* fémur *m.*
schenk|en *vt* verser (à boire) ‖ donner; faire cadeau de. °~**wirt** *m1* cabaretier *m.*
Scherbe *f1* tesson *m.* °~**n·gericht** *n0* ostracisme *m.*
Schere *f1* (paire *f* de) ciseaux *mpl* ‖ ZOOL. pince *f.*
1. scheren* *vt* tondre; couper.
2. scheren *vt : was schert dich das?,* qu'est-ce que ça peut bien te faire? • *vpr : sich nicht um etw ~,* ne pas se soucier de qch.
Schererei *f1* tracas *m.*
Scherz *m1* plaisanterie *f.* ~**en** *vi* plaisanter.
scheu *a* timide; craintif; sauvage ‖ [Pferd] ombrageux • *f0 :* °~, crainte *f;* timidité *f.*
Scheuche *f1* épouvantail *m.*
scheuen *vt* redouter, craindre; *keine Mühe ~,* n'épargner aucun effort.
Scheuer *f1* grange *f.*

Scheuer|lappen *m3* torchon *m.* **~n** *vt* nettoyer, récurer. °**~tuch** *n2* serpillière *f.*
Scheu·klappe *f1* œillère *f.*
Scheune *f1* grange *f.*
Scheusal *n1* monstre *m* ‖ fléau *m.*
scheußlich *a* abominable.
Schi *m* (s, er) = Ski.
Schicht *f1* couche *f;* strate *f* ‖ Fig. couche (sociale) ‖ équipe *f;* poste *m.* **~en** *vt* superposer; empiler.
schick *a* chic • *m0* : °**~**, chic *m.*
schick|en *vt/vi* envoyer, expédier; *nach dem Arzt* **~**, envoyer chercher le médecin ‖ ordonner; disposer • *vpr* se résigner ‖ convenir. **~lich** *a* bienséant, convenable.
Schicksal *n1* destin *m.*
Schiebe|brücke *f1* pont transbordeur. °**~dach** *n2* toit ouvrant.
schieben* *vt* pousser ‖ *die Schuld auf die anderen* **~**, rejeter la faute sur les autres • *vi* trafiquer.
Schieb|er *m3* Techn. curseur *m* ‖ Fig., Péj. trafiquant *m.* °**~e·tür** *f1* porte *f* à coulisse.
Schieds|gericht *n1* tribunal arbitral. °**~richter** *m3* arbitre *m.*
schief *a* oblique ‖ en biais; de travers ‖ erroné.
Schiefer *m3* ardoise *f;* schiste *m.* °**~bruch** *m2* ardoisière *f.* °**~tafel** *f1* ardoise *f* (d'écolier).
schielen *vi* loucher ‖ Fig. (*nach,* dat.) guigner.
Schien|bein *n1* tibia *m.* °**~e** *f1* éclisse, gouttière *f* ‖ rail *m.*
1. schier *a* pur; **~***es Fleisch,* viande *f* sans os.
2. schier *av* presque.
Schieß·bude *f1* tir forain.
schießen* *vi* se précipiter/fondre sur ‖ croître très vite • *vt* tirer; *eine Kugel* **~**, tirer une balle ‖ abattre; tuer ‖ Sp. shooter; marquer.
Schieß|erei *f1* fusillade *f.* °**~platz** *m2* champ *m* de tir. °**~scharte** *f1* meurtrière *f.* °**~stand** *m2* stand *m* de tir.
Schiff *n1* navire, bateau *m* ‖ Arch. nef *f.* **~bar** *a* navigable. °**~bau** *m0* construction navale. °**~bruch** *m2* naufrage *m.* **~en** *vi* naviguer ‖ pisser.
Schiffahrt *f0* navigation *f.*
Schiffs|artz *m2* médecin *m* de bord. °**~junge** *m4* mousse *m.* °**~raum** *m2* cale *f;* tonnage *m.*
Schikan|e *f1* chicane *f.* **~ieren** *vt* tracasser.
Schild *m1* bouclier *m* ‖ écu *m* ‖ Fig. *im* **~***e führen,* préparer/mijoter. °**~** *n2* panneau *m;* enseigne *f.* °**~drüse** *f1* glande *f* thyroïde.
schildern *vt* décrire; (dé)peindre.
Schild|kröte *f1* tortue *f.* °**~wache** *f1* sentinelle *f;* **~** *stehen,* monter la garde.
Schilf *n1,* °**~rohr** *n1* roseau *m;* jonc *m.*

schillern *vi* chatoyer.
Schimmel *m3* cheval blanc ‖ moisissure *f; moisi m; ~ ansetzen,* moisir. **~n** *vi* moisir.
Schimmer *m3* éclat *m;* (faible) lueur *f.* **~n** *vi* luire.
Schimpanse *m4* chimpanzé *m.*
schimpf|en *vi* (*auf,* acc.) jurer, vitupérer (contre qn). °**~wort** *n2* injure *f.*
Schindel *f1* bardeau *m.*
schinden* *vt* écorcher; équarrir ‖ FIG. maltraiter; tyranniser • *vpr* s'échiner.
Schinken *m3* jambon *m* ‖ FAM. gros bouquin; [Gemälde] croûte *f.*
Schippe *f1* pelle *f* ‖ FAM. moue *f.*
Schirm *m1* protection *f;* abri *m.* **~en** *vt* abriter; protéger. °**~herr** *m* (n, en) protecteur *m;* patron *m.* °**~mütze** *f1* casquette *f* à visière. °**~ständer** *m3* porte-parapluies *m inv.* °**~wand** *f2* paravent *m.*
Schlacht *f1* bataille *f.* **~en** *vt* [Vieh] abattre. °**~feld** *n2* champ *m* de bataille. °**~hof** *m2* abattoir *m.*
Schlacke *f1* scorie *f;* crasse *f.*
Schlack·wurst *f2* cervelas *m.*
Schlaf *m0* sommeil *m.* °**~anzug** *m2* pyjama *m.*
Schläfe *f1* tempe *f.*
schlafen* *vi* dormir; coucher; *schlaf wohl!,* bonne nuit!
schlaff *a* flasque, mou; lâche.
schlaf|los *a : ~e Nacht,* nuit blanche. °**~mittel** *n3* somnifère *m.*
schläfrig *a* somnolent; endormi. °**~keit** *f0* somnolence *f.*
Schlaf|rock *m2* robe *f* de chambre. °**~saal** *m* (s, säle), °**~raum** *m2* dortoir *m.* °**~sack** *m2* sac *m* de couchage. °**~wagen** *m3* voiture-lit *f.* °**~zimmer** *n3* chambre *f* à coucher.
Schlag *m1* coup *m; auf den ersten ~,* du premier coup ‖ apoplexie *f;* attaque *f* ‖ *von gleichem ~e,* de même acabit. °**~ader** *f1* artère *f.* °**~baum** *m2* [Zoll] barrière *f* mobile.
schlag|en* *vt* battre; frapper; *in Stücke ~,* réduire en pièces; *Wellen ~,* faire des vagues; *Holz ~,* couper du bois ‖ battre; vaincre ‖ *Wurzeln ~,* prendre racine ‖ *die Stunden ~,* sonner les heures ‖ *eine Brücke ~,* jeter un pont; *Falten ~,* faire des plis; *etw in den Wind ~,* faire fi de qch • *vi : mit den Flügeln ~,* battre des ailes ‖ [Nachtigall] chanter ‖ *nach seinem Vater ~,* ressembler à son père • *vpr* se battre ‖ *sich etw aus dem Sinn ~,* s'ôter qch de l'esprit. **~end** *a* frappant. °**~er** *m3* refrain *m* à succès.
Schläger *m3* raquette *f* ‖ bretteur *m.*
schlag|fertig *a* prompt à la repartie. °**~instrument** *n1* instrument *m* à percussion.

°~**kräftig** *a* MIL. redoutable || FIG. concluant. °~**loch** *n2* nid-de-poule *m.* °~**sahne** *f1* crème fouettée. °~**schatten** *m3* ombre portée. °~**wetter** *n0* coup *m* de grisou. °~**wort** *n1* slogan *m.* °~**zeile** *f1* manchette *f;* gros titre. °~**zeug** *n1* batterie *f.*

Schlamm *m0* boue *f;* vase *f;* fange *f.*

Schlamp|erei *f1* désordre *m;* laisser-aller *m.* ~**ig** *a* négligé ; débraillé.

Schlange *f1* serpent *m* || FIG. ~ *stehen,* faire la queue.

schlängeln *vpr* serpenter.

schlank *a* élancé, svelte. °~**heit** *f0* sveltesse *f.*

schlapp *a* mou ; relâché || FIG. épuisé, éreinté.

Schlappe *f1* échec *m.*

schlapp·machen *vi* FAM. tourner de l'œil.

Schlaraffen·land *n2* pays *m* de cocagne.

schlau *a* rusé ; *aus etw nicht ~ werden,* ne pas arriver à comprendre qch.

Schlauch *m2* tuyau *m;* boyau *m;* chambre *f* à air. °~**boot** *n1* canot *m* pneumatique.

schlecht *a* mauvais ; *mir ist/wird ~,* je me sens mal • *av* mal. ~**erdings** *av* tout simplement. °~**heit,** °~**igkeit** *f0* méchanceté *f.* ~**weg** *av* tout simplement.

Schlecker *m3* gourmand *m.* °~**ei** *f1* friandise *f.*

Schlegel *m3* maillet *m;* battoir *m* || cuissot *m.*

Schlehe *f1* prunelle *f.*

schleich|en* *vi/vpr* se glisser ; se faufiler. ~**end** *a* furtif || sournois. °~**weg** *m1* voie détournée.

Schleie *f1* tanche *f.*

Schleier *m3* voile *m.* ~**haft** *a* obscur.

Schleife *f1* nœud (coulant) ; boucle *f;* rosette *f* || [Jagd] collet *m* || [Weg] lacet *m.*

schleifen* *vt* aiguiser ; tailler || ARG. MIL. dresser • *pp/a* : ***geschliffen,*** FIG., FAM. poli • *vt* MIL. raser.

Schleif|mittel *n3* abrasif *m.* °~**stein** *m1* meule *f.*

Schleim *m1* mucosité *f.* °~**absonderung** *f1* sécrétion muqueuse. °~**haut** *f2* muqueuse *f.*

schlemm|en *vi* faire ripaille. °~**er** *m3* noceur *m.*

schlend|ern *vi* flâner. °~**rian** *m0* routine *f.*

Schlepp|dampfer *m3* remorqueur *m.* °~**e** *f1* traîne *f.* ~**en** *vt* traîner ; remorquer • *vpr* se traîner. °~**er** *m3* remorqueur *m.* °~**kahn** *m2* chaland *m.*

Schleuder *f1* fronde *f;* catapulte *f* || TECHN. centrifugeuse *f.* ~**n** *vt* lancer ; projeter || TECHN. centrifuger • *vi* déraper. °~**sitz** *m1* siège *m* éjectable.

schleunig *a* rapide.

Schleuse *f1* écluse *f.* °~**n·tor** *n1* vanne *f.*

schlicht *a* simple. **~en** *vt* aplanir. °**~heit** *f0* simplicité *f*.

Schlick *m1* vase *f*; boue *f*.

schließ|en* *vt* fermer, clore; *die Tür ~*, fermer la porte ‖ enfermer; *jn in sein Herz ~*, prendre qn en affection ‖ terminer; conclure; *eine Ehe ~*, contracter mariage • *vi* fermer; s'achever. °**~fach** *n2* consigne *f* automatique. **~lich** *av* finalement.

Schliff *m1* polissage *m*; meulage *m* ‖ savoir-vivre *m*.

schlimm *a* mauvais; mal; grave; *das ist nicht ~*, ce n'est pas grave; *um so ~er!*, tant pis!

Schlinge *f1* nœud coulant ‖ [Jagd] collet *m*.

schlingen* *vt* : *den Arm um jn ~*, enlacer qn • *vpr* s'enrouler ‖ [Pflanze] grimper.

schlingern *vi* MAR. rouler.

Schlips *m1* cravate *f*.

Schlitt|en *m3* traîneau *m*; *~ fahren*, faire du traîneau ‖ TECHN. chariot *m*. °**~en·fahrt** *f1* course *f* en traîneau. °**~erbahn** *f1* glissoire *f*. **~ern** *vi* glisser (sur la glace). °**~schuh** *m1* patin *m* à glace; *~ laufen*, patiner.

Schlitz *m1* fente *f*. °**~augen** *npl* yeux bridés.

Schloß *n* (osses, össer) serrure *f* ‖ culasse *f* mobile ‖ château *m*.

Schloße *f1* grêlon *m*.

Schlosser *m3* serrurier *m*.

Schlot *m1* cheminée *f* d'usine.

schlottern *vi* trembler; flageoler; flotter.

Schlucht *f1* gorge *f*; défilé *m*.

schluchzen *vi* sangloter.

Schluck *m1* gorgée *f*. °**~auf** *m0* hoquet *m*. **~en** *vt* avaler.

Schlummer *m0* somme *m*; sommeil léger. **~n** *vi* sommeiller, somnoler.

Schlund *m2* gorge *f*; gosier *m* ‖ gouffre *m*.

schlüpf|en *vi* (se) glisser; *in die Kleider ~*, enfiler ses vêtements. °**~er** *m3* slip *m*.

Schlupf·loch *n2* refuge *m*.

schlüpfrig *a* glissant ‖ FIG. grivois; scabreux.

Schlupf·winkel *m3* refuge *m*.

schlürfen *vt* [Getränk] siroter ‖ [Duft] humer.

Schluß *m* (usses, üsse) fin *f*; fermeture *f* ‖ conclusion *f*.

Schlüssel *m3* clef, clé *f*. °**~bein** *n1* clavicule *f*. °**~bund** *m2* trousseau *m* de clefs. °**~loch** *n2* trou *m* de la serrure. °**~wort** *n2* mot *m* clef.

Schluß·folgerung *f1* conclusion *f*; déduction *f*.

schlüssig *a* résolu, décidé ‖ concluant, décisif.

Schluß|licht *n2* feu *m* arrière. °**~punkt** *m1* point final. °**~stein** *m1* clef *f* de voûte. °**~wort** *n0* épilogue *m*.

Schmach *f0* honte *f*; opprobre *m*. **~voll** *a* honteux.

schmachten *vi* languir; se consumer.

schmächtig *a* grêle, chétif.
schmackhaft *a* savoureux.
schmäh|en *vt* invectiver; rabaisser. **~lich** *a* insultant. °**~schrift** *f1* libelle *m*. °**~ung** *f1* insulte *f*.
schmal *a* étroit; mince.
schmälern *vt* diminuer, réduire || FIG. dénigrer.
Schmal·spur·bahn *f1* chemin *m* de fer à voie étroite.
Schmalz *n0* saindoux *m*. **~en** *vt* graisser.
Schmarotzer *m3* parasite *m*.
Schmarre *f1* balafre *f*.
Schmaus *m2* festin *m* || FAM. gueuleton *m*.
schmecken *vt* goûter, savourer • *vi* (*nach*, dat.) avoir (le) goût (de) || FAM. *das schmeckt*, c'est bon.
Schmeich|elei *f1* flatterie *f*. **~elhaft** *a* flatteur. **~eln** *vi* (dat.) flatter. °**~ler** *m3* flatteur *m*.
schmeißen* *vt* FAM. jeter; flanquer.
Schmelz *m1* émail *m* || FIG. éclat *m*; velours *m*. **~en*** *vi* fondre • *vt* faire fondre. °**~punkt** *m1* point *m* de fusion. °**~tiegel** *m3* creuset *m*.
Schmer *m0*, *n0* graisse *f*.
Schmerz *m* (es, en) douleur, souffrance *f*. **~en** *vt/vi* faire (du) mal (à); causer du chagrin (à). **~end, ~haft, ~lich** *a* douloureux. **~los** *a* indolore.
Schmetterling *m1* papillon *m*.
schmettern *vi* (ré)sonner • *vt* jeter violemment.
Schmied *m1* forgeron *m* || FIG. artisan *m*. °**~e** *f1* forge *f*. °**~e·eisen** *n0* fer forgé. **~en** *vt* forger.
schmieg|en *vt* appuyer • *vpr* se blottir. **~sam** *a* souple.
Schmier|büchse *f1* graisseur *m*. °**~e** *f1* graisse *f*; cambouis *m*. **~en** *vt* graisser, lubrifier. °**~erei** *f1* barbouillage *m*. °**~geld** *n2* pot-de-vin *m*. **~ig** *a* graisseux. °**~öl** *n1* huile *f* de graissage.
Schminke *f1* fard *m*. **~n** *vt* farder, maquiller.
schmirgel|n *vt* polir à l'émeri. °**~papier** *n1* papier *m* (d')émeri.
Schmiß *m* (sses, sse) balafre *f* || FIG. verve *f*.
Schmöker *m3* (vieux) bouquin.
schmollen *vi* : *(mit jm) ~*, bouder (qn).
Schmor|braten *m0* bœuf braisé/en daube. **~en** *vt* faire cuire à l'étuvée; dauber. °**~topf** *m2* cocotte *f*.
schmuck *a* coquet • *m1* : °**~**, ornement *m*; parure *f*.
schmücken *vt* décorer, orner.
Schmugg|el *m0* contrebande *f*. **~eln** *vi/vt* faire (de) la contrebande (de). °**~ler** *m3* contrebandier *m*.
schmunzeln *vi* faire un sourire de connivence.
Schmutz *m0* saleté *f*. **~ig** *a* sale.

Schnabel *m* (s, ¨) bec *m*.
Schnake *f1* moustique *m*.
Schnalle *f1* boucle *f*. **~n** *vt* boucler.
schnapp|en *vt* attraper ; happer. °**~schuß** *m* (usses, üsse) PHOT. instantané *m*.
Schnaps *m2* eau-de-vie *f*.
schnarchen *vi* ronfler.
Schnarre *f1* crécelle *f*. **~n** *vi* grincer.
Schnatter|gans *f2*, °**~liese** *f1* FAM. péronnelle *f*. **~n** *vi* caqueter.
schnauben *vi* souffler ‖ [Pferde] s'ébrouer.
schnaufen *vi* respirer (fort).
Schnauz|bart *m2* moustache *f*. °**~e** *f1* museau *m* ‖ POP. gueule *f*. **~en** *vi* POP. gueuler.
Schnecke *f1* escargot *m*; limace *f* ‖ ARCH. volute *f*.
Schnee *m0* neige *f*. °**~ball** *m2* boule *f* de neige. °**~bericht** *m1* bulletin *m* d'enneigement. °**~fall** *m2* chute *f* de neige. °**~flocke** *f1* flocon *m* de neige. °**~gestöber** *n3* tourmente *f* de neige. °**~glöckchen** *n3* perce-neige *f*. °**~ketten** *fpl* chaînes *fpl*. °**~mann** *m* (s, ¨er) bonhomme *m* de neige. °**~pflug** *m2* chasse-neige *m*. °**~wehe** *f1* congère *f*. °**~wittchen** *n0* Blanche-Neige *f*.
Schneid *m0* ressort *m*; nerf *m*; cran *m*. °**~e** *f1* tranchant *m*; lame *f*.
schneiden* *vt* couper ; trancher ‖ faucher ‖ tailler ‖ castrer ‖ CIN. monter ‖ FIG. *Grimassen ~*, faire des grimaces ‖ snober ‖ faire une queue de poisson (à qn).
Schneider *m3* tailleur *m*. °**~in** *f1* couturière *f*. **~n** *vi* faire de la couture • *vt* couper.
Schneid|e·zahn *m2* incisive *f*. **~ig** *a* plein d'allant.
schneien *v imp* neiger.
Schneise *f1* [Wald] laie *f*.
schnell *a* rapide, prompt • *av* vite. °**~bahn** *f1* [*abr* : ***S-Bahn***] métro *m* express. °**~e** *f1* [Bergstrom] rapide *m*. **~en** *vi* faire ressort • *vt* lancer ; décocher. °**~hefter** *m3* classeur *m*. °**~igkeit** *f0* vitesse *f*. °**~imbiß** *m* (sses, sse) snack-bar *m*. °**~kraft** *f0* élasticité *f*. °**~zug** *m2* express *m*.
Schnepfe *f1* bécasse *f*.
schneuzen *vpr* se moucher.
Schnippchen *n3* chiquenaude *f*.
Schnitt *m1* coupe *f* ‖ CIN. découpage *m* ‖ [Buch] tranche *f*. °**~blumen** *fpl* fleurs coupées. °**~e** *f1* tranche *f*; tartine *f*. °**~fläche** *f1* section *f*. °**~muster** *n3* patron *m*. °**~wunde** *f1* entaille *f*.
Schnitz|arbeit *f1* sculpture *f* sur bois. °**~el** *n3* escalope *f*. **~en** *vt* graver sur bois. °**~er** *m3* sculpteur *m* sur bois ‖ FIG. gaffe *f*.
schnodd(e)rig *a* insolent.
schnöde *a* méprisable ; vil.
Schnörkel *m3* fioriture *f*.

schnüffeln *vi* renifler ‖ FIG. fouiner ; espionner.
schnull|en *vt* sucer. **°~er** *m3* sucette *f;* tétine *f.*
schnupfen *vt* priser • *m3 :* **°~,** rhume *m.*
Schnur *f2* cordon *m;* ficelle *f.*
schnür|en *vt* ficeler ; lacer. **°~leib** *m* (s, er) corset *m.*
Schnurr|bart *m2* moustache *f.* **~en** *vi* ronronner.
Schober *m3* [Heu] meule *f* ‖ hangar *m.*
1. Schock *m* (s, s) choc *m;* secousse *f.* **~ieren** *vt* choquer.
2. Schock *n1* tas *m;* ribambelle *f.*
Schöffe *m4* échevin *m.*
Scholle *f1* glèbe *f;* motte *f* ‖ [Fisch] plie *f.*
schon *av* déjà ; dès ; ~ *jetzt,* dès maintenant ; ~ *lange,* depuis longtemps (déjà) ‖ [verstärkend] *ich weiß ~,* je sais bien ; ~ *gut!,* ça suffit !
schön *a* beau ; *~en Dank!,* merci bien ! • *av* bien ; ~ *schreiben,* bien écrire.
schonen *vt* épargner ; ménager.
1. Schoner *m3* housse *f.*
2. Schoner *m3* goélette *f.*
Schön|geist *m* (s, er) bel esprit. **°~heit** *f1* beauté *f.*
Schönheits|fehler *m3* petit défaut. **°~fleck** *m1* grain *m* de beauté. **°~pflege** *f0* soins *fpl* de beauté.
Schon|kost *f0* régime *m;* diète *f.* **°~ung** *f1* ménagement *m;* égards *mpl* ‖ [Forstwesen] réserve *f.* **~ungslos** *a* impitoyable. **°~zeit** *f1 : es ist ~,* la chasse/la pêche est fermée.
Schopf *m2* houppe *f;* toupet *m.*
schöpfen *vt* puiser ‖ FIG. *Atem ~,* reprendre haleine.
Schöpfer *m3* créateur *m.*
Schöpfung *f1* création *f.*
Schoppen *m3* chop(in)e *f.*
Schorf *m1* escarre *f;* croûte *f.*
Schorn·stein *m1* cheminée *f.* **°~feger** *m3* ramoneur *m.*
1. Schoß *m* (sses, sse) pousse *f;* rejeton *m.*
2. Schoß *m2* giron *m;* genoux *mpl* ‖ [Rock] pan *m;* basque *f.* **°~hund** *m1* bichon *m.*
Schößling *m1* rejeton *m.*
Schote *f1* cosse *f.*
Schotte *m4* Écossais *m.*
Schotter *m3* cailloutis *m;* pierrailles *fpl.* **°~decke** *f1* empierrement *m.* **~n** *vt* empierrer.
schott|isch *a* écossais. **°~land** *n0* Écosse *f.*
schraff|ieren *vt* hachurer. **°~ierung** *f1,* **°~ur** *f1* hachure(s) *f(pl).*
schräg *a* oblique ; incliné • *av* en biais. **°~e** *f1* biais *m;* pente *f.* **~en** *vt* biseauter ; taluter. **°~fläche** *f1* plan incliné.
Schramme *f1* éraflure *f.* **~n** *vt* érafler.
Schrank *m2* armoire *f;* buffet *m.*
Schranke *f1* barrière *f* ‖ FIG. limite *f;* borne *f.*

schranken|los *a* effréné. °**~wärter** *m3* garde-barrière *m.*
Schraube *f1* vis *f* ‖ hélice *f.*
schrauben *vt* visser; serrer; *fest ~,* visser à fond. °**~gang** *m2* pas *m* de vis. °**~mutter** *f1* écrou *m.* °**~schlüssel** *m3* clef *f.* °**~zieher** *m3* tournevis *m.*
Schraub·stock *m2* étau *m.*
Schreber·garten *m* (s, ¨) jardin ouvrier.
Schreck *m1* terreur *f.* **~en** *vt* effrayer, terrifier • *m3 :* °**~,** frayeur *f; effroi m; jm einen ~ einjagen,* effrayer qn. **~lich** *a* terrible.
Schrei *m1* cri *m.*
Schreib|block *m2* bloc-notes *m.* **~en*** *vt* écrire; *ins reine ~,* recopier ‖ *jm etw zugute ~,* créditer qn de qch • *n0 :* °**~,** lettre *f.* °**~er** *m3* secrétaire *m; scribe m.* °**~maschine** *f1* machine *f* à écrire. °**~tisch** *m1* bureau *m.* °**~zeug** *n1* écritoire *f.*
schrei|en* *vi* crier ‖ [Tiere] chanter; braire. °**~hals** *m2* braillard *m.*
Schrein *m1* coffret *m; châsse f.* °**~er** *m3* menuisier *m.*
schreiten* *vi* marcher.
Schrift *f1* écriture *f* ‖ inscription *f; Kopf oder ~,* pile ou face. °**~leiter** *m3* rédacteur *m* en chef. **~lich** *a/av* (par) écrit. °**~steller** *m3* écrivain *m.*
schrill *a* strident; aigu.
Schritt *m1* pas *m; ~ für ~,* pas à pas ‖ FIG. démarche *f.* °**~macher** *m3* entraîneur *m.*
schroff *a* abrupt ‖ FIG. rogue.
Schröpf·kopf *m2* ventouse *f.*
Schrot *m1, n1* menu plomb ‖ AGR. gruau *m.* °**~brot** *n1* pain complet. °**~flinte** *f1* carabine *f* de chasse.
Schrott *m0* ferraille *f.* °**~händler** *m3* ferrailleur *m.*
schrubben *vt* frotter.
Schrulle *f1* lubie *f.*
schrumpfen *vi* se rétrécir; se ratatiner.
Schrunde *f1* crevasse *f;* gerçure *f.*
Schub *m2* poussée *f* ‖ [Brot] fournée *f.* °**~fach** *n2,* °**~lade** *f1* tiroir *m.* °**~karre** *f1* brouette *f.*
schüchtern *a* timide. °**~heit** *f0* timidité *f.*
Schuft *m1* coquin *m.*
schuften *vi* FAM. trimer.
Schuh *m1* soulier *m;* chaussure *f* ‖ [Bremse] patin *m.* °**~größe** *f1* pointure *f.* °**~krem** *f1* cirage *m.* °**~löffel** *m3* chausse-pied *m.* °**~macher** *m3* cordonnier *m.*
Schul·buch *n2* livre *m* de classe.
Schuld *f1* dette *f* ‖ FIG. *in js ~ stehen,* avoir une dette envers qn ‖ faute *f; culpabilité f; durch meine ~,* par ma faute • *a ~ : er ist ~ daran,* c'est sa faute. **~en** *vt : jm etw ~,* devoir/être redevable (de qch) à qn.

schuldig *a* (acc.) redevable (de) ; *was bin ich Ihnen ~?*, combien vous dois-je ? ‖ (gén.) coupable de. °**~keit** *f0* obligation *f;* devoir *m.*

schuld|los *a* innocent. °**~ner** *m3* débiteur *m.*

Schule *f1* école *f;* classe *f; höhere ~,* établissement *m* secondaire ; *in die ~/zur ~ gehen,* aller à l'école/en classe.

schulen *vt* former ; éduquer.

Schüler *m3,* °**~in** *f1* élève *s.*

Schul|ferien *fpl* vacances *fpl* scolaires. °**~jahr** *n1* année *f* scolaire. °**~pflicht** *f0* obligation *f* scolaire. °**~rat** *m2* inspecteur *m* primaire.

Schulter *f1* épaule *f; auf die leichte ~ nehmen,* prendre à la légère ; *jm die kalte ~ zeigen,* faire grise mine à qn. °**~blatt** *n2* omoplate *f.*

Schul|ung *f1* entraînement *m;* formation *f.* °**~wesen** *n0* système *m* scolaire.

Schund *m0* camelote *f.*

Schupo *m* (s, s) FAM. flic *m.*

Schuppe *f1* écaille *f* ‖ [Kopf] pellicule *f.*

Schuppen *m3* hangar *m.*

Schur *f1* tonte *f.*

Schür|haken *m3* tisonnier *m.* **~en** *vt* attiser.

schürfen *vi* prospecter ; fouiller • *vt* érafler.

Schurke *m4* coquin *m;* crapule *f.*

Schur·wolle *f1* laine *f* vierge.

Schürze *f1* tablier *m.* **~n** *vt* retrousser ‖ nouer.

Schuß *m* (sses, ¨sse) coup *m* de feu ‖ SP. *ein ~ ins Tor,* un shoot/un tir au but ‖ [Getränke] *ein ~,* un doigt.

Schüssel *f1* plat *m;* écuelle *f.*

Schuß|fahrt *f1* [Ski] descente *f* à pic. °**~waffe** *f1* arme *f* à feu.

Schuster *m3* cordonnier *m.*

Schutt *m0* décombres *mpl.* °**~ablade·platz** *m2* décharge publique.

Schüttel|frost *m2* frissons *mpl* de fièvre. **~n** *vt* secouer ; *den Kopf ~,* hocher la tête.

schütten *vt* verser ; répandre.

schütter *a* clairsemé ; rare.

Schutt·halde *f1* crassier *m.*

Schutz *m0* protection *f;* abri *m.* °**~blech** *n1* garde-boue *m.* °**~dach** *n2* auvent *m.*

Schütze *m4* tireur *m* ‖ MIL. tirailleur *m.*

schützen *vt : ~ vor* (dat.), protéger contre.

Schutz·engel *m3* ange gardien.

Schützen·graben *m* (s, ¨) tranchée *f.*

Schutz|farbe *f0* couche (de peinture) protectrice. °**~gebiet** *n1* parc naturel. °**~heilige(r)** *asm* (saint) patron. °**~insel** *f1* refuge *m.*

Schützling *m1* protégé *m.*

schutz|los *a* sans protection. °**~macht** *f2* puissance protectrice. °**~umschlag** *m2* [Buch] jaquette *f.*

Schwaben *n0* Souabe *f.*

schwach *a* faible.

Schwäch|e *f1* faiblesse *f*. °~**anfall** *m2* pâmoison *f*; défaillance *f*. ~**en** *vt* affaiblir. ~**lich** *a* faible; malingre ||FAM. faiblard. °~**ling** *m1* FAM. petite nature.
Schwach·sinn *m0* débilité mentale. ~**ig** *a* imbécile.
Schwächung *f1* affaiblissement *m*.
schwafeln *vi* radoter.
Schwager *m3* beau-frère *m*.
Schwägerin *f1* belle-sœur *f*.
Schwalbe *f1* hirondelle *f*.
Schwall *m1* torrent *m*; flot *m*.
Schwamm *m2* éponge *f*.
Schwan *m2* cygne *m*.
schwanger *a* enceinte, grosse.
schwängern *vt* rendre enceinte; engrosser.
Schwangerschaft *f1* grossesse *f*.
Schwank *m2* LITT. farce *f*.
schwanken *vi* chanceler; vaciller || FIG. être indécis.
Schwanz *m2* queue *f*.
schwänzeln *vi* remuer la queue || FIG. se pavaner.
schwänzen *vt* : *die Schule* ~, faire l'école buissonnière.
Schwäre *f1* abcès *m*. ~**n** *vi* suppurer.
Schwarm *m2* essaim *m*; nuée *f* || FIG. horde *f*.
schwärm|en *vi* essaimer || FIG. *für etw* ~, raffoler de qch. °~**er** *m3* rêveur *m*; exalté *m*.
Schwarte *f1* couenne *f* || FAM. vieux bouquin.
schwarz *a* noir; ~ *fahren*, voyager sans billet; *alles* ~ *sehen*, voir tout en noir • *n0* : °~, noir *m*; *ins* ~*e treffen*, mettre dans le mille. °~**arbeit** *f1* travail noir. °~**brot** *n1* pain noir.
Schwärze *f1* noir *m*; noirceur *f* || obscurité *f*. ~**n** *vt* noircir.
Schwarz·fahrer *m3* passager clandestin.
schwärzlich *a* noirâtre.
Schwarz|markt *m2* marché noir. °~**wald** *m0* Forêt-Noire. °~**wurzel** *f1* salsifis *m*.
schwatzen, schwätzen *vi* bavarder.
Schwätzer *m3* bavard *m*.
Schwebe *f0* : *in der* ~ *sein*, être en suspens. °~**bahn** *f1* chemin de fer aérien. ~**n** *vi* planer; être suspendu.
Schwed|e *m4* Suédois *m*. °~**en** *n0* Suède *f*. ~**isch** *a* suédois.
Schwefel *m0* soufre *m*. °~**säure** *f1* acide *m* sulfurique.
Schweif *m1* queue *f*; traîne *f*. ~**en** *vi* errer.
schweig|en* *vi* se taire • *n0* : °~, silence *m*. °~**e·pflicht** *f0* secret professionnel. ~**sam** *a* discret; taciturne.
Schwein *n1* porc *m*; sanglier *m* || veine *f*.
Schweine|braten *m3* rôti *m* de porc. °~**hirt** *m4* porcher *m*. °~**koben** *m3* étable *f* à porcs.
Schweins·haxe *f1* pied *m* de porc.

Schweiß *m0* sueur *f; in ~ gebadet,* en nage. **~en** *vt* souder. °**~er** *m3* soudeur *m.* °**~naht** *f2,* °**~stelle** *f1* soudure *f.* °**~tuch** *n2* suaire *m.*

Schweiz *f0* Suisse *f.* °**~er** *m3* Suisse *m.*

schwelen *vi* [feu] couver.

schwelgen *vi* faire bombance || FIG. nager (dans).

Schwelle *f1* seuil *m.*

schwell|en* *vi* (se) gonfler, (s')enfler; grossir • *vt* gonfler, enfler. °**~ung** *f1* enflure *f.*

Schwemme *f1* abreuvoir *m;* gué *m* || buvette *f.*

schwenk|en *vt* agiter; brandir • *vi* obliquer || MIL. *links schwenkt!,* à gauche! °**~ung** *f1* volte-face *f.*

schwer *a* lourd; *~en Herzens,* le cœur lourd || difficile; pénible || grave; sévère • *av* : *~ verwundet,* grièvement blessé. °**~arbeiter** *m3* travailleur *m* de force. °**~beschädigte(r)** *asm* grand mutilé.

Schwere *f1* gravité *f;* pesanteur *f;* sévérité *f.* °**~losigkeit** *f0* apesanteur *f.*

schwer|fallen* *vi* être pénible; coûter. **~fällig** *a* lourdaud; maladroit. **~hörig** *a* dur d'oreille. °**~industrie** *f1* industrie lourde. °**~kraft** *f0* gravitation *f.* **~krank** *a* gravement malade. **~lich** *av* avec peine. °**~mut** *f0* mélancolie *f.* °**~punkt** *m1* centre *m* de gravité.

Schwert *n2* épée *f.* °**~fisch** *m1* espadon *m.* °**~lilie** *f1* iris *m.*

schwer|verdaulich *a* indigeste. **~verständlich** *a* peu compréhensible.

Schwester *f1* sœur *f* || infirmière *f.*

Schwieger|eltern *mpl* beaux-parents *mpl.* °**~mutter** *f* (¨) belle-mère *f.* °**~sohn** *m2* gendre *m.* °**~tochter** *f* (¨) belle-fille *f.* °**~vater** *m* (s, ¨) beau-père *m.*

Schwiele *f1* cal, durillon *m.*

schwierig *a* difficile || épineux. °**~keit** *f1* difficulté *f.*

Schwimm|bad *n2* piscine *f.* **~en*** *vi* nager; flotter • *n0* : °**~,** nage *f;* natation *f.* °**~er** *m3* nageur *m.* °**~weste** *f1* gilet *m* de sauvetage.

Schwindel *m3* vertige *m* || escroquerie *f.* **~n** *v impers : mir schwindelt,* j'ai le vertige • *vi* bluffer.

schwinden* *vi* disparaître || [Farbe] passer.

Schwindl|er *m3* filou *m.* **~ig** *a : mir wird ~,* je suis pris de vertige.

Schwind·sucht *f0* phtisie *f.*

Schwing|e *f1* van *m* || aile *f.* **~en*** *vt* brandir; agiter || [Korn] vanner • *vi* vibrer; osciller • *vpr* s'élancer. °**~ung** *f1* oscillation *f;* battement *m.*

Schwips *m1* : FAM. *einen ~ haben,* être éméché.

schwirren *vi* siffler; bourdonner.

schwitzen *vi* suer, transpirer.
schwören* *vt* jurer; *einen Eid ~,* prêter serment.
schwül *a* lourd; étouffant. °**~e** *f0* chaleur étouffante.
Schwulst *m2* enflure *f*.
Schwund *m0* diminution *f* ‖ RAD. fading *m*.
Schwung *m2* élan *m*. °**~kraft** *f2* élasticité *f*.
Schwur *m2* serment *m*. °**~gericht** *n1* cour *f* d'assises.
sechs *num* six • *f1* : °**~,** six *m*. **~jährig** *a* (âgé) de six ans. **~te** *num* sixième. °**~tel** *n3* sixième *m*.
sech|zehn *num* seize. **~zig** *num* soixante. °**~ziger** *m3* sexagénaire *m* • *a inv* **~** : *die ~ Jahre,* les années soixante.
1. See *m* (s, n) lac *m*.
2. See *f1* mer *f*; *zur ~ gehen,* se faire marin ‖ [Ferien] *an die ~ gehen/fahren,* aller à la mer. °**~fisch** *m1* poisson *m* de mer. °**~gang** *m0* houle *f*; *hoher ~,* grosse mer. °**~hafen** *m* (s, ¨) port *m* maritime. °**~hund** *m2* phoque *m*. °**~igel** *m3* oursin *m*. **~krank** *a* qui a le mal de mer.
Seele *f1* âme *f*.
Seelen|messe *f1* messe *f* des morts/de requiem. **~vergnügt** *a* ravi; radieux.
seel|isch *a* psychique; moral. °**~sorge** *f0* pastorat *m*.
See|macht *f2* puissance maritime. °**~mann** *m* (s, leute) marin *m*. °**~meile** *f1* mille marin. °**~not** *f2* : *Schiff in ~,* navire en détresse. °**~räuber** *m3* pirate *m*. °**~rose** *f1* nénuphar *m*. °**~straße** *f1,* °**~weg** *m1* voie *f* maritime. °**~zunge** *f1* sole *f*.
Segel *n3* voile *f*. °**~boot** *n1* bateau *m* à voiles. °**~flug** *m2* vol *m* à voile. °**~flugzeug** *n1* planeur *m*. **~n** *vi* faire (de la) voile. °**~schiff** *n1* voilier *m*. °**~werk** *n0* voilure *f*.
Segen *m3* bénédiction *f*.
Segler *m3* voilier *m* ‖ navigateur *m* à la voile.
segnen *vt* bénir ‖ FIG. *das Zeitliche ~,* mourir.
sehen* *vi* voir ‖ *sieh(e) da!,* tiens! • *vt* remarquer; voir ‖ *aus dem Fenster ~,* regarder par la fenêtre ‖ *jm ähnlich ~,* ressembler à qn • *n0* : °**~,** vue *f*; vision *f*.
sehens|wert, ~würdig *a* curieux; à voir. °**~würdigkeit** *f1* curiosité *f*.
Seh|er *m3* visionnaire *m*. °**~fehler** *m3* trouble visuel.
Sehne *f1* tendon *m*.
sehnen *vpr* (*nach,* dat.) aspirer à; soupirer après.
Seh·nerv *m* (s, en) nerf *m* optique.
sehn|lich *a* ardent; nostalgique. °**~sucht** *f0* nostalgie *f*. **~süchtig** *a* nostalgique.
sehr *av* très; beaucoup; *~ schön,* très beau ‖ *so ~ ..., daß,* à tel point que ‖ *zu ~ ..., als daß,* trop... pour que.

Seh|schärfe *f1* acuité visuelle. °**~winkel** *m3* angle visuel.

seicht *a* peu profond; superficiel.

Seide *f1* soie *f*.

seiden *a* de/en soie. °**~raupe** *f1* ver *m* à soie. °**~stoff** *m1* soierie *f*.

Seife *f1* savon *m*.

seifen *vt* savonner. °**~blase** *f1* bulle *f* de savon.

Seihe *f1* passoire *f*; filtre *m*. **~n** *vt* passer, filtrer.

Seil *n1* corde *f*; câble *m*. °**~bahn** *f1* funiculaire *m*. °**~schaft** *f1* SP. cordée *f*. °**~schwebe·bahn** *f1* téléphérique *m*. °**~tänzer** *m3* funambule *m*.

1. sein(e) *a poss* son; sa; ses • *pr poss* le sien; la sienne • *as* °~ : *die* °*~en*, les siens.

2. sein* *vi/aux* être; *mutig ~*, être courageux; *zehn Jahre alt ~*, avoir dix ans; *es ist kalt*, il fait froid; *ich bin es*, c'est moi ‖ *es ist mir, als ob*, j'ai l'impression de; *wenn dem so ist*, s'il en est ainsi ‖ *das ist (d.i.)*, c'est-à-dire ‖ *es ist mir*, c'est à moi ‖ (*zu*, inf.) *das ist zu befürchten*, on doit/on peut le craindre ‖ **sei** *subj* : *es ~!*, soit; *wie dem auch ~*, quoi qu'il en soit; *es ~ denn, daß*, à moins que • *n0* : °~, être *m*.

seiner *pr 3e pers* gén. sing. de ***er, es***.

seiner|seits *av* de son côté. **~zeit** *av* en son temps.

seines·gleichen *pr inv* son pareil.

seinet|halben, ~wegen, ~willen *av* à cause de lui.

seinige *pr poss* : *der/die/das ~*, le sien; la sienne.

seit *p* (dat.) depuis; dès • *c* depuis que. **~dem** *c* depuis que • *av* depuis ce temps-là.

Seite *f1* côté *m*; face *f*; flanc *m*; *vordere ~*, façade *f*; *auf js ~ stehen*, être du parti de qn ‖ [Buch] page *f*.

Seiten|ansicht *f1* vue latérale. °**~blick** *m1* regard *m* de côté.

seitens *p* (gén.) du côté de; de la part de.

Seiten|stechen *n0* point *m* de côté. °**~straße** *f1* rue latérale. °**~tür** *f1* porte latérale.

seit·her *av* depuis ce temps-là.

Sekt *m1* vin mousseux; champagne *m*.

Sekte *f1* secte *f*.

Sekunde *f1* seconde *f*.

selb *a* même.

selbst *pr inv/av* même; *ich ~*, moi-même; *von ~*, de soi-même; spontanément; *~ wenn*, même si.

selbständig *a* autonome. °**~keit** *f0* autonomie *f*.

Selbst|anschluß *m* (usses, üsse) téléphone *m* automatique. °**~bedienung** *f1* (magasin *m*) libre-service *m*. °**~beherrschung** *f0* maîtrise *f* de soi. °**~bestimmung** *f0* autodétermination *f*.

~bewußt *a* conscient de sa valeur. °**~erhaltungs·trieb** *m0* instinct *m* de conservation. °**~gefühl** *n0* amour-propre *m*. °**~gespräch** *n1* monologue *m*. **~los** *a* désintéressé. °**~mord** *m1* suicide *m*. **~sicher** *a* sûr de soi. °**~sucht** *f0* égoïsme *m*. **~süchtig** *a* égoïste. **~tätig** *a* automatique. **~verständlich** *av* bien entendu. °**~vertrauen** *n0* confiance *f* en soi. °**~zweck** *m1* fin *f* en soi.

selig *a* bienheureux. **~preisen*** *vt* glorifier. **~sprechen*** *vt* béatifier.

Sellerie *f1* céleri *m*.

selten *a/av* rare(ment). °**~heit** *f0* rareté *f*.

seltsam *a* étrange ; bizarre. °**~keit** *f1* étrangeté *f*.

Semester *n3* semestre *m*.

Semi·kolon *n* (s, s) point-virgule *m*.

Semmel *f1* petit pain.

Senat *m1* sénat *m*. °**~or** *m* (s, en) sénateur *m*.

send|en* *vt* expédier ‖ RAD. émettre ; diffuser. °**~er** *m3* RAD. émetteur *m*. °**~ung** *f1* envoi *m* ‖ FIG. mission *f* ‖ RAD. émission *f*.

Senf *m1* moutarde *f*.

sengen *vt/vi* griller ; flamber ; roussir.

Senk|blei *n0* fil *m* à plomb ; sonde *f*. °**~e** *f1* GÉOL. dépression *f*.

senk|en *vt* faire tomber ; descendre ; enfoncer ; *den Blick ~,* baisser les yeux • *vpr* s'affaisser ; s'abaisser. **~recht** *a* vertical. °**~rechte** *f1* perpendiculaire *f*. °**~ung** *f1* affaissement *m ;* baisse *f*.

Senne *f1* alpage *m*.

Sense *f1* faux *f*.

sensibel *a* sensible.

separat *a* séparé.

Sepsis *f0* septicémie *f*.

September *m0* septembre *m*.

Serien·herstellung *f1* fabrication *f* en série.

Serpentine(n·straße) *f1* route *f* en lacet.

Sessel *m3* fauteuil *m*. °**~lift** *m1* télésiège *m*.

seßhaft *a* sédentaire ; établi ; résidant (à).

setz|en *vt* asseoir ; mettre, placer, poser ‖ *jm ein Ziel ~,* fixer un but à qn ‖ [Logik ; Mathematik] poser ‖ TYP. composer • *vpr* s'asseoir ; *sich zu Tisch ~,* se mettre à table ‖ [Vogel] se percher ‖ [Wein] déposer • *vi* (*über,* acc.) sauter ; franchir. °**~er** *m3* typographe *m*.

Seuche *f1* épidémie *f*.

seufz|en *vi* soupirer ; gémir. °**~er** *m3* soupir *m*.

Sext|a *f0* (classe *f* de) sixième *f*. °**~e** *f1* sixte *f*. °**~ett** *n1* sextuor *m*.

sexuell *a* sexuel.

sezier|en *vt* disséquer. °**~messer** *n3* scalpel *m*.

Sibirien *n0* Sibérie *f*.

sich *pr pers réfl 3ᵉ pers*

acc./dat. sing./pl. se; soi; (à) lui-même, elle-même, eux-mêmes, elles-mêmes; *er hatte kein Geld bei* ~, il n'avait pas d'argent sur lui ‖ °~, vous; vous-même(s).

Sichel *f1* faux *f;* faucille *f* ‖ [Mond] croissant *m.*

sicher *a* certain, sûr • *av* sûrement. **~gehen*** *vi* procéder à coup sûr. °**~heit** *f1* certitude *f;* assurance *f* ‖ FIN. garantie *f* ‖ sûreté *f;* sécurité *f.*

sicherheits|halber *av* pour des raisons de sécurité. °**~nadel** *f1* épingle *f* de sûreté.

sicher|lich *av* à coup sûr. **~n** *vt* assurer; garantir. **~stellen** *vt* mettre à l'abri; sauvegarder. °**~ung** *f1* garantie *f* ‖ sauvegarde *f* ‖ TECHN. (cran *m* de) sûreté *f* ‖ ÉL. fusible *m.*

Sicht *f0* vue *f; in* ~ *sein,* être en vue. **~bar** *a* visible. **~en** *vt* repérer; trier. **~lich** *a* visible; évident. °**~vermerk** *n1* visa *m.* °**~weite** *f0 : in* ~, en vue.

sickern *vi* suinter.

sie *pr pers 3ᵉ pers* nom./acc. sing. f. et nom./acc. plur. → GRAMM.; elle; ils; elles; la; les; *ich sehe* ~, je la/les vois ‖ °~, vous [de politesse].

Sieb *n1* tamis *m;* passoire *f.*

1. sieben *vt* tamiser, filtrer.

2. sieben *num* sept • *f0 :* °~, sept *m.* °**~sachen** *fpl* affaires *fpl;* nippes *fpl.* °**~schläfer** *m3* loir *m.*

sieb(en)|te *num* septième. °**~tel** *n3* septième *m.*

Sieb·tuch *n2* étamine *f.*

sieb|zehn *num* dix-sept. **~zig** *num* soixante-dix; *der* ~*er Krieg,* la guerre de 1870. °**~ziger** *m3* septuagénaire *m.*

siech *a* malade.

sied|en* *vt* faire bouillir/cuire • *vi* bouillir; bouillonner. °**~e·punkt** *m1* point *m* d'ébullition.

Siedl|er *m3* colon *m.* °**~ung** *f1* colonie *f* ‖ cité *f.*

Sieg *m1* victoire *f.*

Siegel *n3* cachet *m;* sceau *m.* **~n** *vt* cacheter.

sieg|en *vi* vaincre; *über jn* ~, l'emporter sur qn. °**~er** *m3* vainqueur *m.* **~reich** *a* victorieux.

siezen *vt* vouvoyer.

Sigel *n3* sigle *m.*

Signal|anlage *f1* dispositif *m* de signalisation. **~isieren** *vt* signaler.

Signatur *f1* TYP. cote *f.*

Silbe *f1* syllabe *f.*

Silber *n0* argent *m.* °**~geschirr** *n1* argenterie *f.* **~n** *a* d'argent. °**~waren** *fpl,* °**~zeug** *n0* argenterie *f.*

Silvester·abend *m1* nuit *f* de la Saint-Sylvestre.

simpel *a* simple, niais.

Sims *m1* corniche *f;* moulure *f.*

Simulant *m4* simulateur *m.*

simultan *a* simultané. °**~dolmetschen** *n0* traduction simultanée.

sing|en* *vt/vi* chanter. °**~schule** *f1* maîtrise *f*. °**~spiel** *n1* opérette *f*.
Singul|ar *m1* singulier *m*. **~är** *a* bizarre.
Sing·vogel *m* (s, ¨) oiseau chanteur.
sinken* *vi* s'enfoncer; baisser; tomber || [Schiff] couler, sombrer || [Kraft] décliner.
Sinn *m1* sens *m* || *anderen ~es werden*, changer d'avis || *es hat keinen ~*, cela n'a aucun sens || [Organ] *die fünf ~e*, les cinq sens || *Pl* conscience *f*. °**~bild** *n2* symbole *m*.
sinnen* *vi* méditer; songer.
Sinnen·lust *f2* plaisir *m* des sens; volupté *f*.
Sinnes|änderung *f1* changement *m* d'opinion. °**~organ** *n1* organe *m* des sens. °**~täuschung** *f1* hallucination *f*.
sinn|fällig *a* évident. °**~gedicht** *n1* épigramme *f*. **~lich** *a* sensuel; sensible. °**~lichkeit** *f0* sensualité *f*. **~los** *a* absurde. **~voll** *a* ingénieux. **~widrig** *a* absurde.
sintern *vi* suinter; filtrer.
Sint·flut *f0* déluge *m*.
Sippe *f1* parenté *f*; clan *m* || PÉJ. engeance *f*.
Sirup *m1* sirop *m*.
Sitte *f1* coutume *f* || *Pl* mœurs *fpl*. °**~n·lehre** *f0* éthique, morale *f*.
Sittich *m1* perruche *f*.
sittlich *a* moral. °**~keit** *f0* moralité *f*.
situiert *a* situé.
Sitz *m1* siège *m*; fauteuil *m* || domicile *m*; résidence *f* || siège social. °**~bad** *n2* bain *m* de siège.
sitzen* *vi* être assis; siéger; *zu Pferde ~*, être à cheval || [Vogel] être perché || *einem Maler ~*, poser || résider || [Kleider] (bien) aller; seoir • *n0* : °**~**, position assise. **~bleiben*** *vi* rester assis || [Schule] redoubler.
Sitz|platz *m2* place assise. °**~ung** *f1* séance *f*; *eine ~ (ab)halten*, siéger.
Skabies *f0* gale *f*.
Skala *f* (len) échelle (graduée) || MUS. gamme *f*.
Skelett *n1* squelette *m*.
Skep|sis *f0* scepticisme *m*. °**~tiker** *m3* sceptique *m*.
Ski *m* (s, er) ski; *~ fahren/laufen*, faire du ski. °**~fahrer** *m3* skieur *m*. °**~lift** *m1* téléski *m*.
Skizz|e *f1* esquisse *f*; croquis *m*. **~ieren** *vt* esquisser; ébaucher.
Sklave *m4* esclave *m*. °**~n·händler** *m3* négrier *m*.
Skrupel *m3* scrupule *m*. **~los** *a* sans aucun scrupule.
skulpt|ieren *vt* sculpter. °**~ur** *f1* sculpture *f*.
skurril *a* bouffon.
Slaw|e *m4* Slave *m*. **~isch** *a* slave.
Smaragd *m1* émeraude *f*.
so *av* ainsi; *und ~ weiter (usw.)*, et caetera; *~ oder ~*, d'une façon ou d'une autre;

~ *was!*, ça par exemple! || alors || aussi; autant • *loc c* : ~..., **daß**, si... que; à tel point que; de sorte que. **~bald** *c* dès que • *av* de sitôt.

Socke *f1* chaussette *f*.

Sockel *m3* socle *m* || plinthe *f*.

Soda *n0, f0* soude *f*.

so·dann *av* ensuite.

Sod·brennen *n0* brûlures *fpl* d'estomac.

so|eben *av* à l'instant. **~fern** *c* dans la mesure où.

so·fort *av* aussitôt; tout de suite. °**~hilfe** *f1* aide immédiate.

so|gar *av* même. **~genannt** *a* soi-disant. **~gleich** *av* aussitôt.

Sohle *f1* plante *f* du pied || semelle *f*.

Sohn *m2* fils *m*.

so·lang(e) *c* aussi longtemps que.

solch *a* tel; pareil; *ein ~er Mensch/~ ein Mensch*, un tel homme.

Soldat *m4* soldat *m*. **~isch** *a* militaire.

Söldner *m3* mercenaire *m*.

solide *a* solide || sérieux.

Soll *n0* doit *m*; *~ und Haben*, doit et avoir.

sollen* *vi/aux mod* devoir; *soll ich dir helfen?*, dois-je t'aider? || *du sollst nicht töten*, tu ne tueras point || *er soll heute eintreffen*, il doit arriver aujourd'hui.

Söller *m3* terrasse *f* || grenier *m*.

so·mit *av* ainsi; de ce fait.

Sommer *m3* été *m*; *im ~*, en été. °**~ferien** *fpl* grandes vacances. °**~frische** *f1* villégiature *f*. °**~schluß·verkauf** *m0* soldes *mpl* d'été. °**~sprossen** *fpl* taches *fpl* de rousseur.

Sonder|angebot *n1* offre spéciale. °**~ausgabe** *f1* édition spéciale. **~bar** *a* singulier. °**~fall** *m2* cas particulier. **~lich** *a* remarquable.

1. sondern *av* mais (au contraire).

2. sondern *vt* séparer; trier.

Sonder|nummer *f1* [Zeitung] numéro spécial. °**~sitzung** *f1* session spéciale.

Sonn·abend *m1* samedi *m*.

Sonne *f1* soleil *m*; *in der ~*, au soleil.

sonnen *vt/vpr* (s')exposer au soleil. °**~aufgang** *m2* lever *m* de soleil. °**~bad** *n2* bain *m* de soleil. °**~blende** *f1* pare-soleil *m*. °**~blume** *f1* tournesol *m*. °**~brand** *m2* coup *m* de soleil. °**~brille** *f1* lunettes *fpl* de soleil. °**~finsternis** *f* (se) éclipse *f* de soleil. °**~schein** *m0* clarté *f* du soleil. °**~schirm** *m1* ombrelle *f*. °**~stich** *m1* insolation *f*. °**~strahl** *m* (s, en) rayon *m* de soleil. °**~uhr** *f1* cadran *m* solaire. °**~untergang** *m2* coucher *m* de/du soleil. °**~wende** *f1* solstice *m*.

sonn|ig *a* ensoleillé. °**~tag** *m1* dimanche *m*.

sonntags *av* le dimanche. °**~kind** *n2* enfant né coiffé.

sonst *av* autrement ; sinon ; ~ *nichts?*, rien d'autre ? ; ~ *noch etw?*, et avec cela ? ‖ à l'ordinaire ‖ autrefois.

so·oft *c* aussi souvent que.

Sorg|e *f1* souci *m* ‖ sollicitude *f*. **~en** *vi* (*für*, acc.) veiller à • *vpr* (*um*, acc.) être inquiet (pour). **~en·frei, ~en·los** *a* libre de soucis. **~fältig** *a* soigneux. **~los** *a* insouciant. °**~losigkeit** *f0* insouciance *f*.

Sort|e *f1* sorte *f*. **~ieren** *vt* assortir ; trier.

so|sehr *c* quel, quelle... que. **~so** *av* FAM. comme ci, comme ça ; ~ *lala*, couci-couça • *interj* tiens ! tiens !

Soße *f1* sauce *f*.

so·und·so *av* : *Herr* °~, monsieur Un tel. **~viel** *av* tant.

so|viel *av* autant ; *dreimal* ~, trois fois plus. **~weit** *av* : *es ist* ~, ça y est. **~wie** *c* dès que ; ainsi que. **~wieso** *av* de toute façon. **~wohl** *c* : ~ ... *als auch*, non seulement... mais encore.

sozial *a* social. °**~ist** *m4* socialiste *m*. °**~versicherung** *f1* assurance sociale.

so·zu·sagen *av* pour ainsi dire.

späh|en *vi* épier, guetter. °**~trupp** *m* (s, s) patrouille *f*.

Spalier *n1* espalier *m* ‖ FIG. haie *f*.

spalt|bar *a* fissible. °**~e** *f1* fente *f* ‖ TYP. colonne *f*. **~en** *vt* fendre • *vpr* se fendre ; se scinder. °**~ung** *f1* fission *f* ; fissure *f* ; scission *f*.

Span *m2* copeau *m*.

Span·ferkel *n3* cochon *m* de lait.

Spange *f1* agrafe *f*.

Spani|el *m3* épagneul *m*. °**~en** *n0* Espagne *f*. **~sch** *a* espagnol ; *auf* ~, en espagnol.

Spann *m1* cou-de-pied *m*. °**~e** *f1* empan *m* ‖ FIG. marge *f* ; écart *m*.

spann|en *vt* tendre ‖ atteler ‖ FIG. intéresser ; captiver • *vi* [Kleid] serrer. **~end** *a* passionnant. °**~ung** *f1* tension *f* ‖ suspense *m*.

Spar|buch *n2* livret *m* de caisse d'épargne. °**~büchse** *f1* tirelire *f*. **~en** *vt* épargner, économiser.

Spargel *m3* asperge *f*.

Spar|geld *n0*, °**~groschen** *m0* économies *fpl*. °**~kasse** *f1* caisse *f* d'épargne.

spärlich *a* parcimonieux ; chiche ‖ [Haar] clairsemé.

sparsam *av* : *mit etw* ~ *umgehen*, être avare de/ménager qch.

Sparte *f1* section *f* ; rayon *m*.

Spaß *m2* amusement *m* ; plaisanterie *f* ; *zum* ~, pour rire ; *viel* ~!, amusez-vous bien ! **~en** *vi* plaisanter. **~haft, ~ig** *a* amusant, cocasse. °**~macher** *m3*, °**~vogel** *m* (s, ¨) farceur, blagueur *m*.

spät *av* tard ; *wie* ~ *ist es?*, quelle heure est-il ?

Spatel *m3* spatule *f*.
Spaten *m3* bêche *f*. °**~stich** *m1* coup *m* de bêche.
spät|er *a* [*compar* de **spät**] postérieur; ultérieur • *av* plus tard. **~estens** *av* au plus tard.
Spatz *m4* moineau *m*.
spazier|en *vi* se promener; **~** *gehen,* faire une promenade à pied. °**~gang** *m2* promenade *f* à pied.
Specht *m1* pic, pivert *m*.
Speck *m0* lard *m*.
spedieren *vt* expédier.
Spediteur *m1* transporteur *m*.
Speer *m1* lance *f*; javelot *m*.
Speiche *f1* rayon *m* ‖ AN. radius *m*.
Speichel *m0* salive, bave *f*. °**~drüse** *f1* glande *f* salivaire. °**~lecker** *m3* lèche-bottes *m*.
Speicher *m3* grenier *m* ‖ ÉL. accumulateur *m*. **~n** *vt* entreposer ‖ enregistrer; mémoriser.
speien* *vi* cracher.
Speise *f1* nourriture *f*; mets *m*. °**~karte** *f1* carte *f*; menu *m*. **~n** *vi* manger • *vt* nourrir. °**~raum** *m2* salle *f* à manger. °**~röhre** *f1* œsophage *m*. °**~wagen** *m3* voiture-restaurant *f*.
Speisung *f1* alimentation *f*.
Spektakel *m0* tumulte *m*.
Spekulant *m4* spéculateur *m*.
Spektrum *n* (s, tren) spectre *m*.
spend|abel *a* FAM. large; généreux. °**~e** *f1* don *m*. **~en** *vt* donner; dispenser.
Spengler *m3* ferblantier *m*; plombier *m*.
Sper|ber *m3* épervier *m*. °**~ling** *m1* moineau *m*.
Sperr|balken *m3*, °**~baum** *m2* barrière *f*. °**~druck** *m0* TYP. caractères espacés. °**~e** *f1* barrage *m* ‖ blocus *m*. **~en** *vt* barrer ‖ bloquer ‖ suspendre • *vpr* (*gegen,* acc.) s'opposer à. °**~gebiet** *n1* zone interdite. °**~gut** *n2* marchandise encombrante. °**~holz** *n0* contre-plaqué *m*. **~ig** *a* encombrant. °**~konto** *n* (s, ten) compte bloqué. °**~stunde** *f1* heure *f* de fermeture.
Spesen *fpl* frais *mpl*.
Spezi|alist *m4* spécialiste *m*. **~ell** *a* spécial; particulier.
Sphäre *f1* sphère *f*.
Spick|aal *m1* anguille fumée. **~en** *vt* barder; entrelarder.
Spiegel *m3* miroir *m*. °**~bild** *n2* image *f*. °**~eier** *npl* œufs *mpl* sur le plat. °**~glas** *n2* glace *f*. **~n** *vt/vpr* (se) refléter. °**~ung** *f1* reflet *m*.
Spiel *n1* jeu *m* ‖ SPECT. pièce *f* ‖ SP. partie *f* ‖ *auf dem* **~** *stehen,* être en jeu. °**~art** *f1* nuance *f*. °**~automat** *m1* machine *f* à sous.
spiel|en *vt/vi* jouer; *Karten* **~**, jouer aux cartes ‖ *Geige* **~**, jouer du violon ‖ se jouer; se passer. °**~er** *m3* joueur *m*. °**~feld** *n2* terrain *m* de sport. °**~platz** *m2* terrain *m* de jeux; court *m*. °**~raum** *m2* champ *m* ‖ TECHN. jeu

m. °~**regel** *f1* règle *f* du jeu. °~**sachen** *fpl* jouets *mpl.* °~**verderber** *m3* rabat-joie *m.* °~**zeug** *n1* jouet *m.*
Spieß *m1* pique *f* || CUIS. broche *f.* °~**bürger** *m3* philistin *m.* ~**ig** *a* borné.
Spinat *m1* épinard *m.*
Spindel *f1* fuseau *m.* ~**förmig** *a* fuselé.
Spinett *n1* épinette *f.*
Spinne *f1* araignée *f.* ~**n*** *vt* filer || FIG. ourdir || FAM. dérailler. °~**n·gewebe** *n3* toile *f* d'araignée.
Spion *m1* espion *m.* °~**age** *f0* espionnage *m.*
Spirit|uosen *pl* spiritueux *mpl.* °~**us** *m* alcool à brûler. °~**us·kocher** *m3* réchaud *m.*
spitz *a* pointu, acéré; ~*er Winkel,* angle aigu.
Spitz *m1* roquet *m.*
Spitz|bart *m2* bouc *m.* °~**bogen** *m* (s, ¨) ogive *f.* °~**bube** *m4* filou, coquin *m.*
Spitz|e *f1* pointe *f* || [Berg] pic *m* || FIG. tête *f* || [Rede] chute *f;* trait *m* || dentelle *f.* °~**el** *m3* espion *m;* mouchard *m.* °~**en·geschwindigkeit** *f1* vitesse *f* de pointe.
spitz|findig *a* pointilleux. °~**findigkeit** *f1* argutie *f.* °~**name** *m* (ns, n) sobriquet *m.*
Splitter *m3* éclat *m;* écharde *f.* ~**n** *vi* voler en éclats. ~**nackt** *a* nu comme un ver.
spontan *a* spontané.
Sporn *m* (s, ren) éperon *m* || FIG. aiguillon *m* || ZOOL. ergot *m.* ~**streichs** *av* en toute hâte.
Sport *m1* sport *m;* ~ *treiben,* faire du sport. °~**ler** *m3* sportif *m.* °~**platz** *m2* stade *m.*
Spott *m0* raillerie, moquerie *f.* ~**billig** *a* d'un prix dérisoire.
Spöttel|ei *f1* persiflage *m.* ~**n** *vi* persifler.
spotten *vi* (*über,* acc.) se moquer (de); railler.
Spötter *m3* railleur *m.*
Spott·geburt *f1* avorton *m.*
spöttisch *a* railleur.
Spott|name *m* (ns, n) sobriquet *m.* °~**preis** *m1* vil prix.
Sprach|e *f1* langage *m;* langue *f.* ~**labor** *n* (s, s) laboratoire *m* de langues. ~**lich** *a* linguistique. ~**los** *a* muet. °~**rohr** *n1* porte-voix *m* || FIG. porte-parole *m.* ~**widrig** *a* incorrect.
sprech|en* *vt/vi* parler; dire; *jn* ~/*mit jm* ~, parler à qn; *über etw* ~, parler de qch; *ein Urteil* ~, rendre la justice. °~**er** *m3* porte-parole *m.* °~**stunde** *f1* consultation *f.* °~**zimmer** *n3* cabinet *m.*
spreizen *vt* écarter • *vpr* se pavaner.
Sprengel *m3* diocèse *m.*
spreng|en *vt* faire sauter; briser || FIG. perturber || asperger • *vi* bondir; aller au galop. °~**körper** *m3* explosif *m.* °~**stoff** *m1* explosif *m.* °~**wagen** *m3* arroseuse *f.*
Spreu *f0* [Korn] balle *f.*

Sprich|wort *n2* proverbe *m*. **~wörtlich** *a* proverbial.
sprießen* *vi* éclore.
Spring|brunnen *m3* jet *m* d'eau. **~en*** *vi* sauter; jaillir ‖ se fêler. °**~er** *m3* [Schachspiel] cavalier *m*.
Spritze *f1* seringue *f* ‖ piqûre *f*. **~n** *vt* asperger ‖ injecter • *vi* gicler.
spröde *a* cassant; rêche ‖ FIG. revêche; prude.
Sproß *m* (sses, sse) surgeon *m*.
Sprosse *f1* barreau *m*.
Sprößling *m1* pousse *f* ‖ rejeton *m*.
Spruch *m2* sentence *f*; maxime *f* ‖ arrêt *m*; jugement *m*. °**~band** *n2* banderole *f*.
Sprudel *m3* bouillonnement *m* ‖ eau minérale. **~n** *vi* bouillonner. °**~wasser** *n3* eau gazeuse.
sprüh|en *vi* jaillir • *vt* projeter. °**~fläschchen** *n3* vaporisateur *m*. °**~regen** *m0* bruine *f*.
Sprung *m2* saut, bond *m* ‖ fêlure *f*. °**~brett** *n2* tremplin *m*. °**~feder** *f1* ressort *m* élastique. °**~schanze** *f1* tremplin *m* de ski.
Spucke *f1* salive *f*; crachat *m*. **~n** *vi* saliver.
Spuk *m1* apparition(s) *f(pl)*.
Spule *f1* bobine *f*.
spül|en *vt* rincer; laver; *das Geschirr ~*, faire la vaisselle. °**~ung** *f1* chasse *f* d'eau.
Spur *f1* trace *f*; empreinte *f* ‖ CUIS. pincée *f* ‖ FIG. vestige *m*.
spürbar *a* sensible; perceptible.
Spur·breite *f1* écartement *m* des voies.
spür|en *vt* sentir; éprouver ‖ [Wild] lever. °**~hund** *m1* chien courant/chassant.
spurlos *av* sans laisser de trace.
Spür·sinn *m0* flair *m*.
sputen *vpr* FAM. se dépêcher.
Staat *m* (es, en) État *m* ‖ [Prunk] luxe *m*; *in vollem ~*, en grande toilette. **~lich** *a* public; national.
Staats|angehörige(r) *asm* ressortissant *m*. °**~anwalt** *m2* procureur *m* de la République. °**~bürger** *m3* citoyen *m*. °**~mann** *m* (s, ¨er) homme *m* d'État. °**~streich** *m1* coup *m* d'État.
Stab *m2* bâton *m*; barreau *m*; perche *f* ‖ MIL. état-major *m*. °**~hochsprung** *m0* saut *m* à la perche.
stabil *a* stable; durable.
Stachel *m* (s, n) piquant *m*; dard *m* ‖ aiguillon *m*. °**~beere** *f1* groseille *f* à maquereau. °**~draht** *m2* fil *m* de fer barbelé. **~n** *vt* aiguillonner. °**~schwein** *n1* porc-épic *m*.
Stadi|on *n* (s, dien) SP. stade *m*. °**~um** *n* (s, dien) stade *m*; période *f*.
Stadt *f2* ville *f*. °**~bewohner** *m3* citadin *m*.
städtisch *a* municipal; urbain.

Stadt|mauer *f1* enceinte *f*. °**~rat** *m2* conseil(ler) municipal. °**~teil** *m1* quartier *m*.

Staffage *f1* décor *m*.

Staffel *f1* degré *m;* échelon *m* ‖ AÉR. escadrille *f* ‖ SP. relais *m*. °**~ei** *f1* chevalet *m*. °**~lauf** *m2* course *f* de relais. **~n** *vt* échelonner.

staffieren *vt* orner, décorer.

Stahl *m0* acier *m*. °**~beton** *m0* ciment armé.

stähl|en *vt* tremper. **~ern** *a* d'acier.

Stall *m2* étable *f;* écurie *f*.

Stamm *m2* tronc *m* ‖ FIG. race *f;* tribu *f* ‖ GRAMM. radical *m*. °**~baum** *m2* arbre *m* généalogique.

stammeln *vi* bégayer.

stamm|en *vi* (*aus,* dat.) provenir, être issu de ‖ (*von,* dat.) venir de ; être de. °**~gast** *m2* habitué *m*.

stämmig *a* robuste ; trapu.

Stamm|kundschaft *f1* clientèle *f* d'habitués. °**~silbe** *f1* syllabe radicale. °**~tisch** *m1* table *f* des habitués.

Stampfe *f1* pilon *m;* dame *f*. **~n** *vi* trépigner ‖ piaffer ‖ MAR. tanguer • *vt* fouler ; piétiner ‖ FIG. *etw aus dem Boden ~,* créer qch de toutes pièces.

Stand *m2* position *f;* état *m;* niveau *m* ‖ état (social) ‖ boutique *f;* stand *m*.

Standard·werk *n1* ouvrage *m* de référence.

Standarte *f1* étendard *m*.

Stand·bild *n2* statue *f*.

Ständer *m3* support *m* ‖ [Waffen] râtelier *m*.

Standes|amt *n2* état civil. °**~register** *n3* registre *m* d'état civil.

Stand|gericht *n1* conseil *m* de guerre. **~haft** *a* constant ; ferme. **~halten*** *vi* tenir ferme ; résister.

ständ|ig *a* permanent. **~isch** *a* corporatif.

Stand|licht *n2* feu *m* de position. °**~ort** *m1* emplacement *m*. °**~punkt** *m1* point *m* de vue.

Stange *f1* perche *f;* gaule *f;* hampe *f;* tringle *f* ‖ FIG. *bei der ~ bleiben/halten,* (aider à) tenir bon ; *jm die ~ halten,* prendre fait et cause pour qn.

Stänker *m3* FAM. mauvais coucheur. **~n** *vi* FAM. faire des histoires.

Stanniol *n0* papier *m* d'étain ; tain *m*.

1. Stanze *f1* stance *f*.

2. Stanze *f1* matrice *f*. **~n** *vt* estamper.

Stapel *m3* MAR. cale *f;* chantier *m; ein Schiff vom ~ lassen,* lancer un navire ‖ entrepôt *m* ‖ tas *m;* monceau *m*. °**~lauf** *m2* lancement *m* (d'un navire). **~n** *vt* empiler.

stapfen *vi* marcher d'un pas lourd.

1. Star *m1* ZOOL. étourneau *m*.

2. Star *m* (s, s) star, vedette *f*.

3. Star *m0 : grauer ~,* cataracte *f*.

stark *a* fort; *~er Raucher,* grand fumeur.
Stärk|e *f1* force *f;* intensité *f* ‖ MIL. effectif *m.* **~en** *vt* fortifier ‖ TEXT. empeser. **~end** *a* tonique. °**~ung** *f1* renforcement *m;* réconfort *m.* °**~s·mittel** *n3* fortifiant *m.*
starr *a* raide, rigide; engourdi ‖ [Blick] fixe. **~en** *vi* être hérissé de ‖ regarder fixement. °**~heit** *f0* rigidité *f* ‖ fixité *f.* **~köpfig** *a* entêté. °**~krampf** *m0* tétanos *m.* °**~sinn** *m0* entêtement *m.*
Start *m1* départ *m;* décollage *m.* **~en** *vi* s'envoler; démarrer. °**~zeichen** *n3* signal *m* de départ.
Station *f1* station *f;* gare *f.*
stat|isch *a* statique. °**~ist** *m4* figurant *m.* °**~iv** *n1* support *m.*
statt *p* (gén.) à la place de.
Statt *f0,* **Stätte** *f1* lieu, endroit *m.*
statt|finden* *vi* avoir lieu. **~geben*** *vi* accorder. **~haft** *a* permis; recevable. **~lich** *a* somptueux.
Stat|ue *f1* statue *f.* **~uieren** *vt : ein Exempel ~,* faire un exemple. °**~ut** *n* (s, en) statut *m.*
Stau *m1* barrage *m.*
Staub *m0* poussière *f.* **~en** *vi* faire de la poussière. **~ig** *a* poussiéreux. °**~sauger** *m3* aspirateur *m.* °**~wedel** *m3* plumeau *m.* °**~zucker** *m0* sucre *m* en poudre.
Stau·damm *m2* barrage *m.*
Staude *f1* arbuste *m.*
stauen *vt* endiguer ‖ MAR. arrimer • *vpr* s'entasser.
staunen *vi* (*über,* acc.) s'étonner de • *n0 :* °**~,** étonnement *m.*
Stau|see *m* (s, n) lac *m* de retenue. °**~ung** *f1* accumulation *f;* embouteillage *m.*
stech|en* *vt* piquer ‖ graver ‖ [Karten] couper • *vi : in See ~,* appareiller • *n0 :* °**~,** point *m* de côté. **~end** *a* piquant ‖ cuisant. °**~er** *m3* graveur *m.* °**~ginster** *m3* ajonc *m.*
Steck|brief *m1* mandat *m* d'arrêt. °**~dose** *f1* prise *f.*
stecken *vi* se trouver; être (planté); *in Schulden ~,* être endetté • *vt* mettre; ficher; planter. **~bleiben*** *vi* rester en panne/bloqué. °**~pferd** *n1* marotte *f;* FAM. dada *m.*
Steck·nadel *f1* épingle *f.*
Steg *m1* sentier *m;* passerelle *f.* °**~reif** *m0 : aus dem ~ sprechen,* improviser.
Steh·bier·halle *f1* bar *m.*
stehen* *vi* se tenir debout; se dresser; se trouver ‖ *in Flammen ~,* être en flammes; *jm im Wege ~,* barrer la route à qn ‖ *für jn ~,* répondre de qn; *zu jm ~,* être aux côtés de qn ‖ aller; convenir • *vpr : sich gut ~,* être à l'aise • *vt : Wache ~,* monter la garde; *Schlange ~,* faire la queue • *n0* °**~ :** *im ~,* debout. **~bleiben*** *vi* s'arrêter.

Steh|lampe *f1* lampadaire *m.* °**~platz** *m2* place *f* debout.
stehlen* *vt* voler, dérober.
steif *a* raide, rigide ‖ [Stoff] empesé ‖ MÉD. ankylosé. **~en** *vt* raidir ‖ [Wäsche] empeser. °**~heit** *f1* rigidité, raideur *f.*
Steig|bügel *m3* étrier *m.* °**~eisen** *n3* crampon *m.*
steigen* *vi* monter; s'élever; *aus dem Wagen ~,* descendre de voiture.
steiger|n *vt* élever; augmenter. °**~ung** *f1* hausse *f* ‖ [Auktion] enchérissement *m.*
Steigung *f1* montée *f;* pente *f.*
steil *a* escarpé. °**~hang** *m0* escarpement *m.* °**~küste** *f1* falaise *f.*
Stein *m1* pierre *f; ~ und Bein frieren,* geler à pierre fendre ‖ MÉD. calcul *m* ‖ pion *m* ‖ noyau *m.* **~alt** *a* très vieux. °**~bock** *m2* bouquetin *m.* °**~bruch** *m2* carrière *f.* °**~butt** *m1* turbot *m.* °**~druck** *m2* lithographie *f.* **~ern** *a* de/en pierre. °**~gut** *n0* faïence *f;* grès *m.* **~ig** *a* pierreux. **~igen** *vt* lapider. °**~kohle** *f1* houille *f.* °**~metz** *m4* tailleur *m* de pierre. °**~pilz** *m1* cèpe *m.* °**~platte** *f1* dalle *f.* **~reich** *a* richissime. °**~schlag** *m2* chute *f* de pierres. °**~zeit** *f0 : jüngere ~,* néolithique *m.*
Steiß *m1* croupion *m.* °**~bein** *n1* coccyx *m.*
Stell·dich·ein *n0* rendez-vous *m.*
Stelle *f1* place *f; an erster ~,* en premier (lieu); *auf der ~,* sur-le-champ ‖ [Buch] passage *m* ‖ emploi *m;* service *m.*
stellen *vt* placer (verticalement); dresser ‖ *eine Frage ~,* poser une question ‖ *jn (zur Rede) ~,* demander des explications à qn • *vpr* se livrer; *sich dumm ~,* faire l'idiot.
Stellen|angebot *n1* offre *f* d'emploi. °**~gesuch** *n1* demande *f* d'emploi. °**~vermittlung** *f1* bureau *m* de placement. **~weise** *av* par endroits.
Stellung *f1* position *f* ‖ MIL. *in ~ gehen,* monter en ligne. °**~nahme** *f1* prise *f* de position.
stell·vertret|end *a* : *~er Minister-Präsident,* vice-président *m* du Conseil. °**~er** *m3* représentant *m.*
Stell·werk *n1* poste *m* d'aiguillage.
Stelz|e *f1* échasse *f.* °**~vogel** *m* (s, ¨) échassier *m.*
Stemm|eisen *n3* bédane *m.* **~en** *vt* appuyer.
Stempel *m3* timbre *m;* cachet *m* ‖ FIG. empreinte *f* ‖ pistil *m.* **~n** *vt* timbrer; oblitérer. °**~papier** *n0* papier timbré. °**~uhr** *f1* horloge *f* de pointage.
Stengel *m3* tige *f;* pied *m.*
Stepp·decke *f1* courte-pointe *f.*
Steppe *f1* steppe *f;* lande *f.*

steppen *vt* piquer.
Sterb|e·bett *n* (s, en) lit *m* de mort. **~en*** *vi* mourir. °**~e·urkunde** *f1* acte *m* de décès. **~lich** *a* mortel.
Stern *m1* étoile *f*. °**~bild** *n2* constellation *f*. °**~kunde** *f0* astronomie *f*. °**~schnuppe** *f1* étoile filante. °**~warte** *f1* observatoire *m*.
stet|ig *a* constant; continu. °**~igkeit** *f0* constance *f*. **~s** *av* constamment, toujours.
1. Steuer *n3* gouvernail *m*; barre *f*; volant *m*.
2. Steuer *f1* impôt *m*. °**~amt** *n2* perception *f*. °**~berater** *m3* conseiller fiscal.
Steuer·bord *n0* tribord *m*.
Steuer|einnehmer *m3* percepteur *m*. **~frei** *a* exempt d'impôts.
Steuer|hebel *m3* levier *m* de commande. °**~mann** *m* (s, leute) pilote *m*. **~n** *vt* piloter • *vi* (dat.) obvier à.
steuer·pflichtig *a* imposable.
Steuer|rad *n2* barre *f*; volant *m*. °**~ung** *f1* pilotage *m*.
Steuer·zahler *m3* contribuable *m*.
stibitzen *vt* FAM. chiper.
Stich *m1* piqûre *f*; morsure *f* || FIG. *ein* ~ *ins Herz*, un coup au cœur || élancement *m* || [Kartenspiel] levée *f* || gravure *f* || *im ~e lassen*, laisser en plan.
Stichel *m3* burin *m*. °**~ei** *f1* piqûre *f* || FIG. pointe *f*; brocard *m*. **~n** *vt* piquer; coudre.
stich|haltig *a* valable; plausible. °**~probe** *f1* sondage *m*. °**~wahl** *f1* ballottage *m*. °**~wort** *n1, n2* mot-souche *m*.
stick|en *vt* broder. °**~erei** *f1* broderie *f*.
stick|ig *a* étouffant. °**~stoff** *m1* azote *m*.
Stiefel *m3* botte *f*.
Stief|eltern *mpl* beaux-parents *mpl*. °**~mutter** *f* (¨) belle-mère *f*; PÉJ. marâtre *f*. °**~mütterchen** *n3* pensée *f*. °**~sohn** *m2* beau-fils *m*. °**~tochter** *f* (¨) belle-fille *f*.
Stiege *f1* escalier *m*.
Stieglitz *m1* chardonneret *m*.
Stiel *m1* manche *m*; tige *f*.
Stier *m1* taureau *m*. °**~kampf** *m2* corrida *f*.
1. Stift *m1* goupille *f* || [Bleistift] mine *f*.
2. Stift *n1* fondation *f*; école *f*; séminaire *m*. **~en** *vt* fonder. °**~er** *m3* fondateur *m*. °**~ung** *f1* fondation *f*.
Stil *m1* style *m*.
still *a* immobile; calme || °*~er Ozean*, océan *m* Pacifique || silencieux; ~ *sein*, se taire • *interj* : *~!*, silence! °**~e** *f0* tranquillité *f*; silence *m*.
Stilleben *n3* nature morte.
stillegen *vt* arrêter.
still|en *vt* calmer, apaiser; *den Durst* ~, désaltérer || [Kind] allaiter. **~schweigen*** *vi* se taire. **~schweigend** *a* tacite. °**~stand** *m0* arrêt *m*; cessation *f*. **~stehen*** *vi* s'arrêter; être arrêté.

Stimm|bänder *npl* cordes vocales. °**~bruch** *m0* mue *f*. °**~e** *f1* voix *f*.
stimmen *vt* MUS. accorder ‖ disposer ; *traurig* **~**, attrister • *vi das stimmt*, c'est juste ‖ voter.
Stimm|enthaltung *f1* abstention *f*. °**~er** *m3* accordeur *m*. °**~gabel** *f1* diapason *m*. **~haft** *a* sonore. °**~lage** *f1* registre *m*. **~los** *a* aphone. °**~ritze** *f1* glotte *f*. °**~ung** *f1* humeur *f* ‖ ambiance *f*. °**~zettel** *m3* bulletin *m* de vote.
stinken* *vi* sentir mauvais, puer.
Stipendi|at *m4* boursier *m*. °**~um** *n* (s, dien) bourse *f*.
Stirn *f1* front *m* ‖ FIG. *die* **~** *bieten*, faire front.
stöbern *vi* [Schnee] tourbillonner.
Stocher *m3* tisonnier *m*. **~n** *vt* tisonner.
1. Stock *m2* bâton *m ;* canne *f* ‖ BOT. cep *m*.
2. Stock *n* (s, -werke) étage *m*.
stock|dunkel, ~finster *a* noir comme dans un four.
stock|en *vi* s'arrêter ; s'interrompre • *n0 :* °**~** arrêt *m ;* stagnation *f*. °**~fisch** *m1* morue séchée. **~taub** *a* sourd comme un pot. °**~ung** *f1* arrêt *m*.
Stock·werk *n1* étage *m*.
Stoff *m1* étoffe *f;* tissu *m* ‖ matière *f* ‖ sujet *m*. °**~wechsel** *m3* métabolisme *m*.
stöhnen *vi* gémir, geindre.
Stolle *f1* (grande) brioche.
1. Stollen *m3* = STOLLE.
2. Stollen *m3* MIN. galerie *f*.
stolpern *vi* trébucher ‖ [Pferde] broncher.
stolz *a* (*auf*, acc.) fier (de) • *m0 :* °**~**, fierté *f*.
stopf|en *vt* bourrer ; fourrer ‖ [Wasser] engorger ‖ repriser ‖ constiper. °**~garn** *n0* fil *m* à repriser.
Stoppel *f1* chaume *m*.
stopp|en *vi/vt* stopper. °**~licht** *n2* feu *m* de stop. °**~uhr** *f1* chronomètre *m*.
Stöpsel *m3* bouchon *m ;* tampon *m* ‖ ÉL. fiche *f*.
Stör *m1* esturgeon *m*.
Storch *m2* cigogne *f*.
stören *vt* déranger ; gêner ‖ RAD. brouiller. °**~fried** *m1* trouble-fête *m*.
stornieren *vt* COMM. ristourner.
störrisch *a* entêté.
Störung *f1* dérangement *m ;* gêne *f* ‖ parasite *m*.
Stoß *m2* coup *m ;* secousse *f* ‖ ourlet *m* ‖ TECHN. joint *m* ‖ pile *f*. °**~dämpfer** *m3* amortisseur *m*. **~en*** *vt* pousser ; heurter, cogner ‖ FIG. *jn vor den Kopf* **~**, offenser qn • *vi : auf jn* **~**, tomber (par hasard) sur qn ‖ *an etw* **~**, être contigu à qch • *vpr* se cogner ; se heurter ‖ FIG. s'offusquer ; se scandaliser. °**~kraft** *f2* poussée *f*. °**~stange** *f1* pare-chocs *m*. °**~zeit** *f0* heures *fpl* de pointe.

stottern *vi* bégayer.
Straf|anstalt *f1* pénitencier *m.* °**~anzeige** *f1* plainte *f.* °**~arbeit** *f1* punition *f.* °**~aufschub** *m2* sursis *m.* **~bar** *a* répréhensible.
Strafe *f1* peine *f; punition f; eine ~ verhängen,* infliger une peine. **~n** *vt* punir ; châtier.
straff *a* raide ; tendu.
straf·fällig *a : ~ werden,* encourir une peine.
straffen *vt* tendre ; raidir.
Straf|gesetzbuch *n2* Code pénal. °**~kammer** *f1* chambre correctionnelle.
sträf|lich *a* punissable, répréhensible. °**~ling** *m1* détenu *m; condamné m.*
Straf|porto *n* (s, s) surtaxe *f.* °**~punkt** *m1* pénalisation *f.* °**~recht** *n1* droit pénal. °**~register** *n3* casier *m* judiciaire. °**~tat** *f1* délit *m.* °**~verfahren** *n3* procédure pénale.
Strahl *m* (s, en) rayon *m* || [Wasser] jet *m; filet m.* **~en** *vi* rayonner ; irradier. °**~en·behandlung** *f0* radiothérapie *f.* °**~ung** *f1* radiation *f; rayonnement m.*
Strähne *f1* mèche *f.*
stramm *a* raide ; droit ; *~e Haltung,* garde-à-vous *m.*
strampeln *vi* gigoter.
Strand *m1* plage *f; rivage m.* °**~bad** *n2* plage *f.* **~en** *vi* s'échouer. °**~korb** *m2* fauteuil-cabine *m.*
Strang *m2* corde *f; cordon m.*
Strapaz|e *f1* fatigue *f.* **~ieren** *vt* fatiguer, éreinter. **~ier·fähig** *a* résistant.
Straße *f1* rue *f; auf offener ~,* en pleine rue ; *über die ~ gehen,* traverser la rue || route *f.*
Straßen|arbeiter *m3* cantonnier *m.* °**~bahn** *f1* tramway *m.* °**~beschilderung** *f1* signalisation routière. °**~händler** *m3* camelot *m.* °**~karte** *f1* carte routière. °**~kreuzung** *f1* croisement *m.* °**~lage** *f0* AUT. tenue *f* de route. °**~laterne** *f1* réverbère *m.* °**~netz** *n1* réseau routier. °**~unterführung** *f1* passage souterrain. °**~verkehrsordnung** *f1* Code *m* de la route.
sträuben *vpr* se hérisser ; se dresser || FIG. regimber.
Strauch *m2* arbuste *m; buisson m.*
straucheln *vi* trébucher.
1. Strauß *m2* bouquet *m* || FIG. querelle *f.*
2. Strauß *m1* autruche *f.*
Strebe|bogen *m* (s, ¨) arc-boutant *m.* °**~mauer** *f1* contrefort *m.*
streb|en *vi* (*nach,* dat.) s'efforcer ; tendre à. °**~er** *m3* arriviste *m.* **~sam** *a* ambitieux.
Strecke *f1* distance *f; parcours m; trajet m* || MIN. galerie *f* || FIG. *auf der ~ bleiben,* rester sur le carreau.
streck|en *vt* allonger ; étendre ; étirer || *die Waffen ~,* mettre bas les armes || TECHN.

laminer • *vpr* s'allonger. °**~er** *m3*, °**~muskel** *m* (s, n) [muscle] extenseur *m*.

Streich *m1* [Hieb] coup *m*; tape *f* ‖ [Posse] tour *m*. °**~bogen** *m3* archet *m*.

streicheln *vt* caresser.

streichen* *vt* passer; frotter sur; étendre; *Butter auf Brot ~*, beurrer du pain ‖ rayer ‖ *die Segel ~*, carguer les voiles; *die Flagge ~*, amener le pavillon • *vi durch das Land ~*, vagabonder.

Streich|fläche *f1* frottoir *m*. °**~holz** *n2* allumette *f*. °**~instrument** *n1* instrument *m* à cordes. °**~quartett** *n1* quatuor *m* à cordes. °**~ung** *f1* radiation *f*.

Streif *m1* raie *f*; rayure *f*; bande *f*. °**~band** *n2* bande *f*. °**~e** *f1* patrouille *f*. °**~en** *m3* bande *f*; rayure *f*.

streifen *vt* effleurer; raser; frôler; érafler • *vi* rôder. °**~dienst** *m0* rondes *fpl* de police.

Streik *m1* grève *f*. **~en** *vi* faire grève. °**~posten** *m3* piquet *m* de grève. °**~recht** *n0* droit *m* de grève.

Streit *m1* querelle *f*; polémique *f*. **~bar** *a* belliqueux ‖ vaillant. **~en*** *vi* combattre, lutter; *miteinander ~*, se quereller ‖ FIG. disputer, chicaner • *vpr : sich mit jm ~*, se disputer avec qn. °**~er** *m3* (*für*, acc.) combattant *m*; champion *m*. **~ig** *a* contesté, discuté; *jm etw ~ machen*, contester qch à qn. °**~igkeit** *f1* différend *m*. °**~kräfte** *fpl* forces armées. **~lustig** *a* querelleur. °**~punkt** *m1* point litigieux. **~süchtig** *a* querelleur.

streng *a* sévère; dur ‖ rigoureux. °**~e** *f0* sévérité *f*.

Streu *f1* litière *f*. **~en** *vt* répandre; saupoudrer. °**~zucker** *m0* sucre *m* en poudre.

Strich *m1* trait *m*; barre *f*; *einen ~ ziehen*, tirer un trait ‖ *gegen den ~*, à rebrousse-poil. **~eln** *vt* pointiller; hachurer. °**~punkt** *m1* point-virgule *m*. **~weise** *av* par endroits.

Strick *m1* corde *f*. °**~arbeit** *f1* tricot *m*. **~en** *vt* tricoter. °**~jacke** *f1* cardigan *m*. °**~leiter** *f1* échelle *f* de corde.

Striegel *m3* étrille *f*. **~n** *vt* étriller.

Strieme *f1* strie *f*; meurtrissure *f*.

strittig *a* contesté.

Stroh *n0* paille *f*. °**~dach** *n2* toit *m* de chaume. °**~halm** *m1* brin *m* de paille. °**~mann** *m* (s, ¨er) homme *m* de paille. °**~sack** *m2* paillasse *f*.

Strolch *m1* voyou *m*.

Strom *m2* fleuve *m*; courant *m* ‖ ÉL. courant *m*. **~abwärts** *av* en aval. °**~aggregat** *n1* groupe *m* électrogène. **~aufwärts** *av* en amont.

strömen *vi* couler à flots ‖ [Regen] tomber à verse.

Strom|linie *f1* ligne *f* aéro-

dynamique. °~**netz** *n1* réseau *m* électrique. °~**schnelle** *f1* rapide *m*.
Strömung *f1* courant *m*.
Strom·zähler *m3* compteur *m* électrique.
strotzen *vi* (*von*, dat.) regorger/déborder de.
Strudel *m3* tourbillon *m*. ~**n** *vi* tourbillonner.
Struktur *f1* structure *f*.
Strumpf *m2* bas *m*; chaussette *f*. °~**band** *n2* jarretière *f*. °~**hose** *f1* collant *m*.
struppig *a* hérissé; ébouriffé.
Stube *f1* chambre *f*. °~**n·arrest** *m0* MIL. arrêts *mpl*.
Stuck *m0* stuc *m*.
Stück *n1* morceau *m*; pièce *f*; bout *m* ‖ unité *f* ‖ *aus freien ~en*, de plein gré. °~**arbeit** *f1* travail *m* aux pièces. °~**gut** *n2* colis *m*. °~**lohn** *m2* salaire *m* aux pièces. ~**weise** *av* pièce par pièce.
Student *m4*, °~**in** *f1* étudiant *s*.
Stud|ie *f1* étude *f*. °~**ien·rat** *m2* professeur *m* de lycée. ~**ieren** *vt* étudier. °~**ium** *n* (s, dien) études (supérieures).
Stufe *f1* marche *f*; degré *m*; échelon *m*; gradin *m*.
stufen *vt* graduer. ~**weise** *av* par degrés; progressivement.
Stuhl *m2* chaise *f*; siège *m*. °~**gang** *m2* selle *f*.
Stulp·nase *f1* nez retroussé.
stumm *a* muet.
Stummel *m3* tronçon *m*; moignon *m* ‖ POP. mégot *m*.
Stumm·film *m1* film muet.
Stümper *m3* mauvais travailleur; bousilleur *m*.
stumpf *a* émoussé; obtus ‖ [Degen] moucheté • *m2* : °~, tronçon *m* ‖ souche *f*. °~**sinn** *m0* stupidité *f*.
Stunde *f1* heure *f* ‖ ENS. cours *m*.
Stunden|buch *n2* livre *m* d'heures. °~**geschwindigkeit** *f1* vitesse *f* horaire. ~**lang** *av* des heures durant. °~**lohn** *m2* salaire *m* horaire. °~**plan** *m2* horaire *m*. °~**zeiger** *m3* aiguille *f* des heures.
...stünd|ig *suff* : *vierstündige Fahrt*, parcours *m* de quatre heures. ~**lich** *av* toutes les heures. ‖ FIG. d'une heure à l'autre.
stupend *a* stupéfiant.
Stups·nase *f1* nez retroussé.
stur *a* entêté, têtu.
Sturm *m2* tempête *f* ‖ assaut *m*.
stürmen *vi* s'élancer • *vt* prendre d'assaut.
sturm|fest *a* inébranlable. °~**flut** *f1* raz *m* de marée. °~**glocke** *f1* tocsin *m*.
stürmisch *a* orageux ‖ FIG. impétueux, fougueux.
Sturm·riemen *m3* jugulaire *f*.
Sturz *m2* chute *f*; écroulement *m* ‖ [Fenster] linteau *m*. °~**bach** *m2* torrent *m*.
stürzen *vi* tomber; s'abattre; s'effondrer • *vt* faire tomber; renverser • *vpr* se jeter.

Sturz·flug *m2* vol *m* en piqué.
Stute *f1* jument *f*.
Stütze *f1* support *m*; tuteur *m*.
1. stutzen *vi* être surpris; s'arrêter court.
2. stutzen *vt* écourter; couper; élaguer.
stützen *vt* soutenir; appuyer; étayer • *vpr* (*auf*, acc.) s'appuyer (sur).
stutzig *a* : *~ machen*, déconcerter.
Stütz|pfeiler *m3* pilier *m*. °**~punkt** *m1* point *m* d'appui.
Submittent *m4* soumissionnaire *m*.
Subsidien *npl* subsides *mpl*.
substituieren *vt* substituer.
subtrahieren *vt* soustraire.
Such|dienst *m1* service *m* de recherches. °**~e** *f1* recherche *f*; quête *f*. **~en** *vt* (re)chercher; *nach jm ~*, chercher qn ‖ FAM. *das Weite ~*, prendre le large. °**~er** *m3* PHOT. viseur *m*.
Sucht *f2* manie *f*; passion *f*.
süchtig *a* drogué.
Sud *m0* décoction *f*.
Süd *m1* Sud *m*; vent *m* du sud.
Sudel|ei *f1* gâchis *m*. **~n** *vt/vi* gâcher; gribouiller.
Süd|en *m0* sud, midi *m*; *im ~*, dans le Midi. **~lich** *a* du sud, méridional; austral • *av* : *~ von*, au sud de. °**~ost(en)** *m0* sud-est *m*. °**~pol** *m0* pôle *m* Sud. **~wärts** *av* vers le sud. °**~west(en)** *m0* sud-ouest.
Sühne *f1* expiation *f*. **~n** *vt* expier. °**~verfahren** *n3* procédure *f* de conciliation.
Sülze *f1* fromage *m* de tête.
summ|arisch *a* sommaire. °**~e** *f1* somme *f*.
summen *vi* bourdonner • *vt* fredonner.
Sumpf *m2* marais, marécage *m*; bourbier *m*. **~ig** *a* marécageux, bourbeux.
Sünd|e *f1* péché *m*. °**~n·bock** *m2* bouc *m* émissaire. °**~er** *m3* pécheur *m*. **~ig** *a* coupable. **~igen** *vi* pécher.
Super *m0* super(carburant) *m*. °**~markt** *m2* supermarché *m*.
Suppe *f1* soupe *f*. °**~n·fleisch** *n0* pot-au-feu *m*. °**~n·kelle** *f1* louche *f*. °**~n·schüssel** *f1* soupière *f*.
surren *vi* ronfler; vrombir.
süß *a* doux; sucré ‖ [Stimme] suave. °**~e** *f1* douceur *f*; suavité *f*. **~en** *vt* sucrer. °**~holz** *n0* réglisse *f*. °**~igkeit** *f1* douceur *f*; friandise *f*. **~lich** *a* douceâtre. °**~most** *m0* cidre doux. **~sauer** *a* aigre-doux. °**~speise** *f1* entremets sucré.
Symbol *n1* symbole *m*. **~isch** *a* symbolique.
Symmetrie *f1* symétrie *f*.
synchron *a* synchronisé.
synonym *a* synonyme • *n1* : °*~*, synonyme *m*.
synt|aktisch *a* syntaxique. °**~ax** *f1* syntaxe *f*.
System *n1* système *m*.
Szene *f1* scène *f*. °**~rie** *f1* décors *mpl*.
Szepter *n3* sceptre *m*.

t

Tabak *m1* tabac *m*. °**~laden** *m* (s, ¨) bureau *m* de tabac.

tabell|arisch *av* sous forme de tableau. °**~e** *f1* tableau *m*.

Tablett *n1* plateau *m*. °**~e** *f1* comprimé *m*.

Tachometer *n3* tachymètre *m*.

Tadel *m3* blâme *m*. **~los** *a* irréprochable ; impeccable. **~n** *vt* blâmer. **~ns·wert** *a* blâmable.

Tafel *f1* table *f*; tableau *m* ; écriteau *m* || *~ Schokolade*, tablette *f* de chocolat.

täfeln *vt* lambrisser ; boiser.

Tafel·runde *f1* LITT. Table ronde.

Taf(fe)t *m1* taffetas *m*.

Tag *m1* jour *m*; journée *f*; *eines (schönen) ~es*, un beau jour ; *guten ~!*, bonjour ! || *an den ~ kommen*, (finir par) se savoir || POL. diète *f* || REL. *der Jüngste ~*, le (jour du) Jugement dernier || MIN. *zu ~e fördern*, extraire ; FIG. dévoiler || LOC : *tagaus, tagein*, journellement.

Tage|bau *m0* exploitation *f* à ciel ouvert. °**~blatt** *n2* journal (quotidien). °**~buch** *n2* journal *m* (intime).

tagen *vi* : *es tagt*, c'est le point du jour || siéger.

Tages|anbruch *m0* : *bei ~*, au point du jour. °**~befehl** *m1* MIL. ordre *m* du jour. °**~ordnung** *f1* : *an der ~*, à l'ordre *m* du jour. °**~schau** *f1* actualités télévisées. °**~zeitung** *f1* (journal) quotidien *m*.

...tägig *suff* : *dreitägiger Ausflug*, randonnée *f* de trois jours.

täglich *a* quotidien.

tags·über *av* pendant la journée.

Tag|und·nacht·gleiche *f1* équinoxe *m*. °**~ung** *f1* session *f*.

Taifun *m1* typhon *m*.

takel|n *vt* gréer. °**~werk** *n0*, °**~ung** *f0* gréement *m*.

Takt *m1* mesure *f*; cadence *f*; *im ~*, en mesure. °**~gefühl** *n0* tact *m*. **~los** *a* indiscret. °**~strich** *m1* barre *f* de mesure. **~voll** *a* discret.

Tal *n2* vallée *f*.

Talar *m1* robe *f*; toge *f*.

Talg *m1* suif *m*.

Talk *m1* talc *m*.

Tändel|ei *f1* badinage *m*. **~n** *vi* badiner.

Tang *m1* varech *m*.

Tank *m* (s, s/e) réservoir *m*. **~en** *vi* : *voll ~*, faire le plein. °**~er** *m3* pétrolier *m*. °**~stelle** *f1* poste *m* d'essence. °**~wart** *m1* pompiste *m*.

Tanne *f1*, °**~n·baum** *m2* sapin *m*.

Tante *f1* tante *f*.

Tanz *m2* danse *f*. °**~abend** *m1* soirée dansante. °**~boden** *m3*, °**~fläche** *f1* piste *f* de danse. **~en** *vi/vt* danser.
Tänzer *m3*, °**~in** *f1* danseur *s*.
Tapete *f1* tenture *f*; tapisserie *f*.
tapezier|en *vt* tapisser. °**~er** *m3* tapissier *m*.
tapfer *a* brave; vaillant. °**~keit** *f0* vaillance *f*.
Tara *f* (ren) COMM. tare *f*.
Tarif *m1* tarif, barème *m*. °**~lohn** *m2* salaire contractuel. °**~vertrag** *m2* convention collective.
tarn|en *vt* camoufler. °**~ung** *f1* camouflage *m*.
Tasche *f1* poche *f*; bourse *f*; sac *m*.
Taschen|buch *n2* livre *m* de poche. °**~dieb** *m1* pickpocket *m*. °**~geld** *n0* argent *m* de poche. °**~rechner** *m3* calculatrice *f* de poche. °**~spieler** *m3* prestidigitateur *m*. °**~tuch** *n2* mouchoir *m*.
Tasse *f1* tasse *f*.
Tast|atur *f1* clavier *m*. °**~e** *f1* touche *f*. **~en** *vt* tâter • *vi* : *nach etw ~*, chercher qch à tâtons.
Tat *f1* acte *m*; action *f* • *loc av* : ***in der ~***, en effet. °**~bestand** *m0* état *m* de choses; faits *mpl*.
Täter *m3* auteur *m* (d'un acte) ‖ coupable *m*.
tätig *a* agissant; actif ‖ en activité. **~en** *vt* [Geschäft] conclure. °**~keit** *f1* activité *f*.
Tat|kraft *f0* énergie *f*. **~kräftig** *a* énergique.
tätlich *a* : *(gegen jn) ~ werden*, se livrer à des voies de fait (sur qn). °**~keiten** *fpl* voies *fpl* de fait.
tätowieren *vt* tatouer.
Tat|sache *f1* fait (positif); réalité *f*. **~sächlich** *a* effectif • *av* de/en fait.
tätscheln *vt* cajoler.
Tatze *f1* patte *f*; griffe *f*.
1. Tau *n1* cordage *m*; câble *m*.
2. Tau *m0* rosée *f*.
taub *a* sourd ‖ FIG. *~ (gegen)*, insensible (à) ‖ [starr] gourd; engourdi ‖ [leer] creux.
Taube *f1* pigeon *m*. °**~nschlag** *m2* pigeonnier *m*.
Taub|heit *f0* surdité *f*. **~stumm** *a* sourd-muet.
Tauch|boot *n1* submersible *m*. **~en** *vi* plonger • *vt* plonger; tremper. °**~er** *m3* plongeur *m*. °**~eranzug** *m2* scaphandre *m*. **~fähig** *a* submersible.
tauen *v impers* : *es taut*, la rosée tombe; il dégèle.
Tauf|becken *n3* fonts baptismaux. °**~e** *f1* baptême *m*. **~en** *vt* baptiser. °**~name** *m* (ns, n) nom *m* de baptême.
taug|en *vi* valoir. °**~enichts** *m1* propre *m* à rien. **~lich** *a* apte.
Taumel *m0* étourdissement *m*; vertige *m* ‖ FIG. ivresse *f*. **~n** *vi* tituber, chanceler.

Tausch *m1* échange *m.* **~en** *vi* faire un échange ; permuter • *vt* échanger.
täuschen *vt* tromper, abuser • *vpr* se tromper.
Tausch|geschäft *n1,* °**~handel** *m0* troc *m.*
Täuschung *f1* tromperie *f;* illusion *f.*
tausend *num* mille • *f1 :* °**~,** le (nombre) mille • *n1 :* °**~,** millier *m.* °**~er** *m3* billet *m* de mille. **~fach** *av* mille fois. °**~füßler** *m3* mille-pattes *m.* **~mal** *av* mille fois. **~ste** *num* millième. °**~stel** *n3* millième *m.*
Tau·tropfen *m3* goutte *f* de rosée.
Tau·werk *n0* cordages *mpl.*
Tau·wetter *n0* dégel *m.*
1. Taxe *f1* taxe *f;* tarif *m.*
2. Tax|e *f1,* °**~i** *n* (s, s) taxi *m.*
Taxus *m* if *m.*
Technik *f1* technique *f.* °**~er** *m3* technicien *m.*
Tee *m* (s, s) thé *m* || tisane *f.* °**~kanne** *f1* théière *f.*
Teer *m1* goudron *m.* **~en** *vt* goudronner. °**~pappe** *f1* carton goudronné.
Tee·tasse *f1* tasse *f* à thé.
Teich *m1* étang *m.*
Teig *m1* pâte *f.* °**~waren** *fpl* pâtes *fpl* (alimentaires).
Teil *m1, n1* partie *f;* part *f; zum* **~,** en partie || TECHN. pièce *f.* **~bar** *a* divisible. **~en** *vt* diviser || partager. **~haben** *vi : an etw* **~,** participer à qch. °**~haber** *m3* associé *m* || *stiller* **~,** commanditaire *m.* °**~nahme** *f1* participation *f* || FIG. sympathie *f.* **~nahmslos** *a* indifférent. **~nehmen*** *vi* (*an,* dat.) participer (à). **~nehmend** *a* compatissant. °**~nehmer** *m3* participant *m* || TÉL. abonné *m.* **~s** *av* (en) partie. °**~ung** *f1* division *f.* **~weise** *av* en partie.
Telefon *n1* téléphone *m.* °**~buch** *n2* annuaire *m.* °**~gespräch** *n1* communication *f.* **~ieren** *vi* téléphoner. °**~nummer** *f1* numéro *m* de téléphone.
Telegraf *m4* télégraphe *m.* **~ieren** *vt* télégraphier. **~isch** *a* télégraphique.
Tele|gramm *n1* télégramme *m.* °**~graph** = TELEGRAF. °**~phon** = TELEFON. °**~skop** *n1* télescope *m.*
Teller *m3* assiette *f.*
Tempel *m3* temple *m.* °**~herr** *m* (n, en) Templier *m.*
Tempera *f0* détrempe *f.*
Temperament *n1* tempérament *m.*
Temperatur *f1* température *f.*
Tempo *n0* allure *f;* rythme *m.*
Tend|enz *f1* tendance *f.* °**~enz·stück** *n1* pièce *f* à thèse. **~ieren** *vi* (*zu,* dat.) tendre à.
Tenne *f1* aire *f* de battage.
Tennis|platz *m2* court *m.* °**~schläger** *m3* raquette *f.*
1. Tenor [-'-] *m1* ténor *m.*

2. Tenor ['--] *m0* teneur *f.*
Teppich *m1* tapis *m.*
Termin *m1* date *f* ‖ JUR. assignation *f;* audience *f.*
Terpentin *n0* térébenthine *f.*
Terror *m0* terreur *f.*
Terz *f1* tierce *f.* °**~ett** *n1* trio *m.*
Testament *n1* testament *m.*
testen *vt* tester; vérifier.
teuer *a* cher; *~ bezahlen,* payer cher; *teure Freunde,* des amis chers. °**~ung** *f1* renchérissement *m.*
Teuf|el *m3* diable *m; zum ~!,* au diable! **~lisch** *a* diabolique.
Text *m1* texte *m* ‖ [Lied] paroles *fpl.* °**~buch** *n2* livret *m.* °**~dichter** *m3* parolier *m.*
textil *a* textile. °**~ien** *npl* textiles *mpl.*
Theater *n3* théâtre *m; ins ~ gehen,* aller au théâtre. °**~stück** *n1* pièce *f* de théâtre.
Theke *f1* comptoir *m;* bar *m.*
Thema *n* (s, men) sujet, thème *m.*
Theolog(e) *m4* théologien *m.*
Theoret|iker *m3* théoricien *m.* **~isch** *a* théorique.
Thermometer *n3* thermomètre *m.*
These *f1* thèse *f.*
Thron *m1* trône *m.* **~en** *vi* trôner.
Thun·fisch *m1* thon *m.*
Thymian *m0* thym *m.*
ticken *vi* faire tic tac.
tief *a/av* profond; bas; *zwei Meter ~ sein,* avoir deux mètres de profondeur; *~er Schnee,* neige épaisse; *~ unten,* tout en bas; *~ im Wald,* au fond des bois ‖ MUS. grave • *n1 :* °**~,** basse pression. **~blau** *a* bleu foncé. °**~druck·gebiet** *n1* zone *f* de basse pression.
Tief|e *f1* profondeur *f.* °**~flug** *m2* vol *m* en rase-mottes. °**~gang** *m2* tirant *m* d'eau. °**~garage** *f1* garage souterrain. **~gehend** *a* profond; radical. **~gekühlt** *a* surgelé. °**~kühl·truhe** *f1* congélateur *m.* °**~punkt** *m1* minimum *m.* °**~schlag** *m2* coup bas. **~sinnig** *a* songeur; profond. °**~stand** *m0* étiage *m.*
Tiegel *m3* poêlon *m;* creuset *m.*
Tier *n1* bête *f;* animal *m.* °**~art** *f1* espèce animale. °**~arzt** *m2* vétérinaire *m.* °**~garten** *m* (s, ¨) zoo *m.* **~isch** *a* animal ‖ bestial. °**~schutz·verein** *m1* société protectrice des animaux. °**~züchter** *m3* éleveur *m.*
Tiger *m3* tigre *m.*
tilg|bar *a* rachetable; amortissable. **~en** *vt* effacer; annuler; *eine Schuld ~,* se libérer d'une dette.
Tinktur *f1* teinture *f.*
Tinte *f1* encre *f* ‖ FAM. pétrin *m.* °**~n·faß** *n* (asses, ässer) encrier *m.* °**~n·fisch** *m1* seiche *f.*
Tip *m* (s, s) FAM. tuyau *m.*

tipp|en *vt* taper. °**~fräulein** *n3* dactylo *f*.
Tisch *m1* table *f*; *bei ~ sitzen,* être à table; *vor/nach ~,* avant/après le repas. °**~ler** *m3* menuisier *m*; ébéniste *m*. °**~tennis** *n* Ping-Pong *m*. °**~tuch** *n2* nappe *f*.
Titel *m3* titre *m*. °**~bild** *n2* frontispice *m*.
tob|en *vi* tempêter ‖ faire rage. °**~sucht** *f0* folie furieuse.
Tochter *f* (¨) fille *f*. °**~gesellschaft** *f1* filiale *f*.
Tod *m1* mort *f*.
Todes|angst *f2* affres *fpl* de la mort. °**~anzeige** *f1* avis *m* de décès. °**~kampf** *m0* agonie *f*. °**~opfer** *n3* victime *f*. °**~strafe** *f1* peine *f* de mort.
Tod|feind *m1* ennemi mortel. **~krank** *a* moribond.
tödlich *a/av* mortel(lement).
tod|müde *a* éreinté; mort de fatigue. **~sicher** *a* FAM. absolument sûr. °**~sünde** *f1* péché mortel.
Toiletten·papier *n0* papier *m* hygiénique.
toll *a* fou (furieux); FIG. formidable. **~en** *vi* faire le(s) fou(s). **~kühn** *a* téméraire. °**~wut** *f0* rage *f*.
Tölpel *m3* rustre *m*.
1. Ton *m0* argile *f*.
2. Ton *m2* son *m* ‖ accent *m*; ton *m* ‖ FIG. *den ~ angeben,* donner le ton ‖ coloris *m*. °**~art** *f1* tonalité *f*. °**~aufnahme** *f1* enregistrement *m* sonore; prise *f* de son. °**~band** *n2* bande *f* magnétique. °**~band·gerät** *n1* magnétophone *m*.
tönen *vi* sonner; résonner; retentir • *vt* teinter.
Ton·erde *f1* glaise *f* ‖ CHIM. alumine *f*.
Ton|fall *m0* intonation *f*. °**~film** *m1* film parlant/sonore. °**~leiter** *f1* gamme *f*. **~los** *a* atone.
Tonne *f1* tonneau, baril *m* ‖ tonne *f* (métrique).
Ton·waren *fpl* poterie *f*.
Topas *m1* topaze *f*.
Topf *m2* pot *m*.
Töpfer *m3* potier *m*.
1. Tor *m4* fou *m*.
2. Tor *n1* (grande) porte; portail *m* ‖ [Fußball] but *m*. °**~einfahrt** *f1* porte cochère.
Torf *m0* tourbe *f*.
Torheit *f1* folie *f*.
töricht *a* sot; insensé.
torkeln *vi* tituber; zigzaguer.
Tor|lauf *m0* slalom *m*. °**~linie** *f1* ligne *f* de but.
Tornister *m3* havresac *m*.
torped|ieren *vt* torpiller. °**~o** *m* (s, s) torpille *f*.
Torte *f1* gâteau *m* (à la crème); tarte *f*.
Tor|wart *m1* gardien *m* de but. °**~weg** *m1* porte cochère.
tosen *vi* gronder; mugir.
tot *a* mort ‖ FIG. inanimé; morne; *den ~en Mann machen,* faire la planche; *~er Punkt,* point mort. **~arbeiten** *vpr* se tuer au travail.
töten *vt* tuer ‖ REL. mortifier.

Toten|bett *n* (s, en) lit *m* de mort. **~blaß, ~bleich** *a* livide. °**~glocke** *f1* glas *m*. °**~gräber** *m3* fossoyeur *m*. °**~schein** *m1* certificat *m* de décès. °**~stille** *f0* silence *m* de mort. °**~wache** *f0* veillée *f* funèbre.

tot|geboren *a* mort-né. **~lachen** *vpr* mourir de rire. °**~schlag** *m2* homicide *m* volontaire. **~schweigen*** *vt* passer sous silence ; étouffer.

Tötung *f1* homicide *m*; mise *f* à mort.

Tour *f1* tour *m*; excursion *f* || TECHN. tour *m*; rotation *f*; *auf vollen ~en,* à plein régime.

Trab *m0* trot *m*.

Trabant *m4* satellite *m*.

traben *vi* trotter.

Tracht *f1* faix *m*; charge *f* || costume (régional).

trachten *vi* (*nach,* dat.) aspirer/tendre à.

trächtig *a* ZOOL. pleine.

Trag|bahre *f1* civière *f*; brancard *m*. **~bar** *a* portatif || FIG. supportable. °**~e** *f1* civière *f*.

träg(e) *a* paresseux.

tragen* *vt* porter ; *ein Kleid ~,* porter un habit || *Zinsen ~,* rapporter des intérêts • *vi : die Kuh trägt,* la vache porte.

Träger *m3* porteur *m* || support *m*; montant *m*.

Trag|fähigkeit *f0* limite *f* de charge. °**~fläche** *f1* voilure *f*.

Trägheit *f0* paresse *f* || PHYS. inertie *f*.

Trag|ik *f0* tragique *m*. °**~er** *m3* auteur *m* tragique. °**~ödie** *f1* tragédie *f*.

Trag·weite *f1* portée *f*.

train|ieren *vt/vi* (s')entraîner. °**~ings·anzug** *m2* survêtement *m*.

Trakt|at *n1* traité *m*. **~ieren** *vt* tourmenter || [bewirten] traiter.

Traktor *m* (s, en) tracteur *m*.

Tramp *m* (s, s) chemineau *m*. **~eln** *vi* trépigner.

Trance *f0* transe *f*.

Träne *f1* larme *f*.

tränen *vi* larmoyer. °**~drüse** *f1* glande lacrymale. °**~gas** *n* gaz *m* lacrymogène.

Trank *m2* boisson *f*; breuvage *m*.

Tränke *f1* abreuvoir *m*. **~n** *vt* abreuver || imbiber.

Transit·händler *m3* transitaire *m*.

transkribieren *vt* transcrire.

Transparent *n1* banderole *f*.

transponieren *vt* transposer.

Transport|band *n2* convoyeur *m*; tapis roulant. **~fähig** *a* transportable. **~ieren** *vt* transporter.

Trapez *n1* trapèze *m*.

Tratsch *m1* bavardage *m*; racontar *m*. **~en** *vi* bavarder.

Traube *f1* (grappe *f* de) raisin *m*. °**~n·beere** *f1* grain *m* de raisin. °**~n·saft** *m0* jus *m* de raisin.

trauen *vi : jm ~,* faire confiance • *vt : sich ~ lassen,* se marier • *vpr* oser.

Trauer *f0* affliction *f; ~ tragen um,* porter le deuil de. °**~brief** *m1* faire-part *m* de décès. °**~flor** *m1* crêpe *m* (de deuil). °**~marsch** *m2* marche *f* funèbre. **~n** *vi* se désoler; *um jn ~,* pleurer qn. °**~spiel** *n1* tragédie *f*. °**~weide** *f1* saule pleureur.

Traufe *f1* gouttière *f*.

traulich *a* familier; intime.

Traum *m2* rêve *m*.

Trauma *n* (s, men) traumatisme *m*.

Traum·bild *n2* rêve *m;* vision *f*.

träum|en *vt/vi* rêver; *von etw ~,* rêver de qch ‖ PÉJ. rêvasser. °**~er** *m3* rêveur *m*. °**~erei** *f1* rêverie *f*. **~erisch** *a* rêveur.

Traum·gesicht *n1* apparition *f*.

traurig *a* triste. °**~keit** *f0* tristesse *f*.

traut *a* intime; *in ~em Kreise,* dans l'intimité.

Trauung *f1 : kirchliche ~,* bénédiction nuptiale.

Treber *mpl* marc *m* (de raisin).

trecken *vt* haler.

Treff *n* (s, s) [Karten] trèfle *m*.

treff|en* *vt* toucher; atteindre ‖ rencontrer ‖ FIG. *Maßnahmen ~,* prendre des mesures • *vi : ins Schwarze ~,* faire mouche ‖ *auf jn ~,* tomber sur qn • *vpr imp : es trifft sich gut (daß),* cela tombe bien (que) • *n0 :* °**~,** rencontre *f;* combat *m*. **~end** *a : das ~e Wort,* le mot qui convient. °**~er** *m3* coup *m* au but.

trefflich *a* excellent.

Treff·punkt *m1* (lieu *m* de) rendez-vous *m*.

Treib·eis *n0* glaces flottantes.

treib|en* *vi* dériver • *vt* pousser/chasser devant soi ‖ FIG. *die Preise in die Höhe ~,* faire monter les prix; *jn in die Enge ~,* pousser qn dans ses derniers retranchements; *es zu arg/zu wild/zu toll ~,* y aller (trop) fort ‖ *Sport ~,* faire du sport ‖ TECHN. repousser ‖ actionner; entraîner ‖ [Pflanzen] faire pousser; forcer; *Knospen ~,* bourgeonner • *n0 :* °**~,** activité(s) *f(pl)*. **~end** *a : ~e Kraft,* force motrice. °**~haus** *n2* serre (chaude). °**~holz** *n0* bois flottant. °**~jagd** *f1* battue *f*. °**~sand** *m0* sables mouvants. °**~stoff** *m1* carburant *m*.

Treidel·weg *m1* chemin *m* de halage.

trenn|bar *a* séparable. **~en** *vt* séparer • *vpr* se séparer; se quitter. °**~ung** *f1* séparation *f*.

Treppe *f1* escalier *m*. °**~n·absatz** *m2* palier *m*. °**~n·haus** *n2* cage *f* d'escalier.

Tresor *m1* coffre-fort *m*.

Tresse *f1* galon *m*.

Trester *mpl* marc *m* de raisin.

treten* *vi* poser le pied; *ans Fenster ~,* aller à la fenêtre; *auf der Stelle ~,* marquer le pas ; *in Kraft ~,* entrer en vigueur • *vt* mettre les pieds sur ‖ piétiner ; *etw mit Füßen ~,* fouler qch aux pieds.

treu *a* fidèle ; loyal ‖ JUR. *zu ~en Händen,* à titre fiduciaire. °**~bruch** *m0* félonie *f.* °**~e** *f0* fidélité *f;* loyauté *f.* °**~händer** *m3* administrateur *m* fiduciaire. **~herzig** *a* confiant ; ingénu. **~los** *a* déloyal.

Trias *f0* triade *f.*

Trichter *m3* entonnoir *m.*

Trick *m* (s, e/s) truc *m;* ficelle *f.* °**~film** *m1* dessin animé.

Trieb *m1* instinct *m;* pulsion *f* ‖ BOT. pousse *f;* rejeton *m.* °**~feder** *f1* ressort *m.* **~haft** *a* instinctif. °**~kraft** *f2* force motrice. °**~wagen** *m3* autorail *m.* °**~werk** *n0* rouages *mpl.*

triefen* *vi* tomber goutte à goutte ; goutter.

triftig *a* pertinent ; concluant. °**~keit** *f0* bien-fondé *m.*

Triller *m3* trille *m.* **~n** *vi* faire des trilles.

trimm|en *vt* arrimer ‖ pelleter. °**~er** *m3* soutier *m.*

Trinität *f0* trinité *f.*

trink|bar *a* potable. °**~becher** *m3* gobelet *m;* timbale *f.* **~en*** *vt/vi* boire. °**~er** *m3* buveur *m.* °**~geld** *n2* pourboire *m.* °**~wasser** *n0* eau *f* potable.

trippeln *vi* trottiner.

Tritt *m1* pas *m* ‖ coup *m* de pied ‖ MIL. *~ fassen,* se mettre au pas. °**~brett** *n2* marchepied *m.*

Triumph *m1* triomphe *m.* °**~bogen** *m* (s, ¨) arc *m* de triomphe. **~ieren** *vi* triompher.

trivial *a* banal ; plat.

trocken *a* sec ‖ FIG. aride • *asn* °**~** : *im Trocknen sitzen,* être à l'abri ; *auf dem Trocknen sitzen,* être à sec. °**~dock** *n* (s, s) cale sèche. °**~gemüse** *n0* légumes secs. **~legen** *vt* assécher ; drainer. °**~milch** *f0* lait *m* en poudre. °**~ständer** *m3* séchoir *m.*

trocknen *vt/vi* (faire) sécher.

Tröd|el·markt *m0* marché *m* aux puces. °**~ler** *m3* fripier *m;* brocanteur *m.*

Trog *m2* auge *f;* baquet *m.*

Trommel *f1* tambour *m.* °**~fell** *n1* AN. tympan *m.* °**~feuer** *n3* feu roulant. **~n** *vi* tambouriner.

Trommler *m3* (joueur *m* de) tambour *m.*

Trompete *f1* trompette *f.* °**~n·stoß** *m2* coup *m* de trompette. °**~r** *m3* trompette *m.*

Tropen *fpl* tropiques *mpl.* °**~klima** *n0* climat tropical.

tropfen *vi* s'égoutter ; goutter.

Tropfen *m3* goutte *f.* **~weise** *av* goutte à goutte. °**~zähler** *m3* compte-gouttes *m.*

Trophäe *f1* trophée *m.*

tropisch *a* tropical.

Troß *m* (sses, sse) MIL. train *m.*

Trost *m0* consolation *f;* réconfort *m.*
tröst|en *vt* consoler, réconforter. **~lich** *a* consolant.
trostlos *a* désolant.
Tröstung *f1* consolation *f.*
trotte(l)n *vi* trotter.
trotz *p* (gén. ; dat.) malgré ; *~ allem,* malgré tout.
Trotz *m0* bravade *f; jm zum ~,* en dépit de qn. **~dem** *av* malgré cela ; quand même • *c* bien que. **~en** *vi : jm ~,* braver/défier qn. **~ig** *a* récalcitrant.
trüb(e) *a* trouble ; opaque ‖ maussade ; morose.
Trubel *m0* brouhaha *m.*
trüb|en *vt* troubler ; brouiller ; ternir. °**~sinn** *m0* mélancolie *f.* **~sinnig** *a* sombre.
Trüffel *f1* truffe *f.*
Trug *m0* tromperie *f.* °**~bild** *n2* illusion *f.*
trüg|en* *vt/vi* faire illusion ; tromper. **~erisch** *a* trompeur ; illusoire.
Trug·schluß *m* (usses, üsse) sophisme *m.*
Truhe *f1* bahut *m.*
Trümmer *fpl* ruines *fpl.* °**~haufen** *m3* décombres *mpl.*
Trumpf *m2* atout *m.*
Trunk *m0 : einen ~ tun,* boire un coup. °**~enheit** *f0* ivresse *f.* °**~sucht** *f0* ivrognerie *f.*
Trupp *m* (s, s) détachement *m.* °**~e** *f1* troupe *f.*
Trut|hahn *m2* dindon *m.* °**~henne** *f1* dinde *f.*
Tube *f1* tube *m.*
1. Tuch *n1* drap *m;* étoffe *f* (de laine).
2. Tuch *n2* linge *m;* serviette *f.* °**~fühlung** *f0* contact étroit. °**~händler** *m3* drapier *m.*
tüchtig *a* capable ; de valeur ; *zu etw ~,* apte à qch • *av : ~ essen,* manger comme quatre.
Tück|e *f1* perfidie *f.* **~isch** *a* sournois.
Tüftelei *f1* subtilités *fpl.*
Tugend *f1* vertu *f.* **~haft** *a* vertueux.
Tulpe *f1* tulipe *f.*
tummeln *vpr* s'ébattre ; s'ébrouer.
Tümmler *m3* marsouin *m.*
Tumor *m* (s, en) tumeur *f.*
Tümpel *m3* flaque *f;* mare *f.*
Tumult *m1* tumulte *m;* émeute *f.*
tun* *vt* faire ; *sein Bestes ~,* faire de son mieux ; *ich habe viel zu ~,* j'ai beaucoup à faire ‖ FAM. mettre • *vi : ~, als ob,* faire comme si ; *es ist um ihn getan,* c'en est fait de lui • *vpr : sich schwer ~ mit etw,* avoir de la peine avec qch.
Tünche *f1* badigeon *m.* **~n** *vt* badigeonner.
Tunke *f1* sauce *f.* **~n** *vt* tremper.
tunlich *a* faisable ‖ opportun.
Tüpfel *n3, m3* point *m;* moucheture *f.* °**~chen** *n3* point *m.*
Tür *f1* porte *f;* portière

f. °**~angel** *f1* gond *m.* °**~klinke** *f1* loquet *m;* poignée *f.*

Türk|e *m4* Turc *m.* °**~ei** *f0* Turquie *f.* °**~is** *m1* turquoise *f.* **~isch** *a* turc.

Turm *m2* tour *f* ‖ tourelle *f.*

türmen *vt/vpr* (s')entasser • *vi* POP. faire le mur.

Turm|spitze *f1* aiguille, flèche *f* (de clocher). °**~uhr** *f1* horloge *f.*

turn|en *vi* faire de la gymnastique. °**~er** *m3* gymnaste *m.* °**~gerät** *n0* agrès *mpl.* °**~halle** *f1* gymnase.

Turnier *n1* tournoi *m.* **~en** *vi* jouter.

Turn·verein *m1* société *f* de gymnastique.

Turtel·taube *f1* tourterelle *f.*

Tusch *m1* fanfare *f.*

Tusche *f1* encre *f* de Chine.

tuscheln *vi* chuchoter.

tusch|en *vt* dessiner à l'encre de Chine. °**~zeichnung** *f1* lavis *m.*

Tute *f1* trompe *f;* corne *f.*

Tüte *f1* cornet *m;* sac *m.*

tuten *vi* corner.

Tympanon *n* (s, na) tympan *m.*

Typ *m* (s, en) type *m.* °**~e** *f1* type *m;* caractère *m* (d'imprimerie) ‖ FIG., FAM. numéro *m.*

Typhus *m* fièvre *f* typhoïde.

typ|isch *a* typique. °**~us** *m* (-, pen) = TYP.

Tyrann *m4* tyran *m.* °**~ei** *f1* tyrannie *f.*

U

U-Bahn *f1* [*abr* de ***Untergrund·bahn***] métro *m.*

übel *a* mauvais ; *mir wird ~,* je me sens mal • *n3 :* °**~,** mal *m.* °**~keit** *f1* nausée *f.* **~nehmen*** *vt : jm etw ~,* en vouloir à qn de qch. °**~tat** *f1* méfait *m.*

üben *vt* exercer ; *Klavier ~,* travailler le piano.

über *p* (dat. ; acc.) sur ; au-dessus de ‖ (acc.) en passant par ; en traversant ; *~ die Straße gehen,* traverser la rue ‖ *~ Nacht,* pendant la nuit ; *~ kurz oder lang,* tôt ou tard ‖ (acc.) au sujet de ; *~ etw sprechen,* parler de qch ‖ (dat.) *~ der Arbeit,* à force de travailler • *av : ~ 10 Mark,* plus de 10 marks • *part mixte.*

über·all *av* partout.

Über·angebot *n1* surproduction *f.*

über·anstrengen *vt/vpr* (insép.) [se] surmener.

über·aus *av* très ; extrêmement.

Über·bau *m* (s, ten) superstructure *f.*

über·belasten *vt* (insép.) surcharger.

über·belichten *vt* (insép.) surexposer.
über·bieten* *vt* (insép.) renchérir sur.
über·bleib|en* *vi* (sép.) rester. °**~sel** *n3* reste *m*.
Über·blick *m1* coup *m* d'œil rapide ; aperçu *m*. **~en** *vt* (insép.) embrasser d'un coup d'œil.
über·bringen* *vt* (insép.) remettre.
über·brücken *vt* (insép.) FIG. concilier.
über·dauern *vt* (insép.) survivre à.
über·dies *av* en outre.
Über·druck *m1* sur(com)pression *f*.
Über|druß *m0* : *zum* ~, à satiété. **~drüssig** *a* : *einer Sache* ~ *werden*, se dégoûter de qch.
Über·eifer *n0* zèle excessif.
Über·eil|e *f0* précipitation *f*. **~t** *a* inconsidéré.
über·einander *av* l'un sur l'autre. **~greifen*** *vi* (sép.) se chevaucher. **~setzen, ~stellen** *vt* (sép.) superposer.
über·ein|kommen* *vi* (sép.) [*über*, acc.] convenir (de) • °**~kommen** *n0*, °**~kunft** *f2* convention *f*; accord *m*. **~stimmen** *vi* (sép.) [*mit*, dat.] être d'accord avec.
über·fahr|en* *vt* (insép.) renverser, écraser • *vi* (sép.) traverser ; passer de l'autre côté • *vt* (sép.) conduire de l'autre côté. °**~t** *f1* traversée *f*.
Über·fall *m2* attaque *f* (par surprise). **~en*** *vt* (insép.) envahir ; assaillir.
über·fällig *a* en retard.
über·fliegen* *vt* (insép.) survoler ‖ lire à la hâte.
über·fließen* *vt* (insép.) inonder • *vi* (sép.) déborder.
über·flügeln *vt* (insép.) surpasser.
Über|fluß *m* (usses, üsse) surabondance *f*. **~flüssig** *a* superflu.
über·fluten *vt* (insép.) inonder ; submerger.
über·fordern *vt* (insép.) exiger trop (de qn).
über·führ|en *vt* (insép.) : *jn eines Verbrechens* ~, convaincre qn d'un crime • *vt* (sép.) transférer. °**~ung** *f1* transport *m*; transfert *m* ‖ viaduc *m*.
Über·fülle *f0* profusion *f*. **~n** *vt* (insép.) surcharger.
Über·gabe *f1* remise *f* ‖ MIL. reddition *f*.
Über·gang *m2* passage *m*; transition *f*.
über·geben* *vt* (insép.) remettre • *vpr* (insép.) vomir.
über·gehen* *vi* (sép.) passer ‖ se transmettre ‖ déborder • *vt* (insép.) omettre.
Über·gewicht *n0* excédent *m* de poids ‖ FIG. prépondérance *f*.
über·gießen* *vt* (insép.) arroser.
Über·griff *m1* empiètement *m*.
Über·hand·nahme *f1* envahissement *m*.

Über·hang *m2* saillie *f*; surplomb *m*.
über·häufen *vt* (insép.) accabler; surcharger.
über·haupt *av* de façon générale; ~ *nicht*, pas du tout.
über·heb|en* *vt* (insép.) exempter; dispenser. **~lich** *a* présomptueux.
über·hol|en *vt* (insép.) dépasser ‖ [Auto] doubler ‖ TECHN. réviser. **~t** *a* dépassé; périmé.
über·hören *vt* (insép.) ne pas entendre.
über·irdisch *a* surnaturel.
über·kommen* *vt* (insép.) [Gefühl] envahir.
über·laden *vt* (insép.) surcharger.
über·lassen* *vt* (insép.) laisser; abandonner.
Über·last *f1* surcharge *f*.
Über·lauf *m2* trop-plein *m*. **~en*** *vi* (sép.) déborder; FAM. se sauver ‖ MIL. *zum Feind* ~, déserter.
über·laut *a* trop bruyant.
über·leben *vt* (insép.) : *jn* ~, survivre à qn.
über·leg|en *vt* (insép.) réfléchir • *pp/a* supérieur. °**~enheit** *f1* supériorité *f*. °**~ung** *f1* réflexion *f*.
über·liefer|n *vt* (insép.) livrer. °**~ung** *f1* tradition *f*.
über·listen *vt* (insép.) tromper; jouer.
über|machen *vt* (insép.) léguer. °**~macht** *f0* supériorité *f*. **~mächtig** *a* trop puissant.
Über|maß *n0* excès *m*. **~mäßig** *a* excessif.
Über·mensch *m4* surhomme *m*. **~lich** *a* surhumain.
über|mitteln *vt* (insép.) transmettre.
über·morgen *av* après-demain.
Über|mut *m0* arrogance *f*. **~mütig** *a* insolent.
über·nachten *vi* (insép.) passer la nuit; coucher.
Über·nahme *f1* prise *f* en charge.
über·natürlich *a* surnaturel.
über·nehmen* *vt* (insép.) assumer; prendre en charge.
über·parteilich *a* au-dessus des partis; neutre.
über·prüfen *vt* (insép.) examiner; vérifier.
über·quellen* *vi* (sép.) déborder.
über·ragen *vt* (insép.) dépasser; dominer.
über·rasch|en *vt* (insép.) surprendre. °**~ung** *f1* surprise *f*.
über·reden *vt* (insép.) persuader.
über·reichen *vt* (insép.) tendre; remettre.
über·rumpeln *vt* (insép.) prendre au dépourvu.
Über·schall·flugzeug *n1* avion *m* supersonique.
über·schätzen *vt* (insép.) surestimer.
Über·schau *f0* vue *f* d'ensemble.
Über·schlag *m2* estimation *f*; devis *m* ‖ culbute *f*. **~en*** *vt*

(insép.) passer ; sauter ‖ calculer • *vpr* (insép.) capoter.
über·schneid|en* *vpr* (insép.) se croiser ; se (re)couper. °**~ung** *f1* intersection *f*.
über·schreiben* *vt* (insép.) intituler ‖ COMM. endosser.
über·schreit|en* *vt* (insép.) franchir ; enjamber ‖ enfreindre. °**~ung** *f1* infraction *f*.
Über·schrift *f1* titre *m*.
Über·schuß *m* (usses, üsse) surplus, excédent *m*.
über·schütten *vt* (insép.) [*mit*, dat.] couvrir de.
Über·schwemmung *f1* inondation *f*.
über·schwenglich *a* exubérant ; exalté.
Über·see *f0* pays *mpl* d'outre-mer.
über·sehen* *vt* (insép.) embrasser du regard ‖ ne pas voir.
über·send|en* *vt* (insép.) expédier ; transmettre. °**~er** *m3* expéditeur *m*.
über·setz|en *vt* (insép.) traduire • *vt* (sép.) faire passer (sur l'autre rive). °**~er** *m3* traducteur *m*. °**~ung** *f1* traduction *f*.
Über·sicht *f1* vue *f* d'ensemble. **~lich** *a* clair.
über·sied|eln *vi* (sép.) [*nach*, dat.] aller s'établir à. °**~lung** *f1* changement *m* de domicile.
über·springen* *vt* (insép.) sauter.
über·staatlich *a* supranational.
über·stehen* *vt* (insép.) surmonter.
über·steigen* *vt* (insép.) dépasser ; excéder.
über·strömen *vi* (sép.) déborder • *vt* (insép.) submerger.
Über·stunde *f1* heure *f* supplémentaire.
über·stürzen *vt/vpr* (insép.) [se] précipiter.
über·trag|en* *vt* (insép.) transférer ‖ endosser ‖ RAD. retransmettre • *pp/a* : *~e Bedeutung*, sens figuré. °**~ung** *f1* transfert *m* ‖ RAD. retransmission *f*.
über·treffen* *vt* (insép.) surpasser ; dépasser.
über·treib|en* *vt/vi* (insép.) exagérer. °**~ung** *f1* exagération *f*.
über·tret|en* *vi* (sép.) se convertir ‖ déborder • *vt* (insép.) outrepasser. °**~ung** *f1* infraction *f*.
über·trieben *a* exagéré.
über·voll *a* archicomble.
über·wach|en *vt* (insép.) surveiller ; contrôler. °**~ung** *f1* surveillance *f*.
über·wältigen *vt* (insép.) subjuguer ; maîtriser. **~d** *a* écrasant.
über·weis|en* *vt* (insép.) transmettre ‖ COMM. virer. °**~ung** *f1* virement *m*.
über·wiegen* *vt* (insép.) prédominer ; être prépondérant.
über·winden* *vt* (insép.) surmonter ; vaincre.
über·wintern *vi* (insép.) hiverner.

Über·zahl *f0* surnombre *m*.
über·zeug|en *vt* (insép.) convaincre. **~end** *a* convaincant. °**~ung** *f1* conviction *f*.
über|ziehen* *vt* (sép.) passer (par-dessus) • *vt* (insép.) [re]couvrir ‖ COMM. laisser à découvert. °**~zug** *m2* revêtement *m*; housse *f*.
üblich *a* usuel.
U-Boot *n1* [*abr* de ***Unter-see·boot***] sous-marin *m*.
übrig *a* restant ; de reste ; *für jn etw ~ haben,* avoir un faible pour qn. **~ens** *av* du reste.
Übung *f1* exercice *m*.
Ufer *n3* rive *f*.
Uhr *f1* horloge, pendule *f*; montre *f* ‖ heure *f*; *wieviel ~ ist es?,* quelle heure est-il? °**~macher** *m3* horloger *m*. °**~werk** *n0* rouages *mpl*.
Uhu *m* (s, s) grand-duc *m*.
Ulk *m1* plaisanterie, blague *f*. **~ig** *a* amusant.
Ultra·kurz·welle *f1* [*abr* : ***UKW***] onde ultra-courte ‖ modulation *f* de fréquence.
um *p* (acc.) autour de ; pour ; vers ; *~ zehn Uhr,* à dix heures ; *~ jeden Preis,* à tout prix • *loc p : ~... **willen,*** pour l'amour de ; *~ so besser,* tant mieux • loc c : *~... **zu,*** pour ; afin de ; *~ ihn zu sehen,* pour le voir • *part mixte*.
um·arbeiten *vt* (sép.) remanier.
um·arm|en *vt* (insép.) embrasser ; enlacer. °**~ung** *f1* étreinte *f*.
Um·bau *m* (s, ten) transformation *f* ‖ FIG. réorganisation *f*.
um·binden* *vt* (sép.) nouer autour.
um·blättern *vt/vi* (sép.) tourner (les pages) ; feuilleter.
um·bringen* *vt* (sép.) tuer • *vpr* (sép.) se suicider.
Um·bruch *m2* mise *f* en pages.
um·drehen *vt* (sép.) [re]tourner • *vpr* (sép.) se retourner.
um·einander *av* l'un autour de l'autre.
um·fahren* *vt* (insép.) contourner ‖ MAR. doubler.
um·fallen* *vi* (sép.) tomber à la renverse. ‖ FIG. tourner casaque.
Um·fang *m2* circonférence *f*. **~en*** *vt* (insép.) embrasser. **~reich** *a* volumineux.
um·fassen *vt* (insép.) comprendre. **~d** *a* vaste.
Um·frage *f1* enquête *f*.
Um·gang *m2* ARCH. galerie *f* ‖ FIG. fréquentation *f*; *vertrauter ~,* intimité *f*. °**~s·formen** *fpl* usages *mpl*. °**~s·sprache** *f1* langue *f* de tous les jours.
um·geb|en* *vt* (insép.) entourer ; ceindre. °**~ung** *f1* environs *mpl* ‖ milieu *m*.
um·geh|en* *vt* (insép.) contourner • *vi* (sép.) circuler ‖ *mit jm ~,* fréquenter qn. **~end** *av* par retour du courrier. °**~ungs·straße** *f1* déviation *f*.
um·gekehrt *a* renversé ; inverse • *av* inversement.

um·gestalten *vt* (sép.) refondre.
um·graben* *vt* (sép.) retourner ; bêcher.
um·grenzen *vt* (insép.) délimiter.
um·gürten *vt* (insép.) ceindre.
Um|hang *m2* cape, pèlerine *f*. **~hängen** *vt* (sép.) mettre/jeter sur les épaules.
um·her *av* autour, alentour • *part sép.* **~blicken** *vi* regarder tout autour de soi. **~laufen*** *vi* courir de tous côtés.
um·hin *av : nicht ~ können, zu,* ne pouvoir s'empêcher de.
Um·kehr *f0* retour *m ;* conversion *f*. **~bar** *a* réversible. **~en** *vt* (sép.) retourner ; renverser ‖ ÉL. inverser • *vi* (sép.) revenir sur ses pas.
um·kippen *vi/vt* (sép.) [faire] basculer.
um·klammern *vt* (insép.) embrasser ; se cramponner à.
um·kleide|n *vt* (insép.) revêtir • *vt/vpr* (sép.) changer de vêtements. °**~raum** *m2* vestiaire *m*.
um·kommen *vi* (sép.) périr, succomber.
Um·kreis *m1* cercle *m ;* pourtour *m*. **~en** *vt* (insép.) décrire des cercles autour de.
um·laden* *vt* (sép.) transborder.
Um·lauf *m2* circulation *f ; in ~ bringen,* mettre en circulation.
Um·laut *m1* GRAMM. inflexion *f*.
um·leit|en *vt* (sép.) dévier. °**~ung** *f1* déviation *f*.
um·liegend *a* environnant.
um·pflanzen *vt* (sép.) transplanter.
um·rahmen *vt* (insép.) encadrer.
um·rechnen *vt* (sép.) FIN. convertir.
um·ringen *vt* (insép.) entourer.
Um·riß *m* (sses, sse) contour *m*.
um·rühren *vt* (sép.) agiter, remuer.
um·satteln *vi* (sép.) FAM. changer son fusil d'épaule.
Um·satz *m2* chiffre *m* d'affaires.
um·schalten *vt* (sép.) AUT. changer de vitesse • *vi* (sép.) RAD. changer de longueur d'onde.
um|schauen *vpr* (sép.) chercher du regard. **~schiffen** *vt* (insép.) MAR. doubler.
Um·schlag *m2* enveloppe *f* ‖ MÉD. compresse *f*. **~en*** *vi* (sép.) verser ; capoter ‖ changer brusquement ‖ [Wind] tourner • *vt* (sép.) [Seite] tourner.
um|schließen* *vt* (insép.) entourer ; cerner ‖ FIG. inclure ; comporter. **~schlingen*** *vt* (insép.) enlacer.
um·schnallen *vt* (sép.) boucler.
um·schreib|en* *vt* (sép.) récrire • *vt* (insép.) paraphraser ‖ circonscrire. °**~ung** *f1* circonlocution *f*.
Um·schweife *mpl : ohne ~,* sans détours/ambages.

Um·schwung *m2* révolution *f*; revirement *m*.
um·sehen* *vpr* (sép.) regarder autour de soi.
um·seitig *av* au verso.
Um·sicht *f0* circonspection *f*. **~ig** *a* circonspect.
um·siedeln *vi* (sép.) s'installer ailleurs.
um·sonst *av* gratuitement; pour rien ‖ en vain.
um·spannen *vt* (insép.) embrasser; englober.
um·spülen *vt* (insép.) baigner.
Um|stand *m2* circonstance *f*; *unter keinen Umständen,* en aucun cas; *unter Umständen,* le cas échéant; *ohne Umstände,* sans façons. **~ständlich** *a* circonstancié; détaillé; compliqué.
Um·steige|karte *f1* ticket *m* de correspondance. **~n*** *vi* (sép.) changer de train.
um·stellen *vt* (sép.) transposer ‖ reconvertir.
um·stimmen *vt* (sép.) faire changer d'avis.
um·stoßen* *vt* (sép.) renverser.
um·stritten *a* disputé.
Um|sturz *m2* révolution *f*; bouleversement *m*. **~stürzen** *vt* (sép.) renverser • *vi* (sép.) s'écrouler.
Um·tausch *m1* échange *m*. **~en** *vt* (sép.) échanger.
um·wandeln *vt/vpr* (sép.) [se] transformer ‖ JUR. commuer.
um·wechseln *vt* (sép.) FIN. changer.
Um·weg *m1* détour *m*.
Um·welt *f1* environnement *m*. **°~verschmutzung** *f0* pollution *f*.
um·werben* *vt* (insép.) courtiser.
um·werfen* *vt* (sép.) jeter sur ses épaules ‖ FAM. renverser.
um·werten *vt* (sép.) réévaluer.
um·wickeln *vt* (insép.) envelopper.
um·wühlen *vt* (sép.) fouiller; retourner.
um·zäunen *vt* (insép.) clôturer.
um|ziehen* *vt/vpr* (sép.) [Kleidung] (se) changer • *vi* (sép.) déménager. **°~zug** *m2* déménagement *m* ‖ cortège *m*.
un·ab|änderlich *a* immuable. **~dingbar** *a* inéluctable.
un·abhängig *a* indépendant. **°~keit** *f0* indépendance *f*.
un·ab|kömmlich *a* indisponible; indispensable. **~lässig** *a* incessant. **~sehbar** *a* imprévisible • *av* à perte de vue. **~sichtlich** *a* involontaire. **~wendbar** *a* inéluctable.
un·an|fechtbar *a* incontestable. **~gebracht** *a* déplacé. **~genehm** *a* désagréable.
un·annehm|bar *a* inacceptable. **°~lichkeit** *f1* désagrément *m*.
un·an|sehnlich *a* insignifiant. **~ständig** *a* indécent.
un·appetitlich *a* peu appétissant.
Un·art *f1* mauvaise habitude. **~ig** *a* mal élevé.

un·auf|dringlich, ~fällig *a* modeste. **~haltsam** *a* irrésistible. **~hörlich** *a* continuel • *av* sans relâche. **~lösbar, ~löslich** *a* in(dis)soluble.

un·aus|führbar *a* irréalisable. **~geglichen** *a* peu harmonieux. **~stehlich** *a* insupportable.

un·bändig *a* indomptable ‖ effréné ; incoercible.

un·barmherzig *a* impitoyable.

un·be|dacht(sam) *a* irréfléchi, étourdi. **~denklich** *a* sans inconvénient • *av* sans hésiter. **~deutend** *a* insignifiant. **~dingt** *a* inconditionnel • *av* absolument.

un·be|fangen *a* non prévenu ‖ ingénu. **~friedigend** *a* insatisfaisant. **~fugt** *a* non autorisé. **~greiflich** *a* inconcevable.

Un·behag|en *n0* malaise *m*. **~lich** *a* inconfortable.

un·be|kannt *a* inconnu. **~lehrbar** *a* incorrigible. **~liebt** *a* impopulaire. **~mannt** *a* sans pilote. **~merkt** *a* inaperçu. **~nutzt** *a* inutilisé. **~quem** *a* incommode. **~rechenbar** *a* impondérable. **~rechtigt** *a* injustifié. **~rufen** *a* non qualifié • *av* de son propre chef. **~schränkt** *a* illimité ; absolu. **~schreiblich** *a* indescriptible. **~schwert** *av* sans souci. **~siegbar** *a* invincible. **~sonnen** *a* étourdi. **~sorgt** *a* tranquille. **~ständig** *a* instable. **~stechlich** *a* incorruptible. **~stimmt** *a* indéfini. **~streitbar** *a* incontestable. **~stritten** *a* incontesté. **~tont** *a* atone.

un·beug|bar *a* indéclinable. **~sam** *a* inflexible.

un·be|wacht *a* non gardé. **~waffnet** *a* sans armes.

un·beweglich *a* immobile. **°~keit** *f0* immobilité *f*.

un·be|wohnt *a* inoccupé. **~wußt** *a* inconscient • *asn : das °~e*, l'inconscient *m*.

un·botmäßig *a* indiscipliné.

un·brauchbar *a* inutilisable.

und *c coord* et ; *~ so weiter*, et cetera.

Un·dank *m0* ingratitude *f*. **~bar** *a* ingrat.

un·deutlich *a* indistinct.

un·dicht *a* perméable.

Un·ding *n1* absurdité *f*.

un·duldsam *a* intolérant.

un·durch|dringlich *a* impénétrable. **~lässig** *a* imperméable. **~sichtig** *a* opaque.

un·echt *a* inauthentique ; faux.

un·ehelich *a* illégitime.

un·eigennützig *a* désintéressé.

un·einig *a* désuni ; divisé. **°~keit** *f0* désunion *f*.

un·einnehmbar *a* imprenable.

un·empfindlich *a* (*gegen*, acc.) insensible à.

un·endlich *a* infini.

un·ent|behrlich *a* indispensable. **~geltlich** *a* gratuit • *av* gratis. **~schieden** *a* indécis. **~wegt** *a* ferme. **~wirrbar** *a* inextricable.

un·er|bittlich *a* inexorable. **~fahren** *a* inexpérimenté. **~füllbar** *a* irréalisable. **~giebig** *a* improductif. **~heblich** *a* insignifiant. **~hört** *a* inouï. **~kannt** *av* incognito. **~klärlich** *a* inexplicable. **~meßlich** *a* incommensurable. **~müdlich** *a* inlassable. **~reichbar** *a* hors d'atteinte. **~schöpflich** *a* inépuisable. **~schrocken** *a* intrépide. **~schütterlich** *a* inébranlable. **~schwinglich** *a* [Preis] exorbitant. **~träglich** *a* insupportable. **~wartet** *a* inattendu. **~wünscht** *a* indésirable. **~zogen** *a* mal élevé.

un·fähig *a* incapable, inapte. °**~keit** *f0* incapacité *f*.

Un·fall *m2* accident *m*. °**~station** *f1* poste *m* de secours. °**~versicherung** *f1* assurance *f* contre les accidents.

un·faß|bar, ~lich *a* incompréhensible.

un·fehlbar *a* infaillible • *av* immanquablement.

un·fertig *a* inachevé.

un·folgsam *a* désobéissant.

un·förmig *a* informe.

un·freiwillig *a* involontaire • *av* malgré soi.

un·freundlich *a* inamical ‖ [Wetter] maussade.

un·fruchtbar *a* stérile. °**~keit** *f0* stérilité *f*.

Un·fug *m0* désordre *m*; FAM. sottises *fpl*.

Ungar *m4* Hongrois *m*. °**~n** *n0* Hongrie *f*.

un·gastlich *a* inhospitalier.

un·ge|beten *a* indésirable • *av* sans être invité. **~bildet** *a* inculte.

Un·gebühr *f0* inconvenance *f*. **~lich** *a* incongru.

un·gedruckt *a* inédit.

Un·geduld *f0* impatience *f*. **~ig** *a* impatient.

un·geeignet *a* impropre; incapable.

un·gefähr *a* approximatif • *av* à peu près.

un·gefährlich *a* inoffensif.

un·ge|fragt *a* sans avoir été interrogé. **~halten** *a* (*über*, acc.) très mécontent (de). **~hemmt** *av* sans entraves.

un·geheuer *a* énorme • *n3* : °**~**, monstre *m*.

un·ge|hindert *av* librement. **~hobelt** *a* fruste.

un·gehörig *a* déplacé. °**~keit** *f0* inconvenance *f*.

un·gehorsam *a* désobéissant • *m0* : °**~**, désobéissance *f*.

Un·geist *m1* esprit malfaisant.

un·ge|klärt *a* obscur. **~kürzt** *a* non abrégé. **~legen** *a* intempestif. **~lernt** *a* non qualifié. **~mein** *a* extraordinaire; énorme. **~mütlich** *a* peu engageant ‖ peu sympathique. **~nannt** *a* anonyme. **~nau** *a* inexact.

un·geniert *a* désinvolte. °**~heit** *f0* sans-gêne *m inv.*
un·genießbar *a* immangeable || insupportable.
un·genügend *a* insuffisant || Ens. médiocre.
un·gepflegt *a* négligé.
un·gerade *a* impair.
un·gerecht *a* injuste. **~fertigt** *a* injustifié.
un·gern *av* à contrecœur.
Un·geschick *n0*, °**~lichkeit**, °**~theit** *f1* maladresse *f.* **~t** *a* maladroit.
un·ge|schlacht *a* mal dégrossi. **~schminkt** *a* sans fard. **~stalt** *a* difforme. **~stört** *a/av* sans être dérangé. **~straft** *a* impuni • *av* impunément.
un·gestüm *a* fougueux • *n0 :* °**~,** impétuosité *f.*
un·ge|sund *a* malsain. **~teilt** *a* indivis. **~trübt** *a* pur ; serein.
un·gewiß *a* incertain. °**~heit** *f0* incertitude *f.*
Un·gewitter *n3* tempête *f;* orage *m.*
un·gewöhnlich *a* inhabituel ; insolite.
un·ge|wohnt *a* inaccoutumé. **~wollt** *a* involontaire.
Un·geziefer *n0* vermine *f.*
un·ge|zogen *a* mal élevé ; malappris. **~zwungen** *a* sans contrainte.
Un|glaube *m* (ns) incroyance *f.* **~gläubig** *a* incrédule ; incroyant. **~glaublich** *a* incroyable.
un·gleich *a* inégal. °**~heit** *f1* inégalité *f.*
Un·glück *n0* malheur *m* || sinistre *m.* **~lich** *a* malheureux. °**~s·fall** *m2* accident *m.*
un|gültig *a* non valable ; nul || [Ausweis] périmé. **~günstig** *a* défavorable ; désavantageux. **~haltbar** *a* insoutenable. **~handlich** *a* encombrant.
Un·heil *n0* malheur *m;* calamité *f.* **~bar** *a* incurable.
un|heimlich *a* étrange. **~höflich** *a* impoli.
Uniform *f1* uniforme *m.*
un·interess|ant *a* sans intérêt. **~iert** *a* indifférent.
un·kennt|lich *a* méconnaissable. °**~nis** *f0* ignorance *f.*
un·klar *a* peu clair ; confus. °**~heit** *f1* confusion *f.*
un·klug *a* déraisonnable.
Un·kosten *pl* frais *mpl.*
Un·kraut *n2* mauvaise herbe.
un·längst *av* naguère.
un|lauter *a* impur || déloyal. **~leserlich** *a* illisible. **~leugbar** *a* indéniable. **un·lieb** *a* désagréable.
un·lös|bar *a* insoluble. **~lich** *a* indissoluble.
Un|lust *f0* répugnance *f.* °**~maß** *n0* démesure *f;* excès *m.* **~mäßig** *a* immodéré. °**~menge** *f1* quantité *f* énorme.
un·merklich *a* insensible ; imperceptible.
un·mittelbar *a* immédiat ; direct • *av* directement.
un·möglich *a* impossible.

un·mündig *a* mineur. °**~keit** *f0* minorité *f*.
un·nachgiebig *a* intransigeant.
un|nötig, ~nütz *a* inutile.
un·ord|entlich *a* désordonné, brouillon. °**~nung** *f1* désordre *m*.
un·partei|isch, ~lich *a* impartial.
un·passend *a* déplacé.
un·päßlich *a* indisposé. °**~keit** *f1* indisposition *f*.
un·persönlich *a* impersonnel.
Un·rast *f0* agitation *f*.
Un·rat *m0* ordures *fpl*.
un·recht *av* : ~ *haben,* avoir tort ; ~ *tun,* mal agir • *n0* : °~, injustice *f*. **~mäßig** *a* illégitime.
un·redlich *a* malhonnête.
un·regelmäßig *a* irrégulier.
un·reif *a* pas mûr.
un·rein *a* impur. **~lich** *a* malpropre.
un·richtig *a* inexact ; incorrect.
Un·ruh|e *f1* inquiétude *f* ‖ *Pl* désordres *mpl*.°**~e·stifter** *m3* agitateur *m*. **~ig** *a* inquiet ; agité.
uns *pr pers* dat./acc. de **wir** à nous ; nous.
un|sagbar, ~säglich *a* indicible. **~sauber** *a* malpropre.
un·schädlich *a* anodin ; inoffensif.
un·scharf *a* flou.
un·schätzbar *a* inestimable.
un·scheinbar *a* effacé.
un·schicklich *a* inconvenant.
un·schlüssig *a* irrésolu. °**~keit** *f0* irrésolution *f*.
Un·schuld *f0* innocence *f*. **~ig** *a* innocent.
un·selbständig *a* dépendant.
un·selig *a* funeste ; malheureux.
1. unser *pr pers 2e pers* gén. pl. de **wir**.
2. unser *a poss* → GRAMM. ; notre • *pr poss* : °**~(e)r,** le/la nôtre.
un·sicher *a* incertain. °**~heit** *f0* incertitude *f* ; insécurité *f*.
un·sichtbar *a* invisible.
Un·sinn *m0* absurdité(s) *f(pl)*. **~ig** *a* insensé.
Un·sitt|e *f1* mauvaise habitude. **~lich** *a* immoral.
un·sterblich *a* immortel. °**~keit** *f0* immortalité *f*.
un·stet *a* inconstant, versatile ‖ errant.
un·stillbar *a* inextinguible.
un·streitig *a* incontestable.
Un·summe *f1* somme *f* énorme.
un|sympathisch *a* antipathique. **~tadelhaft, ~tadelig** *a* irréprochable.
Un|tat *f1* forfait *m*. **~tätig** *a* inactif.
un·tauglich *a* inapte.
un·teilbar *a* indivisible.
unten *av* (au-)dessous ; en bas.
unter *p* (acc. ; dat.) sous ; au-dessous de ‖ entre ; parmi ; ~ *uns gesagt,* entre nous soit dit ‖ ~ *anderem,* entre autres ‖ ~ *der Hitze leiden,* souffrir

de la chaleur • *a* de dessous; inférieur • *part mixte.*

Unter·arm *m1* avant-bras *m.*

unter·bewußt *a* subconscient. °**~sein** *n0* subconscient *m.*

unter·bieten* *vt* (insép.) vendre moins cher (que).

unter·binden* *vt* (insép.) ligaturer ‖ FIG. juguler.

unter·brech|en* *vt* (insép.) interrompre. °**~ung** *f1* interruption *f.*

unter·breiten *vt* (insép.) soumettre; présenter.

unter·bringen* *vt* (sép.) mettre à l'abri ‖ loger.

unter·drücken *vt* (insép.) opprimer ‖ réprimer.

unter·einander *av* entre soi; mutuellement.

unter·entwickelt *a* sous-développé.

Unter·führung *f1* passage souterrain; tunnel (routier).

Unter·gang *m0* [Gestirn] coucher *m* ‖ FIG. déclin *m.*

Unter·gebene(r) *asm* subordonné *m.*

unter·gehen* *vi* (sép.) [Gestirn] se coucher ‖ [Schiff] couler (à pic) ‖ FIG. décliner; disparaître.

unter·geordnet *a* subalterne.

Unter·geschoß *n* (osses, össe) rez-de-chaussée *m.*

unter·graben* *vt* (insép.) saper • *vt* (sép.) enfouir.

Unter·grund *m2* sous-sol *m.* °**~bahn** *f1* [*abr fam* : ***U-Bahn***] métro(politain) *m.* °**~bewegung** *f1* mouvement clandestin.

unter·halb *p* (gén.) au-dessous de.

Unter·halt *m0* entretien *m*; subsistance *f.* **~en*** *vt* (insép.) entretenir ‖ divertir; distraire • *vpr* (insép.) s'entretenir, converser. °**~ung** *f1* entretien *m* ‖ divertissement *m.* °**~ungs·musik** *f0* musique légère.

Unter·handlungen *fpl* pourparlers *mpl.*

Unter·hemd *n* (s, en) tricot *m* de corps.

unter·höhlen *vt* (insép.) saper.

unter·irdisch *a* souterrain.

Unter·kiefer *m3* mâchoire inférieure.

unter|kommen* *vi* (sép.) trouver un abri/un logis. °**~kommen** *n0*, °**~kunft** *f2* abri *m*; logis *m.*

Unter·lage *f1* base *f*; support *m* ‖ FIG. document *m.*

Unter|laß *m* : *ohne* ~, sans relâche. **~lassen*** *vt* (insép.) omettre. °**~lassung** *f1* omission *f.*

unter·legen *vt* (sép.) mettre (dessous) ‖ FIG. prêter • *pp/a* (dat.), inférieur (à). °**~heit** *f0* infériorité *f.*

Unter·leib *m0* bas-ventre *m.*

unter·liegen* *vi* (insép.) [dat.] succomber; avoir le dessous ‖ FIG. être soumis à.

unter·mauern *vt* (insép.) FIG. étayer; consolider.

Unter·miete *f1* sous-location *f.*

unter·nehm|en* *vt* (insép.) entreprendre • *n3* : °**~**, entreprise *f.* **~end** *a* entreprenant. °**~er** *m3* chef *m* d'entreprise. °**~ung** *f1* entreprise *f.*

Unter·offizier *m1* sous-officier *m;* sergent *m.*

unter·ordnen *vt* (sép.) subordonner.

Unter·redung *f1* entretien *m.*

Unter·richt *m0* enseignement *m.* **~en** *vt/vpr* (insép.) [s'] instruire.

Unter·rock *m2* jupon *m.*

unter|sagen *vt* (insép.) interdire. **~schätzen** *vt* (insép.) sous-estimer.

unter·scheid|en* *vt* (insép.) distinguer ; discerner. °**~ung** *f1* distinction *f.*

Unter·schicht *f1* couche inférieure.

Unter·schied *m1* différence *f;* distinction *f.* **~en, ~lich** *a* divers ; différent.

unter·schlagen* *vt* (insép.) détourner.

Unter·schlupf *m2* refuge, abri *m.*

unter|schreiben* *vt* (insép.) signer. °**~schrift** *f1* signature *f.*

Unter·see·boot *n1* = U-BOOT.

unter·setzt *a* trapu, râblé.

Unter|stand *m2* abri *m.* **~stehen*** *vi* (insép.) être sous les ordres de • *vpr* (insép.) avoir l'audace (de).

unter·stellen *vt* (insép.) subordonner (à) ‖ FIG. attribuer à tort.

unter·streichen* *vt* (insép.) souligner.

Unter·stufe *f1* degré inférieur.

unter·stütz|en *vt* (insép.) soutenir ; appuyer ‖ étayer. °**~ung** *f1* soutien *m;* aide *f.*

unter·such|en *vt* (insép.) examiner ; explorer ‖ JUR. instruire. °**~ung** *f1* examen *m; ärztliche* **~**, visite médicale. °**~ungs·haft** *f1* détention préventive. °**~ungs·richter** *m3* juge *m* d'instruction.

Unter·tan *m4* sujet *m.*

Unter·tasse *f1* soucoupe *f.*

unter·tauchen *vi* (sép.) plonger ‖ FIG. disparaître.

Unter·teil *m1, n1* bas *m;* dessous *m.*

unter·wandern *vt* (insép.) noyauter.

unter·wärts *av* vers le bas.

Unter·wäsche *f0* sous-vêtements *mpl.*

unter·wegs *av* en chemin.

Unter·weisung *f1* instruction *f.*

unter·werfen* *vt* (insép.) soumettre.

unter·wühlen *vt* (insép.) saper, miner.

unter·würfig *a* servile, obséquieux.

unter·zeichn|en *vt* (insép.) signer ; souscrire. °**~ung** *f1* signature *f.*

unter·ziehen *vt/vpr* (insép.) [se] soumettre à.
un·tief *a* peu profond. °**~e** *f1* MAR. haut-fond *m* ‖ bas-fond *m*.
Un·tier *n1* monstre *m*.
un·tilgbar *a* indélébile.
un·trennbar *a* inséparable.
un·treu *a* infidèle; déloyal. °**~e** *f1* déloyauté *f*.
un·tröstlich *a* inconsolable.
un·trüglich *a* infaillible.
un·über|brückbar *a* insurmontable. **~dacht, ~legt** *a* irréfléchi. **~sehbar** *a* immense. **~setzbar** *a* intraduisible. **~sichtlich** *a* confus. **~troffen** *a* inégalé. **~windlich** *a* insurmontable.
un·umgänglich *a* inéluctable.
un·unterbrochen *a* ininterrompu • *av* sans cesse.
un·ver|änderlich *a* invariable. **~ändert** *a* inchangé. **~antwortlich** *a* irresponsable. **~besserlich** *a* incorrigible. **~bindlich** *a* qui n'engage à rien. **~dächtig** *a* non suspect. **~daulich** *a* indigeste.
un·verdient *a* immérité.
un·verdrossen *av* sans se rebuter.
un·vereinbar *a* incompatible.
un·verfänglich *a* anodin.
un·vergänglich *a* impérissable.
un·ver|geßlich *a* inoubliable. **~gleichlich** *a* incomparable. **~heiratet** *a* non marié. **~kennbar** *a* indéniable.
un·verletz|lich *a* inviolable. **~t** *a* indemne.
un·ver|meidlich *a* inévitable. **~mittelt** *a* soudain.
un·ver|mutet *a* inopiné. °**~nunft** *f0* déraison *f*. **~öffentlicht** *a* inédit.
un·verrichteter·dinge *av* bredouille.
un·verschämt *a* impudent, éhonté. °**~heit** *f0* impudence *f*.
un·ver|schuldet *a* immérité. **~sehens** *av* à l'improviste.
un·versehrt *a* sain et sauf.
un·versöhnlich *a* irréconciliable.
un·verständ|ig *a* sot. **~lich** *a* incompréhensible.
un·verträglich *a* intraitable. °**~keit** *f0* insociabilité *f*.
un·ver|wundbar *a* invulnérable. **~wüstlich** *a* inaltérable. **~zeihlich** *a* impardonnable. **~züglich** *av* sans retard.
un·vollendet *a* inachevé.
un·vollkommen *a* imparfait.
un·vollständig *a* incomplet.
un·vor|bereitet *a* improvisé. **~her·gesehen** *a* imprévu. **~sichtig** *a* imprévoyant. **~stellbar** *a* inimaginable.
un·wahr *a* mensonger. °**~heit** *f1* contrevérité *f*. **~scheinlich** *a* invraisemblable.
un·weit *av* à proximité.
Un·wesen *n0* abus *m*. **~tlich** *a* accessoire.
Un·wetter *n3* gros temps.
un·wichtig *a* insignifiant.

un·wider|legbar *a* irréfutable. **~stehlich** *a* irrésistible.
Un·will|e(n) *m* (ns) dépit *m*. **~ig** *a* récalcitrant • *av* à contrecœur. **~kürlich** *a* involontaire.
un·wirk|lich *a* irréel. **~sam** *a* inefficace.
un·wirt|lich *a* inhospitalier. **~schaftlich** *a* non rentable.
un·wissen|d *a* ignorant. °**~heit** *f0* ignorance *f*.
un·wohl *a* souffrant.
un·würdig *a* indigne.
Un|zahl *f0* nombre *m* énorme. **~zählbar, ~zählig** *a* innombrable.
un·zeitgemäß *a* intempestif.
un·zer|brechlich *a* incassable. **~störbar** *a* indestructible.
un·zu|frieden *a* (*mit,* dat.) mécontent (de). **~gänglich** *a* inaccessible. **~länglich** *a* insuffisant. **~rechnungsfähig** *a* irresponsable. **~treffend** *a* inexact. **~verlässig** *a* peu sûr.
un·zweideutig *a* sans équivoque.
un·zweifelhaft *a* indubitable.
üppig *a* luxuriant ‖ FIG. somptueux. °**~keit** *f0* opulence *f*.
Ur·abstimmung *f1* référendum *m*.
ur·alt *a* antique ; très vieux.
Uran *n0* uranium *m*.
Ur·aufführung *f1* première *f* (représentation).
urbar *a* labourable ; **~** *machen,* défricher.
Ur|bild *n2* archétype *m*. °**~enkel** *m3* arrière-petit-fils *m*. °**~großeltern** *mpl* arrière-grands-parents *mpl*.
Ur·heber *m3* auteur *m*.
Urkunde *f1* document *m*.
Urlaub *m1* congé *m* ‖ MIL. permission *f*. °**~er** *m3* permissionnaire *m* ‖ FAM. vacancier *m*.
Ur·mensch *m4* homme primitif ; premier homme.
Urne *f1* urne *f*. °**~n·friedhof** *m2* columbarium *m*.
Ur·sache *f1* cause *f*.
Ur·sprache *f1* langue *f* de l'original.
Ur·sprung *m2* origine *f*. **~sprünglich** *a* originel ‖ original. °**~sprünglichkeit** *f0* originalité *f*.
Ur·stoff *m1* matière *f* ‖ CHIM. élément *m*.
Urteil *n1* jugement *m ;* verdict *m*. **~en** *vi* (*über,* acc.) juger (de qch). °**~s·kraft** *f0* jugement *m*.
Ur|text *m1* texte original. **~tümlich** *a* primitif.
Ur|wahl *f1* élection *f* au premier degré. °**~wald** *m* (s, ¨er) forêt *f* vierge. **~wüchsig** *a* naïf ; naturel.
Usus *m0* usage *m*.
Utensilien *pl* ustensiles *mpl*.

V

vage *a* vague.
Valuta *f* (ten) valeur *f; devise* *f.*
variieren *vt/vi* varier.
Vase *f1* vase *m.*
Vater *m* (s, ¨) père *m.* °**~land** *n2* patrie *f.* °**~lands·liebe** *f0* patriotisme *m.*
väterlich *a* paternel.
vater|los *a* orphelin de père. °**~schaft** *f0* paternité *f.* °**~unser** *n0* Notre-Père *m.*
Vati *m* (s, s) papa *m.*
Vegetarier *m3* végétarien *m.*
Vehikel *n3* FAM. bagnole *f.*
Veilchen *n3* violette *f.* **~blau** *a* violet.
Vene *f1* veine *f.*
Venedig *n0* Venise *f.*
Venen·entzündung *f1* phlébite *f.*
Ventil *n1* soupape *f.*
ver·abred|en *vt* convenir • *vpr : sich mit jm ~,* prendre rendez-vous avec qn. °**~ung** *f1* accord *m;* rendez-vous *m.*
ver·ab|reichen *vt* donner. **~scheuen** *vt* exécrer. **~schieden** *vt* licencier ‖ [Gesetz] voter • *vpr* prendre congé.
ver|achten *vt* mépriser. °**~achtung** *f0* mépris *m.*
ver·allgemeinern *vt* généraliser.
ver·änder|lich *a* variable. **~n** *vt* changer, modifier. °**~ung** *f1* changement *m.*
ver·ankern *vt* ancrer; amarrer.
ver·anlass|en *vt* provoquer.
ver·anschlag|en *vt* évaluer. °**~ung** *f1* devis *m.*
ver·anstalten *vt* organiser.
ver·antwort|lich· *a* responsable. °**~ung** *f1* responsabilité *f.*
ver·arbeiten *vt* traiter; travailler.
ver·argen *vt : jm etw ~,* en vouloir à qn de qch.
ver·arm|en *vi* s'appauvrir. °**~ung** *f0* appauvrissement *m.*
ver·ballhornen *vt* abîmer.
Ver·band *m2* association *f* ‖ MÉD. pansement *m.* °**~zeug** *n1* trousse *f* de secours.
ver·bann|en *vt* bannir. °**~ung** *f0* bannissement *m.*
ver·bauen *vt : die Aussicht ~,* boucher la vue.
ver·beißen* *vt* réprimer, contenir; *sich in etw verbissen haben,* ne pas (vouloir) démordre de qch.
ver·bergen* *vt* cacher.
ver·besser|n *vt* corriger. °**~ung** *f1* amélioration *f;* correction *f.*
ver·beugen *vpr* s'incliner.
ver·beulen *vt* bosseler; cabosser.
ver·biegen* *vt* tordre.
ver·bieten* *vt* interdire; *Rauchen verboten,* défense de fumer.

ver·bild|en *vt* déformer. **~lichen** *vt* figurer.
ver·bind|en* *vt* joindre, relier ; combiner ‖ FIG. obliger. **~lich** *a* qui engage. °**~ung** *f1* liaison *f*.
Verbissenheit *f0* acharnement *m*.
ver·bitten* *vt : sich etw ~,* ne pas tolérer qch.
ver·bitter|n *vt* aigrir. °**~ung** *f1* amertume *f*.
ver·blassen *vi* [Stoff] passer.
Ver·bleib *m0* cachette *f*. **~en*** *vi* rester.
ver·blenden *vt* aveugler.
ver·blüffen *vt* FAM. épater.
ver·blühen *vi* (se) faner.
ver·blümt *a* voilé.
ver·blut|en *vi* perdre son sang. °**~ung** *f1* hémorragie *f*.
ver·bolzen *vt* boulonner.
1. ver·borgen *vt* prêter.
2. ver·borgen *a* caché. °**~heit** *f0* clandestinité *f*.
Ver·bot *n1* interdiction *f*.
Ver·brauch *m0* consommation *f*. **~en** *vt* consommer ; employer. °**~er** *m3* consommateur *m*.
Ver·brech|en *n3* crime *m*. °**~er** *m3* criminel *m*. **~erisch** *a* criminel.
ver·breit|en *vt* répandre. **~ern** *vt* élargir. °**~ung** *f1* diffusion *f ;* propagation *f*.
ver·brenn|bar *a* combustible. °**~en*** *vt* brûler. °**~ung** *f1* combustion *f ;* brûlure *f*.
ver·bringen* *vt : seine Zeit ~,* passer son temps.
ver·buchen *vt* comptabiliser.
ver·bünd|en *vpr* s'allier. °**~ete(r)** *asm* allié *m*.
ver·bürgen *vpr* se porter garant de.
ver·chromen *vt* chromer.
Ver|dacht *m1* soupçon *m*. **~dächtig** *a* (gén.) suspect (de). **~dächtigen** *vt* soupçonner de.
ver·damm|en *vt* damner ; maudire. °**~nis** *f0* damnation *f*. °**~ung** *f1* (con)damnation *f*.
ver·dampf|en *vi* s'évaporer. °**~ung** *f0* évaporation *f*.
ver·danken *vt : jm etw ~,* devoir qch à qn.
ver·dau|en *vt* digérer. **~lich** *a* digeste. °**~ung** *f1* digestion *f*.
Ver·deck *n1* MAR. pont supérieur ‖ AUT. capote *f*.
ver·denken* *vt : jm etw ~,* en vouloir à qn de qch.
Ver·derb *m0* perte *f ;* ruine *f*. **~en*** *vi* se gâter • *vt* gâter ‖ LOC : *es mit jm ~,* se fâcher avec qn • *n0 :* °**~,** corruption *f*. **~lich** *a* périssable. °**~nis** *f* (se) corruption *f*. **~t** *a* corrompu. °**~theit** *f0* dépravation *f*.
ver·deutlichen *vt* préciser.
ver·dichten *vt* condenser ; comprimer.
ver·dicken *vt* épaissir.
ver|dienen *vt* gagner. °**~dienst** *m1* gain *m*. °**~dienst** *n1* mérite *m*. **~dienst·voll, ~dient** *a* méritant.

ver·dingen *vpr* s'engager.
ver|dolmetschen *vt* traduire. **~doppeln** *vt* doubler.
ver·dorben *a* gâté ; pourri. °**~heit** *f0* corruption *f*.
ver·dorren *vi* se dessécher.
ver·drängen *vt* supplanter.
ver·drehen *vt* (dis)tordre ; fausser.
ver·drieß|en* *vt* contrarier. **~lich** *a* contrariant.
ver·drossen *a* contrarié. °**~heit** *f0* mauvaise humeur.
Ver·druß *m* (sses) contrariété *f*.
ver·duft|en *vi* s'évaporer. °**~ung** *f1* évaporation *f*.
ver·dunkeln *vt* obscurcir.
ver·dünnen *vt* diluer ; délayer.
ver|dunsten *vi* se volatiliser. °**~dunstung,** °**~dünstung** *f0* évaporation *f*.
ver·dursten *vi* mourir de soif.
ver·dutzt *a* interloqué.
ver·edeln *vt* ennoblir.
ver·ehr|en *vt* honorer ; vénérer. °**~er** *m3* admirateur *m*. °**~ung** *f1* respect *m*. **~ungs·würdig** *a* respectable.
ver·eidigen *vt* assermenter.
Ver·ein *m1* association *f*. **~baren** *vt* convenir (de). °**~barung** *f1* accord *m*. **~en** *vt* (ré)unir. **~fachen** *vt* simplifier. **~igen** *vt* réunir, assembler. °**~igung** *f1* réunion *f*. °**~samung** *f0* solitude *f*. **~zelt** *a* isolé.
ver·eis|en *vi* se couvrir de glace. **~t** *a* verglacé.
ver|eiteln *vt* déjouer ; faire échec à. **~eitern** *vi* suppurer.
ver·ekeln *vt* dégoûter.
ver·enge(r)n *vt* resserrer.
ver·erben *vt* transmettre par héritage.
ver·ewigen *vt* immortaliser.
ver·fahren* *vi* procéder • *vpr* se tromper de chemin • *n3* : °**~,** procédé *m* ‖ JUR. procédure *f*.
Ver·fall *m0* chute *f ;* ruine *f* ‖ COMM. échéance *f*. **~en*** *vi* tomber en ruine ‖ COMM. venir à échéance ‖ **~** *in* (acc.), tomber dans • *pp/a* périmé ; caduc.
ver·fälsch|en *vt* fausser ; falsifier. °**~er** *m3* fraudeur *m*. °**~ung** *f1* falsification *f*.
ver·fangen* *vi* FAM. prendre • *vpr* s'empêtrer.
ver·fass|en *vt* rédiger. °**~er** *m3* auteur *m*. °**~ung** *f1* état *m ;* constitution *f* ‖ rédaction *f*.
ver·faulen *vi* pourrir ; se gâter.
ver·fechten* *vt* défendre.
ver·fehlen *vt* manquer, rater.
ver·feinden *vpr* (*mit,* dat.) se fâcher (avec).
ver·feiner|n *vt* (r)affiner. °**~ung** *f1* (r)affinage *m*.
ver·fertigen *vt* fabriquer.
ver·festigen *vt* consolider.
ver·filmen *vt* filmer.
ver·finster|n *vt* obscurcir. °**~ung** *f1* éclipse *f*.
ver·flecht|en* *vt* entrelacer ‖ FIN. regrouper. °**~ung** *f1* enchevêtrement *m* ‖ FIN. concentration *f*.

ver·fließen* *vi* s'écouler.
ver·fluchen *vt* maudire.
ver·flüchtigen *vpr* s'évaporer.
Ver·fluchung *f1* malédiction *f*.
ver·flüssigen *vt* liquéfier.
Ver·folg *m0* cours *m* d'une affaire. **~en** *vt* poursuivre; persécuter. **°~ung** *f1* poursuite *f*; persécution *f*.
ver·frachten *vt* fréter.
ver·froren *a* frileux; gelé.
ver·früht *a* prématuré.
ver·füg|bar *a* disponible. **°~barkeit** *f0* disponibilité *f*. **~en** *vt* décréter • *vi* (über, acc.) disposer (de). **°~ung** *f1* décret *m*; *zu js ~ stehen/stellen*, être/mettre à la disposition de qn.
ver·führ|en *vt* séduire. **°~er** *m3* séducteur *m*. **~erisch** *a* séduisant. **°~ung** *f1* séduction *f*.
ver·gällen *vt* FIG. empoisonner.
ver·gangen *a* passé. **°~heit** *f0* passé *m*.
ver·gänglich *a* passager.
Ver·gas|er *m3* carburateur *m*. **°~ung** *f1* carburation *f*.
ver·geb|en* *vt* donner; céder ‖ pardonner. **~ens** *av* en vain. **~lich** *a* inutile. **°~ung** *f1* pardon *m*.
ver·gegenwärtigen *vt* rappeler, remémorer.
ver·gehen* *vi* s'écouler; passer ‖ FIG. périr • *vpr* commettre une action coupable • *n3* : **°~**, faute *f*.
ver·gelt|en* *vt* récompenser; payer. **°~ung** *f1* récompense *f* ‖ *Pl* représailles *fpl*.
ver·gessen* *vt* oublier • **°~** *n0*, **°~heit** *f0* oubli *m*.
ver·geßlich *a* oublieux.
ver·geud|en *vt* gaspiller. **°~ung** *f0* gaspillage *m*.
ver·gewaltig|en *vt* violer. **°~ung** *f1* viol *m*.
ver·gewissern *vpr* (gén.) s'assurer de.
ver·gießen* *vt* déverser.
ver·gift|en *vt* empoisonner. **°~ung** *f1* intoxication *f*.
ver·gilbt *a* jauni.
Vergiß·mein·nicht *n1* myosotis *m*.
ver·gittern *vt* grillager.
ver·glasen *vt* vitrifier; vitrer.
Ver·gleich *m1* comparaison *f* ‖ compromis *m*. **~bar** *a* comparable. **~en*** *vt* comparer • *vpr* (*mit*, dat.) s'arranger avec.
Ver·gnüg|en *n3* plaisir *m* • *vt* : **~**, amuser. **~lich** *a* amusant. **~t** *a* gai, joyeux. **°~ung** *f1* distraction *f*.
ver·golden *vt* dorer.
ver·göttern *vt* idolâtrer.
ver·graben* *vt* enterrer; enfouir.
ver·grämen *vt* chagriner.
ver|greifen* *vpr* : *sich an jm ~*, porter la main sur qn. **~griffen** *a* usé ‖ [Buch] épuisé.
ver·größer|n *vt* agrandir. **°~ung** *f1* agrandissement *m*.
ver·günstig|en *vt* avantager. **°~ung** *f1* avantage *m*.

ver·güt|en *vt* rembourser. **°~ung** *f1* compensation *f.*
ver·haft|en *vt* arrêter. **°~ung** *f1* arrestation *f.*
ver·halten* *vt* retenir • *vpr* se conduire • *a* réservé • *n0* : **°~,** comportement *m;* attitude *f.*
Ver·hältnis *n* (ses, se) rapport *m;* relation *f* ‖ *Pl* situation *f.* **~mäßig** *av* relativement.
ver·hand|eln *vt* négocier. **°~lungen** *fpl* pourparlers *mpl.*
ver·häng|en *vt* couvrir ‖ ordonner; décréter. **°~nis** *n* (ses) destin *m;* fatalité *f.* **~nis·voll** *a* fatal; funeste.
ver·harren *vi* persister; persévérer.
ver·harschen *vt* durcir.
ver·härten *vi* (en)durcir.
ver·haßt *a* détesté, haï.
ver·hätscheln *vt* choyer.
ver·heer|en *vt* saccager. **°~ung** *f1* ravage *m.*
ver|hehlen*, ~heimlichen *vt* dissimuler.
ver·heiraten *vt* marier • *vpr* (*mit,* dat.) épouser.
ver·heißen* *vt* promettre (solennellement).
ver·helfen* *vi* aider.
ver·herrlichen *vt* glorifier.
ver·hinder|n *vt* empêcher. **°~ung** *f1* empêchement *m.*
ver·hohlen *a* sournois.
ver·höhnen *vt* railler; bafouer.
Ver·hör *n1* interrogatoire *m.* **~en** *vt* interroger.
ver·hungern *vi* mourir de faim.
ver·hüten *vt* empêcher.
ver·irr|en *vpr* s'égarer. **°~ung** *f1* égarement *m.*
ver·jagen *vt* chasser.
ver·jähr|en *vt* prescrire. **°~ung** *f1* prescription *f.*
ver·jüngen *vt* rajeunir.
ver·kalk|en *vi* se scléroser. **°~ung** *f1* sclérose *f.*
Ver·kauf *m2* vente *f.* **~en** *vt* vendre.
Ver·käuf|er *m3* vendeur *m.* **~lich** *a* vendable.
Ver·kehr *m0* circulation *f;* trafic *m* ‖ relations *fpl.* **~en** *vi* circuler ‖ fréquenter • *vt* inverser.
Ver·kehrs|ampel *f1* feu *m* (d'un carrefour). **°~amt** *n2* office *m* de tourisme. **°~mittel** *n3* moyen *m* de transport. **°~ordnung** *f1* Code *m* de la route. **°~schild** *n2* panneau *m* de signalisation. **°~verein** *m1* syndicat *m* d'initiative.
ver·kehrt *a* à l'envers; faux • *av* de travers.
ver·keilen *vt* caler; coincer.
ver·kennen* *vt* méconnaître.
ver·kett|en *vt* enchaîner. **°~ung** *f1* enchaînement *m.*
ver·klagen *vt* accuser.
ver·klammern *vt* fixer avec des crampons.
ver·klären *vt* transfigurer.
ver·kleid|en *vt* déguiser. **°~ung** *f1* déguisement *m.*
ver·kleiner|n *vt* réduire. **°~ung** *f0* réduction *f.*

ver·klingen* *vi* cesser de retentir ; expirer, mourir.
ver·knallt *a : in jn ~ sein,* être toqué de qn.
ver·kniffen *a* FAM. pincé.
Ver·knöcherung *f1* sclérose *f.*
ver·knoten *vt* nouer.
ver·knüpf|en *vt* relier. °**~ung** *f1* liaison *f.*
ver·kommen* *vi* dépérir ; déchoir. °**~heit** *f0* déchéance *f.*
ver·koppeln *vt* accoupler.
ver·körpern *vt* incarner.
ver·krachen *vi* FAM. faire faillite • *vpr* se brouiller.
ver·kraften *vt* FAM. venir à bout de.
ver·krampfen *vpr* se crisper.
ver·kriechen* *vpr* se cacher.
ver·krüppelt *a* rabougri.
ver·kümmer|n *vi* s'atrophier. **~t** *a* étiolé.
ver·künd(ig)|en *vt* annoncer. °**~ung** *f1* publication *f.*
ver·kürzen *vt* raccourcir, abréger.
ver·lachen *vt* railler.
Ver·lad|e·brücke *f1* pont transbordeur. **~en*** *vt* charger ; expédier. °**~ung** *f1* chargement *m ;* expédition *f.*
Ver·lag *m1* (maison *f* d')édition *f.*
ver·lager|n *vt* déplacer. °**~ung** *f1* déplacement *m.*
ver·langen *vt* réclamer • *n0 :* °**~,** exigence *f.*
ver·länger|n *vt* prolonger. °**~ung** *f1* prolongation *f.*
ver·langsamen *vt* ralentir.
Ver|laß *m* (sses) confiance *f.* **~lassen*** *vt* quitter • *vpr : sich auf jn ~,* compter sur qn. °**~lassenheit** *f0* abandon *m.* **~läßlich** *a* sûr.
ver·lästern *vt* diffamer, calomnier.
Ver·laub *m0 : mit ~,* avec votre permission.
Ver·lauf *m0* déroulement *m ;* cours *m.* **~en*** *vi* se dérouler ; s'écouler • *vpr* se perdre ; se disperser.
ver·laut|baren *vt* divulguer. **~en** *vi* s'ébruiter.
ver·leb|en *vt* vivre (une période). **~t** *a* usé par la vie.
ver·leg|en *vt* déplacer ; égarer ‖ [Weg] barrer ‖ éditer • *pp/a* gêné. °**~enheit** *f1* gêne *f.* °**~er** *m3* éditeur *m.*
ver·leiden* *vt : jm etw ~,* dégoûter qn de qch.
Ver·leih *m1* location *f.* **~en*** *vt* prêter ; conférer. °**~ung** *f1* prêt *m.*
ver·leiten *vt* pousser (à).
ver·lernen *vt* désapprendre.
ver·lesen* *vt* lire en public ; faire l'appel.
ver·letz|bar *a* vulnérable. **~en** *vt* blesser. **~lich** *a* susceptible. °**~ung** *f1* blessure *f.*
ver·leugn|en *vt* nier. °**~ung** *f1* reniement *m.*
ver·leumd|en *vt* calomnier. °**~er** *m3* diffamateur *m.* **~erisch** *a* diffamatoire. °**~ung** *f1* diffamation *f.*
ver·lieb|en *vpr* (*in,* acc.)

s'éprendre de. °~**te(r)** *asm* amoureux *m.*
ver·lier|en* *vt* perdre. °~**er** *m3* perdant *m.*
ver|loben *vt* fiancer. °~**lobte(r)** *asm* fiancé *m.* °~**lobung** *f1*, °~**löbnis** *n* (ses, se) fiançailles *fpl.*
ver·lock|en *vt* attirer; séduire. °~**ung** *f1* séduction *f.*
ver·logen *a* mensonger.
ver·loren *a* perdu. ~**gehen*** *vi* (sép.) se perdre.
ver·löschen* *vi* s'éteindre.
Ver·lust *m1* perte *f.*
ver|machen *vt* léguer. °~**mächtnis** *n* (ses, se) legs *m.*
ver·mähl|en *vt* marier. °~**ung** *f1* mariage *m.*
ver·mehr|en *vt* augmenter. °~**ung** *f1* augmentation *f.*
ver·meiden* *vt* éviter.
ver·mein|en *vt* présumer; croire. ~**tlich** *a* présumé.
Ver·merk *m1* remarque *f.*
ver·mess|en* *vt* mesurer • *vpr* avoir l'audace (de). °~**enheit** *f0* témérité *f.* °~**ung** *f1* arpentage *m.*
ver·miet|en *vt* louer. °~**ung** *f1* location *f.*
ver·mindern *vt* diminuer.
ver·misch|en *vt* mélanger. °~**ung** *f1* mélange *m.*
ver|missen *vt* regretter l'absence de. °~**mißte(r)** *asm* disparu *m.*
ver·mitt|eln *vt* procurer; ménager. °~**ler** *m3* médiateur *m.* °~**lung** *f1* médiation *f.*
ver·modern *vi* moisir.
ver·mög|e *p* (gén.) en vertu de; grâce à. ~**en*** *vt* pouvoir • *n0* : °~, faculté *f* ‖ fortune *f.*
ver·mummen *vt* emmitoufler.
ver·mut|en *vt* supposer. ~**lich** *a* probable. °~**ung** *f1* supposition *f.*
ver·nachlässigen *vt* négliger.
ver·narben *vi* se cicatriser.
ver·nehm|bar *a* perceptible. ~**en*** *vt* percevoir.
ver·neigen *vpr* s'incliner.
ver·nein|en *vt* nier. °~**ung** *f1* dénégation *f.*
ver·nicht|en *vt* anéantir. °~**ung** *f1* anéantissement *m.*
Ver|nunft *f0* raison *f.* ~**nünftig** *a* raisonnable.
ver·öden *vi* se dépeupler.
ver·öffentlich|en *vt* publier. °~**ung** *f1* publication *f.*
ver·ordn|en *vt* décréter. °~**ung** *f1* décret *m.*
ver·pack|en *vt* emballer. °~**ung** *f1* emballage *m.*
ver·passen *vt* manquer, rater.
ver·pfänden *vt* mettre en gage ‖ JUR. hypothéquer.
ver·pflanzen *vt* transplanter.
ver·pflegen *vt* ravitailler.
ver·pflicht|en *vt* obliger. °~**ung** *f1* obligation *f.*
ver·pfuschen *vt* gâcher.
ver·pönt *a* très mal vu.
ver·prassen *vt* gaspiller.
ver·prügeln *vt* rouer de coups.
Ver·putz *m0* enduit *m*; crépi *m.* ~**en** *vt* crépir.
ver|rammeln *vt* barricader.

~ramschen *vt* FAM. bazarder.
Ver·rat *m0* trahison *f*. **~en*** *vt* trahir.
Ver·räter *m3* traître *m*. **~isch** *a* traître.
ver·räuchern *vt* enfumer.
ver·recken *vi* VULG. crever.
ver·reisen *vi* partir en voyage.
ver·renk|en *vt* déboîter. °**~ung** *f1* luxation *f*.
ver·richten *vt* accomplir.
ver·ringern *vt* diminuer.
ver·rinnen* *vi* s'écouler.
ver·rosten *vi/vpr* (se) rouiller.
ver·rucht *a* scélérat ; infâme.
ver·rück|en *vt* déplacer. **~t** *a* FIG. dérangé. °**~theit** *f1* folie *f*.
Ver·ruf *m1* mauvaise réputation. **~en** *a* louche.
ver·sag|en *vt* refuser ; dénier • *vi* [Kraft] être défaillant • *n0* : °**~**, panne *f* ; défaillance *f*.
ver·samm|eln *vt* (r)assembler. °**~lung** *f1* assemblée *f*.
Ver·sand *m0* envoi *m*. °**~geschäft** *n1* vente *f* par correspondance.
ver·säum|en *vt* laisser passer ; manquer. °**~nis** *f* (se), *n* (ses, se) omission *f* ‖ absence *f*.
ver·schaffen *vt* procurer.
ver·schämt *a* honteux ; gêné.
ver·schanzen *vpr* se retrancher.
ver·schärf|en *vt* aggraver. °**~ung** *f1* aggravation *f*.
ver·schenken *vt* offrir.
ver·scheuchen *vt* effaroucher.
ver·schieb|bar *a* mobile. **~en*** *vt* déplacer ; décaler ‖ FIG. ajourner. °**~ung** *f1* déplacement *m* ; ajournement *m*.
1. ver·schieden *a* défunt.
2. ver·schieden *a* différent. **~tlich** *av* à diverses reprises.
ver·schießen* *vi* passer ; déteindre.
ver·schimmeln *vi* moisir.
Ver·schlag *m2* cagibi *m*. **~en*** *vt* fermer • *vi* faire de l'effet • *pp/a* malin. °**~en·heit** *f0* astuce *f*.
ver·schlechtern *vt* aggraver.
ver·schleiern *vt* masquer.
Ver·schleiß *m1* usure *f*. **~en*** *vt* user.
ver·schlepp|en *vt* traîner ‖ POL. déporter. °**~ung** *f0* déportation *f*.
ver·schleudern *vt* solder.
ver·schließen* *vt* fermer (à clef).
ver·schlimmern *vt* aggraver.
ver·schlingen* *vt* entrelacer ‖ engloutir.
ver·schlossen *a* clos, fermé.
ver·schlucken *vt* avaler • *vpr* avaler de travers.
Ver·schluß *m* (usses, üsse) fermeture *f* ‖ OPT. obturateur *m*.
ver·schlüsseln *vt* chiffrer, coder.
ver·schmähen *vt* dédaigner.
ver·schmelz|en* *vi* fusionner. °**~ung** *f1* fusion *f*.

ver·schmitzt *a* retors.
ver·schnupft *a* enrhumé.
ver·schollen *a* [Person] disparu.
ver·schonen *vt* ménager.
ver·schöner|n *vt* embellir. °**~ung** *f1* embellissement *m.*
ver·schränken *vt* [Arme] croiser.
ver·schreib|en* *vt* prescrire. °**~ung** *f1* prescription *f.*
ver·schrien *a* décrié.
ver·schroben *a* saugrenu.
ver·schuld|en *vt* être responsable de. **~et** *a* endetté. °**~ung** *f0* endettement *m.*
ver·schütten *vt* verser; répandre.
ver·schweigen* *vt* taire.
ver·schwend|en *vt* gaspiller. °**~ung** *f1* gaspillage *m.*
ver·schwiegen *a* discret. °**~heit** *f0* discrétion *f.*
ver·schwimmen* *vi* se noyer; s'estomper.
ver·schwinden* *vi* disparaître • *n0 :* °**~,** disparition *f.*
ver·schwistert *a : ~ sein,* être frère(s) et sœur(s).
ver·schwommen *a* nébuleux, flou. °**~heit** *f0* flou *m.*
ver·schwör|en *vpr* conspirer. °**~er** *m3* conspirateur *m.* °**~ung** *f1* conspiration *f.*
ver·sehen* *vt* [Amt] exercer; remplir ‖ munir ‖ FIG. se tromper • *n3 :* °**~,** faute *f; aus ~,* par mégarde. **~tlich** *av* par mégarde.
ver·selbständigen *vpr* s'émanciper.
ver·send|en* *vt* envoyer. °**~er** *m3* expéditeur *m.*
ver·senken *vt* enfoncer; immerger ‖ MAR. couler.
ver·setz|en *vt* déplacer; transposer ‖ FIN. mettre en gage ‖ [erwidern] répliquer. °**~ung** *f1* déplacement *m.*
ver·seuchen *vt* infecter; contaminer ‖ FIG. infester.
Ver·sicher|er *m3* assureur *m.* **~n** *vt* assurer. °**~te(r)** *asm* assuré *m.* °**~ung** *f1* assurance *f.*
ver·siegeln *vt* cacheter.
ver·siegen *vi* tarir.
ver·siert *a* (*in,* dat.) versé (dans).
ver·silbern *vt* argenter.
ver·sinken* *vi* (s')enfoncer; couler (à fond).
ver·sklaven *vt* asservir.
ver·söhn|en *vt* réconcilier. °**~ung** *f1* réconciliation *f.*
ver·sorg|en *vt* prendre soin de; *mit etw ~,* approvisionner en. °**~ung** *f1* approvisionnement *m* ‖ pension *f.*
ver·spät|en *vt* retarder • *vpr* s'attarder. °**~ung** *f1* retard *m.*
ver·sperren *vt* barrer; obstruer.
ver·spott|en *vt* railler. °**~ung** *f1* raillerie *f.*
ver·sprech|en *vt* promettre. °**~ung** *f1* promesse *f.*
ver·staatlichen *vt* nationaliser.
ver·städtern *vt* urbaniser.
Ver·stand *m0* intelligence *f.* **~es·mäßig** *a* logique.

ver·ständ|ig *a* raisonnable; sensé. **~igen** *vt* informer • *vpr : sich mit jm ~,* s'entendre avec qn. °**~igung** *f1* compréhension *f.* **~lich** *a* compréhensible. °**~nis** *n* (ses) compréhension *f.* **~nis·voll** *a* compréhensif.

ver·stärk|en *vt* renforcer. °**~ung** *f1* renforcement *m.*

ver·staubt *a* poussiéreux.

ver·stauch|en *vt/vpr* (se) fouler. °**~ung** *f1* foulure *f.*

ver·stauen *vt* arrimer.

Ver·steck *n1* cachette *f.* **~en** *vt* cacher.

ver·stehen* *vt* comprendre • *vpr : sich auf etw ~,* s'y entendre à qch; *sich mit jm ~,* s'entendre avec qn.

ver·steifen *vt* raidir • *vpr* (*auf.* acc.) s'obstiner (à).

Ver·steig|erer *m3* commissaire-priseur *m.* **~ern** *vt* vendre aux enchères. °**~erung** *f1* vente *f* aux enchères.

ver·stell|bar *a* réglable. **~en** *vt* régler ‖ déplacer ‖ [verhehlen] dissimuler; déguiser.

ver·stimm|en *vt* FIG. contrarier. °**~ung** *f0* mauvaise humeur.

ver·stohlen *a* furtif • *av* à la dérobée.

ver·stopf|en *vt* boucher ‖ [Straße] embouteiller ‖ MÉD. constiper. °**~ung** *f0* embouteillage *m* ‖ constipation *f.*

ver·storben *a* décédé, défunt.

ver·stört *a* troublé; effaré.

Ver·stoß *m2* infraction *f.* **~en** *vt* chasser • *vi : gegen das Gesetz ~,* violer la loi.

ver·streuen *vt* disperser.

ver·stricken *vt* impliquer.

ver·stümmeln *vt* mutiler.

ver·stummen *vi* se taire.

Ver·such *m1* essai *m; tentative f* ‖ expérience *f.* **~en** *vt* essayer, tenter ‖ FIG. tenter; séduire. °**~er** *m3* tentateur *m.* °**~ung** *f1* tentation *f.*

ver·sunken *a* plongé.

ver·süßen *vt* adoucir; sucrer.

ver·täfeln *vt* lambrisser.

ver·tag|en *vt* ajourner. °**~ung** *f1* ajournement *m.*

ver·tausch|bar *a* échangeable. **~en** *vt* échanger.

ver·teidig|en *vt* défendre. °**~er** *m3* défenseur *m.* °**~ung** *f1* défense *f.*

ver·teil|en *vt* distribuer • *vpr* se partager. °**~ung** *f1* distribution *f.*

ver·tief|en *vt* approfondir. °**~ung** *f1* approfondissement *m.*

ver·tilg|en *vt* extirper. °**~ung** *f1* anéantissement *m.*

ver·tonen *vt* mettre en musique.

ver·trackt *a* embrouillé.

Ver·trag *m1* contrat *m; traité m.* **~en*** *vt* supporter • *vpr* (bien) s'accorder (avec).

ver·träglich *a* conciliant ‖ compatible, conciliable.

ver·trauen *vi* (dat.; *auf,* acc.) avoir confiance en • *n0 : °~,* confiance *f.* **~s·voll** *a* confiant.

ver·traulich *a* confidentiel. °~**keit** *f0* intimité *f.*
ver·träumt *a* rêveur, songeur.
ver·traut *a* intime; familier. °~**e(r)** *asm* familier *m; confident m.* °~**heit** *f0* familiarité *f.*
ver·treiben* *vt* chasser; expulser || [Zeit] passer.
ver·tret|en* *vt* remplacer; représenter || [verteidigen] défendre || *sich den Fuß* ~, se fouler le pied. °~**er** *m3* représentant *m.* °~**ung** *f1* représentation *f.*
Ver·trieb *m1* débit *m; vente f.* °~**s·leiter** *m3* directeur commercial.
ver·trockn|en *vi* sécher. °~**ung** *f0* dessèchement *m.*
ver·tröst|en *vt* consoler. °~**ung** *f1* promesse *f* vague.
ver·tun* *vt* gaspiller.
ver·übeln *vt : jm etw* ~, en vouloir à qn de qch.
ver·üben *vt* commettre.
ver·unglimpfen *vt* diffamer.
ver·unglücken *vi* avoir un accident.
ver·unreinigen *vt* polluer.
ver·un|stalten, ~**zieren** *vt* défigurer.
veruntreuen *vt Geld* ~, détourner de l'argent.
ver·ursachen *vt* causer, provoquer.
ver·urteil|en *vt* condamner. °~**ung** *f1* condamnation *f.*
ver·viel|fachen *vt* multiplier. ~**fältigen** *vt* polycopier.
ver·voll|kommnen *vt* perfectionner. ~**ständigen** *vt* compléter.
ver·wachsen *pp/a* contrefait.
Ver·wahr *m0 : in* ~ *geben,* donner en garde. ~**en** *vt* garder • *vpr* protester. ~**losen** *vi* tomber dans l'abandon. °~**losung** *f1* abandon *m.* °~**ung** *f1* garde *f.*
ver·waist *a* orphelin.
ver·walt|en *vt* administrer. °~**er** *m3* administrateur *m;* intendant *m.* °~**ung** *f1* administration *f.*
ver·wand|eln *vt* (*in,* acc.) transformer. °~**lung** *f1* transformation, métamorphose *f.*
ver·wandt *a* parent, apparenté. °~**en** *pl* parents *mpl.*
ver·warnen *vt* avertir.
ver·waschen *a* délavé || FIG. vague.
ver·wässern *vt* délayer, diluer.
ver·wechs|eln *vt* confondre. °~**lung** *f1* confusion *f.*
ver·wegen *a* téméraire. °~**heit** *f0* témérité *f.*
ver·wehren *vt : jm etw* ~, défendre à qn de faire qch.
ver·weiger|n *vt* refuser. °~**ung** *f1* refus *m.*
ver·weilen *vi* séjourner; s'attarder.
Ver·weis *m1* remontrance *f* || [Hinweis] renvoi *m* (à). ~**en*** *vt* réprimander || expulser || [hinweisen] renvoyer à. °~**ung** *f1* réprimande *f* || renvoi *m.*
ver·welken *vi* se faner; se flétrir.

ver·wend|en* *vt* employer. °**~ung** *f1* emploi *m.*
ver·werf|en* *vt* rejeter, repousser. °**~ung** *f1* rejet *m.*
ver·wert|en *vt* exploiter. °**~ung** *f1* utilisation *f.*
ver·wes|en *vi* se décomposer. °**~ung** *f1* décomposition *f.*
ver·wick|eln *vt* emmêler. **~elt** *a* compliqué, complexe.
ver·wirklich|en *vt* réaliser. °**~ung** *f1* réalisation *f.*
ver·wirr|en *vt* embrouiller. °**~ung** *f1* confusion *f.*
ver·wirtschaften *vt* gaspiller.
ver·wischen *vt* effacer; estomper.
ver·wittern *vi* être rongé par les intempéries.
ver·witwet *a* veuf.
ver·wöhnen *vt* gâter.
ver·worfen *a* réprouvé.
ver·worren *a* confus.
ver·wund|bar *a* vulnérable. **~en** *vt* blesser.
ver·wunder|lich *a* étonnant. **~n** *vt* étonner. °**~ung** *f0* étonnement *m.*
ver·wünsch|en *vt* maudire. °**~ung** *f1* malédiction *f.*
ver·wurzeln *vi* s'enraciner.
ver·wüst|en *vt* dévaster. °**~ung** *f1* dévastation *f.*
ver·zag|en *vi* se décourager. **~t** *a* timoré.
ver·zahn|en *vt* imbriquer. °**~ung** *f1* engrenage *m.*
ver·zärteln *vt* gâter.
Ver·zehr *m0* consommation *f.* **~en** *vt* consommer.
ver·zeichn|en *vt* noter. °**~is** *n* (ses, se) liste *f.*
ver·zeih|en* *vt* pardonner. **~lich** *a* pardonnable, excusable. °**~ung** *f1* pardon *m.*
ver·zerr|en *vt* défigurer. °**~ung** *f1* déformation *f.*
Ver·zicht *m1* renoncement *m.* **~en** *vi* (*auf*, acc.) renoncer (à).
ver·ziehen* *vt* : *das Gesicht* **~**, faire la moue • *vi* [Wolken] se dissiper || changer d'adresse.
ver·zier|en *vt* orner. °**~ung** *f1* décoration *f.*
ver·zimmern *vt* boiser.
ver·zinsen *vpr* rapporter des intérêts.
ver·zogen *pp/a* mal élevé || qui a changé d'adresse.
ver·zöger|n *vt* retarder; *sich* **~**, se faire attendre. °**~ung** *f1* retard *m.*
ver·zollen *vt* dédouaner; *nichts zu* **~**, rien à déclarer.
ver·zück|en *vt* enchanter. °**~ung** *f1* ravissement *m.*
Ver·zug *m0* retard *m.*
ver·zweif|eln *vi* (se) désespérer. **~elt** *a* désespéré. °**~lung** *f0* désespoir *m.*
ver·zweig|en *vt* ramifier. °**~ung** *f1* ramification *f.*
ver·zwickt *a* embrouillé.
Vesper *f1* soirée *f.* °**~brot** *n1* goûter *m.*
Vetter *m* (s, n) cousin *m.*
Vexier·spiegel *m1* miroir déformant.
Vieh *n0* bétail *m.* °**~zucht** *f0* élevage *m.*

viel *av* beaucoup; *so ~ als,* autant que; *~ mehr,* beaucoup plus • *a* nombreux; beaucoup de; *~es,* beaucoup de choses. **~deutig** *a* ambigu. °**~eck** *n1* polygone *m.* **~erlei** *a inv* toutes sortes de. **~fach** *a* multiple. °**~falt,** °**~fältigkeit** *f0* diversité *f;* multiplicité *f.* °**~heit** *f1* multitude *f.*
vielleicht *av* peut-être.
viel|malig *a* réitéré. **~mals** *a* souvent. **~mehr** *av* plutôt. **~seitig** *a* varié. **~sprachig** *a* polyglotte.
vier *num* quatre; *zu ~en; zu ~t,* à quatre. °**~eck** *n1* carré *m;* quadrilatère *m.* **~eckig** *a* carré. **~fach** *a* quadruple. °**~füßer,** °**~füßler** *m3* quadrupède *m.* **~schrötig** *a* trapu. °**~takt·motor** *m* (s, en) moteur *m* à quatre temps. **~te** *num* quatrième.
Viertel *n3* quart *m* ‖ quartier *m.* °**~jahr** *n1* trimestre *m.* **~jährlich** *a* trimestriel. °**~note** *f1* MUS. noire *f.* °**~stunde** *f1* quart *m* d'heure.
vier|zehn *num* quatorze. **~zig** *num* quarante.
vindizieren *vi* revendiquer.
Viola *f* (len) viole *f;* alto *m.*
Violin|bogen *m* (s, ¨) archet *m.* °**~e** *f1* violon *m.*
Virus *m* (-, ren) virus *m.*
Visier *n1* visière *f* ‖ [Gewehr] hausse *f* ‖ FIG. *mit offenem ~,* à visage découvert.
Visit|ation *f1* [Zoll] visite *f* des bagages. °**~e** *f1* visite (médicale). °**~en·karte** *f1* carte *f* de visite.
viskos *a* visqueux.
Visum *n* (s, sa) visa *m.*
Vitamin *n1* vitamine *f.*
Vogel *m* (s, ¨) oiseau *m.* °**~bauer** *n3* cage *f.* °**~kirsche** *f1* merise *f.* °**~schau** *f0 : aus der ~,* à vol d'oiseau. °**~scheuche** *f1* épouvantail *m.*
Vogesen *fpl* Vosges *fpl.*
Vokal *m1* voyelle *f.*
Volk *n2* peuple *m.* **~arm** *a* peu peuplé.
Völker|kunde *f0* ethnologie *f.* °**~schaft** *f1* peuplade *f.*
Volks|abstimmung *f1* plébiscite *m.* °**~demokratie** *f1* démocratie *f* populaire. °**~dichte** *f0* densité *f.* **~eigen** *a* [DDR] nationalisé. °**~genosse** *m4* compatriote *m.* °**~kunde** *f0* folklore *m.* °**~lied** *n2* chanson *f* populaire. °**~schule** *f1* école *f* primaire. °**~schul·lehrer** *m3* instituteur *m.* °**~tracht** *f1* costume régional. °**~tum** *n0* caractère national. **~tümlich** *a* populaire. °**~wirtschaft** *f0* économie *f* politique. °**~zählung** *f1* recensement *m.*
voll *a* plein; entier; complet; *~e acht Tage,* huit jours pleins; *eine Flasche ~(er) Wein,* une bouteille pleine de vin. **~auf** *av* en abondance. °**~beschäftigung** *f0* plein emploi.

voll·bring|en* *vt* (insép.) accomplir ; achever. °**~ung** *f0* accomplissement *m.*

Voll·dampf *m0* : *mit* ~, à toute vapeur.

voll·end|en *vt* (insép.) achever. **~et** *a* accompli ; achevé. **~s** *av* entièrement. °**~ung** *f1* accomplissement *m.*

voll|führen *vt* (insép.) accomplir. **~füllen** *vt* (sép.) remplir. **~gepfropft, ~gestropft** *a* bourré, bondé.

völlig *a* entier, complet.

voll·jährig *a* majeur. °**~keit** *f0* majorité *f.*

voll·kommen *a* parfait. °**~heit** *f1* perfection *f.*

Voll|korn·brot *n0* pain complet. °**~macht** *f2* procuration *f.* °**~mond** *m0* pleine lune. **~ständig** *a* complet. **~stopfen** *vt* (sép.) bourrer.

voll·streck|en *vt* (insép.) exécuter. °**~ung** *f1* exécution *f.*

voll|tanken *vt* (sép.) faire le plein de. °**~treffer** *m3* coup *m* au but. **~zählig** *a* au complet.

voll·zieh|en* *vt* (insép.) exécuter ; accomplir • *vpr* (insép.) se faire. °**~ung** *f1* [Vollzug] exécution *f ;* consommation *f.*

von *p* (dat.) **1.** LIEU : *sie kommt vom Bahnhof,* elle vient de la gare. **2.** SUCCESSION : ~ *Zeit zu Zeit,* de temps en temps. **3.** CAUSE : du fait de. **4.** AGENT (du passif) : ~ *mir ernannt,* nommé par moi. **5.** QUALIFICATION : *ein Buch ~ Rang,* un livre de qualité. **6.** À LA PLACE DU GÉN. : *jeder ~ uns,* chacun de nous ‖ LOC : ~ *Anfang an,* dès le début ; ~ *Kind auf,* depuis l'enfance ; ~ *diesem Fenster aus,* de cette fenêtre ‖ ~ *mir aus,* pour ce qui est de moi ‖ ~ *jeher,* de tout temps.

von|einander *av* l'un de l'autre ; ~ *gehen,* se séparer. **~nöten** *av* nécessaire. **~statten** *av* : ~ *gehen,* avancer.

vor *p* (dat. ; acc.) **1.** LIEU devant ; ~ *allem,* surtout. **2.** TEMPS avant ; ~ *zehn Jahren,* il y a dix ans. **3.** CAUSE : ~ *Hunger sterben,* mourir de faim • *part sép.*

Vor·abend *m1* veille *f.*

vor·ahnen *vt* pressentir.

vor·an *av* en tête, en avant • *part sép.* **~gehen*** *vi* marcher en tête. °**~schlag** *m2* devis *m.*

vor·aus *av* en tête, devant ; *im* ~, par avance • *part sép.* **~ahnen** *vt* pressentir. **~gehen*** *vi* marcher en tête. °**~sage** *f1* prédiction *f ;* pronostic *m.* **~sagen** *vt* prédire. **~setzen** *vt* présumer ; supposer. °**~setzung** *f1* supposition *f ;* hypothèse *f.* °**~sicht** *f1* prévision *f.* °**~zahlung** *f1* acompte *m.*

Vor·bedacht *m0* préméditation *f.*

Vor·bedingung *f1* condition *f* préalable.

Vor·behalt *m1* restriction, réserve *f.*
vor·bei *av* passé ; écoulé • *part sép.* **~fahren*** *vi* passer (en voiture) devant. **~gehen*** *vi* passer sans s'arrêter ; *im* °**~**, en passant.
Vor·bemerkung *f1* avant-propos *m.*
vor·bereit|en *vt* préparer. °**~ung** *f1* préparation *f.*
vor·bestellen *vt* réserver.
vor·beugen *vpr* (se) pencher • *vi* prévenir.
Vor·bild *n2* modèle, exemple *m.* **~lich** *a* exemplaire.
Vor·bote *m4* précurseur *m.*
Vor·deck *n1* gaillard *m* d'avant.
vor·dem *av* autrefois.
vorder *a* de devant ; antérieur. °**~grund** *m2* premier plan. **~hand** *av* pour le moment. °**~rad** *n2* roue *f* avant. °**~rad·antrieb** *m0* traction *f* avant. °**~seite** *f1* façade *f* ‖ [Seite] recto *m.*
Vor·druck *m1* formulaire *m.*
vor·eil|en *vi : jm* **~**, devancer qn. **~ig** *a* précipité.
vor·eingenommen *a* qui a du parti pris. °**~heit** *f0* parti pris.
vor·enthalten* *vt : jm etw* **~**, priver qn de qch.
Vor·entscheid *m1* référé *m.* °**~ung** *f1* demi-finale *f.*
vor·erst *av* d'abord, au préalable.
Vor·fahr *m4* ancêtre *m* ‖ *Pl* aïeux *mpl.* °**~t** *f0* priorité *f.*
Vor·fall *m2* incident *m.* **~en*** *vi* arriver.
Vor·führ|dame *f1* mannequin *m.* **~en** *vt* présenter. °**~ung** *f1* présentation *f.*
Vor|gang *m2* incident *m.* °**~gänger** *m3* prédécesseur *m.*
vor·geben* *vt* prétexter.
Vor·gebirge *n3* cap *m.*
vor·geblich *a* prétendu.
vor·gefaßt *a* préconçu.
Vor·gefühl *n1* pressentiment *m.*
vor·gehen* *vi* avancer ‖ FAM. se passer ‖ procéder ; agir.
Vor·geschichte *f0* préhistoire *f.*
vor·ge|schritten *a : zu* **~***er Stunde,* à une heure avancée. °**~setzte(r)** *asm* supérieur *m.*
vor|gestern *av* avant-hier. **~greifen*** *vi* (dat.) anticiper sur. **~haben** *vt* projeter • *n3 :* °**~**, projet *m.*
vor·halt|en* *vt* FIG. reprocher. °**~ung** *f1* reproche *m.*
vor·handen *a* existant. °**~sein** *n0* existence *f.*
Vor|hang *m2* rideau *m.* °**~hänge·schloß** *n* (sses, ¨sser) cadenas *m.*
vor·her *av* auparavant ; *am Tag* **~**, la veille. **~ig** *a* antérieur. °**~sage** *f1* prédiction *f.* **~sagen** *vt* prédire.
Vor·herrsch|aft *f1* suprématie *f.* **~en** *vi* prédominer.
vor·hin *av* à l'instant.
Vor·hof *m2* parvis *m.*
vorig *a* précédent.
Vor·kämpfer *m3* pionnier *m.*

Vorkehrung *f1* préparatif *m*.
vor·komm|en* *vi* avancer ‖ se produire ‖ sembler, paraître. °**~en** *n0*, °**~nis** *n* (ses, se) événement *m*.
vor·lad|en* *vt* citer. °**~ung** *f1* assignation *f*.
Vor·lage *f1* modèle *m*; projet *m* de loi ‖ descente *f* de lit.
Vor·läuf|er *m3* précurseur *m*. **~ig** *a* provisoire.
vor·laut *a* : *sei nicht ~!*, ne parle pas trop (fort).
vor·legen *vt* soumettre ; présenter.
vor·les|en* *vt* lire à haute voix. °**~ung** *f1* cours *m*.
vor|letzt *a* avant-dernier. °**~liebe** *f1* prédilection *f*.
vor·liegen* *vi* exister. **~d** *a* dont il est question.
vor|machen *vt* FIG. en faire accroire (à qn). °**~macht** *f0* prépondérance *f*. **~malig** *a* précédent. **~mals** *av* autrefois. **~merken** *vt* noter.
Vor·mittag *m1* matinée *f*. **~s** *av* le matin.
Vor·mund *m* (s, ¨er) tuteur *m*. °**~schaft** *f0* tutelle *f*.
Vor·name *m* (ns, n) prénom *m*.
vorne *av* devant ; en tête.
vor·nehm *a* distingué. **~en*** *vt* procéder à • *vpr* : *sich etw ~*, se proposer de faire qch. °**~heit** *f0* distinction *f*. **~lich** *av* principalement.
vorn|herein *av* : *von ~*, dès le début. **~über** *av* la tête la première.
Vor|ort *m1* banlieue *f*. °**~platz** *m2* parvis *m*. °**~posten** *m3* avant-poste *m*. °**~rat** *m2* provision *f*. **~rätig** *a* en stock. °**~raum** *m2* antichambre *f*. °**~recht** *n1* privilège *m*.
Vor·rede *f1* préface *f*.
vor·richt|en *vt* préparer. °**~ung** *f1* dispositif *m*.
vor|rücken *vt/vi* avancer. °**~satz** *m2* projet, dessein *m*. °**~schein** *m0* : *zum ~ kommen*, apparaître. **~schießen*** *vt* [Geld] avancer (à qn). °**~schiff** *n1* proue *f*.
Vor·schlag *m2* proposition *f*. **~en*** *vt* proposer.
vor·schnell *a* précipité.
vor|schreiben* *vt* prescrire. °**~schrift** *f1* prescription *f*.
Vor|schub *m0* assistance *f*. °**~schuß** *m* (sses, ¨sse) [Geld] avance *f*.
vor·seh|en* *vt* prévoir • *vpr* faire attention. °**~ung** *f0* Providence *f*.
Vor·sicht *f0* prudence *f*. **~ig** *a* prudent.
Vor·sitz *m0* présidence *f*. °**~ende(r)** *asm*, °**~er** *m3* président *m*.
Vor·sorg|e *f0* prévoyance *f*. **~lich** *av* par précaution.
Vor·spann *m1* : FIG. *jm ~ leisten*, prêter main-forte à qn ‖ CIN. générique *m*.
Vor·speise *f1* hors-d'œuvre *m*.
vor·spiegeln *vt* FIG. faire miroiter.

Vor·spiel *n1* prélude *m.*
vor|springen* *vi* avancer ; faire saillie. °**~sprung** *m2* saillie *f.* °**~stadt** *f2* faubourg *m.* °**~stand** *m2* président *m.*
vor·stehen* *vi* présider à ‖ avancer.
vor·stell|en *vt* (re)présenter ; *sich* **~**, imaginer ‖ [Uhr] avancer. °**~ung** *f1* (re)présentation *f.*
Vor·stoß *m2* attaque *f; poussée f.* **~en*** *vi* attaquer.
vor·strecken *vt* avancer ; tendre en avant ‖ [Geld] avancer.
Vor·tag *m1 : am* **~**, la veille.
vor·täuschen *vt* simuler.
Vor·teil *m1* avantage *m ;* profit *m.* **~haft** *a* avantageux.
Vor·trag *m2* exposé *m.* **~en*** *vt* exposer.
vor·trefflich *a* excellent.
vor·treiben* *vt* pousser en avant.
vor·über *av : die Krise ist* **~**, la crise est passée • *part sép.* **~gehen*** *vi* passer. **~gehend** *a* passager ; *die* °**~***en,* les passants. **~ziehen*** *vi* passer.
Vor·urteil *n1* préjugé *m.*
Vor·verkauf *m0* SPECT. location *f.*
Vor·wand *m2* prétexte *m.*
vor·wärts *av* en avant. **~bringen*** *vt* faire avancer.
vor·weg *av* d'avance, à l'avance. °**~nahme** *f1* anticipation *f.* **~nehmen*** *vt* anticiper sur.
vor|weisen* *vt* montrer ; faire voir. **~werfen*** *vt* reprocher. **~wiegend** *a* prépondérant. °**~wissen** *n0 : ohne mein* **~**, à mon insu.
Vor·witz *m0* présomption *f.* **~ig** *a* présomptueux.
Vor|wort *n1* avant-propos *m.* °**~wurf** *m2* reproche *m.*
Vor·zeit *f0 : in grauer* **~**, dans la nuit des temps. **~en** *av* jadis, autrefois. **~ig** *a* prématuré.
vor·ziehen* *vt* préférer.
Vor|zimmer *n3* antichambre *f.* °**~zug** *m2* préférence *f.* **~züglich** *a* excellent. **~zugs·weise** *av* de préférence. °**~zündung** *f1* avance *f* à l'allumage.
Vulkan *m1* volcan *m.*

W

Waag|e *f1* balance *f* ‖ niveau *m.* **~e·recht** *a* horizontal. °**~schale** *f1* plateau *m* de la balance.
wach *a* éveillé, réveillé ; **~** *werden,* s'éveiller. °**~e** *f1* garde *f* ‖ LOC : **~** *stehen,* monter la garde. **~en** *vi* (*über,* acc.) veiller sur. **~halten*** *vt* (main)tenir éveillé.

Wacholder·branntwein *m1* genièvre, gin *m.*
wach·rufen* *vt* susciter; faire naître; rappeler.
Wachs *n1* cire *f.*
wachsam *a* vigilant. °**~keit** *f1* vigilance, attention *f.*
1. wachsen *vt* cirer ‖ [Skis] farter.
2. wachsen* *vi* croître, grandir, pousser ‖ augmenter.
Wachs|kerze *f1,* °**~licht** *n2* cierge *m.* °**~tuch** *n2* toile cirée.
Wachstum *n0* croissance *f.*
Wacht *f1* garde, faction *f.*
Wachtel *f1* caille *f.* °**~hund** *m1* épagneul *m.*
Wächter *m3* gardien, veilleur *m.*
Wacht|meister *m3* adjudant *m.* °**~posten** *m3* factionnaire *m.* °**~turm** *m2* mirador *m.*
wackel|ig *a* vacillant; branlant. **~n** *vi* vaciller.
wacker *a* vaillant.
Wade *f1* mollet *m.* °**~n·bein** *n1* péroné *m.*
Waffe *f1* arme *f.*
Waffel *f1* gaufre(tte) *f.* °**~eisen** *n3* gaufrier *m.*
Waffen|händler *m3* armurier *m.* °**~stillstand** *m0* armistice *m.*
waffnen *vt* armer.
Wage|hals *m2* casse-cou *m.* **~halsig** *a* téméraire. °**~mut** *m0* témérité, audace *f.* **~mutig** *a* audacieux. **~n** *vt* risquer; oser • *vpr* s'aventurer.
Wagen *m3* voiture *f;* chariot *m;* wagon *m.*
wägen* *vt* peser; mesurer.
Wagen|führer *m3* conducteur *m.* °**~heber** *m3* cric *m.* °**~schlag** *m2* portière *f.* °**~spur** *f1* ornière *f.*
Wagner *m3* charron *m.*
Wahl *f1* choix *m* ‖ POL. scrutin *m;* élection *f.*
wähl·bar *a* éligible.
wahl·berechtigt *a* ayant le droit de vote.
wählen *vt* choisir ‖ POL. voter pour ‖ TÉL. *eine Nummer ~,* composer un numéro.
Wähler *m3* électeur *m.* **~isch** *a* difficile (à contenter). °**~scheibe** *f1* TÉL. cadran *m.*
wahl|frei *a* facultatif. °**~gang** *m2* tour *m* de scrutin. °**~kabine** *f1* isoloir *m.* **~los** *av* au hasard. °**~recht** *n1* droit *m* de vote. °**~spruch** *m2* devise *f.*
Wähl·ton *m2* TÉL. tonalité *f.*
Wahn *m0* illusion, chimère *f.* °**~bild** *n2* mirage *m.*
wähnen *vi* s'imaginer.
Wahn·sinn *m0* folie *f.* **~ig** *a* fou, insensé.
wahr *a* vrai, véritable.
wahren *vt* conserver, garder.
währ|en *vi* durer. **~end** *p* (gén.; dat.) pendant • *c* pendant que. **~end·dessen** *av* pendant ce temps.
wahr|haben *vt* : *etw nicht ~ wollen,* ne pas vouloir admettre qch. **~haft** *a* véridique •

av vraiment. **~haftig** *a* véritable. °**~haftigkeit** *f1* sincérité *f* ‖ véracité *f*. °**~heit** *f1* vérité *f*. **~lich** *av* en vérité.

wahr·nehm|en* *vt* percevoir. °**~ung** *f0* perception *f*.

wahr·sag|en *vi* (insép.) prédire l'avenir. °**~erin** *f1* voyante *f*. °**~ung** *f1* prédiction *f*.

wahr·scheinlich *a* vraisemblable. °**~keit** *f0* vraisemblance *f*.

Wahrung *f1* sauvegarde *f*.

Währung *f1* monnaie, devise *f*.

Wahr·zeichen *n3* emblème *m*.

Waise *f1* orphelin *s*. °**~n·haus** *n2* orphelinat *m*.

Wal *m1* cétacé *m*; baleine *f*.

Wald *m2* bois *m*; forêt *f*. **~ig, ~reich** *a* boisé. °**~taube** *f1* palombe *f*.

Wall *m2* rempart *m*.

wallen *vi* bouillonner.

Wall·fahr|er *m3* pèlerin *m*. °**~t** *f1* pèlerinage *m*.

Wallung *f1* bouillonnement *m* ‖ FIG. effervescence *f*.

Wal·nuß *f2* noix *f*. °**~baum** *m2* noyer *m*.

walten *vi* régner.

Walz|e *f1* cylindre *m*; rouleau *m*. **~en** *vt* passer au rouleau ‖ laminer • *vi* valser.

wälzen *vt* rouler • *vpr* se vautrer.

Walzer *m3* valse *f*.

Walz·werk *n1* laminoir *m*.

Wand *f2* mur *m*; cloison *f*; *spanische ~*, paravent *m*. °**~behang** *m2* tapisserie *f*. °**~brett** *n2* étagère *f*.

Wandel *m0* changement *m* ‖ marche *f*; cours *m*. **~bar** *a* changeant. °**~halle** *f1* salle *f* des pas perdus. **~n** *vt* changer • *vi* aller (son chemin). °**~stern** *m1* planète *f*.

Wander|er *m3* marcheur *m*. **~n** *vi* aller à pied; marcher. °**~schaft** *f0*, °**~ung** *f1* voyage *m* (à pied). °**~vogel** *m* (s, ¨) oiseau migrateur.

Wand|karte *f1* carte murale. °**~leuchter** *m3* applique *f*.

Wandlung *f1* transformation *f*; changement *m*.

Wand|schirm *m1* paravent *m*. °**~schrank** *m2* placard *m*. °**~teppich** *m1* tapisserie *f*. °**~uhr** *f1* pendule *f*.

Wange *f1* joue *f*.

Wankel|mut *m0* indécision *f*. **~mütig** *a* versatile.

wanken *vi* vaciller; chanceler.

wann *av* quand ‖ *dann und ~*, de temps à autre • *c* quand; chaque fois que.

Wanne *f1* baignoire *f*.

Wanze *f1* punaise *f*.

Wapp|en *n3* armes *fpl*; blason *m*. **~nen** *vpr* FIG. s'armer.

Ware *f1* marchandise *f*. °**~n·haus** *n2* grand magasin. °**~n·lager** *n3* entrepôt *m*. °**~n·zeichen** *n3* marque déposée.

warm *a/av* chaud; *mir ist ~*, j'ai chaud; *~ halten*, tenir au chaud.

Wärme *f0* chaleur *f*. °**~einheit** *f1* calorie *f*.
wärm|en *vt* (ré)chauffer. °**~e·regler** *m3* thermostat *m*. °**~flasche** *f1* bouillote *f*.
warm|herzig *a* chaleureux. **~laufen** *vi* [Motor] chauffer.
warn|en *vt* (*vor*, dat.) avertir (de). °**~licht** *n2* signal lumineux. °**~ung** *f1* avertissement *m*. °**~zeichen** *n3* signal avertisseur.
Warte *f1* observatoire *m*. °**~frau** *f1* garde-malade *f*.
warten *vi* (*auf*, acc.) attendre • *vt* s'occuper de.
Wärter *m3*, °**~in** *f1* infirmier *s*.
Warte|raum *m2*, °**~saal** *m* (s, säle) salle *f* d'attente.
Wartung *f0* entretien *m*.
warum *av* pourquoi ?
Warze *f1* verrue *f*.
was *pr interr* quoi ? ; **~** *ist los ?* qu'y a-t-il ? • *pr rel* ce qui ; ce que ; *alles* **~**, tout ce qui, ce que • *pr indéf* [*abr* de ***etwas***] quelque chose ‖ Loc : **~** *kostet das ?*, combien cela coûte-t-il ? ‖ Fam. pourquoi ? • *loc c* : **~... *auch (immer)***, quoi que • *loc p* : **~** *für (ein) ?*, quel (genre de) ?
Wasch|anstalt *f1* laverie *f*. °**~becken** *n3* lavabo *m*.
Wäsche *f1* lavage *m* ‖ linge *m*.
wasch|echt *a* grand teint. **~en*** *vt* laver. °**~frau** *f1* blanchisseuse *f*. °**~küche** *f1* buanderie *f*. °**~maschine** *f1* machine *f* à laver. °**~mittel** *n3* détersif *m*. °**~raum** *m2* lavabos *mpl*.
Wasser *n0* eau *f*. **~arm** *a* aride. °**~bad** *n2* bain-marie *m*. °**~blase** *f1* cloque, ampoule *f*. **~dicht** *a* étanche. °**~fall** *m2* cascade *f*. °**~hahn** *m2* robinet *m*. °**~hose** *f1* trombe *f*.
wässerig *a* humide.
Wasser|jungfer *f1* libellule *f*. °**~kunst** *f2* grandes eaux. °**~leitung** *f1* conduite *f* d'eau. °**~melone** *f1* pastèque *f*. **~n** *vi* amerrir.
wässern *vt* mouiller.
Wasser|schi *m* (s, er) ski *m* nautique. °**~spiegel** *m3* plan *m* d'eau. °**~sport** *m0* nautisme *m*. °**~spülung** *f1* chasse *f* d'eau. °**~stand** *m0* niveau *m* d'eau. °**~stoff** *m0* hydrogène *m*. °**~strahl** *m* (s, en) jet *m* d'eau. °**~straße** *f1* voie *f* navigable. °**~tret·rad** *n2* pédalo *m*. °**~turm** *m2* château *m* d'eau.
Wässerung *f1* arrosage *m*.
Wasser|vogel *m* (s, ¨) oiseau *m* aquatique. °**~waage** *f1* niveau *m* à bulle. °**~weg** *m1* : *auf dem* **~**, par eau.
waten *vi* patauger ; barboter.
1. Watt *n* (s, en) haut-fond *m*.
2. Watt *n* (s) Él. watt *m*.
Watte *f0* ouate *f*.
web|en* *vt* tisser. °**~er** *m3* tisserand *m*. °**~er·schiffchen** *n3* navette *f*. °**~stuhl** *m2* métier *m* à tisser.
Wechsel *m3* changement *m* ‖

FIN. change *m* || COMM. traité *f*. °**~brief** *m1* effet *m*. **~haft** *a* variable, changeant. °**~jahre** *npl* retour *m* d'âge. °**~kurs** *m1* cours *m*.

wechsel|n *vi/vt* changer; échanger. **~nd** *a* variable, changeant. **~seitig** *a* mutuel; réciproque. °**~strom** *m0* courant alternatif. °**~stube** *f1* bureau *m* de change. **~voll** *a* mouvementé. **~weise** *av* alternativement.

Wechsler *m3* cambiste *m*.

Wecken *m3* petit pain.

weck|en *vt* réveiller || FIG. éveiller • *n0* : °**~**, (r)éveil *m*. °**~er** *m3* réveil(-matin) *m*.

Wedel *m3* plumeau *m* || BOT. palme *f*. **~n** *vi* : *mit dem Schwanz ~*, remuer la queue.

weder *c* : *~... noch*, ni..., ni.

Weg *m1* **1.** chemin *m*; voie *f*; *sich auf den ~ machen*, se mettre en route. **2.** [Mittel] moyen *m*.

weg *av* (au) loin • *part sép*. **~bleiben*** *vi* manquer. **~bringen*** *vt* enlever; emmener.

wegen *p* (gén.; *fam* dat.) à cause de; *von Amts ~*, d'office.

weg|fahren* *vi* partir (en voiture). **~fliegen*** *vi* s'envoler. **~führen** *vt* emmener. **~geben*** *vt* se défaire de. **~gehen*** *vi* s'en aller. **~haben** *vt* FAM. avoir pigé || [Krankheit] attraper. **~holen** *vt* emmener. **~jagen** *vt* chasser. **~kommen*** *vi* : *von einem Ort ~*, quitter un lieu. **~lassen*** *vt* laisser partir (qn) || omettre. °**~lassung** *f1* omission *f*. **~laufen*** *vi* se sauver. **~müssen*** *vi* être obligé de partir. °**~nahme** *f1* suppression *f*. **~nehmen*** *vt* enlever. **~raffen** *vt* emporter. **~räumen** *vt* enlever || [Tisch] desservir. **~schaffen** *vt* enlever; supprimer. **~schicken** *vt* expédier; (r)envoyer.

Weg·strecke *f1* bout *m* de chemin; traite *f*.

weg·tragen* *vt* emporter.

Weg·weiser *m3* guide *m* || panneau *m* indicateur.

weg|werfen* *vt* jeter. **~wollen** *vi* vouloir partir. °**~zerren** *vt* arracher. **~ziehen*** *vt* enlever; (re)tirer • *vi* s'en aller.

Weh *n0* douleur *f*; mal *m*; chagrin *m*. **~(e)** *a* douloureux • *av* : *~ tun*, faire mal/FIG. de la peine.

Wehe *f1* congère *f*.

wehen *vi* souffler || flotter au vent.

Weh|klage *f1* plainte *f*. **~leidig** *a* dolent; geignard. °**~mut** *f0* mélancolie *f*. **~mütig** *a* mélancolique.

1. Wehr *n1* barrage *m*; digue *f*.

2. Wehr *f1* défense *f* || rempart *m*. °**~dienst** *m0* service *m* militaire. °**~dienst·verweigerer** *m3* objecteur *m* de conscience. **~en** *vi* s'opposer à • *vt* interdire • *vpr* se défendre. **~los** *a* sans défense. °**~macht** *f2* armée *f*. °**~pflicht** *f0* : *allgemeine ~*, service *m* militaire obligatoire.

Weh·wehchen *n0* FAM. bobo *m*.

Weib *n2* femme *f*. °**~chen** *n3* ZOOL. femelle *f*. °**~er·feind** *m1* misogyne *m*. **~lich** *a* féminin.

weich *a* mou ; *~ werden*, céder. °**~bild** *n2* banlieue *f*.

1. Weiche *f1* mollesse *f* ‖ AN. flanc *m*.

2. Weiche *f1* aiguillage *m*; *die ~ stellen (für)*, aiguiller.

1. weichen *vi* : *~ lassen*, faire tremper.

2. weichen* *vi* céder ; fléchir.

Weich|heit *f0* mollesse *f*. °**~käse** *m3* fromage mou. °**~tier** *n1* mollusque *m*.

1. Weide *f1* pâture *f*. **~n** *vi* paître • *vpr* FIG. (*an*, dat.) se repaître de.

2. Weide *f1* saule *m*; osier *m*. °**~n·baum** *m2* saule *m*.

weiger|n *vpr* se refuser. °**~ung** *f1* refus *m*.

Weih|e *f1* consécration *f*. **~en** *vt* bénir ‖ consacrer.

Weiher *m3* étang *m*.

Weih·nacht *f0*, °**~en** *n0* Noël *m*.

Weihnachts|abend *m1* veill(é)e *f* de Noël. °**~baum** *m2* arbre *m* de Noël. °**~lied** *n2* noël *m*. °**~mann** *m* (s, ¨ er) père *m* Noël.

Weih|rauch *m0* encens *m*. °**~wasser** *n0* eau bénite.

weil *c* parce que.

Weile *f1* moment *m*. **~n** *vi* séjourner ; s'attarder.

Weiler *m3* hameau *m*.

Wein *m1* vin *m* ‖ *wilder ~*, vigne vierge. °**~bau** *m0* viticulture *f*. °**~bauer** *m4* vigneron *m*. °**~beere** *f1* grain *m* de raisin. °**~berg** *m1* vignoble *m*. °**~brand** *m2* eau-de-vie *f* de vin.

wein|en *vi* pleurer. **~erlich** *a* pleurnicheur.

Wein|garten *m* (s, ¨) vigne *f*. °**~gärtner** *m3* vigneron *m*. °**~glas** *n2* verre *m* à vin. °**~händler** *m3* marchand *m* de vins. °**~keller** *m3* cellier *m*. °**~kellner** *m3* sommelier *m*. °**~lager** *n3* chai *m*. °**~laube** *f1* treille *f*. °**~lese** *f0* vendanges *fpl*. °**~leser** *m3* vendangeur *m*. °**~probe** *f1* dégustation *f*. °**~rebe** *f1* vigne *f*. **~stock** *m2* cep, pied *m* de vigne. °**~stube** *f1* taverne *f*. °**~treber**, °**~trester** *pl* marc *m* de raisin.

weise *a* sage ; avisé.

Weise *f1* manière, façon *f*; *auf diese ~*, de cette manière ‖ MUS. mélodie *f*.

weis|en* *vt* montrer, indiquer. °**~er** *m3* indicateur *m*; aiguille *f*.

Weis|heit *f0* sagesse *f*. **~lich** *av* sagement.

weis·machen *vt* : *jm etw ~*, faire croire qch à qn.

weiß *a* blanc.
weis·sag|en *vi* (insép.) prédire l'avenir. °**~er** *m3* devin *m.* °**~ung** *f1* prédiction *f.*
Weiß|buche *f1* charme *m.* °**~dorn** *m* (s, en) aubépine *f.* °**~e** *f0* blancheur *f.* **~en** *vt* blanchir. **~glühend** *a* incandescent. **~lich** *a* blanchâtre. °**~ware** *f1* lingerie *f*; blanc *m.* °**~wein** *m1* vin blanc. °**~wurst** *f2* boudin blanc.
Weisung *f1* directive *f.*
weit *a* **1.** large, vaste. **2.** lointain, éloigné • *av* : *~ von hier,* loin d'ici ; *von ~em,* de loin ‖ FIG. *bei ~em,* de beaucoup ; *~ und breit,* à la ronde ‖ *es wäre so ~,* c'est prêt ‖ [um vieles] de beaucoup.
weit|ab *av* au loin. **~aus** *av* de loin, de beaucoup. °**~blick** *m0* clairvoyance *f.* **~blickend** *a* clairvoyant. °**~e** *f1* étendue *f* ‖ lointain *m.* **~en** *vt* étendre.
Weite(s) *asn* lointain *m.*
weiter *a* autre ; nouveau ; *bis auf ~es,* jusqu'à nouvel ordre ; *ohne ~es,* tout simplement • *av* plus loin ‖ FIG. *~!,* continuez ! ; *und so ~ (usw),* et caetera (etc.) ‖ [sonst] en plus • *part sép.* **~fahren*** *vi* continuer sa route. **~geben*** *vt* (re)transmettre. **~gehen*** *vi* continuer. **~hin** *av* à l'avenir. **~kommen*** *vi* avancer. **~machen** *vi* continuer. **~sagen** *vt* répéter. **~verkaufen** *vt* revendre.
weit|gehend *a* large ; important. **~her** *av* de loin. **~hin** *av* tout alentour. **~läufig** *a* étendu • *av* en détail. **~reichend** *a* considérable. **~sichtig** *a* clairvoyant ‖ MÉD. presbyte.
Weitung *f1* élargissement *m.*
Weizen *m0* blé, froment *m.*
welch(er, e, es) [*forme inv* : ***welches***] *a interr* quel ? ; quelle ? • *pr interr* lequel ? ; laquelle ? • *pr rel* qui ; que ; lequel ; laquelle ‖ FAM. *ich möchte Brot, hast du ~es ?,* je voudrais du pain, en as-tu ?
welk *a* fané. **~en** *vi* se faner.
Well|baum *m2* TECHN. arbre *m.* °**~blech** *n1* tôle ondulée. °**~e** *f1* vague *f* ‖ onde *f* ‖ TECHN. vilebrequin *m* ‖ AUT. *die grüne ~,* tous les feux verts. **~en** *vt* onduler • *vpr* ondoyer. **~ig** *a* onduleux.
Welt *f1* monde *m* ‖ [Leben] *zur ~ kommen,* venir au monde ; *alle ~,* tout le monde. °**~all** *n0* univers *m.* **~bekannt** *a* de renommée universelle. **~fremd** *a* sans expérience. °**~handel** *m0* commerce mondial. °**~karte** *f1* mappemonde *f.* °**~kind** *n2* bon vivant °**~krieg** *m1* guerre mondiale °**~kugel** *f1* globe *m* terrestre **~lich** *a* laïc. °**~macht** *f* puissance mondiale. °**~mann** *m* (s, ¨ er) homme *m* du monde. °**~meer** *n1* océan *n* °**~meister** *m3* champion du monde.

Welt·raum·fahr|er *m3* astronaute *m.* °**~t** *f1* vol spatial.
Welt|reise *f1* tour *m* du monde. °**~teil** *m1* partie *f* du monde. °**~weisheit** *f0* philosophie *f.* **~weit** *a* mondial.
wem *pr* dat. de ***wer.***
wen *pr* acc. de ***wer.***
Wende *f1* virage, tournant *m.* °**~kreis** *m1* tropique *m.* °**~punkt** *m1* tournant *m.*
Wendel·treppe *f1* escalier *m* en colimaçon.
wend|en* *vi/vt* tourner • *vpr : sich an jn ~,* s'adresser à qn. °**~er** *m3* inverseur *m* ‖ tournebroche *m.* **~ig** *a* maniable. °**~igkeit** *f0* maniabilité *f.* °**~ung** *f1* virage *m* ‖ FIG. changement *m* ‖ [Sprache] tournure *f.*
wenig *av* peu • *a* peu de ; *das ~e Geld,* le peu d'argent ‖ *ein ~,* un peu (de). **~er** *av* moins ; *mehr oder ~,* plus ou moins. °**~keit** *f1* bagatelle *f;* rien *m.* **~st** *a : am ~en,* le moins ; *~ens/zum ~en,* tout au moins. °**~ste(s)** *asn* minimum *m.*
wenn *c* **1.** TEMPS quand ; lorsque ; toutes les fois que. **2.** CONDITION si ; *~ ich wüßte,* si je savais • *loc c :* ***selbst ~,*** même si ‖ *~* ***nicht,*** sinon ‖ ***außer ~,*** sauf si ‖ ***wie ~,*** comme si ‖ *~* ***... doch*** si seulement ‖ *~* ***nur,*** pour peu que ‖ *~* ***... gleich/schon/auch*** même si. **~gleich, ~schon** *c* bien que.
wer *pr interr* qui ? • *pr indéf* FAM. quelqu'un.
werb|en* *vi* (*um,* acc.) rechercher, briguer ; (*für,* acc.), faire de la publicité (pour) • *vt* recruter. °**~er** *m3* prétendant *m* ‖ recruteur *m.* **~erisch** *a* publicitaire. °**~ung** *f1* demande *f* en mariage ‖ recrutement *m* ‖ COMM. publicité *f.*
Werde·gang *m0* évolution *f* ‖ cours *m.*
werd|en* *vi* devenir ‖ FIG. arriver ; *es wird Tag,* le jour se lève ; *krank ~,* tomber malade • *v imp : es wird morgen ein Jahr, daß,* il y aura demain un an que • *aux* (futur) : *wird er kommen ?,* viendra-t-il ? ‖ (passif) *es wurde gesagt,* on a dit • *n0 :* °*~,* devenir *m.*
werfen* *vt* jeter, lancer ; *über den Haufen ~,* bouleverser ‖ [hervorbringen] faire ; produire • *vpr* se jeter ; s'élancer ‖ [Holz] travailler.
Werft *f1* chantier naval.
Werg *n0* étoupe *f.*
Werk *n1* travail, ouvrage *m; ans ~, zu ~e gehen,* se mettre au travail ‖ [Fabrik] usine *f.* °**~bank** *f2* établi *m.* **~eln, ~en** *vi* travailler. °**~meister** *m3* contremaître *m.* °**~statt** *f* (¨ en), °**~stätte** *f1* atelier *m.* °**~stoff** *m1* matériau *m.* °**~tag** *m1* jour *m* ouvrable. **~tätig** *a* actif. °**~tisch** *m1* établi *m.* °**~unterricht** *m0* [Schule] travaux manuels.

Werk·zeug *n1* outil *m.* °~**maschine** *f1* machine-outil *m.*

wert *a* d'une valeur de ‖ FIG. précieux ‖ digne de ; *das ist nicht der Mühe ~,* cela n'en vaut pas la peine ‖ COMM. *Ihr ~es Schreiben,* votre honoré • *m1* : °~, valeur *f;* prix *m.* °~**angabe** *f0* valeur déclarée. °~**brief** *m1* lettre chargée. ~**en** *vt* estimer. ~**los** *a* sans valeur. °~**papier** *n1* titre *m.* °~**sachen** *fpl* objets *mpl* de valeur. °~**sendung** *f1* envoi *m* en valeur déclarée. °~**ung** *f1* évaluation *f.* ~**voll** *a* précieux.

Wesen *n3* nature *f;* caractère *m* ‖ conduite *f; sein ~ treiben,* faire des siennes ‖ être *m;* créature *f.* °~**s·art** *f1* nature *f.* °~**s·zug** *m2* caractéristique *f.*

wesentlich *a* essentiel.

wes·halb *av interr* pourquoi ?

Wespe *f1* guêpe *f.*

wessen *pr* gén. de **wer.**

Weste *f1* gilet *m.*

West|en *m0* Ouest *m.* °~**falen** *n0* Westphalie *f.* ~**lich** *a* occidental • *av* : *~ von,* à l'ouest de.

wes·wegen *av/c* (ce) pourquoi.

wett *a* quitte. °~**bewerb** *m1* compétition *f;* concours *m;* concurrence *f.* °~**e** *f1* pari *m.* °~**eifer** *m0* émulation *f.* ~**eifern** *vi* rivaliser. ~**en** *vi* parier.

Wetter *n0* temps *m* ‖ orage *m.* °~**aussichten** *fpl* temps *m* probable. °~**bericht** *m1* bulletin *m* météorologique. °~**dienst** *m0* météorologie *f.* °~**hahn** *m2* girouette *f.* °~**kunde** *f0* météorologie *f.* ~**leuchten** *v imp* : *es wetterleuchtet,* il y a des éclairs de chaleur.

wettern *vi* pester.

Wetter·vorhersage *f0* prévisions *fpl* météorologiques.

Wett|kampf *m2* compétition *f.* ~**machen** *vt* rattraper. °~**rennen** *n0* course *f.* °~**streit** *m1* concours *m;* lutte *f.*

wetzen *vt* aiguiser, affûter.

Wichse *f1* cirage *m.* ~**n** *vt* cirer, encaustiquer.

wichtig *a* important. °~**keit** *f1* importance *f.*

Wickel *m3* pelote *f* ‖ bigoudi *m.* °~**kind** *n2* bébé *m.* ~**n** *vt* enrouler ; envelopper. °~**tuch** *n2* lange *m.*

Widder *m3* bélier *m.*

wider *p* (acc.) contre ; *~ Willen,* à contrecœur • *part* (en général) *insép.* ~**fahren*** *vi* arriver ; advenir à. °~**hall** *m1* écho *m.* °~**halt** *m1* appui *m.* ~**legen** *vt* réfuter. ~**lich** *a* dégoûtant. °~**part** *m1* adversaire *m.* ~**raten*** *vt* déconseiller. ~**rechtlich** *a* illégal. °~**rede** *f1* contradiction *f.* °~**ruf** *m1* annulation *f.* ~**rufen*** *vt* annuler • *vi* se rétracter. °~**schein** *m1* reflet *m.* **~setzen** *vpr* s'opposer (à). **~spenstig** *a* récalcitrant. **~spiegeln** *vt* (sép.) refléter. **~sprechen*** *vi* contredire. °**~spruch** *m2* contradiction *f.* **~spruchs·voll** *a* contradictoire. °**~stand** *m2* résistance *f.* **~stehen*, ~streben** *vi* résister (à). °**~streit** *m1* conflit *m.* **~wärtig** *a* répugnant. °**~wille** *m* (ns) répugnance *f.* **~willig** *av* à contrecœur.

widm|en *vt* dédier, dédicacer • *vpr* se consacrer (à). °**~ung** *f1* dédicace *f.*

widrig *a* contraire ‖ [widerlich] dégoûtant.

wie *av* **1.** INTERROGATIF comment ? combien ? ; *~ alt ist er ?* quel âge a-t-il ? **2.** EXCLAMATIF que ; comme ; combien • *c* **1.** COMPARAISON comme ; *ein Mann ~ er,* un homme tel que lui ‖ LOC : ***so... ~,*** aussi, autant que ; *so groß ~ ich,* aussi grand que moi. **2.** TEMPS comme ; au moment où. **3.** LOC : ***~... auch,*** *si... que ; ~ dem auch sein mag,* quoi qu'il en soit.

wieder *av* encore (une fois) ; à nouveau • *part* (en général) *sép.* °**~aufbau** *m0* reconstruction *f.* **~aufkommen*** *vi* se rétablir. °**~aufnahme** *f1* reprise *f.* **~bekommen*** *vt* récupérer. **~bringen*** *vt* rapporter ; ramener. **~erkennen*** *vt* reconnaître. °**~erstattung** *f1* remboursement *m* (des frais). **~finden*** *vt* retrouver. °**~gabe** *f1* restitution *f* ‖ reproduction *f* ‖ MUS. interprétation *f.* **~geben*** *vt* rendre ‖ ARTS reproduire. °**~geburt** *f1* FIG. renaissance *f.* **~gutmachen** *vt* réparer. **~herstellen** *vt* réparer. °**~herstellung** *f1* restauration *f.*

wieder·hol|en *vt* (insép.) répéter. **~t** *a* répété. °**~ung** *f1* répétition *f* ‖ JUR. récidive *f.*

Wieder·instand·setzung *f1* remise *f* en état.

wieder|käuen *vt* ruminer. °**~käuer** *m3* ruminant *m.* °**~kehr** *f0* retour *m.* **~kehren, ~kommen*** *vi* revenir. °**~kunft** *f0* retour *m.* **~sehen*** *vt* revoir ; *auf °~!,* au revoir ! **~um** *av* en revanche.

Wiege *f1* berceau *m.*

Wiege·messer *n3* hachoir *m.*

1. wiegen *vt* bercer ‖ balancer. °**~lied** *n2* berceuse *f.*

2. wiegen* *vt* peser.

Wien *n0* Vienne *f.* **~er** *a* viennois.

Wiese *f1* pré *m ;* prairie *f.*

wie|so *av* comment cela ? **~viel** *av* combien ? ; *den ~ten haben wir ?,* quel jour sommes-nous ? **~wohl** *c* quoique.

wild *a* sauvage ‖ *~e Ehe,* union *f* libre • *n0 :* °**~,** gibier *m.* °**~bach** *m2* torrent *m.* °**~bret** *n0* gibier *m.* °**~dieb** *m1* braconnier *m.* °**~e(r)** *asm* sauvage *m.* °~**heit** *f0* sauvagerie *f.* °~**leder** *n0* peau *f* de chamois. °~**nis** *f* (se) désert *m.* °~**schwein** *n1* sanglier *m.* °~**west** *m0* Far West *m.*

Wille|(n) *m* ([n]s) volonté *f;* vouloir *m.* ~**n·los** *a* passif ; soumis. °~**n·losigkeit** *f0* passivité *f.*

willens *av* : *~ sein zu,* avoir l'intention de. °~**kraft** *f2* force *f* de caractère. ~**schwach** *a* velléitaire. °~**stärke** *f0* volonté *f.*

willentlich *av* volontairement, exprès.

will|fahren* *vi* acquiescer (à). ~**fährig** *a* obligeant.

willig *a* docile. °~**keit** *f0* docilité *f.*

Will·komm *m1,* °~**en** *n0* bienvenue *f.* ~**en** *a* bienvenu ; *jn ~ heißen,* souhaiter la bienvenue à qn.

Will·kür *f0* arbitraire *m.* ~**lich** *a* arbitraire.

wimmeln *vi* grouiller, fourmiller.

wimmern *vi* gémir.

Wimpel *m3* fanion *m.*

Wimper *f1* cil *m.*

Wind *m1* vent *m.*

Winde *f1* liseron *m* ‖ TECHN. treuil *m;* cabestan *m.*

Windel *f1* couche *f* (de nourrisson). °~**kind** *n2* poupon *m.* ~**n** *vt* emmailloter.

1. winden *vi : es windet,* il y a du vent.

2. winden* *vt* enrouler ‖ tordre.

Wind|fahne *f1* girouette *f.* °~**fang** *m2* [Tür] tambour *m.* °~**hose** *f1* tornade *f.* °~**hund** *m1* lévrier *m.* ~**ig** *a* venteux. °~**jacke** *f1* anorak *m.* °~**loch** *n2* soupirail *m.* °~**pocken** *fpl* varicelle *f.* °~**schutz·scheibe** *f1* pare-brise *m.* °~**stoß** *m2* coup *m* de vent.

Windung *f1* méandre *m.*

Wind·zug *m2* courant *m* d'air.

Wink *m1* signe *m.*

Winkel *m3* angle *m;* coin *m.* °~**maß** *n1* équerre *f.* ~**ig** *a* angulaire ; anguleux.

wink|en *vi* faire signe. °~**er** *m3* indicateur *m* de direction ; clignotant *m.*

winseln *vi* pleurnicher, geindre.

Winter *m3* hiver *m.* ~**lich** *a* hivernal. ~**s,** ~**s·über** *av* en hiver. °~**sport** *m1* sport *m* d'hiver.

Winzer *m3* vigneron *m.*

winzig *a* minuscule, infime.

Wipfel *m3* [Baum] cime *f.*

Wippe *f1* balançoire *f;* bascule *f.* ~**n** *vi* balancer.

wir *pr pers 1re pers* nom. pl. → GRAMM.

Wirbel *m3* tourbillon *m* ‖ AN. vertèbre *f.* °~**knochen** *m3* vertèbre *f.* ~**los** *a* invertébré. ~**n** *vi* tourbillonner ‖ [Trommel] rouler. °~**säule** *f1* colonne vertébrale.

wirk|en *vt* opérer ‖ TEXT. tisser • *vi* être efficace ; agir. °~**erei** *f1* tissage *m.*

wirklich *a* vrai, réel • *av* vraiment, effectivement; en effet. °**~keit** *f1* réalité *f*.
wirksam *a* actif; efficace. °**~keit** *f1* efficacité *f*.
Wirkung *f1* effet *m*; influence *f*. °**~s·kraft** *f0* efficacité *f*. **~s·los** *a* inefficace. **~s·voll** *a* efficace.
wirr *a* désordonné; confus. °**~en** *pl* désordre(s) *m(pl)*; troubles *mpl*. °**~nis** *f* (se), °**~sal** *n1* confusion *f*. °**~warr** *m0* chaos *m*.
Wirsing(kohl) *m1*, chou frisé.
Wirt *m1* hôte *m*; aubergiste, hôtelier *m*.
Wirtschaft *f1* économie *f* ‖ exploitation *f* ‖ auberge *f*. **~en** *vi* administrer; tenir un ménage. °**~er** *m3* gérant *m*. °**~ler** *m0* économiste *m*. **~lich** *a* économique ‖ [sparsam] économe. °**~lichkeit** *f0* rentabilité *f*. °**~s·gemeinschaft** *f0* : *Europäische ~ (EWG)*, Communauté économique européenne (C. E. E.).
Wirts·haus *n2* auberge *f*; café *m*.
Wisch *m1* chiffon *m*. **~en** *vt* essuyer. °**~er**, °**~lappen** *m3*, °**~tuch** *n2* torchon *m*.
wisp|eln, ~ern *vi* murmurer.
wiß·begierig *a* (d'esprit) curieux.
wissen* *vt* savoir; connaître • *n0* : °**~**, savoir *m*.
Wissenschaft *f1* science *f*; savoir *m*. °**~ler** *m3* savant *m*. **~lich** *a* scientifique.
wissens|wert, ~würdig *a* intéressant; curieux.
wissentlich *av* sciemment.
witter|n *vt* flairer. °**~ung** *f1* temps *m* ‖ flair *m*.
Wittling *m1* merlan *m*.
Witwe *f1* veuve *f*. °**~r** *m3* veuf *m*.
Witz *m1* mot *m* d'esprit ‖ [Geist] esprit *m*. °**~bold** *m1* plaisantin *m*. **~ig** *a* spirituel.
wo *av interr/rel* où (?). **~anders** *av* ailleurs. **~bei** *c* cependant que.
Woche *f1* semaine *f* ‖ REL. *die Stille ~*, la semaine sainte ‖ *Pl* couches *fpl*. °**~n·blatt** *n2* hebdomadaire *m*. °**~n·ende** *f1* week-end *m*. °**~n·karte** *f1* carte *f* hebdomadaire.
wöchentlich *av* par semaine.
Wöchnerin *f1* accouchée *f*.
wo|durch *av/pr rel* par quoi; par où. **~für** *av* pour quoi.
Woge *f1* vague, lame *f*. **~n** *vi* ondoyer, onduler.
wo|gegen *av* contre quoi • *c* alors que. **~her** *av/pr rel* d'où? **~hin** *av* (vers) où?
wohl *av* [gut] bien; à l'aise; *mir ist ~*, je me sens bien ‖ [vermutlich] sans doute • *interj : nun ~!*, eh bien! • *n0 :* °**~**, bien *m*; *zum ~!*, à votre santé! **~an** *interj* allons! **~auf** *av : er ist ~*, il se porte bien • *interj* allons! **~bedacht** *a* réfléchi. **~behalten** *a* en bon état. **~bekannt** *a* bien connu. °**~ergehen** *n0*, °**~fahrt** *f0*

prospérité *f.* **~feil** *a* bon marché. °**~gefallen** *n0* plaisir *m.* **~gemerkt!** *interj* attention! **~gemut** *a* gai. **~geraten** *a* bien fait. °**~geruch** *m2* parfum *m.* **~getan** *a : das ist ~,* c'est bien fait. **~habend** *a* aisé. °**~klang** *m0* harmonie *f.* **~meinend** *a* bienveillant. °**~sein** *n0* bien-être *m.* °**~stand** *m0* prospérité *f.* °**~tat** *f1* bienfait *m.* **~tätig** *a* bienfaisant. **~tun*** *vi* faire du bien. °**~wollen** *n0* bienveillance *f.*

Wohn|bau *m* (s, ten) maison *f* d'habitation. °**~block** *m2* grand ensemble. **~en** *vi* habiter. **~haft** *a* domicilié. °**~haus** *n2* maison *f* d'habitation. **~lich** *a* confortable. °**~ort** *m1* domicile *m.* °**~raum** *m2* pièce *f.* °**~sitz** *m1* résidence *f.* °**~stube** *f1* salle *f* de séjour. °**~ung** *f1* habitation *f;* appartement *m.* °**~wagen** *m3* caravane *f.*

wölb|en *vt* voûter; cintrer. °**~ung** *f1* voûte *f.*

Wolf *m2* loup *m* || [Fleischgerät] hachoir *m.*

Wolfram *n0* tungstène *m.*

Wolke *f1* nuage *m.*

wölken *vpr* [Himmel] se couvrir.

wolkig *a* nuageux, couvert.

Wolle *f1* laine *f.*

1. wollen *a* en laine.

2. wollen* *vt/vi* vouloir || (nuance impérative) *wir wollen gehen!,* partons! || affirmer; prétendre || Loc : *was will das heißen,* qu'est-ce que cela signifie ?

Woll|garn *n1* fil *m* de laine. **~ig** *a* en laine.

Wol|lust *f2* volupté *f.* **~lüstig** *a* voluptueux.

Woll·waren *fpl* lainages *mpl.*

wo|mit *rel av* avec quoi. **~möglich** *av* si possible. **~nach** *rel av* selon quoi; (d')après quoi.

Wonne *f1* délice *m.* **~voll** *a* délicieux.

wonnig(lich) *a* délicieux, exquis.

wo|ran *rel av* à quoi; auquel. **~rauf** *rel av* sur quoi; après quoi. **~raus** *rel av* d'où; en quoi; de quoi (mouvement); où. **~rin** *rel av* dans quoi; en quoi; où.

1. Wort *n2* mot *m.*

2. Wort *n1* parole(s) *f(pl);* propos *mpl; aufs ~ hören,* obéir à la lettre; *in ~en,* en toutes lettres; *jm ins ~ fallen,* interrompre qn || [Versprechung] parole *f* (d'honneur) || Mil. [Losung] mot *m* de passe.

Wörter|buch *n2* dictionnaire *m.* °**~verzeichnis** *n* (ses, se) index *m.*

Wort|führer *m3* porte-parole *m.* **~getreu** *a* littéral. **~karg** *a* laconique. °**~klauber** *m3* ergoteur *m.*

wörtlich *a* textuel, littéral • *av* en toutes lettres.

wort|los *a* muet • *av* sans mot dire. **~reich** *a* verbeux.

°~**schatz** *m2* vocabulaire *m.* °~**spiel** *n1* jeu *m* de mots. °~**wechsel** *m3* altercation *f.* ~**wörtlich** *a* littéral.
wo|rüber *rel av* au sujet de quoi ; par où ? ~**rum** *rel av* de quoi ; pour quoi (?). ~**runter** *rel av* sous quoi ; parmi lesquels. ~**von** *rel av* de quoi ; dont. ~**vor** *rel av* devant quoi ; de quoi. ~**zu** *rel av* à quoi (bon) ; pourquoi.
Wrack *n1* épave *f.*
wring|en* *vt* tordre. °~**maschine** *f1* essoreuse *f.*
Wucher *m0* usure *f.* °~**blume** *f1* chrysanthème *m.* °~**er** *m3* usurier *m.* ~**n** *vi* foisonner ‖ se livrer à l'usure. ~**nd** *a* luxuriant. °~**ung** *f1* prolifération *f* ‖ *Pl* végétations *fpl.*
Wuchs *m2* croissance *f* ‖ [Gestalt] taille *f.*
Wucht *f0* masse *f;* poids *m.* ~**ig** *a* massif.
wühlen *vi* creuser ; miner.
Wulst *m2, f2* bourrelet *m.* ~**ig** *a* boursouflé.
wund *a* blessé ; écorché ; ~*e Stelle,* blessure *f.* °~**arzt** *m2* chirurgien *m.* °~**e** *f1* plaie, blessure *f.*
Wunder *n3* miracle *m;* merveille *f.* ~**bar** *a* merveilleux. °~**doktor** *m* (s, en) charlatan *m.* °~**kind** *n2* enfant *m* prodige. ~**lich** *a* étrange. °~**lichkeit** *f1* étrangeté *f.*
wundern *vt* étonner, surprendre.
wunder|nehmen* *vt* étonner. ~**sam** *a* étrange. ~**schön** *a* admirable. °~**tat** *f1* miracle *m.* ~**voll** *a* merveilleux ; prodigieux. °~**werk** *n1* miracle, prodige *m.*
Wund|mal *n1* cicatrice *f.* °~**naht** *f2* suture *f.* °~**rose** *f0* érysipèle *m.* °~**starrkrampf** *m0* tétanos *m.*
Wunsch *m2* désir, souhait, vœu *m.*
wünsch|en *vt* souhaiter. ~**ens·wert** *a* souhaitable.
wunsch|gemäß *av* selon (votre) désir.
Würde *f1* dignité *f.* ~**los** *a* indigne, vil. °~**n·träger** *m3* dignitaire *m.* ~**voll** *a* majestueux.
würdig *a* digne. ~**en** *vt* honorer. °~**ung** *f1* hommage *m.*
Wurf *m1* jet *m;* lancement *m* ‖ SP. lancer *m.*
Würfel *m3* dé *m;* cube *m.* ~**förmig** *a* cubique. ~**n** *vi* jouer aux dés. °~**zucker** *m0* sucre *m* en morceaux.
würgen *vi* s'étouffer en avalant • *vt* étrangler.
Wurm *m2* ver *m.* ~**en** *vt* FIG., FAM. ronger. ~**ig** *a* véreux. ~**stichig** *a* piqué.
Wurst *f1* saucisse *f;* saucisson *m* ‖ FAM. *das ist mir* ~, je m'en fiche. °~**waren** *fpl* charcuterie *f.*
Wurz *f1* herbe *f;* plante *f.*
Würze *f1* assaisonnement, condiment *m;* épice *f.*
Wurzel *f1* racine *f.* °~**knolle**

f1 tubercule *m.* **~los** *a* sans racines. **~n** *vi* s'enraciner. °**~werk** *n0* racines *fpl.*
würz|en *vt* assaisonner; épicer. °**~fleisch** *n1* ragoût *m.* **~ig** *a* assaisonné; épicé. °**~stoff** *m1* condiment *m.*
Wust *m0* désordre *m.*
wüst *a* vide; désert ‖ FAM. désordonné ‖ FIG. dépravé. °**~e** *f1* désert *m.* **~en** *vi : mit etw ~,* gaspiller qch. °**~ling** *m1* débauché *m.*
Wut *f0* fureur, rage *f; in ~ geraten,* se mettre en fureur.
wüt|en *vi* être en fureur; se déchaîner; faire rage. **~end** *a* furieux; déchaîné.

X Z

X-|Beine *npl* jambes cagneuses. **~beliebig** *a* quelconque. **~mal** *av* je ne sais combien de fois. °**~strahlen** *mpl* rayons *mpl* X.

Zack|e *f1,* °**~en** *m3* dent *f;* pointe *f.* °**~en·linie** *f1* ligne *f* en zigzag. **~ig** *a* dentelé.
zag|en *vi* manquer de courage. **~haft** *a* pusillanime.
zäh|e *a* coriace; dur; tenace. **~flüssig** *a* visqueux. °**~igkeit** *f0* ténacité *f.*
Zahl *f1* nombre *m;* chiffre *m.* **~bar** *a* payable.
zählbar *a* dénombrable.
zäh·lebig *a* coriace; endurant.
Zahlen... *préf* numérique.
zahlen *vt/vi* payer.
zählen *vt* compter • *vi (zu)* compter au nombre de ‖ *auf jn ~,* compter sur.
Zahler *m3* payeur *m.*
Zähler *m3* compteur *m.*
Zahl|karte *f1* mandat-carte *m.* **~los** *a* innombrable. **~reich** *a* nombreux. °**~stelle** *f1* caisse *f.* °**~ung** *f1* paiement *m.*
Zählung *f1* dénombrement, recensement *m.*
zahlungs|fähig *a* solvable. °**~termin** *m1* échéance *f.*
Zähl·werk *n1* minuterie *f.*
zahm *a* apprivoisé; domestique.
zähm|en *vt* dompter. °**~ung** *f1* dressage *m.*
Zahn *m2* dent *f;* croc *m.* °**~arzt** *m2,* °**~ärztin** *f1* dentiste *s.* °**~ersatz** *m2* prothèse *f* dentaire. °**~fäule** *f1* carie *f* dentaire. °**~fleisch** *n0* gencives *fpl.* **~los** *a* édenté. °**~pasta** *f* (ten) pâte *f* dentifrice. °**~rad·bahn** *f1* chemin *m* de fer à crémaillère. °**~rad·getriebe** *n3* engrenage *m.* °**~schmerz** *m* (es/ens, en) maux *mpl* de dents. °**~stein** *m1* tartre *m.* °**~stocher** *m3* cure-dents *m.*
Zange *f1* pince *f.*

Zank *m2* dispute *f*. **~en** *vpr* se disputer.
Zänkerei *f1* querelles *fpl*.
zank·süchtig *a* querelleur.
Zäpfchen *n3* MÉD. suppositoire *m*.
zapf|en *vt* tirer au tonneau • *m3* : °**~**, bonde *f*; bouchon *m*; *Bier vom ~*, bière à la pression ‖ TECHN. pivot *m*; cheville *f*. °**~en·streich** *m1* couvre-feu *m*. °**~stelle** *f1* distributeur *m* d'essence ‖ prise *f* d'eau.
zart *a* délicat; tendre; frêle. °**~gefühl** *n0* tact *m*. °**~heit** *f1* délicatesse *f*.
zärtlich *a* délicat; tendre. °**~keit** *f1* tendresse *f* ‖ *Pl* caresses *fpl*.
Zaster *m0* FAM. pognon *m*.
Zauber *m3* charme, sortilège *m*. °**~ei** *f1* magie *f*. °**~er** *m3* sorcier *m*. **~haft** *a* magique, enchanté. °**~kunst** *f0* magie *f*. °**~künstler** *m3* illusionniste *m*. **~n** *vi* user de magie.
zaudern *vi* hésiter; temporiser.
Zaum *m2* bride *f* ‖ FIG. *im ~e halten*, contenir.
zäumen *vt* brider.
Zaun *m2* clôture, palissade *f*.
zäunen *vt* enclore, cloturer.
z. B. [*abr* de ***zum Beispiel***] par exemple.
Zebra *n* (s, s) zèbre *m*. °**~streifen** *mpl* zébrures *fpl* ‖ passage *m* pour piétons.
Zech|e *f1* addition *f*; note *f* ‖ [Bergwerk] mine *f* de charbon. **~en** *vi* boire copieusement.
Zehe *f1* orteil *m*. °**~n·spitze** *f1* pointe *f* des pieds.
zehn *num* dix. **~mal** *av* dix fois.
zehr|en *vi* manger; consommer ‖ [nagen] miner, ronger. °**~ung** *f1* consommation *f*; provisions *fpl*.
Zeichen *n3* signe *m*; marque *f*; indice *m*. °**~brett** *n2* planche *f* à dessin. °**~erklärung** *f1* [Karten] légende *f*. °**~gebung** *f1* signalisation *f*. °**~kohle** *f1* fusain *m*. °**~kunst** *f0* (art *m* du) dessin *m*. °**~mappe** *f1* carton *m* à dessin. °**~trick·film** *m1* dessin animé.
zeichn|en *vt* dessiner ‖ signer • *n0* : °**~**, dessin *m*. °**~er** *m3* dessinateur *m*. °**~ung** *f1* dessin *m*.
Zeig|e·finger *m3* index *m*. **~en** *vt/vi* montrer, indiquer. °**~er** *m3* indicateur *m* ‖ [Uhr] aiguille *f*.
zeihen* *vt* : *jn einer Lüge ~*, accuser qn d'un mensonge.
Zeile *f1* rangée *f*; file *f* ‖ ligne *f*.
Zeisig *m1* serin *m*.
Zeit *f1* **1.** [Dauer] temps *m*; durée *f*; *mit der ~*, à la longue. **2.** [Zeitalter] époque *f*. **3.** [Zeitpunkt] moment *m*; heure *f*; *zur ~*, provisoirement; *um welche ~?*, à quelle heure? **4.** [Frist] délai *m*; *auf ~ kaufen*, acheter à crédit.
Zeit|abschnitt *m1* période *f*.

°~**abstand** *m2* intervalle *m* de temps. °~**alter** *n3* âge *m*; époque *f*. °~**ansage** *f1* horloge parlante. °~**aufnahme** *f1* PHOT. pose *f*. °~**folge** *f0* chronologie *f*. ~**gemäß** *a* actuel. °~**genosse** *m4* contemporain *m*. ~**genössisch** *a* contemporain.

zeitig *a* qui arrive à temps • *av* tôt; de bonne heure. ~**en** *vt* mûrir || FIG. produire, causer.

Zeit|karte *f1* carte *f* d'abonnement. °~**lang** *f0* : *eine ~*, pendant un certain temps. ~**lebens** *av* durant toute (la) vie. ~**lich** *a* temporel; *das °~e segnen,* passer de vie à trépas. ~**los** *a* intemporel. °~**lupe** *f0* : *in ~*, au ralenti. °~**messer** *m0* chronomètre *m*. °~**punkt** *m1* moment *m*. °~**schrift** *f1* revue *f*. °~**spanne** *f1* laps *m* de temps.

Zeitung *f1* journal *m*. °~**s·wesen** *n0* journalisme *m*; presse *f*.

Zeit|verschluß *m* (sses, ¨sse) obturateur *m*. °~**vertreib** *m1* passe-temps *m*. ~**weilig** *a* temporaire. ~**weise** *av* par moments. °~**wort** *n2* verbe *m*. °~**zone** *f1* fuseau *m* horaire.

Zell|e *f1* cellule *f* || [Kabine] cabine *f*. °~**faser** *f1* cellulose *f*. °~**glas** *n0* Cellophane *f*. ~**ig** *a* cellulaire. °~**ulose** *f0* cellulose *f*. °~**wolle** *f1* fibranne *f*.

Zelt *n1* tente *f*. °~**bahn** *f1* toile *f* de tente. ~**en** *vi* camper. °~**lager** *n3* camping *m*. °~**ler** *m3* campeur *m*. °~**platz** *m2* terrain *m* de camping.

Zement *m1* ciment *m*.

zens|ieren *vt* censurer || [Schule] noter. °~**ur** *f1* censure *f* || [Schule] note *f*.

Zenti|liter *m3, n3* [*abr* : **cl**] centilitre *m*. °~**meter** *m3, n3* [*abr* : **cm**] centimètre *m*.

Zentner *m3* demi-quintal *m*. ~**schwer** *a* très lourd.

zentral *a* central. °~**e** *f1* centrale *f* || TÉL. central *m*. °~**heizung** *f1* chauffage central.

Zentrum *n* (s, tren) centre *m*.

zer *part insép.*

zer·bersten* *vi* crever; se rompre.

zer·brech|en* *vt/vi* (se) casser. ~**lich** *a* fragile.

zer|bröckeln *vt/vi* (s')émietter. ~**drücken** *vt* écraser. ~**fahren** *a* décousu, incohérent || [Weg] défoncé.

Zerfall *m0* décadence *f*. ~**en*** *vi* tomber en ruine.

zer|fasern *vt/vi* (s')effilocher. ~**fetzen** *vt* mettre en lambeaux; déchiqueter. ~**fleischen** *vt* lacérer. ~**fließen*** *vi* s'écouler || se liquéfier. ~**fressen*** *vt* ronger; corroder. ~**gehen*** *vi* fondre.

zer·glieder|n *vt* décomposer; analyser. °~**ung** *f1* dissection *f*.

zer|hacken *vt* hacher. **~hauen** *vt* dépecer ; hacher. **~kleinern** *vt* broyer. **~klüftet** *a* crevassé. **~knittern, ~knüllen** *vt* froisser. **~lassen*** *vt* : *Butter ~,* faire fondre du beurre.

zer·leg|en *vt* démonter. °**~ung** *f1* démontage *m.*

zer|lumpt *a* déguenillé. **~mürben** *vt* user. **~platzen** *vi* crever ; éclater. **~quetschen** *vt* meurtrir.

Zerr·bild *n2* caricature *f.*

zer|reiben* *vt* broyer. **~reißen*** *vt* déchirer • *vi* (se) casser.

zerren *vt/vi* tirailler ‖ [Muskel] froisser.

zer·rinnen* *vi* s'écouler ; (se) fondre.

zer·rissen *a* déchiré. °**~heit** *f0* déchirement (moral).

zer|rütten *vt* ruiner ; détraquer. **~schellen** *vi* [Flugzeug] s'écraser.

zer·schlagen* *vt* mettre en pièces • *pp/a* brisé ; courbatu. °**~heit** *f0* courbatures *fpl.*

zer|schlissen *a* usé ; râpé. **~schmettern** *vt* fracasser. **~schneiden*** *vt* découper.

zer·setz|en *vt* décomposer. °**~ung** *f0* décomposition *f.*

zer·spalt|en *vt* fendre. °**~ung** *f1* scission *f ;* fission *f.*

zer·splitter|n *vi/vpr* éclater. °**~ung** *f1* éparpillement *m.*

zer|sprengen *vt* faire sauter ‖ FIG. disperser. **~springen*** *vi* crever ; exploser.

zer·stäub|en *vt* pulvériser. °**~er** *m3* atomiseur *m.*

zer·stieben* *vi* tomber en poussière.

zer·stör|en *vt* détruire ; démolir. °**~ung** *f1* destruction *f.*

zer·streu|en *vt* disperser ; éparpiller ‖ FIG. distraire. **~t** *a* dispersé ‖ FIG. distrait. °**~t·heit** *f0* distraction f. °**~ung** *f1* distraction *f* ‖ dispersion *f.*

zer·stückeln *vt* mettre en morceaux ; morceler.

zer·teil|en *vt* diviser, partager. °**~ung** *f1* division *f.*

zer·treten* *vt* piétiner.

zer·trümmer|n *vt* démolir. °**~ung** *f1* démolition *f.*

zer|werfen* *vpr* se brouiller. **~wühlen** *vt* fouiller. °**~würfnis** *n* (ses, se) brouille *f.*

Zettel *m3* fiche *f ;* étiquette *f ;* bulletin *m.*

Zeug *n1* outil(s) *m(pl)* ‖ FIG., FAM. chose *f ;* truc *m* ‖ [Stoff] tissu *m* ‖ FIG. *dummes ~,* bêtises *fpl.*

Zeuge *m4* témoin *m.*

1. zeugen *vt* engendrer.

2. zeugen *vi* (*von,* dat.) témoigner (de).

Zeug·haus *n2* arsenal *m.*

Zeugnis *n* (ses, se) témoignage *m* ‖ ENS. bulletin *m.*

Zeugung *f1* procréation *f.*

Zichorie *f1* chicorée *f.*

Zick|e *f1* chèvre *f.* °**~lein** *n3* chevreau *m.*

Zick·zack *m1* zigzag *m.*

Ziege *f1* chèvre, bique *f*.
Ziegel *m3* brique *f* ‖ tuile *f*. °**~stein** *m1* brique *f*.
Ziegen|bock *m2* bouc *m*. °**~käse** *m0* fromage *m* de chèvre. °**~peter** *m0* oreillons *mpl*.
Zieh|brunnen *m3* puits *m*. °**~eltern** *mpl* parents adoptifs.
ziehen* *vt* tirer ; étirer ; allonger ‖ (re)tirer ; enlever ; extraire ; *Wasser ~,* puiser de l'eau ‖ tirer ; tracer ; *Gesichter ~,* faire des grimaces ‖ COMM. *einen Wechsel auf jn ~,* tirer une traite sur qn ‖ élever ; cultiver • *vi* aller ; passer ‖ partir ‖ FAM. marcher ‖ LOC : *den Tee ~ lassen,* laisser infuser le thé • *vpr : sich in die Länge ~,* traîner en longueur • *v imp : es zieht,* il y a un courant d'air • *n0 :* °*~,* tirage *m;* traction *f* ‖ [Zug] passage *m*.
Zieh|harmonika *f* (s/ken) accordéon *m*. °**~kind** *n2* enfant adoptif. °**~ung** *f1* tirage *m* (au sort).
Ziel *n1* **1.** but *m*. **2.** [Frist] terme *m*. **~bewußt** *a* qui sait ce qu'il veut. **~en** *vi* viser. **~los** *a* indécis. °**~scheibe** *f1* cible *f*.
ziem|en *vi* convenir • *vpr : was sich ziemt,* ce qui se fait. **~lich** *a* passable • *av* assez ; *~ viel,* pas mal de.
Zier *f0,* °**~at** *m1* ornement *m*. °**~de** *f1* ornement *m;* parure *f*. **~en** *vt* orner, décorer. **~lich** *a* mignon. °**~pflanze** *f1* plante *f* d'agrément. °**~stück** *n1* ornement *m*.
Ziffer *f1* chiffre *m*. °**~blatt** *n2* cadran *m*.
Zigarette *f1* cigarette *f*. °**~n·spitze** *f1* fume-cigarette *m*.
Zigarre *f1* cigare *m*.
Zikade *f1* cigale *f*.
Zimbel *f1* cymbale *f*.
Zimmer *n3* chambre *f;* pièce *f*. °**~mädchen** *n3* femme *f* de chambre. °**~mann** *m* (s, leute) charpentier *m*. **~n** *vt* charpenter. °**~theater** *n3* théâtre *m* de poche. °**~werk** *n1* charpente *f*.
zimperlich *a* affecté.
Zink *n0* zinc *m*.
Zinke *f1* pointe *f;* dent *f*.
Zinn *n0* étain *m*.
Zinne *f1* créneau *m*.
Zins *m* (es, en/e) intérêt *m*. °**~es·zins** *m1* intérêt composé. °**~satz** *m2* taux *m* d'intérêt. °**~schein** *m1* coupon *m*.
Zipfel *m3* pointe *f;* coin *m*. °**~mütze** *f1* bonnet *m* de coton.
Zipperlein *n0* MÉD. goutte *f*.
zirka *av* environ.
Zirkel *m3* compas *m* ‖ cercle *m*. **~förmig, ~rund** *a* circulaire. °**~schluß** *m* (sses, ¨sse) cercle vicieux.
Zirkus *m* (-, se) cirque *m*. °**~zelt** *n1* chapiteau *m*.

Zirpe *f1* cigale *f.*
Zit|at *n1* citation *f.* **~ieren** *vt* citer.
Zitrone *f1* citron *m.* °**~n·baum** *m2* citronnier *m.* °**~n·wasser** *n0* citronnade *f.*
zitter|ig *a* tremblant. **~n** *vi* trembler.
Zitze *f1* tétine *f.*
zivil *a* civil || [Preise] modéré. °**~gesetzbuch** *n0* [*abr* : *ZGB*] Code civil. °**~isation** *f1* civilisation *f.* °**~recht** *n0* droit civil. °**~stand** *m0* état civil.
Zofe *f1* soubrette *f.*
Zöger|er *m3* indécis *m.* **~n** *vi* hésiter, tergiverser.
Zögling *m1* élève *m.*
Zölibat *m0, n0* célibat *m.*
Zoll *m2* douane *f.* °**~amt** *n2* bureau *m* de douane. °**~beamte(r)** *asm* douanier *m.* **~en** *vt* : *jm Dank* ~, être reconnaissant à qn. **~frei** *a* exonéré de droits.
Zöllner *m3* douanier *m.*
zoll·pflichtig *a* soumis aux droits de douane.
Zoll·stock *m2* mètre (pliant).
Zone *f1* zone *f* ; région *f.*
Zoo *m* (s, s) zoo *m.* **~logisch** *a* zoologique.
Zopf *m2* tresse, natte *f.* **~ig** *a* démodé.
Zorn *m0* colère *f.* **~ig** *a* en colère ; fâché.
Zot|e *f1* obscénité *f.* **~ig** *a* obscène.
zu *p* (dat.) **1.** Lieu : ~ *Haus(e),* à la maison ; chez soi. **2.** Direction : ~ *jm gehen,* aller chez qn ; ~*m Fenster hinausschauen,* regarder par la fenêtre. **3.** Temps : ~ *Mittag essen,* déjeuner. **4.** Loc : ~ *Staub werden,* tomber en poussière ; ~ *Fuß,* à pied ; *2* ~ *1,* deux à un ; *von Zeit* ~ *Zeit,* de temps en temps. **5.** Devant l'Inf : *ich weiß das* ~ *schätzen,* je sais l'apprécier • *c* : *um...* ~ (inf.), afin de ; pour • *av* : *die Tür ist* ~, la porte est fermée || trop ; ~ *groß,* trop grand • *loc av* : *ab und* ~, de temps en temps • *part sép.*
Zu·behör *m0, n0* accessoires *mpl.*
Zuber *m3* baquet *m.*
zu·bereit|en *vt* préparer. °**~ung** *f1* préparation *f.*
zu|billigen *vt* accorder. **~bringen*** *vt* apporter || [verbringen] passer.
Zucht *f0* discipline *f* || culture *f* ; élevage *m.*
zücht|en *vt* élever ; cultiver. °**~er** *m3* éleveur *m.*
Zucht|haus *n2* pénitencier *m.* °**~hengst** *m1* étalon *m.*
züchtig *a* modeste ; pudique. **~en** *vt* châtier. °**~keit** *f0* modestie *f.* °**~ung** *f1* correction *f.*
Züchtung *f0* élevage *m* ; culture *f.*
zucken *vi/vt* tressaillir, sursauter ; *die Achseln* ~, hausser les épaules • *n0* : °~, soubresaut *m.*

zücken *vt* tirer ; brandir.
Zucker *m0* sucre *m.* °**~bäcker** *m3* confiseur *m.* °**~dose** *f1* sucrier *m.* **~ig** *a* sucré. **~krank** *a* diabétique. °**~krankheit** *f0* diabète *m.* **~n** *vt* sucrer. °**~rohr** *n1* canne *f* à sucre. **~süß** *a* sucré ; mielleux.
Zuckung *f1* spasme *m.*
zu|decken *vt* (re)couvrir. **~dem** *av* en outre, de plus. °**~drang** *m0* affluence *f.* **~drehen** *vt* fermer (en tournant) ; visser.
zu·dringlich *a* importun. °**~keit** *f0* indiscrétion *f.*
zu·drücken *vt* fermer (en serrant).
zu·eign|en *vt* dédier. °**~ung** *f1* dédicace *f.*
zu·einander *av* mutuellement.
zu·erkennen* *vt* conférer ; décerner.
zu·erst *av* d'abord.
Zu·fahrt *f1* accès *m.*
Zu|fall *m2* hasard *m.* **~fallen*** *vi* [zuteil werden] revenir ; échoir à. **~fällig** *a* fortuit • *av* par hasard.
zu|fassen *vt* saisir, empoigner. **~fließen*** *vi* affluer.
Zu|flucht *f1* refuge, asile *m.* °**~fluß** *m* (sses, ¨ sse) affluence *f;* afflux *m.*
zu·folge *p* (gén. ; dat.) d'après ; en vertu de.
zu·frieden *a* satisfait ; *mit jm ~ sein,* être content de qqn. °**~heit** *f0* satisfaction *f.* **~stellen** *vt* contenter.
zu|frieren* *vi* geler. **~fügen** *vt* ajouter ‖ infliger.
Zu|fuhr *f1* approvisionnement *m ;* adduction *f.* **~führen** *vt* amener ; alimenter.
Zug *m2* **1.** traction *f.* **2.** coup *m ;* trait *m ; in einem ~(e),* d'un seul trait. **3.** courant *m* d'air. **4.** trait *m.* **5.** passage *m ;* cortège *m* ‖ PAR EXT. train *m.*
Zu·gabe *f1* supplément *m.*
Zu|gang *m2* (*zu,* dat.) accès *m.* **~gänglich** *a* accessible.
zu·geben* *vt* ajouter ‖ accorder.
zu·gegen *av* présent.
zu·gehen* *vi* aller ; s'avancer ‖ se passer ; arriver.
zu·gehör|en *vi* faire partie de. **~ig** *a* qui appartient à.
Zügel *m3* bride *f;* rêne *f.* **~los** *a* déchaîné. **~n** *vt* tenir en bride ; refréner.
zu·ge|neigt *a : jm ~ sein,* éprouver de la sympathie pour qn. **~sellen** *vt* joindre (à). **~spitzt** *a* aiguisé. °**~ständnis** *n* (ses, se) concession *f.* **~stehen*** *vt* concéder.
zu·getan *a* attaché ; dévoué.
zügig *a* alerte ; rapide.
zu·gleich *av* en même temps.
Zug·maschine *f1* tracteur *m.*
zu|greifen* *vi* intervenir (énergiquement) ‖ FAM. se servir. °**~griff** *m1* intervention *f.*
Zug·rolle *f1* poulie *f.*
zu·grunde *av* au fond ; *~ gehen,* périr ; *~ richten,* ruiner/FAM. couler.

zu|gunsten *p* (gén. ; *von,* dat.) en faveur de. **~gute** *av : jm ~ kommen,* être avantageux pour qn.
Zug·verkehr *m0* trafic *m* ferroviaire.
zu|halten* *vt* tenir fermé. °**~hälter** *m3* souteneur *m.*
Zu·hause *n0* chez-soi *m.*
zu·hör|en *vi* écouter. °**~er** *m3* auditeur *m.* °**~erschaft** *f0* auditoire *m.*
zu|jubeln *vi* acclamer. **~kehren** *vt : jm den Rücken ~,* tourner le dos à qn. **~knöpfen** *vt* boutonner. **~kommen*** *vi : das kommt Ihnen nicht zu,* ce n'est pas à vous.
Zu|kunft *f0* avenir, futur *m.* **~künftig** *a* à venir.
Zu·lage *f1* supplément *m.*
zu·lande *av : bei uns ~,* chez nous.
zu|länglich *a* suffisant. **~lassen*** *vt* admettre. °**~lassung** *f1* admission *f.*
Zu·lauf *m0* affluence, foule *f.*
zu·legen *vt* ajouter ; *sich etw ~,* s'offrir qch.
zu·leide *av : jm etw ~ tun,* faire du mal à qn.
zu|letzt *av* enfin. **~liebe** *av : jm ~,* pour l'amour de qn.
zu·machen *vt* fermer.
zu|mal *av* surtout • *c* d'autant que. **~meist** *av* la plupart du temps. **~mindest** *av* au moins ; pour le moins.
zu·mut|e *av : es ist mir so ~,* j'ai cette impression. **~en** *vt* attendre (qch de qn). °**~ung** *f1* prétention *f.*
zu·nächst *av* tout d'abord • *p* (dat.) tout près de.
zu·nähen *vt* coudre.
Zu·nahme *f1* accroissement *m ;* augmentation *f.*
Zu·name *m* (ns, n) nom *m* de famille ‖ surnom *m.*
zünd|bar *a* inflammable. **~en** *vi* s'enflammer. °**~er** *m3* détonateur *m.*
Zunder *m3* amadou *m.*
Zünd|holz *m* (es, ¨er), °**~hölzchen** *n3* allumette *f.* °**~kerze** *f1* bougie *f* d'allumage. °**~schlüssel** *m3* clef *f* de contact. °**~ung** *f1* allumage *m.* °**~vorrichtung** *f1* allumeur *m.*
zu·nehmen* *vi* augmenter.
zu·neig|en *vi* pencher vers. °**~ung** *f1* penchant *m.*
Zunge *f1* langue *f.*
zu|nichte *av : ~ machen,* réduire à néant. **~nutze** *av : sich etw ~ machen,* profiter de qch.
zu·ordnen *vt* coordonner.
zupf|en *vt* tirailler ; effilocher. °**~geige** *f1* guitare *f.*
zu·raten* *vi : jm ~,* conseiller qn.
zu·rechn|en *vt* ajouter dans un calcul ‖ FIG. imputer. °**~ung** *f1* imputation *f.* **~ungs·fähig** *a* responsable.
zu·recht|bringen* *vt* arranger. **~finden*** *vpr* s'orienter. **~legen, ~machen** *vt* préparer. **~rücken, ~setzen**

vt ranger. **~weisen*** *vt* faire des remontrances à. °**~weisung** *f1* remontrance *f*.

zu|reden *vi : jm ~,* parler à qn (pour l'encourager). **~reichen** *vt* tendre ; passer • *vi* suffire.

zu·richt|en *vt* préparer. °**~ung** *f1* préparation *f*.

zu·riegeln *vt* verrouiller.

zurück *av* en arrière ‖ de retour ‖ en retard • *part sép.* **~behalten*** *vt* retenir. **~bezahlen** *vt* rembourser. **~bleiben*** *vi* rester en arrière ; traîner • *pp/a* : ***zurückgeblieben,*** arriéré. **~bringen*** *vt* rapporter. **~drängen** *vt* refouler ‖ FIG. réprimer. **~erstatten** *vt* restituer ; rembourser. **~fahren*** *vi* reculer. **~finden*** *vi* retrouver. **~fordern** *vt* réclamer. **~führen** *vt* ramener. **~geben*** *vt* rendre. **~gehen*** *vi* retourner ; reculer. **~gewinnen*** *vt* récupérer. **~gezogen** *a : ~ leben,* mener une vie retirée.

zurück|halten* *vt* retenir. **~haltend** *a* réservé. °**~haltung** *f0* retenue, réserve *f*. **~holen** *vt* aller rechercher. **~kaufen** *vt* racheter. **~kehren, ~kommen*** *vi* revenir. **~legen** *vt* [Geld] mettre de côté ‖ [Weg] parcourir. **~nehmen*** *vt* reprendre. **~prallen** *vi* rebondir. **~rufen*** *vt* rappeler. **~schalten** *vi* rétrograder. **~schicken** *vt* renvoyer. **~schieben*** *vt* repousser. **~senden*** *vt* renvoyer. **~stehen*** *vi* avoir du retard. **~stellen** *vt* remettre en place ‖ [Uhr] retarder. **~stoßen*** *vt* repousser. **~tragen*** *vt* rapporter. **~treiben*** *vt* repousser. **~treten*** *vi* reculer. **~weisen*** *vt* refuser. **~werfen*** *vt* rejeter. **~wirken** *vi* (*auf,* acc.) se répercuter sur. **~zahlen** *vt* rembourser. **~ziehen*** *vt* retirer.

zu·rufen* *vi : jm etw ~,* crier qch à qn.

Zu·sag|e *f1* acceptation *f*. **~en** *vi* plaire.

zu·sammen *av* ensemble • *part sép.* °**~arbeit** *f0* collaboration *f*. **~arbeiten** *vi* collaborer. **~brechen*** *vi* s'écrouler. **~bringen*** *vt* réunir. °**~bruch** *m2* effondrement *m*. **~drücken** *vt* comprimer. **~fahren*** *vi* sursauter. **~fallen*** *vi* s'écrouler ‖ coïncider. **~fassen** *vt* réunir ‖ FIG. résumer. °**~fassung** *f1* réunion *f* ‖ résumé *m*. °**~fluß** *m* (sses, ¨sse) confluent *m*. **~fügen** *vt* assembler. **~führen** *vt* réunir. **~gesetzt** *a* composé. **~halten*** *vi* faire corps. °**~hang** *m2* cohérence *f*; contexte *m*. **~hängen*** *vi* être lié. **~hängend** *a* cohérent. **~hanglos** *a* incohérent. °**~klang** *m2* harmonie *f*. **~klappbar** *a* pliant. **~klappen** *vt* replier. **~knüpfen** *vt* attacher. **~kommen*** *vi* se réunir. °**~kunft** *f2* réunion *f*.

zusammen|laufen* *vi* converger ‖ [Stoff] rétrécir. °**~leben** *n3* coexistence *f*. **~legen** *vt* réunir; grouper. **~lesen*** *vt* ramasser. **~nehmen*** *vt* rassembler. **~passen** *vt* adapter. **~pferchen** *vt* entasser. °**~prall** *m1* collision *f*. **~pressen** *vt* comprimer. **~raffen** *vt* FAM. rafler. **~rufen*** *vt* convoquer. **~schlagen*** *vt* [Beine] croiser • *vi* s'abattre. **~schließen*** *vpr*, **~schmelzen*** *vi* fusionner. **~schrumpfen** *vi* rétrécir. **~setzen** *vt* assembler. °**~setzung** *f1* composition *f*. **~sinken*** *vi* s'affaisser. °**~stoß** *m2* collision *f*. **~stoßen*** *vi* se heurter. °**~sturz** *m2* écroulement *m*. **~stürzen** *vi* s'effondrer. **~treffen*** *vi* coïncider. **~treten*** *vi* se réunir. **~ziehen*** *vt* contracter; concentrer.

Zu|satz *m2* supplément *m*. **~sätzlich** *a* supplémentaire.

zu·schau|en *vi* regarder. °**~er** *m3* spectateur *m*.

zu|schicken *vt* expédier, envoyer. **~schieben*** *vt* pousser ‖ FIG. *jm die Schuld ~*, rejeter la faute sur qn.

Zu·schlag *m2* supplément *m*. **~en*** *vt* fermer brutalement ‖ *20 % auf den Preis ~*, majorer le prix de 20 %.

zu|schließen* *vt* fermer à clef. **~schneiden*** *vt* découper; tailler. °**~schnitt** *m1* coupe *f*. **~schnüren** *vt* ficeler; lacer. **~schrauben** *vt* visser. **~schreiben*** *vt* attribuer. **~schreiten*** *vi* s'avancer (vers).

zu·schulden *av* : *sich etw ~ kommen lassen*, se rendre coupable de qch.

Zu·schuß *m* (sses, ¨ sse) subvention, allocation *f*.

zu·seh|en* *vi* regarder. **~ends** *av* à vue d'œil.

zu|senden* *vt* envoyer. **~setzen** *vt* ajouter.

zu·sicher|n *vt* assurer. °**~ung** *f1* assurance *f*.

zu|sperren *vt* barrer; verrouiller. **~spielen** *vt* [Ball] servir. **~spitzen** *vpr* FIG. empirer.

zu|sprechen* *vt* attribuer. °**~spruch** *m2* approbation *f*.

Zu·stand *m2* état *m* ‖ *Pl* circonstances *fpl*. **~e·bringen*** *vt* réaliser.

zu·ständig *a* compétent. °**~keit** *f0* compétence *f*.

zu·statten *av* à point.

zu|stehen* *vi* : *das steht ihm nicht zu*, il n'y a pas droit. **~steigen*** *vi* monter en cours de route.

zu·stell|en *vt* [Post] distribuer. °**~ung** *f1* distribution *f*.

zu|steuern *vi* (*auf*, acc.) faire route (sur). **~stimmen** *vi* approuver. **~stopfen** *vt* boucher. **~stoßen*** *vi* frapper • *vt* fermer.
Zu|strom *m0* afflux *m*; affluence *f*. **~strömen** *vi* affluer.
zu·teil *av* : *jm ~ werden*, revenir à qn. **~en** *vt* attribuer. °**~ung** *f1* attribution *f*.
zu|tragen *vt* rapporter • *vpr* se produire. **~träglich** *a* profitable.
zu·trau|en *vt* : *jm etw ~*, croire qn capable de qch • *n0* : °**~**, confiance *f*. **~lich** *a* confiant ; familier.
zu·treff|en* *vi* être exact. **~end** *a* juste, exact.
zu·trinken* *vi* : *jm ~*, boire à la santé de qn.
Zu·tritt *m0* accès *m*; entrée *f*.
zu·tun* *vt* ajouter || [zumachen] fermer • *n0* : °**~**, aide *f*.
zu·ungunsten *p* au détriment de.
zu·verlässig *a* sûr; de confiance. °**~keit** *f0* sérieux *m*.
Zu·versicht *f0* confiance *f*.
zu·viel *av* trop.
zu·vor *av* auparavant. **~kommen*** *vi* (dat.) prévenir • *n0* : °**~**, empressement *m*. **~kommend** *a* prévenant. **~tun*** *vi* : *es jm ~*, surpasser qn.
Zu·wachs *m0* accroissement *m*. **~en*** *vi* s'accroître.
zu·weilen *av* parfois.
zu·weis|en* *vt* attribuer. °**~ung** *f1* attribution *f*.
zu·wend|en* *vt* tourner ; diriger. °**~ung** *f1* don *m*.
zu·wider *p* (dat.) contre ; *das ist mir ~*, cela me répugne. °**~handlung** *f1* infraction *f*.
zu|zeiten *av* parfois. **~züglich** *av* en sus, en plus.
Zwang *m2* contrainte *f*.
zwängen *vt* comprimer.
zwanglos *a* libre. °**~igkeit** *f0* liberté *f*; aisance *f*.
Zwangs|arbeit *f0* travaux forcés. °**~lage** *f1* cas *m* de force majeure. **~läufig** *a* obligatoire.
zwanzig *num* vingt. **~st** *num* vingtième.
zwar *av* à la vérité ; certes.
Zweck *m1* but *m*; fin *f*. **~bestimmt** *a* fonctionnel.
Zwecke *f1* pointe *f*; punaise *f*.
zweck|los *a* inutile. **~mäßig** *a* fonctionnel ; approprié. **~s** *p* (gén.) en vue de.
zwei *num* deux • *préf* bi... **~deutig** *a* équivoque. **~erlei** *av* de deux sortes. **~fach** *a* double.
Zweifel *m3* doute *m*. **~haft** *a* douteux. **~los** *av* sans (aucun) doute. **~n** *vi* (*an*, acc.) douter (de). **~s·ohne** *av* indubitablement.
Zweig *m1* rameau *m*; branche *f*. °**~geschäft** *n1*, °**~stelle** *f1* succursale *f*.
Zwei|kampf *m2* duel *m*. **~mal** *av* deux fois. **~seitig** *a* bilatéral. **~sprachig** *a* bilingue.

zweit *num* deuxième, second. °~**ausfertigung** *f1* double *m.*
Zwerg *m1* nain *m.* ~**haft** *a* nain.
Zwetsch(g)e *f1* quetsche *f.*
Zwicke *f1* pince *f;* punaise *f.* ~**n** *vt* pincer.
Zwie·back *n1* biscotte *f.*
Zwiebel *f1* oignon *m* ‖ bulbe *m.*
zwie|fach, ~**fältig** *a* double. °~**gespräch** *n1* dialogue *m.* °~**spalt** *m1* discorde *f.* °~**tracht** *f0* discorde *f.*
Zwil(li)ch *m1* coutil *m.*
Zwilling *m1* jumeau *m.*
Zwing|burg *f1* château fort. °~**e** *f1* bride *f* de fixation. ~**en*** *vt* contraîndre, forcer. °~**er** *m3* donjon *m.*
zwinkern *vi* : *mit den Augen* ~, cligner des yeux.
Zwirn *m1* fil *m.*
zwischen *p* (dat. ; acc.) entre (deux) • *préf* entre... ; inter(médiaire). ~**durch** *av* au travers ‖ quelquefois. °~**fall** *m2* incident *m.* °~**landung** *f1* escale *f.* °~**raum** *m2* intervalle *m.* °~**runde** *f1* SP. demi-finale *f.* ~**schalten** *vt* intercaler. °~**spiel** *n1* interlude *m.* °~**zeit** *f0* intervalle *m.*
Zwist *m1* différend *m;* dispute *f.*
zwitschern *vi* gazouiller.
zwölf *num* douze. °~**finger·darm** *m1* duodénum *m.*
Zylinder *m3* cylindre *m.* °~**hut** *m2* haut-de-forme *m.* °~**kopf** *m2* culasse *f.* °~**kopf·dichtung** *f1* joint *m* de culasse.
Zypresse *f1* cyprès *m.*
Zyste *f1* kyste *m.*
z. Z., z. Zt. [*abr* de ***zur Zeit***] actuellement.

Photocomposition M.C.P. — Fleury-les-Aubrays.

IMPRIMÉ EN FRANCE PAR BRODARD ET TAUPIN
58, rue Jean Bleuzen - Vanves - Usine de La Flèche.
LIBRAIRIE GÉNÉRALE FRANÇAISE - 14, rue de l'Ancienne-Comédie - Paris.

ISBN : 2 - 253 - 00280 - 1 ⊕ 30/2220/9